皮书系列

皮书系列

广视角 · 全方位 · 多品种

皮书系列

皮书系列

皮书系列

皮书系列

皮书系列为“十二五”国家重点图书出版规划项目

皮书系列

皮书系列

皮书系列
皮书系列
皮书系列
皮书系列

权威·前沿·原创

皮书系列
皮书系列
皮书系列
皮书系列
皮书系列

农产品流通蓝皮书
BLUE BOOK OF AGRICULTURAL PRODUCTS CIRCULATION

中国农产品流通产业发展报告（2012）

DEVELOPMENT REPORT OF CHINESE AGRICULTURAL PRODUCTS CIRCULATION INDUSTRY(2012)

国家现代农业科技城领导小组联合办公室
国家现代农业科技城流通研究院
北京大学流通经济与管理研究中心
主　编／贾敬敦　王炳南　张玉玺　张鹏毅　陈丽华

社会科学文献出版社
SOCIAL SCIENCES ACADEMIC PRESS (CHINA)

图书在版编目（CIP）数据

中国农产品流通产业发展报告. 2012/贾敬敦等主编. —北京：社会科学文献出版社，2012. 7
（农产品流通蓝皮书）
ISBN 978-7-5097-3388-2

Ⅰ. ①中… Ⅱ. ①贾… Ⅲ. ①农产品流通-流通产业-产业发展-研究报告-中国-2012 Ⅳ. ①F724. 72

中国版本图书馆 CIP 数据核字（2012）第 091025 号

农产品流通蓝皮书
中国农产品流通产业发展报告（2012）

主　　编 / 贾敬敦　王炳南　张玉玺　张鹏毅　陈丽华

出 版 人 / 谢寿光
出 版 者 / 社会科学文献出版社
地　　址 / 北京市西城区北三环中路甲 29 号院 3 号楼华龙大厦
邮政编码 / 100029

责任部门 / 皮书出版中心（010）59367127
电子信箱 / pishubu@ ssap. cn
项目统筹 / 蔡继辉　任文武
总 经 销 / 社会科学文献出版社发行部（010）59367081　59367089
读者服务 / 读者服务中心（010）59367028
责任编辑 / 胡　涛　任文武　张静鸥
责任校对 / 白秀红　白桂华
责任印制 / 岳　阳

印　　装 / 北京季蜂印刷有限公司
开　　本 / 787mm×1092mm　1/16
印　　张 / 33. 75
版　　次 / 2012 年 7 月第 1 版
字　　数 / 582 千字
印　　次 / 2012 年 7 月第 1 次印刷
书　　号 / ISBN 978-7-5097-3388-2
定　　价 / 98. 00 元

农产品流通蓝皮书编委会

谢莉娇　颜　波　杨经学　杨　谦　杨树祥
杨信廷　袁学国　苑　鹏　张玲华　张　炜
张喜才　张忠发　赵永华　赵芝俊　郑凤田

主编单位　国家现代农业科技城领导小组联合办公室
国家现代农业科技城流通研究院
北京大学流通经济与管理研究中心

主编简介

贾敬敦　国家科学技术部中国农村技术开发中心主任，国家现代农业科技城流通研究院名誉院长；主要从事农业与农村科技发展战略及其相关政策研究工作。

王炳南　中国商务部市场体系建设司司长；主要从事国内市场体系建设和城乡市场发展的规章和政策研究与指导工作，组织拟定国内市场发展战略与国内贸易发展规划等工作。

张玉玺　中国农产品市场协会执行会长，北京新发地农副产品批发市场中心董事长，国家现代农业科技城流通研究院院长；主要从事农产品流通工作。

张鹏毅　北京大学流通经济与管理研究中心常务副主任，北京新发地农副产品批发市场中心常务副总经理，国家现代农业科技城流通研究院常务副院长；主要从事现代农业服务业与农产品流通研究工作。

陈丽华　北京大学光华管理学院管理科学与信息系统系主任，北京大学流通经济与管理研究中心主任，北京大学国家高新技术开发区发展战略研究院副院长；主要从事供应链与物流管理研究工作。

摘　要

本书从整个产业体系上对农产品流通进行梳理，阐述农产品流通产业的主体构成、产业规模以及对国民经济的贡献，从理论上对农产品流通产业运行的内在规律和发展模式进行诠释。

在农产品流通总体层面，本书一方面对农产品流通行业的上下游环节的生产和消费情况进行简要刻画，对农产品生产与消费特点进行归纳总结。另一方面，对农产品流通产业各环节的发展状况进行详细剖析，对中国农产品运销、仓储、冷链物流、城市配送、批发市场、农贸市场、社区市场、超市零售终端等方面展开分析，就农产品流通服务业和国际贸易情况进行梳理。

在农产品流通各环节及提供的服务层面，分别对运销、批发市场、零售及服务进行了详细阐述。运销方面对农产品在各省区的生产、销售、进出口结构，以及粮食、生鲜农产品（蔬菜、水果、水产品、肉禽）等主要农产品的运销格局进行了较全面的刻画；批发市场方面阐述了中国农产品批发市场发展总体状况、亟须解决的一些问题及发展趋势；零售方面对农贸市场、生鲜超市、社区蔬菜市场和新型农产品销售模式等四个主体的特征进行了比较分析，预测了农产品销售终端的发展趋势；服务方面分析了中国农产品流通市场上行业管理和增值服务的发展状态，在此基础上对其现状和发展趋势进行了分析和预测，提出了发展会员制和农产品流通信用体系的政策建议。

围绕近年来中国农产品流通领域的热点和难点问题，本书还从运销、批发、零售、服务四个方面提出了八个专题，涵盖农产品经纪人发展、农产品冷链物流发展、农产品批发商发展、农产品批发市场管理、北京蔬菜供应形势、城市生鲜农产品配送体系发展、农产品流通环节中的食品安全服务、农产品流通政策等领域。

Abstract

The book firstly describe agricultural products circulation from the entire industrial system, including the main form of the circulation of agricultural products industry, the industrial scale and contribution to national economies, and then interpret the inherent law and development mode in theory of agricultural products circulation industry.

In the overall level of agricultural products circulation, the book briefly depicts the characteristics of agricultural production and consumption, which are upstream and downstream aspects of agricultural products circulation industry. The other hand, the book detailed analyze various aspects of agricultural products circulation industry, expand the analysis of Chinese agricultural products marketing, warehousing, cold chain logistics, urban distribution, wholesale markets, farmers markets, community markets, supermarkets, retail terminals, etc. , and then discuss service industry and international trade of agricultural products circulation.

In each link of agricultural products circulation, distribution, wholesale markets, retail terminals and services are described in detail. In the aspect of distribution, the book stats agricultural production and distribution structure of production and consumption, including production, sales, import and export structure of major agricultural products in the provinces, describe the distribution pattern of food, fresh agricultural products (vegetables, fruits, aquatic products, meat and poultry) and other major agricultural products. In the aspect of wholesale market, the overall situation of agricultural product wholesale market development, some problems which urgent need to be resolved and development trends are discussed in detail. In the aspect of retail, the four main characteristics of the vegetable market include farmers markets, supermarkets, community and new sales model are compared and analyzed, and development trend of agricultural products sales terminal is also described. In the aspect of services, the book states Chinese agricultural products circulation market development situation in industry management and value-added services, based on current situation and development trend analysis, the book proposes policy recommendations for developing membership and agricultural products circulation credit system.

Around the hot and difficult problems of Chinese agricultural products circulation in recent years, eight thematic are put forward from the four aspects of the distribution, wholesale, retail, services, covering the development of agricultural agents, the development of cold chain logistics of agricultural products, the development of agricultural products wholesaler and agricultural wholesale market management, vegetable supply situation, the development of the city fresh agricultural products distribution system, food safety services in agricultural products circulation, agricultural products circulation policy.

序一

林 军*

农产品国际贸易是我国对外开放和加快转变农业发展方式的重要内容。从2001年到2011年，我国农产品国际贸易总额增长了4.6倍，其中进口增长了7.0倍，出口增长了2.8倍，2011年我国农产品进出口总值达到1556.2亿美元。中国农业贸易依存度由2001年的15%，增加到2010年的20.2%。中国农业与世界市场的关联程度日益提高。

农产品贸易的健康发展，对于确保我国农业可持续发展越来越重要。为此，农业部发布了《农业国际合作发展“十二五”规划（2011~2015年）》、《农业贸易促进规划（2011~2020年）》，商务部发布了《对外贸易发展“十二五”规划》，以期统筹国际国内两个市场、两种资源，推动农业“走出去”和“引进来”，促进农产品贸易不断取得新成绩。

与此同时，全球农业跨国公司利用资金、品牌、管理等优势，进一步加快垂直整合与联盟，强化全球粮源、物流、贸易、加工、销售“生产业链”布局，已经控制全球80%的粮食贸易、70%的油籽贸易，全球农业竞争制高点的争夺将更趋激烈。中国农产品国际贸易面临的外部环境将更趋复杂、难度会越来越大。

在全球一体化的市场中，海外侨胞是国际农产品贸易的一支重要力量。据统计，2011年全球华侨华人总数约为5000万人。相当部分海外侨胞从事农产品贸易，他们应该成为中国农业国际合作的重要伙伴，这既有利于海外侨胞事业发展，也有利于中国农业国际竞争力的提升。

国家现代农业科技城流通研究院致力于涵盖国际贸易和国内贸易的农产品流通产业研究，提出农产品流通产业已经发展成比农业更大的产业，要实现跨越式

* 林军，中共中央候补委员、中华全国归国华侨联合会主席。

发展，有三大关联条件：其一，加大公共基础设施设备投资，提高资本积累率；其二，实行企业的、市场的、社会的、政府的产业管理变革；其三，建立能够带动整个产业增长的生产性服务业主导行业地位，采用行业不平衡发展的战略。

全球经济一体化为中国农业经济发展创造了新的外部条件和内在要求，希望海内外中华儿女，积极参与中国的经济社会发展，关注农产品流通，精诚合作，共同为推进中国农业发展方式转变作出积极贡献！

林军

2012 年 5 月

序二

姜增伟*

中国既是农产品生产大国，也是消费大国。农产品流通对于我国经济发展和人民生活具有重要意义。但是，我国农产品流通特别是鲜活农产品流通体系十分薄弱：一是市场供求信息传导滞后引发生产盲目性大，农产品供给大幅度波动，“买难”、“卖难”交替出现；二是收购环节组织化程度低，通过合作社或“农超对接”的产品比重很小，农民没有价格话语权；三是产地仓储和预冷设施严重不足，农产品上市时间难以控制，源头调控能力很低；四是燃油等物流成本高，冷链运输率低，损耗浪费远高于国际水平；五是各类市场收费名目繁多，层层加价现象严重。

党中央、国务院高度重视农产品流通工作，近年来多次召开会议进行专题研究，仅2011年就先后下发了《国务院办公厅关于促进物流业健康发展政策措施的意见》（国办发〔2011〕38号）和《国务院办公厅关于加强鲜活农产品流通体系建设的意见》（国办发〔2011〕59号）等重要文件。中央领导同志还多次视察农产品批发市场、农贸市场和连锁超市，深入调查研究，进行具体指导。商务部会同国家发改委、财政部、农业部、科技部等部门，按照国务院的统一部署，结合各自职能，开展了卓有成效的工作，我国农产品流通已经迈上了新的台阶。

当前，我国正处于转变经济发展方式的关键时期。大力发展现代农产品流通，不仅有利于促进“三农”发展、调整产业结构、促进经济平稳较快发展，而且有利于扩大消费、促进内需、稳定价格，满足人民群众日益增长的消费需求。为了实现这个目标，需要调动全社会的积极性，政府、产业、研究机构共同努力，协同配合，群策群力，携手合作。

---

* 姜增伟，中华人民共和国商务部副部长。

作为一家长期关注农产品流通的研究机构，国家现代农业科技城流通研究院运用产业经济学的分析工具，深入研究农产品流通的实践，提出了“生产性服务业主导的三节点模式”农产品流通产业结构框架，主张确立生产性服务业的主导地位，通过增强生产要素投入，逐步完善功能，促进整个农产品流通产业结构合理化。同时，将农产品流通渠道优化为“包装场、配送中心、零售店”三个节点，发展农产品包装加工、物流配送、批发市场和零售等大型企业，带动亿万农民和广大专业合作社组织，形成农产品流通产业组织的创新模式。

我国地域广阔，人口众多，经济发展不平衡，农产品流通的模式也应当多样化。希望全国各地从事农产品流通的政府部门、企业、研究机构和学者，都来关注农产品流通，研究农产品流通，推进农产品流通，为中国农业和整个国民经济的发展付出努力、流出汗水、作出贡献！

2012 年 5 月

目录

𝔹 Ⅰ 导论

𝔹 Ⅱ 总报告

𝔹 Ⅲ 农产品运销篇

BⅣ 农产品批发篇

BⅤ 农产品零售篇

BⅥ 农产品服务篇

CONTENTS

𝔹 I Theory Report

𝔹 II General Report

𝔹 III Agricultural Products Distribution

BIV Agricultural Products Wholesale

BV Agricultural Products Retail

BVI Agricultural Products Services

导 论

Theory Report

B.1

农产品流通变革：基础设施投资与生产性服务业

贾敬敦　张玉玺　张鹏毅 *

摘　要： 本文以农产品流通产业为对象，揭示流通产业乃至服务业发展的运行规律和发展框架，提出从立法、财政金融、流通主体扶持和基础设施投资等四个方面发展生产性服务业的政策建议，并给出基础设施投资的具体措施。

关键词： 农产品流通　基础设施投资　生产性服务业

* 贾敬敦，国家科学技术部中国农村技术开发中心主任，国家现代农业科技城流通研究院名誉院长；张玉玺，中国农产品市场协会执行会长，北京新发地农副产品批发市场中心董事长，国家现代农业科技城流通研究院院长；张鹏毅，北京大学流通经济与管理研究中心常务副主任，北京新发地农副产品批发市场中心常务副总经理，国家现代农业科技城流通研究院常务副院长。

一　存在一个独立的农产品流通行业

在农民生产和市民消费的中间区域，是一块国民经济的“黑暗大陆”，可称为农产品流通行业。农产品流通是以价值增值为目的的农产品交换，表面上从农民卖出开始，经过系列环节到达市民买入，周而复始，无限循环。它连接着消费，涵盖了生产，建立起国民经济的联系，伴随着历史发展，农产品流通从国民经济的末端走向先导。

（一）农产品流通行业的规模

国民经济的统计数据中农产品生产领域和消费领域的数据颇为完备，但是农产品流通领域没有专门的数据，甚至连农产品流通行业的规范也不明确。对于这个客观存在的庞大行业，我们将实证分析流通活动的商流、物流、资金流、信息流四要素，以及流通行业主体、客体、载体三组成部分，结合能找到的部分统计数据，来估算农产品流通行业大体规模。

1. 农产品流通活动四要素

根据中国现阶段的国情，可从商流和物流两个层面进行实证分析，把资金流归入商流分析，把信息流归入物流分析。

第一，农产品商流分析可以分为国内贸易和国际贸易，这里重点分析国内贸易商流模式（见图1）。

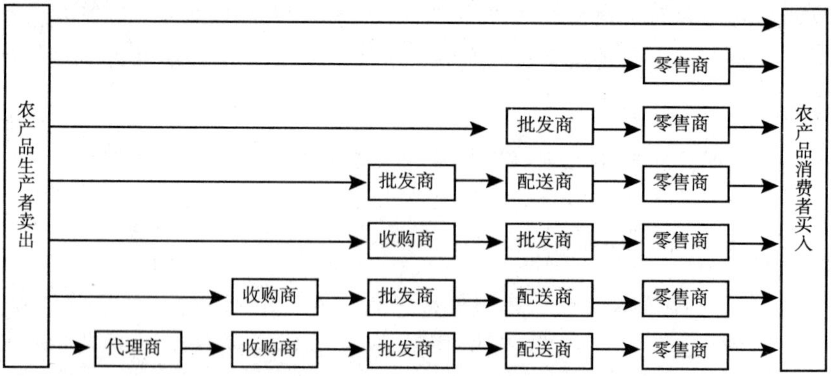

图1　国内贸易商流模式

根据中间环节的多少，简单分为零级渠道到五级渠道共七种基本的商流模式，根据实践经验，在现实中商流模式更多，但是80%的农产品流通采用三级到四级渠道模式。商流模式的多样性造成信息流不畅通，也导致资金流的资金占用量与资金成本要达到实际需要量的三倍左右。

第二，农产品物流完整内容包括运输、储存、冷链、装卸搬运、包装、流通加工、配送等内容。在目前农产品物流构成中运输占了一半以上份额，以至于有人直接就把运输当物流了。运输包括三个基本模式，即集货运输、干线运输和配送运输。

2. 农产品流通行业三个组成部分

农产品流通行业包括主体、客体和载体三个实体部分。实体作为历史范畴，随着历史的发展，其内涵和外延不断扩大，体现现阶段的典型特点。

第一，农产品流通主体就是流通当事人，其劳动兼具生产和服务双重功能，包括两类：第一类主体指从事农产品流通活动的企业和个人，第二类主体指为农产品流通活动提供服务的企业和个人。第一类主体包括：销售农产品的农民、农产品信息经纪人、收购商、批发商、配送商、零售商、国际贸易商和采购农产品的市民等。第二类主体包括：批发市场、运输企业、储存企业、冷链公司、装卸搬运工或企业、包装工或企业、流通加工人员或企业、配送企业、信息服务员或企业、金融服务人员或企业等。

第二，农产品流通客体就是商品，包括要素商品和狭义商品（见图2）。

现阶段对农产品流通客体有五个价值增值点，分别是流通加工、规格与包装、安全绿色、商标（品牌）、条形码。

第三，农产品流通载体就是主体与客体赖以存在，以及相互之间发生关系的环境条件，体现为各种基础设施、设备，包括运输设施设备，以及集货、分货、仓储、包装、加工、批发、零售、信息、金融、培训等所有场所设施设备等。这些设施设备就是农产品流通行业的基础设施。

3. 农产品流通行业规模

我们采用上述“四要素”加“三部分”的分析框架，最后汇总得到总规模。

第一，物流规模。据统计，2010年国内主要农产品（不含木材）产量合计17.78亿吨，据估算，2010年国内生产的农产品商品量约为16亿吨。商品量大致等同于物流量。

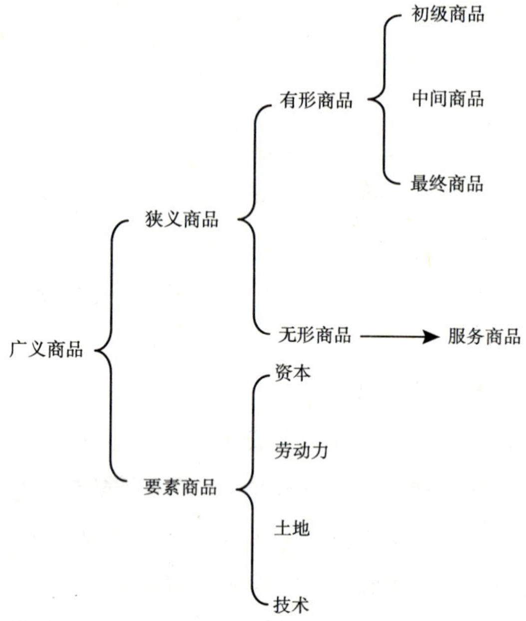

图2　商品的定义

第二，资金流规模。据统计，2010 年我国农林牧副渔总产值 6.9 万亿元，我国居民消费食品类支出约占 4 万亿元。再根据 2010 我国农产品运销总额为 2.24 万亿元，我国 80% 的农产品流通采用三级到四级渠道商流模式，资金规模会增加到 3 倍，估计我国初级农产品流通资金流规模在 7 万亿元左右。

第三，主体规模。据中国农产品经纪人协会统计，全国农产品经纪人有 600 多万人，收获季节繁忙时达到 1000 多万人。据不完全统计，2010 年的农产品运输行业从业人员超过 400 万人，城镇仓储业从业人员 25.4 万人，批发业从业人员 350.9 万人，零售业从业人员 501.3 万人。估计从业人员超过 3000 万人，而其中作为经营主体存在的个体户和企业超过 1000 万户（家）。

第四，客体规模。包括有形商品、无形商品和要素商品，另外还应包括国际贸易。有形商品的规模，即初级商品再加上中间商品和最终商品，其规模大约超过 4 万亿元。但是目前由于缺少流通加工，增加收入方面还比较少，不纳入计算。无形商品规模，主要是服务商品，包括物流服务（运输费、管理费、保管费、配送费等）、批发服务（进场费、摊位费、代理费等）、零售服务（进店费、代理费等）、信息服务（信息费等）、金融服务（利息费）、设计咨询服务（设计费、咨询费等）、餐饮、酒店等，这部分收入依赖基础设施设备的投入情况。目前的无形商品规模估计将近1万亿元。要素商品规模，包括资本（股票、债券等分红）、劳动力（工资）、土地（地租）、技术（技术贸易费）等，其中最主要的是3000万劳动力的年收入大概0.9万亿元，目前要素商品规模估计1万亿元。国际贸易规模，2011年我国农产品进出口总值为1556.2亿美元，约1万亿人民币。估计客体总规模在7万亿左右。

第五，载体规模。农产品流通载体就是基础设施、设备，其增加值算在客体里了，这里只算载体的投资规模。根据《农产品冷链物流发展规划》估算，现有物流设施、设备包括运输、储存、冷链、装卸搬运、包装、流通加工、配送等投资规模为1万亿元。2010年国内亿元以上的农产品交易市场1672个，国内农贸市场数量稳定在25000家左右，超市连锁总店（含折扣店、大型超市和仓储会员店）门店数量40113家，以及其他现代服务业的设施、设备规模大概2万亿元。估计目前专门的农产品流通载体规模为3万亿元。

根据上述估算，当前农产品流通行业总规模，即客体规模和载体规模，估计10万亿元。

（二）农产品流通行业发展滞后于关联行业

改革开放30多年来，我国经济一直行驶在快速发展轨道上，并成为世界第二大经济体，农产品生产、消费、外贸都获得长足进步，而农产品流通行业问题频发，跟不上急剧变革，滞后于关联行业的发展。

1. 农产品生产领域的变革

我国农产品市场形成30年来，生产领域得到大力发展，农产品流通滞后阻碍了生产领域的进一步发展。

第一，生产领域农产品极大丰富，伴随的是生产缺乏市场引导，农民卖难问题时有发生。一方面，2010年国内生产的农产品商品量约为16亿吨，我国谷物、肉类、禽蛋、水果（不含瓜类）、菜、茶叶等农产品产量均居世界第一位，果蔬人均占有量达514公斤，是世界平均水平两倍多。另一方面，卖难问题只有在规模化爆发时才能引起社会足够多的关注，但是小农户面对大市场的矛盾，导致小规模的、个别的卖难却是常态存在的。卖难很多时候不是需求不足，而是由于信息不对称或者运输不畅。

第二，农产品生产向优势区域集中，伴随的是农产品损耗严重、附加值低下。一方面，我国优势农产品区域化生产格局已基本形成，其中，小麦、棉花、花生、油菜子、甘蔗、甜菜、苹果、柑橘和牛奶等品种区域产量前十位占比合计超过总量的80%；另一方面，农产品损耗严重、附加值低下。

第三，农民专业合作社、农业产业化经营组织快速增长，伴随的是农业生产效率低下，劳动力转移困难。一方面，国家工商总局公布的数据显示，截至2011年9月底，我国农民专业合作社实有48.43万户，2010年国内农作物耕种收综合机械化水平达到52%，年出栏500头以上生猪、存栏500只以上蛋鸡和存栏100头以上奶牛规模化养殖比重分别为35%、82%和28%。另一方面，2010年农村居民全年人均纯收入5919元，城乡居民收入比为3.23∶1。在5919元收入构成中，2010年农村居民工资性收入人均2431元，农民家庭经营纯收入2833元。全国农民工总数达2.35亿人，其中进城务工人员达到1.57亿人。据国家统计局发布的第二次全国农业普查结果显示，到2006年末，全国共有农业生产经营户20016万户，农业生产经营单位39.5万个；农业从业人员34874万人；农村劳动力资源总量53100万人，其中男劳动力占50.8%；农村外出从业劳动力13181万人，其中男劳动力占64%。

可以看出，农产品生产行业取得了重大成就，也存在许多问题，但这些问题都不是纯粹生产行业能够解决的，必须通过流通行业的发展才能解决。农业生产的变革，对农产品流通提出新要求。

2. 农产品需求领域的变革

我国农产品消费行业需求快速增长，随之产生一系列新问题。

第一，农产品消费需求快速增长，与之相伴的是产销不畅和流通成本问题。一方面，人口增长和结构变化带来消费需求快速增长和结构变化。2010年我国人口总数达到13.40亿人，城镇人口占总人口的比重达49.95%，城镇居民果蔬、肉蛋、奶、食用油人均消费量（不含在外就餐）比农村居民人均消费量分别高出57.4千克、19.6千克、10.4千克和2.5千克。另一方面，农产品价格间歇性虚高，由于产销暂时性断链导致个别市场暂时性短缺和高额的流通成本，都是推高终端消费价格的重要原因。

第二，在农产品多样化需求提高，冷链、包装、加工等物流水平滞后的限制下，产品款式单一问题突出。一方面，2010年我国城镇和农村居民家庭恩格尔系数分别降至35.7%和41.1%，根据联合国粮农组织提出的标准，我国农村居民生活水平已经脱离温饱进入小康，城市居民生活水平则达到富裕水平。居民生活更加注重健康和营养。2010年城镇居民果蔬、肉蛋奶消费量在主要农产品（不含水产品）消费量中的比重为53.3%和18.4%，农村居民只有34.4%和8.7%；城镇居民粮食消费比重只有25.5%，农村居民却高达55.2%。另一方面，目前我国果蔬、肉类、水产品冷链流通率分别为5%、15%、23%，冷藏运输率分别为15%、30%、40%，而欧、美、加、日等发达国家肉禽冷链流通率已经达到100%，蔬菜、水果冷链流通率也达95%以上。

我国农产品价格稳步上涨，与之相伴的是公众对食品质量丧失信心、食品安全问题频繁发生。一方面，国家统计局公布数据显示，2011年，全国居民食品消费价格同比上涨11.8%，拉动居民消费价格指数上涨约3.5个百分点，贡献率达到65%。另一方面，食品安全问题频发。根据食品商务网的总结，2011年食品安全方面的重大事件包括：双汇瘦肉精事件、雨润烤鸭问题肉、塑化剂风波、进口奶粉有虫事件、全聚德违规肉问题、立顿铁观音稀土超标、速冻食品病菌门、可口可乐中毒、牛肉膏事件、京津冀地沟油机械化规模生产、浙江“问题血燕”、染色馒头、沈阳“毒豆芽”、美容猪蹄、过期面包回炉、鸭血黑作坊、毒“红薯粉”、山西老陈醋95%为醋精勾兑、膨大剂西瓜、激素黄瓜等问题。

由此可见，尽管消费需求迅速增长，消费者并没有得到规模经济的好处。农产品价格上涨而质量下降等一系列问题，已经不是某个环节的问题，必须协调流通行业和生产行业来共同解决。

3. 农产品市场全球化变革

进出口规模上升伴随着出口比较优势下降。一方面，农业部数据显示，从2001年到2011年，我国农产品贸易总额增长了4.6倍，其中进口增长了7.0倍，出口增长了2.8倍。2011年我国农产品进出口总值为1556.2亿美元，同比增长27.6%。其中，出口总值607.5亿美元，进口总值948.7亿美元，贸易逆差341.2亿美元。我国农产品进口以大豆、食用植物油、谷物和食糖为主。2010年国内大豆进口5480万吨，相当于同期国内产量的3.6倍。我国农产品出口的主要品种是果蔬及其制品、水产品。另一方面，我国农产品出口的比较优势在下降。商务部数据显示，2010年，我国农产品出口企业累计达到19123家，其中年出口金额1000万美元以上的有1102家。与美国、巴西等农业强国相比，我国农业产业化发展水平还存在很大差距，年出口额100万美元以下的企业仍占我国出口企业总数的70%以上。从企业性质来看，私营企业目前成为农产品出口的主力军，2010年全年累计出口额219.4亿美元，占出口比重为44.9%；三资企业累计出口187亿美元；国有企业累计出口65.8亿美元。

我国谷物、肉类、禽蛋、水果（不含瓜类）、蔬菜、茶叶等农产品产量均居世界第一位，果蔬人均占有量达514公斤，是世界平均水平两倍多，蔬菜产量甚至占世界总产量的60%，部分农产品的产量具有巨大优势，可以发展成为出口主导产业。当前出现巨额贸易逆差主要是由于农产品流通行业滞后造成的。

二　农产品流通革命

随着经济社会对农产品流通的要求不断提高，农产品流通行业的内涵和外延也相应扩大，从国民经济的末端走向先导，从行业的产业化转到产业的现代化，但无论是理论还是实践都存在严重不足，农产品流通行业需要一场革命。

（一）经济思想对流通理论研究不足

1. 西方经济学缺乏独立系统的流通理论

西方经济学理论体系对经济问题的研究，是在“市场的均衡性”这一基本假设前提下展开的，“供求二分法”是其主要研究方法，产品从供应到需求的协调被视为市场机制自发的功能，从而抽象掉生产者与需求者中间的流通环节，认为流通是社会化、全民化、微观化的活动，流通不那么重要，生产者和消费者直接见面，市场完全竞争，供求自动均衡。这建立在西方发达国家自17世纪重商主义以来三四百年市场经济发展和成熟的基础之上。这种舍去客观存在于生产者与消费者之间的媒介要素——流通的研究方法，导致西方经济理论只研究生产者行为和消费者行为，有系统的生产理论、消费理论、市场理论等，却没有专门的流通理论。这造成了理论与实践的许多不一致，招致了新制度经济学、新型古典经济学、区位和城市经济学、规制经济学、产业组织理论等学术组织流派的批评。虽然如此，它们也多没有专门的流通分析思想体系。而客观存在于国民经济之中的流通问题被进行学科分流，属于宏观的，归“经济学”研究；属于微观的，归“管理学”研究；属于货币、资本运动的，归“金融学”研究；属于信息流通的，归“信息经济学”研究；属于对外贸易的，归“国际经济学”研究。

2. 日本注重流通的实践

20世纪六七十年代，日本学者提出“流通路径学说”，特别将流通作为生产者与消费者之间的通道，指出流通路径系统研究的重要性，吸引了日本国内从政府到研究人员乃至各类企业的极大关注和热情，但其研究重点是流通实践，如短期高效率资源优化配置如何实现、日本作为经济后发达国家如何实现赶超的目标，强调政府与企业有效合作，共同培育高效率的产品流通路径，其研究结果表现在日本流通产业政策的制定和实施上。

3. 马克思主义的流通思想

马克思、恩格斯通过对商品经济的大量分析，把交换从生产领域分离出来，变成一个独立经济领域，从而确立了社会再生产过程生产、分配、交换（流通）、消费的“四分法”，指出区别商品与产品的唯一特征就是交换，从而将交换、流通摆上经济问题的核心地位。商品经济的基本特征在于商品流通，资本主义的商品流通发展成为资本流通要追求价值增值。马克思《资本论》有关“流通部门只是帮助生产部门实现价值而其本身并不创造价值”的思想，对后来社会主义国家经济政策影响深远。

4. 中国的流通思想

据史料记载，我国商业产生于商和西周时期，在长期的商业实践中，表现为“重商”和“轻商”两条线索的交替出现。在汉代以来“重农抑商”作为封建王朝基本国政，历经两千多年，经久不衰，直到晚清鸦片战争前后才真正受到挑战。但是，封建政府推行“抑商”政策并不是认为工商业不重要，而是在充分认识到工商业力量的基础上，为维护其封建统治而推行的政策。“抑商”远不是封建王朝工商业思想中占主导地位的思想，占主导地位的是扶持官营工商业的思想，体现为国家“专营”、“专卖”的政策。大致从秦汉时期开始，国家就垄断对盐和铁的生产和经营，其后历代纺织、陶瓷、造纸等重要的工商业都为国家独占。与官营工商业激励扶持相对应的就是对民间工商业的抑制。我国古代的商业思想在当时处于世界商业思想的前列，并具有鲜明的民族特色，到17、18世纪才开始落后于世界水平。

20世纪初，在新文化运动影响下，西方商业理论开始传入我国。新中国成立前，由于多方面原因，我国商业理论没有得到发展。成立至今，我国流通理论总体上仍处于理论分析工具缺失、实践工作随意性大的不完整发展阶段。

（二）新中国成立后农产品流通行业投资不足

1. 改革开放前投资五大流通组织系统

新中国成立以后，沿用苏联斯大林“无流通论”的思想，以计划代替流通，实行高度集中的计划经济体制。这客观上要求我国建立相应的流通体制与之配套，于是我国建立起五大流通组织系统同时也是五大国家管理部门，分别是物资部、商业部、粮食局、供销合作社、外贸部。在短缺经济条件下，五大流通组织系统职能分工十分明确，深入社会生活各个角落，行政体制代替了市场体制，艰难地维持了当时国民经济的运转。严酷的现实迫使人们重新认识流通的作用，经济学家孙冶方对“无流通论”提出批评，流通理论的研究受到前所未有的重视。但研究内容过分专业化和部门化，形成对应五个部门的五大部分流通经济学，具有浓厚的政策解释学学术传统，研究理论来源单一，研究方法落后，一直把流通视为政府“供给部”的纯消耗部门，形成了“重生产、轻流通”的宏观经济政策基调，这种影响一直持续至今。

2. 改革开放以来至1991年间建设力度加大

首先，恢复、发展农村集市贸易，促进城市农副产品市场设施建设。1979年恢复和发展农村集市贸易、开放了城市农副产品市场，允许城市郊区社员进城出售自己的产品。1984年，全国人大六届二次会议明确提出“广泛设置农产品批发市场”。此后，各地商业部门开始各种尝试，并陆续组建了一批综合性或专业性的批发交易市场。到1991年，国（营）合（作）商业部门组建的大中型蔬菜、水果批发市场已达到600多家。

其次，改革多层次批发体制、行政管理体制和企业所有制，推动了批发、零售、物流基础设施建设。经过1986年以后的治理整顿和深化改革，打破了国营批发企业延续30多年的“三固定”（指固定供应对象、固定货源、固定价格）批发模式和“一、二、三、零”（指一级、二级、三级批发站和零售企业）封闭式经营，取消了流通领域的指令性计划管理的商品和国家管理的价格品种，推行“四放开”增加国有批发企业自主权，形成了多种经济成分、多条流通渠道、多种经营方式和减少流转环节的“三多一少”的开放式经营的新运行机制。

3. 1992 年至今投资不足

自 1992 年以来，农产品流通基础设施主要靠民间资本商业化投资，也取得了一定成绩，包括：建立并提升了以批发市场为中心的农产品市场体系，形成了国有、集体、个人及私营、外资多种所有制结构，超市、农贸市场、社区菜店、便利店等多种业态和连锁代理等多种经营方式共同发展的农产品零售市场；农产品运输、仓储、包装等初具规模；农村流通网络加速现代化进程。

农产品流通基础设施已纳入公共财政投资范围，但是所占比例非常小。根据 2011 年 10 月国家发改委发布的《农村基础设施建设发展报告》，“十一五”期间，中央财政用于“三农”的支出总量累计达 2.95 万亿元，在农产品仓储物流方面，累计安排中央投资 110 多亿元。商务部也实施了“万村千乡市场工程”、“双百市场工程”、“农超对接”、“农产品现代流通综合试点”等工程，促进和加强农产品现代流通体系的建设。与此同时，商务部与国家开发银行签订协议，为农村市场体系建设提供融资便利。但总体上来说，公共财政投资规模非常有限。

总之，改革开放以来，农产品流通从由计划经济体制的国家五大流通部门承担，逐渐向社会化、民间化、微观化和市场化转变，全面建立了社会主义市场经济体制，一方面取得行业群体成熟发展的成就，另一方面面临着公益性流通基础设施投资不足的问题。农产品流通行业发展到了一个瓶颈，进一步发展面临着“旧框架”与“新需求”的矛盾。其中，“旧框架”是指导行业取得现有成就的机制和认识，“新需求”是指行业的内涵和外延发展变化以后的内在需求。

（三）农产品流通行业发展的新需求

马克思说，内因是事物变化发展的根本原因。农产品流通行业满足不了关联行业的需求，这属于外部矛盾。要推动行业的发展，需要分析行业内部矛盾的主要方面。

1. 农产品流通行业功能的变化

20 世纪 80 年代以来，流通学家高涤陈等国内学者共同提出流通生产力理论，认为社会生产力包括生产领域的生产力和流通领域的生产力，两者结合在一起才是全部的社会生产力。进入 21 世纪，农产品流通发展出以下功能。

其一，转移价值、创造新的价值和带来经济增长。生产出来的农产品如果没有流通，就不能实现价值和创造附加价值。流通本身也能带来国民经济的增长。例如一些小国家，本身没有生产领域的农业和工业，国民经济由流通领域的商贸、物流、餐饮产业组成，这些国家的发展往往比单纯依靠农业和工业的国家更快。

其二，刺激消费。消费的实现，依靠流通来完成。发达的流通业，能为更广阔范围内的消费者提供消费便利，满足消费者多样化、高品质农产品的需求，将消费潜力最大限度激发出来，如近年来有机农产品俏卖和国际贸易快速增长。

其三，引导生产。20 世纪 80 年代，台湾企业家施振荣创立的“微笑”曲线理论同样适用于农业。农业价值链附加值最高的战略环节是研发和销售渠道，而处于中游的生产环节附加价值最低。当农民有技术生产出很好的农产品，却没有能力把产品以令人满意的价格和较小的损耗卖出去，这就是流通对生产的制约。流通渠道不再是生产的附庸，而是在传导消费信息、建设企业品牌、提高资金效益等方面起引导作用，决定着生产企业的综合竞争力。

其四，提高效率。由于生产者与消费者存在时间和空间差异，生产者与消费者直接交易几乎无法实现。通过流通，使在过去生产的产品可以现在消费，创造了时间效用；彼地生产的产品可以在此地消费，创造了空间效用；降低流通成本，采用先进科技和管理，可以提高流通、生产、消费的效率，乃至整个经济运行的效率。

其五，带动城市和区域建设与发展。商业是城市的基础，城市核心竞争力是生产力与流通力的统一。流通力促进城市繁荣，辐射城市经济的发展，建设一个市场，带动一个产业，拉动一方经济。

2. 农产品流通行业的外延与内涵

（1）农产品流通行业的外延

首先，全要素的流通。它包括有形要素和无形要素。无形要素主要指无形资产、虚拟资本、人力资本、品牌等，在现代流通中的比重越来越大，在发达国家其比重已经超过有形要素。根据经济合作与发展组织测算，早在 1995 年美国1/3企业的无形资产占所有资产的比例就达到 50% ~60% 。

其次，全循环和全过程的流通。生产是流通中的生产、分工是流通中的分工、交易是流通中的交易、消费是流通中的消费，流通成为整个社会再生产的“黏合剂”，将社会经济“黏合”成为一个有机整体。流通是以消费需求为起点，涵盖了生产领域和消费领域，周而复始的螺旋式上升和发展的全循环和全过程的流通。

最后，全开放的流通。现代社会几乎所有国家的生产和消费都是世界性的。生产的国际化和资本的国际化发展从而形成的金融市场国际化，促成了流通国际化的质变，促进整个世界越来越呈现整体化、融合化的特征。

（2）农产品流通行业的内涵

流通涉及行业非常广泛，包括了第三产业中的绝大多数行业，其中一些行业是专门为实现流通职能或者专门为流通职能的实现提供服务的。有些行业不但为流通服务还为生产生活服务，属于流通的边缘行业，对这些边缘行业是否属于流通的争议，导致学术界对流通的内涵尚未达成共识。我们立足于新中国成立以来农产品流通行业的行业经营、行业管理实践，从行业内部关联性出发来分析农产品流通行业的内涵。

首先，农产品流通行业的主体主要是个体户。农产品流通行业是指专门实现农产品（作为广义商品的农产品）流通职能和专门为流通职能的实现提供服务的所有组织和个人组成的集合体。根据业内人士分析，农产品流通行业的主体95%是个体户，还有少数的中小企业或者从事农产品流通的龙头企业，大企业则屈指可数。例如在北京新发地农副产品批发市场1万多家商户中，95%是个体户。个体户是指除农户外，生产资料归劳动者个人所有，以个体劳动为基础，劳动成果归劳动者个人占有。顾名思义，个体户是和农户并列的概念，是指个人。当行业95%的主体是个体户的时候，个体户自身的微小性、脆弱性、分散性、局限性，决定了这个行业的发展只能处于自发状态，功能高效发挥、外延充分扩展都只能是空谈。

其次，农产品流通行业的构成。从实证的角度和行业内部关联角度来分析，行业结构体系包括四个环节，个体户和中小企业作为流通环节中的各类中间商，构成了流通环节中的各类流通节点、网点和业态。其一，运销环节。包括经纪人、采购商、储藏商、运输商等，以及物流设施、采购网点等，物流、商流、资金流、信息流同时发生，可能由多个个体户承担，也可能由一个个体户承担。其二，批发环节。包括批发商、配送商、加工商和仓储商等，以及加工、配送等设施设备和经营节点，物流、商流、资金流、信息流同时发生，可能由多个个体户承担，也可能由一个个体户承担。其三，零售环节。包括零售商、超市、农贸市场、夫妻店、专卖店、自营配送中心等各种零售网点和业态，主要只有商流和资金流，物流和信息流较少，可能由多个个体户承担，同样也可能由一个个体户承担。其四，服务环节。包括批发市场、仓储商、物流商、信息商、金融商、培训商等，主要以有形资产特别是硬件设施的服务为主，无形资产特别是生产性服务非常少。

3. 农产品流通行业内部矛盾的主要方面

在流通行业中，农产品从生产领域进入消费领域要经过的组织系列就是流通渠道。流通主体、商品特性、流通要素、市场节点、物流节点、零售网点、运输线路、业态、业种等，共同形成一张巨大的流通网络体系。流通网络体系为了提高流通效率，其内在要求是向紧密型网络主体关系发展。在商品经济发展到全球市场的现阶段，国际流通网络体系发展出三种维系主体间密切联系的纽带：产权关系纽带、契约关系纽带和管理关系纽带，诞生了跨国公司、连锁企业和综合商社等超级流通企业组织。在这种流通网络中，流通主体只能是企业，包括现代巨型企业和中小企业。而目前我国流通网络体系的主体是个体户，个体户之间的联系可能会因为各种不确定因素的影响而断开，造成整个流通网络体系是非常松散的，效率低下。

提高农产品流通运行的效率，就需要分析网络体系主体之间的关系、行业内各环节的结构、节点网点线路之间的布局。经济与管理分析需要深入到行业内部，促进行业组织结构的升级。但是，目前农产品流通行业的主体个体户能力有限，而且主体间关系不确定性大，具有落后性。流通行业组织结构升级的需求与个体户落后性的矛盾，构成农产品流通行业内部的主要矛盾。流通行业构成主要有三个部分，即主体、客体和载体，其中载体包括各种私有性的和公共性的基础设施设备。从上述新中国成立以来农产品流通行业的发展历程可以看到，对农产品流通行业公共基础设施投入的不足是矛盾的主要方面。这些公共基础设施包括行业经营的硬件设施设备、现代服务业的基础设施和立法建章等制度性的基础设施都严重不足，这也是造成许多个体户经营了 20 多年仍然没有发展成专业化流通企业的根本原因。

（四）公共基础设施投资与农产品“流通革命”

通过公共基础设施投资来带动行业和个体户的跨越式发展，促进农产品流通产业作为一个独立的产业存在，这是行业发展的成果，也是行业发展的方法。需要一场涵盖理论领域和实践领域的“流通革命”，创造出农产品流通产业的理论体系和实践方案，来实现农产品流通产业组织与产业结构的升级。

1. 从行业到产业

一般对行业的定义是：“行业是指从事国民经济中同性质的生产或其他经济社会的经营单位或者个体的组织结构体系，如林业、汽车业、银行业等。”这是一个描述现状的概念，其主体包括了企业和个人。一般对产业的定义是：“产业是社会生产力不断发展的必然结果，是具有某种同类属性的企业经济活动的集合。”产业主体只能是企业，在产业经济学的意义上，产业是介于宏观经济和微观经济之间的中观经济，而且把管理学、政府规制经济学和文化学引入产业的范畴，使产业具有产业组织、产业结构、产业管理和产业发展的内涵。一个“行业”要被称为“产业”，一般要在企业数量上形成一定的规模，再在社会经济中占有相当的比例，已经形成一批专门的职业从业人员，也就是说具备规模性、社会性、职业性三大特征。从根本上讲，产业的本质是企业。在这个意义上说，我国农产品流通还只是一个行业，行业升级更多是一个自发的、常规型的过程，而作为一个产业，产业升级是通过产业规制实现自觉的、赶超型的过程。

2. 跨越式发展

从产业结构演进的角度和世界各国经济发展过程中的实际情况来考察，经济发展大体可分为五个阶段，即农业社会、工业化前期、工业化中期、工业化后期和超工业化阶段。第一，农业社会阶段的主要特征是农业在国民经济中起主导作用，近代工业还处于萌芽状态，产业结构处于低水平。第二，工业化前期阶段，国民收入中第一产业比重逐步下降，第二产业比重迅速上升，第三产业比重缓慢上升；工业发展以轻工业为重心，并开始逐渐向重工业转移。第三，在工业化中期阶段，国民收入和社会劳动力中，第一产业比重日趋缩小，第二产业比重比较稳定，第三产业比重逐渐上升，工业中重工业的重心地位已经确立，并开始由以发展原材料工业为中心向以发展加工工业为中心转变，即向高加工度化转变。第四，工业化后期阶段，国民收入和社会劳动力中，第三产业比重迅速上升，超过了第一、第二产业的总和。同时，第一、第二产业的比重均有较大幅度的下降，整个工业均以高新技术装备起来，进入以粗放型工业为中心向以技术集约型工业为中心的转变。第五，在超工业化阶段，工业化过程基本结束，国民收入和社会劳动力中第三产业的比重占60%以上，开始进入信息和服务社会。

2011 年我国 GDP 总量为 471564.00 亿元，第一产业产值 47712 亿元，第二产业产值 220592 亿元，第三产业产值 203260 亿元；产业结构依次为，第一产业 10.12%，第二产业 46.79%，第三产业 43.10%，目前我国经济发展处于工业化中期阶段。根据赫希曼不平衡增长理论的产业发展模式，我们可以集中资本和资源，优先发展农产品流通产业，带动其他产业的发展。随着社会生产力的发展，流通产业的发展依次经历三个阶段，即短缺经济下的生产主导阶段、过剩经济下的流通主导阶段和现代经济条件下的生产流通融合阶段。目前我国农产品流通行业的发展还处于生产主导阶段。

加入世贸组织十来年，我国市场已经全球化，跨国流通企业全面入住，按部就班的常规型发展已经没有那个经济环境，是否选择跨越式发展只是选择自觉发展还是放任自发发展的区别，西方发达国家曾经走过的道路已经不可能再重复。要实现农产品流通产业和企业的跨越式发展，就要跳过西方发达国家经济发展过程中的工业化后期阶段和流通产业发展过程中的流通主导阶段，采取不平衡的产业发展模式，确定赶超型产业发展战略。

3. 需要一场农产品流通革命

实现农产品流通产业跨越式发展的本质，一是符合产业发展规律的产业管理，二是产业管理适合中国传统文化特点和当前经济环境。按照产业经济学的分析框架，阐述处于超工业发展阶段和生产流通融合阶段的农产品流通产业的运行原理和管理框架，结合东方管理文化和中国经济环境，创造出农产品流通产业的理论体系和实践方案，促进产业的自觉发展。实现农产品流通产业崛起，确立其在国民经济系统中的重要地位。

在理论上，将农产品流通看作一个独立的产业组织，研究产业组织内部企业之间的市场结构、企业行为、市场绩效和产业组织企业政策，研究产业组织内部各环节、节点、网点、业态等的比例关系、结构优化、空间布局和产业组织结构政策，研究产业组织的中国文化特色、产业政策特色、企业理论特色和东方管理理论，研究基于产业组织内部矛盾主要方面的公共基础设施投资理论和现代服务业发展理论，提出农产品流通产业发展框架、管理体制和投资措施。

在实践上，通过农产品流通公共基础设施的大规模投资、中国特色流通体制全面建立，带动金融、信息、培训等生产性服务业迅速发展，带动流通方式创新，新的经营方式、经营手段取代旧的经营方式、经营手段，以及由此引发的流通组织、经营管理方法等方面的变革。

三　农业的革命性变革在农产品流通产业

农产品流通产业的崛起，将促进农业革命性变革、农业产业竞争力提升和产业安全，加快第三产业发展。

（一）农业的革命性变革

中国农业具有现代性和国情性，变革农业发展方式只能变革流通方式，流通产业是一个更大的产业，通过流通产业反作用于生产环节，从而促进农业生产的现代化。

1. 农业观念的变革

首先，当前的农业观念是一个条块分割、孤立发展的观念。说到农业，大家反应到的是生产领域，是通过培育动植物生产食品及工业原料的产业，广义农业包括种植业、林业、畜牧业、渔业、副业五种产业形式，狭义农业是指种植业。对比工业的观念，工业是社会分工发展的产物，经过手工业、机器大工业、现代工业几个发展阶段，在古代社会，手工业只是农业的副业，经过漫长的历史过程，工业是指采集原料，并把它们在工厂中生产成产品的工作和过程。可以看出，伴随社会生产力发展，工业观念的内涵、外延不断扩大，而农业从出现以来就是这个观念，这个古老到接近原始的观念。这种观念的危害巨大。就比如说，中国企业有技术生产出 iPhone 手机了，但是产权和利润都是美国苹果公司的，而中国企业的观念里除了继续生产以外，根本没有别的想法了。特别是新中国成立初期用计划替代流通形成的“重生产、轻流通”的政策基本面没有得到根本改变，说到农业，就是生产领域，农产品的生产属于第一产业，农产品流通属于第三产业，农副食品加工归第二产业。在产业政策的制定上，农业部管生产，商务部和工商局管流通，经信委管信息，发改委、工信部管加工。总之，伴随着社会生产力发展，农业新发展出来的产业马上就被分割、独立出去了。在市场机制完善的西方发达国家，在产业政策影响力有限的情况下，这种观念负面作用不明显。而在市场经济体制还不完备、产业政策影响力巨大的中国，这种条块分割、孤立发展的观念的影响力通过产业政策的放大，危害就太大了，严重束缚了农业产业的发展。以现有观念发展农业，那是带着枷锁跳舞。

其次，中国农业具有现代性和国情性的二重属性。现代性是指现代经济基础要求现代的生产关系。现代农业生产是全球流通中的生产，是以消费者需求和加工企业需求为起点的生产，是在生产过程中消费了现代生产性服务的生产，体现了全领域、全循环的现代生产关系。国情性是指我国还有7亿农民，还有城乡二元化格局下落后的农村，家庭联产承包责任制是我国农业基本制度，农业生产是小农户分散经营的生产方式。农业基本制度不可以突破，农业生产方式不可以变革，农业的发展不能离开这个国情。

最后，农业产业的新观念。农业观念是一个历史范畴，其内涵和外延伴随社会生产力发展不断扩大，现代农业既包括第一产业，含种植业、林业、畜牧业、渔业、副业五种产业形式，又包括农副食品加工产业，还包括农产品流通产业，它们共同组成统一的产业有机体，并通过产业组织和产业结构优化不断发展。简而言之，现代农业是以消费需求为起点，现代生产性服务业和加工业发达的、农产品生产和流通融为一体的产业。

新观念的优越性在于，其一反映了客观实际，其二符合观念内涵外延发展的历史过程，其三是有现实指导作用。以我国农业生产领域的发展水平，大部分农产品品类，比如茶叶、大枣、螃蟹、鸡蛋等初级产品，想要在生产领域产值增加一倍已经很难，想提升生产水平也很难。但是只要进入流通领域和加工领域，增加十倍都有可能实现，初级产品经过流通加工、包装或者深加工创造了新价值，变成了铁观音茶产业、和田玉枣产业、阳澄湖大闸蟹产业、德清源鸡蛋产业，产值增加十倍。同时，铁观音茶产业、和田玉枣产业、阳澄湖大闸蟹产业、德清源鸡蛋产业的发展，是以带动相应生产水平的提升或者以生产水平的提升为前提的。在产业十倍的升值中，其一完全增收于“三农”，每一分钱的增加值都可能使“三农”直接或间接受益；其二满足了消费者多样化、差异化的需求，并不带来CPI的困扰，拉动了内需；其三，促进了农业产业结构的合理化和高度化发展，提高了产业效率和生产水平。

2. 农业的革命性变革只能是农产品流通产业

“十二五”规划、2012年的一号文件、现代农业发展规划，都强调转变农业发展方式是农业发展的主线，转变农业发展方式本质上就是革命性的变革，只能通过发展农产品流通产业实现。

（1）转变农业发展方式本质上就是革命性的变革

其一，转变的完成是一个革命性的变革。农业增长方式主要指数量的增加、产出的增长、生产力的发展。农业发展方式，包括了农业增长方式的内容，但核心内容是农业产业结构的根本变化，具体包括产业结构、收入分配、居民生活以及城乡结构、区域结构、资源利用、生态环境等方面的内容。农业发展方式既包括生产力，也包括生产关系，是量变过程中的农业生产方式的概念。农业增长方式转变的过程是渐变的，是量的积累，而农业发展方式转变的实现，是突变的，是质的变化。所以转变一个农业发展方式到另一个农业发展方式，本质上不是对接、改良、提升这样一种温和的过程，而是一次量变过程中的生产方式变革。

其二，转变的对象必须是新观念下的农业产业，而不是当前农业观念所指的第一产业。转变农业发展方式内在包含着两个结构变化：国民经济中第一产业比重下降，工业比重上升；城市人口比重上升农村人口比重下降。如果转变的对象仅指第一产业，那么转变农业发展方式目的就等同于降低农业比重，那么不要发展是降低得最快的办法。

（2）进行革命性变革的不能是生产领域和加工领域

其一，农业初级产品生产领域的生产方式不能轻易变革，否则会动摇我国的所有制基础，这是由于上述农业的国情性决定的。

其二，农副食品加工领域的生产方式没有条件变革，这是由于它对农业生产领域和流通领域具有高度依赖性，它在三者中只能最后发生变革。

（3）当前农业革命性变革只能发生在流通产业

其一，农产品流通产业是比第一产业大得多的产业。例如，德国农产品生产、加工、销售三个环节中，从产值看，近年来德国种植及畜牧业产值约为220亿欧元，食品加工业产值达1200亿欧元，全国食品销售额为1400亿欧元；从就业人数看，德国农业生产人口约为20万人，食品加工业就业超过50万人，而在零售业中仅从事食品销售的估计就超过100万人；从企业数量看，德国约有农场50万个，食品加工企业不到6000家，而在食品零售业主要被10家左右的连锁厂商所控制。从以上数据可以看出，在德国的流通体系中，从上游到下游产业集中度越来越高，加工和销售成为投入人力和创造产值最主要的环节。同时，三大环节又紧密相连、相互协作。而在中国，2011年，农产品生产、加工、流通三个环节，从产值看，第一产业产值 6.9 万亿元，农副食品加工业产值 3.49 万亿元，农产品流通产业销售额估计 12 万亿元；2010 年规模以上农产品加工业产值突破 10 万亿元，规模以上农产品加工企业从业人员 2500 多万人，全国已建立各类农业产业化经营组织 22.4 万个，上亿农户参与农业产业化经营，从事农产品流通的个体户和企业 1000 万户。可见，最大的农业产业结构调整就是大力发展农产品流通产业。

其二，农产品流通领域需要革命性变革。农产品流通产业内部需要生产方式的变革。发展大企业提高市场集中度，发展现代服务业推进产业聚集，改变产业组织架构，推进个体户企业化，强化产业政策作用等，无不引发生产关系变革；引进信息技术、通信技术、供应链管理技术等现代高新科技，促进生产力发展。通过生产方式的变革，实现农产品流通产业崛起。

3. 农产品流通产业带动农业发展

第一，农产品流通产业的发展，促使生产、加工、流通三环节的边界日趋模糊。农产品流通产业将国民经济视为一个有机体，不断密切不同产业之间和产业内部不同企业之间的主体关系，发展新型的流通产业组织，主要有三种方式。（1）通过资本关系建立公司系统。生产资本、加工资本和流通资本三者相互渗透，形成一个生产—销售的系统组织，提高经济运行效益。例如，很多产业化龙头企业采取这种方式。（2）通过契约关系，发展订单农业、批发商网络、特许经营等。上下游提前签订合约，建立长期稳定的生产、供应、分销、消费的链条和网络。（3）通过管理关系，建立供应链管理体系和新型产业组织方式。如批发市场内部的企业集群、日本的综合商社等。

第二，农产品流通产业发展，带来农业产业结构升级，产业整体经济运行效率提升，产业规模壮大。现代化的流通引导现代化的生产，引导生产标准化、精品化、机械化，从而满足消费者日益多样化、高端化的产品需求。现代化的生产和流通，必将带动农副食品加工业的腾飞。

（二）农产品流通产业与农业产业安全

我国农业产业安全面临严峻挑战，发展产业竞争力，亟须保护农产品流通产业。

1. 农业产业安全面临挑战

产业安全是指在全球经济交往与竞争中，本国资本对关系国计民生的重要经济部门的控制，本国各个层次的经济利益主体在经济活动中经济利益分配的充分程度，以及政府产业政策在国民经济各行业中贯彻的情况。在美洲大陆，美国成为世界经济霸主，而墨西哥、巴西等一批拉丁美洲国家则沦为不发达地区，表现为：国内产业结构不健全，产品结构单一化，受外国资本控制；政治上缺乏民主；社会贫富差距大，各项教育、福利等基础设施严重落后。政治上虽然摆脱了殖民主义控制，经济上对发达国家形成了更深的依赖，其所处国际环境具有新殖民主义色彩。对这些拉丁美洲欠发达国家状况的研究，引发了产业安全乃至国家经济安全理论的产生。该理论研究本国资本对本国经济重要产业的控制能力，以及该产业本身抵御外部威胁的能力。我国农业是关系国计民生的基础性产业，农业产业安全是国家经济安全的重要组成部分。

加入世贸组织以来，外资悄然布局我国农业产业，试图建立“从源头到超市及餐桌”的强大流通渠道体系，并谋求对农产品的“定价权”。这体现在以下四个方面。

（1）粮油领域

我国大豆产业和食用油市场已经全面失陷、丧失定价权。在2004年的时候，美国农业部和华尔街联合发动的一场大豆金融战，结果就是我们现在每天食用的油都要看华尔街的脸色行事，它看你不顺眼就抬高价格，你就得多付钱。先是美国农业部宣布，调低大豆产量。随后，华尔街金融资本进入期货交易市场，导致芝加哥期货交易所大豆价格连续上涨，涨幅近一倍，将大豆期货价格拉高至4400元一吨。而中国的油脂公司在均价4300元一吨的时候，进口了800多万吨大豆。后来，美国农业部又调高产量数据，国际基金紧跟着反手做空，大豆价格突然直线下降，价格一下子跌到2000元。一般情况下，大豆压榨企业的资金大约有95%将用于原材料的采购，大豆价格至为关键。于是，巨大的价格落差一下子将众多中小企业逼向绝境，导致中国70%的油脂公司破产。欧美的四大粮商趁机进入中国，用低价收购了油脂公司，从此中国的大豆产业和食用油市场受制于四大粮商，到今天，中国85%～90%的粮油都是四大粮商控股的。比如金龙鱼和鲁花，已被四大粮商所掌控。这四大跨国粮商ADM、邦吉（Bunge）、嘉吉（Cargill）和路易达孚（Louis Dreyfus），简称ABCD，通常被称为国际粮食市场的“幕后之手”，它们垄断了世界粮食交易量的80%，是包括大豆等大宗农作物的定价者。

四大跨国粮商早已经在实施它们的中国粮食战略布局。四大粮商下属的众多企业，已经在山东、河南、河北、黑龙江、湖南等粮食主产区建立或并购粮食加工企业，大量收购基层粮仓，设立粮食收储企业，甚至参与粮食种植。据了解，世界四大粮商都在找中储粮寻求合作。中国储备粮总公司总经理包克辛对媒体介绍：“他们掌握了中国植物油销售的终端渠道，然后他们再建立或收购面粉厂、大米加工厂，用植物油的销售渠道进入粮食消费市场，这就给我国粮食流通带来极大风险。”但是，“现在国内没有真正的大企业能与之抗衡”。目前，中储粮作为全国最大的粮源控制企业，具有较强的实力，却没有粮食加工业务。中粮集团有加工业务，却不能掌控粮源，销售网络也不够。华粮集团虽然在全国属于比较大的企业，但实力与跨国公司不能相提并论。有专家担心：“在跨国企业已掌控我国植物油定价权的情况下，如果进一步取得粮食流通的控制权，会使我国失去粮价定价权，给我国粮食宏观调控和粮食安全造成被动。”在食用油危机的时候，中储粮抛售20万吨食用油储备，市场一点水花都没有，调查发现它们遭到一家跨国企业的大肆收购。“他们买了后存起来也不投放市场，使国家调控失灵”，包克辛如是说。

（2）生鲜农产品领域

高盛养猪、软银喝奶、黑石卖菜等，越来越多的外资“围剿”中国农业已是不争的事实，也验证了国际投资大师罗杰斯的说法：“在中国，最有投资价值的就是农产品。”这里重点分析中国猪产业和蔬菜产业。

外资对中国猪产业的关注由来已久。2005年，高盛与几家PE参与到雨润食品上市前的融资之中，其中高盛3000万美元、鼎晖2200万美元、PVP 1800万美元。2006年，高盛和鼎晖共同以20.1亿元人民币控股双汇发展。高盛如今控制双汇集团46%的股权，控制双汇发展23.7%的股权，控制雨润食品13%的股权。2008年高盛以3亿美元价格收购了湖南、福建几十个养猪场。郎咸平表示，高盛是中国少数甚至是唯一一个控制了养猪产业上中下三游产业链的企业，所以成本最低。中国肉业网显示，美国凯雷投资集团、日本株式会社等跨国资本寻求猪产业合作、投资、贷款等项目的消息众多。业内人士担忧，跨国集团纷纷将触角伸及中国养猪业，会使这块对中国有着独特意义的领域最终又沦为“殖民地”，要警惕其通过整合产业链来实现对终端市场的控制，避免“食用油悲剧”重演。

近年来，农产品批发市场的投资、并购逐渐成为投资领域的热点。2009 年，“黑石牵头 6 亿美元砸向寿光”消息使得农产品批发市场并购问题走进人们视野，随着“黑石”在寿光的退出，跨国资本的各种分公司和代理人在更大范围内纷纷登场，农产品批发市场收购愈演愈烈。外资为了控制蔬菜产业链，做足了工作。外资超市大举进入中国，家乐福、沃尔玛在中国已经具有很强的定价能力，这是从终端上的控制。而从农田到超市，这一段蔬菜运输所经过的中间商构成的一长串链条，也正在被外商控制。所以，外商具有定价权，对菜农的蔬菜以极低价收购，再以极高的价格在超市进行出售。农产品批发市场作为产业链中最关键的批发交易环节，如果没有适当的产业监控，一旦被外资控股，存在很大的产业风险。

业内人士分析，农产品等民生产业欢迎外资投入，但必须有一个预设前提，那就是不能在产业链的关键环节让外资控股，更不能让它们专门“掐尖”收购行业前十名企业。之前可口可乐收购汇源果汁最终被否决，就是保护产业安全的极好案例，而双汇被高盛控股则教训惨痛。

（3）农资领域

外资加速对农业生产资料市场的布局。在寿光，农业俨然已成跨国公司眼中的金矿，无论种子、农药、农膜等生产资料，还是流通市场，都受到国际资本强有力的渗透。据统计，寿光蔬菜大棚农膜被国外品牌占据了 60% 以上，国外农药抢占了 30% 以上的市场。

在种子市场方面，外资已经占领蔬菜种子 50% 以上的市场份额和 80% 以上的利润，正大举进军棉花、大豆等大田农作物种子市场。自 20 世纪 80 年末，孟山都、先锋等 35 家跨国种业巨头进入中国，我国一些种子产业的“排头兵”企业已纷纷被外资并购。国内排名前 10 位的种业公司中，隆平高科、敦煌种业、登海种业、山西屯玉等频现外资“身影”，孟山都、先正达、先锋、利马格兰等国际种业巨头已在不知不觉中悄然“潜伏”。最大的问题是我国种业的市场集中度低，整体实力十分薄弱。专家指出：“现在国外大宗作物种子，基本上都是通过在中国设立合资公司，在国内生产销售。合作育种只不过是品种从国外拿到中国直接进行筛选，筛选完了以后，品种一旦适合中国，就开始在中国生产，做到育、繁、推一体化。”而我国 8700 多家种子企业中，育、繁、推一体化企业仅有

95 家，大部分企业没有自主研发能力，88% 的品种出自科研单位。而美国的科研院校仅做基础性研究，95% 的品种出自种子企业，企业工厂化式育种大大提高了育种水平和效率。2009 年，中国科学技术发展战略研究院综合发展研究所发布的一份研究报告称，全球种业 10 强公司占全球种业市场份额的 35%，而国内种业 10 强公司占全球市场份额的比例仅为可怜的 0.8%。

在化肥市场方面，化肥价格暴涨可能挤垮中国农业。中国用全球 7% 的土地，养活了全球 1/5 的人口，但代价是消耗了全球 35% 的氮肥和 70% 左右的可用水资源。“粮食连续七年丰收”的背后是，2～3 倍于欧美的化肥和农药使用量，数倍于传统种子的工业种子。中国农业大学资源与环境学院课题研究组的数据表明，过去 8 年，我国粮食单产几乎没有显著增长，但每亩化肥施用量却增长了近 40%，每公斤化肥生产的粮食不足 19 公斤，这一生产效率正在以每年 1 公斤的速度下降。目前除氮肥外，中国的磷肥与钾肥原料都存在严重的对外依赖问题，国内钾肥价格一路猛涨。据山东联盟化工有限公司生产部经理张德焕介绍，磷肥生产所需要的硫黄两年来价格几乎涨了 10 倍，而硫黄占磷肥成本的 1/2，由此大幅度增加了磷肥的成本。国际市场硫黄供应紧张，加拿大、俄罗斯、中东国家对中国硫黄供应都在减少。中国工程院院士郑绵平等专家指出，我国每年消费钾肥实物量达 1100 多万吨，但钾盐资源探明储量只占全球的 0.45%。目前钾肥进口依存度达到 70% 左右，造成钾肥价格控制非常被动，在很大程度上受制于人。据中国农业问题专家李昌平计算，两年之间，在粮食收购价格上涨不过 5% 的情况下，化肥价格上涨超过 120%，涨幅是粮价涨幅的 20 多倍！这主要是由于国际钾肥生产巨头掌握了定价话语权，不断抬高价格。有关专家提醒：“我国粮食生产对外依存度虽然较低，但我国化肥生产中硫黄与钾肥高度对外依赖，国外有可能通过提高肥料成本，抬高我国粮食价格。”

（4）外资进入农业的分工合作及危害

外资进入中国农业的分工合作有两个方面，一方面，政府与企业之间真正做到“政府搭台、企业唱戏”。2001 年加入 WTO 的中美协议要点，特别规定中国国有企业要退出大豆贸易，本来两个大国之间的入世协议内容都是宏观的问题，为什么要从数千万商品中单单把一个大豆开列进来？直到 2008 年以豆油为首的植物油价格“一声炮响”，带领食品价格火箭般蹿升时，我们才明白美国政府的“深谋远虑”。2004 年美国农业部先是宣布调低大豆产量，而后又是宣布调高大豆产量，让我们见识了“纵横捭阖”。另一方面，企业与企业之间的分工合作，高盛等几家专注于“养猪”，黑石等几家专注于“卖菜”，四大粮商专注于粮油，彼此之间不打架。

2006年8月美国《华尔街日报》刊登过一篇文章的大标题就是：“中国大豆被外资垄断，造福美国农民”，如果整个中国粮食市场被外资控制了呢？当初苏联那么一个庞然大物都被美国用小小的粮食武器打垮了，那还仅仅是通过苏联社会之外的世界粮食价格变化的间接打击，而对中国这种从里到外的粮食控制，将会完全掐住13亿中国人民的脖子。事实证明，由于中国对农产品需求量大，外资一旦进入该领域，美国就可以随心所欲地控制中国的通货膨胀，将CPI指数推到令人恐怖的高度。在CPI指数里，猪肉占比很重，猪肉等农产品价格暴涨推高CPI，通货膨胀愈演愈烈。有分析认为，食用油涨价只是一个开始，在此之后，国内农产品市场将可能出现一系列的价格波动。

2. 我国农业产业竞争力的核心优势

迈克尔·波特提出了著名的有关产业竞争力的“钻石理论”，包括六要素：生产要素、需求状况、相关产业、企业战略结构与竞争环境、机会、政府行为。在中国加入WTO以后，在全球格局中最具优势的是巨大的市场资源，就是需求状况要素，而流通产业主宰着市场，我们可以通过刺激流通产业加大投资、促进发展来加强流通企业的生产能力。在农业产业中情况也是一样，生产和加工在各个要素的衡量中不具备比较优势，而农产品市场需求、主宰市场的农产品流通产业，才是农业产业竞争力的核心优势所在，体现为农产品流通产业竞争力。农产品流通产业竞争力是农产品流通领域本身的运行效率和经济效益，是流通领域劳动者在流通中创造和实现价值的能力，它本质上反映的是流通的能力，能力强则竞争力强，能力弱则竞争力弱。实践中通常用三个指标评价流通产业竞争力的大小，即投入运转能力、回报能力、竞争度。根据国际比较，我国农产品流通产业竞争力很弱，亟须加大投资、促进发展来提高产业竞争力。

当前，我国农产品流通产业竞争力弱，为外资进入并谋求控制农业产业提供了时机。外资进入农业，首当其冲的是农产品流通产业，但最终是中国经济。外资企业通过巨额订单和大规模采购能力，把持了农产品的定价优势，据此向农业产业的消费终端和中上游产业链实施纵深控制，直至“掌管”起农业的产业结构，外商给出的批量和价格订单，完全可以决定国内绝大多数生产者、加工企业和流通企业的命脉，如果外商控制了农产品流通产业，大批的流通个体户将被直接淘汰出局，而国内生产和加工企业将沦为生产贴牌产品的加工车间，生产的主动权、流通的定价权将被掌握在别人手里。

3. 农产品流通产业亟须保护

透过纷繁复杂的现象，外资布局农业产业的核心领域在流通产业，因为谁掌握了流通渠道谁就掌握了产品的定价权和消费者，我国农产品的定价权正在流失，农产品流通产业亟须保护。

首先，农产品流通产业是外资的目的和手段。跨国粮商进行全球粮食产业链整合，从一开始就不是为了微薄的生产、加工利润，而是为了流通环节中更可观的收益。跨国粮商就是在农产品流通产业上“俘获”巴西、阿根廷农业的。在全球第二大农产品出口国巴西，原本被热带雨林包围的亚马逊地区这些年有不少树木被当地农业生产者砍掉，改为种植大豆，形成一条从菲利兹到兴古的120公里长的“大豆公路”，来自美国的ADM、邦吉和嘉吉3家跨国粮商在这条公路沿线投资新建了23个大型粮仓，专门用于收购和储藏这些农场产的大豆。它们还在亚马逊腹地的圣塔伦市建设大豆专用码头，从那里把巴西大豆装船出口。它们通过仓储和运输，轻而易举地控制了这个地区的大豆贸易。而在价格上，跨国粮商在收购巴西农产品时完全以美国芝加哥农产品期货市场的价格为准。据巴西农业联合会近期调查，巴西大豆出口的84%是被ADM、邦吉、嘉吉和法国路易达孚4家跨国粮商收购和出口的，它们控制了巴西大豆生产、收获直到销售的全过程，如果巴西农户想脱离跨国公司来“单干”，马上就会面临资金、运输、客户等各种难题。孟山都公司启动控制阿根廷粮食生产的进程，是在1996年从种子流通开始。在最初阶段，孟山都故意放弃“技术使用许可费”，吸引阿根廷农户选用自己的种子，而当其转基因种子迅速扩散、阿根廷农业经济逐渐受控于外国集团时，孟山都开始收取专利费。尽管阿根廷农民提出强烈抗议，但“技术补偿基金”还是于2004年底开始实施。美国都乐以全球流通领域最大的水果贸易商闻名，这得益于它对菲律宾香蕉、菠萝等农业产业的控制。从跨国粮商在中国的经营模式来看，它们控制着从生产到加工的全部环节，加工环节减少的利润，其实早在流通环节就已经落入跨国粮商的口袋。

其次，我国农产品定价权正在流失。我国农业问题专家李昌平指出，加入WTO，大豆等土地密集型农产品的大量进口，对部分地区农民收入有影响但影响不大，主要是绝大部分市场份额和“定价权”被外资控制了，对中国社会稳定和经济安全有潜在的威胁。日本的劳动密集型农产品65%以上的市场份额是中国的，但定价权仍在日方；而中国大豆及其加工品65%的市场份额是美国的，定价权也在美国。中国劳动密集型农产品（如水产、水果、蔬菜等）出口有很大增长，这对增加农民收入是有帮助的，但是由于“定价权”被在中国境内的“外资农业企业”控制，出口量增但收入难增。国外种子公司生产1粒甜椒种子成本仅1分，但在中国市场却要卖到1元，相关市场已被国外公司垄断，农民只能被迫接受高价“黄金种子”。

最后，农产品流通产业亟须保护。德国经济学家李斯特曾提出过“幼稚产业保护理论”，该理论认为，后发经济体的比较优势需要政策去保护和扶持，而不能轻易地全面开放，否则民族产业就会被外资打垮而失去发展机会。从韩国等经济体对农业的保护经验来看，对外资进入农产品行业需要有范围、比例两个限制，初期应以终端产品、非敏感产品为主，至于粮食油品则需审慎开放。为避免全行业被外资控制的局面，需要将单个外资企业进入的比例限定在10%～15%。广东商学院流通经济研究所所长王先庆认为：“尤其是流通领域更要提高警惕，外资对农产品流通控制的影响要比生产、加工等环节大100倍。”李昌平指出，在种子、农产品收储、物流、零售连锁和进出口贸易等领域，要限制外资的权利。中资进入别的国家搞农业，限制是非常多的，上述环节几乎不准进入。

我们需要政策来扶持和保护农产品流通这个“幼稚产业”，不能轻易全面开放，需要为农产品流通产业的崛起创造机会和留出时间。

（三）农产品流通与第三产业

农产品流通产业作为第三产业的重要组成部分，是产业结构升级和城镇发展的增长极、农村劳动力转移和农民增收的主要领域、国民经济的重要增长点。

1. 区域经济的增长极

（1）农产品流通产业是第三产业的重要组成部分

根据国务院办公厅转发的国家统计局《关于建立第三产业统计的报告》上对中国三次产业划分的意见，我国第三产业包括流通和服务两大部门，具体分为四个层次：一是流通部门，包括交通运输业、邮电通信业、商业饮食业、物资供销和仓储业；二是为生产和生活服务的部门，包括金融业、保险业、地质普查业、房地产管理业、公用事业、居民服务业、旅游业、信息咨询服务业和各类技术服务业；三是为提高科学文化水平和居民素质服务的部门，包括教育、文化、广播、电视、科学研究、卫生、体育和社会福利事业；四是国家机关、政党机关、社会团体、警察、军队等，但在国内不计入第三产业产值和国民生产总值。

市场经济体制下的流通产业，它的内涵十分广泛，包括所有涉及农产品流通活动的企业的集合体，涵盖商流、物流、资金流、信息流的所有流通要素，从这一角度定义它包括了第三产业的绝大多数行业。按照国民经济三大产业的分类法，流通产业主要由农产品流通产业和工业品流通产业组成，农产品流通产业是第三产业的重要组成部分。

（2）农产品流通产业发展带动区域产业结构升级

众多经济学家对产业结构升级理论的研究发现了历史与逻辑统一的进程，目前发展到了主导产业高级化阶段。发达国家社会经济结构第一产业和第二产业已经退居到次要的位置，在国民经济中的比重减少到20%，而原来处于附属地位的第三产业上升为主导产业，比重达到80%。这样的产业结构升级变化预示着作为第三产业重要组成部分的农产品流通产业地位与作用不断增加，创造经济增长的功能不断加强。农产品流通产业在优化产业结构过程中的作用如下：其一，促进区域国民经济结构升级。农产品流通产业参与了地区三次产业之间及三次产业内部结构优化的整个过程。其二，促进区域产业布局优化。农产品流通产业内部存在着流通服务的质量和效率高级化，以及各种渠道、节点、网点空间布局合理化的更迭。其三，促进区域产业结构国际化。一个地区要想充分利用国际经济、金融、科技及商品市场提供的条件实现快速发展，就需要建立完善的内贸与外贸相结合的全方位外向型农产品流通产业结构。

（3）农产品流通产业是城镇与农村发展的增长极

布代维尔、弗里德曼、赫希曼等人的增长极理论核心内容是：一个国家的经济不可能平衡发展，经济增长通常是从一个或者数个“增长中心”逐渐向其他部门或者地区传导，政府应该通过倾斜投资政策，有意识地培养某个产业（支配企业）或城市（地区）作为经济增长极，带动相关产业和地区经济的发展。

农产品流通产业是新型城镇的重要增长极。我国正处在城镇化的重要时期，许许多多的农村仿佛一夜之间就变成新兴城镇。对这些城镇来说，一个基础是商业服务发展起来了，另一个基础就是原来的农业产业基础，这时候城市生产力的不足完全可以通过发展农产品流通的内引外联力量来弥补，通过农产品流通吸引来更多的企业和商品，带动商业、服务业为主的第三产业发展，引导工业的聚集和辐射，促进城市繁荣。

农产品流通产业是发展农村商品流通和克服城乡二元格局的关键。我国农村商品流通体系处于小、乱、弱状态，假冒伪劣商品泛滥，坑农害农事件频发。一方面，购物环境差，传统的夫妻店、代销店网点占80%，进货渠道复杂，价格随意性大；另一方面，销售环境差，传统的一家一户自己种植、一家一户自己销售仍占主流，销售信息缺乏。但是，我国农村居民仍然占全国总人口的50%，2009年我国社会消费品零售总额达125343亿元，2009年中国农村社会消费品零售总额突破40000亿元；县及县以下消费品零售总额约为40210亿元，占社会消费品零售总额的32%。如此巨大的农村市场规模与需求规模，为农产品流通产业在农村的发展奠定了基础。只要加大基础设施投资，合理布局众多网点、节点，创新适合的业态、业种，农村的商品流通产业会迎来爆炸式发展，城乡二元格局的障碍会随之灰飞烟灭。

2. 农村劳动力转移的主要领域

首先，农产品流通产业具有很强的劳动力吸纳能力。该行业具有技术简单，工作时间、地点灵活的特点。在产业结构调整过程中，第一、第二产业原有的劳动力就会显得相对过剩，必然向第三产业转移。第三产业是劳动密集型产业，可以吸纳较多的劳动力。有分析指出，每增加1万元的固定资产，重工业可以安排1个人就业，轻工业可以安排1.6个人就业，而第三产业可以安排10个人就业。从国际比较看，美国2002年的批发零售餐饮就业人数占全部就业人数的20.6%，韩国2003年的流通产业就业人数占全部就业人数的26.4%，中国2002年批发零售餐饮业就业人数占全部就业人数的6.7%，由此可见我国农产品流通产业在吸引劳动就业方面还有巨大潜力。

其次，农产品流通产业具有很强的经营者吸纳能力。该行业具有投资小、见效快、效益好的特点。农产品流通行业的经营主体具有多层次性和高差异性的特点，即大型流通企业集团、高度组织化的连锁企业与大量分散化、细小化的小商小贩、夫妻店、路边菜摊并存，流通企业布局点多面广、零星分散。相应的，对农产品流通产业经营者的要求，也具有其他产业不具备的宽泛性，几乎不存在进入限制，因而所需的投资较少。2002年，日本雇员数在20人以下的批发企业占

90%，雇员数在10人以下的零售企业占90%。韩国的零售业，90%都是家庭营业或者妇女从事。由于流通产业既提供有形产品，也提供无形产品，所以利润水平较高。据统计，国外商品的周转、库存、保管以及把商品向最终消费者运送的全部流通费用，占商品总价值的50%以上。例如，日本生产企业平均占商品利润的15%，流通企业要占70%～80%。

最后，农产品流通产业是农村劳动力转移和农民增收的最主要领域。农产品流通贴近农民、贴近农村、贴近农业，农民从自产自销到专门销售或者为销售服务，较进城进厂务工容易得多，回报和机会也大得多。但是由于农产品流通公共基础设施的缺乏，使农民想从事流通行业先得自己建包装场、冷库，自己跑市场信息、跑运输，自己筹集资金，这些经营环境问题多年来阻断了多少农民创业的梦想，也大大减少了农民直接在农村就业的可能。改善这些经营环境，让农产品流通产业井喷式发展，其实没有那么难。

3. 国民经济重要增长点

农产品流通产业发展越快，国民经济增长越快。流通产业占GDP的比重，是衡量一国经济市场化程度的重要指标。20世纪80年代以来，发达国家流通产业的产值占GDP的比重一直呈上升趋势。近十年来，发达国家流通产业占GDP的比重一般为25%～30%，新兴市场国家和发展中国家在10%左右。下面仅以流通产业的主要构成——批发零售餐饮业为例，2004年，英国占20.65%，美国占15.57%，中国占7.38%，这里不包括交通运输仓储及其他服务业的产值，否则比例会更高。我国2010年GDP总量401202.00亿元，其中第三产业国内生产总值达173087.00亿元；批发零售餐饮业2010年为43814.60亿元，占GDP的10.92%。

我国现阶段流通产业对国民经济总产值的贡献，仅相当于西方国家20世纪80年代的水平，从国际经验与国内情况分析来看，我国流通产业对GDP的贡献存在较大的发展潜力。流通产业创造的产值越大，GDP的增长速度也就越快。由于这里把流通产业看成是由农产品流通产业和工业品流通产业两个部分组成，所以流通产业的情况同样完全适用于农产品流通产业。农产品流通产业是国民经济的重要增长点。

四　农产品流通产业发展框架

农产品流通产业作为国民经济中一个独立的、重要的产业，要实现跨越式发展，需要流通方式和流通体制的根本性变革。它有三大关联条件：（1）加大公共基础设施投资，提高资本积累率；（2）建立能够带动整个产业增长的生产性服务业主导行业，采用行业不平衡发展的战略；（3）实行制度的、社会的、政治的产业管理革命。这就是农产品流通产业革命的内涵，首先要立足于农产品流通网络体系现状，实证地分析产业结构优化和产业组织创新，提出生产性服务业主导的产业发展框架。

（一）农产品流通产业结构优化

1. 从农产品流通网络体系到产业结构

（1）农产品流通过程实证分析

农产品流通网络是指在农产品流通过程中，各流通主体之间基于农产品运动和形态变化而形成的各种相互关系的集合。在图 1 国内贸易商流模式中，加入产品、企业、流通四要素、流通渠道、节点、网点、业态、业种、基础设施设备，就构成了一张巨大的流通网络体系。农产品流通过程就是在这个流通网络体系中从农户销售开始的。

农户销售获得现金需要收购商垫付。在我国绝大多数的农产品是千万农户各自销售，必须要现金，只有少数规模化的生产基地才有赊账的可能。农户要拿到现金，收购商（个体户）就必须垫付现金，农产品才能完成“惊险的跳跃”，如果收购商（个体户）没有能力垫付现金，或者没有能力收购了，农户不可能直接卖给消费者。中间商必须存在，而且由于收购商是个体户，规模小，需要很多的收购商。

收购商在产地还有很多地方需要垫付资金，需要垫资请包装工、装卸工，支付包装耗材，垫付冷库租赁费、场地费，有时冷库与包装场地等设施设备需要自己投资，有时候要支付经纪人的信息费，支付运输费运输到销地批发市场。

收购商在批发市场要继续垫付资金。采购商选择自己卖货的可能性很小，一种是他规模比较大，同时也是批发商了；另一种是他规模非常小，在卖货的过程期间，他放弃了采购，没有成熟的下游买家群体，卖货会很慢。如果收购商的货物卖断给批发商，收取现金，市场行情好的时候可以，市场行情不好的时候就不行。所以正常收购商会委托熟悉的批发商（个体户）代理销售或者赊账卖断，那么他需要继续垫付进场费，承担批发商的部分欠款，可能是一个月以上。

批发商主要功能是集货和垫付资金。批发商常年租用市场交易场地和仓储设施，经营一个或者数个品项的商品。为了全年的、规模的经营一个品项商品，就需要在不同季节跟来自不同地域的众多收购商建立信用关系，如果用现金买进商品价格一般会更优惠，所以批发商需要大笔资金起到集货功能。同时为了有稳固的规模的下游销售渠道，一般批发商为下游买家群体（配送商、二级批发商、零售商等）垫付资金，建立信用关系。批发商要规模化经营，大量的精力用于对上游收购商的整合和下游规模渠道的建设，很少能够有能力继续开发市场终端团体消费者的配送订单，这需要专业配送商。

配送商的主要功能是散货和垫付资金。配送商开发市场终端的团体消费者的配送订单，比如企事业机关单位食堂采购、超市、商店等订单，每一个订单的开发和维护都需要花费巨大精力，而且每一个订单需要的品项多达几十个、几百个，需要全年供应，最后结算大多还需要一个月以上的账期，这些因素决定了配送商不可能直接向收购商或者农户采购商品，而只能是向多家批发商建立信用关系或者现金采购。配送商还需要垫付仓储、加工场地租赁费或者建设费，加工设备、运输设施投资资金等。

在中间商从市场终端消费者那里回收现金之前，整个农产品流通经历了许多环节，每个环节都涉及货款的支付和设施、设备费用的支付，当中间商个体规模小、垫资能力弱的时候，就需要更多数量的中间商和更多层级的流通环节，在这种情况下，如果能够人为减少流通环节，那么流通过程就不会完成。流通环节的多少是市场机制决定的，不能简单把流通环节的多少等同于流通模式的好坏和流通效率的高低，效率低点总比流通没法实现好。要改变流通环节，必须在增加中间商要素投入改变资源配置条件的前提下，在区分新资源配置条件下，去掉非必要的、不能带来附加值的流通环节，保留和发展必要的、能带来附加值的流通环节。

（2）农产品流通产业结构

现有农产品流通网络体系可以归纳为：以千万农户卖菜为起点，以千万市民买菜为终点，中间是千万流通个体户之间的“黑箱”。“黑箱”是指个体户之间的相互关系是松散的、不确定的。产业经济学认为，这个“黑箱”就是产业结构，它是资源配置的转换器，决定流通效率。根据产业经济学分析规范，产业结构有两层含义，其一指不同行业之间的技术经济联系和联系方式，其二指同一产业内不同行业之间的技术经济联系和联系方式。本文的农产品流通产业结构是指第二层的含义。研究农产品流通产业内不同行业变化发展的趋势，揭示产业发展过程中不同行业之间起主导或支柱地位的行业的确立、发展和更替的规律及其相应的结构变化，这就是农产品流通产业结构理论。

2. 农产品流通产业结构的社会基础

首先，农产品流通产业结构处于自发状态，产业结构构成松散。其一，产业主体依赖于农民个体户为主，主体之间关系体现了中国社会关系特点，小范围内注重血缘、地缘关系，大范围内体现行政关系，也带来产业内不同部门之间关系松散和条块分割。其二，产业客体基本是初级农产品，增值服务少，专业化不成熟，产业素质低，产业内各个部门发展落后。其三，载体投资少，后续投资能力缺乏，各网点、节点、渠道、业态落后，现有个体户没有能力改变。

其次，承担重要社会功能。流通产业的一端是千万农户卖菜，菜贱伤农；另一端是千万市民买菜，菜贵伤民；中间是千万个体户要生存、要就业。

最后，落后与现代并存。市场全球化，跨国企业、国际产品的挑战，新市场的机会、新技术革命的机会，国民经济高速增长，消费需求结构升级等，丰富了社会基础的多样性。

3. 我国农产品流通产业结构优化

产业结构优化是指推动产业结构合理化和高度化的过程，前者指调整不协调的产业内不同部门之间的比例关系，促进各部门协调发展和流程优化，后者指通过创新，加速产业结构的高度化演进。通常对产业结构的研究重在结构的优化，经济增长与经济发展的最大区别在于经济发展引入了结构优化的因素，经济发展是在结构优化基础上的长期增长，经济需要长期的发展而非简单的短期增长，所以产业结构的优化备受重视。产业结构时时刻刻在发生变化，科技发展、需求变化和投资引导，都会引起部门间的不平衡增长，不平衡增长导致部门间数量比例的变化，以及部门间相互地位、相互关联方式的变化，这就是产业结构演变。从量变到质变的不断螺旋上升的过程，就是产业结构演进的过程。从发达国家工业化过程产业结构演变来看，这一过程表现出高服务化、高加工度、高资本化、知识集约化等特征，呈现出一定规律。经济后发达国家在制定赶超战略时，就可以通过提出目标的产业结构框架来指导眼前的产业结果演变过程。

4. “生产性服务业主导的三节点模式”的产业结构目标框架

（1）“零售店——配送中心——包装场”三个节点

首先，进行农产品流通渠道优化，提出三级渠道模式，即拥有三个中间商。流通渠道是指农产品从生产环节进入消费环节的组织序列，可以简单描述为“生产者——中间商——消费者”。中间商多少就决定渠道的长短，可以简单把渠道分成几级，通过图1可以看出，我国农产品流通渠道从零级渠道到五级渠道。中间商并不是简单的越少越好，毕竟流通效率要以其能否完成农产品的集散为前提，过少的中间商一定会影响商品的流转量。有位美国学者曾经说过：“你能够消灭中间商，但是你不能消除他的功能。”这三个中间商分别是面对生产者的采购商、面对消费者的零售商和沟通二者的配送商。

其次，将中间商扩大到流通节点。流通节点是指农产品流通网络中连接流通线路的结节之处，就是供需双方直接见面的地方，通常表现为具体的交易场所，同时具有物流、商流、资金流、信息流等功能。

其一，在采购商环节，包括交易、预冷、仓储、分级、包装、搬运装卸等场所设施、设备，形成产地包装场。未来发展空间方面，包装场可以进一步发挥农产品集货运输和干线运输的物流功能、经纪人的信息功能、农产品采购与销售的资金流功能、农资和生活消费品的农村商品流通功能。包装场还可以成为农村生产、生活、文化单位。

其二，在配送商环节，包括交易、仓储、加工、搬运装卸、结算、配送等场所设施、设备，形成配送中心。未来发展空间方面，配送中心可以进一步发挥农产品批发功能、流通四要素功能和上下游渗透的功能，发展成为大型流通企业集团。

其三，在零售商环节，包括商店、商标品牌、条形码、信息技术等设施和设备，形成零售店。未来发展空间方面，零售店可以通过零售营业网点的扩张和联合发展、经营业态创新和业种变化，发展成为大型的零售企业集团。

（2）流通网点的需求引出生产性服务业

首先，流通网点的需求。流通网点之间还需要集货运输、干线运输和城市配送等三个线路连接成一个体系，流通网点所需的场所设施、设备需要大额的投资，而个体户为主的流通主体没有投资能力，流通节点功能的完善同时需要个体户经营能力的提升，个体户需要培训，这些需求体现为对生产性服务业的需求。

其次，农产品流通生产性服务业。克拉克等经济学家提出服务业可以分为生产性服务业和消费性服务业两个组成部分，我国学者钟韵、闫小培认为生产性服务业是为生产、商务活动和政府管理提供，而非直接向消费性服务的个体使用者提供的服务，它不直接参与生产或者物质转化，但又是任何生产环节中不可缺少的活动①。总体来说，生产性服务业在理论内涵上是指市场化的中间投入服务，即可用于商品和服务的进一步生产的非最终消费服务。我们简单界定，对个人的服务为消费性服务业，对企业的服务为生产性服务业。我国农产品流通产业的生产性服务业是指：为流通企业提供服务的部门，包括物业、仓储、运输、加工、金融、信息、科技、教育、商务、咨询、营销、法律等服务。生产性服务共同满足流通节点的需求，促进采购商、配送商、零售商等个体户发展成为流通企业、包装企业、配送企业和零售企业。

最后，生产性服务以集群的形式存在，当前主要采取农产品批发市场的方式。在农产品流通产业中，农产品批发市场自己不买商品、不卖商品，它是一个经营商户、管理商户、服务商户的平台，是典型的提供生产性服务的平台，所有的农产品批发市场起码提供基础的物业服务，然后具体的农产品批发市场分别提供从几项到几十项不等的生产性服务，这些生产性服务可以是农产品批发市场企业的内部部门或者下属公司提供，也可以是跟批发市场没有产权关系的企业提供。

（3）生产性服务业是农产品流通产业内部的“主导部门综合体”

生产性服务业本身能够形成持续高速的增长率，而且具有极强的扩散效应，对各个流通节点、企业的增长具有决定性影响，这就是“主导部门综合体”具有的“结构”效益。当前生产性服务业确立主导地位的决定性条件就是公共基础设施、设备投资，提高资本积累率。

（二）农产品流通产业组织创新

产业内部企业跟企业之间的关系（主要是竞争与合作关系）及其变动影响了产业内部资源配置效率，这就是产业组织理论。我国农产品流通产业 1000

---

① 钟韵、闫小培：《西方地理学界关于生产性服务业作用研究述评》，《人文地理》2005 年第 3 期。

多万个体户，决定了产业组织的基本状况需要通过个体户的企业化来提升产业效率。

1. 农产品流通个体户（商人）的社会关系基础

（1）封建社会商业的贡献与对商人的摧残

商业是中国历代封建王朝重要的财政支柱，国家通过专营、专卖等政策，垄断重要的工商业领域掠夺民间财富，来满足宫廷、政府和军队的需要，到南宋、元代时达到顶峰，1128 年中国海外贸易占整个南宋王朝财政收入的 20%；元代时，仅仅广州城居住的阿拉伯人超过 12 万人，比今天多得多。所以国家需要工商业的存在，但同时又要把它控制在一定的水平，处于永远依附国家的地位。自汉武帝以来整个封建时期实施大规模摧残商人的政策，一方面运用政权力量，直接对商人进行政治压迫和严厉打击，另一方面又运用封建伦理进行“贱商”、“轻商”，使商人处于一种被人轻视的低下社会地位。其主要手段有对民间工商业课以重税，利用均输、平准等手段干预市场，控制物价，对城市市场进行严格管制，并设立专门的机构严格控制和垄断海外贸易，甚至闭关锁国、实行海禁等。

（2）个体户的处境与地位

其一，个体户的处境仍然不佳，特别是农产品流通个体户。个体户，最初是个贬义词，在 20 世纪 80 年代初期，它基本上就是待业青年、劳改犯的代名词，是和主流社会格格不入的。特别是农产品流通个体户，绝大多数都做了二三十年，因为个体户规模普遍很小，交易额却很大，依靠非常复杂的信用关系维持，所以有生意只在熟人中做的说法，入行了就很难出来，也很难做得很大，年轻人也不愿意从事这个行业。如果是从事其他行业二三十年，如金融、房地产、工业等，行业从业者的总体回报远远大于农产品流通行业，这并不是个别人的原因。

国家工商总局的数据表明，1999 年中国实有个体户 3169 万户，到了 2004 年，这一数字下降为 2350 万户，6 年间净“缩水”819 万户，平均每年减少 136.5 万户。那段时间，关于个体工商户的大量消亡问题成为各界关注的焦点，个体户的税费、国民待遇、医疗保险等状况都不佳。

其二，个体户与我国服务业发展。根据《北京日报》报道，“十五”期间，我国服务业总产值占 GDP 比重呈下降趋势，由 2002 年的 41.7% 降为 2005 年的 39.5%。这一比重不仅低于发达国家 70% 左右的平均水平和世界 60% 左右的平均水平，而且低于大部分发展中国家48%的平均水平。当发达国家和发展中国家（中国除外）都出现经济服务化趋势的同时，我国却出现了服务业萎缩的“中国悖论”。

我国的个体户主要集中在第三产业，是发展服务业的主要力量，也是促进经济社会发展和吸纳劳动力就业的重要力量。个体户不发展，势必导致服务业发展滞后。为此，国务院公布《个体工商户条例》，自2011年11月1日起施行，鼓励个体户发展。

（3）为农产品流通个体户（商人）正名

其一，流通个体户是农业商品经济的依靠。我国农业经济是商品经济，商品以交换为前提，必须实现马克思说的“惊险的一跳”，否则一切归零。我国农产品流通开始于千万农户独自销售，分散的、小规模的农户只能接受现金交易，所有的现金只能由采购商（个体户）先行垫付，在个体户资金能力有限的条件下，就需要许多的个体户。农户只要拿到现金，就完成了“惊险的一跳”，就实现了价值，就可以再生产，农业商品经济过程就完成了；往后的流通环节亏与赚，以及市民菜贵还是菜贱，与农户不再有关系。

其二，流通个体户是农产品流通运行的根本。整个农产品流通过程，平均要发生3～4次所有权转移和价值支付，给超市、团餐等单位的配送款还需要账期，另外还有许多包装、加工等耗材投入，场所、机械等设施、设备投入，这大量的流动资金、沉淀资金和个人信用，都是依靠个体户垫付来运转的。个体户资金能力有限，就需要许多的个体户共同垫资，这是流通环节多的根本原因。只有这许多的个体户垫资了，市民最终才有“菜”可以买，流通运行才能实现。

其三，流通个体户（商人）是农村经济的第一生产力。生产力包括劳动者、劳动对象和劳动工具。如果说科学技术是第一生产力，那么科学技术的含义也绝不是西方的自然科学及自然科学包含的技术研发、机械设备或者软件系统。“科学技术”来到中国，离开了西方的生产系统和社会系统，如果还是西方的含义就会有“橘生于北则为枳”。中国的科学技术在本土意义上是以社会文化为主体，综合了自然科学，社会文化的主体是人，自然科学的主体是物质，而商业就是这样融合了社会文化与自然科学的专业，商人就是接受了商业的人文教化和技能训练的人。在农村经济中有1000多万这样的商人（流通个体户），规模庞大，拥有资金、资产、劳动工具，经历了几十年市场经济的洗礼与教化，拥有商业修为和技能。农产品流通个体户群体内涵丰富，拥有加工、包装、品牌等商品增值知识，拥有商务、物流、管理等流通技能，拥有企业经营、业态创新、提供生产性服务等产业组织能力。当中国产业面临跨国公司的伏击，面临逆服务化发展悖论，受伤最深的是流通个体户，而能够抵御外资的也是流通个体户。所以，流通个体户（商人）是中国农村经济的第一生产力。

其四，流通个体户（商人）是农村商品经济的精神。我们说中华民族光辉灿烂的历史文化是劳动人民的智慧，那么现在和将来农村商品经济文化就是流通个体户（商人）创造。二三十年的市场洗礼，这些流通个体户经历的要远比得到的多。

正确认识流通个体户群体社会地位，加大教育培训的投资，对改善我国农产品流通产业组织状况至关重要。

2. 农产品流通产业组织处于初级阶段

自亚当·斯密以来很长时间内，西方经济学家认为没有比竞争机制更优越的市场组织形式了，直到新古典经济学马歇尔提出企业组织的大规模生产能力带来规模经济，形成垄断，但是垄断一方面带来规模经济，一方面阻碍竞争，形成了被称为“马歇尔冲突”的矛盾。关于产业内部企业之间竞争与垄断及规模经济的关系与矛盾，及其对资源配置效率的影响，就形成了农产品流通产业组织活动现状，包括作为产业运行环境的市场结构、运行方式的市场行为和运行效果的市场绩效。

（1）非竞争非垄断型的市场结构

农产品流通产业市场结构是反映市场竞争和垄断关系的概念，是指市场主体之间的力量对比关系及其达到某种均衡状态的特征，具有以下三个特点，造成非竞争非垄断的市场结构。

其一，产品几乎是基于自然属性的初级农产品，但是农产品自身品项极多，而且消费习惯差异极大。这是由于产品过于缺乏加工造成的。

其二，主体数量太多，规模太小，市场集中度低。市场主体多达 1000 多万个。

其三，个体户进入和退出均自由，而有一定规模的企业进入自由但退出壁垒较高。由于信用、冷库、运输车辆和加工设备等资金和专用资产的沉淀性导致退出沉没成本大，现有市场发育不完善、缺乏要素市场和服务市场、职工解雇成本高等问题造成退出壁垒高，妨碍了主体投入热情。

（2）落后与先进并行的市场行为

农产品流通产业的市场行为指企业（个体户）为实现其目标而采取的适应市场要求的调整行为，表现为两个方面：其一，价格行为完全是随行就市的短期行为，没有所谓的价格策略。其二，企业的组织调整行为以垂直一体化为主，水平一体化很少。农产品流通企业垂直一体化是指由一个组织来承担农产品供应链上原本由多个组织承担的生产、运输、销售功能，主要体现为“公司+农户”、“龙头企业+合作社+农户”等方式。这是一种现代的供应链管理模式，但是往往由于供应链系统管理的复杂性而流于形式。农产品流通企业水平一体化体现为流通企业的规模化和连锁化，目前较少。

（3）市场绩效低下

农产品流通产业的市场绩效是指在现有的市场结构下，由现有的市场行为所形成的产品质量和品种、产量、价格、成本、利润，以及在技术进步等方面的最终经济成果。其一，大量的市场主体造成供给随机性，导致市场价格大幅波动，无法反映生产的边际成本，行业绩效不佳。其二，企业规模过小无法筑起产业壁垒，导致外资的大量进入。其三，产业集中度低下制约着产业的技术进步及企业的创新活动。小企业无法承担开发和使用先进设备与系统的费用。

可以看出，农产品流通产业组织处于落后的初级阶段，亟须优化和提升。

3. 产业组织创新与企业化

（1）农产品流通产业组织创新

首先，产业组织创新的环境要求。其一，知识经济全球范围内迅速发展，实力雄厚的外国商业资本加快进入中国的步伐，对中国流通产业组织创新提出更高要求。其二，中国经济快速发展，消费者收入水平提高，不再满足以往的市场购销渠道，需要拓宽服务领域，增加服务项目，提供多种消费和生活方式。其三，生产商不再满足于小规模、分散化、无组织的流通体系，迫切需要流通组织模式创新，提供专业化、大规模、高效率、低成本的流通组织体系。

其次，发达国家的流通产业组织形式。经济发展的客观规律是产业组织的国内、国际贸易一体化，国际上主要有两种形式。其一，日本的综合商社流通组织形式。这是日本独创的一种集贸易、生产、金融、信息、仓储、运输、组织与协调等综合功能于一体的跨国公司形式的企业。综合商社常以厂家的代理商身份出现，以贸易为主，广泛介入多种产业的生产、经营、服务，进行综合经营。综合商社以其经营规模大和功能综合而闻名，如伊藤忠、丸红、丰田通商等。其二，西方跨国公司形式。跨国公司的市场开拓顺序通常是：本地市场──→地区市场──→全国市场──→海外市场──→全球市场。起初跨国公司一般设立国外销售部向国外出售商品，随后在国外直接投资，建立独资或合资公司开展生产经营，最后直接在国外实现产品的研发、制造、营销、市场调研、开拓、连锁零售一体化。

（2）农产品流通企业理论

我国进行农产品流通产业组织创新，必须从1000多万个体户的企业化开始。

其一，西方企业理论。企业是一个历史范畴，在它出现以前相当长历史时期，人类生产活动是以个体或者群体形式进行的。随着社会生产力发展，更多生产活动开始以家庭为单位或以小的手工作坊的形式进行，以交换为目的的生产活动开始成为主流，但是这些家庭手工工场或者手工作坊并不是真正的企业。18世纪末19世纪初，实行大规模的集中劳动、采用大机器提高效率生产、实行雇用工人制度、劳动分工深化、生产走向社会化的工厂制在英德等国家普遍建立，标志着企业的诞生。19世纪末20世纪初，随着自由资本主义向垄断资本主义过渡，工厂自身发生了复杂而又深刻的变化：不断采用新技术，生产规模不断扩大，产生了大规模的垄断企业；经营权与所有权分离，形成职业化的管理阶层；普遍建立了科学的管理制度，形成了一系列科学管理理论，从而使企业走向成熟，成为现代企业。1937年，美国经济学家科斯发表的《企业的本质》一文，开始了对企业性质的探讨，后经威廉姆森、阿尔钦、德姆塞茨等人的发展形成西方现代企业理论。企业和市场是可以相互替代的资源配置的两种机制，企业是对价格机制的替代，二者都有交易成本，当交易在企业内部进行比通过市场花费的成本低时，企业就存在。通过交易成本的研究，揭示了企业纵向一体化对市场的替代。通过代理理论研究揭示企业内部结构横向一体化对市场的替代，企业以其可以更有效率的资源配置、技术创新展示了强大的生命力。企业是社会财富的创造者，是推动社会生产力发展、人类进步的主要力量，是经济增长、产业结构升级和增长方式转变的主要动力。

其二，东方企业理论。日本伊丹敬之教授认为在日本企业各种经营方法的背后，有一种潜在的、超越文化与国界的基本原理，他称之为“人本主义”，是对应于“资本主义”而言的。“资本主义”强调经济体制中最重要的是资源即钱与物，企业是股东的私有物，以追求利润为最高目的，员工是商品，遵循“股东主权”模式。“人本主义”强调经济体制中最重要的资源是人，企业是属于员工的，为员工的长远利益而经营，采取低比例的股息分配，坚持长期利益优先。企业完全独立于股东，更多的考虑员工的利益。伊丹敬之教授给日本企业的性质定义为：企业是以财货、服务的提供为主要功能的人员资源的集合体，是被置于一个管理组织之下的社会存在。企业的本质是依靠技术转换过程和市场交换获得“附加价值”。我国苏东水教授分析日本的东方企业有三个方面的特点：特点一，家庭风格与超血缘意识共存。企业内部实行温情主义的家长制管理，员工不仅把企业看作谋生场所，更重要的是把它看做一种生活共同体，从中寻求个人生存的价值，使得企业与员工之间具有一种超越一般职能组织的家庭式亲近感。日本人有一种对血缘家庭淡漠、对企业家庭依附的超血缘意识。这种以“缘分”为基础的类血缘集团主义思想，冲破了把信用关系仅仅局限于家人、亲属及熟人之间的弊端，使得社会信用关系大规模发展。特点二，企业目标与个人利益相融。企业的集团目标与员工的个人利益能够很好地、有机地融合起来，使每个员工时刻意识到，自己与企业休戚相关、生存与共。企业追求的既是利润目标，又是员工的长远利益。利益一体感使员工有一种强烈地参加集体活动的愿望和自发的主人翁意识。特点三，儒家伦理与制度理性并用。企业经营者用儒家文化的“和”、“忠”、“仁”、“信”等思想来强化企业的内部凝聚力和企业集团成员之间的信用感和协作精神。同时，又利用正式规章制度的建设和完善，实现管理科学化，提高企业运作效率。日本“人本主义”企业观的产生，有深刻的历史文化背景，一方面深受中国儒家文化人本主义思想的影响，另一方面日本是一个资源匮乏的岛国，二战后面临着在废墟上白手起家的严峻现实。日本有识之士认为，日本列岛上唯一的资源是能吃苦耐劳、勤奋工作的日本人。“人本主义”企业观将人视为企业经济活动中最根本、最具决定意义的资源，正是抓住了问题的要害，找到了日本经济发展最为可靠的立足点，从而为战后日本经济的腾飞和发展开辟了正确的航道。

（3）我国农产品流通个体户的企业化

我国企业理论严重落后于实践发展。我国对企业理论的研究是伴随着经济体制改革而展开的。在计划经济体制下，我国企业是政府机构的附属物，国家运用行政手段直接管理企业，直接参与企业的经济活动，只有宏观经济、国民经济、部门经济概念，没有企业经济概念。1992 年以来，社会主义市场经济体制的确立与发展，国有企业开始建立现代企业制度的改革，标志着我国对现代企业的认识和研究全面开始。2001 年以来，中国加入 WTO 面对全球市场竞争和世界经济信息化、知识化的发展，但是对于企业理论的研究和教育明显落后于实践发展。面向应聘的应届毕业生关于招聘企业性质的调研显示，普遍认为企业属于资本家，追求利润，员工是雇员，出卖劳动领工资。追溯所有高校企业管理方面的教材，没有一本教材能够站在日本伊丹敬之教授创造日本企业理论那样的层面上，来梳理中国企业 30 多年来的实践，这造成中国企业理论来源是单纯的介绍马克思和西方企业理论，严重缺乏立足于中国历史文化和 30 多年企业实践的创造性梳理与研究，这对于已经成长为世界第二大经济体的中国产业界来说是个致命的缺陷。面对跨国企业集团的竞争，没有中国自己的企业理论，就不会有中国超级企业集团的全面崛起。需要立足中国社会文化基础，深刻认识市场运行客观规律，寻求中国在全球竞争中的比较优势，比较实现具体产业资源配置更有效的各种机制，总结出中国的产业组织理论和企业理论。

我国农产品流通产业从总体上讲，在资金、网点、渠道、信息、人员等方面，已经具备流通产业的雏形。但是从农产品流通企业自身来看，还存在根本性的缺陷，企业处于原始的个体户阶段，1000 多万个体户（商人）对下一步如何发展认识模糊，对企业欠缺专业知识，众多的个体户和经营网点被各个行政部门、各级行政区划纵横交错地分割，形成各自独立的经营单位。农业生产的分散性、初级农产品的多样性和消费习惯的差异性，很难通过大量兼并重组形成大型企业集团。从外部环境来讲，农产品流通企业自身要发展壮大，并进一步向关联产业渗透、发展，也面临着要素和服务市场发育不成熟的制约，要发展成像日本那样的综合商社也不现实。立足产业资源状况，吸收国际模式的合理部分，实行流通领域大集团战略，本文提出四大类型企业发展路径来带动个体化的企业化发展，促进农产品流通组织创新。

类型一：包装加工企业集团

其一，现有农产品包装企业基本经营功能。用现金向千万农户买断商品，并预冷、仓储、包装、运输、销售。现有的采购商、批发商等个体户都可以企业化。

其二，定位于上游，发展基于物流地产的包装加工与贸易企业集团，带动众多种植基地和提供生产性服务的个体户企业化。投资场地、仓储、加工等设施、设备，发挥农产品集货运输和干线运输的物流功能、经纪人的信息功能、农产品采购与销售的资金流功能、农资和生活消费品的农村商品流通功能，成为农村生产、生活、文化单位，个别有条件的可能形成产地集散市场。向上游兼并大量生产基地和农场，向下游兼并批发企业与贸易企业，进行全国化与全球化投资。涉及大量的公共基础设施、设备投资，普遍的个体户不具备这个资金能力，需要地方政府、流通专业合作社和社会资金共同投资，或者低价提供给包装企业使用，或者市场化、连锁化经营，或许可以创造出农村物流地产之类的新型生产性服务。美国普洛斯的物流地产 2008 年物业总面积达到 6100 万平方英尺，在世界前 75 大港口中的 18 个港口里都能找到普洛斯的身影。

类型二：物流配送企业集团

其一，现有配送企业基本经营功能。用信用或者资金进行采购、仓储、加工、搬运装卸、结算、配送、营销，现有批发商和配送商都可以企业化。

其二，定位于中游，发展基于现代物流技术的农产品物流配送与贸易企业集团，带动提供生产性服务的众多个体户企业化。投资场所设施、设备，充分发挥物流节点功能，利用现代物流技术，横向兼并批发企业，上游兼并包装企业，下游兼并贸易、零售企业，进行全国化与全球化投资，发展成为大型流通企业集团。投资主体主要是农产品批发市场、配送企业和社会资金。

类型三：零售企业集团

其一，现有零售企业基本功能，为市民提供满足不同消费需求的农产品，包括超市、农贸市场、专卖店、社区店、夫妻店、路边摊等。

其二，定位于下游，发展基于现代零售业态的农产品零售企业集团，带动众多零售个体户向企业化发展。现代零售业态经营方式丰富多彩。在包装加工企业和物流配送企业发展的基础上，投资经营场所、商标品牌、条形码、信息技术等设施和设备，横向兼并、联合、连锁、投资零售营业网点，创新经营业态和业种，进行全国化与全球化投资，发展成为大型的零售企业集团。投资主体主要是零售企业和社会资金。

类型四：农产品批发市场企业集团

其一，现有农产品批发市场基本功能。经营、管理、服务商户，提供物业、信息等生产性服务，总体设施设备不足，生产性服务业落后。农产品批发市场都是企业，但是众多提供生产性服务的个体户需要企业化。

其二，定位于全产业链，发展基于生产性服务业的批发市场企业集团，带动众多从事生产性服务的个体户向企业化发展。投资公共基础设施、设备，培育仓储、运输、加工、金融、信息、科技、教育、商务、咨询、营销、法律等批发市场内服务部门或者批发市场外服务企业，横向进行批发市场“本地市场——→地区市场——→全国市场——→海外市场——→全球市场”的行业内部整合兼并，纵向重点收购上游的包装企业和种植基地，并促进其形成区域性的产地批发市场和物流中转地，发展成为大型流通企业集团。投资主体主要是中央政府、批发市场企业和社会资金。

（4）农产品流通产业组织创新的目标框架

目标框架是建立适合国情的农产品流通组织形式，摸准中国社会关系网络和市场机制起作用的具体形式，实施流通领域大集团战略，加快流通组织的规划，加强立法工作，提高流通组织建设的规范程度，培育和发展10家创新能力强、主业突出、拥有知名品牌、核心竞争力强、营业额超过500亿元的大型流通企业集团，使之成为发展现代流通体系的骨干和依托，成为与国外流通企业竞争的“主力军”和对外实行跨国经营的“先遣部队”，10年内培育出10家大型流通企业集团成为世界500强企业，从而形成产业适度竞争、大中小企业协调发展的农产品流通产业组织形式。

（三）确立生产性服务业的主导地位

推进农产品流通产业的现代化需要发展生产性服务业，生产性服务业主要依托农产品批市场发展，批发市场是农产品流通产业的增长极。

1. 农产品流通现代化的内在要求

人们把人类社会现代化进程分成工业化和信息化两个发展阶段。农产品流通现代化是伴随工业化和信息化而在流通产业内部发生的巨大变革，是在城乡二元经济结构条件下的工业化和信息化。农产品流通现代化包含着“方面”和“层面”结构，方面结构包含批发现代化、零售现代化、物流现代化、服务现代化，层面结构包含物质现代化、制度现代化和观念现代化等。农产品流通现代化集中表现为农产品流通组织规模、经营模式、管理手段和流通设施的现代化程度，还包括了信用体系、法制环境、产业政策、产权制度等的现代化进程。在社会主义市场经济体制下，要推进农产品流通产业现代化，需要培育流通主体的现代化能力。面对我国农产品流通产业主体普遍是个体户、能力有限的情况，需要大力发展为现有流通主体的经营活动提供中间服务的企业，这种企业的集合就是生产性服务业。

2. 生产性服务业与农产品流通产业发展

（1）农产品流通生产性服务业的内涵与外延

通过上述对农产品流通产业结构优化、产业组织创新、产业现代化的需求分析，得出农产品流通主体（个体户和企业）需要的中间服务业包括：包装场、配送中心、零售店、交易、物流、信息等基础设施设备服务业，培训服务业、金融服务业、物流服务业、信息服务业、咨询服务业、技术服务业、营销服务业、新产品开发和设计服务业、会展服务业等，所有从事这些服务业的企业总体构成了农产品流通生产性服务业。这些生产性服务业为农产品流通和增值生产过程融入更多的生产性服务作为中间投入要素，一方面，原有流通主体可以在市场上购买到更多的中间投入要素，实现流通效率的提升和企业规模的发展；另一方面，这些提供生产性服务的企业本身也成为新的流通主体并发展壮大，带动农产品流通方式、组织方式创新和产业结构优化，促进流通产业现代化。

与提供最终消费品的服务业相比，生产性服务业是一种高技术含量、高人力资本和高附加值的现代服务产业，具有很强的融合性和知识性。

首先，融合性。从事农产品流通生产性服务业的企业不会局限于流通部门，而是在融合了生产部门的广义流通领域里，贯穿于农产品生产的产后、产中和产前的各环节中，整合农业产业链，各个环节都可以培育创造出新的服务模式，形成以市民需求为起点、以农民生产为终点的农业生产性服务业。农产品流通生产性服务业是农业生产性服务业的主体和先导，也可以称为产后生产性服务业，还有产中和产前生产性服务业。农业生产中涉及的生产性服务主要包括土壤准备、农场劳动服务、植保货物防疫服务、新技术推广和应用服务、管理信息咨询和咨询服务等，农业生产前涉及的生产性服务主要包括农业化机械、化肥、农药、饲料、种子、牲畜良种及能源供应等农用物资的生产供应等服务。农业产后、产中、产后生产性服务业内部的行业融合特征也较为明显，并产生出许多新业态。农业生产性服务在农业发展中的作用，不仅体现在其自身作为利润源泉的价值，更体现在其作为农业产业链各环节的纽带而产生的“黏合剂”功能。农业生产性服务业的发展不仅有利于提高农业产业链各环节的运行效率，还直接促进农业产业结构升级、组织创新和现代化。

其次，知识性。农业生产性服务业以现代设施设备、先进科技、专业人才为主要生产要素，资本、技术和知识含量较高。物流、金融、培训、信息、营销、商务、会展、研发等行业的服务过程和服务活动，以脑力劳动和智力型服务为基础，以高技术特别是信息技术为支撑，以知识的生产、应用和传播为服务业过程，注重以知识提高服务的科技含量，具有高知识和技术密集度的特征，已经成为农业产业中增加价值、实现价值的最重要领域。

（2）我国农业生产性服务业发展滞后

农业生产性服务业的很多行业是在改革开放后才得到发展的，市场发育程度还很不成熟。与发达的西方国家相比，第一产业对服务业的中间需求处于低水平。目前美国从事农业服务体系的就业人员是农业劳动人员的近6倍，远远高于我国的比例。我国农业生产性服务业发展滞后表现在以下几个方面。

其一，农业生产性服务供需失衡。我国现有的农业社会化服务体系是在计划经济体制下，由政府需求主导加农户需求综合形成的，在当前和今后相当长一段时期内面临的主要问题是农业社会化服务供给不足。一方面，农户、商户对现有服务项目的满意程度较低；另一方面，农户、商户对生产性服务需求迫切，良种服务、科技服务、信息服务、营销服务、物流服务、金融服务、培训服务、营销服务严重供不应求。

其二，基础设施设备投入不足。包装场、配送中心、零售店、交易、物流、信息等基础设施设备服务业严重缺乏。

其三，龙头企业、合作经济组织和个体户服务能力和投资能力有限。龙头企业、农户、个体户之间尚未建立有效的利益联结机制，短期行为和机会主义倾向严重，对发展农业生产性服务业的外部带动效应不强。合作社由于制度和运行机制建设滞后，规范化程度低，与农户、个体户之间主要是单纯的买卖关系，对发展农业生产性服务业的内在扩张效应不强。个体户相互之间的关系不确定性更大。

其四，市场化、产业化、社会化发展滞后。生产性服务业是社会分工发展到企业内部的结果，具有由“内部化”或“非市场化”职能部门向“外部化”或“市场化”独立企业演进的规律。而我国生产性服务业较低的市场化程度还导致了市场竞争的不规范和不成熟，凸显了市场分工的不确定，抬高了交易成本，由此导致多数社会化服务领域的拓展和新兴服务组织的发育仍处于起步阶段，层次低、功能弱、质量差，大量本该市场化、产业化、社会化的农业生产性服务不得不由公共农业服务机构来承担。

（3）农产品流通产业发展的“发展极”理论

“发展极”理论是西方关于产业发展的重要理论。该理论认为一个国家要实现平衡发展只是一种理想，现实中是不可能的。经济增长在不同的部门、行业或地区按不同的速度增长，同一产业中各个不同的经济单位（行业）所起的作用也不一样，其中起支配作用的经济单位，当它增长或者创新时能诱导其他经济单位增长，就叫“推动性单位”。一个地区要取得经济增长的有效途径就是在本地区优先发展一系列推动性产业，通过推动性产业的带动作用促使其他相关产业的集聚，形成一个或者数个“发展极”逐渐向其他部门或者地区传导，带动经济发展。“发展极”的支配作用主要表现在四个方面：一是技术的创新和扩散，二是资本的集中与输出，三是产生规模经济效益，四是形成“凝聚经济效果”。通过上述作用可以使具有“发展极”的地区得到优先发展，进而带动相邻地区的共同发展。当然，并不是每个部门、行业或地区都可以成为“发展极”，要建立“发展极”，必须具备以下条件：一是必须存在有创新能力的企业和企业家群体；二是必须具有规模经济效益；三是需要适当的周围环境，如一定的资金、技术、人力、机器设备等硬件环境和熟练的劳动力、良好的投资政策等软环境。“发展极”理论的政策含义是比较明确的，即政府应通过倾斜投资政策有意识地培养某个产业（支配企业）或城市（地区）作为经济“增长极”，带动相关产业和地区经济的整体发展。

3. 批发市场就是产业和区域经济的“增长极”

无论是在农村还是在城市，农产品批发市场及其场内商户都是一个产业集群，产业集群的关键是生产性服务企业的发展，批发市场就是最大的生产性服务企业，甚至是生产性服务业的存在方式，批发市场完全具备条件成为农产品流通产业和地区经济的“增长极”。

农产品批发市场不是一种零售业态，而是一种提供农产品交易的组织形态，是经营商户、管理商户、服务商户的一种经营组织形态。农产品批发市场是指有固定场所、设施，有若干商户进场经营，分别纳税，由市场经营管理者负责经营管理，实行集中、公开商品交易时的场所。它包括在农村的产地批发市场和在城市的销地批发市场，它可以存在于现实世界，也可以存在于虚拟网络空间，集中了流通企业需要的各种资源，如经营手段、客户资源、企业品牌、人力资源、营销网络、流通设施、资金渠道和信息等各种资源，引导或促成双方或者多方客户之间的交易，收取恰当的费用而获得收益。例如，北京新发地农副产品批发市场，在场内交易的有1万多家商户，集中了冷库、运输、配送、包装、加工、搬运、客户、人力资源、市场渠道、交易设施、行业协会、工商、派出所、金融、信息、会展、法律、财会等服务，对接上下游10万家关联商户。新发地农副产品批发市场和内部的1万多家商户，共同形成一个农产品流通产业集群。

产业集群理论涵义是：在一个特定区域的一个特别领域，集聚着一组相互关联的公司、供应商、金融机构、现代物流、销售渠道、顾客、辅助产品制造商、专业化基础设施供应商等，政府及其他提供专业化培训、信息、研究开发、标准制定等的机构，以及同业公会和其他相关的民间团体，通过这种区域集聚形成有效的市场竞争，构建出专业化生产要素优化集聚洼地，使企业共享区域公共设施、市场环境和外部经济，降低信息交流和物流成本，形成区域集聚效应、规模效应、外部效应和区域竞争力。在这个产业集群中，所有的机构多是围绕着集群内部的商户提供基于中间投入要素的生产性服务的。目前，我国交易额亿元以上的农产品批发市场1672个，这就是1672个农产品流通产业集群，每个产业集群内部成员从几百个到一万多个不等，上下游的关联成员从几千个到十几万个不等，为这些成员提供中间要素服务的现代生产性服务业发展水平普遍较低，目前部分以农产品批发市场企业及其职能部门的形式存在，所以批发市场升级改造的核心就是发展生产性服务业。新发地市场概括为“内升外扩”模式，“内升”有两个含义：其一，基础设施、设备投资；其二，企业内部发展生产性服务职能部门和生产性职能部门外部化、企业化。“外扩”有两个含义：其一，水平一体化，并购、新建全国、全球范围的城市农产品批发市场；其二，并购、新建全国、全球范围的上游的农村批发市场和种植基地，以及下游社区便民店等零售网点。通过批发市场的“内升外扩”和生产性服务业发展，使批发市场成为农产品流通产业和区域经济的“发展极”。

五　农产品流通产业管理政策

（一）从“部门管理”到“行业管理”

1. 我国农产品流通产业“部门管理”现状

新中国成立后到2003年前，我国产业管理是套用苏联的部门管理模式，分级、分部门进行管理。从组织形式上看，基本分为四个层次，国务院一级是各个专业部，省、市、区是各专业厅，地、县是局，专业厅下面一级是各专业公司，公司下属者是基层工厂和企业。与行政机构从上到下分层设置相联系，从中央到省、市（地）、县各级政府都设有主管商品流通的行政管理部门，国有企业的归属也有中央部属和地方企业等的区分，管理部门通过行政命令和指令性计划对国有企业的经营进行直接管理，上级对下级实行直接的管理和指挥。这期间虽然进行了系列经济体制改革，集中在国有企业和多种所有制企业层，对机构上的改革只是以部门之间的分开与合并为主，涉及流通产业管理基本体制改革一直比较温和。2003年商务部设立标志着内外贸一体化进程正式开始，但是内贸自身的管理并未实现统一，粮、棉、油、烟、药、盐等仍然分散在多个管理部门，而农产品流通产业的管制更加复杂，涉及工商、城市规划、发改、质检、农业、卫生、交通、税务以及行业协会等诸多管理部门。这种机构设置分割了商品流通企业之间的经济联系，行政区划分割了全国统一市场，行业的分类管理使生产企业和流通企业面临的是被分割后的封闭的有限市场。这种条块分割严重的组织体制，由于各级业务主管部门在组织和管理上习惯于用行政手段直接指挥、干预生产，处理大量本来应由农户或者企业自己解决的微观方面的管理，因而造成宏观或者中观行业管理的混乱、落后。这种产业管理体制实质上只是部门管理体制，形成以部门规划割裂行业规划、部门管理阻碍行业管理、只有部门管理缺乏行业管理的状况，其效用的前提条件是公有制的单一形式，而对于不同所有制的流通企业，特别是对于绝大多数是个体工商户的农产品流通产业，无法形成完整意义上的、全社会的产业管理，如何建立一个科学合理、统一高效的产业管理体制，就得从行业管理开始。

2. 行业管理的内涵与模式

行业管理就是按行业规划、按行业组织、按行业协调和按行业沟通的一种产业管理体制。行业管理是社会生产力发展和社会化大生产的客观要求，行业管理的内涵经历了三个发展层次。其一，行业组织（包括行业协会和大公司）来统一规划、协调、沟通和服务同行业内企业的生产、流通等经营活动。其二，行业管理作为政府管理经济的一种职能，国家政府机构通过制定各种财政、金融政策来指导各行业尤其是重点行业的发展方向和目标，对各行业进行规划、协调和指导。其三，行业管理作为国家整个产业管理的基本体制，既包含行业组织对同行企业的规划、协调，也包含政府通过计划和制定各种经济政策对各个行业的指导和干预，最重要的是还包含着行业组织与政府部门管理职能的相互协调和配合。行业管理的三个发展层次对应形成了行业管理的三种不同模式，即民间行业组织主导的模式、政府行政部门主导的模式和民间产业界与政府相互作用的模式。行业管理该采取哪种模式？在本文中，我们把农产品流通产业细分为零售、批发配送、集货包装、生产性服务等四个更专业、更具体的行业，而且还包括生产者卖出和消费者买入，认为产业是比行业更高级的、在产业经济学意义上的概念，所以这里通过分析产业规制模式的选择来回到更具体的行业管理模式选择问题。

（二）农产品流通产业规制

在市场经济体制下，产业规制的根本目的是维护正常的市场经济秩序，确保市场机制的作用而不是取代市场机制。市场经济不会自动形成，产业规制的目的是促进特定社会目标的实现，客观上要求有利于市场机制的形成。尽管西方发达市场经济国家的市场机制已经比较健全，但是没有一个国家放弃对流通产业的规制，只是由于各自国情和经济发展需要不同，产业规制的模式不同而已。由于中国管理文化特性和国际化市场环境，产业规制要选择合适的模式。

1. 农产品流通产业规制的作用

其一，弥补“市场失灵”。产业规制是弥补市场缺陷、完善资源配置机制的需要。由于公共产品、外部性、规模经济等“市场失灵”领域的存在，如果仅仅依靠市场机制，就无法避免垄断、不正当竞争、基础设施投资不足、过度竞争、环境污染、资源浪费等现象的发生和蔓延。而且市场机制的力量是盲目的，其调节也主要是事后的，因而不可避免地伴随着大量的资源浪费。

其二，实施“赶超战略”。由于“后发优势”的存在，发展中国家完全可以通过制定和推行合理的产业规制模式来实现经济的超常规发展，缩短追赶先进国家所需要的时间。

其三，增强“国际竞争”能力。由于经济全球化，国际经济关系和国际分工体系正在经历前所未有的变化，各国政府迫切需要以产业规制模式（产业政策）为基本工具，审时度势，充分发挥政府的经济职能。一方面，增强本国产业的国际竞争力，从而维持或者争取本国产业在经济全球化过程中的优势地位；另一方面，尽可能趋利避害，保护国家安全，正如 1997 ~ 1998 年发生的东南亚金融危机所昭示的那样，经济全球化极可能给没有任何防备的发展中国家造成深重灾难。

其四，保护“幼稚产业”。落后国家参与国际分工应以保护本国生产力为目的，对于“幼稚产业”要借助国家产业规制来加以扶持、保护、发展。站在国际产业体系角度来看，我国农产品流通产业是“极其幼稚”的，处于一个实力相差悬殊的国际竞争环境中，所以要通过产业规制，最终实现农产品流通产业的加速成长壮大，使产业具备足够的国际竞争能力和竞争实力。

2. 农产品流通产业规制的成本

产业规制是解决市场失灵的有效手段，然而规制也会失灵，实施政府规制会产生各种成本，包括规制过程中产生的直接成本、间接成本以及大量的隐性成本。其中直接成本包括：规制者支付立法成本和执法成本，流通企业支付的服从成本和福利损失成本，消费者支付的福利损失成本；间接成本包括：立法失灵成本、执法失灵成本，其中存在的寻租成本和政府反寻租活动的成本。适当的产业规制可以取得正效益，而不适当的产业规制会导致负面效应。虽然发达国家农产品流通普遍采取产业规制，但是从 20 世纪 70 年代以来，市场机制的调节作用越来越重要。

3. 影响农产品流通产业规制的因素

（1）网络经济

这是指中国社会管理文化本质是关系型的，形成网络经济，相对比于西方管理文化本质是契约型的，形成法制经济。中国社会管理文化讲求社会关系本位，社会关系可以归结为“五缘”——亲缘、地缘、文缘、商缘、神缘。由于人的需求具有多样性，多样性的需求完全靠契约经济关系难以满足。而且经济交往更多的是满足生理需要，其他的各种需要更多的是以社会网络来满足，包括感情、服务、伙伴关系、经济和工作等需求。社会网络建立的目标可能不是追求最大化的经济利益，但最终可能有利于经济目标的实现，从而变成一种影响个人经济行为、国家经济行为及产业经济运行的重要因素，不但一系列重要经济资源通过社会网络的渠道流向个人和经济单位之手，而且社会网络被“资本化”。市场经济大潮把社会关系纳入经济体系，以节约交易费用，提高经济效益。可见，社会网络资源本身就是经济增长动力。

农产品流通商户之间的亲缘关系和地缘关系是商户的发展动力。中国几千年以来农业生产一直是以家庭经营为主的分散化经营，改革开放后发展农村商品经济，农户自产自销仍然是以家庭经营为依托，分离出来一部分人成为农产品流通个体户，个体户起步的资金、商品来源也离不开家庭、宗族、姻亲等亲缘网络的支持，同时也跟地缘网络密不可分。这种亲缘、地缘网络大范围渗透到农业生产、流通主体之中，对我国经济资源配置产生深刻影响。全国各种农民专业合作社，或者干脆采取非正式群体形式，基本是基于亲缘与地缘网络来相互支持、共同发展，如福建古田农民自发组团 3000 人到海南三亚崖城镇种了 20 多万亩芒果，浙江台州黄岩自发组团到海南控制 90% 以上的大棚西瓜种植和销售，山西农民自发组团控制了北京市场 70% 的进口水果销售等。

在亲缘、地缘等网络经济的支持下寻求更大发展，农产品流通商户更重要的是要考虑社会关系的平衡，社会效益第一，经济效益第二。显然任何一个商户不会轻易为了个人利益而背叛亲缘、地缘网络的利益，农产品流通商户在网络经济中显然是有信用基础的，商户缺乏的是在网络经济之外的社会基础不完整的商业信用。这与西方企业追求利润最大化的假说是有差别的。西方发达国家的经济增长主要依赖物的投入和个人主义的作用，只是基于投入产出分析的经济效益的考虑，是纯粹的经济理性。这种经济增长忽视了社会的作用，是片面的增长，全球问题和西方经济面临的困境就是片面增长的结果。西方社会要抛弃个人利益而代之以群体利益，把人们之间的关系置于物质关系之上，于是西方经济学家把目光转向了东方，特别是中国社会管理文化。中国要立足丰富的社会网络资源，开创中国21世纪面对社会、政府、产业、企业的管理文化与技术，这才是中国先进生产力的代表，是中国经济新一轮增长的根本动力，同时也带动西方管理的革命并使西方经济走出困境。

（2）行政经济

这是指以行政权力驱动经济发展。马克思曾经提到："我们在亚洲各国经常看到，农业在一个政府统治下衰落下去，而在另一个政府统治下又复兴起来，收成的好坏在那里取决于政府的好坏，正像在欧洲取决于天气的好坏一样。"据我国史学家研究，三国曹魏的"屯田"政策、北魏的"均田"政策和唐初的"均田"政策都有力推动了土地和农民的结合，促进了当时的农业生产。设专职的官吏掌管水利事宜、兴修水利设施，是我国历代封建王朝农业政策的基本内容。这类政府行为较好地发挥了政府的权能，弥补了民间组织涣散的天然缺陷，改善了农业生活从业条件，促进了农业的发展。此外，推广先进生产工具、先进生产技术和优良品种，奖励垦荒和组织大规模移民垦殖的政策，也都对我国封建经济的发展起过促进作用。这些实践的最高级形态就是在中国存续了2000多年的中央集权管理制，主要形式有："人治"和"德主刑辅"相统一；"内圣"与"外王"的统一；"学而优则仕"，为官有道等。中国社会管理文化在东亚国家的实践表现为儒家资本主义。日本"企管精神"体现在：义利并举的经营方针、以人为中心的经营理念、家族主义的组织方式、以和为贵的人际关系、道德导向的领导方式、行政主导的产业价值。新加坡的经验是：国家至上，社会为先；家庭为根，社会为本；关怀扶助，同舟共济；求同存异，协商共识；种族和谐，宗教宽容。新加坡由国家管理当局大规模推广儒家伦理，以医治现代社会发展带来的种种弊病。对于以经史子集为代表的浩瀚渊博的中国社会管理文化资源来说，儒家只是沧海一粟，儒家文化只是表面现象。中国社会管理文化是先进文化的代表，中国管理文化源是世界经济新一轮发展的不竭宝藏。行政经济是中国区别于西方社会的重要管理文化资源。

行政经济驱动农产品流通产业快速发展。我国传统产业结构政策是利用行政经济重农轻商，新中国建立后实行工业化的赶超战略，在农产品流通产业结构的生产性服务业主导行业确定上，充分发挥丰富的社会网络资源、优越的管理文化资源、庞大的人口形成的市场资源优势，需要行政力量来推进生产性服务业的公共基础设施建设、行业主体培训和文化建设。

在产业布局上需要以政府为主导，充分考虑地缘的社会关系，现存的地方保护主义、产业结构趋同、官产学密切联系、资金应用的经济效益不高都与此有关系。解决这些问题不是把行政经济和地缘关系简单地统一丢掉，而是在发挥中国管理文化中“四民分业”、“天人合一”的丰富内涵的基础上，根据现阶段特点强化行业管理、行业规划与行业沟通、行业服务。在农产品流通产业组织政策上，实际上政府可以决定农产品流通主体的生死存亡、兴衰荣辱。同时，政府一般扶持产业化龙头企业，在政企关系上形成“官、产、学”相结合的咨询体制，在产业发展目标上，政府、企业、社会达成高度共识，而这些产业组织政策不是通过法律进行的，它体现的是东方式的集体主义精神，这是一种企业网络化的组织政策。从人类文明开始以来，国家的行政力量从来都是一股重要力量，而西方管理文化过分强调了市场的力量和企业的作用，“看不见的手”无处不在，安排一切，政府在产业结构、产业组织等方面只消极地起到配合、服务的作用。全球化深化了各国产业结构调整，在世界范围内形成生产体系，各国生产活动形成一种相互依赖、互为一体、共同发展的状态，以至于曾是局部的、分散的生产被有机地组成为国际生产体系网络经济，国家、企业等各种组织网络化、柔性化，实行以法律为主要手段的管理方式，迫切需要发挥行政经济积极作用，行政经济也是现代先进生产力的代表。

（3）经济全球化对农产品流通产业规制的影响

我国加入 WTO 已经 11 年，WTO 通过各种协议和规则促进成员国之间平等竞争和贸易自由化，消除成员国政府对商品、资本和劳动力在成员国之间流动的所有限制。对农产品流通体系的影响体现在：一是促进流通组织体系的变化，形成流通主体的国际化；二是农产品市场体系国际化；三是农产品营销体系根本性变革，如用电子商务进行跨国交易；四是对农产品宏观调控体系以及流通监管体系提出更高的要求，对政府规制水平提出更严峻的挑战；五是要求农产品流通法律体系与国际接轨。对农产品流通产业规制提出的新要求包括：一是规制的目标必须是市场经济体制；二是规制机构精简统一，分工明确；三是加强对规制机构的监管，提高规制效率减少腐败；四是完善产业规制政策，更多应用法制手段，注意发挥民间力量的作用。

（三）农产品流通产业政策的选择

根据西方管理文化，西方的产业资源有三个要素即市场、企业、政府，认为产业的本质是企业，企业的本质是市场，产业规制中要充分发挥市场、企业的作用，而政府相对弱化、只起配合作用。根据我国管理文化，产业资源有四个要素即政府、市场、企业和社会，在公有制经济为主体、多种所有制经济并存发展的基础上，产业规制中较多地体现了政府意志和社会网络特征，市场和企业相对弱化。随着经济全球化和全面向社会主义市场经济体制转轨，产业规制模式也不断发展变化，市场越来越起到资源配置的基础性、主导性作用，政府的以部门行政指令为代表的直接规制越来越少，以产业政策和法律为代表的间接规制成为主流。我国农产品流通产业政策的选择是规制的关键。

目前我国农产品流通产业公共基础设施缺乏、管理落后、规模分散、水平低下，缺乏必要的国际竞争力，落后于国民经济各关联产业，属于国民经济产业体系中的“幼稚产业”，同时它又是国民经济系统中最重要的基础产业、主导产业和战略产业，所以总体应该采取赶超型的战略产业扶持政策。

政策对象是农产品流通生产性服务行业。生产性服务行业具有三大特征：一是能够迅速有效地吸收创新成果，并获得与新技术相关联的新的生产函数；二是具有巨大的市场潜力，有望获得持续的高速增长；三是同其他产业的关联系数较大，能够带动相关产业的发展。所以它是农产品流通产业的主导行业，是未来能够成为主导产业的战略产业，它着眼于未来的产业优势，直接服务于农产品流通产业结构的高度化。

政策宗旨是通过政府强有力的介入来增强对生产性服务业的生产要素投入，再通过生产性服务业的超常规发展来带动整个农产品流通产业结构的高度化和合理化。采取政府与产业界相互作用的产业规制模式，实施涵盖产业组织政策、产业结构政策、产业布局政策和产业技术政策的综合性产业政策，强化立法，包括扶持规模经济、扶持中小企业、扶持产业中介组织、规范流通网点、反垄断、保护市场竞争、保护消费者权利等方面的立法，建立统一的规制机构，发展中国特色的反映政府与社会关系的社会性规制。

总而言之，农产品流通产业应选择农产品流通公共基础设施设备投资政策。

六　农产品流通基础设施投资措施

从产业政策的角度，本文对“农产品流通基础设施”的内涵按照产业发展客观需要做了具体的界定，即是指为农产品流通主体提供生产性服务的物质工程设施和技术，是农产品流通主体赖以生存和发展的一般物质和技术条件。它不仅包括生产性基础设施，如供水、供电、道路和运输设施、仓储设施、邮电通信设施、交易设施、信息设施等，还包括社会性基础设施，如商务服务设施、金融保险机构、教育培训机构、社会福利设施等，更包括制度性基础设施，如行业管理部门、城市建设规划与管理部门、法律法规、财政金融政策、产业政策等。

（一）政府是重要投资主体

1. 发达国家投资农产品流通基础设施

农产品流通基础设施大部分具有公共物品或准公共物品的特性，这类设施不是用来自我服务，而是为一定范围内的企业提供生产性服务的，并具有经济学意义上的正外部效应，或者说具有公益性。在国际上，农产品流通基础设施大多属于国家公共财政投资领域，表现在三个方面。

（1）生产性基础设施方面

法国政府对农产品流通设施建设进行补贴。政府每年用财政拨款对改善农产品运输、储备、加工及销售的设施建设项目进行补贴，包括修建道路、码头、仓库（含冷库）和市场等基础设施，此项补贴占农业补贴的25%，设施较差地区可以达到30%～50%。法国政府还积极扶持农产品零售的小店铺和中介企业发展。政府对没有雇员的特小农产品零售店提供营业补贴，或者由政府出面购买一部分零售服务网点，无偿提供给有一定商业经验并培训合格的人员去经营；为行业协会等中介组织提供经费来源，通过行业协会等中介组织对中小企业提供咨询服务、教育培训、资金补助等特殊的扶持政策。

韩国政府大力支持农产品流通基础设施建设。1992～1997年间，实施了《改善农林渔业政策》，以政府无偿援助为主，投融资达417亿美元，其中用于兴建农产品流通和加工设施的资金占到13.2%，新建了32个农产品批发市场和16个以零售功能为主的直销市场。1999～2002年韩国政府又启动了《农林渔业发展计划》，该计划扩大了政府有偿支持的比重，投融资规模达377亿美元，其中相当一部分用于提高农产品批发市场功能等流通设施的建设。此外，为了促进农产品流通，政府倡导建立直接面向消费者和超市采购商的“直销市场”，建设资金由中央政府和地方政府给予补贴（占投资总额一半左右）、政府提供低息贷款和企业自筹等途径来共同解决。

欧洲国家的农产品批发市场大多数都坚持公益原则，许多是政府投资建设的。如德国、荷兰、意大利，尽管市场形式和交易方式各有特点，但在坚持公益性上是一致的。英国34个果菜批发市场中有30个是政府投资建成的公益性市场，政府还从税费中提取一部分资金补贴市场运营。西班牙24个农产品批发市场，政府投资所占比例为51%。法国在全国指定23家农产品批发市场为国家公益性市场，最大的巴黎伦吉斯果菜市场是三级政府共同投资兴办的，市场实行免税。日本的88个中央批发市场，以及韩国的很多市场也是以政府投资为主的公益性市场。英国、荷兰等许多欧洲国家，还把大型物流中心、配送中心等商贸物流设施，作为公共基础设施列入每年政府基建项目，主体部分由政府投资建设。美国政府从20世纪80年代起，已将广域共用性商业信息网络纳入国民经济基础设施建设计划，由政府投资建设。

（2）社会性基础设施方面

英国政府通过金融、税收等政策对小型流通企业实行优惠，设立小企业情报中心和小企业协会，为小企业提供经营、技术和市场等方面的指导和资金帮助。由流通企业主、流通从业人员、教育工作者三方代表组成正式机构——流通产业训练委员会，按照流通企业工资总额的0.7%征收税金，用于对流通从业人员的追加职业教育。

法国的流通职业教育包括三个部分：从业前的见习研修制度、为革新技术和改善经营的研修制度、专业基础教育制度。流通职业教育政策规定了教育的基准以及资金的来源。对流通从业人员的社会保障政策涉及疾病、养老金、家属补贴等，核心是保证流通从业人员能享受到社会平均水平的福利保障。目前流通从业人员的社会保障水平与社会上工薪阶层的水平相同。

日本政府通过减免税收、低息贷款、发放补助金、技术援助、投资等具体经济手段来落实流通政策，如通产省为了在经济上扶持小型流通企业发展，建立了专门的金融机构，如“中小企业金融公库”等，给中小商业企业提供低息贷款等。

德国制定了对流通职业训练提供财政援助的《职业训练促进法》。

（3）制度性基础设施方面

美国设立流通产业的独立管制机构，包括联邦贸易委员会、国际贸易委员会、消费品安全委员会、全国运输安全委员会等，在经济社会中发挥重要作用，制定了维护竞争的政策、商业网点规划与管理政策、扶持中小商业企业政策、商业用地政策、保护从业人员政策等。

日本、韩国、德国、英国、法国等在制度性基础设施建设方面具有很多共同点，如都制定了反垄断、反不正当竞争方面的法律来维护正常市场秩序，都实行了商业网点规划与管理政策，都设置了专门的行政管理机构并依法明确行政管理部门的职责与权限，都大力扶持各类民间机构、行会组织、消费者保护组织来共同协助政府管理行业。

2. 我国农产品流通基础设施投资面临的问题

计划经济时期，我国农产品流通基础设施属于国有商业和供销合作社所有，并全部由政府投资建设。改革开放后的20世纪80年代，由于生产和流通规模迅速扩大，政府加大了对商贸流通基础设施投入的力度。但是90年代以后，国有商业和供销合作社全面“转制”，未转制的也实行了政企分开，政府对农产品流通基础设施的投入不断减少，原来具有公益职能的国合商业流通基础设施，也多数转为企业的盈利性商业设施。因此，我国农产品流通基础设施的发展存在着过度商业化的偏向，多数基础设施在税费、公用事业收费和土地使用费上缺乏政策优惠，农产品流通基础设施落后，如农村人均商业面积仅约为城市的1/10，现有农产品批发市场的道路、供水等基础设施陈旧，电子信息、冷藏等设备设施不完善，服务功能单一。2005年调查资料显示，有41.7%的农产品批发市场建有冷库，11.1%的配备了冷藏车，12.9%的有陈列冷柜。据调查，目前我国只有10%的肉类、20%的水产品、少量的牛奶和豆制品进入冷链系统，而欧美国家进入冷链系统的农产品比例为85%，我国物流费用占国内生鲜产品总成本比例高达70%。

农产品流通主体的投资能力严重不足，融资困难。目前农产品流通主体大多是个体商户、运销大户和经纪人，经营条件简陋，经营方式落后，专业化水平低。农民合作经济组织、农业产业化龙头企业虽然数量不少，但规模小、实力弱，市场覆盖率低，而且主要集中在生产领域，对流通基础设施的投资能力有限。

多年来农产品流通设施建设未纳入农村基础设施建设和城市基础设施建设的范畴，专门用于农产品流通基础设施投资的财政资金十分有限。国家财政支农资金对农村公共基础设施建设的投入主要集中于大江大河治理、中小型基本农田水利设施建设、农业科研基础设施建设、大宗农产品生产基地建设、乡村道路建设、农村电网改造、人畜饮水卫生改善等，对于农村农产品流通基础设施的投入非常有限。如2011年中央和地方财政的支农资金达到2.5万亿元，业内人士质疑其中对农村农产品流通基础设施的投入不足10%，2012年中央和地方财政支农资金估计近3万亿元，业内人士认为把其中50%投资于农产品流通基础设施在当前的情况下是合理的。同样的情况发生在城市基础设施建设的安排中，专门用于城市农产品流通基础设施投资的财政资金更加有限。

3. 从产业政策角度实施农产品流通基础设施投资

明确农产品流通基础设施投资是生产性服务业的载体，强化农产品流通基础设施投资就是增强对生产性服务业的生产要素投入，再通过生产性服务业的超常规发展来带动整个农产品流通产业结构的高度化和合理化。按照农产品流通产业的内在规律，制定农产品流通基础设施投资政策体系，在相对完善的法律法规基础之上，实施发展生产性服务业的具体措施来推进基础设施投资。

（二）农产品流通基础设施投资具体措施

1. 加强立法和执法的投资，建设法律法规基础设施

加强农产品流通产业规律研究，制定全国性的产业组织政策、产业结构政策、产业布局政策和产业技术政策，制定扶持规模经济、扶持中小企业、扶持产业中介组织、流通网点规划、反垄断、保护市场竞争、保护消费者权利等法律法规，制定中介组织服务与规范制度。

2. 物质工程基础设施投资措施

按照“生产性服务业主导的三节点模式”的农产品流通产业结构框架，作为生产性服务业载体的基础设施分布在三节点之中，分成三个部分，共十六个措施。

第一部分：基于产地包装场节点的基础设施群投资。

（1）产地包装场所设施设备投资，具有集货、采后预冷、仓储、分级、包装、搬运装卸、安全检测、交易等基本功能。基本上有条件的村庄就需要一个。

（2）对包装场进行生活消费品等农村商品流通功能提升，需要商店等场所和设施投资。

（3）对包装场进行产前和产中服务功能的提升，农业生产中涉及土壤准备、农场劳动服务、植保货物防疫服务、新技术推广和应用服务、管理信息咨询服务等，农业生产前涉及农业化机械、化肥、农药、饲料、种子、牲畜良种及能源供应等农用物资的生产供应等服务，需要场所和设施投资。

（4）对包装场进行商流、信息流、资金流的服务功能提升，需要商务、信息、金融等场所、设施、设备投资。

（5）对包装场进行农村生产、生活、文化等功能提升，需要图书馆、餐饮、娱乐等场所、设施、设备投资。

（6）对包装场进行集货运输、干线运输以及冷链运输的物流功能提升，需要物流场所、设施、设备投资。

（7）根据农产品流通产业空间布局规划，对有条件的包装场进行区域性产地农产品批发市场功能提升，需要大量的交易、金融、商务、加工、物流等场所、设施、设备投资。

第二部分：基于销地配送中心节点的基础设施群投资。

（8）销地配送中心设施、设备投资，功能包括交易、仓储、冷链、加工、搬运装卸、结算、安全检测、配送等。

（9）对销地配送中心进行批发功能提升，形成传统农产品批发市场，聚集众多批发商，需要大规模交易场所、仓储场所等设施、设备投资。

（10）对传统农产品批发市场升级改造，增加加工、信息、商务、金融、物流等服务，形成现代农产品批发市场，需要大量的设施、设备投资。

（11）对批发市场进行区域物流中心功能升级，增加物流、营销、餐饮、酒店等服务，需要大量的设施、设备投资。

（12）对批发市场进行城市商业中心功能升级，增加零售、会展、娱乐、办公、居住等服务，需要大量的设施设备投资。

（13）对批发市场进行生产性服务产业集群功能升级，在已有的主体基础上，增加顾客、辅助产品制造商、专业化基础设施供应商等，政府一些职能部门及其他提供专业化培训、信息、研究开发、标准制定等的机构，以及行业协会和其他相关的民间团体，增加咨询、技术、新产品开发和设计、认证、法律等服务，需要大量的设施、设备投资。

（14）对批发市场进行国际贸易功能升级，增加国际会展、贸易、技术转移、全球分工、跨国投资管理等服务，需要大量的设施设备投资。

第三部分：基于零售店节点的基础设施群投资。

（15）零售店设施、设备投资，涵盖农贸市场、个体店、社区店、连锁店、超市等业态，包括商店、商标品牌、条形码、信息技术等场所、设施和设备投资。

（16）对零售店无店铺销售功能和农贸市场综合功能的提升，有网上商店、自动售货、目录商店、直销等服务，以及农贸市场的生产性服务，需要基于电子商务和信息技术的大量设施、设备投资。

3. 加大财政、金融投资力度

把农产品流通设施建设纳入农村基础设施建设和城市基础设施建设的范畴，明确农产品流通设施占国家财政支农资金的具体比例。

设置专门的金融机构扶持农产品流通产业发展。譬如采取PPP方式将市场机制引入到基础设施的投融资领域。PPP是英文“Public-Private Partnership”的缩写，是指政府公共部门和私人部门合作完成基础设施的投资和建设，满足社会与经济发展对基础设施的要求。

对于第一部分，基于产地包装场节点的基础设施集群投资，主要可以依托当地的农民专业合作社或者运销大户，由地方财政采取PPP方式共同投资。对于第二部分，基于销地配送中心节点的基础设施集群投资，主要依托全国性的实力排在前列的大型农产品批发市场，由中央财政采取PPP方式通过投资。对于第三部分，基于零售店节点的基础设施集群投资，主要依托社会资金投资，对个体店和社区店的经营场所给予补贴。

4. 加大流通主体扶持力度

核心是对1000多万的流通主体开展流通职业训练，促进个体户企业化和中小企业的现代化，中央和地方政府都应该提供财政援助。

对3000多万流通从业人员实施基本社会保障政策，保证流通从业人员能享受到社会平均水平的福利保障。

培育和发展10家创新能力强、主业突出、拥有知名品牌、核心竞争力强、营业额超过500亿元的大型流通企业集团，使之成为发展现代流通体系的骨干和依托，成为与国外流通企业相竞争的“主力军”和对外实行跨国经营的“先遣部队”，10年内发展成为世界500强企业。

（三）实现农业产业跨越式发展

业内人士分析，如果中央与地方财政在3年内每年进行1万亿元的农产品流通基础设施投资，约占中央和地方财政支农资金的30%左右，连续3年3万亿元，采取PPP方式，政府投资引导商业投资，将带动社会投资4万亿元，将会促使个体户向企业化转化、中小企业向现代化转化，农产品流通生产性服务业在短期内超常规发展，带动农产品流通产业结构的合理化和高度化，3年后每年实现农产品增加值3万亿元以上，农产品流通产业规模由目前的10万亿元发展到3年后的20万亿元，从而实现农产品流通产业乃至农业的跨越式发展。

中央与地方财政在3年内对农产品流通基础设施的3万亿元投资，将有效启动农户、个体户和中小企业的4万亿元民间储蓄，拉动内需，促进生产，推动投资、消费和出口三驾马车，引导我国经济的新一轮增长，是我国应对4000美元陷阱和克服拉丁美洲化产业安全问题的战略举措。

Change of Agricultural Products Circulation: Infrastructure Investment and Productive Services Industry

Jia Jingdun　Zhang Yuxi　Zhang Pengyi

Abstract: The text reveal the operation laws and development framework of circulation industry and even the growth of the service, from the four aspects of legislation, finance, circulation main part support and infrastructure investment, put forward the policy recommendations of development of productive services industry, and specific measures are also proposed infrastructure investment.

Key Words: Agriculture Products Circulation; Infrastructure Investment; Productive Services Industry

总 报 告

General Report

B.2

中国农产品流通产业现状、问题及发展趋势

周 伟 李 想 濮晓鹏 张剑波 王江坤*

摘 要：本报告首先从农产品流通产业概念分析入手，通过对农产品、农产品流通产业的概念梳理，阐述农产品流通产业的主体构成以及产业规模，对产业在国民经济的贡献进行深入分析，同时对产业所处的经济、社会背景以及影响因素进行剖析。其次，针对农产品流通行业的上下游环节，对农产品生产和消费情况进行详细刻画，就生产、消费特点进行归纳总结。再次，在前面分析的基础上重点阐述农产品流通产业各环节的发展状况，对农

* 周伟，中商流通生产力促进中心高级研究员，经济师，博士，主要研究领域：微观经济与产业投资；李想，中商流通生产力促进中心高级研究员，经济师，博士，主要研究领域：农业经济政策、农产品流通；濮晓鹏，中商流通生产力促进中心研究员，经济师，硕士，主要研究领域：农产品预测预警、农产品流通；张剑波，中商流通生产力促进中心研究员，经济师，硕士，主要研究领域：农产品市场分析与预测预警；王江坤，中商流通生产力促进中心助理研究员，硕士，主要研究领域：农产品市场分析。

产品运销总体、仓储、冷链物流、城市配送、批发市场、农贸市场、社区市场、超市零售终端等方面进行分析，并对农产品流通服务业和国际贸易情况进行梳理。最后，就2011年农产品流通产业的热点问题进行阐述，分析农产品流通产业发展趋势，针对产业未来发展提出一些探索性建议。

关键词： 农产品　流通产业　运销　批发　零售

一　农产品流通产业相关概念界定

（一）概念界定

1. 农产品

农产品一般是指农、林、牧、渔业生产的各种植物、动物的初级产品及初级加工品。本书农产品范围包括除木材外列入国家统计局和农业部统计的全部主要农产品、林产品、水产品和畜产品，具体品种包括：农产品——粮食、棉花、油料、麻类、糖类、烟叶、蚕茧、茶叶、水果和蔬菜；林产品——橡胶、松脂、生漆、油桐籽、油茶籽；畜产品——肉、奶、禽蛋、蜂蜜、绵羊毛、山羊毛和羊绒；水产品——海水产品和淡水产品。其中，鲜活农产品包括肉、蛋、奶、水产、蔬菜和水果等六类。

2. 农产品流通产业

农产品流通产业是生产型服务业的重要组成部分，是融合农产品运销、批发、零售、国际贸易和流通服务的复合型产业。

农产品运销主要包括收购、运输、储存、装卸、搬运、包装、流通加工、配送和信息处理等环节，其中运输和仓储是农产品运销体系的基础。农产品运销不仅包括实物和信息的传递，也涵盖了农产品在传递过程中可能发生的所有权的转移。

农产品批发是当前中国农产品流通产业的主要渠道和中心环节，承担着农产品的商品集散、价格形成、供需耦合、信息集散以及交易结算等职能。农产品批发市场在流通中的核心地位，是当前农产品生产与零售规模化和组织化程度偏低这一背景下的客观选择。

农产品零售传统上以乡镇集贸市场、城市社区菜市场和连锁超市这三种模式为主。随着农超对接、农校对接、农餐对接、连锁化农家店、网店等新型流通模式的推广，农产品零售日趋多样化。

加入WTO以来，中国农产品流通逐步融入到国际大流通中。农产品国际贸易逐渐成为中国农产品流通产业的重要组成部分，在调剂中国农产品供求、促进农民增收和农业产业化升级中成效显著。

农产品流通服务包括农产品信息、安全、金融和期货等相关配套服务，在引导生产、稳定市场、保障安全、资金支持、交易结算、规避风险等方面起着重要作用。其中，信息服务建设是推进其他服务顺利开展的基础。

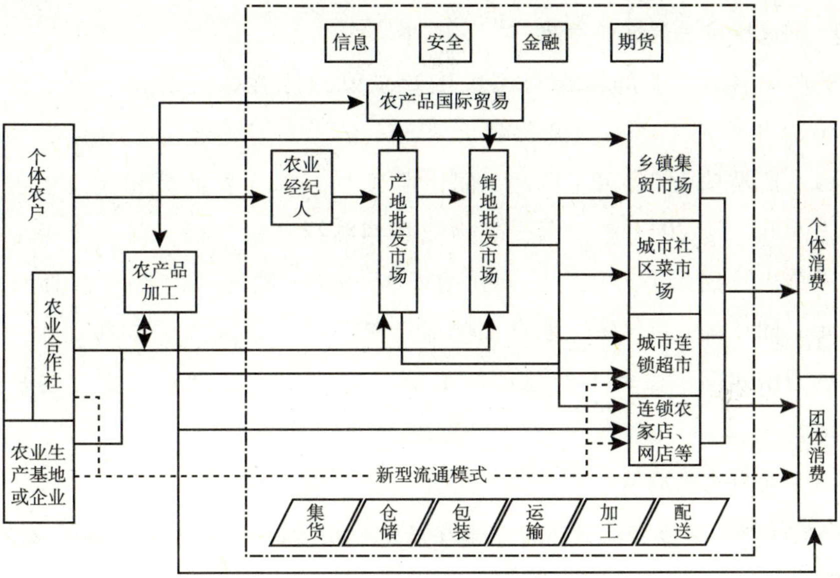

图1 农产品流通产业构成示意图

（二）农产品流通产业规模与贡献

“十一五”以来，中国农产品生产总量稳步增长，农产品商品化率显著提高，农产品流通总量呈快速增长态势。据估算，2010年中国生产的农产品商品量约为16亿吨（不计木材），较2005年增长29.6%，高出同期总产量增速12.3个百分点。

中国物流及采购联合会相关报告指出，2010 年，中国进入流通领域的实体农产品的价值总额为 2.24 万亿元，占当年社会物流总额的 1.78%。2010 年，中国共有亿元以上的农产品交易市场 1672 个，成交总额 1.61 万亿元。其中，以批发为主的市场有 979 个，成交额 1.39 万亿元；以零售为主的市场有 693 个，成交额 0.22 万亿元。

同期，中国农贸市场数量稳定在 25000 家左右，与农产品零售相关的超市连锁总店（含折扣店、大型超市和仓储会员店）568 家，门店数量 40113 家，商品销售总额 5893.96 亿元。2011 年，中国农产品进出口总值为 1556.2 亿美元，同比增长 27.6%。

1. 国民经济总量增长贡献

农产品流通产业的增长对国民生产总值的持续稳定增长作出了重要贡献。2010 年中国农产品物流总额为 22355 亿元，同比增长 15.0%，同年中国国内生产总值为 397983 亿元，同比增长 10.3%，农产品物流总额占 GDP 比重为 5.62%。2011 年，农产品物流总额继续平稳上行，前三个季度农产品物流总额达到 2.1 万亿元，同比增长 16.9%，同期国内生产总值为 32.1 万亿元，同比增长 9.4%，农产品物流总额占 GDP 比重为 6.54%。农产品物流总额的增速高于国内生产总值的增速，这对 GDP 的增长起到了明显的拉动作用。

2. 劳动力就业贡献

农产品流通产业具有很强的吸纳劳动力就业的能力。农产品流通产业涉及农产品的清洗、分拣、初加工、运输、包装、仓储、搬运、装卸、流通加工、配送等众多流程，期间还需要在多个节点比如集货场、产地批发市场、销地批发市场、配送中心、终端市场等场所进行交易，这提供了大量就业岗位。

2010 年，中国批发业从业人员 350.9 万人，与农产品零售相关的规模以上连锁企业从业人员 90.45 万人。2010 年的公路、铁路、水路和航空业从业人员 409.0 万人，城镇仓储业从业人员 25.4 万人。工商总局调查统计，2010 年上半年，全国农业经纪执业人员 61 万余人。此外，还有大量未计入统计的从业人员，提供与农产品流通相关的服务，包括收购商、分销商等。农产品流通产业为带动中国的劳动力就业作出巨大贡献。

3. 产业结构调整贡献

农产品流通产业对国民经济的作用不仅体现在所提供的就业机会以及在GDP中所占比重的多少，还体现在从整体上促进经济循环，优化资源配置，加快产业结构调整。

中国农产品流通产业经营主体规模不断扩大，从业人员不断增加，流通产业向上游生产环节和下游消费环节提供了多样化的服务。产业的发展与延伸提高了中国农产品流通过程的效率，促进了农产品产销各行业间的分工协作，使农产品流通全过程的主体实现利益扩展，进而为中国经济结构调整作出贡献。

农产品流通产业的发展，不仅推动农产品生产由分散型、粗放型向规模化、集约化方向转变，还推动流通过程各节点业务细分并提高专业化水平，促进以服务为核心的农产品产销体系发展，加快中国产业结构调整，实现产业结构优化。

（三）农产品流通产业经济环境分析

1. 宏观经济环境分析

2011年，国际经济持续动荡，欧盟主权债务危机蔓延，美国经济也陷入高失业高负债的困境。中国克服外需疲软、经济结构调整、通胀压力加大种种不利因素，实现了经济的稳步增长。2011年GDP增速逐季平稳回落，全年增长9.2%；物价水平全年上涨5.4%，在7月份达到6.5%的年内峰值后逐月回落至12月份的4.1%。2011年中国粮油糖、肉蛋奶等主要食用农产品全面增产，为控制通胀预期发挥了重要作用。

2012年，国际经济形势依然严峻，在要素成本刚性上升、资源约束趋紧的背景下，增强农产品的供给保障能力、加快结构调整和经济转型、扩大内需、改善民生对促进经济平稳较快发展意义重大。实现长期均衡有效的供给离不开高效率的流通，中国农产品流通产业发展有望进入快车道。

2. 主要影响因素分析

中国农产品流通产业主要影响因素的现状与发展趋势，以及对农产品流通产业的影响情况如表1所示。

表1　中国农产品流通产业主要影响因素分析

因　素	现状和趋势	对农产品流通产业的影响
前端(农产品生产)		
农产品产量	农产品产量稳步增长,鲜活农产品产量增速较快	流通需求总量增加,流通效率和质量要求提高
区域布局	农产品生产和加工向优势区域集中	跨区域流通需求增加,主产区的生产波动对全国市场的影响扩大
经营主体	农产品生产仍以家庭自发分散为主,农业专业合作社、农业产业化经营组织快速增加	农产品流通模式以批发市场为核心,农超对接、农校对接等新型流通模式日益成为有益补充
农业劳动力	工资性收入增速超过家庭经营收入增速,农业就业人口加速转移	农产品生产者到消费者的角色转变增加了农产品流通需求;为农业产业化经营提供了土地、人员基础
末端(农产品消费)		
人口总量与结构	人口总量增加,城镇人口增速较快,2010年城镇人口首超农村	农产品消费总量增加,城市化进程加速农产品消费总量增加
居民收入与消费结构	收入水平提高,城乡人均肉类、奶类消费增加,农村粮食、蔬菜消费减少;农产品品种、质量和安全要求提高	消费升级,农产品流通总量和质量的需求提高,冷链物流需求增加
农产品价格	农产品价格总体上行,部分品种价格波动频繁	农产品市场化进程加快,商品化率提高;以降低流通成本、提高流通效率为特色的新流通模式快速发展;流通信息、金融和期货等服务需求增加

二　2011年农产品生产与消费情况及特点分析

“十一五”以来，中国农产品产量稳步增长，农产品商品化率大幅提高，农产品流通总量也呈快速增长态势。近年来，中国农产品产销区均呈集中化趋势，生产向中部、东北和西北地区转移，消费则随着城市化以及人口的转移向沿海及东南部集中，产销距离不断拉大。从消费趋势看，中国城乡居民的肉蛋奶和蔬菜瓜果等产品的消费数量及比重上升较快，对中国农产品流通的效率提出更高的要求；居民生活水平的提高，农产品满足温饱以外的功能需求不断增加，农产品质量安全更为消费者所关注。

(一) 2011 年农产品生产状况及特点分析

1. 生产总量稳步增长，商品化率提升

中国是农产品生产大国，谷物、肉类、禽蛋、蔬菜、水果等主要农产品产量长期居世界首位。“十一五”以来，在政策扶持力度大幅增强、农业科技应用日益深化的推动下，中国农产品生产克服资源约束等不利因素，继续保持稳定增长态势。

据统计，2010 年中国主要农产品（不含木材）产量合计 17.8 亿吨，较 2009 年增产 3.6%，较 2005 年增产 17.3%（见图 2）。分品种看，2010 年产量超亿吨的农产品有蔬菜、粮食、水果和糖料四大类，产量分别为 6.5 亿吨、5.5 亿吨、2.1 亿吨和 1.2 亿吨，各占总量的 36.6%、30.7%、12.0% 和 6.8%。同期，肉类和水产品产量超过 5000 万吨，产量分别为 7925.8 万吨和 5373.0 万吨，占总量的 4.5% 和 3.0%（见图 3）。此外，2010 年奶类、油料（不含大豆）和禽蛋产量也超过 2000 万吨，分别达到 3478.0 万吨、3230.1 万吨和 2762.7 万吨。与 2005 年相比，2010 年中国水果、奶类、糖料和水产品产量增幅最为显著，均超过 20%，其中水果增产 32.8%，占总产量比重较 2005 年增长了 1.4 个百分点。

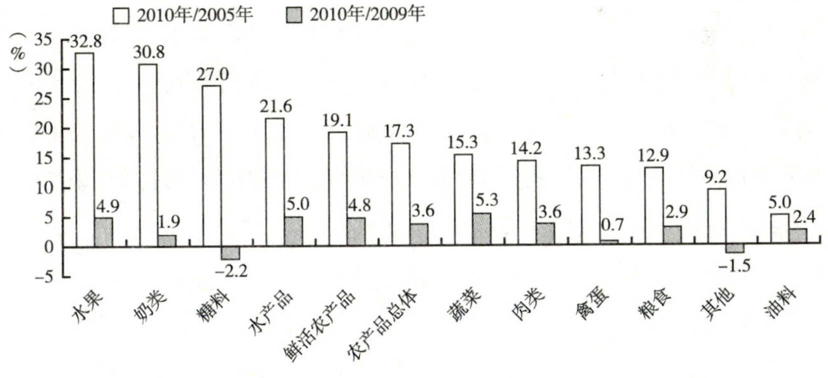

图 2　2005～2010 年主要农产品产量变化情况

数据来源：根据国家统计局和农业部相关数据整理计算。

2011 年中国主要农产品产量继续增长。据国家统计局统计，2011 年中国粮食总产量达到 57121 万吨，比 2010 年增长 4.5%，半个世纪以来首次连续八年增产。稻谷、小麦、玉米三大主粮全部增产，其中稻谷产量 20078 万吨，增长

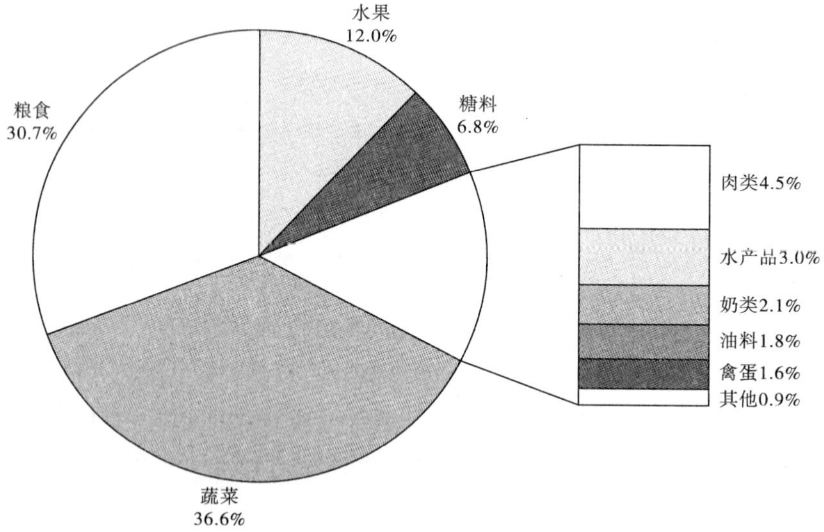

图 3　2010 年主要农产品产量占比

数据来源：根据国家统计局和农业部相关数据整理计算。

2.6%；小麦产量 11792 万吨，增长 2.4%；玉米产量 19175 万吨，增长 8.2%。全年肉类产量 7957 万吨，增长 0.4%，其中，猪肉产量 5053 万吨，下降 0.4%；禽蛋产量 2811 万吨，增长 1.8%；牛奶产量 3656 万吨，增长 2.2%；水产品产量 5600 万吨，增长 4.2%。全年油料产量 3279 万吨，增长 1.5%；糖料产量 12520 万吨，增长 4.3%；棉花产量 660 万吨，增长 10.7%。另据农业部估算，2011 年中国蔬菜、水果产量分别达到 6.8 亿吨、1.4 亿吨，增长 4% 和 8%。

农产品产量稳步增长使得中国农产品流通规模持续扩大，农产品商品化率的提高进一步增强了中国农产品流通数量的倍增效应。“十一五”期间，中国农产品商品化率显著提升，流通总量加速走高。发改委数据显示，与 2005 年相比，2010 年中国主要种植业农产品商品化率普遍上升，其中粮食和油料作物商品化率提升幅度尤为明显。2010 年中国稻谷、小麦和玉米三种主粮的商品化率分别为 70.2%、70.4% 和 93.2%，较 2005 年分别提高了 19.5、23.1 和 23.5 个百分点。同期，油菜子和花生等油料作物商品化率接近 80%，分别为 78.4% 和 77.9%，较 2005 年提高了 4.4 和 14.4 个百分点。此外，2010 年蔬菜平均商品化率为 97.7%，较 2005 年提高了 1.7 个百分点。

根据统计规范，林、牧和水产品产量之和等同于商品量。据此估算，2010年中国生产的农产品商品量约为16亿吨，较2005年增长29.6%，较2009年增长5.4%，分别高出总产量增速12.3和1.7个百分点。

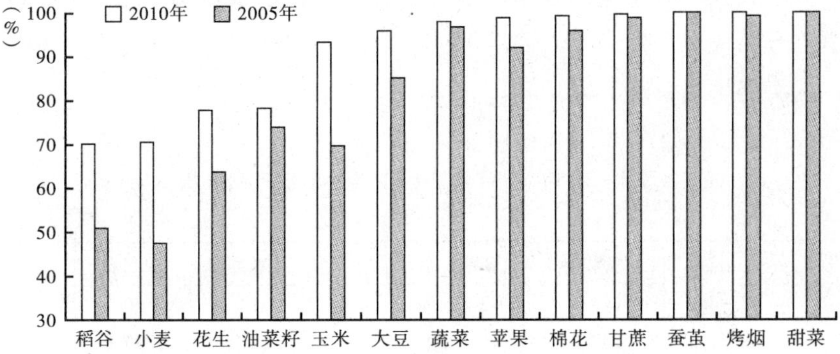

图4　2005～2010年主要种植业农产品商品化率变化情况

数据来源：国家发展和改革委员会价格司，《全国农产品成本收益资料汇编》，中国统计出版社，相应年份。

2. 生鲜产量比重上升，流通体系滞后

近些年来，随着居民消费需求的变化，中国农业生产结构也随之不断做出调整。具体来看，果蔬等生鲜农产品在农业生产结构中的比重不断提升，粮食、油料等耐储大宗农产品比重下降。根据统计数据测算，2010年中国果蔬、肉、奶、禽蛋和水产品等生鲜农产品的产量合计达到10.63亿吨（见图5），较2000年增

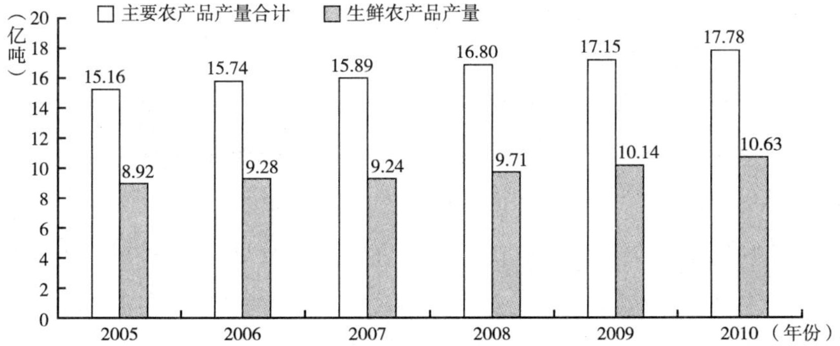

图5　2005～2010年主要农产品产量和生鲜农产品产量

数据来源：根据国家统计局和农业部相关数据整理计算。

长73.0%，年均增速5.6%，在农产品总产量中的比重达到60%，较2000年上升8.4个百分点；与此同时，粮食产量比重退居其次，从2000年时的38.8%降至2010年的30.8%，下降8个百分点。

分品种看，蔬菜在生鲜农产品中占主要地位，产量占比高达61%；水果产量比重上升最快，占生鲜农产品总产量的比重由2000年的10%上升至2010年的20%；其次是奶类，比重从1.5%上升至3.5%（见表2）。

表2　2000～2011年中国主要生鲜农产品产量

单位：万吨

年份	蔬菜	水果	肉类	禽蛋	奶类	水产品	合计
2000	42397.9	6225.1	6013.9	2182.0	919.1	3706.2	61444.3
2001	48337.4	6658.0	6105.8	2210.1	1122.9	3795.9	68230.1
2002	52908.9	6952.0	6234.3	2265.7	1400.4	3954.9	73716.1
2003	54032.3	14517.4	6443.3	2333.1	1848.6	4077.0	83251.7
2004	55064.7	15340.9	6608.7	2370.6	2368.4	4246.6	85999.9
2005	56451.5	16120.1	6938.9	2438.1	2864.8	4419.9	89233.3
2006	58325.5	17102.0	7089.0	2424.0	3302.5	4583.6	92826.6
2007	56452.0	18136.3	6865.7	2529.0	3633.4	4747.5	92363.9
2008	59240.4	19220.2	7278.7	2702.2	3781.5	4895.6	97118.5
2009	61823.8	20395.5	7649.7	2742.5	3677.7	5116.4	101405.6
2010	65099.0	21401.4	7925.8	2762.7	3748.0	5373.0	106309.9
2011	—	—	7957	2811	—	5600	—

数据来源：2000～2009年蔬菜产量数据来自《中国农村统计年鉴2010》，2010年蔬菜产量来自《全国种植业发展第十二个五年规划（2011～2015年）》，其他来自《中国统计年鉴2011》及国家统计局公布数据。

随着生鲜农产品比重的不断上升，其易损耗及不耐储存的特性对流通效率和流通方式都提出新的要求，对冷链物流和冷库建设的需求不断增强。《农产品冷链物流发展规划（2010～2015年）》中数据显示，中国每年进入流通领域的生鲜农产品数量约为4亿吨，但是目前中国果蔬、肉类、水产品冷链流通率分别为5%、15%、23%，冷藏运输率分别为15%、30%、40%；而欧、美、加、日等发达国家肉禽冷链流通率已经达到100%，蔬菜、水果冷链流通率也达95%以上。与发达国家相比，中国农产品冷链物流比例偏低。

粗放的流通方式使中国果蔬产品在流通环节的损失率达到25%～30%，与发达国家果蔬损失控制在5%以下相比，中国的损失率过高，加剧了流通环节的成本负担。中国农产品物流成本一般占产品总成本的30%～40%，鲜活产品则占到60%以上。产销衔接不畅以及流通成本偏高，造成近几年"卖难买难"问题频繁发生，"产区农民贱卖、销区消费者买贵"双重矛盾同时存在。

3. 生产区域性集中趋势明显

中国国土面积辽阔，气候及地域资源的差异产生了农产品种植的区域性特征，农产品生产的地域性差异形成了物流规律性的地理流向和时间流动。随着经济和城市化发展，农业生产向西北部转移，东部发达地区自给能力显著下降，主要农产品产地日趋集中。从2010年省级农产品产量区域分布情况看，中国优势农产品区域化生产格局已基本形成，其中，小麦、棉花、花生、油菜子、甘蔗、甜菜、苹果、柑橘和牛奶等品种区域产量前十位占比合计均超过80%。

分品种看，中国粮食生产主要集中于华北、东北和长江中下游地区（见表3），2010年河南、黑龙江等13个主产省区粮食产量占全国粮食总产量的比重达75.4%。随着东南部地区经济快速发展，粮食生产重心北移，区域供求格局发生变化，主产区调出能力减弱，平衡区自给水平下降，主销区产需缺口加大。2010年，河北、内蒙古、辽宁、吉林、黑龙江、山东、河南等七个北方主产区，粮食产量占全国的比重由1991年的36.2%提高到44.9%；江苏、安徽、江西、湖北、湖南、四川等6个南方主产区，粮食产量比重由36.0%下降到30.5%；北京、天津、上海、浙江、福建、广东、海南等七个主销区，粮食产量比重由12.2%下降到6.1%。目前只有黑龙江、吉林、内蒙古、河南、安徽、江西6省（区）能稳定调出粮食。这一供需格局变化，增加了运输压力和消费成本。

表3　2010年粮食产量区域分布

单位：%

排名	粮食总体		稻谷		小麦		玉米		豆类	
	地区	百分比	地区	百分比	地区	百分比	地区	百分比	地区	百分比
1	河南	9.9	湖南	12.8	河南	26.8	黑龙江	13.1	黑龙江	31.7
2	黑龙江	9.2	江西	9.5	山东	17.9	吉林	11.3	内蒙古	8.8
3	山东	7.9	黑龙江	9.4	河北	10.7	山东	10.9	安徽	6.4
4	江苏	5.9	江苏	9.2	安徽	10.5	河南	9.2	吉林	6.0
5	四川	5.9	湖北	8.0	江苏	8.8	河北	8.5	四川	5.2

续表

排名	粮食总体		稻谷		小麦		玉米		豆类	
	地区	百分比	地区	百分比	地区	百分比	地区	百分比	地区	百分比
6	安徽	5.6	四川	7.7	新疆	5.4	内蒙古	8.3	河南	4.9
7	河北	5.4	安徽	7.1	重庆	3.7	辽宁	6.5	江苏	4.5
8	湖南	5.2	广西	5.7	西藏	3.5	山西	4.3	云南	4.2
9	吉林	5.2	广东	5.4	湖北	3.0	四川	3.8	陕西	2.4
10	湖北	4.2	浙江	3.3	陕西	2.2	云南	3.5	湖北	2.3
前5位	38.9		48.9		74.5		53.1		58.1	
前10位	64.6		78.2		92.3		79.4		76.4	

数据来源：根据国家统计局数据整理计算。

表4　2010年经济作物产量区域分布

单位：%

排名	棉花		花生		油菜子		甘蔗		甜菜	
	地区	百分比	地区	百分比	地区	百分比	地区	百分比	地区	百分比
1	新疆	41.6	河南	27.3	湖北	17.8	广西	64.3	新疆	52.4
2	山东	12.1	山东	21.7	四川	15.7	云南	15.8	黑龙江	18.8
3	河北	9.6	河北	8.3	湖南	12.7	广东	11.7	内蒙古	17.3
4	湖北	7.9	辽宁	6.1	安徽	10.2	海南	3.5	河北	5.3
5	河南	7.5	广东	5.6	江苏	8.6	四川	0.8	山西	2.4
6	安徽	5.3	安徽	5.5	河南	6.8	湖南	0.7	甘肃	2.4
7	江苏	4.4	湖北	4.1	江西	4.9	浙江	0.7	吉林	0.8
8	湖南	3.8	四川	3.9	贵州	3.9	福建	0.6	辽宁	0.5
9	江西	2.2	广西	2.8	陕西	2.8	江西	0.5	四川	0.0
10	甘肃	1.3	江西	2.6	重庆	2.6	贵州	0.5	江苏	0.0
前5位	78.7		69.0		65.0		96.1		96.2	
前10位	95.7		87.9		86.1		99.0		100	

数据来源：根据国家统计局数据整理计算。

从总量上看，山东、河北和河南这华北三省是中国蔬菜产量最大的地区，2010年三省产量合计占全国蔬菜总产量的34.9%；其次是江苏、四川、湖北、湖南等长江中上游地区，产量比重占21.4%。从上市季节看，目前中国已形成长江中上游与华南冬春蔬菜基地、黄土高原与云贵高原夏秋蔬菜基地、沿海与沿边地区出口蔬菜生产基地、黄淮海与环渤海设施蔬菜基地等几大优势产区。海南是中国冬季瓜菜和热带水果的主产区，2009 年果蔬产量达 736.1 万吨，其中 80% 销往岛外。近年来随着市场的不断活跃，中国形成了南菜北运、西菜东运两大调运路径。

水果类产品的地域性差异更加明显。热带水果主要产自海南、广东、广西、云南、四川等省及自治区，北方及中部地区主要盛产苹果、梨、枣等。夏季南方的热带水果北上，秋季北方水果大量运往南方，形成南北水果大交流的局面。另外，很多品种带有明显的地域性，渤海湾和西北黄土高原两大苹果优势产区生产集中度达到 87% 以上，长江中上游、赣南 - 湘南 - 桂北、浙 - 闽 - 粤、鄂西 - 湘西四个柑橘产业带生产集中度达到 95% 以上。有的地方还形成独特的地域品牌，如新疆的哈密瓜、吐鲁番的葡萄、乐陵的金丝小枣等。

棉花种植集中在长江流域、黄河流域和西北内陆三大产区，生产集中度达到 99%；油菜种植集中在长江流域，生产集中度达到 85% 以上；甘蔗种植集中在桂中南、滇西南、粤西琼北产区，生产集中度达到 93% 以上。

中国畜禽养殖逐步向粮食主产区集中，其中，生猪生产主要集中在长江流域、中原、东北和两广等地区，其猪肉产量占全国总量的 80% 以上，是中国主要的生猪、猪肉生产区和调出区。奶牛养殖仍以北方为主，内蒙古、黑龙江、河北、河南、山东五省区产量占全国总量的 68%。肉牛生产以牧区与半农半牧区为主要繁殖区，粮食主产区集中育肥，河南、山东、河北三省牛肉产量比重最大，达到 32%；其次是东北四省区，产量比重为 27%。肉羊生产农区牧区并重发展，内蒙古和新疆两个牧区羊肉产量占全国产量的比重分别达到 22.4% 和 11.8%，山东、河北、河南、四川四个粮食主产区羊肉产量比重均在 6% ~9% 之间。

水产品产区主要集中在沿海地区和长江流域。其中，海水产品产区分布在沿海地区，2010 年山东、福建、广东、浙江和辽宁五省海水产品产量占全国总产量的比重达到 82%；淡水产品产区集中在长江流域，湖北、广东、江苏、江西、湖南、安徽六省淡水产品产量占全国总产量的 63%。

表 5　2010 年水果及畜禽产量区域分布

单位：%

排名	苹果		柑橘		猪肉		牛奶		禽蛋	
	地区	百分比	地区	百分比	地区	百分比	地区	百分比	地区	百分比
1	陕　西	25.7	湖　南	14.7	四　川	9.7	内蒙古	25.3	河　南	14.1
2	山　东	24.0	广　东	13.2	湖　南	8.1	黑龙江	15.5	山　东	13.9
3	河　南	12.3	广　西	11.8	河　南	8.1	河　北	12.3	河　北	12.3
4	河　北	8.2	湖　北	11.4	山　东	7.0	河　南	8.1	辽　宁	10.0
5	山　西	7.7	四　川	11.1	湖　北	5.7	山　东	7.1	江　苏	6.9
6	辽　宁	6.3	福　建	10.3	广　东	5.4	陕　西	3.8	四　川	5.2
7	甘　肃	6.1	江　西	10.2	河　北	4.8	新　疆	3.6	湖　北	4.8
8	新　疆	2.0	浙　江	7.2	云　南	4.8	辽　宁	3.4	安　徽	4.3
9	江　苏	1.7	重　庆	5.3	广　西	4.8	宁　夏	2.4	黑龙江	3.8
10	四　川	1.3	云　南	1.6	安　徽	4.7	山　西	2.0	吉　林	3.5
前 5 位	78.0		62.2		38.5		67.6		57.1	
前 10 位	95.3		96.7		63.0		83.5		78.7	

数据来源：根据国家统计局数据整理计算。

4. 供给具有显著季节性特征

受自然气候及作物生长周期的影响，农产品供给有着显著的季节性特征，表现在收获季节同类农产品的短期集中供应，这决定了农产品物流需求变化也是非连续的。

中国粮食生产中，夏粮占 23%，秋粮占 72%。夏粮 6 月份集中上市，秋粮 10 月份集中上市。粮食的季节性集中上市给物流运输带来了两个高峰，第一个高峰为夏粮运输，集中在中国的中南部地区，第二个高峰是全国性的秋粮运输。高峰期的运输主要是区域内的收购运输，单位运输量小，时间密度大；随后进行区域间的远距离运输，比如随着中国粮食主产区从南向北转移，每年秋粮上市至次年 4 月份为“北粮南运”的集中运输期。同时，粮食的集中产出与连续性消费之间存在的时间差，需要强大的物流存储环节来进行调节。

果蔬类产品生产的季节性则更为明显，从南到北季节性的影响逐步加大。南方地区基本上可以做到常年连续生产，而北方地区受季节性温度的影响，只能做到季节性的产出。所以，每年的 11 月份到次年的 3、4 月份，中北部地区的蔬菜由南方供应，产生了由南向北的季节性应时物流；每年的 5 月到 6 月、10 月到

11月之间，北方的淡季由中部地区就近供应，而在夏秋季节，各地的蔬菜基本上由区域内的生产基地来解决，产生了相应的区域内主导物流，蔬菜流向大多表现为郊区向城市供应的聚焦型物流，兼向外围小城镇或农村地区进行的补给扩散。因为各个地区蔬菜种植品种不同，秋季还会发生品种调剂物流，形成南北蔬菜互流。对于特产形成的物流，受区域季节的限制，流向基本呈发散状。

5. 生产组织化程度不断提高

中国农业生产依然以一家一户分散种植模式为主，使得农产品产业链条上的信息传递失灵，农民难以获得准确的市场信息，引起农业生产出现大小年，农产品价格大幅波动。同时，农业生产作为食品产业链的源头，由于组织形式过于分散，农产品生产过程难以标准化，产品质量安全难以管控。

近年来，在政府政策引导和扶持下，农村劳动力逐渐向城市转移，农业生产组织化程度不断提高，农业合作组织、大户、基地以及“龙头企业+农户”等组织形式出现并不断壮大，这不仅增强了农民的市场力量，同时也有利于实现农产品的品牌化管理和溯源管理；不仅有利于稳定农产品价格，还有利于提高农产品质量。

国家工商总局公布的数据显示，截至2011年，中国农民专业合作社实有52.17万户，比上年年底增长37.6%；出资总额0.72万亿元，比上年年底增长59.4%。此外，农业部2011年10月首批公布了6663个农民专业合作社示范社，这些示范社涉及的产业主要是本行政区域的优势主导产业或特色产业，其中绝大部分从事种植、畜牧、水产业，总计约占87.4%。从地区分布看，东、中、西部地区示范社分别占总数的50.5%、31.1%和18.5%。2010年，这6000多家示范社农作物经营总面积达668.46万亩，社均1003.25亩，比全国合作社平均经营规模高1.33倍；农作物总产量达716.26万吨，社均1074.98吨，比全国社均水平高1.44倍。服务半径更大，成员范围跨乡镇的比例达到53.8%，高出全国平均水平（15.0%）38.8个百分点。

通过示范社这个载体，农业标准化生产得以有效推广，农产品质量安全水平得到有效保障。2010年，这6663家示范社标准化生产率达到100%，生产食用农产品的示范社的主要农产品拥有注册商标，远高于全国平均每15个合作社拥有1个商标的水平；拥有并使用农产品质量认证数达4514个，其中1372个产品取得绿色食品、有机产品和地理标志认证，占全国合作社产品同类认证总数的

49%。生产鲜活农产品的示范社销售渠道较为稳定畅通，普遍参与了“农超对接”、“农校对接”等产销对接，或在城镇建立了连锁店、直销点、代销点。

此外，在市场的激烈波动中，散户和小规模户由于生产方式粗放、缺乏资金，难以抵御市场的冲击，逐渐被淘汰出局，加上中国农业就业人口比重持续下降，近年来社会资本不断涌入农业生产领域，农产品生产方式进一步向专业化、规模化和产业化转变。2010 年，中国农作物耕种收综合机械化水平达到 52%，较 2005 年提高 16 个百分点，小麦耕种收基本实现全程机械化。同期，全国年出栏 500 头以上生猪、存栏 500 只以上蛋鸡和存栏 100 头以上奶牛规模化养殖比重分别为 35%、82% 和 28%，较 2005 年分别提高 19、16 和 17 个百分点。

6. 加工业总体发展水平偏低

农产品具有易腐蚀、不耐储存等特性，产后损失率较高。据专家测算和实证分析，中国农户储粮平均损失为 7% ~10%，每年农户储粮造成的粮食损失为 300 亿 ~450 亿斤；产后损耗，蔬菜为 15% ~20%，水果为 10% ~15%，马铃薯为 15% ~25%，产后每年损失蔬菜约 10000 万吨，水果约 1400 万吨，马铃薯约 1600 万吨。如果粮食、果蔬每吨按 2000 元计算，马铃薯每吨按 1000 元计算，折合经济损失约 1800 亿元，按目前单产水平计算，相当于全国年浪费 1.4 亿亩耕地的投入和产出①。

此外，中国每年还有 70000 万吨左右的秸秆、1000 万吨的玉米芯、1000 万吨的米糠、1000 万吨的麦麸和 700 万吨的蔗渣等植物纤维资源和果皮、果渣、动物骨血等加工副产物亟待深度开发利用。因此，对初级农产品进行初加工及精加工是降低损耗、延长存储时间、提高农产品附加值、拓展产品形式、满足消费者多样化需求的必由之路，而且可以缓解蔬菜等生鲜食品集中供应与连续性消费之间的时间矛盾，降低生鲜食品价格波动幅度。

随着中国城乡居民收入水平的提高和消费结构、消费方式的快速转变，消费者对农产品加工制品、快餐食品、休闲食品的需求强劲，拉动中国农产品加工业总量持续增长。《农产品加工业“十二五”发展规划》数据显示，预计 2010 年，规模以上农产品加工业产值突破 10 万亿元，比“十五”末增长 1.5 倍，年均增幅 20% 以上，超过“十一五”规划年均 12% 的增长预期；农产品加工业产值与

① 农业部农产品加工局局长张天佐在现代农业发展高层论坛上的讲话，2011 年 9 月 6 日。

农业产值之比由“十五”末的1.1∶1提高到1.7∶1左右。其中，农副食品加工业总产值达到34928亿元，比“十五”末增长2.3倍，年均增速达到26.9%；食品制造业总产值为11351亿元，比“十五”末增长2.0倍，年均增速达到24.6%。

从行业结构看，农副食品加工业中比重较大的分别是屠宰及肉类加工、植物油加工、谷物研磨和饲料加工，2009年产值比重分别为20.8%、17.8%、16.8%和16.0%；其次是水产品加工、果蔬加工，比重分别为9.8%和7.7%。食品制造业中占比较大的行业是液体乳及乳制品制造业和方便食品制造业，产值分别占18.1%和17.3%；其次是调味品和发酵品制造业以及烤焙食品制造业，产值分别占14.2%和11.0%。

从区域分布看，初级农产品加工企业主要分布在原料主产区，精制农产品加工主要分布在销区，如在原料主产区重点发展浓缩蔬菜汁（浆）、脱水蔬菜、速冻蔬菜、罐藏蔬菜等加工产业及贮运保鲜，在大中城市等主销区，重点发展蔬菜汁饮料、酱腌制蔬菜等终端产品。

此外，农产品加工业产业集中度不断提高。“十一五”末中国已初步形成了东北和长江流域水稻加工、黄淮海优质专用小麦加工、东北玉米和大豆加工、长江流域优质油菜子加工、中原地区牛羊肉加工、西北和环渤海苹果加工、沿海和长江流域水产品加工等产业聚集区。

中国农产品加工业发展很快，但与发达国家相比，中国农产品加工业的总体发展水平仍然偏低：（1）农产品加工企业大而不强。中国农产品加工业产值居世界首位，但中小型企业比重大，自主创新能力弱，质量控制体系不完善。（2）集中度不高。《农产品加工业“十二五”发展规划》数据显示，规模以上企业仅占全部农产品加工企业数量的24%，年销售收入过100亿元的企业仅有21家，过500亿元的企业仅有4家，过1000亿元的企业仅有2家，进入世界500强的企业只有1家。（3）产地初加工落后。在农产品商品化处理和初加工环节，农户、专业合作组织和农村小企业加工设施简陋，工艺落后，产后损失大，质量安全隐患突出。（4）资源利用率偏低，受技术和装备水平的制约，中国农产品加工业物耗、能耗、水耗相对较高，资源利用率低，节能减排压力大。

（二）2011 年农产品消费状况及特点分析

1. 价格稳步上涨，生鲜产品涨幅居前

从长期看，中国农产品价格稳步上涨，近五年来呈加速上涨态势。成本增加是农产品价格整体上行的主导因素，除个别年份外，农产品生产价格指数与农业生产资料价格指数走势基本相同。2001～2010 年，中国农产品生产价格累计上涨 76.5%，同期农资价格涨幅就达到 61.1%（见图 6）。

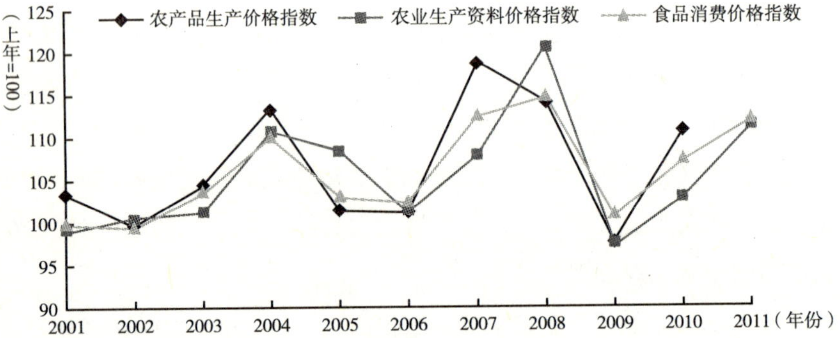

图 6　2001～2011 年农产品生产、农业生产资料与食品消费价格指数

数据来源：中经网。

从消费市场上看，2011 年受自然灾害和疫情多发、生产成本上升、货币流动性过剩以及输入性通胀等因素影响，中国居民食品消费价格继续加速上涨。国家统计局公布数据显示，2011 年中国居民食品消费价格同比上涨 11.8%，涨幅较 2010 年提高 4.6 个百分点。食品在居民消费价格中的比重达到 30% 左右，2011 年食品消费价格拉动全国居民消费价格指数上涨约 3.5 个百分点，贡献率达到 65%，成为推动居民消费价格上涨的重要因素。

分品种看，肉类价格上涨幅度最大，2011 年全国居民肉禽及其制品消费价格同比上涨 22.6%，涨幅较去年同期提高 19.7 个百分点；鲜果、蛋、粮食和水产品涨幅比较大，同比涨幅分别达到 16.4%、14.2%、12.2% 和 12.1%，涨幅均高于上年同期（见表 6）。只有蔬菜价格涨幅回落，2011 年全国居民蔬菜消费价格同比上涨 0.5%，涨幅较去年同期下降 18.2 个百分点。蔬菜价格涨势回落

主要是因为2010年蔬菜价格大幅上涨以及各级政府菜篮子扶持政策使蔬菜播种面积增加，产量大幅增加。

表6　2011年中国居民食品消费价格指数（上年=100）及其增幅

项目名称	2011年	2010年	同比变化
居民消费价格指数	105.4	103.3	2.1
食品	111.8	107.2	4.6
粮食	112.2	111.8	0.4
肉禽及其制品	122.6	102.9	19.7
蛋	114.2	108.3	5.9
水产品	112.1	108.1	4.0
鲜菜	100.5	118.7	-18.2
鲜果	116.4	115.6	0.8

数据来源：国家统计局。

长期来看，中国居民食品消费价格涨幅也比较大，高于居民消费价格总水平的上升幅度。与2001年比，2011年中国食品消费价格累计上涨84.2%，较物价整体涨幅高54.9个百分点。其中，肉类、鲜瓜果和鲜菜等生鲜产品价格涨幅领先，分别上涨了122.1%、113.1%和116.8%。受猪肉供需关系经常性失衡影响，肉类价格在趋势上行的背景下波动剧烈。

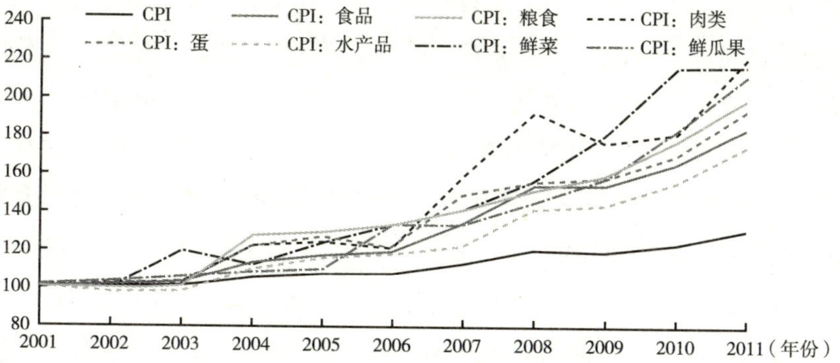

图7　2001~2011年分类消费者价格定基指数（2001年=100）

此外，较高的流通成本是推高农产品终端消费价格的重要因素之一。以蔬菜为例，目前中国大中城市的蔬菜供应，90%左右需要通过批发市场和集贸市场，这些市场收取的高额进场费、摊位费、交易费，临近零售市场的路程费用，以及经营商户在城市高昂的生活、教育成本，使蔬菜零售终端价格高出批发价1倍左右①。另据北京市物流协会调查发现，“最后一公里”流通成本比从山东寿光拉到北京的费用至少高出150%。据了解，由山东蔬菜产地到北京终端市场一般菜价上涨10倍以上，如西葫芦价格上涨20倍。

2. 需求总量增长，沿海地区自给下降

（1）人口增长使农产品需求量刚性增长

随着中国人口稳步增长和城镇化进程推进，粮食等主要农产品的消费需求呈刚性增长态势。人口普查数据显示，2010年中国人口总数达到13.4亿人，较2000年增长5.8%，年均增长率0.6%。

分区域看，南部沿海、东部沿海和北部沿海地区人口增长速度较快，2000～2010年人口数量分别增加2087万人、1822万人和1068万人，增幅分别为16.2%、13.2%和6.1%。其中，北京、上海、天津、广东、浙江等省市人口增长速度名列前茅，分别为41.9%、37.5%、29.3%、20.7%和16.4%。并且，随着经济的发展，大量的流动人口涌向沿海等经济发达地区。国家统计数据显示，2011年农民工总量25278万人，比上年增加1055万人，增长4.4%。其中，本地农民工9415万人，外出农民工15863万人。从流向看，东部地区是农民工主要流入地，2009年东部地区外出农民工数量占全国外出农民工人数的62.5%。

（2）城市化进程使城市农产品自给率下降，市场购买量上升

城镇居民是农产品的主要购买者，随着城镇化率的提高，城镇农产品自给能力下降，推动农产品市场购买量上升。统计数据显示，2010年中国城镇人口占总人口的比重达50.0%，比2000年增长13.7个百分点，全国32个省及直辖市中有12个地区城镇人口比重超过全国平均水平。其中，上海、北京、天津三个直辖市城镇人口比重超过70%，广东和辽宁在60%以上。由于城市居民生活水平较高，各类农产品消费量均高于农村居民平均水平。从2010年的数据看，城镇居民果蔬、肉蛋、奶、食用油人均消费量（不含在外就餐）比农村居民人均消费量分别高出57.4千克、19.6千克、10.4千克和2.5千克。

随着城市的扩张，城市农产品通过外埠供给的比例越来越大，使得农产品商

---

① 黄海：《打通“最后一公里”》，《财经》2010年第26期。

品化率不断提高，流通总量越来越大。据调查，北京市蔬菜自给率仅7%左右，粮食自给率约为10%，猪肉和鸡蛋自给率约为20%。而且中国农产品供应地主要集中在中原和东北地区，生产的区域集中度日趋明显，而主要的调入城市集中在沿海地区，生产和消费区域的分化决定了中国农产品的运输距离将会拉长，特别是跨区长距离运输将越来越频繁，物流成本和效率面临新的挑战。

（3）城镇居民食品消费量随着收入的提高而增长

统计数据显示，从低收入户到高收入户，居民猪肉、鲜果和奶及制品的人均购买量呈增长趋势，食用植物油、牛羊肉和蔬菜的消费量也随收入呈增长趋势，但是当达到高收入水平时，居民对这些食品的消费量增速减慢并出现下降趋势（见表7）。

表7　2010年按收入等级分中国城镇居民家庭平均每人全年购买主要商品数量

单位：千克/人

指　　标	总平均	最低收入户	低收入户	中等偏下户	中等收入户	中等偏上户	高收入户	最高收入户
		（10%）	（10%）	（20%）	（20%）	（20%）	（10%）	（10%）
食用植物油	8.84	7.82	8.41	9.01	9.14	9.15	9.08	8.74
猪肉	20.73	14.98	18.39	20.21	21.84	22.63	23.35	24.05
牛肉	2.53	1.58	2.05	2.40	2.80	2.91	2.98	2.96
羊肉	1.25	0.88	1.03	1.21	1.38	1.43	1.38	1.35
鲜蛋	10.00	7.58	8.66	9.60	10.59	11.18	11.24	11.09
鲜菜	116.11	93.68	106.23	113.15	121.85	125.32	126.04	125.42
鲜瓜果	54.23	34.24	42.42	49.20	57.56	63.46	66.99	70.91
鲜奶	13.98	7.39	9.76	11.96	14.98	17.02	19.13	20.19
奶粉	0.45	0.25	0.36	0.39	0.45	0.53	0.62	0.67
酸奶	3.67	1.81	2.61	3.11	3.83	4.59	4.95	5.57

数据来源：《中国统计年鉴2011》。

从区域经济发展水平看，经济发达地区由于居民购买力强、消费水平高，畜牧水产的人均消费量一般也高于经济不发达地区的人均消费量（见表8），而且经济发达程度越高、人口积聚程度越高的地区还会成为该产品的集散地，所以这个方向的物流量较大。果蔬类产品和粮食类产品也普遍存在这种扩散方式，即从产地沿经济较发达的人口聚集区形成优势扩散梯度，并在该区域形成新的卫星式扩散中心，形成产地批发市场和销地批发市场同时存在的“双中心”物流模式，两个扩散中心是：产地供给因素形成的优势扩散物流，以及经济发达、人口聚集等消费因素形成的需求拉动物流①。

表8　2010年按地区分中国城镇居民家庭平均每人全年购买主要商品数量

单位：千克/人

指　标	东部	中部	西部	东北
鲜菜	109.34	121.55	119.66	124.07
食用植物油	7.88	9.62	9.38	9.82
猪肉	21.14	19.66	23.63	15.82
牛羊肉	3.38	2.89	4.94	5.16
鲜蛋	10.55	10.31	7.68	11.66
鲜奶	15.36	11.13	15.20	12.44
鲜瓜果	55.31	54.52	49.12	59.23

3. 消费结构升级，肉蛋奶消费量增加

随着中国经济的快速发展，受居民收入、食品价格以及消费观念等因素影响，2001年以来，中国城乡居民食品消费构成发生明显变化，突出表现为城乡人均肉、蛋、奶消费增加和农村粮食、蔬菜消费减少。

2010年，中国城镇居民肉类（猪、牛、羊和禽）人均购买量达到34.7千克，较2000年增长36.2%；农村居民肉类人均消费量为20.0千克，较2000年增长16.2%。在城乡肉类消费中禽肉消费增速均排在首位，十年来城市居民人均购买量累计增长87.7%，农村居民人均消费量增长48.5%。鲜奶消费量增速也十分显著，2010年城镇居民人均购买量达到13.98千克，较2000年增长40.6%；农村居民人均消费量为3.6千克，是2000年的3倍多。受三聚氰胺事件影响，与2003~2007年的高速增长期相比，2008年之后鲜奶人均消费量增速有所下降。2000年以来，中国农村居民生活水平逐渐由温饱迈进小康生活阶段，人均粮食和蔬菜消费量持续减少。2010年农村人均粮食和蔬菜消费量较2000年分别下降了27.5%和12.6%。此外，受价格因素影响，2010年城市居民鲜蛋和瓜果人均购买量与2009年相比有所下降，分别减少10.8%和5.7%（见表9）。

① 王树祥、张明玉：《中国农产品现代物流发展战略研究》，《中国流通经济》2006年第6期。

表 9　2010 年中国城乡居民主要食品人均消费量

单位：千克/人，%

指　标	城　镇			农　村		
	购买量	比 2009 年	比 2000 年	消费量	比 2009 年	比 2000 年
粮食	81.5	0.2	-0.9	181.4	-4.1	-27.5
蔬菜	116.1	-3.6	1.2	93.3	-5.2	-12.6
食用植物油	8.8	-8.6	8.3	5.5	1.9	1.4
猪肉	20.7	1.1	23.9	14.4	3.2	8.5
牛羊肉	3.8	2.2	13.5	1.4	4.5	26.7
禽类	10.2	-2.5	87.7	4.2	-1.8	48.5
鲜蛋	10.0	-5.4	-10.8	5.1	-3.8	7.3
水产品	—	—	—	5.2	-1.3	235.1
鲜奶	14.0	-6.2	40.6	3.6	-2.3	31.4
瓜果	54.2	-4.1	-5.7	19.6	-4.4	7.2

注：城镇居民人均消费量数据为居民食品购买量，不包括居民非直接购买的消费量，如在外就餐等。
数据来源：《中国统计年鉴 2011》。

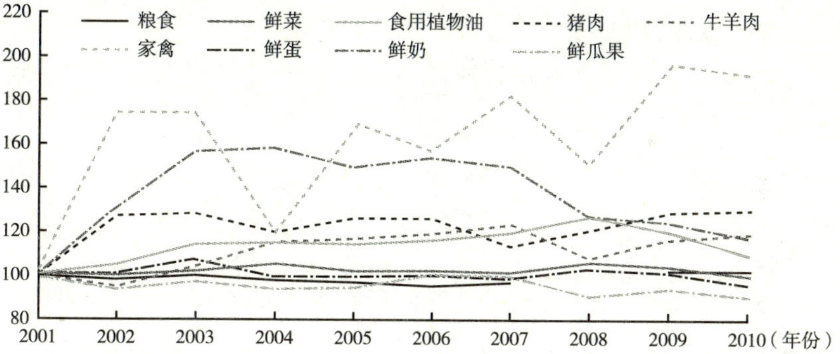

图 8　2001～2011 年城镇人均食品购买量指数（2001 年 =100）

数据来源：根据国家统计局数据整理计算。

由于肉和奶消费增加，中国对饲料粮的需求明显加大。粮食人均直接消费量虽然下降，但人均总体消费量仍呈快速增长态势。发改委调查数据显示，2010 年每公斤散养生猪需耗粮 1.77 公斤，由于精饲料饲养比重大，每公斤规模生猪耗粮量更是达到 1.86 公斤。与猪肉、禽肉和鸡蛋相比，散养牛羊肉的青粗饲料用量大、耗粮量小，经济性较高，但由于消费比重低对整体趋势影响不大。2010 年，散养每公斤牛奶平均耗粮 0.39 公斤，但如果干物质含量按 12% 换算，每公斤干乳需耗粮3.26公斤。

4. 食品消费比重下降，需求趋于多样

从绝对量上看，2010年居民食品消费支出继续增长，国家统计数据显示，2010年中国城镇居民人均食品消费支出为4804.7元，较2009年增长7.3%，扣除物价因素，实际增长6.4%。分品种看，除了油脂类消费支出的名义增长率下降3.1%外，其他类食品消费支出均呈增长趋势，其中粮食、蔬菜和干鲜瓜果类增幅最大，分别为15.3%、12.3%和13.8%。但是扣除价格上涨的因素后，蔬菜类、蛋类、奶及奶制品、干鲜瓜果类的实际消费支出小幅下降，降幅分别为4.6%、2.5%、1.8%和0.2%（见表10）。

表10　2010年中国城镇居民食品消费支出及增速

单位：元/人，%

指　标	消费支出	名义增长率	实际增长率
消费性支出	13471.45	9.8	6.4
食品	4804.7	7.3	0.2
粮食	385.51	15.3	3.4
油脂类	125.43	-3.1	-6.2
肉禽及其制品	914.22	5.4	2.7
蛋类	98.02	5.7	-2.5
水产品	326.86	8.4	0.0
蔬菜类	501.65	12.3	-4.6
干鲜瓜果类	378.75	13.8	-0.2
奶及奶制品	198.47	1.2	-1.8
在外就餐	1019.29	4.4	0.7

数据来源：《中国统计年鉴2011》。

从相对值看，中国居民食品消费支出比重即恩格尔系数整体呈下降趋势（见图9）。统计数据显示，2010年中国城镇和农村居民家庭恩格尔系数分别降至35.7%和41.1%，与改革开放初期（1978年）相比分别下降21.8个百分点和26.6个百分点，与21世纪初（2000年）相比分别下降3.7个百分点和8.0个百分点。在居民生活水平和收入水平较低时，农产品的消费水平也比较低，人们侧重于解决温饱，更多地追求农产品数量上的满足，对品质和品种要求则较少；随着生活条件改善，数量的需求增长速度开始放缓，品质需求却不断提高。根据联合国粮农组织提出的标准，中国农村居民生活水平已经由温饱进入小康，城市居民生活水平则达到富裕水平。

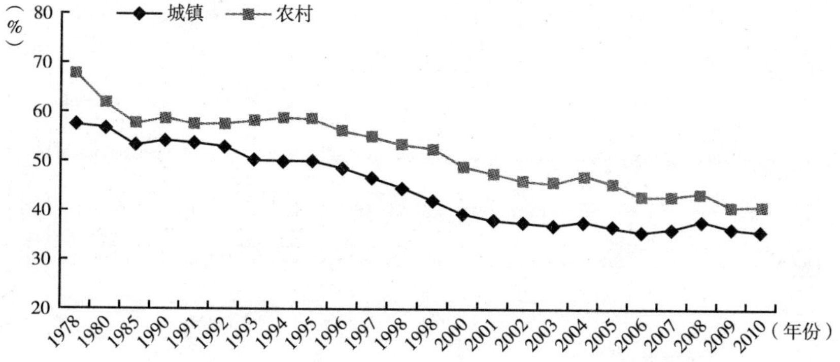

图9　1978～2010年中国城乡居民恩格尔系数走势

数据来源：《中国统计年鉴2011》。

随着生活水平的提高，居民生活更加注重健康和营养，近十年来中国城乡居民肉类及奶制品等蛋白产品消费量快速增长。从消费结构来看，城镇居民果蔬、肉类等生鲜食品消费比重最大，农村居民仍以粮食消费为主。2010年城镇居民果蔬、肉蛋奶消费量在主要农产品（不含水产品）消费量中的比重为53.3%和18.4%，农村居民只有34.4%和8.7%；城镇居民粮食消费比重只有25.5%，农村居民却高达55.2%。

从购买习惯看，粮食产品耐储存，居民一般通过小批量、间断性的购买来调节连续性的消费，相比之下，果蔬等生鲜食品不易储存，居民一般采用零星购买和即时消费方式来保证其购买产品的鲜嫩程度。果蔬类产品消费频度的增加使果蔬类产品的终端消费物流呈现小规模、连续性供给的特点，使得果蔬类产品物流的经济批量减少、配送频度增加，物流总量加大。

三　2011年农产品流通状况及特点分析

（一）农产品运销业发展状况

农产品运销是指产品自离开生产领域以后在到达消费领域过程中所发生的除交易外的全部经济活动，包括农产品的集货、检验、分级与标准化、包装、加工、仓储、运输和配送等环节。农产品运销是实现农产品价值的必要条件，是农业再生产过程的组成部分，其中一部分活动如物流、仓储、冷链和配送等则是农业生产过程在流通领域里的延续。

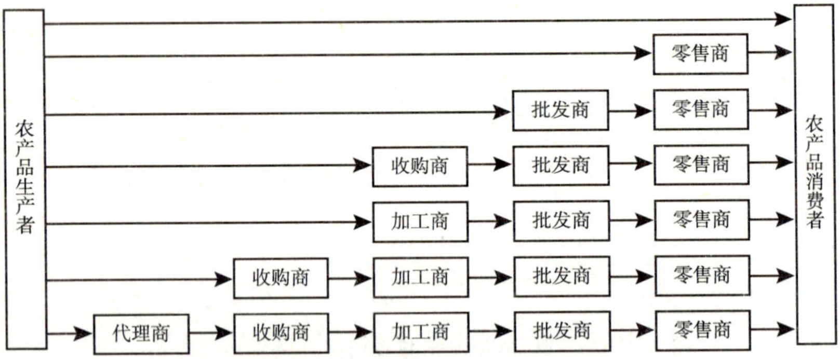

图 10　农产品运销渠道基本类型

1. 农产品物流比重小，物流成本高

随着国民经济的快速发展，对社会物流需求显著增加，推动了物流产业保持持续稳定快速发展。2011 年，全国社会物流总值达 158.4 万亿元（见表 11），按现价算，同比增长 26.3%，按可比价格计算，同比增长 12.3%；物流业增加值为 3.2 万亿元，按可比价格计算，同比增长 13.9%，占 GDP 的比重为 6.8%，占服务业增加值的比重为 15.7%。

表 11　2001～2011 年中国农产品物流总额及变化情况

年份	社会物流总额（万亿元）	农产品物流总额（万亿元）	农产品物流所占比例(%)	农产品物流同比增长率(名义)(%)
2001	19.5	1.03	5.27	—
2002	23.4	1.10	4.70	6.8
2003	29.7	1.13	3.80	2.5
2004	38.4	1.20	3.12	6.3
2005	48.2	1.27	2.64	6.5
2006	59.6	1.35	2.27	6.3
2007	75.2	1.58	2.11	17.0
2008	90.0	1.86	2.07	17.6
2009	96.7	1.94	2.01	4.3
2010	125.4	2.24	1.78	15.0
2011	158.4	—	—	26.3

数据来源：根据中国物流与采购联合会数据整理。

过去十年，中国农产品物流总值稳步增长，但相对于其他物流业态，农产品物流起步较晚，发展缓慢，不能满足现阶段农产品供需的要求。2010 年中国农产品物流总额为 2.24 万亿元，按可比价格计算，同比增长 4.3%，增长幅度较小，占社会物流总值的比重仅为 1.78%，较十年前下降 3.49 个百分点。

中国物流成本远高于世界平均水平，且呈逐年增加的趋势。中国社会物流总效益逐年好转，2011 年社会物流成本占物流总额的比重降至 5.3%，较 2001 年下降 5.2 个百分点。但中国社会物流业总体水平仍然比较落后，物流总费用依然较高，同比增速保持较高的水平。中国物流与采购联合会数据显示，2011 年中国社会物流总成本达到 8.4 万亿元（见表 12），同比增长 18.5%，占 GDP 的比重为 17.8%。2001～2011 年，中国社会物流总费用（名义）增长了 3 倍。国家信息中心预测部主任范剑平曾指出，中国物流成本要比世界平均水平高 1～2 倍。中国社会物流成本高主要是因为物流体系不完善，与美国相比，中国公路通车总里程仅为美国的 50% 左右，铁路营业总里程也仅为美国的 60% 左右，载货车仅相当于美国的 11%。

表 12　2001～2011 年中国社会物流总费用情况

年份	社会物流总费用(万亿)	社会物流总费用同比增幅(%)
2001	2.06	—
2002	2.27	10.3
2003	2.57	13.0
2004	3.00	16.8
2005	3.39	12.9
2006	3.84	13.4
2007	4.54	18.2
2008	5.45	20.1
2009	6.08	11.5
2010	7.1	16.7
2011	8.4	18.5

数据来源：根据中国物流与采购联合会数据整理。

在物流总费用中，运输费用比重最大，其次是保管费和管理费。中国物流与采购联合会统计数据显示，2011 年中国社会物流总费用中，运输费用为 4.4 万亿元，占 52.8%；保管费用为 2.9 万亿元，占 35%；管理费用为 1 万亿元，占

12.2%。其中，保管费用中，利息费用1.2万亿元，占保管费用的41.4%。近十年来，以上三项费用均大幅增长，保管费用增幅最大。与2001年比，三项费用分别增长了3.1倍、3.6倍和2.2倍。

2. 农产品物流主体小而多，组织以自营为主

中国农产品物流主体数量多但规模较小，呈现多元化发展趋势。中国农产品物流主体既有经济实力弱、分散的农户、个体运输户和个体摊贩，又有实力较强的农产品经纪人、贩销大户、农民专业合作社、农产品加工企业、批发商、第三方物流企业以及终端大型零售商。

中国农产品物流主体以个体运输户、农产品经纪人和贩销大户为主。虽然以上主体数量众多，但其规模小、组织化程度低、专业化水平低，难以与销地市场建立稳固的销售渠道，从而很难获得相对稳定的市场销售份额。中国农产品流通经纪人协会的数据显示，到2009年底，中国农产品经纪人协会已有3000多家，已有农产品经纪人600多万人，加上季节性的从业者则高达1000多万人，70%以上农产品经纪人经过培训，其中40万人获得农产品经纪人职业技能鉴定资格证书。

中国农产品经纪队伍呈现"年龄偏大、学历较低、自营为主、抵御风险能力弱"等特点。据有关部门调查数据显示，中国从事农产品经济活动的人群情况如下：在农产品经纪人中，男性数量占绝对优势；农产品经纪人年龄偏大，多数在40岁以上；农产品经纪人文化程度偏低，以高中及以下学历为主；农产品经纪人年收入高于一般农民收入；农产品经纪人以单个人做业务或整个家庭一起做业务为主，经济实力不足，不能够进行大规模购销活动；农产品覆盖面小。

中国农产品物流组织形式以自营为主，但呈现多样化态势。目前的组织形式有自营物流形式、农业生产者和企业联合组建的物流形式、第三方物流形式，各种组织形式的状况和特点如下：

（1）自营物流形式。个体农户、农民合作组织和农民经纪人自己承担农产品物流的任务，其优势在于对农产品物流的控制能力较强，但物流成本较高、资金有限、不能有效抵御市场风险。目前中国农产品物流仍是以自营物流为主。据商务部和中国农业大学调查结果显示，42%的农户或农业合作组织自己销售农产品，45%的农户或农业合作组织将农产品卖给农产品经纪人或个体商贩，其物流效率极其低下，成本高昂。

（2）农业生产者和企业联合组建的物流形式。这种形式包含三种情况：一是农业生产者和农产品加工企业联合；二是农业生产者和运销企业联合；三是农产品生产者和批发商、收购商联合。联合组建的物流形式优势在于能够为联合体内部成员提供定向服务，一定程度上降低了内部各成员的物流成本，提高了物流效率；缺点在于内部成员的自身条件不同、实力存在差异，对物流的要求不同，从而导致内部协调管理的成本上升以及整体服务水平的下降。

（3）第三方物流形式。规模化、专业化的第三方物流组织能够提供全面、系统、优质的物流服务，能够大幅降低农产品的物流成本和损耗率，保证农产品物流的及时性、高效性、安全性。但目前中国农产品第三方物流发展严重滞后，仍是以提供货物代理、库存管理、搬运和定向运输等业务为主，大部分企业不能够提供全程优质的物流服务。因此多数生产厂家自营物流或部分外包，导致物流资源的大量浪费。根据中国仓储协会调查数据显示，中国企业的物流配送有 74% 由供应商完成，13% 由第三方物流企业完成，13% 依靠自身配送中心（见图 11）。

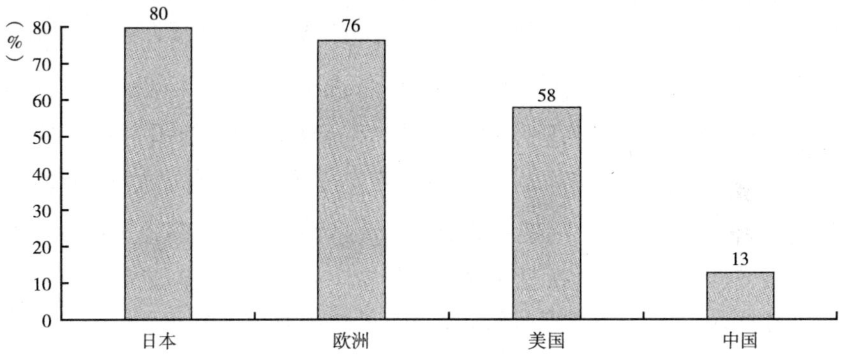

图 11　世界主要国家与地区第三方物流利用率

数据来源：中国仓储协会。

3. 农产品物流基础设施缺乏，技术水平落后

近几年，中国农产品流通的陆路、水运及铁路设施逐渐完善，交通运输业快速发展，为农产品的物流提供了最基本的设施保障。公路交通业的快速发展，尤其是农村公路的发展，为农产品物流提供了最基本的条件。交通部数据显示，2010 年，中国公路网规模不断扩大，全国公路里程达 400.82 万千米，比上年末增加 14.74 万千米；全国农村公路（含县道、乡道、村道）里程达 350.66 万千

米，比上年末增加 13.75 万千米，通公路的乡（镇）占全国乡（镇）总数的 99.97%。铁路运输、水运及航运的稳步发展也为中国农产品物流方式多元化发展提供了有力保障。

表 13　中国交通运输线路长度

单位：万千米

年份	铁路营业里程	公路里程	内河航道里程	民航航道里程
2006	7.71	345.70	12.34	211.35
2007	7.80	358.37	12.35	234.30
2008	7.97	373.02	12.28	246.18
2009	8.55	386.08	12.37	234.51
2010	9.12	400.82	12.42	276.51
2010 年较 2006 年增长幅度(%)	18.3	15.9	0.6	30.8

数据来源：相应年份《中国统计年鉴》。

但是，农产品物流的基础设施还存在明显的短板，特别是基础设施中的一些设备，如冷藏运输车、冷藏库、专用仓库数量不足，大型农产品物流和配送中心以及批发市场的基础设施及设备等极度缺乏，严重阻碍了农产品流通产业的发展。

中国农产品物流技术水平落后、成本和损耗率高。在农产品产后的预冷保鲜，低温环境下分拣、包装、加工等商品化处理以及运输过程中温度的控制等方面，中国农产品物流的技术较为落后，多数企业没有形成完整的冷链物流体系，服务网络和信息系统不够健全，准确性和时效性较差，导致农产品运输过程中损耗较大，物流成本较高。根据中国物流与采购联合会数据，中国第三方物流企业能够提供全程冷链物流服务的数量不足市场需求的 5%；中国农产品物流成本占总成本的 30% ~40%，而欧美发达国家不到 10%；中国农产品的损耗率高达 25% ~30%，而发达国家只有 5% 左右（见表 14）。

农产品物流市场体系区域发展不平衡。由于经济发展的不平衡性，城乡、地区在经济、消费、观念等诸多方面存在着很大的差距，物流企业、物流设施、物流活动高度集中在交通极为发达的地区，而在乡村物流业的发展较缓慢。东部沿海省份由于经济发达程度高，农产品物流市场发展迅速，流通体制完善，而西部地区由于经济基础差，农产品物流市场发育滞后。

表 14　中国与发达国家农产品物流对比

	物流成本占总成本比重	物流环节损耗率	加工比重	加工增值	超市连锁经营销售比重
发达国家	10%	5%（粮食） 1%～5%（果蔬）	80%	1:3～1:4	80%～95%
中国	40%（粮食） 60%（果蔬）	15%（粮食） 25%～30%（果蔬）	10%	1:1.8	不足 30%

数据来源：中国物流与采购联合会。

4. 农产品物流企业业务增长快，盈利水平提高

2011 年，国家发改委、国家统计局和中国物流与采购联合会对 2010 年全国重点 400 家物流企业经营情况进行了统计调查。调查数据显示：2010 年物流企业业务量增长较大，主营业务收入规模明显增长，主营业务利润和盈利水平同比均有明显涨幅。

（1）主要业务量增长较大，主营业务收入由降转升

调查数据显示，2010 年物流企业货运量比上年增长 19.4%，货运周转量增长 17.5%，配送量增长 46.4%，装卸搬运量增长 22.3%，流通加工量增长 13.6%（见图 12）。

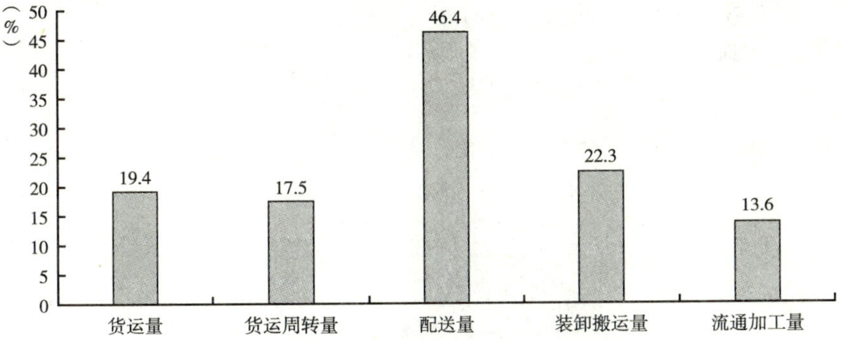

图 12　2010 年重点调查物流企业业务量同比增长率

数据来源：根据国家发改委、国家统计局和中国物流与采购联合会调查数据整理。

2010 年物流企业主营业务收入由去年同期下降 11.3% 转为增长 34.3%（见图 13）。在全部调查企业中，主营业务收入同比增长的企业占 82.9%，同比提高 26.5 个百分点。

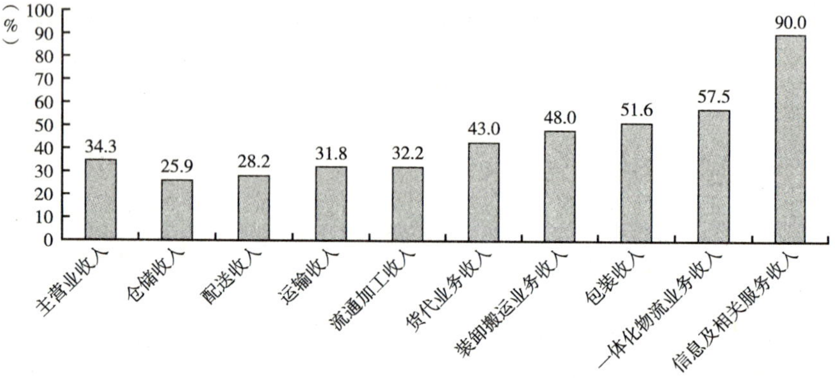

图 13　2010 年重点调查物流企业业务收入同比增长率

数据来源：根据国家发改委、国家统计局和中国物流与采购联合会调查数据整理。

从主营业务收入规模看，2010 年主营业务收入超过 10 亿元的企业占被调查企业数的 15%，同比提高 1 个百分点；主营业务收入 1 亿 ~ 10 亿元的企业占 33%，同比提高 2.2 个百分点；主营业务收入低于 1 亿元的企业占比 52%（见图 14）。

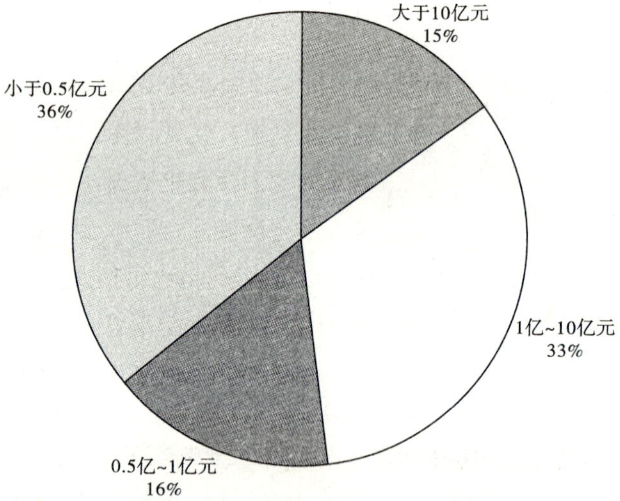

图 14　2010 年重点调查物流企业收入规模分布情况

数据来源：根据国家发改委、国家统计局和中国物流与采购联合会调查数据整理。

从物流企业类型看，2010年综合型物流企业主营业务收入增幅最大，同比上涨34.7%，运输型物流企业主营业务收入同比增长35.2%，仓储型物流企业同比增长22.2%（见表15）。

表15　重点调查物流企业主要经营指标增长情况

单位：%

	主营业务收入	主营业务成本	主营业务利润额
综合型	34.7	41.9	39.7
仓储型	22.2	22.6	20.4
运输型	35.2	21.9	152.4
总　计	34.3	31.0	100.3

数据来源：根据国家发改委、国家统计局和中国物流与采购联合会调查数据整理。

从物流企业登记注册类型看，2010年港澳台商投资企业主营业务收入增幅最大，同比增长37.6%；其次是内资企业，主营业务收入同比增长34.4%；外商投资企业主营业务收入同比增长16.7%（见表16）。

表16　重点调查物流企业主要经营指标增长情况

单位：%

	主营业务收入	主营业务成本	主营业务利润额
内资企业	34.4	31.2	122.0
港澳台商投资企业	37.6	33.1	40.1
外商投资企业	16.7	4.2	18.3
总　计	34.3	31.0	100.3

数据来源：根据国家发改委、国家统计局和中国物流与采购联合会调查数据整理。

（2）主营业务成本增长较快

2010年调查企业主营业务成本增幅较大，同比增长31.0%，主要原因是燃油价格及劳动力成本上涨。其中，运输成本同比增长19.2%，直接导致主营业务成本增长10.2个百分点；仓储成本同比增长23.4%；发展相对较快的信息及相关服务成本和一体化物流业务成本同比分别增长136.6%和61.8%，由于它们所占比重较小，影响主营业务成本增长0.1和1.4个百分点。

（3）企业盈利水平明显提高

调查汇总数据显示，物流企业收入利润率为 11.4%，同比增长 5.9 个百分点。其中，收入利润率大于 10% 的企业占 41.4%，同比增长 10.4 个百分点；收入利润率小于 3% 的企业占 32.8%，同比下降 9.6 个百分点（见图 15）。

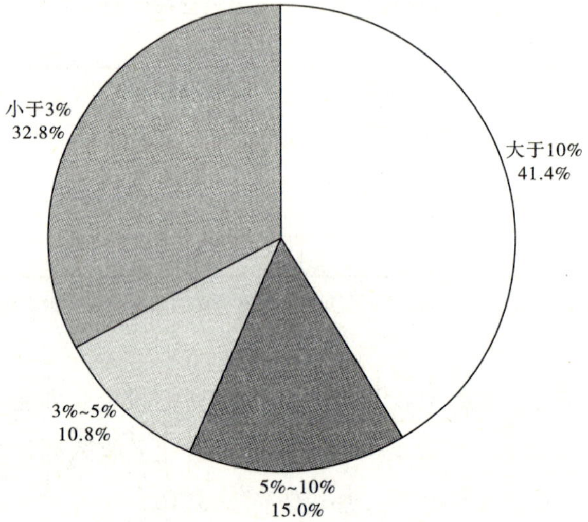

图 15　2010 年重点调查物流企业利润率分布情况

数据来源：根据国家发改委、国家统计局和中国物流与采购联合会调查数据整理。

从物流企业类型看，运输型企业收入利润率最高，为 15.1%，其次是综合型企业收入利润率（为 7.5%），仓储型企业最低（为 2.4%）。运输型企业中，水上运输企业受业务量快速增长影响，收入利润率为 11.5%，同比提高 7.8 个百分点；道路运输企业则由于燃油价格、用工成本上涨等因素影响，收入利润率为 5.9%，同比下降 1.2 个百分点。

从登记注册类型看，外商投资企业收入利润率最高，为 46.4%；其次是港澳台商投资企业（29.6%）；内资企业最低，仅为 9.9%。但从增长情况看，内资企业收入利润率同比提高 3.9 个百分点，增幅明显高于其他类型企业。

（4）资产规模增幅回落

调查汇总数据显示，2010 年被调查物流企业资产规模同比增长 13.0%。其中，资产大于 10 亿元的企业占被调查企业数比例为 13.8%，资产小于 0.5 亿元的企业占 43.5%。

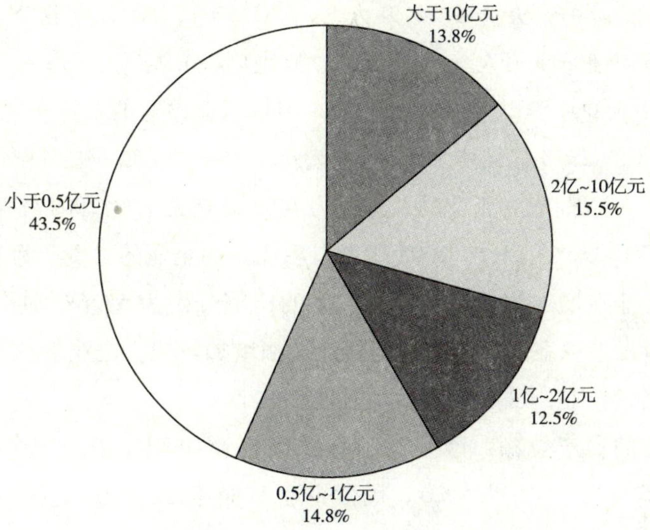

图 16　2010 年重点调查物流企业资产规模分布情况

数据来源：根据国家发改委、国家统计局和中国物流与采购联合会调查数据整理。

5. 仓储业规模增长较快，基础设施供应不足

2009 年 12 月，国家统计局公布了第二次全国经济普查数据。数据显示：2008 年与 2004 年相比，中国仓储企业的数量、从业人数、总资产和营业收入都发生重大变化。

（1）仓储企业数量大幅增加。2008 年末，中国仓储企业的数量达到 17416 个，比 2004 年的 10177 个增加了 7239 个，增长了 71.1%。仓储业的所有制结构方面，国有及国有控股企业 4747 家（占 27.3%，其中，中央企业 614 家，占 3.5%），民营企业 10281 家（占 59.0%），外资企业 750 家（占 4.3%），其他企业 1638 家（占 9.4%）。

（2）仓储业的从业人数明显增加。2008 年中国仓储业的从业人数达到 51.1 万人，比 2004 年的 39.9 万人增加了 11.2 万人，增长了 28.1%。普查的原始资料显示，2004 年及以前成立企业的从业人员为 37.89 万人（比 2004 年第一次经济普查的结果少了 2 万人），2005 年及以后成立的企业的从业人员为 13.19 万人。这说明，老的仓储业减少了就业人员，新的仓储业吸纳从业人员的能力较强，这可能是国企改革的结果。各类企业的从业人数方面，国有及国有控股企业 21.6 万人

（占比 42.3%，其中，央企 5.14 万人，占 10.1%），民营企业 21.2 万人（占 41.4%），外资企业 3.4 万人（占 6.7%），其他企业 4.9 万人（占 9.6%）。

（3）仓储业的总资产大幅增长。2008 年中国仓储业的总资产达到 5694.5 亿元，比 2004 年的 2578 亿元增加 3116.5 亿元，增长了 120.9%。普查的原始资料显示，2004 年及以前成立企业的总资产为 4403.2 亿元（比 2004 年第一次经济普查的结果多了 1825.2 亿元），2005 年及以后成立的企业的总资产为 1291.3 亿元，老企业和新企业在增加的总资产中所贡献的比例分别为 58.6% 和 41.1%。可以看出，老企业虽然从业人员减少，但资产总额增加较快，企业革新成效明显；新增企业多为民营企业，虽然数量多，但规模较小。

各类企业的资产总额：国有及国有控股企业 3637.5 亿元（占 63.8%，其中，央企 2138 亿元，占 37.5%），民营企业 1286 亿元（占 22.6%），外资企业 487 亿元（占 8.6%），其他企业 283.6 亿元（占 5.0%）。

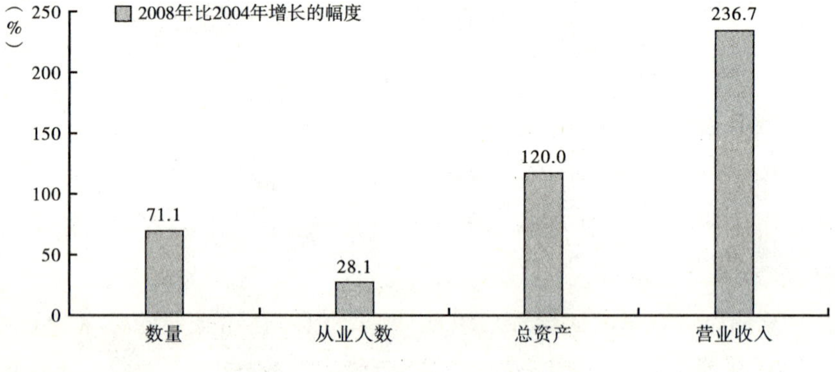

图 17　中国仓储业总体变化情况

数据来源：国家统计局。

资产过亿的仓储企业 874 家（其中，国有及国有控股企业 550 家），其资产总额为 4069 亿元。可以看出，资产过亿的大型仓储企业数量在全行业中的比例虽然仅为 5.0%，但是其资产总额占全行业总资产的 71.4%。

（4）仓储企业的营业收入大幅增加。2008 年仓储业的营业收入达到 3020.9 亿元，比 2004 年的 897 亿元增加了 2123.9 亿元，增长率为 236.7%。普查的原始资料显示，2004 年及以前成立企业的主营业务收入为 2319.6 亿元，2005 年及以后成立的企业的主营业务收入为 806 亿元，老企业和新企业各占 2008 年全部营业收入（3020.9 亿元）的 76.8% 和 23.2%。可以看出，随着老企业经营规模的快速扩大，其营业收入增长幅度也随之大幅增加。

中国仓储业总体发展情况表明，国有企业仍然是仓储业的核心力量。国有仓储企业的数量虽然占比只有 27.3%，但其资产总额占比 63.8%。民营企业的数量虽然占比达 59.0%，但其资产规模只占 22.6%。

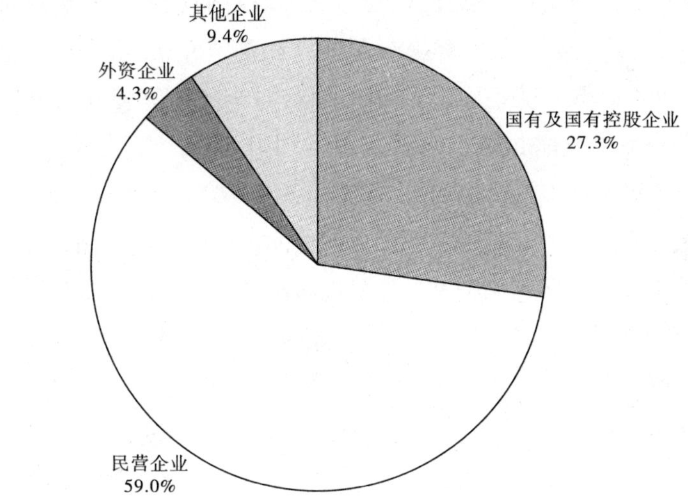

所有制结构比例

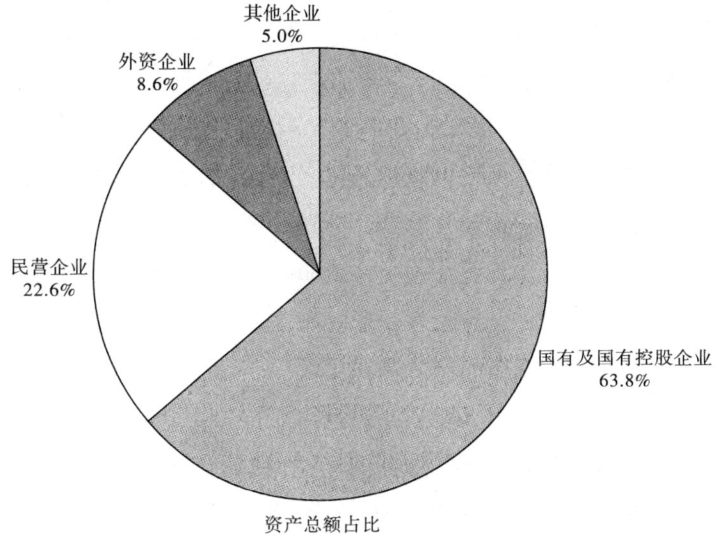

资产总额占比

图 18　2008 年仓储业各指标情况

数据来源：国家统计局。

(5) 仓储业的规模化程度得到提高。资产亿元以上的仓储业数量虽然只占比5.0%，但其资产总额占比71.4%。亿元以下的仓储企业数量占比达95%，但其资产总额只占比28.6%。可以看出，近年来数量激增的仓储企业多为小型民营企业，而大中型企业的规模得到扩大。

但是，普查数据显示，相对于其他物流业态来说，仓储业的规模较小、营业收入较低。2008年，全国交通运输、仓储和邮政行业，平均每家企业的从业人员为69人，而仓储企业平均每家从业人员只有29人，远低于全行业的平均水平；平均每家企业的资产为5044.7万元，而仓储业只有3269.7万元，低于全行业的平均水平；平均每家企业的营业收入为2101万元，而仓储业只有1734万元，低于全行业的平均水平。

中国目前仓储企业的仓库供应不足，旧仓库占比较大。仓储设施的情况可以通过仓库供需指数、仓库利用率和仓库租金来衡量。仓库供需指数=实有仓库面积/社会需求仓库面积。当供需平衡时，指数为1；供不应求时，指数小于1；供大于求时，指数大于1。

与住宅和商业用地相比，工业（仓储）用地所创造的价值较少，政府一般更愿意将土地划为住宅和商业用地。与生产企业相比，物流企业在产出、税收等方面的贡献较小，而且占地规模大、投资回收周期长，所以物流企业在竞争土地时就处于劣势。以上原因导致中国仓储业发展受到一定的限制，发展缓慢。

2011年，中国仓储协会（以下简称“中仓协”）发布的《全国仓储业发展指数》报告显示，2010年，全国通用仓库（不包括煤炭、矿石等大宗货物使用的货场，肉禽、水产、果蔬使用的冷库，以及危险品仓库）需求面积为7.01亿立方米，实有仓库面积为5.5亿立方米，全国仓库供需指数为0.785，仓库供应不足。在现有的仓库中，20%是近些年新建的立体仓库，剩余的80%是在不同时期建造的平房仓库和楼房仓库。旧仓库依然占比较大，新建的立体仓库数量较少，而快速发展的经济对立体仓库的需求更旺盛，这在一定程度上限制了中国仓储业的发展。

2010年，中仓协对中国10个大城市就仓库供需指数、仓库利用率和仓库租金进行了调查。调查报告数据显示（见表17、表18）：10个大城市的通用仓库均供不应求，仓库利用率都比较高（其中，立体仓库的利用率最高），租金都有不同程度的上涨（其中，立体仓库租金最高，平房库次之，楼房最低）。

表 17　10 个大城市仓库供需指数

城市	供需指数	城市	供需指数
北京	0.883	成都	0.938
天津	0.951	武汉	0.869
上海	0.888	沈阳	0.752
广州	0.922	西安	0.921
深圳	0.86	厦门	0.957

数据来源：中国仓储协会调查报告。

表 18　10 个大城市仓库利用和租金

	2010 年利用率(%)	同比(%)	2010 年租金(元/日、平方米)	同比(%)
平房库	91.8	0.9	0.48	6.7
楼房库	88.2	1.3	0.63	3.3
立体库	92.8	1.9	0.82	3.8

数据来源：中国仓储协会调查报告。

冷链物流可以降低农产品损耗，保障农产品质量，从而提高产品的竞争力和附加值。中国农产品冷链物流已有一定规模的发展，《农产品冷链物流发展规划(2010～2015 年)》中数据显示，中国每年进入流通领域的生鲜农产品数量约为 4 亿吨，但中国农产品冷链物流处于发展的起步阶段，规模化、系统化的冷链物流体系尚未形成。

表 19　中国冷链与发达国家比较的差距

项　目	发达国家	中国	差异原因
预冷保鲜率	美欧达 80%以上	约 30%	缺乏有效的冷链管理和技术支撑
冷藏能力	世界总量为 8000 万吨	约 800 万吨	肉食冷库投入多，果蔬类投入少；销地冷库多，产地和加工冷库少，大中型冷库较多，批发零售型少
冷藏运输能力	美国冷藏车 16 万辆，保温车 6 万辆	冷藏列车 6792 辆，汽车 3 万多辆	冷藏车投入不足，技术较低
冷链运输率	发达国家达到 80%～90%	不到 50%	运输形式陈旧，缺乏专业运输设备
冷链管理	欧美国家已基本建立高效冷链	冷链不规范，环节较多，应用不广泛，技术较低	还未建立起完善的冷链管理体系

资料来源：《2011 中国物流发展报告会资料汇编》。

目前中国农产品冷链物流存在的主要问题：冷链基础设施严重缺乏、区域布局不合理、冷链物流技术推广滞后、法律法规和标准缺失以及第三方冷链物流企业发展滞后。

第一，中国农产品冷链基础设施严重缺乏。首先，冷库容量相比市场需求缺口仍然较大，且结构不合理。统计数据显示，截至2010年，中国冷库约有2万座，冷库总容量不足900万立方米，人均冷库容量仅为7公斤，冷藏容量仅占货物需求的20%左右。结构上，肉类冷库建设较多，果蔬冷库投入较少，销地冷库发展较快，产地和加工冷库发展较慢，大中型冷库较多，批发零售冷库建设相对较少。其次，冷藏运输设备数量不足，设施相对落后。公路运输方面，易腐保鲜食品的冷冻冷藏运输只占运输总量的20%，其余80%左右的禽肉、水产品、水果、蔬菜大多是用普通卡车运输。《中国物流年鉴》数据显示，目前中国保温车辆约有3万辆，只是美国的1/7、日本的1/4，冷藏保温汽车仅占货运汽车的0.3%，且冷藏车多为改装的海运箱；铁路方面，冷藏运量仅占易腐货物运量的25%，不到铁路货运总量的1%。在全国总运行车辆33.8万辆中，冷藏车只有6900多辆，仅占总运行车辆的2%，而且大多是陈旧的机械式速冻车辆，规范的、保温式的保鲜冷藏车辆更少。

在冷库企业数量占比中，民营和私人控股企业比重最大。中国仓储协会统计数据显示，全国现有的冷库中，国有及国有控股企业占21.32%，民营及私人控股企业占70.45%，外资及外方控股占7.76%，其他企业占0.47%；近期建设的冷库中，国有及国有控股企业占24.05%，民营及私人控股企业占69.62%，外资及外方控股占6.33%。

第二，中国农产品冷链物流企业规模小、区域布局不合理。相关数据资料显示，80%以上的冷链物流企业选择在城市发展，而农村的冷链物流企业几乎没有；承担中国70%以上农产品生产和批发交易的中西部地区冷库严重缺乏，而北京、上海、深圳等大中城市冷库覆盖率和技术则相对较高。

第三，冷链物流技术推广滞后。生鲜农产品产后预冷技术和低温环境下的分等分级、包装加工等商品化处理手段尚未普及，运输过程中温度自动控制技术还没有得到广泛应用。另外，冷链物流企业仍然以规模小、技术含量低的民营企业为主，占比达70%左右，而规模大、技术水平高的大中型企业则相对较少。

第四，中国农产品冷链物流法律法规体系和标准体系不健全。在设备标准、温度控制、冷链损失率以及企业主体行为等方面，中国还没有相应的具有约束力的法律法规和标准。

第五，第三方冷链物流企业发展滞后。目前中国冷链物流企业以中小企业为主，实力弱，规模小，缺乏具备资源整合和行业推动能力的大型冷链物流企业。另外，中国多数第三方物流企业的主要业务仍然是货物库存管理、搬运和定向运输等，不能提供综合的、系统的冷链物流服务。相关资料数据显示，中国20%左右的农产品物流由第三方物流企业承担，其余的80%都由生产厂家和经销商自己运营，而能够提供全程完整冷链服务的第三方物流企业的运力还不足总体需求的10%。

冷链物流具有巨大的发展空间。2010年国家发改委印发了《农产品冷链物流发展规划》，规划提出了“到2015年，推动全社会通过改造、扩建和新建，增加冷库库容量1000万吨，以及新增冷藏运输车4万辆；中国果蔬、肉类、水产品冷链流通率分别达到20%、30%、36%以上，冷藏运输率分别提高到30%、50%、65%左右，流通环节产品腐损率分别降至15%、8%、10%以下”的目标。

6. 城市配送中心分布不均，多种配送模式并存

截至2009年末，全国连锁零售企业拥有各类商品配送中心3426个，通过配送中心向连锁企业配送商品总额达到1.47万亿。其中，自有商品配送中心2819个（占82.3%），自有配送金额0.96万亿（占65.3%）。

中国配送中心地域分布情况：东部地区配送中心和自有配送中心数量较多，中西部地区和东北地区数量则相对较少（见图19）。其中，广东的配送中心和自有配送中心数量均位居第一，江苏、浙江、福建、山东、河南的配送中心和自有配送中心的数量也都位居前六（见图20、图21）。

中国城市配送的主要模式有：自营配送模式、供应商直接配送模式以及第三方物流配送模式，其中以供应商配送和自营配送模式为主。

自营配送模式有利于企业实现生产、供应、销售的一体化作业，组织化程度较高。缺点表现为：当企业的配送中心规模较小时，不但不能降低企业的物流成本，反而会提高物流成本。一些连锁零售企业以自建配送中心进行配送为主，从而实现产供销一体化作业。

多数中小连锁企业以供应商直接配送或第三方物流配送模式为主，建立自己的配送中心所需要的资金投资规模较大，对于经济实力较弱的中小企业来说负担

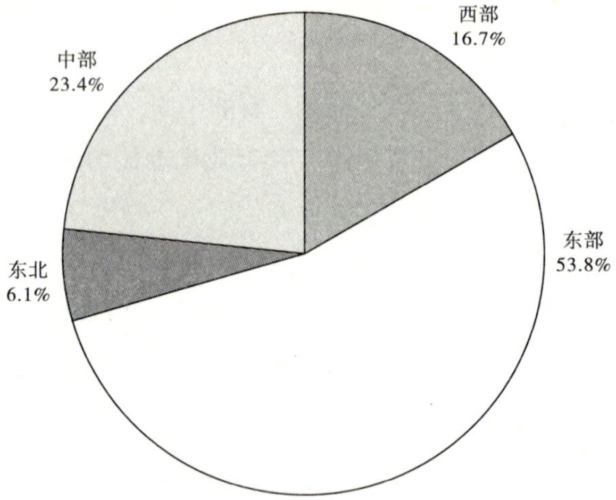

2009年各地区配送中心数量占比

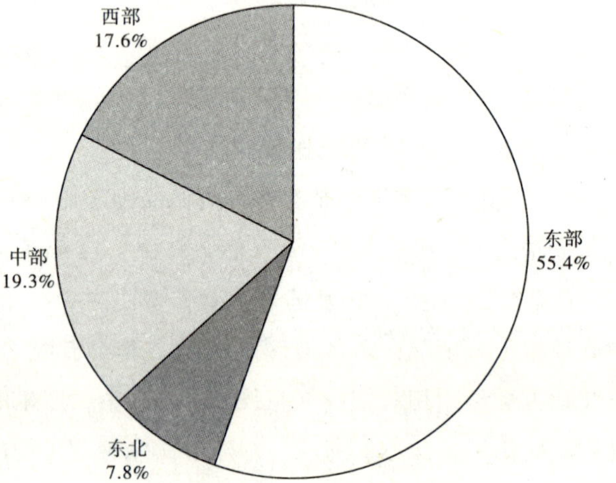

2009年各地区自有配送中心数量占比

图 19　2009 年中国配送中心和自有配送中心分布情况

数据来源：《中国零售与餐饮连锁企业统计年鉴 2010》。

太重。中小连锁企业通过供应商直接配送或第三方物流配送模式能够降低成本，根据自己的需求较为灵活地向供货商提供订单。

配送中心对自身的真正作用认识不够。多数企业没有真正认识到配送中心的作用，而将储存和简单送货作为配送中心的主要职能，不能充分利用配送中心，没有发挥其真正的功能。

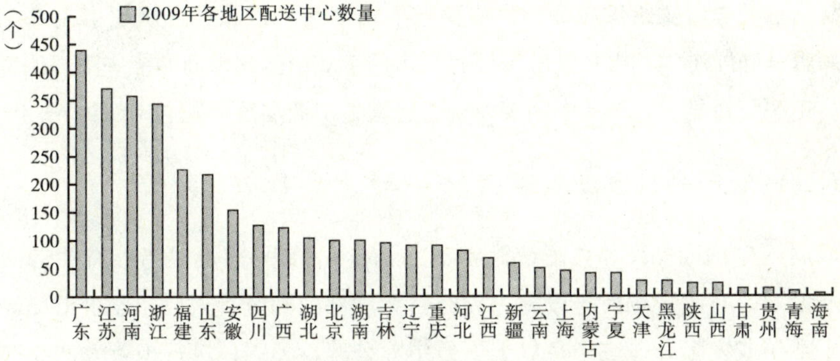

图 20　2009 年中国各省市配送中心数量分布

数据来源：《中国零售与餐饮连锁企业统计年鉴 2010》。

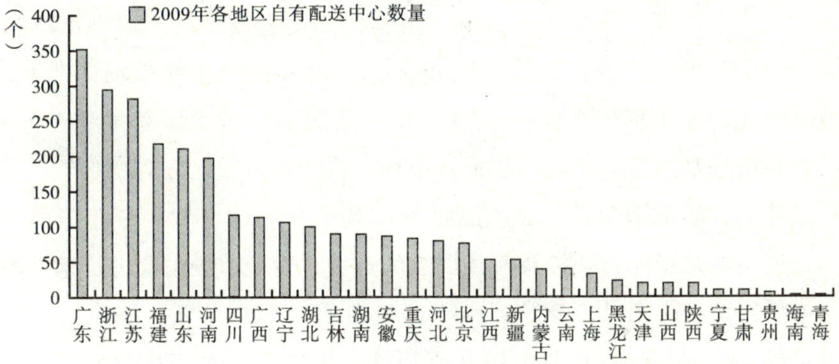

图 21　2009 年中国各省市自有配送中心数量分布

数据来源：《中国零售与餐饮连锁企业统计年鉴 2010》。

配送中心规模小、效率低。目前，中国多数配送中心规模较小、配送范围小、缺乏专业的管理人员和技术人员，从而配送中心主要被作为传统储存商品的仓库和简单送货的运输工具的结合体，没有发挥其大幅降低企业物流成本的真正功能。据相关数据显示，中国内地连锁企业的一个配送中心平均配送只有 20 家左右的店铺，而香港百佳的一个配送中心负责配送 100 多个店铺；日本的一个配送中心平均配送也达到 70 个店铺；一个沃尔玛的配送中心能够配送 100 ~ 120 家店铺。

超市农产品配送主要有两种模式：农产品由供应商配送；全部或部分农产品由超市配送中心配送。（1）农产品通过供应商配送模式：各超市于当天晚上将所需的农产品订单发送给供应商，供应商在次日早晨将农产品送往各超市。（2）农产品由超市配送中心配送：各超市将所需的农产品信息发给总部信息中心，总部信息中心将信息汇总后发给供应商，供应商按照需求将农产品运送至超市总部配送中心，然后总部配送中心再将其配送至各超市门店。中国超市商品统一配送比例有待提高。相关资料显示，目前中国规模以上连锁超市商品统一配送率仅为63.4%。

（二）农产品批发业发展状况

根据《中国商品交易市场统计年鉴》，农产品交易市场是指经有关部门和组织批准设立，有固定场所、设施，有经营管理部门和监管人员，若干市场经营者入内，常年或实际开业三个月以上，集中、公开、独立地进行现货农产品交易以及提供相关服务的交易场所。

从经营方式上看，农产品交易市场可分为批发为主和零售为主的两种市场。其中，批发为主的农产品交易市场中“买本地、卖全国”的产地型市场和“买全国、卖全国”的集散型市场的比例较大，而以零售为主的市场中“买全国、卖本地”的销地型市场较多。由于中国农产品交易市场大多数批零业务兼营，农产品交易市场基本等同于农产品批发市场，以下不再做区分。

从经营品种的范围上看，农产品批发市场可分为综合型和专业型两种。其中，综合型市场是指经营两类及两类以上的市场；专业市场主要进行某类商品的交易，如果经营某类商品的摊位成交额超过总成交额的60%，该市场即为相应的专业市场。中国农产品专业市场共有粮油、肉禽蛋、水产品、蔬菜、干鲜果品、棉麻土畜烟叶和其他等七大类专业市场。

从市场营业时间的连续性上看，农产品批发市场可分为常年营业、季节性营业和其他等三种状态。其中，季节性营业市场以产地型市场为主，常年营业市场中的销地型市场和集散型市场较多。

从经营环境上看，农产品批发市场还可分为露天式、封闭式和其他三类市场。露天式市场指市场摊位完全在室外，或70%以上的摊位在室外，包括柜台式市场及无设施市场；封闭式市场指市场摊位完全在室内；其他市场指上述以外的其他经营环境的交易市场。一般来讲，露天式和其他式批发市场多属于过渡型市场，而封闭式市场的规范化和组织化程度较高，基础设施和相关配套相对完善。

1. 市场规模稳步增长，数量小幅增加

近年来，中国农产品批发市场从市场数量、摊位数、营业面积、交易总额及单位成交额等方面来看，均呈稳步增长的态势。截至2010年底，中国占地面积

30 亩以上的农产品批发市场约有 4093 家，其中成交额在亿元以上的有 1672 家，约占市场总数的 40.9%。

2010 年，中国亿元以上农批市场数量较 2009 年增加 69 家，增长 4.3%，增速较上年加快 0.9 个百分点；农批市场摊位数为 107.67 万个，其中年末出租摊位数为 96.45 万个，比上年分别增长 4.3% 和 4.7%，摊位出租率上升 0.4 个百分点至 89.6%；营业面积 5774.80 万平方米，成交总额 1.61 万亿元，比上年分别增长 10.9% 和 17.4%，增速较上年分别加快 2.2 和 1.8 个百分点；批发市场平均成交额、摊位平均成交额和每平方米营业面积成交额分别为 9.61 亿元、166.62 万元和 2.78 万元，比上年分别增长 12.5%、11.6% 和 5.8%。

2. 成交额比重提高，发展更趋专业化

2010 年，中国亿元以上批发为主和零售为主的农批市场成交额分别为 1.39 万亿元和 0.22 万亿元，比 2009 年分别增长 18.1% 和 13.8%。由此，2010 年批发为主的市场成交额比重达到 86.3%，较 2009 年提高 0.5 个百分点。批发为主市场平均成交额明显增加是上述比重扩大的主要原因。

2010 年，批发为主的农批市场的数量较上年增长 2.7%，增速较零售为主的市场低 3.9 个百分点，但平均每市成交额增幅却达到 15.0%，较零售为主市场同期增幅高 8.9 个百分点。

3. 专业市场占主导，综合市场比重提高

2010 年，专业农产品批发市场继续占据中国农批市场的主导地位，市场数量、摊位数、年末出租摊位数、营业面积和成交额占比均在 55% 以上，其中成交额占比为 65.9%，达到 1.06 万亿元。随着农批市场规模和辐射范围的逐步扩大，与专业市场相比，综合型市场发展相对较快。

2010 年，农产品综合交易市场数量为 691 个，较 2009 年增加 34 个，增长 5.2%；摊位数、年末出租摊位数、营业面积和平均每市成交额分别增长 7.6%、7.9%、14.6% 和 13.7%，增速均高于专业市场同期水平。

2010 年，农产品综合市场成交额为 5477.77 亿元，较 2009 年增长 19.5%，增速较专业市场快 3.2 个百分点，成交额占比较 2009 年增长 0.6 个百分点。

专业市场中，蔬菜、水产品、干鲜果品和粮油市场的成交额较大，2010 年分别达到 3062.70 亿元、2096.63 亿元、1682.19 亿元和 1467.73 亿元，各占成交总额的 19.1%、13.0%、10.5% 和 9.1%。

在价格因素的助推下，2010 年蔬菜和干鲜果品专业市场发展迅速，年成交额较 2009 年分别增长 22.1% 和 19.8%，成交额占比分别提高 0.7 和 0.2 个百分点。同期，粮油专业市场发展放缓，2010 年成交额较 2009 年增长 13.7%，增速较 2009 年大幅下降 38.3 个百分点。

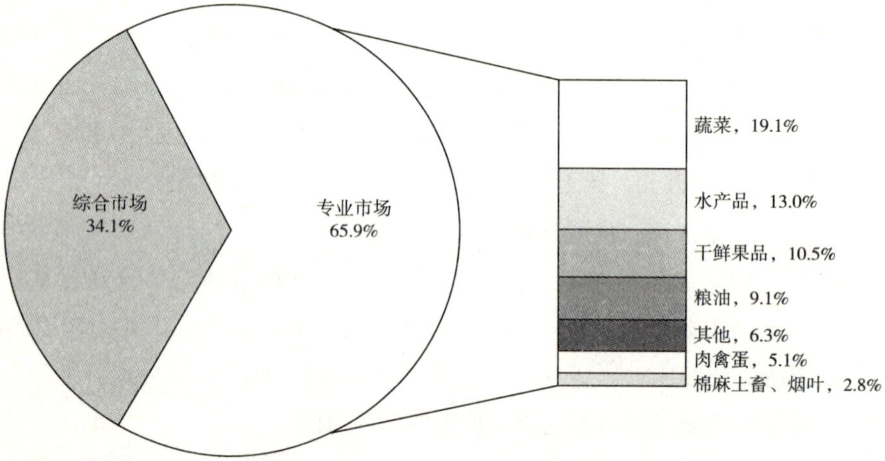

图 22　2010 年中国亿元以上农产品批发市场构成（以成交额计算）

数据来源：根据《中国商品交易市场统计年鉴 2011》相关数据整理计算。

4. 季节性市场成交额增加，产地市场发展迅速

2010 年，季节性营业的农产品批发市场成交额达到 527.29 亿元，较 2009 年增长 36.3%，增速比上年加快 31.4 个百分点，占农产品总成交额的比重由 2009 年的 2.8% 提高到 3.3%。

季节性营业市场通常以产地型市场为主，随着中国优势农产品区域化生产格局的逐步形成，与之配套的产地型批发市场有望进入快速发展期。

2010 年，季节性营业的农批市场 98.3% 的成交额来自专业市场，其中又以蔬菜和干鲜果品专业市场比重最大，分别达到 61.2% 和 13.8%。蔬菜和水果生产的季节性与区域性强且不耐保藏是重要原因。

5. 封闭式市场发展较快，初中级市场比重偏大

2010 年，中国封闭式农产品批发市场交易总额和平均每市成交额分别为 8953.22 亿元和 8.95 亿元，与 2009 年相比分别增长 18.2% 和 15.2%，增速较露天市场分别高 7.2 和 9.1 个百分点。

与露天和其他等中初级市场相比，中国封闭型市场单体规模仍然偏小，平均每市成交额仅为上述两类市场的 80.1% 和 73.7%。总体来看，中国露天和其他市场的成交额比重仍然偏大。2010 年两者成交额比重合计为 44.3%，较 2009 年仅下降 0.4 个百分点。退路、退棚进厅，封闭交易任重道远。

6. 市场主要集中在东部沿海，分布区域差异明显

中国农产品批发交易主要集中在东部沿海地区。2010 年，中国农产品批发成交额占比在 5% 以上的省市有 6 个，即山东、浙江、江苏、广东、北京及河北，成交额均超过 1000 亿元。其中，山东成交额为 2272.92 亿元，较 2009 年增长 26.4%，超过浙江排在全国首位，市场份额也由 2009 年的 13.1% 扩大到 2010 年的 14.1%。从单体规模上看，2010 年，北京、天津和重庆三个直辖市排名靠前，每市成交额为 27.03 亿元、20.49 亿元和 14.84 亿元，较 2009 年分别增长 16.2%、10.9% 和 11.9%。同期，山东每市成交额为 13.06 亿元，排在

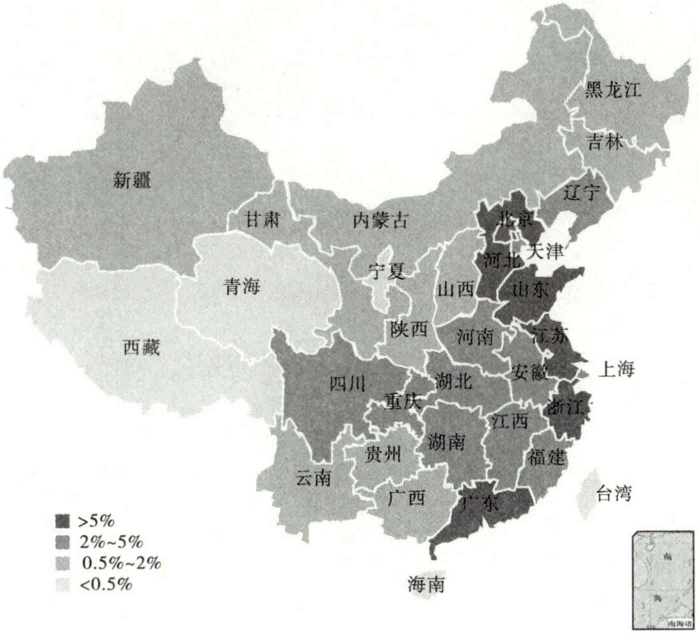

省份	%
山东	14.1
浙江	14.1
江苏	10.5
广东	9.2
北京	6.6
河北	6.3
上海	3.9
辽宁	3.4
重庆	3.0
天津	2.9
湖南	2.8
江西	2.7
河南	2.6
安徽	2.5
湖北	2.3
四川	2.3
福建	2.0
黑龙江	1.7
广西	1.3
新疆	0.9
云南	0.8
贵州	0.7
陕西	0.7
吉林	0.6
甘肃	0.6
内蒙古	0.6
山西	0.5
宁夏	0.2
青海	0.1
海南	0.0
西藏	0.0

图 23　2010 年中国各地区亿元以上农产品批发市场成交额占比

数据来源：根据《中国商品交易市场统计年鉴 2011》相关数据整理计算。

全国第5位；浙江和江苏单体规模在全国属中等偏下水平，每市成交额分别为8.18亿元和8.13亿元。2010年，黑龙江摊位平均成交额全国最高，达到353.53万元，相当于全国平均水平的2.1倍。摊位平均成交额超过300万元的地区还有北京、上海和贵州，摊位成交额分别为320.72万元、303.03万元和300.75万元。

以成交额计算，综合型农产品批发市场主要集中在销区。2010年成交额占本类市场5%以上的省市为江苏、浙江、北京、广东、重庆及河北，交易金额分别为930.32亿元、845.31亿元、776.92亿元、300.78亿元、292.20亿元和274.94亿元。从单体规模上看，北京以37.0亿元的每市成交额排在全国首位，较第二位的天津高出16.55亿元，较全国平均水平高出29.07亿元。综合市场中，北京摊位平均成交额最高，为357.24万元，较第二名天津高出121.43万元，较全国平均水平高出229.17万元。

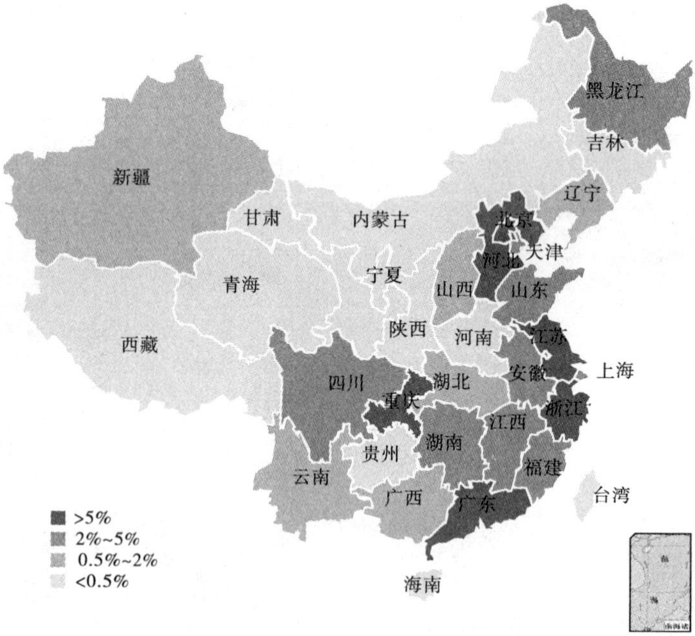

省份	%
江苏	17.0
浙江	15.4
北京	14.2
广东	5.5
重庆	5.3
河北	5.0
安徽	4.3
湖南	4.2
江西	4.1
上海	4.0
山东	2.8
天津	2.6
黑龙江	2.4
福建	2.4
四川	2.3
广西	1.9
辽宁	1.8
新疆	1.8
湖北	1.1
山西	0.8
云南	0.5
河南	0.4
吉林	0.1
甘肃	0.1
宁夏	0.1
海南	0.1
陕西	0.0
贵州	0.0
内蒙古	0.0
西藏	0.0
青海	0.0

图24　2010年中国各地区亿元以上综合农产品批发市场成交额占比

数据来源：根据《中国商品交易市场统计年鉴2011》相关数据整理计算。

专业市场中，2010 年成交额占本类市场 5% 以上的省市为山东、浙江、广东、江苏及河北，成交额分别 2120.21 亿元、1423.83 亿元、1181.70 亿元、762.54 亿元和 735.17 亿元。其中，山东成交额比 2009 年增长 27.7%，市场份额较 2009 年增长 1.8 个百分点，突破 20% 大关。从单体规模上看，天津每市成交额为 20.5 亿元，全国最高；黑龙江摊位平均成交额为 811.97 万元，摊位规模全国最大。

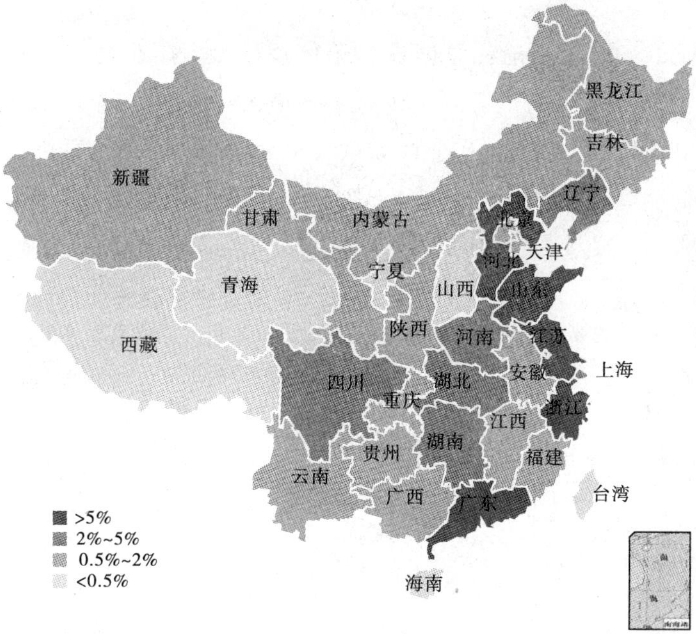

省份	%
山东	20.0
浙江	13.4
广东	11.2
江苏	7.2
河北	6.9
辽宁	4.2
上海	3.9
河南	3.8
天津	3.1
湖北	3.0
北京	2.6
四川	2.3
湖南	2.1
江西	1.9
福建	1.7
重庆	1.7
安徽	1.6
黑龙江	1.4
贵州	1.0
广西	1.0
云南	1.0
陕西	1.0
内蒙古	0.9
吉林	0.9
甘肃	0.9
新疆	0.5
山西	0.4
宁夏	0.3
青海	0.1
海南	0.0
西藏	0.0

图 25　2010 年中国各地区亿元以上专业农产品批发市场成交额占比

数据来源：根据《中国商品交易市场统计年鉴 2011》相关数据整理计算。

分品种看，粮油专业市场中，2010 年山东成交额为 218.31 亿元，占本类市场交易总额的 14.9%，市场份额最大，但从单体规模上看仅属中上水平，每市成交额为 13.64 亿元，排在全国第 11 位。吉林每市成交额为 41.20 亿元，全国最大。

肉禽蛋专业市场中，广东和江苏市场份额领先，2010 年成交额分别为

137.87亿元和133.74亿元，各占本类成交总额的16.9%和16.4%。从单体规模上看，河北每市成交额最大，达到13.99亿元，而广东和江苏分别排在第4位和第6位。

水产品专业市场中，2010年山东的市场份额超过20%，成交额达到444.99亿元，成交额排名前五位的地区均在沿海地区。湖北和重庆两个内陆地区单体规模最大，每市成交额均超过40亿元。

蔬菜专业市场中，山东2010年成交额达到874.23亿元，市场份额接近30%，超出第2位河北13.6个百分点，处于绝对领先地位。从单体规模上看，云南成交额最大，每市成交额为21.00亿元。

干鲜果品专业市场中，无论在总体还是单体规模上，广东均处绝对领先地位。2010年，广东干鲜果品市场成交额为458.96亿元，占本类市场交易总额的27.3%，超出第2名山东12.0个百分点（见表20）；同期，每市成交额为41.72亿元，是第2名湖北成交额的2.2倍，是全国平均水平的3.6倍（见表21）。

表20　2010年中国主要品类专业农产品批发市场区域分布（以成交额计算）

单位：%

排名	粮油		肉禽蛋		水产品		蔬菜		干鲜果品	
	地区	百分比	地区	百分比	地区	百分比	地区	百分比	地区	百分比
1	山东	14.9	广东	16.9	山东	21.2	山东	28.5	广东	27.3
2	浙江	10.5	江苏	16.4	浙江	16.5	河北	14.9	山东	15.3
3	河南	9.5	浙江	15.3	江苏	10.1	浙江	8.1	浙江	15.0
4	上海	8.9	河北	8.6	广东	9.6	辽宁	7.1	湖北	6.9
5	广东	8.0	安徽	5.3	上海	7.6	河南	6.1	江苏	6.8
6	江苏	7.5	广西	4.9	湖北	6.9	江苏	4.5	河北	4.9
7	天津	6.7	辽宁	4.2	重庆	5.9	四川	4.0	贵州	3.6
8	江西	5.1	四川	4.0	辽宁	5.9	湖南	2.6	江西	2.4
9	北京	4.6	湖北	3.6	北京	4.4	陕西	2.5	四川	2.3
10	河北	2.8	山东	3.1	湖南	3.1	黑龙江	2.5	上海	2.0
前5位	51.7		62.7		65.0		64.8		71.2	
前10位	78.5		82.5		91.1		81.0		86.4	

数据来源：根据《中国商品交易市场统计年鉴2011》相关数据整理计算。

表21　2010年中国各地区专业农产品批发市场平均每市成交额

单位：亿元

排名	粮油		肉禽蛋		水产品		蔬菜		干鲜果品	
	地区	成交额	地区	成交额	地区	成交额	地区	成交额	地区	成交额
1	吉　林	41.20	河　北	13.99	湖　北	48.15	云　南	21.00	广　东	41.72
2	江　西	37.37	四　川	10.92	重　庆	41.46	黑龙江	15.45	湖　北	19.36
3	天　津	33.01	黑龙江	9.79	上　海	31.71	四　川	15.36	云　南	16.00
4	河　南	27.78	广　东	9.19	北　京	30.58	辽　宁	14.49	贵　州	15.30
5	上　海	26.22	浙　江	8.91	山　东	20.23	山　东	14.10	浙　江	14.00
6	北　京	22.63	江　苏	7.43	辽　宁	15.34	江　西	13.52	江　苏	12.65
7	贵　州	20.50	辽　宁	6.86	江　西	13.80	湖　南	13.31	广　西	11.86
8	陕　西	20.00	广　西	6.69	天　津	13.14	浙　江	11.33	上　海	11.13
9	云　南	19.57	宁　夏	6.52	广　东	11.83	陕　西	11.12	山　东	10.70
10	江　苏	15.73	安　徽	5.42	浙　江	11.19	宁　夏	10.86	甘　肃	10.30
全国	13.47		6.56		13.98		10.38		11.44	

数据来源：根据《中国商品交易市场统计年鉴2011》相关数据整理计算。

（三）农产品零售终端发展状况

农产品零售终端是指农产品及相关服务到达并与消费者完成交易的最终环节，是农产品及服务与消费者面对面的展示和交易的场所。中国当前农产品零售终端主要包括农贸市场、社区菜市场、连锁超市、集市、网络销售等。

1. 农贸市场仍是零售主体

从20世纪70年代末80年代初开始，中国国民经济体制逐步从计划经济转向市场经济，计划流通的比重日益缩小，中国以农贸市场为核心的农产品销售终端体系日趋形成。据农业部统计数据显示，截至2010年底，中国农贸市场数量稳定在25000家左右。

农贸市场通常以经营蔬菜、粮油、果品、肉、禽蛋、水产品等农副产品为主，一般由零散经营者组成集中、公开交易的农产品零售经营场所。农贸市场是居民购买主副食品的主要管道，是居民日常生活服务的重要商业设施。

中国农贸市场在城市规划建设中属于城市基层公共服务配套设施之一，属于区域独占性、公益性、非垄断的竞争性商业设施，承载着城乡居民“菜篮子”工程、流通和平抑物价等特殊社会功能，其发展直接关系到城乡居民的切身利益，关系到社会公共利益。

根据建筑形态差异，中国农贸市场可分为马路市场、大棚市场和室内市场三类。农贸市场的优点在于农产品价格便宜、服务方便，缺点在于市场“脏、乱、差”现象严重。中国目前集市型农贸市场多集中在人群较密集的地区，如高密度的居民居住区等。由于自发性，目前的集市型农贸市场还没有形成完善的网络布局，且多为露天型或者大棚型，没有统一的规划设计及管理。

由于农贸市场多渠道货源，市场商品丰富，能够满足人们多样化的需求，保证弹性的市场供应，并且较低的进货成本导致农贸市场商品价格低廉，这成为农贸市场主要的竞争优势之一。据调查，60%以上的居民从农贸市场采购各类农产品。从品种来看，农贸市场在水果、蔬菜与水产品方面最具优势。

2. 超市终端发展日益迅速

随着中国经济的快速发展以及人民生活水平的提高，农贸市场零售交易形式的弊端日益显现。首先由于农贸市场的个体生产和经营，无法进行标准化生产、检验和检测，造成农贸市场经常出现食品安全隐患。其次在农贸市场出售的农产品大多是初级产品，附加值低；有些农产品的质量不高，价格也较低。因此，农贸市场零售这种组织形式已经不能满足人民生活消费的需求。

从20世纪90年代初开始，在广东、上海等沿海城市出现了中国最早的超市。此后，超市迅速在全国各地城镇中发展起来，并且开始涉足农产品销售领域，成为农产品营销渠道体系里的新成员，与传统的农贸市场在零售终端形成正面交锋。农产品超市的出现，对农贸市场造成一定冲击。

作为一种现代新型零售业态，目前中国的大型超市遍布郊区、乡镇，以连锁方式经营生鲜农产品，其农产品的销售量和市场份额也出现大幅上升，发展势头迅猛，对原有农贸市场的经营产生了极大的冲击，传统农贸市场一家独大的销售地位正备受挤压。据《中国零售与餐饮连锁企业统计年鉴2011》的统计数据显示，2010年中国超市（含大型超市和仓储会员店）连锁总店有565家，连锁门店有39412家。另外，相关资料显示，目前中国有6000多家生鲜超市。

3. 直供直销渠道崭露头角

在中央财政大力支持下，中国各级政府开始大力鼓励外埠和本地蔬菜生产基地、农产品市场等建立小区直营菜市场和直营菜店，推动农产品批发市场积极拓展面向零售终端提供配送业务，引导大型连锁超市直接与农产品产地农民专业合作社产销对接，减少中间环节，降低农产品流通成本，有效提升农产品质量安全水平，丰富农产品零售终端的基础设施建设。

新型农产品直供直销模式能够将千家万户的小生产和千变万化的大市场连接起来，畅通了农产品流通渠道，构建产销一体化的格局，从而实现农民、商家、消费者共赢的局面。据相关资料显示，全国有2000多家零售企业不同程度地开展了农超对接，物美、家家悦、沃尔玛、家乐福农超对接的蔬菜比例超过50%；北京的农超对接、农餐和农校对接等新型流通模式的市场交易量约占总量的30%。据农业部资料显示，截至2011年底，全国已有1.56万家合作社与超市企业建立了稳定的产销对接关系。

此外，一些地方政府也大力发展生鲜农产品零售直销模式，不断增强和完善生鲜农产品供应网点，创新多种生鲜农产品零售新模式，如农产品批发市场建立小区生鲜农产品直营店模式、批发市场在小区推行生鲜农产品车载销售模式等。

4. 网上交易渐成发展趋势

近年来，中国农产品产业发展迅猛，但中国农产品市场大多数仍处于初级现货市场阶段。然而，信息技术的发展与广泛应用，电子商务和网络营销异军突起，在农产品零售终端方面已显示出旺盛的生命力，有着广阔的发展前景。

传统的农产品从生产到消费的模式，通常为农产品经过层层中间商到终端零售市场再到消费者的多环节模式，不仅产销信息失真较为严重，而且流通成本高。农产品网上交易模式能够实现生产者和消费者的直接沟通，实现农产品“从田间到餐桌”的跨越，突破地区区域限制，通过网上交易平台使生产者能够了解全国各地消费者的需求，大大提升了农产品产销信息的直接互动，实现了农产品生产者与消费者“点对点对接”，有效提升农产品“小生产大市场”的对接力度。统计数据显示，自2006年商务部建立农产品销售电子平台以来，即时发布农产品供需信息，累计促成农副产品销售8000多万吨，成交额613亿元，在解决“买难卖难”等方面起到重要作用。

中国农产品网上交易的发展仍处于初级阶段，受到多种因素的制约，如信息化发展水平滞后、网上交易基础设施不完善、相配套的物流体系仍需提高、缺乏有效的法律规范、网络诚信体系缺失等。

在农产品零售终端中，农贸市场、超市、社区菜市场、网上销售各有优势和劣势。从中国现阶段的经济发展和农业生产的实际情况来看，由于各零售模式各具销售优势，农贸市场、超市、社区菜市场、三种主要的农产品零售模式会在较长时间内并存，网上交易是一种补充。中国农贸市场在不断收缩，但仍是消费者购买农产品的主要场所，超市销售农产品的比重不断提高但仍居次要地位。

（四）农产品流通产业国际贸易情况

农产品贸易可以充分利用国际国内两个市场两种资源，调剂国内市场余缺，对保证农产品有效供给、推动农业产业结构的调整、带动农村就业和增加农民收入起到重要作用。据商务部测算，每1万美元的农产品出口，能直接和间接创造约20个就业岗位，农产品进口也为中国节约了宝贵的耕地。中国自加入世贸组织以来，农产品贸易总额快速增长，根据世界贸易组织的统计，2008年中国已成为世界第五大农产品出口国。中国为水产品出口第一大国，占世界水产品出口总额的12%；大蒜、花生、烤鳗、苹果汁、香菇、蜂蜜、肠衣等农产品的出口量均位居世界前茅。

1. 进出口规模趋势上行，贸易逆差显著增加

加入WTO以来，中国农产品进出口规模总体呈放大趋势，其中进口增长更为明显。农业部汇总数据显示，2011年中国农产品进出口总值为1556.2亿美元，同比增长27.6%。其中，出口总值607.5亿美元，增长23.0%；进口总值948.7亿美元，增长30.8%；贸易逆差341.2亿美元，增长47.5%。从2001年到2011年，中国农产品贸易总额增长了4.6倍，其中进口增长了7.0倍，出口增长了2.8倍。2004年，中国农产品进出口贸易首现逆差，结束了此前长达20年的顺差格局。2008~2011年，中国农产品贸易逆差连续4年在100亿美元以上。2011年贸易逆差更达到341.2亿美元，创下历史新高。

但是，中国农产品贸易总额占进出口贸易总额的比重依然偏低，并且整体呈下降趋势。2001年中国农产品贸易总额占中国商品贸易总额的5.5%，之后连续六年下降，到2007年降至3.6%，2008年以后有所回升，2011年升至4.3%，依然低于2001年时的水平。

中国农产品进口以大豆、食用植物油、谷物和食糖为主。由于供需缺口较大，大豆、食用植物油和食糖长期呈净进口格局。与食糖、食用植物油相比，大豆进口依存度更高，2011年中国大豆进口5264万吨，相当于同期中国产量的3.8倍。由于中国需求的快速增长，2009年以来，谷物也由传统的净出口转为净进口。2011年谷物净进口423.2万吨，较2009年增长了131.3%。

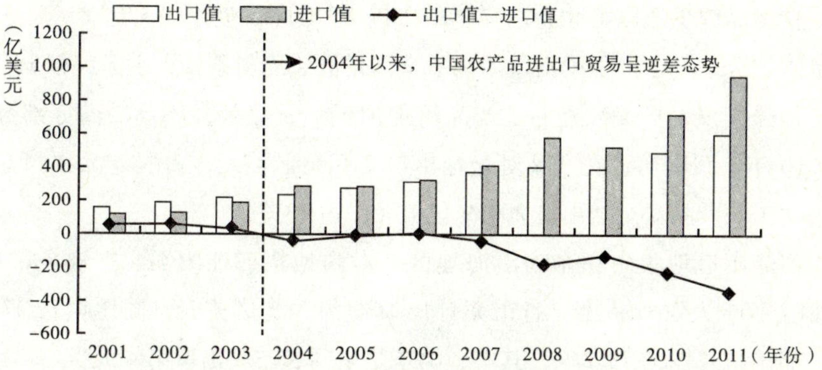

图 26　2001～2011 年中国农产品进出口值

数据来源：农业部。

中国农产品出口的主要品种是蔬菜、水果及水产品。2011 年，中国蔬菜出口 973 万吨，同比增长 15.2%，结束了 2008 年以来蔬菜出口低速徘徊的局面；同期我国水果出口 479.5 万吨，下降 5.5%；水产品出口 288 万吨，同比增长 18.6%，增速较上年同期提高 2.5 个百分点，出口量连续 3 年突破 200 万吨大关。

2. 出口竞争力有所提高，产业基础薄弱

商务部数据显示，2010 年，中国农产品出口企业累计达到 19123 家，同比增长了 548 家，增速为 3%，其中年出口金额 1000 万美元以上的有 1102 家，较 2005 年增长了 1.1 倍。与美国、巴西等农业强国相比，中国农业产业化发展水平还存在很大差距，年出口额 100 万美元以下的企业仍占我国出口企业总数的 70% 以上。从企业性质来看，私营企业目前成为农产品出口的主力军，2010 年全年累计出口额 219.4 亿美元，同比增长 37.8%，占出口比重的 44.9%；三资企业累计出口 187 亿美元，同比增长 17.2%；国有企业累计出口 65.8 亿美元，同比增长 9.5%。

同时，中国农产品出口的比较优势在下降。首先由于中国农业生产规模比较小、组织化程度低，多是散户经营的形式，从源头上很难保证农产品出口的质量以及各项标准的实施。商务部调查显示，受国外技术性贸易壁垒影响，中国农产品出口企业每年损失约 90 亿美元。其次，受加工工艺、技术装备、生产管理水平的制约，出口农产品的成本一直维持在较高的水平难以降低。同时为了应对国外的技术壁垒，要加大农产品源头的质量控制，必然会增加农产品的生产成本。最后，我国农产品加工业发展水平相对落后，技术含量低，且大部分为贴牌生产加工，自主品牌少。以茶叶为例，年出口近29万吨，创汇5.5亿美元，占全国茶产量的三分之一，但中国出口的几乎全部是散装原料茶，自主品牌很少，出口平均价每公斤仅1.9美元左右，产品附加值低，企业效益不高。商务部数据显示，2010年，我国初级农产品对全球出口278.9亿美元，占农产品出口总额的57%；加工农产品对全球出口209.9亿美元，占43%。

农产品出口地集中在东南沿海地区，对内地辐射能力弱。据商务部统计，2010年全国十大农产品出口省市累计出口额为382亿美元，同比增长27.3%，占农产品出口总额的78.2%。其中，山东是中国农产品出口第一大省。

表22　2010年前10大农产品出口省市情况

排名	出口省市	出口额(亿美元)	比重(%)
1	山东	127.1	26.0
2	广东	56.7	11.6
3	福建	49.6	10.1
4	浙江	36.7	7.5
5	辽宁	35.9	7.3
6	江苏	25.2	5.2
7	上海	14.9	3.0
8	云南	13.1	2.7
9	河北	12.3	2.5
10	湖北	10.9	2.2

数据来源：商务部。

3. 出口以劳动密集为主，市场集中度高

过去十多年，整个农产品出口商品结构的变化和中国农产品的比较优势是相符的。2010年，水产品及其制品、蔬菜水果及其制品、畜禽产品三大类劳动密集型农产品分别占农产品出口总额的27.1%、32.1%和5%，三者合计为64.2%。2010年，畜禽产品出口额为24.4亿美元，在农产品出口总额中所占比重由2002的7.5%左右下降为5%；水产品出口额为132.3亿美元，继续保持增长；蔬菜水果及其制品出口在加入WTO后增长迅速，占农产品出口总额比重由2002年的23.3%增长到2010年的32.1%。2010年，蔬菜、水果及其制品出口额为157亿美元，超过水产品，成为出口的第一大类农产品。

总体上看，中国农产品出口的产品集中度和市场集中度都比较高。2010年，

中国蔬菜对前5大出口国家的依存度约为45%，水果对前5大出口国家的依存度约为53%，原料类水产品对前5大出口国家的依存度约为62%，蜂蜜对前5大出口国家的依存度约为74%。这些农产品一旦在某个主要出口市场遭遇药物残留、卫生检疫等SPS措施，往往会引起连锁反应，给出口企业带来较大的损失及市场风险。前10个出口目的国和地区的出口额占中国农产品总出口额的比重，由1995年的81%已经下降到2010年的65.5%，但仍占较大的比重。

从目标市场看，亚洲仍是中国农产品主要出口地。2010年，中国农产品对亚洲地区出口292亿美元，占农产品出口总额的59.8%，位居各大洲之首，对南美洲地区出口增速最快，超过50%。日本是中国农产品第一大出口去向地，但是中国对日农产品出口占中国对全球农产品出口总额的比重，从1995年的1/3以上降低到2010年的18.7%。加入WTO以前，中国香港一直是内地农产品第二大出口去向地，但其在中国农产品总出口额所占比重快速下降，由1995年的24%下降到2010年的8.7%。韩国在中国农产品总出口额所占比重由1995年的4.8%上升到2010年的7.2%。中国对美国出口农产品一直在增长，其在中国农产品总出口额所占比重由1995年的4.9%上升到2010年的11.8%，仅次于日本。

从贸易方式看，中国农产品出口以一般贸易为主。根据商务部数据，2010年，一般贸易累计出口391.8亿美元，同比增长29.4%，占农产品出口总额的80.2%；加工贸易累计出口79.2亿美元，同比增长7.7%。

表23　2010年前6大农产品出口市场（地区）情况

排名	出口市场	出口额(亿美元)	比重(%)
1	日　本	91.5	18.7
2	东　盟	74.6	15.3
3	欧　盟	68.6	14.0
4	美　国	57.8	11.8
5	中国香港	42.8	8.7
6	韩　国	35.3	7.2

数据来源：商务部。

（五）农产品流通服务业发展状况

贯穿于农产品流通过程的信息化服务、金融服务和食品安全服务等，都是农产品流通产业的重要组成部分。总体来说，目前中国农产品信息服务的供给水平在不断提高，一些专业网站与政府公共服务网站都已建立，基本的信息设施也深入农村，农产品电子商务也在逐渐兴起，这些都为农产品流通产业的信息化作出了贡献。

农村金融与农产品金融服务逐步完善，正规金融机构及小额贷款在农村地区的业务规模逐渐扩大，同时有民间金融作为补充，农村金融服务为农产品流通产业的发展提供了支持，从事农产品流通的企业则可以从各种渠道获得金融支持，甚至是基金的青睐。农产品期货、远期现货、大宗现货交易均初具规模。

在食品质量安全方面，企业自身积极性较高，一些企业建立了企业内部的质量安全控制体系及产品追溯体系，政府在食品质量安全及流通追溯方面的投入也逐渐增加，这些工作均保障了农产品流通产业的健康发展。

1. 信息服务发展迅速，信息基础设施不足

中国农产品流通过程中的信息服务发展速度较快。无论是农村信息基础设施建设，还是农业相关网络平台，以及电子商务服务网站，都有着快速的发展和较为合理的结构，目前各类农产品信息网站数以万计。农村宽带网络方面，目前中国电信光缆网已通达南方地区所有乡镇及近25万个行政村，覆盖率近70%，其中东部为95%，中部为81%，西部为47%。

目前各省级农业农村综合信息资源和服务平台基本具备。由各省级政府统一管理网络、软硬件设施、应用系统，集成了省级及省级以下政府相关部门的网络资源、信息资源和服务资源，建设了各省级的农业农村综合信息资源和服务平台。

目前中国具备较为完善的农业生产和市场监管信息服务体系。政府出资建设的大型项目有“金农工程”和“城乡市场信息服务体系”，基本覆盖了农产品和生产资料的市场监测、质量监管、产品追溯、信息服务等方面，此外还有形式多样的专家智能咨询服务体系。

农业电子商务工程发展迅速。重点农产品品种已形成以批发市场、商贸中心、物流调度中心和商品集散地为依托的农业电子商务服务体系。重点农产品种植养殖、生产加工、储运销售等各环节的可追溯系统也已投入应用，实现了农产品物流信息查询、智能配送、货物跟踪等服务。已有大量农业龙头企业、农产品批发市场、连锁超市开展试点，建立了重点农产品质量可追溯体系。农产品流通信息服务的发展也存在明显的短板。

中国农产品物流信息基础设施发展不足。在农产品信息化平台建设方面，多数地市县资金和人员投入少，未能建立专业的农产品信息系统；多数农业生产者文化水平不高，网络利用率低，不能及时了解全国农产品的产销信息。根据“中国 B2B 研究中心”的数据，截止到 2009 年 9 月，农业类网站的绝对数量仅占全国所有网站的 3.8%。

中国农业类网站分布不均衡。中国农业类网站主要分布在北京、上海等经济发达的地区，这些地区属于非农业主产区，而农业主产区的中西部地区的农业类网站数量则较少。

信息发布不及时、资源利用率低。中国各级农业部门都有自己的农业信息资源，但由于缺乏有效的资源整合管理措施，致使各部门的农业信息不能得到共享，信息不能及时发布，农业生产者和企业得不到及时有效的农产品产销信息。

经营层面的供求信息严重不足。目前可供农产品经营者包括个体、大户、经纪人、合作社及企业等主体发布供求信息的平台较多，但是这些平台的规模、影响力、服务及管理模式还非常低效率，与巨大的市场需求之间存在明显的差距，无法为农产品流通经营主体提供切实有效的服务。

农村地区计算机拥有量还较低。2010 年农村居民家庭平均每百户年底家用计算机拥有量是 10.4 台，分地区看，东部地区是 20.2 台，中部地区 6.8 台，西部地区 3.9 台，东北地区 9.9 台。与城市相比这一水平很低，城市每百户家庭家用电脑拥有量达 71.2 台。

2. 金融支持力度增强，服务模式不断创新

近几年来，政府要求金融机构把支持农产品生产、加工和流通作为当前农产品金融服务工作重点，按照市场化原则及时足额对农产品生产、加工和流通各环节提供资金支持。2011 年以来，金融机构进一步加大了对农产品生产、流通领域的生产企业金融资助的倾斜与扶持力度。

中国各银行业金融机构认真落实了政府的支农政策。通过计算贷款风险，科学运用农户小额信用贷款、联保贷款、银（社）团贷款等方式，按照市场化原则确定利率水平，合理、灵活运用贷款利率浮动政策，对农产品生产、加工和流通提供了重要的支持，并适度下放贷款权限，在农村基层网点开设涉农贷款专柜，建立了贷款审批绿色通道。

（1）金融机构探索新的服务模式

华夏银行 2011 年在北京新发地开设特色网点以服务农产品流通小企业，采取了三方合作方式，称“商圈贷”，即华夏银行与北京新发地、北京农业担保有限责任公司签署合作协议，由北京新发地市场管理方推荐其市场内的商户作为授信客户，由担保公司提供担保。这种形式在中小企业贷款中是一种常见思路，即采取商户协会或批发市场为依托，为中小企业提供“组织增值”，即单个企业难以达到贷款信用等级，共同组织起来以获得更高信用。

虽然政策对农村金融有一定倾斜，但农产品经营所能获得金融支持仍然有限。民间资本进入农村金融市场仍然受限，新型农村金融机构的设立受到诸多约束。大型商业银行对中小规模农业经营主体放贷积极性不足，农业生产、流通企业获取贷款仍存在较大困难。

（2）支付手段有创新，应用范围较窄

山东寿光农产品物流园和深圳布吉农产品批发市场等批发市场均采用了电子化结算方式，即在市场交易和市场结算时使用 IC 卡或者与银行联办的一卡通。全程电子化极大地提高了市场交易效率，并且降低了错账发生频率，杜绝假币状况，减少人员需求。

电子交易结算操作非常方便，买家选好产品并装车，直接到电子秤刷卡就能完成交易，所有的货款都由自己的 IC 卡转出，卖家卖完货直接到市场结算中心提取货款，既不用担心货物丢失，也不用担心票据丢失，便捷性与安全性都得以提升。

但目前这种电子化的结算方式并未得到广泛应用。寿光物流园较早开展了这一业务，深圳布吉市场等批发市场近年来逐渐引入这一结算方式，但大量批发市场仍然采用传统的对手交易方式，包括北京新发地农副产品批发市场、广州江南农产品批发市场等。电子化结算需要金融机构的大力支持与配合，需要大量系统改造资金的投入，这一现代化结算手段的推广还有较长的路要走。

（3）农业保险有所进展，存在问题较多

中国农业保险在“十一五”期间有所发展，据保监会数据，“十一五”时期，中国农业保险的保费收入从 2006 年的 8 亿元增加到 2010 年的 135.7 亿元，增长了近 16 倍。在承保品种上，已经覆盖了农、林、牧、副、渔业的各个方面；在开办区域上，已覆盖了各省区市；在保障范围上，逐步增加了农民迫切需要的风险责任；“十一五”末期重要粮、油、棉作物的承保覆盖面已经达到全国播种面积的 33%。同时，农业保险的功能作用日益凸显，农业保险补偿已成为农民灾后恢复生产和灾区重建的重要资金来源。五年间，农业保险累计为 6400 万受灾农户支付赔款307亿元，农业保险赔款有力地支持了灾区生产恢复。2011年底国务院办公厅发布的《关于加强鲜活农产品流通体系建设的意见》中指出，要鼓励保险机构研究开发鲜活农产品保险产品，并提出有条件的地方可对保费给予适当财政补贴。

但目前的农业保险面临着诸多问题。对投保者来说，存在保障力度低，时常出现赔偿额不抵保费的状况，而目前的保险品种也有限，对流通环节又无保险业务；对保险公司而言，农业保险又存在覆盖率低，保费收入不多，点多面广，业务风险大，保险经营成本高，一旦形成损失，往往赔偿额巨大，导致商业保险公司涉足此业务的动力不足。即便政府投入更多资金发展政策性农业保险，参与运营的商业性保险公司能否持续开展业务也未可知，农业保险还有许多问题需要解决。

3. 期货成交有所下滑，价格发现功能增强

农产品期货市场具有价格发现功能，它能够帮助农民调整农产品种植结构，增强生产的预见性，可以成为市场参与者改善经营和保值避险的有效工具，能够促使农产品流通国际化和农业生产标准化。目前中国经营农产品期货的交易所有郑州商品交易所和大连商品交易所。

郑州商品交易所交易的农产品期货品种有强麦、硬麦、白糖、菜籽油、早籼稻和一号棉，具体成交状况如表24所示。2011年以来，一号棉、优质强筋小麦与硬白小麦的交易量与交易额保持增长，但早籼稻、菜籽油和白糖期货的交易量与交易额都出现了明显萎缩。而郑州商品交易所2011年以来的市场累计成交量下滑18.0%，成交额上涨8.2%。

表24　2011年郑州商品交易所期货成交状况

品　种	成交量（张）			成交额（万元）		
	当年累计	去年同期累计	同比%	当年累计	去年同期累计	同比%
一号棉	278093248	173910620	59.91	3625945921	2059521902	76.06
早籼稻	11854832	53708172	-77.93	30381731	126634513	-76.01
菜籽油	8655930	19055830	-54.58	45057606	85633419	-47.38
白糖	256419936	610606262	-58.01	1766707566	3359619146	-47.41
优质强筋小麦	15823408	11609284	36.30	44758255	29953391	49.43
硬白小麦	306320	70190	336.42	679118	152459	345.44

数据来源：根据郑州商品交易所数据整理。

大连商品交易所交易的农产品期货品种为玉米、黄大豆 1 号、黄大豆 2 号、豆油、豆粕和棕榈油，具体成交状况如表 25 所示。2011 年 6 个品种期货的成交量与成交额都有不同程度的萎缩。整个大连商品交易所 2011 年的累计成交量与成交额同比分别下降 28.3% 和 19.1%。

表 25　2011 年大连商品交易所期货成交状况

品种名称	本年成交量（手）	去年成交量（手）	同比%	本年成交额（亿元）	去年成交额（亿元）	同比%
大豆一	50479064	74787200	-32.50	22730.58	30852.02	-26.32
大豆二	21324	29418	-27.51	10.17	12.36	-17.68
玉　米	53699476	71999146	-25.42	12608.99	15366.83	-17.95
豆　粕	100340668	251163776	-60.05	32535.81	77303.25	-57.91
豆　油	116025100	182812476	-36.53	115551.46	155530.42	-25.70
棕榈油	45187922	83599626	-45.95	40388.50	62562.07	-35.44

数据来源：根据大连商品交易所数据整理。

目前，中国农产品期货交易品种只有早籼稻、优质强筋小麦、硬白小麦、玉米、棉花、黄大豆一号、黄大豆二号、豆粕、豆油、菜籽油、棕榈油、白糖和天然橡胶 13 个品种，而目前美国上市期货品种达数百个，仅芝加哥期货交易所就有农产品期货交易品种 21 个。期货品种是期货市场生存和发展的基础，随着农产品生产流通过程的标准化和规模化水平不断提高，中国期货市场上的农产品品种也会进一步提升，进而反过来支持农产品流通的发展。

4. 食品质量安全频现，追溯体系逐步建立

2011 年食品质量安全方面曝光了很多问题，包括双汇瘦肉精事件、河南南阳毒韭菜事件、甘肃平凉牛奶亚硝酸盐中毒事件、用牛肉膏让猪肉变牛肉、黑芝麻染色事件、使用福尔马林为血旺海鲜防腐事件、染色馒头事件、沈阳毒豆芽事件、宜昌毒生姜事件、过期面包回炉事件、合肥染色蛋糕事件、影院爆米花桶含荧光增白剂事件、陕西榆林学生奶中毒事件、广东墨汁粉条事件、哈尔滨染色乡巴佬事件、万州云阳假猪蹄事件、腐烂猪肉拌剧毒农药腌制腊肉事件、重庆染色花椒事件、江苏膨大剂西瓜事件、激素黄瓜事件等。诸多事件基本都是产品在生产环节发生问题，但是整个流通环节未能得到有效的检验检疫，最终到达消费者手中。

目前，中国有8个部局负责管理食品安全，分别是国家食品药品管理局、农业部、商务部、卫生部、国家工商总局、国家质量监督检验检疫总局、发展改革委员会和环保局。全国具有食品质量检验能力的技术机构有7000多家，质量检验人员高达16万人，但是分别从属于多个部门，工作过程中会出现责任不明的状况。此外，目前中国的质量检验制度尚不完善，无法保障食品检验工作的有效开展。

国家质检总局监督抽查结果显示，2011年第三季度，中国生产加工食品中的乳粉、红茶、婴幼儿配方乳粉、酱腌菜、膨化食品、蜜饯、乌龙茶等7类692种食品，批次抽样合格率为91.8%。国家质检总局副局长蒲长城表示，中国食品安全监督抽查的合格率一直保持在90%以上，中国的出口食品在欧盟、日本等地方的检验检测合格率保持在90%以上，整体水平持续稳定提高。

同样来自国家质检总局数据，2011年上半年，全国质检系统共查处食品质量安全违法案件1.5万余起，涉案货值近1亿元。质检系统以打击违法添加非食用物质和滥用食品添加剂为重点，全国质检系统共出动执法人员22.8万人次，查处食品质量安全违法案件15113起，涉案货值9732万元。

商务部、财政部从2010年开始以肉类、蔬菜"一荤一素"为重点，在20个试点城市推行肉菜追溯系统，目标是建立覆盖全部大型批发市场、大中型连锁超市和机械化定点屠宰厂，以及不少于50%的标准化菜市场和部分团体消费单位的肉类蔬菜流通追溯体系。

农业部力主实行动物产品可追溯管理，按照生产有记录、信息可查询、流向可追踪、质量可追溯、责任可追究的基本要求，推进动物标识及动物产品可追溯体系建设，调整完善建设思路和技术路线，提高建设质量和实际应用效果，实施动物及动物产品的全程可追溯管理。

目前，中国规模稍大一些的农产品批零市场和企业都在建设自己的检测追溯系统，但大多数处于试验和试点阶段。例如2011年1月20日，北京科委对新发地承担的科技项目"北京新发地农产品安全科技示范工程"课题进行验收，该课题从"超市—配送企业—批发市场—基地"四个环节控制农产品安全，设立绿色农产品销售示范区，带动京郊100家农民专业合作组织、北京10家配送企业和10家超市实现农产品质量安全无缝链接，建立中心实验室（具备3大类51个安全项目检测能力）和市场流动监测车（日常抽检及抽样检测）的安全检测体系。

再如深农公司投资3000多万元构建食品安全体系，拥有气相色谱仪、原子吸收光谱仪和全自动高感度大量样品农药残毒速测仪等一大批检测设备，同时通过建立经营户信息档案，签订《食品安全协议书》来确保经营户守法经营。河南商丘农产品中心批发市场投资100多万元购置设备，建立了由液相色谱室、气相色谱室、精密仪器室、原子荧光室、综合理化分析室、样品室等6个核心实验室组成的农产品质量检验检测系统，并将检测结果输入到中心数据库由信息中心进行发布。重庆观音桥市场实行市场准入制度，任何农产品进入该市场都要进行强制检测，凡不能提供农产品原产地报告的，必须经过检测才能进入，一旦发生质量安全事件，市场将先行赔付，然后追偿责任人，同时还建立经销商无公害蔬菜检测档案、原产地无公害蔬菜产品质量档案等。

四　2011年农产品流通产业热点问题

（一）产销衔接和流通体系

1. 供求对接稳步推进

据商务部、农业部于2010年底联合召开的全国农超对接现场会上提供的数据，2010年全国举办农超对接促进活动150多场，超市和农民合作社签订协议金额50多亿元。初步统计，农超对接推动农产品流通成本平均降低10% ~ 15%，全国有2000多家零售企业不同程度地开展了农超对接，有的蔬菜农超对接比例超过50%。农超对接支持农产品质量认证近1000个，山东家家悦还利用国际标准指导19家合作社开展无公害认证和绿色食品认证。仅2009年17省市试点企业就建设了205个农产品物流配送中心和冷库，新增库容30万吨。促进农民收入增加，通过农超对接培育农产品品牌800多个，参加对接的农户年均增收4000多元。

农业部数据显示，截至2010年底，有28个省（区、市）开展农超对接，涉及10多类农产品。农业部直接帮扶2000多家农民专业合作社实现“农超对接”，引导1.1万家农民专业合作社与超市直接建立了产销关系。已有4万多家合作社实施了农产品生产质量安全标准，2.4万家合作社通过农产品质量认证。

2. 现代流通体系逐步建设

继2011年初商务部、财政部联合支持开展“海南现代流通综合试点”项目之后，两部委又于4月联合印发《关于2011年开展农产品现代流通综合试点有关问题的通知》，决定在江苏、浙江、安徽、江西、河南、湖南、四川、陕西等省开展农产品现代流通综合试点，探索建立完善高效率、低成本、低损耗、安全通畅的农产品现代流通体系。

试点工作坚持市场化运作，以企业为主体，充分发挥龙头企业的带动作用；积极借鉴国内外先进经验，坚持高起点、高效率，打造布局合理、设施完善、产销链条稳定、通畅的现代流通发展模式；加强政府引导，总体设计、分步实施，通过财税、金融、土地等政策引导，调动企业和社会资金投入农产品现代流通积极性。

试点工作的开展，主要围绕三个方面进行：一是加强农产品流通基础设施建设。鼓励大型农产品批发市场建设和改造交易、仓储、加工配送等设施，推动农贸市场改造交易和配套等设施，引导农产品连锁超市建立鲜活农产品配送中心，支持企业建设和改造冷链设施。二是打造稳定的现代化农产品流通产销链条。开展“农超对接”，鼓励大型连锁超市与鲜活农产品生产基地进行产销对接，在大中型城市和名特优农产品产区率先取得明显进展，引导超市、企业、批发市场紧密联系农产品生产基地，开展团体、超市配送服务和网络交易。三是推行农产品品牌化和包装化。鼓励农产品流通企业和批发市场大经销商开展订单农业，采用《青椒流通规范》等农产品购销标准，对鲜活农产品实行分级包装，培育自有品牌。

随着中国经济的快速发展和人民生活水平的日益提高，农产品流通体系建设滞后已经成为制约农民收入增长、农村经济发展和人民生活改善的重要瓶颈。商务部、财政部开展农产品现代流通综合试点，建立完善、高效、畅通、安全的农产品现代流通体系，是政府提出完善流通体系建设的具体举措，对于解决农产品“卖难”、促进农民增收、稳定产销关系、保障市场供应、改善人民生活具有重要意义。

（二）流通环节食品安全管理

1. 食品安全问题频发

2011年食品质量安全方面曝光了很多问题，具体来看，发生的诸多事件中，只有美容猪蹄事件的安全问题发生在流通环节，即市场中的部分商户使用火碱、双氧水等化工原料炮制猪蹄，而其他诸多事件，均是在生产环节就发生了非法或者不合规范的操作，导致问题产品的产生。

2. 食品安全频发主要原因

（1）检测检验严重缺失。目前中国农产品流通过程中的产品监测，大致上处于产地基本没人检测、销地没人把关的状态。抽检是一项很庞大的工作，检测设备需要很大的投入。过去抽检要收费，检测部门有积极性，现在抽检变为免费，费用实际由地方政府承担。很多地方由于经费不到位，免费抽检于是变成了“免检”，抽检设备形同虚设。

（2）监管多头导致权责不清。虽然中国在2010年2月设立了国务院食品安全委员会，但食品安全多头监管局面仍然存在。从监管部门的数量看，中国食品安全涉及部门众多，数量庞大，最多时涉及超20个机构。监管机构的杂乱，造成食品安全监管漏洞百出，出现“都管、都不管、没管好”的被动状态；工作效率低下，不能有效地处理突发事件。

（3）相对于食品产业的高速发展和食品消费结构的快速转变，安全监管能力未能及时跟上。改革开放以来，中国城乡群众生活水平大幅提高，实现了从温饱不足到总体小康的历史性跨越，食品消费总量和种类都迅速增长，对食品安全的关注度越来越高，食品安全政策法规、标准体系、风险监测网络、监管队伍和技术装备等建设都亟待加强。

（4）食品安全违法犯罪成本不高，惩戒威慑力度仍需加大。对食品安全领域的违法犯罪，过去主要是按照后果定罪，现在根据2011年2月通过的刑法修正案，明确有行为即可定罪，从而加大了对食品安全违法犯罪的打击力度。

3. 解决食品安全关键措施

（1）加强食品的检测检验。在检测检验资金不足的现状下，必要的检测行为仍不能保障，这就需要政府在检测检验方面增加投入，仅仅对设备进行一次性投入无法使检验工作顺利开展。如果不改变免费检测的状态，财政就需要持续稳定地安排资金，以保证农产品在产销地得到基本的检测。之后，政府相关部门在此基础上进行监督检测工作，并加强监测信息的综合利用。

（2）为了解决目前中国多头监管、相互扯皮的现象，应该在目前“食安委”的基础上，逐步成立专职的“食品安全局”，把相关部委有关食品安全的机构都归并进来，统一集中解决食品安全问题，统筹制定全国通行的食品安全法规，从多头监管到一个部门说话，应当是中国食品安全监管体制的最佳选择。

（3）建立标准、严格执行。加快完善食品安全标准体系，加强风险监测和评估；提高检验检测能力，建立健全质量安全追溯体系，健全监管执法队伍，提高技术装备水平；依法严惩食品安全违法犯罪行为；保持打击食品安全违法犯罪的高压态势，包括生产经营者、执法者不管谁犯法，都要依法从严从重惩处，使犯罪分子付出高昂的代价，真正起到震慑作用。

在整个农产品流通过程中，流通环节发生质量安全问题的几率较小，绝大多数问题都发生在生产环节，所以流通环节在食品安全保障方面需要做的是加强抽检，登记买卖信息，做好流通追溯，一旦出现问题可以实现上下游的衔接，明确责任主体。食品安全的保障，需要从企业自律、政府监管、政策完善、法规制定和宣传教育多方面入手，使食品生产经营者“不愿犯法、不敢犯法、不能犯法、犯不起法”，从根本上扭转食品安全问题频发的局面。

（三）流通环节成本控制

1. 流通环节成本过高

长期以来，中国流通效率较低，物流成本过高的问题一直存在。由于运输环节繁多、运输环节浪费严重，毕马威 2011 年 11 月发布报告称，中国的运输成本占中国 GDP 的 18%。对厂家来说，物流成本可以高达生产成本的 30% ~40%。

总体而言，目前中国的物流交通组织方式落后，基本以中小企业为主，而国外一般都在一国之内形成几家大的运输公司，由此形成比较完善的产业链。这些大公司可以利用信息化手段来调配车辆的运输情况，而在中国运输能力有 40% 是空载状态，经常出现的情况是出去的时候是超载，回来是空载。

这主要与中国物流节点、仓库、码头、干线等硬件设施有关，也与物流企业缺乏整体规划和管理经验密切有关。中国商贸物流企业普遍规模较小，组织化程度不高；专业化的第三方物流发展滞后；商贸物流基础设施落后，配送能力不强，且缺乏统一规划和布局。

2. 降低成本的相关措施

目前中国实行的降低流通成本的政策主要有“绿色通道”政策和减免进场费、摊位费、管理费的政策。

（1）鲜活农产品“绿色通道”政策继续实施，并且扩展到全国所有二级公路。从2005年开始，按照国务院统一部署，交通部会同公安部、国务院纠风办、农业部、财政部、国家发改委、商务部等部门开展了“绿色通道”的建设工作。目前绿色通道已经基本覆盖了全国所有具备一定规模的重要鲜活农产品生产基地和销售市场。这一政策的继续实施有利于降低流通成本，并且由于这一政策的成本由各省路政部门承担，因此政策的可行性与持久性都无须过多担忧。

（2）减免进场费、摊位费与管理费。温家宝总理2010年8月在国务院常委会上要求各地批发市场降低批发商进场费与摊位费。这一政策在年初已经有部分批发市场实践过，包括北京新发地、山东寿光等大型批发市场，也为当时菜价的稳定或者延缓上涨势头作出了贡献。但是，由于企业的运营成本及盈利要求，各批发市场在国务院常委会做出要求之后，并未完全给予积极的回应，很难长期减免摊位费、进场费与管理费，否则影响到企业的持续运营。这一政策的实施，有赖于财政以其他方式的转移支付，否则实施将遇到困难。

（3）免征蔬菜流通环节增值税。2011年12月20日，国务院办公厅发布《关于加强鲜活农产品流通体系建设的意见》，在保障措施中提出要完善农产品流通税收政策，免征蔬菜流通环节增值税。此次被列入免税的蔬菜包括14大类219个品种，基本上常见的蔬菜均包括在内，政府对流通环节免征增值税，显著降低了超市等大型蔬菜经销商的经营成本，也对小型经销商经营成本的降低有所帮助。

3. 降低流通成本的长期政策

（1）完善农产品流通体系。一是需要发展专业化的农产品第三方物流，鼓励农业龙头企业积极参与农产品仓储和运输的投资和运营。二是加强农产品流通基础设施建设，提高农产品流通体系的信息化水平。三是完善农产品冷链物流系统。冷链物流可以有效降低农产品流通损耗，确保食品安全，同时可以避免农产品过于集中上市，减少农产品价格的大幅波动。

（2）减少农产品流通环节。现有的农产品供应链环节较多，在大中城市还会出现多级批发市场。流通层次越多，农产品流通成本越高，农产品价格越高。应尽可能地减少流通环节，缩短供应链。一方面，合理规划或调整面向城市的农产品批发市场结构，积极推动农产品统一配送系统建设；另一方面，大力推广“农超对接”和“农贸对接”等新型农产品供应链模式，通过农贸市场集中采购，直接和农产品生产基地对接，有效降低流通成本。

（3）推动农产品物流技术研发。科技创新是降低农产品流通成本的关键。农产品复杂的流通网络和农产品保质期短、易腐烂的特点，对创新农产品流通技术提出了较高要求。应加大农产品流通技术研发力度，构建包括保鲜和储运技术、物流配送技术、电子化交易技术和信息技术等在内的农产品物流技术支撑体系，从而扩大农产品的运销范围，保证农产品品质稳定，降低农产品流通成本。

（四）农产品外资进入

1. 外资进入的过程及利弊

改革开放以来，中国流通产业的成分逐渐多元化，国有、私营、外资等各种经济成分都投身到流通产业中来，使中国的流通产业实现了快速发展。外资在中国农产品流通产业的发展过程中也发挥了重要作用，但是由于外资的强势介入，也带来了一些问题。

由于中国各地政府提供了极其宽松的政策环境，并给予外资超国民待遇，这使得外资在农产品生产与流通过程中具有更大的竞争优势。加之外资企业经营中的清晰战略意图及有效经营方式，比如积极推进企业的本土化，比如以先期亏本为代价进行快速扩张以占领市场，外资企业已经逐步形成了从南向北、从东向西的地域扩张格局，并且以中心城市逐步向中小城市、集镇和农村延伸。此外，外资还通过大量的企业并购来实现产业扩张。

外资进入中国流通业发挥了一定的积极作用。外资企业带来了先进的管理模式和方法，活跃了中国经济，使市场竞争更为激烈，促进了中国流通产业的发展。但外资进入流通业同样存在明显的问题。大型外资企业的进入严重冲击了中国的民营流通企业，自主渠道资源不同程度地为外资控制，政府的差异化政策加剧了外资的扩张。当跨国公司利用其雄厚资本以及娴熟的技巧迅速占领国内市场后，便可能依靠其垄断地位，危及到相关产业的发展。

2. 外资进入的模式

当前，外资进入中国农产品流通产业主要有两种类型：一种是从生产领域的种植、养殖开始，逐步覆盖生产、运输、加工、销售全程产业链；另一种则是选择产前、产后环节的关键农业服务领域和延伸领域。

义海嘉里集团、高盛集团都属于第一种类型，从产到销涉及了某些品种的整个产业链，打造统一的食品品牌。这种模式要求企业有强大的实力和专业的深度，必须具有成规模的基地、工业化的标准控制和流程、能够建立统一的大市场，在管理水平到位的基础上，企业可以获取较高的附加值。

第二种类型是服务领域和延伸领域，具体又可细分为三项：产前包括农资、农机领域；产后包括农产品收购、加工、销售领域；延伸领域包括休闲农业、农业信息服务等。这种模式风险相对可控。

3. 以寿光物流园的外资变动为例

寿光物流园的前身是寿光蔬菜批发市场，始建于1984年3月，占地600多亩、年成交蔬菜40亿公斤、交易额56亿元，是中国最大的蔬菜集散中心、价格形成中心、信息交流中心和物流配送中心。2003年7月，深圳农产品股份有限公司与山东寿光蔬菜产业集团有限公司共同组建山东寿光蔬菜批发市场有限公司。公司注册资本1.1028亿元，其中，深圳农产品股份有限公司出资6000万元，出资比例54.41%，寿光市国资局出资5028万元，占比45.59%。同年10月，寿光蔬菜批发市场投资4000万元，建立了中国第一家蔬菜电子拍卖市场。

2009年12月28日，深圳农产品股份有限公司发布公告称："鉴于难以保证山东省寿光蔬菜批发市场的正常持续经营，且继续持有山东省寿光蔬菜批发市场有限公司股权的系统性风险较大，为回避风险且最大限度地维护公司在寿光公司的现有权益，转让公司所持寿光公司54.4%股权。"公告显示这些股权的估值是86539482.2元，溢价只有44%。

此后，黑石等私募股权基金（PE）主动找到寿光物流园管理层，由黑石集团牵头，集结Capital Group Cos和华平投资、西京投资等国际PE财团与寿光物流园控股股东地利控股达成协议，在香港IPO前进行6亿美元的投资。在地利控股中，香港旺益公司应处于绝对控股地位，当地政府约占股16%，而黑石牵头的国际私募约占股30%，其中黑石注资约1.9亿美元，占股约10%。寿光蔬菜批发市场自此变身寿光物流园，为外资所拥有。

"交易卡"是寿光物流园营业之初就推出的一项创新业务，由寿光物流园与中国农业银行合作，在银行卡中植入交易芯片，既是银行账户也是交易用卡，还能实现交易账户和银行账户的资金互转。寿光物流园每天交易额接近亿元，其中交易手续费、保证金收入和物流服务收费都将是可观的收入来源。结算中心每天沉淀的资金就能到1亿元左右。此外，还可以基于交易卡提供信用卡功能，允许信用好的客户透支，由物流园提供担保。这一模式被认为是众多私募PE最为动心的原因之所在。但寿光物流园的这项金融创新业务一直没有拿到合法认证，很可能成为最终导致黑石退出的关键所在。2011 年 5 月，寿光物流园的人士确认黑石集团于近期退出寿光物流园项目的投资，寿光物流园将黑石集团所有的投资连本付息悉数退还。

寿光物流园与外资短暂的一年联姻过程，可以清晰地看到外资基金在入主中国农产品流通产业时的目的非常明确，那就是获取巨额的上市回报。而一旦目标受阻，则当机立断，迅速撤资。这样的投资虽然短期内可以带来企业资金的充裕，但是也使农产品流通企业面临着巨大的不确定性和经营风险。目前，中国东北地区、华中地区的一些销区大型农产品批发市场已经出现外资收购现象，中国农产品流通产业的安全问题需要重视，对外资的并购需要加强审核并提高警惕，使中国的农产品流通产业能够在一个相对平稳的环境中发展。

（五）新型流通渠道的出现

1. 产生的背景与发展状况

2011 年年初，全国各地瓜菜价格居高不下，并且这种高价格一直维持到北方露地菜上市也未能明显缓解，北方市场瓜菜价格持续保持高位。对此，各方积极寻求解决途径，8 月份，“周末车载市场”应运而生。

周末车载蔬菜市场作为国家商务部、北京市政府联合支持的项目，由政府搭建平台，帮助京郊地区蔬菜生产流通合作组织进城直接销售蔬菜，通过农民自产、自收、自营的新模式，最大限度减少流通环节，降低流通成本，方便市民生活，促进农民增收，着力解决蔬菜买难卖难问题。

2011 年 9 月 23 日，商务部下发《关于推进周末车载蔬菜市场建设的通知》，在全国范围内要求各地优先选择现有蔬菜零售网点不足、具备场地条件和有一定管理能力的社区开展试点，并在取得一定经验后，逐步扩大周末市场网点和覆盖面。《通知》明确要求，周末市场由政府有关部门负责提供场地，免除摊位费、管理费等一切收费，采取厢式货车和搭建厅棚结合的形式，集运输、储存、销售和垃圾处理等功能于一体，由专业合作社或农产品流通企业组织农民在周末进城销售自产蔬菜。根据《通知》，各地将根据地方蔬菜生产的季节性特点，在本地蔬菜集中上市时期开办周末市场。现有蔬菜零售网点不足、具备场地条件和有一定管理能力的社区，将优先开展试点。

北京的“周末车载市场”开办以来，受到了农民和社区市民的热烈欢迎，目前在海淀北航校区、朝阳望京街道、丰台方庄和石景山五里坨街共有四家周末菜市场投入试点运营。2011 年 10 月 29 日，郑州市五个区首批“周末直销菜市场”进入试运营。据报道，上海、重庆、银川等地也积极开展两小时菜市场、周末赶集日、超市早市等尝试。

2. 面临的问题

（1）对市场开办地点要求较高。以北京为例，目前北京周末车载市场还只能选取在三环路以外、蔬菜零售配套设施相对不足的小区，要求小区有较大的空地，避免造成人流拥堵。此外，摊位的摆放对市容和环境的破坏也不容忽视，以及由此产生的残余和垃圾如何清理，谁负责清理，都是周末车载市场所需解决的问题。

（2）周末车载市场的产品质量保障难度大。周末车载蔬菜市场交易过程中，经营主体的多变，产品缺乏系统的科学检测，责任认定的复杂性，都导致蔬菜质量难以得到保证。产品质量的保障，需要在车载市场的开展中设立合理有效的规则，以保证蔬菜质量的安全可靠。

（3）周末车载市场的开展需要多部门配合。周末车载市场不仅涉及商务部门，还与农业部门、工商部门、卫生部门、检验检疫部门乃至城管部门有关联。如何理清各部门的关系，让各部门在周末车载市场的发展过程中达成一致的意见，共同推进各城市周末车载市场的发展，是各地周末车载市场能否顺利开展的重要因素。

3. 必要的措施

国务院鼓励建周末车载菜场及早晚市等临时摊点的目的非常明确，在物流成本不断抬高，菜价不断上升的情况下，如何更大限度地释放、挖掘“平价菜市场”、“低价菜市场”的功效，缓解市民在“高菜价”面前的压抑、无奈和焦虑，化解物价上升、收入缩水带来的经济压力，成为刻不容缓的“民生工程”。

（1）减少约束。如果临时市场没有对生活和交通秩序造成更大阻碍，政府应该尽可能让管理措施宽松、自由、开放、自主。条件宽松，自由市场的活力才会更强。市场流通活跃，市民才能得到最大化的实惠。

（2）降低费用。为了发挥周末市场的公益性，各地管理部门需要尽可能免除管理费、进城费、占道费等。多一些服务型政府的理念，放弃一些行政利益，多考虑市民的实际需求。政府付出的成本不高，却可以对城市菜价带来立竿见影的“低价效应”，带来更多市场稳定和社会稳定。

（3）质量控制。相关部门需要对“进城蔬菜”进行监测、留样和记录，确保质量安全。同时，还应对周末车载蔬菜市场提出进一步的管理办法，比如建立评价和退出机制、对蔬菜收购价和销售价给予限定、及时更换不符合要求的市场经营主体等，从而切实保障农民从中获得更大收益、市民得到更多实惠。

车载市场以及其他新型零售模式，具有极大的正面社会意义。所以，在落实政策时，各地政府需要跳出城市形象崇拜的束缚，将民众需要、低价产品放在第一位，将菜市场的公益性放在第一位，让地方发展需要服务于市民需要。基于这些考虑，出台有利于新型零售模式的政策，开拓流通渠道，最终有利于农产品的顺畅流通。

五　农产品流通产业发展趋势分析

（一）产业链向前后端延伸

随着中国农产品流通产业化不断推进，逐步从中间的流通领域向前延伸到农业生产领域，向后延伸到终端零售领域，产业链不断拉长，使农产品流通产业由单纯的农产品运输、集散功能扩展为流通加工、包装、储存、运输、配送以及农产品生产和销售中的技术、信息服务，调控农业生产和农产品销售。

通过产业链的延伸，农产品流通企业不仅可以降低交易成本，减少产品损耗，还可以缩短流通时间，提高农产品质量（新鲜度），获取更多利润。产业链延长将成为农产品流通企业发展的方向。

（二）产业标准逐步规范化

农产品流通产业的发展，势必会带来标准化、规范化，农产品在采摘、收获或屠宰、捕捞后基于一定标准进行处理后，形成规范、统一的初级加工品，使之便于运输、储藏，适合商场销售。

中国从20世纪90年代初期开始，超市、连锁店、连锁便利店等新型零售业态大批涌现，遍布各城市，成为消费者购买日常消费品的首选场所，农产品在其中的销售量也不断增加。

农产品流通产业逐步规范化并形成一定的标准，使农产品商流与物流得以分开，适应农产品销售的变化，有力地促进农产品流通产业发展。

（三）产业发展呈现集约化

农产品生产的季节性、年度和地区差异性十分明显，生产单位比较分散，农产品的消费需求具有普遍性，消费量大且连续不可间断，此外一些农产品为鲜活商品，具有易腐性，体积较大，价值偏低，单位容量产品运输费用高。农产品产销及运输的特殊性与复杂性，使得拥有雄厚资本和庞大销售网络的大型流通企业竞争优势越发显著，农产品流通产业集约化日益显著。

规模大的农产品流通企业在经营品牌、利用信息、组织货源、服务客户等方面具有优势，能够充分利用自身优势提高运输能力及利用率，降低流通中的运输成本。大型流通企业的形成和不断壮大，对农产品流通体制结构也形成了一定冲击，产地竞卖、批发市场、批发商、零售商等传统销售方式所占的比重逐年减少，具有加工、储藏能力的大型流通企业的销售比重逐步增大，农产品流通企业向组织化、规模化发展。

（四）基础设施日益完善

农产品流通设施作为国民经济稳定发展的一个重要组成部分，在很多发达国家和地区均受到政府高度重视。农产品流通基础设施关乎老百姓生存、生活的公共基础设施，属于公益性项目，并且已经成为促进中国现代化农业发展的重要环节，因此完善农产品流通基础设施、提高农产品流通效率已成为中国政府的一项重要任务。

2012 年中央一号文件明确提出要加强农产品流通设施建设，加大农产品流通设施的政府投入和保障力度，有效提升中国农产品储藏能力，改善储藏条件，缓解农产品生产的季节性矛盾。

随着中国农产品现代物流的发展，城市销地农产品流通园区模式的不断探索，一批立足于优势产销区的大型批发市场和专业市场将形成，多种模式的农产品冷链体系与产、贮、运、销配套服务体系将逐步建成，如农产品产地预选分级、加工配送、冷藏冷冻、冷链运输、包装仓储、电子结算、检验检测和安全监控等设施建设。

（五）流通效率不断提高

通过对农产品流通基础设施布局进行统筹规划，不断加强和完善农产品流通基础设施，建立覆盖城乡的农产品流通网络，中国农产品流通过程中的运输成本、储藏、加工、保鲜成本、运输损耗、流通中介费用居高不下的局面将得到有效改观，流通效率不断提高。

与此同时，一些创新型的农产品流通方式不断涌现，特别是充分利用信息技术的现代交易方式的出现，如农产品电子商务、订单模式的发展，农产品生产与消费紧密衔接，农产品流通环节减少，进一步提高农产品流通效率。

此外，传统模式的改进也在不断提高农产品流通效率，如政府扶持的将农产品和超市联合的“农超对接”模式，推动超市和农民建立更加紧密的关系，解决农产品产销不衔接的同时还减少了流通环节，减少了农产品损耗，降低了流通成本，提高流通效率。

（六）产业资本结构多元化

中国农产品流通产业的发展，规模不断增长，产业链一体化模式逐渐形成，产业投资机会层出不穷：一方面，在消费升级、产业升级导向下，产品结构、产业结构调整会带来横向扩张和纵向整合机会。另一方面，在控制物价过快增长、加强食品安全的形势下，对农业产业链控制、降低流通成本等方面提出更高要求带来的投资机会。

农产品流通产业的发展与投资机会的出现，吸引了各种投资资本的进入，大型战略投资者、VC/PE 投资机构、产业投资基金等大量涌入，以前单一的国有资本结构出现了很大变化，新的产业资本格局或投融资体系正在逐渐形成。

农产品流通产业资本结构的多元化，进一步推动农产品流通领域金融体系的完善，除了股权投资，小额信贷、农业担保以及农业保险等金融形式也将加速发展。

六　农产品流通产业未来发展建议

经过三十年改革开放，中国已经初步建立起以生产地的农产品集贸市场，城镇农产品批发市场，区域经济中心城市大型农产品骨干批发市场，城市居民区农贸市场与超级市场、连锁超市，以及社区服务便利店等为网络的遍布城乡的农产品流通体系，农产品流通产业得到了较大的发展。

然而，中国农产品流通仍然存在基础设施薄弱、流通效率低、流通成本高企等问题，解决中国当前农产品流通中存在的问题，进而有效促进农产品流通产业的发展，不能单靠简单的流通渠道压缩，而要对中国农产品流通产业进行统筹规划、整体设计、政策扶持、产业引导、流通体系建设、产业链条管理、产业主体培育、市场交易方式创新，这才是中国农产品流通产业实现跨越式发展的破茧之路。

（一）统筹规划指导，整体设计布局

以科学发展观为统领，以农业和农村经济结构战略性调整、发展方式的转变和增加农民收入为主线，建立中国农产品流通体系的总体指导思想。在市场经济规律下，以体制创新、经营机制创新和技术创新为动力，以农产品资源科学合理配置为目标，提高农产品流通产业化经营水平。

在全国统一的农产品大市场背景下，实现中国农产品资源科学合理配置，形成中国农产品产、供、销的科学机制与体系，促进农产品流通产业化经营与农业和农村经济结构战略性调整，完善和提高农产品流通社会化服务水平。

农产品流通体系设计，必须充分满足农产品生产者与消费者双方诉求的平等实现，努力创造平等的贸易机会，维护农产品的卖权，确保农民增产增收、促进农业生产，进而达到全国统一大市场的形成、农业产业结构调整的目的，建立科学的农产品生产、供应与定价体系，实现中国农产品的供给安全保障与农产品自主定价权。

（二）政策补贴扶持，产业规范引导

各级政府要加大政策支持与产业引导的力度，推动农产品流通产业发展。首先，要加大对农产品流通的财政投入，提高农产品流通体系建设在中央和地方财政预算中的比重、农产品流通基础设施在固定资产投资中的比重、农产品流通产业资金在国家信贷资金总量中的比重。

其次，要加大对农产品流通企业的税收减免力度，如以服务为目的的农产品流通中介组织予以税费免除，以盈利为目的的农产品流通企业享受低税率等优惠的税收政策。

再次，要支持农产品流通方面各类相关标准的组织编制工作，制定与之相配套的各项法律法规，实现对农产品流通的规范化管理，制定专门的扶持政策，培育贸工农、内外贸、农工商一体化的农产品流通企业和中介组织。

最后，要主导设立农产品流通投资基金，用于支持类似于“公益性农产品批发市场建设工程”等具有公益性的农产品流通项目，引导社会投资流向农产品流通产业。

（三）加快体系建设，增强链条管理

加强农产品流通体系标准化建设。一要制定农产品生产标准，配套相应的质量检测、认证与监督措施，保证地头收购时农产品附带有完全的生产质量信息。二要制定不同农产品分级分类标准，在质量标准的基础上依据农产品外观等物理特征进行分级分类，确保物流伊始能够根据细分市场制定分级配送计划，降低无效物流发生的几率。三要制定不同类型农产品的储运标准，在包装、标签、温控等方面实现物流全过程的无缝对接，减少农产品运输耗损。

加强农产品供应链管理，拓展流通产业增值空间。加强、培育具有较高组织化程度的农民生产者、中间商或供应商、零售终端，有针对性地引导符合条件的农民经济组织、中间商和连锁超市组建供应链，通过经验积累、典型示范、应用推广培育符合中国国情的农产品流通产业链。

（四）培育产业主体，提高组织化程度

当前，中国农产品从产地与销地批发市场到零售终端的物流链承载着80%的农副产品物流量，链条的核心是批发市场，并连接农产品经纪人、物流企业、仓储企业及零售终端。因此，一方面要加强中国现有批发市场的升级改造，进一步规范批发市场准入，鼓励、支持批发市场的信息化建设，提高农产品物流链的快速反应能力，缩短信息流的传输时间，减少物流损耗，提高物流效率。另一方面，要增强批发市场的附属配套设施及功能，提高批发市场的仓储配送能力，在仓库占地及建设方面给予优惠政策，引导资本以批发市场为依托建立第三方物流

企业，形成规模大、辐射广的农产品流通市场主体。

此外，要推动农产品流通领域中的经销商实现公司化、规模化、品牌化发展，鼓励流通企业跨地区兼并重组和投资合作，提高产业集中度，扶持培育一批大型农产品流通企业、农业产业化龙头企业、运输企业、仓储企业和农民专业合作社及其他农业合作经济组织，提高流通产业的组织化程度，增强产业竞争力。

（五）依靠科技支撑，促进产学研结合

依靠现代信息与物流科技技术，进一步打造和优化农产品供应链，建立多层次、多区域、不同规模的农产品现代流通服务信息平台。利用物联网、互联网等信息化手段提高农产品批发市场、零售终端的物流管理水平和质量安全保障能力，减少中间流通环节，提升农产品流通效率，降低流通成本，实现农产品从生产到终端消费的高效流通，让市民得实惠、农民得效益。

促进产学研的结合力度，加快鲜活农产品冷链物流、应急供应保障、食品安全快速检测追溯等关键技术、设备的研发创新，并在大型农产品批发市场和物流企业进行集成示范应用与推广。加强农产品流通科技的国际交流合作，建设国际化、现代化的具有强大科技支撑的农产品流通体系。

The Status Quo and Development Trend of Chinese Agricultural Products Circulation Industry

Zhou Wei et al.

Abstract: The text firstly analyzes the concept of agricultural products circulation industry, and then elaborates the main form and scale of agricultural products circulation industry, in-depth analysis of the contribution of industry in the national economy. At the same time, analyze the industry in which the economic, social background, as well as influencing factors. Secondly, aiming at the upstream and downstream links of agricultural products circulation industry, Chinese agricultural production and consumption characteristics are detail portrayed. Again, on the basis of the previous analysis, the text focuses on various aspects of the development of agricultural products circulation industry. Finally, states the hot issues of 2011 the agricultural products circulation industry, and then describes agricultural products circulation industry development trend, some exploratory recommendations for the industry's future development.

Key Words: Agricultural Products; Circulation Industry; Distribution; Wholesale; Retail

农产品运销篇

Agricultural Products Distribution

B.3 分报告一 中国农产品运销体系发展现状与展望

翟留栓*

摘　要：中国农产品运销体系较为繁杂，统计体系较为缺失，如何对农产品运销现状进行描述一直是个难题。本报告首先从分析农产品产销结构入手，通过分析主要农产品在各省区的生产、销售、进出口结构，对粮食、生鲜农产品（蔬菜、水果、水产品、肉禽）等主要农产品的运销格局进行尽可能全面的刻画，并绘制出粮食、蔬菜的运销地图。其次，通过实地调研、文献整理，对中国农产品运销体系中的模式、主体、运销作业、运销过程等进行描述。最后，在现状描述基础之上，从 2011 年的流行语分析入手，对中国现有的生产导向的农业发展政策进行反思，指出国家支农政策重点应该及时向运销领域转移，并对未来的政策方向进行初步探讨。

关键词：农产品运销　农产品物流　生鲜农产品

* 翟留栓，中国农业大学经济管理学院副教授，经济学博士，主要研究领域：农村金融、农业保险、供应链金融、农产品流通。

一　农产品运销概况

（一）农产品运销概念

农产品运销指的是将农产品从生产地移至消费地，以满足消费者需求的种种活动①。这一过程不仅仅指农产品运输与销售，还包括了农产品离开产地一直到消费者手中为止的各项活动，如产品的集货、分级、包装、加工、仓储、运输、销售，以及市场资讯的收发等活动②。因此，农产品运销是一个非常广泛的范畴，既包括仓储、加工、包装（工业包装、商业包装）、装卸搬运、运输、配送等物流活动，也包括收购、销售等商流活动，是物流和商流的综合体。本报告主要侧重于对农产品运销中的物流活动，即农产品从生产者到消费者之间的物理性流动进行描述③。

另外，农产品种类繁多，从总体上可以分为三大类：第一类是粮食，包括口粮、饲料粮、其他工业用粮等；第二类是轻工业原料和需要加工的食品工业原料，包括棉、麻、油、烟等；第三类是可以直接上市的鲜肉、蔬菜、水果、水产品等生鲜农产品④。其中，第一类、第三类产品的农产品特性最为突出，二者运销占据了农产品总运销的大部分比重，是本报告研究的重点。

① 周应恒：《农产品运销学》，中国农业出版社，2006。

② 周应恒：《农产品运销学》，中国农业出版社，2006。

③ 从内容上看，本报告所使用的“农产品运销”概念与理论界普遍使用的“农产品物流”概念并无根本性区别，二者在许多情况下可以互用。本报告之所以采用“农产品运销”，而没有采用“农产品物流”这一概念，主要是考虑到农产品运销能够更准确地反映出目前中国农产品从生产者手中转到消费者手中这一流通过程的本质特征。在目前中国农产品的流通过程中，除粮食、棉花等少数农产品外，大部分农产品流通所面临的主要矛盾是农产品的销售问题，如何“卖掉”农产品仍然是大多数农户所必须解决的首要问题，而加工、包装、仓储、运输等物流活动则是依附于整个农产品销售的从属性活动，并没有被专业化和独立出来。目前，中国大部分农产品的流通实际上仍处于“农民进城卖菜”的状态。描述这一状态，“运销”概念显然比“物流”概念更为贴切。当然，本报告并不拘泥于“农产品运销”这一概念的使用，在许多场合会使用到“物流”概念，这主要看哪个更贴切。比如在粮食领域，基本使用的是“物流”概念，因为在目前中国的粮食流通体制中，销售已不是主要矛盾，运输、仓储、加工等物流性活动已上升为粮食流通的主要方面。因而，在粮食流通领域使用“物流”要比“运销”贴切许多。

④ 胡振虎：《中国农产品物流产业发展模式研究》，华中农业大学硕士学位论文，2005。

（二）农产品运销的意义

农产品运销的意义源于其所创造的四种效用。

一是形态效用。农产品经过运销过程中的加工环节改变形态，从而增加对消费者的效用。

二是空间效用。经过运销活动把农产品从无法销售或售价很低的地区运到其他地区，扩大了销路，从而增加这些农产品的价值。

三是时间效用。为了调剂余缺，缩小季节性的供求不平衡关系，农产品运销采取各种方法把农产品储藏起来，使一时消费有余的农产品能够保存到后期去消费。

四是占用效用。农产品通过农民——经纪人——加工厂——零售商等一系列的转移，最后到达消费者手中满足其需要。这种转移过程不仅要求保持农产品的使用价值，而且还要求增加它的使用价值，实现它的价值增值，使买卖双方都感到满足，从而产生一种占有效用①。

鉴于农产品运销的四大效用，其在解决普遍存在的农产品供需矛盾时发挥着不可替代的作用。

第一，中国地域宽广，农作物种类繁多，各地消费习惯有很大差别，导致了普遍的农产品生产与消费的区域性结构矛盾：许多农产品是此地生产，彼地消费；一地生产，各地消费；几地生产，全国消费。同时，近年来，随着城市化、工业化的发展，消费者不断向城市、经济发达地区集中，而农产品生产随着近年来的结构调整也在不断向优势区域集中，这种生产地与消费地的集中趋势进一步加剧了产销的区域性结构矛盾，解决这一矛盾就必须通过发挥农产品运销的空间效用与时间效用来实现。

第二，农产品的生产大都具有明显的季节性，但消费方面的季节性差异则很小，由此产生了农产品生产的季节性与消费的全年性之间的矛盾。如何通过跨区域的反季节农产品运销，通过农产品的保鲜、仓储等服务来实现常年均衡供给就成为解决矛盾的关键。

第三，农产品是有生命的动物性、植物性产品，这便产生了农产品的易腐性

① 周应恒：《农产品运销学》，中国农业出版社，2006。

与消费的及时性、安全性要求的矛盾。解决这一矛盾，一方面要求通过有效的运销活动，加快农产品的周转速度，尽快实现农产品价值；另一方面，又要求通过加工、保鲜、特殊运输等运销过程的增值服务来提高农产品的安全性。

第四，在中国，一方面农产品由千万小农户生产；另一方面，农产品需要在千变万化的大市场销售。这种千家万户小生产与千变万化大市场的矛盾已经成为农村经济发展中的主要矛盾。可以说，随着农业生产的不断发展，现阶段影响中国农业发展的瓶颈正在从生产领域转向流通领域。发展现代农产品运销，引导农户从事正确的生产，并在最低的生产成本与运销费用下，让千家万户的小生产方式生产出来的农产品，按消费者的要求快速到达市场，有效响应千变万化的市场需求，已经成为促进城乡统筹发展、缓解城乡差距的重要举措。

第五，由于农产品的自然特性，使得农产品运销在解决农产品供需矛盾时往往产生巨大的成本支出。能否对成本进行有效控制成为制约农产品运销功能发挥的主要因素。与其他工业品相比较，农产品由于单价普遍较低，通过单纯提高最终售价的方式来覆盖运销成本的空间十分有限。这就格外需要注重通过运销效用的发挥以实现价值增值，为农产品运销成本的解决打开空间（见图 1）。同时，农产品运销能在多大程度上以价值的形式实现上述四种效用，也成为判断一个国家农产品运销体系效率的一个主要标准。

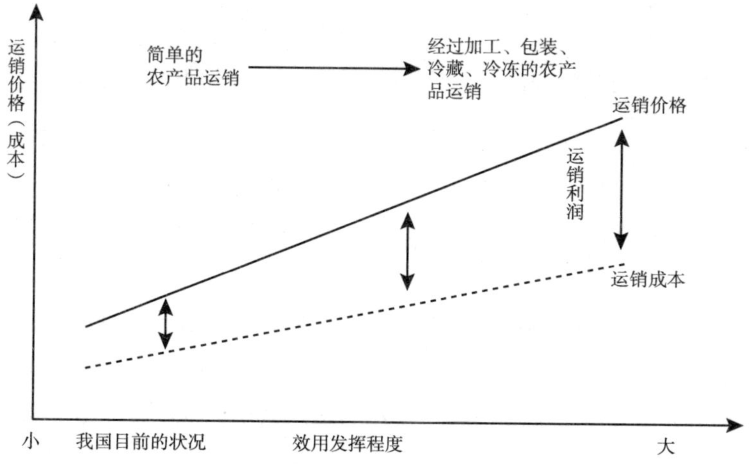

图 1　农产品运销价格、成本与利润的关系

（三）2011 年农产品运销的经济、政策环境

1. 经济环境

农产品运销一方面取决于农产品的产销规模，另一方面又受到农产品区域供求格局的影响。同时，也会受到进出口贸易规模的影响。

从农产品产销规模来看，2005 ~ 2010 年，中国主要农产品中，粮食产量由 48402.2 万吨增加到 54647.7 万吨；肉类总产量由 6938.9 万吨增加到 7925.8 万吨；水产品总产量从 4419.9 万吨增加到 5373.0 万吨；蔬菜产量从 56451.5 万吨增加到 65099.4 万吨；水果产量从 16120.1 万吨增加到 21401.4 万吨（见图 2），主要农产品生产呈现出持续稳定增长的态势。根据农业部的最新统计公告，2011 年各主要农产品再次取得了全面增产。其中，粮食总产量达到 57121 万吨，比 2010 年增长 4.5%；蔬菜、水果产量分别达到 6.77 亿吨、1.42 亿吨，增长 4% 和 8%；肉类、禽蛋、奶类总产量分别达到 7950 万吨、2775 万吨和 3825 万吨，增长 0.3%、0.4% 和 2.1%；水产品产量超过 5611 万吨，增长 4%。

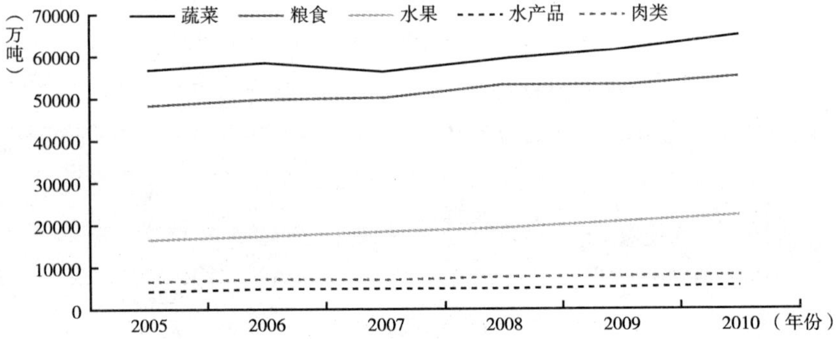

图 2　2005 ~ 2010 年中国主要农产品产量推移

资料来源：相应年份《中国统计年鉴》。

随着产量的不断增加，农产品的销售率也在不断提高。据推算，目前中国蔬菜、水果商品化率在 80% 以上，水产品、畜产品商品化率在 70% 以上，粮食商品化率也从 2005 年的 55.9% 提高到 2010 年的 77.9%。也就是说，生产出的农产品大部分需要运到市场上去销售。农产品产销规模的扩大为运销的发展提供了空间。

从农产品区域供求格局来看，随着工业化、城镇化进程的不断加快，生产地与消费地之间分离的趋势一直在持续：一方面，农产品消费逐步向城市集中；另一方面，新城区的扩张、土地的征用又导致原有的城郊生产基地不断外移。同时，国家从2002年、2007年相继推行的第一轮、第二轮《全国优势农产品区域布局规划》，2006年编制完成的《全国特色农产品区域布局总体规划（2006～2010）》也加快了农产品生产向优势产区的集中。这种产地与销地的不断分离，在拉长农产品运销距离的同时，也扩大了农产品运销的规模。

农产品进出口方面，根据2012年2月6日农业部发布的数据，2011年，中国农产品进出口总额为1556.2亿美元，同比增长27.6%。其中，出口607.5亿美元，同比增长23.0%；进口948.7亿美元，同比增长30.8%①。进出口贸易的大幅增长，带动了农产品运销的增长。

2. 政策环境

2011年，农民“卖菜难”、居民“买菜贵”这一农产品运销的“老大难”问题愈发突出，吸引了社会对农产品运销业的普遍关注。同年5月份，中央电视台组织策划的《聚焦中国物流顽症》系列节目，更是吸引了人们的眼球，使农产品运销受到了前所未有的关注。国家的各种支持政策密集出台，这一年被称作农产品运销业界的“政策年”。

2011年3月，全国人大通过的《“十二五”规划纲要》突出强调“大力发展现代物流业”，共有20多处提及物流业发展的内容。

4月19日，商务部、财政部联合印发《关于2011年开展农产品现代流通综合试点有关问题的通知》，决定在江苏、浙江、安徽、江西、河南、湖南、四川、陕西等省开展农产品现代流通综合试点，探索建立高效率、低成本、低损耗、安全通畅的农产品现代流通体系。

5月10日，国家发改委下发《关于完善价格政策　促进蔬菜生产流通的通知》，努力降低蔬菜生产流通成本；实施优惠价格政策扶持蔬菜生产经营，运用价格调节基金支持蔬菜生产流通，加强市场收费管理，强化价格监督检查，完善菜农利益保护机制，配合落实相关政策。

6月10日，交通运输部、发改委、财政部、监察部和国务院纠风办五部门

---

① 参见http://www.moa.gov.cn/zwllm/jcyj/zh/201202/t20120206_2475468.htm。

联合下发《关于开展收费公路专项清理工作的通知》，决定在全国范围内开展为期一年的专项清理工作，全面清理公路超期收费、通行费收费标准偏高等违规及不合理收费。

与此同时，鲜活农产品公路运输绿色通道政策继续执行。在收费站设立专用道口，对整车合法运输鲜活农产品车辆给予“不扣车、不卸载、不罚款”和减免通行费的优惠政策。

8月，被业内称为“国九条”的《国务院办公厅关于促进物流业健康发展政策措施的意见》（国办发〔2011〕38号）印发，温家宝总理专门批示，把“优先发展农产品物流业”写进了“国九条”。当前，“国九条”提出的政策措施正在逐步落实，“农超对接”、“农校对接”、“农企对接”、“农批对接”等流通方式得到有关部门的大力推动；中央和地方财政则开始持续对农产品冷链物流、粮食物流、服务业功能集聚区、城市共同配送系统和农村流通体系建设等重点物流项目给予资金支持。

10月8日，国务院总理温家宝主持召开国务院常务会议，部署加强鲜活农产品流通体系建设。会议提出五项工作任务：着力提高农产品流通的组织化程度和现代化水平；推进产销衔接，减少流通环节，降低流通成本；健全覆盖生产、流通、消费的农产品信息网络，完善储备调运制度；加强质量安全追溯体系建设，落实索证索票和购销台账制度；制定实施全国和地方农产品市场发展指导文件，促进合理布局，有效解决批发市场重复建设与零售网点不足并存等问题。要以加强产销衔接为重点，加快建设高效、畅通、安全、有序的鲜活农产品流通体系。

12月，国务院办公厅发出国办函〔2011〕162号《关于印发贯彻落实促进物流业健康发展政策措施意见部门分工方案的通知》，把“国九条”细化为47项具体工作，落实到31个部门和单位去实施。

12月19日，为加强鲜活农产品流通体系建设，维护生产者和消费者利益，国务院公布了《国务院办公厅关于加强鲜活农产品流通体系建设的意见》，提出以加强产销衔接为重点，加强鲜活农产品流通基础设施建设，提高流通组织化程度，完善流通链条和市场布局，减少流通环节，降低流通成本，建立完善高效、畅通、安全、有序的鲜活农产品流通体系，保障鲜活农产品市场供应和价格稳定。

（四）2011 年中国农产品运销的基本情况

巨大的农产品产销规模、进出口贸易量、产地与销地的不断分离，形成了巨大的农产品运销市场。根据中国物流与采购联合会最新公布的数据，中国农产品运销总额已连续 8 年呈现增长态势。2011 年前 11 个月中国农产品物流总额达到了 2.5 万亿元，同比增长 3.8%。2004～2011 年，中国农产品物流发展的情况如表 1 所示。

表 1　2004～2011 年中国农产品物流变化情况

单位：亿元，%

时间	社会物流总额	农产品物流总额	农产品物流所占比重
2004 年	383830	11970	3.12
2005 年	481980	12748	2.64
2006 年	595980	13546	2.27
2007 年	752280	15849	2.11
2008 年	899910	18638	2.07
2009 年	966500	19439	2.01
2010 年	1254130	22355	1.78
2011 年 1～11 月	1463000	25000	1.71

数据来源：中国物流与采购联合会。

而与此同时，中国农产品物流占全部物流总额的比重却一直呈下降趋势，2011 年这一比重已跌至 1.7% 左右（见表 1），表明农产品物流的发展仍然滞后于整个物流业的发展，是物流业发展中的薄弱领域。

二　粮食物流

（一）中国粮食物流的基本格局

1. “北粮南运”为主、“中粮西运”抬头

20 世纪 80 年代以来，随着工业化和城市化的发展，为适应资源有效利用的

要求，粮食生产和消费的格局出现了生产更加集中、产销加剧分化、粮食供需区域性和结构性矛盾突出的局面：从南北来看，一些工业发达的沿海省份因粮食播种面积大量减少、养殖业快速发展、劳动力大量涌入而从粮食盈余或基本自给状态逐渐变为粮食大量调入的主销区。长江中下游地区虽然仍是中国粮食的主产区之一，但除去当地消费，其盈余量也在逐年减少。只有北部地区粮食生产仍保持着增产的势头；就东中西部来看，随着退耕还林、还草等工程的实施，以及2007年的《全国优势农产品区域布局规划》、《全国特色农产品区域布局总体规划（2006～2010）》的实施，粮食生产逐渐向优势产区集中，东部粮食的增产势头开始下降，中部优势区粮食比重提高，西部部分地区由于生态环境较差、土地贫瘠，粮食生产水平处于下降趋势。整体看，全国范围内的粮食生产呈现“不断北移”、“中部集中”的趋势。受此影响，原本省内和地区内的产销衔接转化为跨省、跨地区的产销平衡，粮食物流也因而呈现“北粮南运”、“中粮西运”的广域物流特征。

图3由2010年各省区粮食生产、市场交易、进出口贸易情况①三个分图构成，结合这三个分图可以对中国粮食的生产、销售、进出口的区域结构进行总体把握，从而便于刻画目前中国粮食物流的基本格局。

从各省的粮食生产来看，规模最大的是河南省，其后依次是黑龙江、山东、江苏、四川、安徽、河北、湖南、吉林等；从市场交易额来看，依次是山东、浙江、河南、江苏、上海、广东、天津、江西、北京、河北、贵州等。可以看出，除山东、河南、江苏等主产区，以及西藏、宁夏、陕西、海南、甘肃、青海等西部非主产区的生产规模与交易规模一致外，大部分省区的市场交易规模都与其生产规模出现了不同程度的背离，显示出中国的粮食产地与销地分离的态势，这种分离为粮食物流的发展提供了空间。

从生产、交易的区域结构来看，粮食的生产大省基本都集中在北方，而粮食交易除山东省、河南省、京、津等地外，主要集中在上海、广东、江苏、浙江、江西等东南沿海省份，总体体现出“北方生产南方交易”、“北粮南运”的物流格局，符合前述判断。

---

① 由于收录2010年各地区粮食进出口数据的《中国农业年鉴》2012年才出版，这里使用2009年的数据来代替。考虑到这几年各区域粮食进出口的比例变化不大，这对分析结果影响不大。

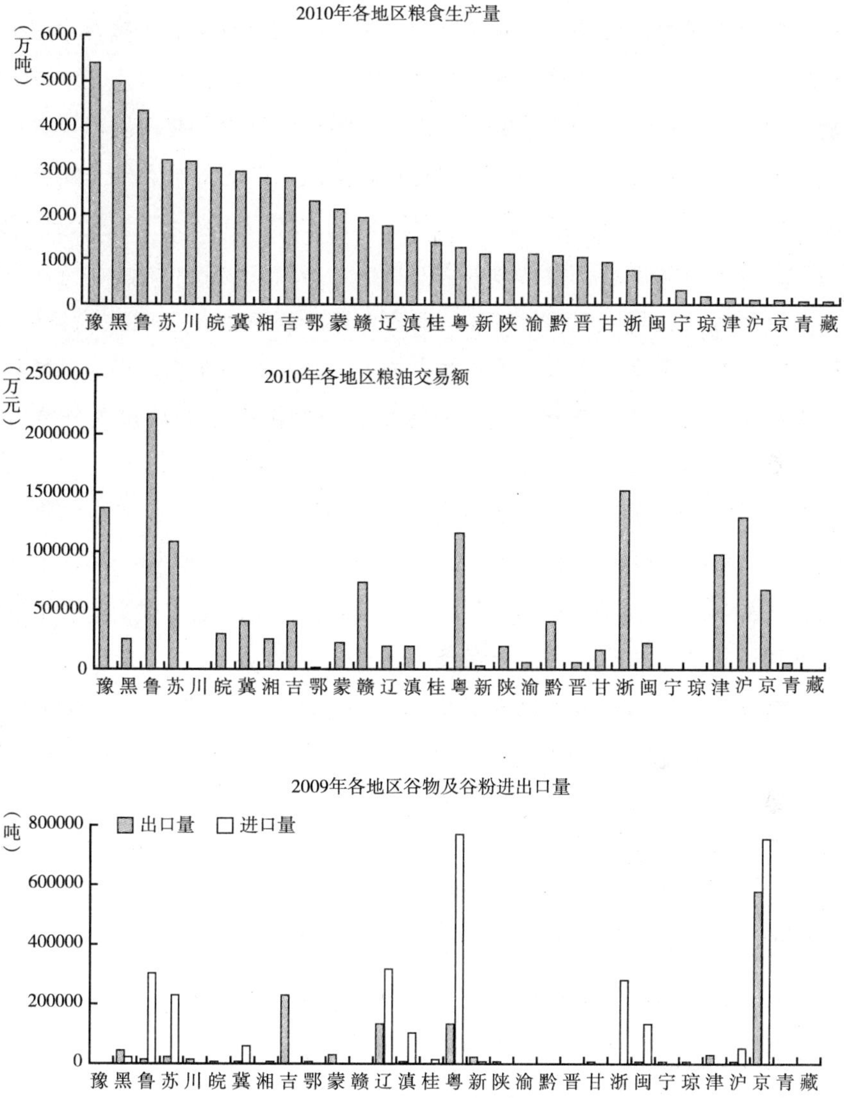

图3　中国粮食生产、市场交易、进出口贸易的区域结构

说明：由于《中国商品交易市场统计年鉴》是将粮食与食用油交易额合并一起统计的，因而交易额区域结构图反映的是各省区粮油的交易状况。考虑到各省区油料生产规模相对比较小，且根据统计资料来看，油料生产的区域结构与粮食生产的区域结构基本一致，故利用粮油交易结构代替粮食交易结构，不会对粮食生产、交易结构的分析结果有太大影响。

资料来源：《中国统计年鉴》、《中国商品交易市场统计年鉴》、《中国农业年鉴》。

另外，从个别省区来看，最引人注目的是浙江省的生产、交易结构：极少的生产量却对应着排名第二的交易额，这一点仅靠当地的粮食消费能力与加工能力显然无法完全解释；相反，它表明依托完善的港口交通网络，浙江省已经成为中国粮食物流通道中的一个重要中转点。广东、上海、天津、北京也显现出与浙江相似的特点。其中，天津、上海由于拥有大型港口，其物流节点的功能更强，因而其交易额也明显比北京大。广东省则是因为有大量的外来务工人员、发达的养殖业与粮食加工业而呈现粮食消费大省的特征，是粮食物流的终点。

在几个产粮大省里，山东、河南、江苏、江西的交易额与其生产比较匹配，显示这些地区既是粮食生产大省也是粮食加工大省。其他产粮大省交易额则明显偏小，显示出本地生产、外地交易的格局，一定程度上也反映出这些地区的饲料、粮食加工业的滞后，是“北粮南运”的主要运出地。

“中粮西运”格局在图3中没有得到明确确认，表明中国目前粮食物流仍以“北粮南运”为主，物流的重心分布在东部区域。但如果结合近几年各地区市场交易额的变动来看，陕西等几个西部地区在产量不断下降的情况下，其交易额都有明显增加，显示“中粮西运”的趋势抬头。

结合粮食进出口的区域结构图，可以看出中国的粮食进出口物流整体呈现“北出南进”、以进口为主的特点。从主要进出口省区来看，广东的进口、吉林的出口最引人注目，显示出“北出南进”的进出口物流特征。另一个引人注目的是北京市的“大进大出”，这与北京聚集了大量的国际贸易公司有关，北京更多的是进出口贸易的经由地。山东、江苏、辽宁、浙江、福建、云南等地则因为优越的地理位置、较强的粮油加工能力而成为中国主要的粮油进口地区；天津、新疆、黑龙江、内蒙古、吉林则是少有的几个净出口地区。

2. 六大物流通道贯穿一体的粮食物流网络

结合中国粮食生产交易的区域结构及各地区交通运输条件，可以勾画出中国粮食跨区域物流的六大通道（见图4）：东北地区的粮食流出通道、黄淮海地区小麦流出通道、长江中下游稻谷流出通道，以及泛珠三角、华东沿海主销区、京津主销区的粮食流入通道。这些通道通过庞大的铁路、水路、公路网的沟通，构成中国粮食物流的基本网络。

（1）东北地区的粮食流出通道

东北地区粮食流出通道是“北粮南运”的主要通道，主要是从东北三省及

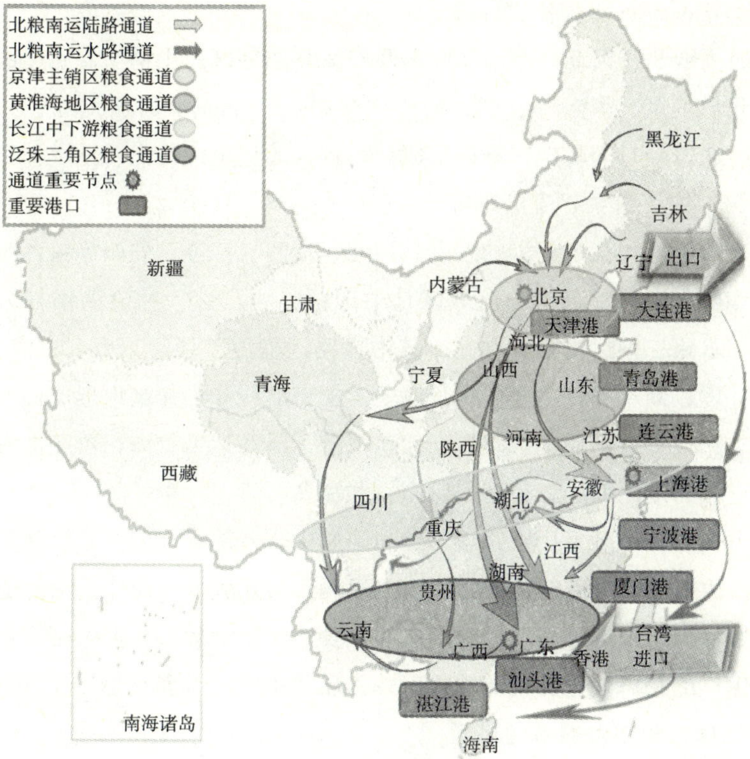

图 4　中国粮食物流通道示意图

内蒙古东部地区流向东南沿海及京津地区。运输的主要品种包括玉米、稻谷和少量大豆，其中玉米占的比重最大。采取的运输方式主要有铁水联运和铁路直达两种。铁水联运方式是首先通过纵横交错的公路、铁路网将粮食从产地运到大连北良港、锦州、营口等港口，然后通过海运到长江三角洲、珠江三角洲。2007 年 11 月，纵贯渤海海峡、运输距离约 160 千米的烟大铁路轮渡项目正式通航，用轮渡到达烟台再走铁路等，开辟了东北至山东及东部沿海地区的最短路径，成为可以不通过山海关的另一条通道。铁路直达方式是通过山海关经铁路运输到北京、河北、上海、四川、重庆等地区。该通道的主要物流节点有大连北良港、营口港、秦皇岛港、锦州港、天津港、青岛港、连云港、上海港、宁波港、厦门港、黄埔港、湛江港、汕头港、广西防城港等，并与京津、陇海等粮食陆路运输通道，长江、珠江水路运输通道连接。该通道横跨粮食主产区和主销区，纵跨东北、环渤海、长三角、珠三角等经济区域，由于输送网络完善，是中国粮食物流的黄金通道。

（2）黄淮海地区小麦流出通道

该通道主要是将河北、河南、山东及安徽北部地区产出的小麦通过铁路运往西南、西北、华东、华南等省区，是“中粮西运”的主要通道，由于黄淮海地区小麦流出通道分布面较广，难以形成规模较大的集聚优势。

（3）长江中下游稻谷流出通道

该通道主要是长江中下游的湖南、湖北、江西、江苏、安徽等粮食产区流向东南沿海和西南地区的通道。该地区是中国稻谷主产区，物流以稻谷为主。铁路、公路、水路三种运输方式并重，其中铁路运输主要通过京九、京广、焦柳、京沪四线外运；而水路则主要依靠长江主、支流航线和沿海港口形成的网络进行输送。基本路径是：东北地区粮食在大连下海，沿海运抵上海，再经上海转入长江，沿江有张家港、南通、芜湖弋矶山、九江乌石矶、岳阳城陵矶、武汉青山等粮食专用码头，上岸后采用铁路或公路向两岸中转及散货；同时，沿江各地区生产的稻谷，由铁路、公路运抵江边，由上述码头装船驶向下游，由沿海港口中转至其他区域。该通道运输路线相对于东北粮食流出通道较短，但网络密集，除承担将本地生产的稻谷输往外地的功能以外，还承担着“北粮南运”的中转功能。

（4）泛珠三角粮食流入通道

泛珠三角粮食流入通道主要指珠江三角洲及附近的几个销区构成的跨区域的粮食流通渠道，包括广东、广西、福建、云南、贵州、四川等省区。主要有两条通道：一条是海上通道，从东北或国外运抵沿海港口，然后通过内河、铁路或公路转运到用户手中；另一条是陆路通道，从华南、华东、华北调入粮食，主要采用铁路运输的方式，经京九线、京广线、广梅汕线、广茂湛线达广东省全境。此外，相邻省间粮食流入以公路运输为主，其他方式为辅。

2010年以后，随着国家重点建设的泛珠三角水路、铁路与公路网形成，广东乃至泛珠三角区域内的路网布局出现了更加集中、合理的趋势，呈现“一系（沿海与珠江水系）五线（京广、京九、广湛与广茂湛、广梅汕铁路沿线）多路（出省高速公路由现在的8条增加到12条）”的轮廓，以广州为龙头的泛珠三角粮食物流网络正在形成中。

另外，华东沿海主销区、京津主销区的粮食流入通道也是重要的流入通道。

进出口粮食物流通道主要由大豆、玉米进口通道和玉米出口通道组成。大豆、玉米进口通道指从美国、巴西和阿根廷进口的大豆流入中国东南沿海、山东、京津唐以及辽宁等省份；玉米出口通道主要是从东北地区的大连北良港、大连港、营口港、锦州港、丹东港流出至韩国、日本、马来西亚等国。随着中国对外贸易量的增加，该通道粮食流通量发展潜力巨大。

（二）2011 年中国粮食物流的状况

1. 粮食生产快速增长、重心不断北移、粮食物流距离拉长

根据国家统计局的最新统计公报，2011 年全国粮食总产量达到 57121 万吨，比 2010 年增产 2473 万吨，增长 4.5%，提前 8 年达到了 2020 年粮食产能规划水平。与以往的恢复性大幅度增产不同，2011 年的粮食大幅度增产是在 2010 年粮食产量较大幅度恢复性增产、产量基数很高的基础上实现的。生产规模的扩大为 2011 年的粮食物流提出了更严峻的挑战。

同时，粮食生产的区域结构也在持续调整中。2010 年，河北、内蒙古、辽宁、吉林、黑龙江、山东、河南 7 个北方主产区，粮食产量占全国的比重由 1991 年的 36.2% 提高到 44.9%，江苏、安徽、江西、湖北、湖南、四川 6 个南方主产区的粮食产量比重由 36% 下降到 30.5%；北京、天津、上海、浙江、福建、广东、海南 7 个主销区的粮食产量比重由 12.2% 下降到 6.1%。2011 年，7 个北方主产区的粮食产量占全国的比重进一步提高为 46.1%，6 个南方主产区的粮食产量比重降低为 30%，7 个主销区的粮食产量比重降为 6.0%，显示出粮食生产进一步北移的特征。

表 2 是近年东中西部的粮食产量比重变动情况。从中可以看出，2005 ~ 2011 年，东部地区的产量占全国的比重从 33.50% 下降为 31.10%，西部地区的产量占全国比重从 21.26% 持续下降为 19.20%，中部地区的产量占全国的比重从 45.69% 持续上升为 49.70%。粮食生产区域向中部集中的趋势非常明显。因此，尽管目前“中粮西运”的规模仍很小，其未来发展势头仍不容忽视。

表 2　2005 ~ 2011 年中国东中西部粮食生产比重变化情况

单位：%

地区	2005 年	2009 年	2010 年	2011 年
东部	33.50	31.78	31.20	31.10
西部	21.26	20.35	19.88	19.20
中部	45.69	47.87	48.92	49.70

资料来源：2011 年数据摘自国家统计局统计公报，其他数据摘自《中国统计年鉴》。

粮食生产的不断北移以及向优势产区的集中，拉大了主产区与主销区的空间距离，使得粮食物流的距离不断拉长。根据铁路统计年鉴的资料，2000 年以来铁路货运平均运距大多在 760 千米，而粮食平均运距从 1276 千米增加到 1802 千米（见图 5），显示出全国范围内粮食物流距离扩大的趋势。目前，粮食物流运距已经超过了水泥、建材、铁矿石等大宗货物的运距（见图 6）。

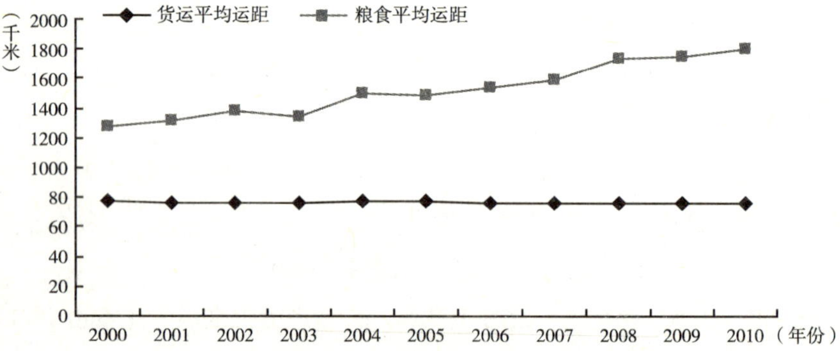

图 5　铁路货运距离趋势

资料来源：铁道部、交通运输部统计资料。

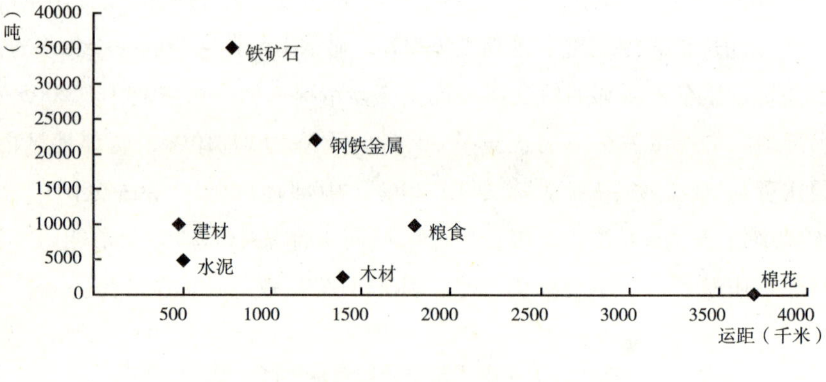

图 6　2010 年主要货物铁路运距、运量

资料来源：铁道部统计资料。

粮食（谷物）进出口物流方面，2010 年谷物出口 124.3 万吨，同比下降 9.3%；进口方面，因为玉米进口大幅增加，粮食进口量达到 570.8 万吨，同比增长 81.2%，净进口 446.5 万吨，连续 7 年呈现逆差走势，由此也加大了南方粮食物流通道的压力。2011 年，粮食（谷物）进口 544.7 万吨，同比下降 4.6%；出口 121.5 万吨，同比下降 2.3%，粮食进出口开始出现小幅减少。

2. 粮食收购

近年来，粮食收购环节的最大变化是收购主体不断多元化。为了培育多元粮食收购主体、搞活粮食流通，国家依法建立健全粮食收购市场准入制度（年收购量在 50 吨以上者须申请粮食收购许可证）。2010 年，全国 31 个省（区、市）均已出台粮食收购资格审核管理办法，加强了对粮食收购主体的认证管理，粮食收购市场经营主体数量增长较快，多元化格局凸显。粮食局相关统计资料显示，截至 2010 年底，全国具有粮食收购资格的粮食经营者达到 8.75 万个，比 2005 年末增加 2.54 万个。其中国有及国有控股企业 1.75 万个，呈现逐年下降趋势，其他多元市场主体 7.00 万个，呈现上升趋势，在所有收购主体中占有的比例占到了 80%。

除上述 8.75 万个具有粮食收购资格的收购主体外，还有大量的未经粮食行政管理部门资质认证，所谓“年收购量在 50 吨以下、无须申请粮食收购许可证”的个体粮贩（粮食小经纪人）。其队伍构成比较复杂，主要包括：粮食企业的下岗职工；以传、帮、带形式发展的家族集团和亲朋好友；村干部或在当地有一定威信的农民；头脑活络的农民或个体运输户。从经营形式上看，有以下几种类型：一是运输型，有车辆、装卸队、必要的化验设备，以赚取运输费用为主，这样的粮贩多是利用农户急于还贷的心理，帮助农户将粮食变现，收粮高峰过后转作其他运输生意；二是代储型，有仓储条件，以储为主，赚取仓储费用。这样的粮贩利用农户没有仓储条件、信息相对闭塞的弱点，分期分阶段从农民手中购粮，若市场前景好，自己也囤积一部分；三是加工型，有加工设备、加工场地，有一定仓储能力，根据市场行情，直接买卖原粮，新粮上市抢先加工，卖个好价钱；四是贸易型，以买卖原粮为主，在产区与销区之间贩卖，赚取利润差价。

由于小经纪人经营灵活，信息灵通，目前已经成为农村粮食收购中的重要主体。农户超过一半以上的粮食经过小经纪人销售给国有粮食企业、大规模民营粮食企业、加工企业（见图 7）。

从粮食收购规模看，“十一五”期间全国共收购粮食 26319 亿斤，国有粮食企业累计收购 14212 亿斤，占全社会粮食收购量的 54%；其他多元主体收购

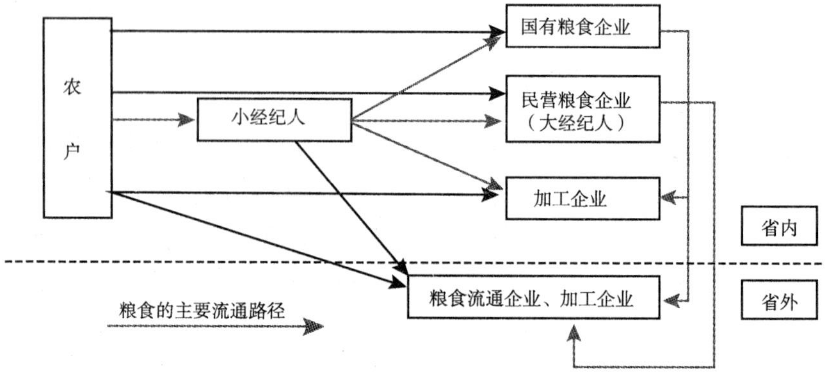

图 7　中国的粮食流通路径

资料来源：作者根据各种资料制作。

12107 亿斤，占 46%。各种市场主体入市收购，不仅拉动了市场价格合理回升，促进了农民增收，还为扩大农村消费、促进经济平稳较快发展发挥了积极作用。

3. 粮食运输

（1）运输手段方面

在运输手段方面呈现铁运减少、水运增加的趋势，港口的物流节点作用日趋重要。跨区域粮食物流的主要运输手段是铁路与水运。根据铁道部、交通运输部统计资料，铁道运输的粮食规模与 2005 年的最高值 1.1 亿吨相比呈现稳中有降的趋势，2010 年基本维持在 9700 万吨的水平上。粮食物流的另一大运输手段水运运输则呈现快速增长的趋势，中国规模以上港口粮食吞吐量 2004 年首次突破 9000 万大关，2009 年达到 1.4 亿吨，2010 年则达到 1.69 亿吨，呈现铁运减少、水运增加的趋势。考虑到目前不少成品粮采用集装箱运输，而无论铁路、水运均未统计集装箱货物的品类，故上述的铁路、水运粮食规模要比实际运输规模少（见图 8）。

公路运输是粮食物流的另一种主要方式，主要承担省内、省际的供求调节，但由于缺乏相应统计资料无法把握。发改委《粮食现代物流规划 2007》中曾测算公路运输占跨省粮食运输中 10% 的比例，按照这个比例来估算，2010 年公路运输的跨省运货量应当在 3000 万吨左右。将铁路、水路、公路运量相加，并适当考虑集装箱运输量，可估算出 2010 年中国粮食总运输量应当在 3 亿吨左右。

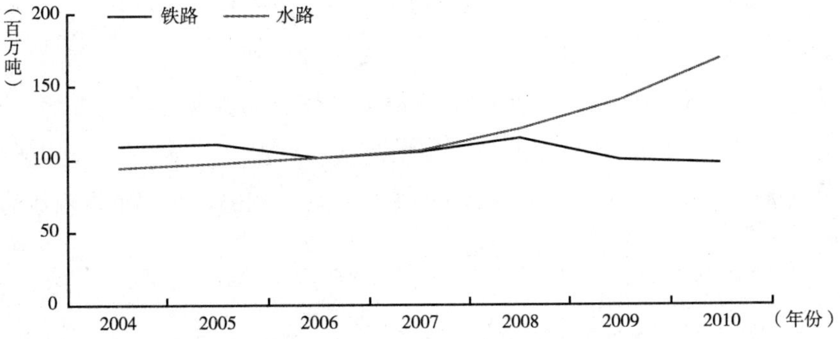

图8　2004～2010年中国粮食铁运与水运规模

说明：水运规模包括规模以上沿海港口与内河港口吞吐量之和。
资料来源：铁道部、交通运输部统计资料。

（2）运输品种方面

从中国铁路货物运输统计体系看，被纳入统计的共有约250种涉及粮食及初级制品的货品。其中原粮62%、成品粮20%、油脂油料不足3%、饲料类15%。玉米、小麦、稻谷、大豆四大品种之外的杂粮等货品占原粮总数的6%；面粉、大米（含糙米）之外的玉米粉、大米粉等货品占成品粮总量的近6%；豆粕在各类饲料制品及其他糟渣、鱼粉等饲料类货品中约占30%①。考虑到原粮运输中一半以上是玉米，可以判断中国铁路粮食类物流中近一半是饲料用粮食，是为了满足养殖业的需求。

近年来，随着消费水平的提高，出于对口感的追求，北方大米逐渐受到南方居民的欢迎，北粮南运中口粮的比重存在上升的趋势，提示铁道运输物流方面今后应注重食品安全监管体系、粮食安全运输体系的建设。

（3）运输节点方面

从铁路运输的节点分布来看，根据全国264个有铁路粮食运输的货运站点合并的运输数据，年均发运原粮200～320万吨的站点有7个，100～200万吨的站点有6个，主要集中在东北三省及内蒙古东部，这一地区显然是中国主要的商品粮输出地域；从原粮到达数据来看，全国年均输入原粮200万吨以上的站点只有三个地区，分别是大连、营口和葫芦岛，它们均是粮食的铁路与水运的中转地

① 左晓戎等：《粮食公共运输资源现状与发展分析》，《粮油食品科技》2010年增刊。

区。其他如天津、北京、上海、成都、眉山、南宁、漳州、杭州、南昌、蚌埠等地，规模较大连、营口和葫芦岛小，也是重要的粮食到达地区①。

成品粮（大米和面粉）发出较多的地区主要分布在黑龙江、吉林、河南、河北及山东五省。其中年发运 80 万吨以上的地区有 13 个，40 万 ~ 80 万吨的有 21 个②，这些地区可以判断粮食加工业基础比较好。铁路成品粮集中到达的地区主要是天津、北京、上海等中心城市，以及东南沿海、云南、新疆、青海部分地区等。

水运方面，根据交通运输部统计资料，整体上看，粮食水运呈现出以海运为主，内贸略占优势的格局。

从水运的主要节点看，沿海港口中，内贸粮的主要输出港为大连、营口、锦州等环渤海湾的港口，内贸主要输入港则以深圳、广州为首；外贸方面，由于出口较少，优势输出港并不明显，主要分布在渤海湾的几个港；外贸输入港则以山东、江苏等为首。

内河装卸节点主要分布在长江和珠江下游港口。其中江苏、浙江的港口网络最为完善，在长三角地区形成了以宁波—舟山沿海港口，以及南京、苏州、南通内河港口为主的粮食运输的中转节点。在国家发改委 2007 年 8 月发布的《粮食现代物流发展规划》中，南京、南通、苏州以及浙江省的宁波—舟山被列为全国的散粮物流节点而得以重点发展。

广州、深圳两港是珠江三角洲也是全国最大的内贸粮食港口，负责将从东北运来的粮食转运往周边的肇庆、佛山、梧州、南宁等内河港口。根据交通运输部的统计资料，深圳、广州两港近年内贸粮食吞吐量占所有规模以上港口内贸粮食吞吐量的 1/3 左右。

4. 粮食仓储③

粮食生产的集中性与消费的全年分散性，决定了仓储建设对于粮食物流来说至关重要。与“十五”期间主要建设储备粮库相比，“十一五”期间粮食物流的发展主要体现在仓储烘干设施、储备油罐建设以及仓房维修改造、农户科学储粮

① 左晓戎等：《粮食公共运输资源现状与发展分析》，《粮油食品科技》2010 年增刊。

② 左晓戎等：《粮食公共运输资源现状与发展分析》，《粮油食品科技》2010 年增刊。

③ 本节内容参考了国家粮食局的《粮食行业“十二五”规划专栏系列报告》，http：//www.chinagrain. gov. cn/sywzt/syw。

装具配置等现代物流设施建设方面。

首先，启动了农户科学储粮专项，增强农户的储藏能力。2007 年国家安排补助资金在辽宁、山东、四川三省进行试点，2009 年进一步扩大试点规模，2010 年正式实施农户科学储粮专项，3 年共投入资金约 24 亿元，其中中央补助投资 7.06 亿元，地方配套和农户自筹约 16.6 亿元。“十一五”期间，全国各级粮食部门为 25 个省（自治区、直辖市）的 200 万农户建设了新型小粮仓（见图 9），为农民存储粮食约 79 亿斤，每年减少储粮损失约 5.1 亿斤，可为农民直接增收 4.8 亿元。

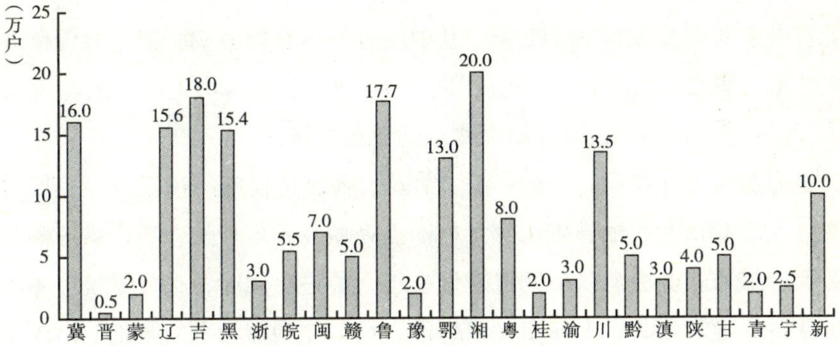

图 9　“十一五”期间农户科学储粮专项建设农户数各地区对比

资料来源：国家粮食局粮食行业“十二五”规划专栏系列报告，http：//www.chinagrain.gov.cn/sywzt/syw/zt6.html。

其次，为保证粮食生产和收储需要，解决主产区仓储能力不足问题，2008 年第四季度以来，随着应对国际金融危机、扩大内需政策的实施，国家及时加大对粮油仓储设施建设的投入力度，先后安排东北地区粮食仓储及烘干设施建设专项、新增中央投资粮油存储设施及粮食烘干设备专项和 1500 万吨储备仓容、175 万吨储备油罐项目建设，累计安排中央补助投资 56.3 亿元，共带动地方和企业投资 207 亿元，建设储备仓容 2450 万吨，储备油罐 485 万吨。截至 2010 年底，全国粮食仓储企业有效仓容达到 3.5 亿吨、油罐罐容 1560 万吨，与 2005 年底相比，有效仓容增加 25%，油罐罐容增加 145%。

再次，建立了粮食仓房维修改造的长效机制。从 2006 年开始，中央财政每年安排补助资金用于引导和扶持主产区执行中央政策性粮食收储任务库点的仓房维修改造，补助资金也从2006年的1.26亿元逐年提高到2010年的4亿元。各地也通过建立地方财政维修改造专项补助资金，积极引导和扶持基层粮食收储库点的仓房维修改造。据不完全统计，“十一五”期间累计安排中央财政补助资金12.46亿元，带动地方财政和企业投资约50亿元，维修改造基层收纳库仓容1亿吨以上，有力地保证了主产区基层粮食收储能力。

农户仓储条件的改善、企业仓储能力的提高、仓库维修的制度化，极大改善了长期制约中国粮食物流发展的基础条件。

5. 粮食物流的终端市场建设①

一是粮食批发市场主体多元化，布局结构趋于合理。到“十一五”末期，全国共有各类粮食批发市场411家，其中国有及国有控股207家，股份制81家，民营123家。粮食批发市场交易量不断扩大。据统计，2010年全国各类批发市场年成交量达1.35亿吨，成为粮食物流的主要渠道。

二是零售形态多样化。“十一五”期间，各级粮食部门积极引导发展多种粮食零售方式，超市和粮油连锁店等零售网点在城乡发展较快，零售供应网络逐步健全，大中城市粮油应急供应网点建设有很大推进。同时，粮食零售市场出现了一些创新的渠道和模式，在城市，以超市、社区便利店为主的基础上出现了依托于物流配送网络的B2C粮食电子商务模式；在农村，有关部门积极开展“万村千乡”市场工程、放心粮油进农村活动等，粮油产品连锁配送经营有了很大发展。目前，各地放心粮油生产企业已建立各类销售网点17万多个，其中农村网点6万多个。

（三）中国粮食物流存在的主要问题

1. 粮食运输方式落后，成本偏高

尽管发改委在《粮食现代物流规划2007》中将“实现粮食散储、散运、散装、散卸等四散化”作为中国粮食现代物流发展的一个重要目标，但是就目前来看，除东北地区形成区域性散粮运输雏形外，全国大部分地区原粮仍然以包装运输为主，占全国流通量的85%左右。粮食收购环节基本采用麻袋、塑料编织

① 本节内容参考了国家粮食局的《粮食行业“十二五”规划专栏系列报告》，http://www.chinagrain.gov.cn/sywzt/syw/zt6.html。

袋包装，在储存环节拆包散储，到中转和运输环节不少又转为包装形态。整个流通环节需要经过多次灌包、拆包，包装资材耗费大，抛洒损失多。典型调查表明，因运输和装卸方式落后，每年损失约800万吨粮食。

2. 物流体系缺乏整合，跨区域粮食流通效率低

由于历次粮库建设缺乏总体规划，使粮食库容在主产区与主销区间分布不均衡，一些物流节点和主要港口的散粮接卸、中转能力严重不足，粮食储备布局与加工布局不匹配，导致现有仓储资源不能有效利用，粮食仓容闲置与不足并存；仓库、运输工具和中转设置之间不能有效衔接，组织化程度较低，粮食迂回运输、无序流动的问题尚未得到根本解决。

3. 统计系统不健全，不利于粮食物流的进一步规划与发展

粮食物流的统计工作非常薄弱，留有很多空白。比如近年来广泛采用的集装箱粮食运输，目前尚无法统计；同样，粮食的公路运输现在也仍是统计盲点，其运量、运距、效益等基础数据仅能从个别运输企业获得。

三 生鲜农产品运销

生鲜农产品主要包括蔬菜、水果、肉、水产品等生鲜初级产品，我们习惯将其称为“生鲜三品”（果蔬、肉类、水产）。易腐、易损性是生鲜农产品的主要特征，鲜活程度是决定这些生鲜农产品价值的重要指标。生鲜农产品的运销活动具有储运、保鲜技术要求严格，资产的专用性程度高，运销增值服务空间较大等特点。

（一）蔬菜运销格局

在生鲜农产品运销中，比例最大的是蔬菜，对蔬菜运销的描述是本节的重点。

1. 2011年蔬菜运销的环境

（1）生产规模稳步增长

20世纪80年代中期，特别是90年代以来，随着全国农业结构调整步伐的加快和人们生活水平的提高，蔬菜生产规模不断扩大。据中国农业统计资料显示，中国蔬菜播种面积在20世纪80年代年均增长近10%，90年代年均增长

14.5%，21世纪前9年平均增长1.9%；2009年全国的蔬菜播种面积2.73亿亩，总产量也从1980年的8300万吨增加到6.2亿吨，人均占有量440多公斤，超出世界平均水平200多公斤。到2010年更进一步，产量达到6.5亿吨。由于蔬菜生产的快速增长，从2000年开始，蔬菜的产量已经超越粮食，成为中国产量最大的农产品。从世界范围来看，据FAO统计资料，2007年中国的蔬菜产量已经占到世界产量的一半以上，是第二名印度的近6倍。如果根据柏林水果博览会的报道，2010年全球果蔬产量15亿吨，蔬菜产量8.2亿吨来计算，2010年中国蔬菜产量甚至占到世界的66.5%，是名副其实的“世界菜篮子”。

中国的蔬菜不仅产量大，而且种类也是世界最多的，一般大中城市蔬菜日上市品种都在50个以上，中小城市的品种也有30多个，加上各种进口洋菜，种类更多。庞大的生产规模、繁多的种类、广阔的国土对中国蔬菜运销的挑战也是世界少有。

（2）供应状况明显改善

随着交通运输状况的改善和全国鲜活农产品“绿色通道”的开通，依托气候、区位优势，沿路、沿海、沿边的规模蔬菜生产基地不断建设，并逐步向优势区域集中，华南、长江上中游冬春蔬菜基地和黄土高原、云贵高原夏秋蔬菜基地稳步发展，设施蔬菜特别是节能日光温室快速增长，逐步形成了大生产、大市场、大流通的格局，即使在冬春和夏秋的生产淡季，也基本实现了周年均衡供应。

2. 中国蔬菜运销的格局

如果要勾画中国蔬菜的运销格局，结构比总量更为重要。图10、图11、图12是中国2010年蔬菜生产、市场交易、进出口的区域结构图，通过对这三个图的比较，基本可以对中国2010年蔬菜的产销结构及由此导致的运销格局进行把握。

从蔬菜种植来看，第一名当属山东省，其产量达到9030万吨，超出第二名河北省（7073万吨）近2000万吨，其他产量在2000万吨以上的省份依次是河南、江苏、四川、湖北、湖南、广东、辽宁、安徽、广西等。这11个生产大省生产了4.4亿吨蔬菜，占到全国总产量的71%，蔬菜生产的集中趋势非常明显。从生产大省的分布地域看，北部有山东、河北、辽宁，中部有河南、安徽、江苏，南部有湖北、湖南、广东、广西，内陆有四川省。

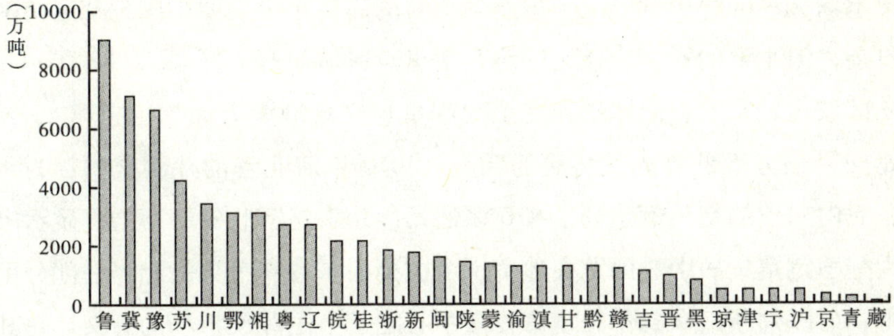

图 10　2010 年各地区蔬菜生产量

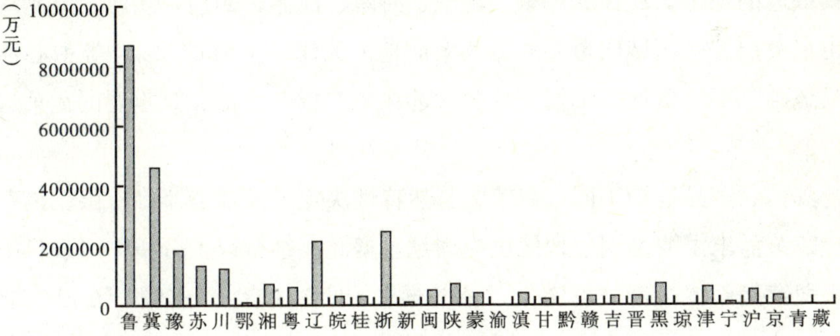

图 11　2010 年各地区蔬菜交易额

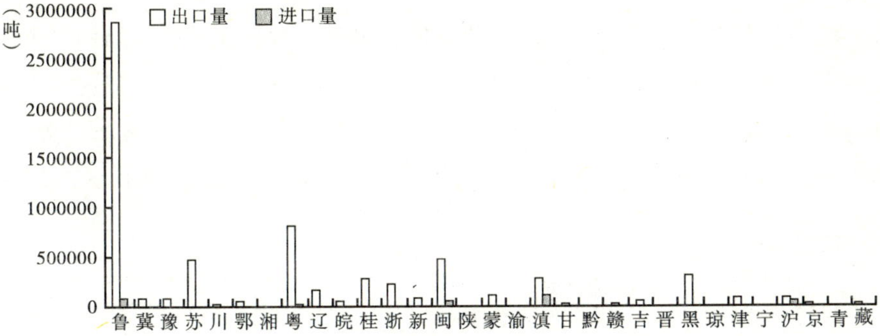

图 12　2009 年各地区蔬菜进出口量

从市场交易额来看，交易额超过 100 亿元的依次是山东、河北、浙江、辽宁、河南、江苏、四川 7 省，总和达到 2245 亿元，是全国蔬菜总交易额的 73%，反映出市场交易的集中性。蔬菜生产与交易的高度集中表明中国蔬菜运销网络尽管很复杂，但主要的运销应该是围绕几个重点区域展开的。

从区域比较来看，山东省在蔬菜的产量与交易额两方面均远超第二名河北，尤其是交易额方面的领先优势更为明显。2010 年河北省的蔬菜交易额为 450 多亿元，而山东省的交易额达到了 870 多亿元，几乎是河北省的两倍，显示出山东省作为全国蔬菜集散中心的龙头地位。考虑到山东省产蔬菜的相当一部分用于出口日本，可以判断山东省作为蔬菜集散中心之于全国蔬菜市场的意义远超其作为生产基地之于全国蔬菜市场的意义；同样，河北省的蔬菜交易额也遥遥领先于产量第三的河南省，是河南省（187 亿元）的 2.4 倍，体现出河北省在全国的重要蔬菜集散地的地位。浙江、广东、辽宁、河南、江苏、四川、陕西、黑龙江的交易额也很突出，是区域内重要的蔬菜集散地。天津、上海、北京①等中心消费城市则是蔬菜主要消费地，市场交易名次远在生产排名之前，是重要的蔬菜运销的终点。

与其他农产品运销不同，蔬菜的自然特性决定了其流通半径有限，消费地的季节性蔬菜需求主要由周边地区供应满足。据此，结合以上分析，可以将中国的季节性蔬菜运销概括为“五圈”、“两基地”（见图 13）：“五圈”是以“北京—天津”为中心的山东、河北、辽宁、内蒙古蔬菜供应圈；以“沈阳—大连”为中心的辽宁、河北、内蒙古、山东蔬菜供应圈；以“上海—杭州—南京”为中心的河南、安徽、山东、江苏、浙江蔬菜供应圈；以“香港—广东—深圳”为中心的湖南、湖北、广东、广西蔬菜供应圈；另外，根据蔬菜交易结构图可以看出，西安、成都在内陆的运销圈中处于中心地位，围绕这两大中心形成了内陆蔬菜供应圈。“两基地”是山东蔬菜集散基地与“河北—北京”② 蔬菜集散基地。这两大“基地”依靠强大的吞吐能力，对其他运销圈发挥调剂作用。

---

① 需要说明的是，从统计资料来看，北京市的蔬菜交易额在 2006 年时为 74 亿元，2007 年时达到 94 亿元，而 2008 年改版后的《中国商品交易市场统计年鉴》由于统计口径变化的缘故，北京市等地的交易额快速下降，2008 年只有 20 亿元，之后虽快速增长，2010 年也只有 33 亿元。但即使如此，相对于其生产量来说，北京市的交易额也是相对突出的。

② 北京之所以兼具集散中心的地位，主要与背靠强大的消费市场，紧邻山东、河北两大蔬菜生产、集散基地，以及优越的地理交通位置有关。其实在《中国商品交易市场统计年鉴》2008 年改版前，北京市的蔬菜交易额基本上都排在全国的第五、第六位，其集散中心的特征非常明显。

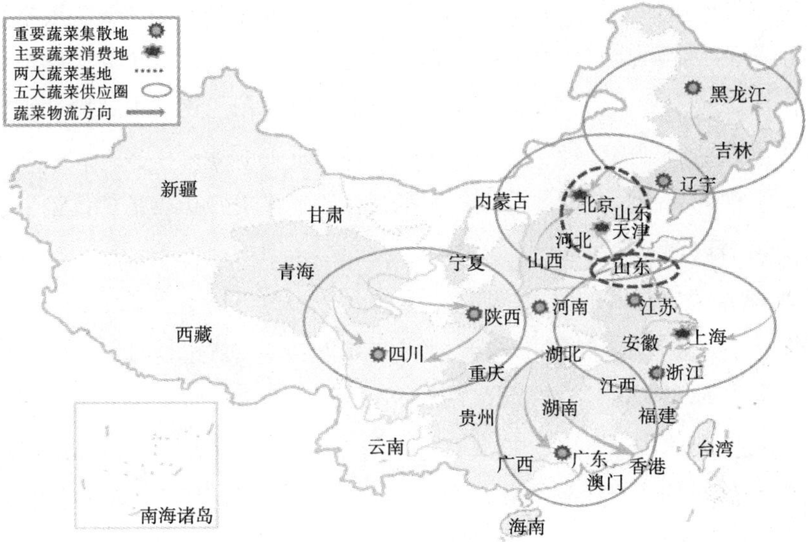

图 13　中国蔬菜运销格局示意图

反季节性蔬菜的运销则是典型的“广域”运销，需要在全国范围内调配。目前，全国普遍存在春、秋两个蔬菜供应淡季，春秋季节是反季节蔬菜运销的主要时期，其格局主要取决于反季节性蔬菜的产地布局。在中国，冬春可以进行露地蔬菜生产的地区，主要分布在华南以及长江上中游两个区域；夏秋适宜喜温蔬菜和喜凉蔬菜生长的地区，主要分布在高海拔、高纬度地区，黄土高原和云贵高原是夏秋蔬菜生产的主要基地；黄淮海与环渤海湾地区则因为光热资源丰富，距大中城市近、运距短，而逐渐成为设施蔬菜的种植基地。由此，中国在反季节性蔬菜生产方面逐步形成了华南冬春蔬菜、长江上中游冬春蔬菜、黄土高原夏秋蔬菜、云贵高原夏秋蔬菜、黄淮海与环渤海设施蔬菜等种植基地，反季节性蔬菜运销也相应呈现南菜北运、西菜东运、北菜南运的“广域运销”格局。

从蔬菜进出口结构图来看，中国的蔬菜以出口为主。山东、广东、江苏、福建、黑龙江、广西、浙江、云南等地的出口较为突出。其中，山东是最重要的出口基地，2010 年出口占全国出口量的 44%，其出口目的地基本与江苏一致，主要面向日本、韩国；广东主要出口到澳门、香港地区；云南、广西主要面向东盟各国出口；福建则主要是出口到台湾地区、日本；黑龙江出口俄罗斯。

结合蔬菜生产、交易、出口结构图可以看出：山东省已经成为中国最重要的国内、国际蔬菜市场的供应基地，而生产量同样很大的河南、河北则几乎没有出口，供应主要面向国内市场。这种分化在其他工业品领域并不多见，从一个侧面说明了蔬菜国际贸易条件的严苛性。广东、福建、黑龙江依据区位优势也在逐渐转化为蔬菜出口贸易的供应基地。

3. 北京蔬菜供应圈的运销格局

传统上，北京市周边蔬菜种植呈现明显的季节性特征，随着天气由暖变冷，蔬菜主产地和主供地也由北向南转移。近年来，随着山东、河北等北方省份设施蔬菜产业的发展，这一情况有所改变。各种调研表明，河北、山东、辽宁、内蒙古依据其区位优势及蔬菜产业的快速发展，逐步发展成为北京的“外省菜园子”，在北京市场所售蔬菜中，来自上述地区的蔬菜比重通年都维持在60%以上。

赵友森等曾对2010年不同季节北京市蔬菜供应地分布情况进行过跟踪调查，其调研结果清晰地描述了北京市一年四季蔬菜来源地的变动情况①。根据赵友森等的调研，每年12月至次年4月的冬春季节，是北京市的蔬菜供应多元化最明显的季节。这个时期北京市供应的蔬菜主要是反季节蔬菜，所以，来自南方的蔬菜占的比重是全年中最多的，2010年该季节来自南方4省（海南、广东、广西、云南4省）的蔬菜占到北京市场蔬菜供应的14.57%，而来自河北、山东、辽宁、北京的设施蔬菜基本占到了62.7%（见图14），反映出即使在反季节蔬菜供应方面，周边省区仍是主要的来源地。

5月份开始，北方露地蔬菜生产逐渐取代了设施蔬菜，北京市场上的蔬菜供应地开始从山东部分转向河北、北京和天津等地。河北蔬菜供应比例逐步接近并超过了山东的供应比例，由于运输成本增加和河北蔬菜的应季上市，山东蔬菜进入北京的比例有所减少，但是平均仍然在20%左右。北京本地蔬菜的供应比例仅次于来自河北和山东的蔬菜，属于一年之中本地供应比例较大的季节（见图15）。

① 赵友森、赵安平、王川：《北京市场蔬菜来源地分布的调查研究》，《中国食物与营养》2011年第8期。

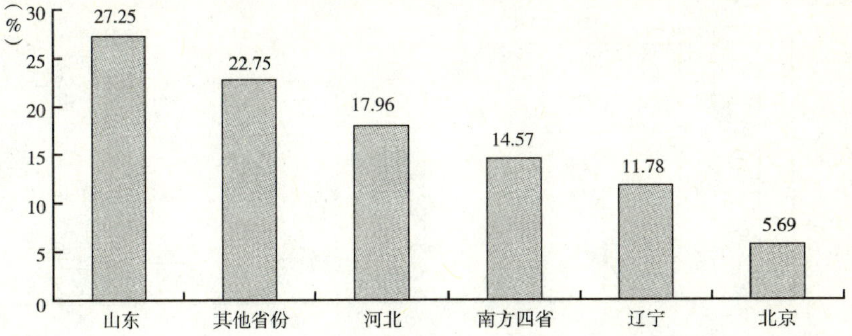

图 14　冬春季节北京市蔬菜来源分布情况

资料来源：赵友森、赵安平、王川，《北京市场蔬菜来源地分布的调查研究》，《中国食物与营养》2011 年第 8 期。

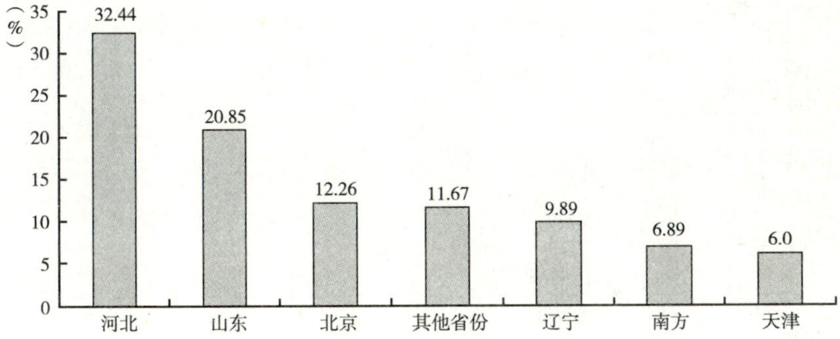

图 15　5～6 月份北京市蔬菜来源分布

资料来源：赵友森、赵安平、王川，《北京市场蔬菜来源地分布的调查研究》，《中国食物与营养》2011 年第 8 期。

7 月开始进入一年之中的夏淡季，北方冷凉地区蔬菜供应开始增加，河北张家口坝上、河北承德、内蒙古等地区的蔬菜陆续上市，成为北京蔬菜的主要供应地。河北蔬菜平均占到北京蔬菜供应总量的 37%，是一年四季中供应北京市场比例最高的时期。同时，这一时期周边省区供应比例也达到最高，达到 9 成以上（见图 16）。

10～11 月是北京市场秋季蔬菜的供应季节，这一时期北京蔬菜以北方秋茬露地蔬菜供应为主，蔬菜供应相对比较充足，周边地区供应量达到了 87%（见图 17）。

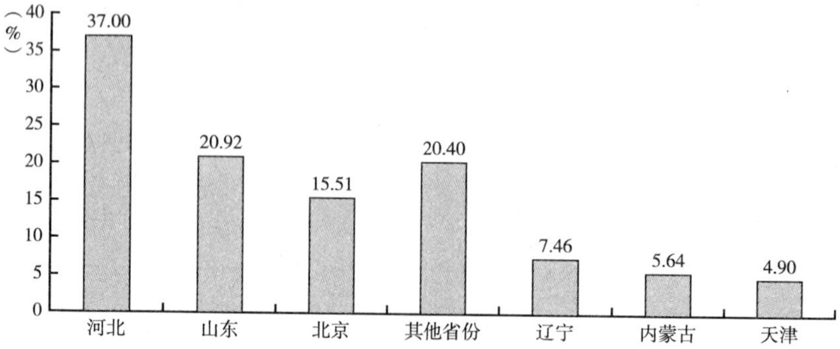

图 16　夏淡季北京市蔬菜供应地分布

资料来源：赵友森、赵安平、王川，《北京市场蔬菜来源地分布的调查研究》，《中国食物与营养》2011 年第 8 期。

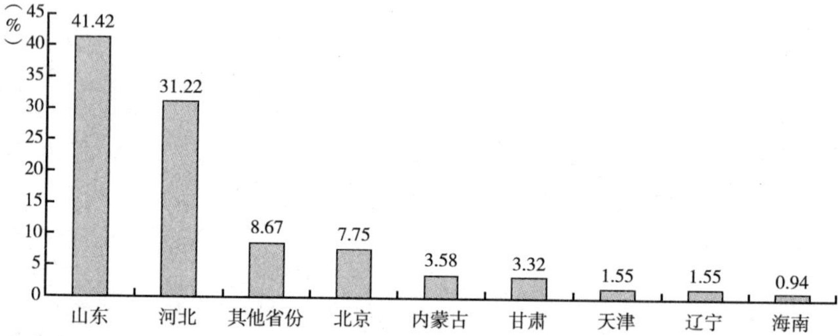

图 17　10～11 月份北京市蔬菜来源分布

资料来源：赵友森、赵安平、王川，《北京市场蔬菜来源地分布的调查研究》，《中国食物与营养》2011 年第 8 期。

通年来看，北京市的蔬菜供应主要来自自己的供应圈（主要包括河北、山东、天津、辽宁、内蒙古），基本占到 60% 以上，7～9 月份供应比例达到最高，接近 9 成；而 12 月至次年 4 月是其他区域蔬菜供应的高峰时期，其比例接近 40%。可见，北京市蔬菜供应主要依靠周边的供应圈提供，其他地区的蔬菜供应主要发挥调剂作用（见图 18）。

另外，中国农产品流通产业发展报告编写组在编写过程中也以北京新发地农副产品批发市场为中心，对北京市 11 月份的蔬菜来源地进行过调查（见图 19），基本与赵友森等的结论吻合。在调研中，编写组还发现北京市场上有近二十个省

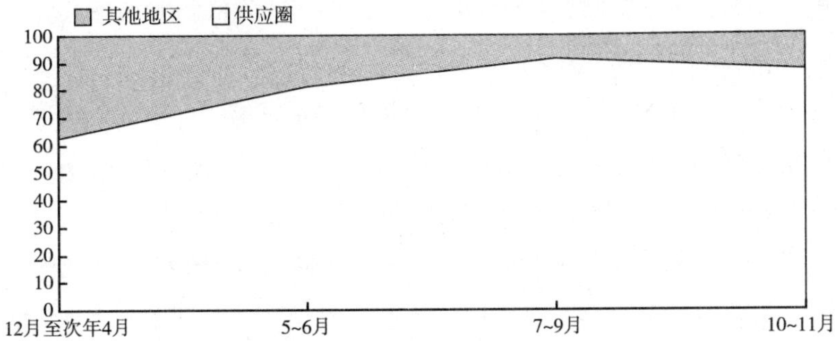

图 18　北京市场蔬菜通年来源地结构

说明：北京供应圈包括河北、山东、天津、辽宁、内蒙古。

资料来源：赵友森、赵安平、王川，《北京市场蔬菜来源地分布的调查研究》，《中国食物与营养》2011 年第 8 期。

份的蔬菜在销售，运销渠道也十分多样。比如，来自南方的反季节性蔬菜除一部分直接运到北京外，相当部分是经过山东省寿光市的批发市场转运来北京的；而内蒙古的土豆甚至存在先绕过北京运到山东，然后再运回北京的现象。这些表明，北京市蔬菜供应的实际情况远比数据分析的结果要生动许多。

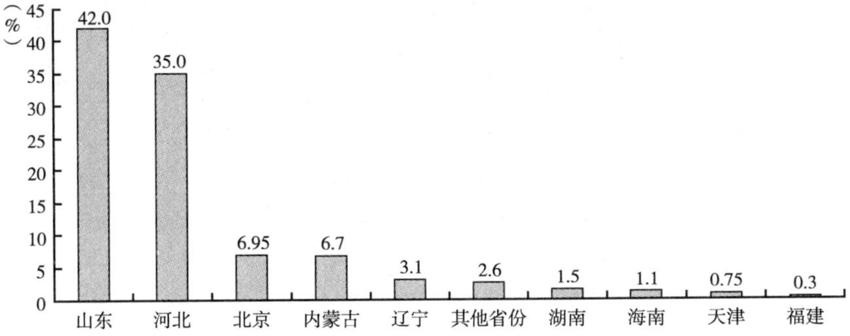

图 19　11 月北京市蔬菜供应地分布

资料来源：中国农产品流通产业发展报告编写组调研数据。

（二）其他生鲜农产品运销格局

1. 水果

山东省一直是中国的水果生产大省，近年来，河南、河北、陕西的发展速度加快，2010 年这些省的产量已位列全国前四名，与其他省份的距离逐渐拉大，是水果生产的第一梯队。其他水果生产大省（区）依次是广东、广西、新疆等（见图20）。但从各省区的交易额来看，与其生产量有较大背离：广东、浙江这两个省的产量在全国只能是第三梯队，但交易额分别位列第一、第三，表明广东、浙江既是中国水果的主要消费地，也是水果运销通道中重要的集散地；河南、陕西、广西、新疆、辽宁的交易额相比其生产量则明显偏低，显示其水果调出基地的特色。另外，江苏、河北、湖北、江西、贵州的交易额也比较突出，其区域水果集散地的特征比较明显。山东省的水果交易尽管位列全国第二，但与其生产规模相比，并未有突出表现，表明山东省在水果流通中的地位远不及在蔬菜市场上的地位（见图21）。

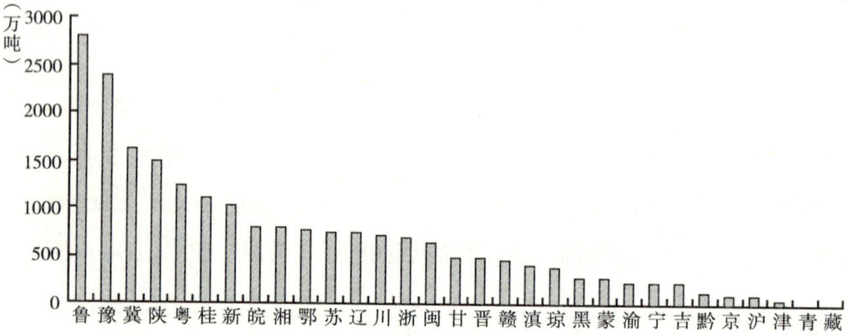

图 20　2010 年各地区水果生产量

结合水果进出口贸易来看，水果的国内市场与国际市场存在明显的分化特征：山东、广西、福建、黑龙江、新疆的出口明显，而生产规模第二的河南省几乎看不到水果出口，表明河南省已发展成为国内水果市场的主要供应基地。进口方面，广东、广西、云南、辽宁、海南、上海比较突出，特别是广东，结合其水果交易额规模，可以判断广东已经成为中国进口水果的集散中心（见图22）。

综合以上分析，可以看出中国目前水果的运销格局为：广东、广西、新疆、山东、河南、河北、陕西是国内水果的主要生产地，也是国内水果运销的主要起点；浙江、广东、江苏、山东、湖北、贵州、上海、北京、天津则是主要消费地，是水果运销的重要到达地，整体呈现“西果东运”态势。浙江、山东、广东、河北等地同时也是水果运销通道中的重要集散地；山东、黑龙江、广东、广西、福建、上海、云南则是水果进出口运销通道中的重要节点。

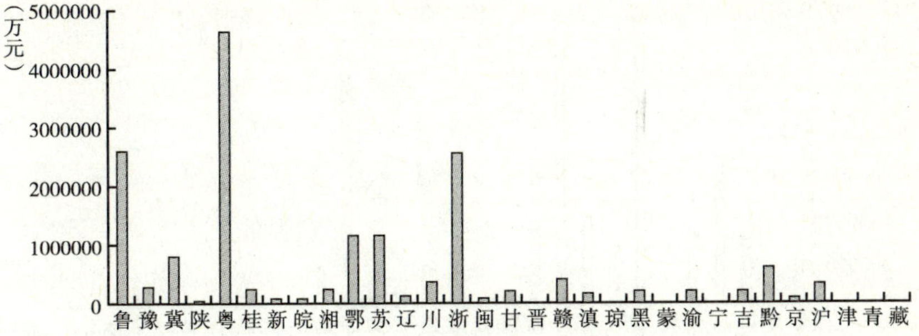

图 21　2010 年各地区水果交易额

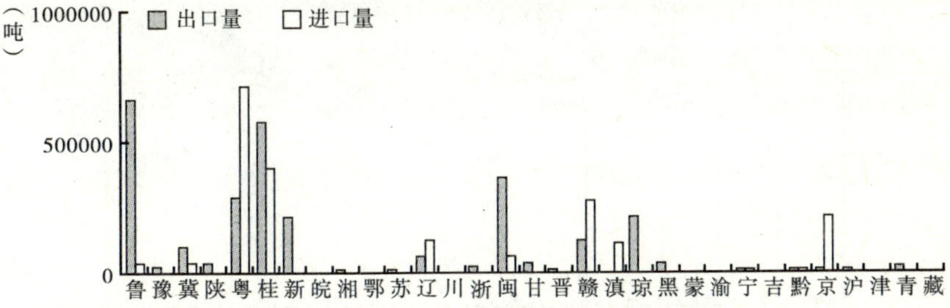

图 22　2009 年各地区水果进出口量

2. 肉禽蛋

肉禽蛋与蔬菜的格局基本一致（见图 23、图 24、图 25）。山东、河南、四川、河北、辽宁等是主要的肉禽蛋生产供应基地。国内市场方面，广东、江苏、浙江、河北、安徽、广西等地排在前面，而一贯的农产品生产大省山东却排在中位。除河北外，其他生产大省市场交易额没有一个排在前面，表明肉禽蛋的生产、消费的分离非常突出，也从一个侧面显示出与其他农产品相比，肉禽蛋生产的集中度更高。

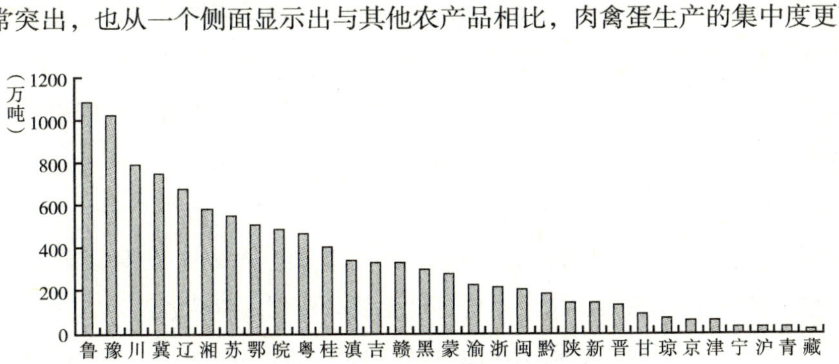

图 23　2010 年各地区肉禽蛋生产量

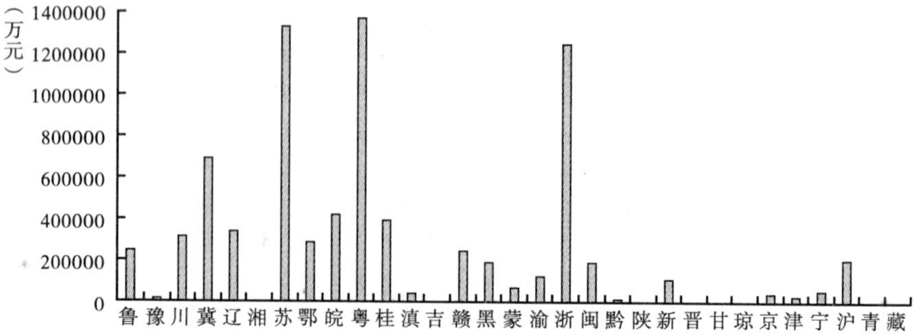

图 24　2010 年各地区肉蛋禽交易额

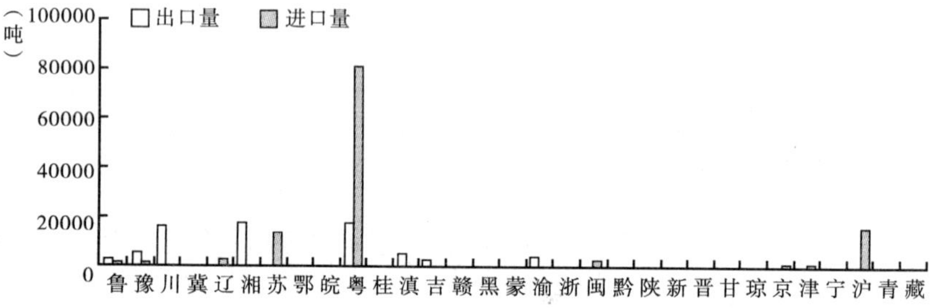

图 25　2009 年各地区鲜冻猪肉进出口量

说明：肉禽蛋的省区进出口数据没有找到，以鲜冻猪肉代替。

与蔬菜一样，肉禽蛋的运销也基本呈现几个供应圈：以北京消费地为中心的河北、山东、河南、辽宁供应圈；以上海、杭州、南京等消费地为中心的江苏、浙江、安徽供应圈。其中，浙江同时还是其他区域肉禽蛋进入上述城市的中继点，上海的猪肉进口量比较明显，显示与北京周边的供应网络比，上海的供应网络相对薄弱；以香港、广州、深圳等消费地为中心的广东、广西供应网络。其中，广东也是猪肉的主要进口地，显示周边地区的供应能力有限；四川、湖南则是猪肉的主要出口地。

3. 水产品

水产品运销方面，由于缺乏分省的进出口数据，无法分析其外贸运销格局，主要看国内贸易运销格局。水产品的生产主要集中在沿海各省及内陆水资源相对丰富的省区，生产规模排名依次是山东、广东、福建、浙江、江苏、辽宁、湖北等地（见图 26）。市场交易规模顺序依次是山东、浙江、江苏、广东、上海、湖北、重庆、辽宁、北京等地，显示上海、北京、重庆、广州、深圳等中心消费城市在水产品流通市场上的重要地位（见图27）。对比生产与交易分布图，可以发现山东、浙江、江苏、湖北生产、交易两旺，显示其产地市场的地位比较明显，是全国水产品运销的重要起点；而北京、上海、重庆、天津等销地市场的特征则很明显，是水产品运销的重要到达点。福建省则很特殊，产量之大与市场交易之小不成比例，可推测其水产品出口比较大。

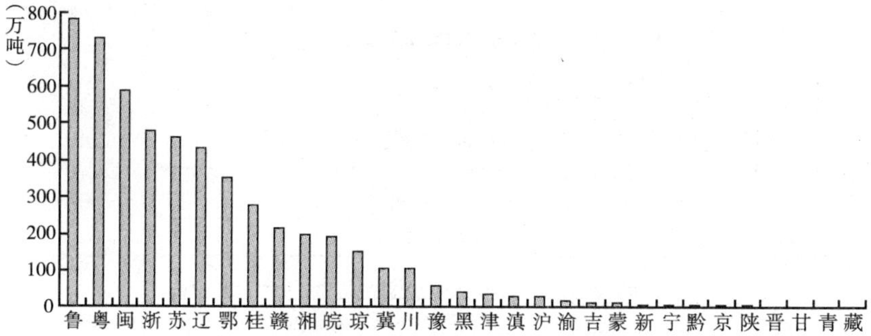

图26　2010年各地区水产品生产量

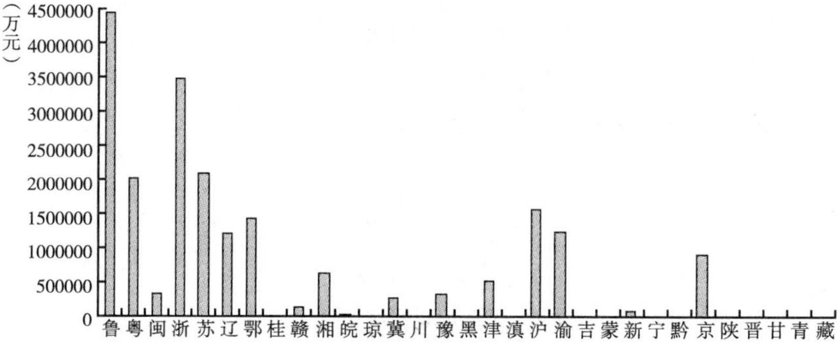

图27　2010年各地区水产品交易额

（三）中国生鲜农产品运销体系现状

1. 中国生鲜农产品运销过程描述

相比较粮食运销，生鲜农产品运销复杂许多。由于生鲜农产品运销缺乏基本统计资料，只能根据部分调研及相关研究文献进行定性的描述。

图 28 是中国目前生鲜农产品运销的结构图。主要包括：生鲜农产品运销的各类主体、生鲜农产品的运销通道、功能性运销业务（包括运输、储存、包装、装卸搬运、流通加工、运销信息传递等）。物流活动主要由运输、包装、装卸搬运、存储、流通加工、配送、运销信息七大功能组成，下面结合图 28 对中国生鲜农产品运销的过程进行简单描述。

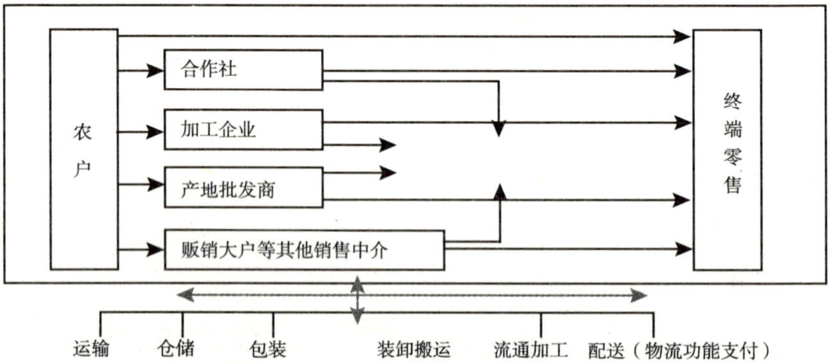

图 28　中国生鲜农产品运销模式

说明：——►产品流，◄——►信息流。

资料来源：黄祖辉、刘东英，《中国农产品物流体系建设与制度分析》，《农业经济问题》2005 年第 4 期。

（1）初始运销：田间到产地批发市场

在这一阶段，众多生产者参与运销是一个主要特点。运销主体主要包括农产品生产者（农户、合作组织、企业等）、批发商、农民经纪人、运销户、各类运销企业等。由于缺乏统计资料，无法准确把握各主体规模，但可以根据相关典型调查，了解各主体之间的构成比例。据张西华、包中海的调研①，目前在初始运销阶段，约 42% 的农户是依靠自销，45% 的农户是通过个体商贩和经纪人运销农产品，仅 2.7% 的农户是通过订单销售②。也就是说，初始运销的大部分仍然是由众多农户、个体运销户、经纪人、个体摊贩完成的。

农户在自己承包的土地上种植蔬菜，成熟后自己或雇工采摘，然后用农用三

① 张西华、包中海：《农产品流通网络体系的构建与研究》，《经济研究导刊》2010 年第 24 期。

② 商务部、中国农业大学进行的调研与此结论一致，参见 http://www.moa.gov.cn/ztzl/nyjj/2011nian/201103/t20110307_1837605.htm。

轮车、拖拉机等运输工具运往当地的批发市场；如果产量比较大，则卖给专门从事蔬菜运销的运销户，在这个过程中，运输是最重要的运销活动。随着农产品买方市场的出现，运销户在初始运销中的作用日渐重要，作为一种介质他们衔接起农户与市场，成为蔬菜运销的重要主体。他们自己不种植蔬菜，而是在周边农村菜农中采购，然后运至批发市场销售。相比种植户而言，运销户更了解市场需求，因而会对农产品进行简单的分级与包装（分级、包装完全凭借自己的经验，并无标准）。蔬菜运到批发市场后，与采购商的交易主要由经纪人撮合，在成交前，农户或运销户并不知道自己的蔬菜将运往何方，最终的成交价格会是多少。

可以说，进入批发市场前的初始运销基本处于无序、随机状态。其随机性主要来自农户生产的盲目性与进入市场的被动性。“以产定销”仍是小农户的基本行为模式，其生产决策脱离市场体系独立进行，不可避免地出现生产的盲目性和进入市场的被动性，直接导致蔬菜起始运销的随机与无序。大量农产品运销户的存在尽管可以缓解这种盲目性与随机性，但由于运销户同样数量众多、规模较小，而且他们与农户间的关系也是随机的买卖关系，无法改变初始运销的随机性特征。提高农户组织化程度是解决生产、运销盲目性的有效方法，但是，农民合作组织在中国发展缓慢。根据国家工商总局统计资料，截至2011年7月份，中国有农民专业合作社44.6万个，入社农户3000万左右，仅占全国农户总数的12%。覆盖农户的比率很小，无法从根本上改变农民组织化程度低的状况。

（2）中段运销：产地批发市场至销地批发市场

生鲜农产品进入批发市场后，运销活动主要围绕着场内经纪人进行。经纪人的主要职能就是撮合价格，除此之外，他也承担着许多运销功能。通常情况下每个经纪人都会掌握有一些运销资源，比如运输车辆、包装材料提供商、冷库经营者、货源信息提供者、等待被雇用进行装卸搬运、分拣包装、初步加工等活动的劳动力等。这些个人或组织要么是在批发市场内部或周围拥有自己的活动场所，比如说冷库一般都建在批发市场内；要么是游离在批发市场的边缘，但与经纪人保持着联系，随叫随到，比如说运输车主、经营包装材料的人；还有就是每天在批发市场交易时间等候在场内准备提供劳动服务的，他们一般会在场内固定的区域活动，以方便被雇用，也跟经纪人有联系，依靠经纪人帮他们揽工。在批发市场交易的时间段内，主要进行的活动就是经纪人在成群结队的农户和运销户之间奔走、撮合成交，然后在经纪人的联络下，各路运销功能的提供者进场，有的分拣包装，有的装卸搬运，走长途的蔬菜在夏季进入冷库预冷、保鲜，有的是蔬菜进冷库预冷、保鲜后再装车运输，有的是装车后直接将车开进冷库预冷、保鲜；同时，批发市场内活跃着不少信息中介机构，以有偿形式提供着各种回程的货运信息。

产地批发市场交易结束后，运销活动转为长途运输，运往销地批发市场。除部分特菜、反季节蔬菜等因为附加价值较高采用飞机、铁路集装箱运输外，大部分生鲜农产品采用公路运输。

（3）终端运销：城市配送

生鲜农产品进入销地批发市场后，经纪人，部队、学校等集团采购者，超市、农贸市场的商贩进场采购，然后通过城市配送系统运送到各超市、农贸市场、食堂。大部分农产品的运销到此结束，部分农产品还需要继续装车运往另一个城市。

在销地批发市场，主要的运销功能是卸货分装。如果是销往宾馆饭店、超市，还需要按照要求进行加工处理。

就这样，田间地头生产的蔬菜等农产品进入了城市销售终端。

2. 中国目前生鲜农产品运销的特征

从以上生鲜农产品运销的过程可以看出，目前中国的生鲜农产品运销基本上仍处于发展的初级阶段，呈现出以下几个特征。

（1）随机性

初始运销的随机性决定了中国生鲜农产品运销的随机性。尽管在批发环节出现了众多的专业化运销服务的提供者，但他们的规模普遍较小，没有能力完成全程运销的策划和组织，无法实现运销一体化；同时，在中国目前的生鲜农产品运销链的整个活动过程中，看不到明显具有专用性的资产投入，比如运输中的农用车、拖拉机、货运卡车等，都是一般性的运输工具，并不必然用于蔬菜等运销使用。在运销中涉及的装卸搬运、包装等活动也是基本的体力劳动，提供服务的雇工也不具有专用人力资产的性质。由于缺乏专用性资产的投入与使用，运销主体维持持续性交易的束缚减少，大家面对的是一个竞争的世界，在市场上随机达成交易。

（2）运销主体不成熟

从中国目前农产品的主要运销过程来看，尽管农产品运销主体呈多元化格局，但实力相对较强的农产品加工企业、农民合作组织、运销大户、各类运销企业等所占比重甚少，初始运销和终端运销主要依靠力量单薄而分散的农户、个体运输户和个体摊贩。中段运销除部分规模企业之外，多数情况由经纪人来组织安排，第三方运销组织比重很小（见图 29）。总体上说，中国庞大的生鲜农产品运销实际上主要是由农民来组织进行的，运销的规模尽管世界罕见，但并没有改变其“农民进城卖菜”的现实。

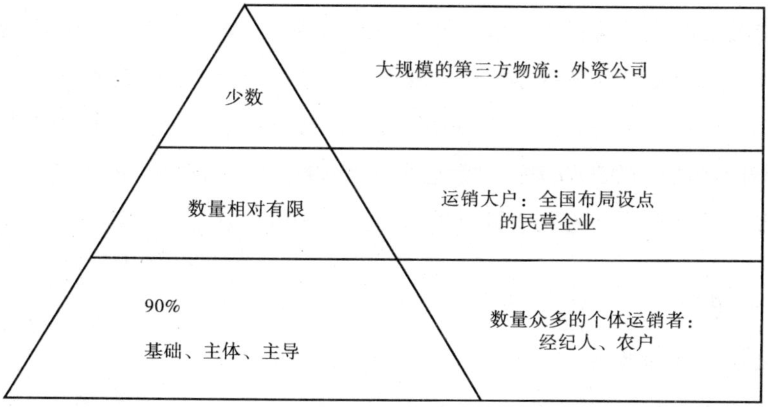

图 29　生鲜农产品运销主体结构图

资料来源：笔者根据资料制作。

（3）分段式运销

中国的生鲜农产品流通主要是以批发市场为枢纽的流通体制。在该体系中，商流业务与运销业务没有分离，运销线路与商流线路重叠并分为若干段，产地和销地批发市场把蔬菜运销过程分成三段：农户—产地批发市场、产地批发市场—销地批发市场、销地批发市场—零售商。在不同阶段有不同的运销运作主体，每一个节点上农产品都需要装卸一次，批发市场成为蔬菜运销链的断裂点，导致上述 3 个阶段运销联系较少，各自孤立，真正从“田间”到“餐桌”的安全、高效和低成本的蔬菜运销链体系尚未形成。

（4）运销功能单一

可以看出，中国目前生鲜农产品运销的核心功能是运输及装卸搬运，这一方面是生鲜蔬菜的生物特性与运销特性的要求，另一方面则是由于其他功能发育较弱所造成的。存储、包装、保鲜等功能很少，视产地与销地之间路程的长短有不同程度的需求，由产地批发市场上一些专门化的个人或组织提供，总体上技术水平较低；流通加工、配送等功能的提供者集中在销地批发市场上，由销地批发市场为生鲜蔬菜提供最后的销售环节服务。目前在中国，与销地批发市场对接的主要是农贸市场，一般情况是农贸市场上的零售摊贩直接向销地批发商进货，所以流通加工与配送功能并不发达。

以上就是中国目前主流农产品运销的基本状态，基本能占到总量的80%以上。除此之外，还有一些新兴的运销形态，如依托“农超对接”、“订单农业”等产生的运销模式，这些运销形态基本特点是绕过了批发市场，一般都伴随着较为先进的技术规范和产品规范，通过现代运销信息系统对全程进行跟踪管理，呈现较高的计划运销与精准运销的特征。另外，传统的农产品运销形态的分化也在进行，部分运销大户已开始跨区域自建基地、布局仓储网络，进行跨区域一体化的运销活动，这种形态的发展走向很值得给予持续关注。

（四）中国生鲜农产品运销存在的主要问题

1. 生鲜农产品运销成本偏高，运销价值流失严重

由于流通领域主体过多、产销链过长、分段式运销的特征，致使运销环节繁多，增加了运销成本；同时，在运销过程中，中国生鲜农产品价值流失严重。有数据表明，中国水果与蔬菜等农产品的保鲜储藏比例不到20%，在采摘、运输、储存等运销环节上的损失率达到25%～30%（发达国家果蔬损失率一般在5%以下），全国每年果品腐烂坏损约1200万吨，蔬菜腐烂约1.3亿吨，造成的经济损失达上千亿元①，以至于中国生鲜农产品的运销费用占到国内生鲜农产品总成本的70%，比国际上高出20个百分点以上。另外，由于缺乏必要的加工，大量毛菜直接进城销售，也导致了数量惊人的无效物流成本②。

2. 农产品运销基础设施滞后

农产品运销的基础设施与设备包括农产品批发市场、农产品仓储、交通运输条件和工具等设施的建设。经过近几年的努力，中国农产品运销虽然有一定的发展，但还普遍存在着缺乏大型冷库等存储设施、农产品集散网点建设滞后、立体交互式运输网络尚未形成、城乡运销系统协调性差、运销设施相对落后、技术水

---

① 陶君成、初叶萍：《中美农产品物流的分类比较》，《经济社会体制比较》2010年第1期。

② 资料显示，中国蔬菜的加工比例不到10%，100吨毛菜可以产生20吨垃圾，毛菜进城到农贸市场上销售时，相关垃圾处理、环境保护、市容管理方面的费用，构成了巨大的无效物流成本。参见http：//www.chinaccm.com/01/0110/011002/news/20020318/114407.asp。

平低等问题，致使大量农产品在运销过程中因损耗过大而增加了成本。

3. “最后一公里”问题

近年来农产品流通市场的一个热点话题就是“农民卖菜不赚钱，市民买菜不便宜”，即所谓的“菜贱伤农”、“菜贵伤民”的矛盾。处于中间环节的蔬菜运销自然成为质疑对象。但根据编写组调研，目前中国农产品运销领域的竞争已经非常激烈，在整个农产品终端价格形成过程中所占的比重并未有大的波动。

表3是2011年5月份四川成都市各流通环节蔬菜价格，由田间收购开始到居民餐桌为止的形成过程，可以清楚地看到，收购价与批发价的进销差率一般在20%~50%，而批发价格与零售价格的批零差率达到了280%~330%①。增幅最高的是批发以后的环节，也就是所谓的“最后一公里”问题。

表3 5月份四川成都市各流通环节蔬菜价格

单位：元/斤

品种	农民卖出价	批发价	平均零售价
莲白	0.16~0.20	0.3	1.34
莴笋	0.4~0.5	0.6	2.32

资料来源：四川省成本调查监审局。

为什么农产品运销的“最后一公里”加价最多？一个很重要的原因在于城市的快速扩张与农产品市场建设速度的错位。

随着中国经济的不断发展，城市化水平不断提升。1985年，中国城市建成

① 从各种新闻报道、研究报告来看，各地的情况也与此基本一致。比如，2011年5月9日中央电视台《今日观察》栏目播出的“聚焦物流顽症”对农产品物流问题进行了跟踪报道。可以看到，一斤圆椒在山东寿光收购价是1.2元，运到北京大羊坊蔬菜批发市场批发给二级批发商的价格为1.5元，再批发给零售商是1.6元，而最后零售商的市场零售价达到了3.5元。蔬菜从地头到菜市场，经过经纪人、一级批发商、二级批发商、蔬菜零售商四个环节，每斤圆椒从1.2元加到1.6元，加价0.4元，而在最后一个环节，卖给消费者时却达到了3.5元，加价1.9元。节目举的另一个例子是西葫芦在北京新发地农副产品批发市场批出的价格为每斤0.25元，从五环内的新发地仅仅运进四环内的岳各庄蔬菜市场，虽然距离不远，但加上来回的搬运费、摊位费，这时每斤西葫芦已经涨到了0.35元，涨幅高达30%。“最后一公里”城区的涨价效应十分明显。北京市物流协会为此也专门做了一个调查，发现蔬菜从批发市场到零售市场的这“最后一公里”，流通成本比从山东寿光拉到北京的费用至少高出150%，而这些成本，无一例外的，都被摊进了菜价（http://news.clb.org.cn/2011-05-18/56114_3.html）。

区面积①为 9386 平方千米，2009 年这一数字扩大为 3.8 万平方千米，增长了 3 倍，年均增速为 6%；同时，城市人口数量也在不断增加，城市的人口密度不断提高，1985 年，中国城市的人口密度为 262 人/平方千米，2009 年为 2147 人/平方千米，增长了 7 倍。但是，在城市不断扩张的同时，中国的消费品市场数量则在 2000 年以后不断下降（见图 30）。具体而言，1978 年，全国消费品市场数量为 33302 个，1998 年达到最高，为 89177 个，随后开始逐步下降，2008 年，全国消费品市场数量为 61535 个，大致相当于 1985 年的数量水平（城市和农村都存在这一趋势）。这些消费品市场，一个最为主要的功能是农产品流通，也就是所谓的“集贸市场”。毫无疑问，对于过去很长一段时间来说，集贸市场是一种高效率、低成本的农产品交易安排。随着城市的不断扩张，经济发展水平不断提高，一方面集贸市场的很多功能不断地被新兴业态如连锁超市等所取代，集贸市场自然淘汰和消亡；另一方面，在城市发展中，原先的市场被拆迁之后往往没有得以重新规划，属于强制淘汰。最终，城市扩张与集贸市场萎缩之间的矛盾导致了蔬菜以及相关鲜活农产品产生了“最后一公里”流通瓶颈，这在很大程度上增加了蔬菜最终销售环节的交易成本。尽管近年来中国超市的发展十分迅速，但是对于蔬菜的零售而言，超市并不成功，并未有效地弥补传统“集贸市场”退出带来的空缺。另外，各部门大力推进的“农超对接”也因为规模过小而收效甚微。

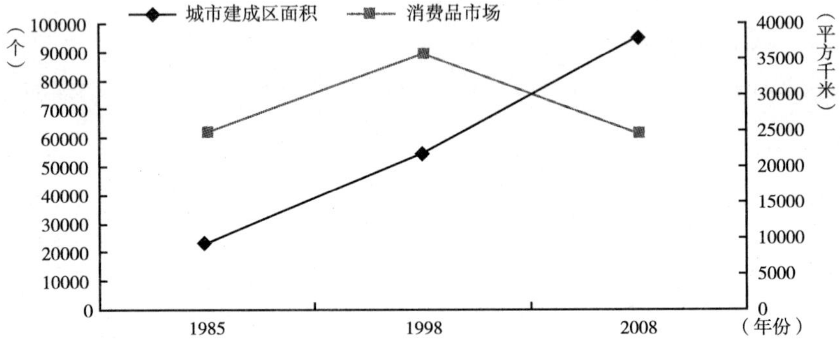

图 30　城市发展与市场数量变化

数据来源：《中国城市统计年鉴 2009》、《中国商业年鉴 2009》。

① 市区建成区面积：已集中开发、并拥有市政公用设施的城市行政区域面积，可用来衡量城市的实际开发程度。

四　从2011年流行语审视中国农产品运销的发展政策

（一）从2011年的流行语看农产品运销的“困境”

2011年被认为是农产品运销年，农产品运销受到人们的空前关注，这要“得益于”近几年的流行语。从前几年的“豆你玩”、“蒜你狠”到后来的“姜你军”、“糖高宗”、“苹地起”，再到2011年的“蒜你贱”，这些流行语一次次地将质疑的眼光投向了农产品运销。而2011年的另一流行语，“菜贱伤农”、“菜贵伤民”更是使农产品运销几乎在一夜之间成为两头受气的“众矢之的”，受到社会的质疑，对物流成本过高、环节过多等方面的谴责，似乎已经上升到了“人神共愤”的地步，人们甚至开始怀疑农产品运销领域是不是存在“暴利”？铺天盖地的质疑最终引起了全民大讨论，5月份中央电视台组织策划的《聚焦中国物流顽症》系列节目，更是将这一讨论推向了高潮，国家的各种支持政策随之密集出台，农产品运销一下从幕后走到了“舞台”的前面。随着讨论的深入，各界基本形成了一个共识：这是一场误会，农产品运销是在替人背“黑锅”、是只“替罪羊”①。

一个行业如此被误解，史上少见，值得深思。

农产品运销屡屡被“误解”，反映了整个社会对这一领域的认知现状。长期以来，受“重生产、轻流通”思想观念的影响，农产品运销在国人的生活里已经被“边缘化”，国家的政策重心也主要集中在生产领域。可以说，在“蒜你狠”等流行语出现之前，很少有人认真思考过“田间地头的菜到底是怎么来到餐桌上的”。正是“蒜你狠”等流行语的出现，使人们意识到：原来我们餐桌上的大蒜并不是自然而然地从金乡的庄稼地里“飞”过来的，中间有个复杂的农产品运销体系。这其实就是社会对农产品运销的认知现状。在这一认知现状下，当2011年“菜贱伤农”与“菜贵伤民”同时出现时，公众自然会把矛头对准夹

---

① 前面关于“最后一公里”问题的分析对这些质疑进行了回答，可参考。另外，中评网（http：//www. zhgpl. com）转载的新闻报道：《揭秘“菜贱伤农，菜贵伤民”　物流业背黑锅》一文有分析，可参考。

在中间的农产品运销这一环节。

其实，如果公众能够真正了解中国农产品运销现状的话，这一幕就不会发生。通过本篇对农产品运销的“全景式”描述，不难发现中国农产品运销体系的一个严峻现状：一方面，中国农产品运销体系承担着世界上最繁忙、最复杂的运销任务（说它最繁忙，是因它两头连接的生产与消费的规模世界少有；说其承担的运销任务最复杂，是因为它运销的农产品种类之丰富，其连接的市场之大、之集中与千家万户小农生产规模之小、之分散的非对称状态世界少有）；另一方面，承担这一运销任务的运销体系却是最原始的（说其原始，是因为我们使用的“农产品物流”这个名称无论多么现代，都掩盖不了大部分农产品的运销基本上仍在延续着20世纪“农民进城卖菜”的原始状态）。也就是说，中国农产品运销体系正在用原始的运销方式完成着世界上最繁忙、最复杂的农产品运销任务，这不能不说是一个“奇迹”。“蒜你狠”提醒我们：在农产品生产者与消费者之间有个复杂的农产品运销体系，忽视它就会受到惩罚。本研究则要进一步指出：中间不仅有个农产品运销体系，而且这个体系是由千千万万的农户、运销经纪人组成，正是在他们的共同努力下，“大蒜”经过不断“接力”才来到我们餐桌上的，其复杂、辛苦程度远超将“大蒜”种出来。

相信当我们看到这一幕时，流行语引发的恐怕就不是指责，而是“自责”、“检讨”：农产品运销发展为何如此缓慢？社会亏欠这个行业太多，它实在“伤不起”。

（二）引导农业支持政策向流通领域倾斜

1. 适时调整生产导向型农业政策的紧迫性

“蒜你狠”、“菜贱伤农”、“菜贵伤民”等流行语的出现，其实是对这一运销体系脆弱性的集中反映。它表明农产品运销体系尽管仍在“高速运转”，但是“疲态”已现，低水平、原始的运销体系已经无法有效衔接产销、调节供求。由于长期忽视农产品运销主体的培育与支持，该领域一直处于一个众多参与主体低水平过度竞争的随机状态，农产品运销基于四大效用的供求调节功能、产销衔接功能严重退化，致使在丰收—跌价、减产—涨价的轮回中，农民每次都因缺乏运销的有效引导而滞后于市场的脉动，永远“踩不准点”，加剧了价格波动。同时，由于缺乏政策扶持，农产品运销主体（农户、经纪人）在整个流通链条上处于最弱势的地位，不但无法分享农产品从田间到餐桌的“位移”所产生的价值增值，而且还替“最后一公里”背了“黑锅”①。

上述流行语的集中出现，为生产导向的农业政策敲响了一次“警钟”：农业发展的“瓶颈”正在从生产领域转向流通、运销领域，如果生产导向型的农业发展政策不适时调整，农产品运销的脆弱状态得不到根本改观，“蒜你狠”、“菜贱伤农”、“菜贵伤民”就会成为常态。

2. 重新定位农产品运销在经济发展中的作用

农产品运销的意义不在于自身，而在于其连接的“两头”：生产农产品的农户与消费农产品的消费者。

首先，从农产品的生产者——农户角度看，中国面临的主要是“三农”问题。“三农”问题关乎中国现代化建设和社会稳定发展的前途和命运，如何破解这一问题成为中国农业发展政策的终极目标。多年来，社会各界一直在从不同的角度探索破解“三农”问题的途径和方法，但始终没能跳出生产导向的政策取向。诚然，生产导向的政策在农业增产方面取得了显著的成效，但在农民增收方面遇到了一个难以逾越的障碍：农业先天的产业属性所决定的生产比较利益较低（即使是农业已经高度产业化和现代化的国家，也要给予农业巨额财政补贴）。而如果通过价格补贴增加农民收入，尽管可以提高其积极性，增加产量，但并不一定会最终增加其收入。因为中国农产品市场的卖方（农民）接近完全竞争，而买方（收购商）却形成相对垄断。再加上农产品生产由于显著的自然属性和漫长的生产周期而导致供给弹性很小，这一弹性特征进一步强化了买方的垄断势力。补贴只会扰乱正常的供求关系，导致价格更大波动，最终农户能否获得“好处”并不确定；而且，农产品属于“上游产品”，其价格上涨必然以逐级放大的形式在工业品价格体系中传导，导致工农产品价格的轮番上涨。这不仅无助于农业与非农业收益差距的缩小，而且会使价格运行陷入恶性循环，最终可能带给农村居民更大的生活负担。

其实，理论与实践都已经证明在农村的三次产业中，二、三产业的附加价值高于一次产业，其中农产品运销产生的附加价值尤其明显。只要能改变目前

① 从前面关于“最后一公里”的分析可以看出，农产品从田间到餐桌由于空间位移效用而产生的价值增值的大部分都被消耗在了“最后一公里”。

“散、乱、盲”的运销组织方式，提高农产品运销体系的效率，就可以为农民增收作出事半功倍的贡献。而且，如果考虑到中国目前农产品运销体系的主体仍然以农民为主，支持运销体系发展其实就是支持农民，这本来就是“三农”政策的题中之义。

另外，生产导向的农业政策还有一个被忽视的缺陷：该政策只注重了农村、农业的价值生产、价值增值，却忽视了“价值留存”。对于解决“三农”问题来说，仅重视农业生产的价值增值是不够的，价值增值部分有多少留在了农村、留在了农户手里才是至关重要的。近年来，对农业生产的支持力度有目共睹，但是城乡差距不但不见缩小，且有扩大趋势，其中一个重要原因就是生产发展带来的价值增值并没有“留存”在农村，而是通过“最后一公里”被城市拿去了。而要将价值增值“留存”在农村，缩小城乡差别，有效的方法就是构筑一个包含有利益分享机制的现代农产品运销体系——因为农产品运销是联系城市与农村、农民与市民的最主要的纽带。

其次，从农产品的消费者角度看，中国面临的最主要问题是农产品的安全供应问题，既包含质量安全，也包含数量安全。近几年由于食品安全事件频发，质量安全引起了各界的普遍重视，各地加强了食品质量安全追溯制度的建设。但是，如果农产品运销体系仍然延续着原始的方式，这些制度、措施到底能在多大程度上保障食品安全？不得不打一个问号。

农产品供应的数量安全问题同样令人担忧。中国目前正处于工业化、城市化最迅速的时期，一方面，城市消费规模不断上升；另一方面城市郊区农产品种植面积不断减少，蔬菜生产基地从大城市郊区逐步转向外地农村，运销半径不断扩大。现有脆弱的运销体系到底能在多大程度上应对运送半径、规模的不断扩大带来的挑战，令人担忧。

以北京为例，2007 年时，北京市每年消费的蔬菜中有 30% 来自郊区生产，70% 来自外地①。而到了 2010 年，根据前文对北京市蔬菜来源分布情况的描述可以看出，即使在本地蔬菜上市的旺季 7、8 月份，北京市自产的蔬菜也只占到其消费总量的 17% 左右，在 12 月至次年 4 月的冬春季节，这一比例甚至只有 6% 左右，也就是说，2010 年北京市蔬菜供应的对外依存度平均达到了 80% 以

① 参见罗佳、张可明、赵睿《北京市蔬菜供应安全浅谈》，《科技潮》2008 年第 11 期。

上。如果从蔬菜的储备来看，状况更加严峻。从2011年北京市的蔬菜储备来看，全市每天的蔬菜需求量为2万多吨，但全市日常蔬菜储备量仅有1万吨，只能保证半天用量。粗略计算，一旦发生雨雪或其他地质灾害，导致外地蔬菜不能进京，北京储备的蔬菜只能保证供应学校和医院等重点单位，普通市民做完两顿饭后可能就无菜下锅了①。蔬菜供应的数量安全问题显露无遗。

不仅北京市，各大消费城市的基本情况也都不乐观。为了确保城市农产品供应安全，各市都在加紧与周边地区共建蔬菜供应基地。但是，这些基地的蔬菜最终还要靠运销体系才能来到餐桌上。

另一个值得注意的趋势是随着城市化发展、收入水平的不断提高，内地消费城市正在崛起，这些消费城市的崛起必然对现有农产品产销版图产生冲击，引起各蔬菜供应圈之间的竞争，对中国现有的农产品运销体系构成挑战。

3. 农产品运销支持政策的方向建议

农产品运销的弱势地位及其后果表明需要政府政策的大力扶持；农产品运销之于生产者与消费者的意义表明它是一个公益性很强的领域，政府政策有理由扶持；而农产品市场由卖方市场向买方市场过渡、消费结构开始决定生产结构，市场控制权已经由生产领域转向流通领域，流通在引导消费和延伸生产增值方面的作用日益强化的背景，则为政策支持提供了绝佳的“时间之窗”，支持政策的巨大效应可期。

那么如何支持农产品运销体系呢？运销支持政策必须结合中国农产品运销的现状、“三农”问题、农产品安全供应问题来综合考虑。本文提出两个支持方向：一个是支持农产品运销的基础设施建设，改善农产品运销的投资环境，将运销增值的隐性地位“显性化”，吸引民间资本的进入，形成良性循环，从根本上改善中国农产品运销的硬件环境。二是扶持农民运销主体的发展壮大，从根本上改变农产品运销“散、乱、盲”的状况。立足于现状可以发现，农产品运销体系的主要主体是农户、农村里的经纪人，也就是农民。农产品运销体系中的诸多弊端尽管来自于此，但是，不能因此把他们排除在扶持对象之外，反而应该以他们为扶持的主要对象。只有当这些主流的草根主体在激烈的竞争中不断壮大起来，才能从根本上改变中国农产品运销体系的脆弱性。而且，只有把农户、经纪

① 参见http：//news. cn. yahoo. com/ypen/20110116/172277. html。

人作为主要扶持对象时，才能实现运销增值的分配对象“农民化”，从而才会促进“三农”问题的解决。实际上，从农户、经纪人发展壮大起来的专业化的民营运销企业在全国已有很多，不少企业已开始在全国各地设点布局，构筑全国性的运销网络，根据编写组走访的结果看，他们现在呼声最高的要求就是政策支持。

目前，针对农产品运销体系中的种种弊端，不少部门已出台了不少支持政策，如着力培养大型的农业龙头企业、推动“农超对接”等，都取得了不错的效果。但是，从改善中国整个农产品运销效率角度看，其作用不应被夸大，毕竟在农产品运销领域“主角”是农民，龙头企业只是“配角”，这点与其他领域不同，政府制定扶持政策时需要考虑。

主要参考文献

周应恒：《农产品运销学》，中国农业出版社，2006。

胡振虎：《中国农产品物流产业发展模式研究》，华中农业大学硕士学位论文，2005。

刘东英：《农产品现代物流研究框架的试构建》，《中国农村经济》2005 年第 7 期。

刘东英：《中国生鲜蔬菜物流体系研究——制度、组织与交易效率》，浙江大学硕士学位论文，2005。

陶君成、初叶萍：《中美农产品物流的分类比较》，《经济社会体制比较》2010 年第 1 期。

赵友森、赵安平、王川：《北京市场蔬菜来源地分布的调查研究》，《中国食物与营养》2011 年第 8 期。

左晓戎、李方、刘方、王涛、杨万生、赵源、冀浏果、左建丽、李治、吴晓英、段新、杨道兵：《粮食公共运输资源现状与发展分析》，《粮油食品科技》2010 年增刊。

国家粮食局：《粮食行业“十二五”规划专栏系列报告》，http：//www. chinagrain. gov. cn/sywzt/syw/zt6. html。

张西华、包中海：《农产品流通网络体系的构建与研究》，《经济研究导刊》2010 年第 24 期。

贺登才：《中国农产品物流现状与政策导向》，中国物流与采购网，2006 年 2 月 24 日，http：//www. chinawuliu. com. cn/xsyj/class_ 56. shtml。

罗佳、张可明、赵睿：《北京市蔬菜供应安全浅谈》，《科技潮》2008 年第 11 期。

黄祖辉、刘东英：《中国农产品物流体系建设与制度分析》，《农业经济问题》2005 年第 4 期。

安玉发、陈丽芬：《中国农产品出口市场细分研究》，中国农业大学出版社，2009。

Development and Prospect of Chinese Agricultural Distribution System

Zhai Liushuan

Abstract: Chinese agricultural product distribution system is complicated, and statistical system is always missing. How to describe the status of the agricultural products distribution has been a problem. The text firstly stats the agricultural production and distribution structure of production and consumption, including production, sales, import and export structure of major agricultural products in the provinces, describe the distribution pattern of food, fresh agricultural products (vegetables, fruits, aquatic products, meat and poultry) and other major agricultural products. Secondly, through field research and literature review, the text describes the mode, principal part, distribution operations and process of Chinese agricultural distribution system. Finally, the text reflects our existing production-oriented agricultural development policies, points out that the national agriculture policy focus should be promptly transferred to the marketing field, and discusses future policy direction.

Key Words: Agricultural Products Distribution; Agricultural Products Logistics; Fresh Agricultural Products

B.4

专题报告1

农产品经纪人现状分析与发展

张元宗*

摘　要： 本报告首先对农产品经纪人的发展沿革进行阐述，接着分析农产品经纪人在社会经济发展中的作用，通过比较农民经纪人、农村经纪人，进一步明确了农产品经纪人的内涵及特点，并在分析中国农产品经纪人的发展现状及问题基础上提出相关的政策建议。

关键词： 农产品流通　农产品经纪人　农民经纪人　农村经纪人

农产品作为主要依靠自然周期而生产的产品，在社会经济发展中的地位和作用不可谓不高。民以食为天，无论是作为城乡居民直接端上餐桌的日常消费品，还是工业品的原材料，抑或加工食品，都需要经过大的流通过程。由于农产品的生产受到土壤、气候等因素的影响，农产品就因这些自然因素而形成以地域特色为鲜明特征的特产，与之相应的，农产品的流通大致形成几条路径：一是本地生产本地消费，二是一地生产多地消费，三是一国生产全世界消费，四是季节性生产常年消费。在由生产地到消费地的转移过程中，除了少部分由生产者直接卖给消费者（含加工业者）外，基本都要经过农产品经纪人的活动才得以实现。可以说，是农业文明催生了商品交换，有了商品交换，又孕育了农产品经纪人，从这个意义上讲，农产品经纪人是一个既古老又年轻的职业。

* 张元宗，中国农产品流通经纪人协会常务副会长，先后从事商品流通和商业网点规划建设管理工作，曾主管供销合作社系统法制工作，主持撰写了供销合作社系统“四五”、“五五”普法教材，参与了《农民专业合作社法》立法的全过程，近年来致力于农产品流通工作。

一 农产品经纪人的发展沿革

经纪人是商品交换关系的产物，也是农业文明的产物，其存在和活动在中国有着悠久的历史。据史料记载，早在西周时期就出现以管理市场职官为身份，由官府指派的经纪人——质人。在西汉初期，市场上就有说合牛马交易并收取佣金的人，称为驵侩，后变为牙商，或马侩、市侩、牙人、牙郎等。马侩给牛马看牙齿论价，马牙的多少或损缺程度可观马之年龄及其健壮与否，故称“牙侩、牙人、牙郎”。

宋初，官府向牙人发放身牌和制定“牙人付身牌约束”，遇有商贾贸易，牙人要对其宣读，牙人本身受付身牌约束，不能逾越。元代又改称船牙。

明代，官府设官牙，其职责是收取商税、契税、管理市场、主持口岸对外贸易。从事中介活动的牙行、牙人要领牙贴，每贴收银若干，牙贴就是牙税，领有牙贴才是合法经营。

清初，乾隆以后，海禁开放，只允许广州一口岸对外贸易。行商在“承商”时都要在户部领“部贴”，办理立案，费用数万两。牙行的发展受到很大影响。

中华民国成立后，为了大力发展商品经济，当时的《六法全书》、《民法总则实行法》专门规定了有关经纪人的各种法律，承认了经纪人活动的合法性，并对经纪人权利和义务作了相应的规定，促进了农产品经纪人的发展。但总的来说其地位比较低，从事一般现货商品中介，在各大城市都有他们的足迹，被称为“掮客”（替人买卖货物从中得到佣金），上海称之为“黄牛”。

1949年新中国建立以后，农村经纪业是在夹缝中求生存、谋发展。1950年11月14日，中央人民政府贸易部发布了《关于取缔商业投机的几项指示》，对当时的官僚资本采取了没收政策，对民族资本采取限制改造的政策，证券和各类物资交易所被关闭，对经纪人和投机商人分别采取利用、改造、取缔等措施。1956年，“一化三改”任务完成后，实行了高度集中的计划经济管理模式，不承认商品生产和交换，在这种体制下，经纪人完全失去了存在的土壤，在农村，经纪人被当做“资本主义尾巴”割掉了。

党的十一届三中全会以后，农产品经纪人的发展大致可分为以下三个阶段。

（一）自发形成的地下经纪

党的十一届三中全会以后，中国开始经济体制改革，扩大市场机制调节作用。伴随商品经济的发展，农村的经纪活动首先开始出现。但由于认识上的不足，政策上对经纪活动还是以打击、限制为主，各种经纪活动一般都非公开进行。国务院在1981年6月颁布的《关于加强市场管理，打击投机倒把和走私活动的指示》及1981年8月颁布的《批转关于工业品生产资料市场管理规定的通知》中，都把“黑市经纪”列为非法经营。但是，商品生产的发展，对计划经济的冲击日益强劲，使得各种物资供应渠道和商品流通渠道都有人参与中介，“买空卖空”、“倒买倒卖”禁而不止。于是，国务院又于1985年3月颁布《关于坚决制止就地转手倒卖活动的通知》，规定“不准经纪人牵线挂钩从中渔利”。1987年颁布了《投机倒把行政处罚暂行条例》，同时加强对公司的整顿，经纪人又被迫转入“地下”。在这一阶段，一方面国家政策三令五申打击限制经纪活动；另一方面随着市场经济的不断发展，地下经纪人又在自发地适应商品流通的需要。

（二）在探索中恢复与发展阶段

1984年，党的十二届三中全会提出中国社会主义经济是公有制基础上的有计划的商品经济。1987年党的十三大进一步提出社会主义有计划商品经济的体制应该是计划与市场内在统一的体制。党的改革开放政策极大地解放了人们的思想，提高了人们对与商品生产有密切联系的经纪人的认识，中国经纪人进入了一个新的阶段。

1986年，重庆市工商局批准成立了全国第一家经纪人公开活动场所——重庆市工业品贸易中心。武汉市工商局也于1987年11月开展了经纪人活动试点，批准成立了正式的经纪人组织，116名经纪人取得了合法资格。此后，深圳市、海口市、广州市、上海市、南京市等地工商局也在充分肯定经纪人的积极作用的前提下，积极探索对经纪人的培育和管理。此时，农产品经纪人也开始活跃在社会经济生活的许多领域。

（三）快速发展规范阶段

1992年，党的十四大提出建立社会主义市场经济体制，彻底解放了人们的思想，从此中国经纪人进入了全新的发展阶段。各地陆续制定法规、规章，明确经纪人存在的合法性和正当性，保护经纪人合法权益，对经纪人进行监督管理，引导经纪业健康发展。福建、山东、广东等省人大以条例形式颁布了经纪人管理地方法规；济南市、上海市、四川省等省市以政府令形式颁布了经纪人管理的地方规章。国家工商行政管理局在部分省市制定地方法规规章的基础上，于1995年10月26日颁布了中国第一部规范经纪人活动的全国性行政规章——《经纪人管理办法》。在政府的保护和推动下，经纪人发展迅速。经纪人广泛活跃在农产品和农业生产资料的产供销、农产品期货、农业科技、农村产权、农村文化体育等各类市场上，以其熟练的专业知识和社会化服务，在沟通供需、活跃流通、传播信息、引导生产、促进社会资源的合理配置等方面，发挥着日益重要的作用。

农产品经纪人所发挥的重要作用得到了党中央、国务院和地方党委、政府的充分肯定。早在2000年中共中央、国务院《关于做好农业和农村工作意见》（即2000年中央一号文件）中就指出，“改革以来日益活跃的农民经纪人队伍和各种形式的民间流通组织，是搞活农产品流通的重要市场中介，是推动农业结构调整的一支重要的力量”。

2003年，由中华全国供销合作总社申请，原国家劳动和社会保障部批准，将农产品经纪人作为一个正式的职业纳入国家的职业大典，并制定了相应的职业标准。

2004~2011年的所有中央一号文件，包括国家的“十二五”发展规划、国务院2009年40号文件均把发展农产品经纪人或农村经纪人或农产品经纪人，作为搞好农产品流通，发展现代农业，推进新农村建设的重要措施列入其中。

在此背景下，经国务院领导同意、民政部批准，于2007年底成立了广大农产品经纪人的联合组织——中国农产品流通经纪人协会。

二　农产品经纪人在社会经济发展中的作用

（一）农产品经纪人的概念

在论述农产品经纪人的社会作用之前，需澄清或统一一个概念，即为什么国家职业分类大典称之为农产品经纪人，而不叫做农民经纪人或农村经纪人。根据

《国家职业分类大典》，农产品经纪人是指从事农产品收购、储运、销售以及销售代理、信息传递、服务等中介活动而获取佣金或利润的人员。但是在目前的表述上非常混乱，在前面的介绍中也可以看得出来，无论是在党政机关的正式文件，还是在地方社团登记管理机关核发有关社团的名称上，抑或是网络、报刊上，大量出现的是农民经纪人、农村经纪人。他们所要表达的对象，或者主要目的基本是相近或相似的，就是要加强“三农”工作，凸显国家和社会对弱势群体、弱势产业的重视和支持。但是，这些叫法非常不准确，对其长远发展也产生了一些制约或影响。

农民经纪人核心是要突出农民是这个职业或行业的主体。但是，什么是农民，目前没有一个准确的概念。按照不同的标准划分，农民的数量是不一样的，按户籍划分，有9.3亿多农民，按居住地划分，却只有7.8亿农民。随着城乡一体化发展，农民这个概念可能逐渐成为历史。没有了农民，并不等于没有农业生产和农产品流通。可以说，只要有人类，不管多么现代化，不管城镇化水平多高，像有的发达国家，农业人口不到总人口的1%，农业在GDP中的比重微乎其微，但是，农业生产和农产品流通依旧居于重要的战略地位。同时，农民经纪人这种说法，还有其明显的弊端：首先，它限制了非农人员和社会各界参与农业和农村工作，其次是限制了农民的业务活动范围。

农村经纪人虽然把农民的经纪活动范围扩大了，扩展了国家对农民开展经纪活动的支持和保护范围，但是，这与国家的“三农”政策是不一致的。国家免除的是农业税，主要是支持和鼓励农民加强农产品生产，并通过农产品生产，获取比较高的经济收益，这样，在保障农民收益比较高的情况下，也能确保城乡市场供应。如果农民不种地，发展工业、旅游业等非农产业，国家同样要征税。因此，农村经纪人这个称呼的弊端就是强化了农村与城市的二元结构，淡化了国家对农业、农产品生产经营活动的支持力度，也把农民的活动限制在农村，割断了农村与城市的天然联系，违背了商品的流通规律和要求。

从党和国家的本意看，发展农民经纪人也好，发展农村经纪人也好，实际上是鼓励大量的从事农业生产的农民随着科技进步、劳动效率提高，陆续从第一产业分离出来从事第二、第三产业，尤其是要加强农产品流通，解决农产品卖难问题，让农民真正做到增产增收，帮助亿万农民从农业中走向富裕道路。然而，农民经纪人、农村经纪人这些提法虽然通俗，但不科学，没有准确表达应有之意。

首先，它不符合农产品流通的客观规律，农民生产出的农产品，其用途从大的方向划分就是两种，一是作为加工业的原材料，二是作为直接的消费品进入千家万户的餐桌。它们主要的流通线路和方向，就是从田野流向工厂、批发市场、超市，从农村流向城镇。光有农民的参与，没有城镇机构和人员的参与和连接，是不能顺利完成这个流通过程的。其次，不利于统筹城乡经济的协调发展。要顺畅地完成农产品流通，确保农民增产增收，不仅依赖于大量的资金、信息，也需要大量现代科技作为支撑，这些都是农民和农村自身难以解决的。从现实情况看，参与农产品流通或者参与农业产业化的，有大量的非农机构和人员，正是他们的参与密切了城乡之间的有效联系，促进了农业产业化的形成，促进了城乡经济的发展和市场的繁荣，这也正是党中央提出统筹城乡协调发展的意义所在。而叫农产品经纪人就不存在这些问题，只要是从事农产品流通的都可以参与，农民可以进城，城里的人和资金可以下乡，农民可以与相关的人员和机构自由合作，顺畅地完成农产品的产业化链条。特别是这一名称能够准确地表达这种职业人的基本功能，更有利于国家专项政策的强化。所以，在组建全国性的联合组织时，国家民间组织管理局采纳了我们的意见，定名为中国农产品流通经纪人协会。

（二）农产品经纪人的作用

伴随中国农业生产迅猛发展所产生的各类农产品经纪人及其联合组织，虽然总体水平还处于初级发育阶段，但是它们在引导农民发展商品经济，降低农民对外部交易成本，满足城乡市场供应，增进农民收益，追求社会公正，促进社会和谐等方面显示了积极的作用。

1. 将农业再生产诸环节联结为一个完整的产业系统

农产品经纪人作为一种特殊的微观经济组织，有效地改变了传统计划经济体制下农业产业被割裂、农业再生产各环节的内在联系被行业、所有制、城乡等人为截断的弊端，将农业再生产过程的产前、产中、产后诸环节联结为一个完整的产业系统，引导分散的农户小生产转变为社会化大产业，为农业形成大产业、进入大市场、获得大效益创造了条件。调查了解发现，基本上是一个出色的农产品经纪人可以带动当地一个产业，帮助一方农民致富。如河北省迁安市沈秀华、许晓冰等几个农产品经纪人，就把全市板栗、杂粮、红薯、花生几个产业带动起来了。

2. 稳定了家庭联产承包责任制，完善了统分结合的双层经营体制

从各地的实践来看，家庭经营的问题和困难，有许多方面是由于统一经营职能发挥不够而引发的，进而影响到家庭承包经营潜力的持续发挥，而培育和发展农产品经纪人及其组织功能的实现，有助于解决这些问题。农产品经纪人使农户由分散购销变成集中购销，批量交易有助于农户争取有利的交易条件，如享受数量折扣、送货上门、技术服务等，可以有效地降低交易成本，简化交易关系，从而把组织的优势和农户独特的生产潜力实现较好的结合。

3. 强化了信息传播，促进产前引导

农产品经纪人凭借自身的专业性和中介组织的优势，把握信息有很强的针对性、系统性和连续性。农产品经纪人往往经纪的品种是比较单一的农产品，所以对某种农产品供求的有关信息掌握得比较完整，而且对这种农产品供求的发展变化、价格的走向等，一般有准确的分析和判断。在从事生产经营的过程中，将各地的市场信息、技术信息、产品信息等及时向农民传递，有效地解决信息不对称问题，从而能够指导农民调整经济结构，避免生产的盲目性，减少农民的损失。

4. 加快了农产品流通过程

在复杂多变的市场经济条件下，对农产品流通时间以致生产周期都有较高的要求，而不同类型的专业市场，又都因市场主体和市场客体的不同而具有不同的交易特点和交易规则。如果农民仅靠自身能力单枪匹马地去完成自己的交易工作，不仅增加交易成本，而且也可能因市场供求关系发生变化而丧失时机。农产品经纪人既具有丰富的交易经验和交易技巧，对买卖双方的行情比较熟悉，又拥有集中的市场信息，因而可以比较顺利地开展中介业务，以理想的价格、最短的时间实现交易，从而大大加快农产品流通的过程。

5. 推动了农产品加工业的发展

经纪人的出现及其职能的专业化，有助于农产品加工企业专心致志于本职工作，如农产品加工企业可以和经纪组织签订长期的合同，由经纪人负责原材料的采购或产品的经销，收取一定的佣金。这对于农产品加工企业来说，可以在一定程度上节省费用，腾出精力来抓产品的开发与生产，提高专业化水平和产品竞争力，把其他职能交给经纪人去完成，这本身是一种合理的社会分工，必然会产生分工合作的乘数效应。

6. 促进了农村剩余劳动力转移

一方面，通过邻里效应，使一批从事生产的农民分离出来，加入到农副产品流通大军中去，率先走上富裕的道路；另一方面，通过大户带小户，使农副产品营销规模不断扩大，同时创造其他需求，拉动农村运输业、商饮业等非农产业的发展，转化吸收大批农村剩余劳动力。对农民而言，正是由于各类农产品经纪人队伍的壮大，使他们没有销售之忧，能够根据农产品经纪人提供的市场信息，积极地发展多种经营和特种种植养殖业，带动当地主导产业、骨干项目的形成和自身收入的增加。

实践证明，在因城乡经济快速发展而进行的经济体制改革和行政管理体制改革的过程中，在打破计划经济体制下形成的统购统销的农产品流通体制和农资供应体制，探索新的农产品流通方式的大背景下，主要由农民中的优秀分子所构成的农产品经纪人及其联合组织是一种比较有效的组织形式，它与中国以家庭承包经营为主体、单体规模小、实力弱的基本农业生产格局比较相适应。由于中国的宪法和土地承包法、物权法等法律对以家庭承包经营为基础、统分结合的农业基本经营制度的确立，中国以农户为基本经营单位、独立从事农业生产经营活动，并将农业作为农民主要的就业和社会保障来源的大格局还将维持相当长的时间，这也是中国在整体推进城镇化、工业化和农业现代化过程中，与大多数西方发达国家乃至很多发展中国家相比，最为突出的特点，从而也预示和表明：农产品经纪人将长期存在，并在发展农村经济、建设现代农业、帮助农民致富奔小康、推进新农村建设、构建社会主义和谐社会中发挥愈加突出、更加重大的作用。

三　农产品经纪人的发展现状

（一）农产品经纪人概况

1. 农产品经纪人基本情况

经过三十多年的发展，农产品经纪人的队伍不断壮大。据中国农产品流通经纪人协会调查统计，目前在全国已经形成一支600多万人的庞大队伍。他们常年活跃在流通领域，成为经销“菜篮子”、“果盒子”、“米袋子”产品的生力军。“买全国、卖全国”已逐步成为常态，农产品供应的季节差别、地区差别不断缩小，市场繁荣，购销两旺。事实充分说明，农产品经纪人在搞活农产品流通、保障城乡居民消费品供应、繁荣城乡经济、增加农民收入、推动农业产业结构调整、转移农村剩余劳动力等方面作出了积极的贡献。浙江省提供的资料显示，蔬菜、水果、花卉、生猪等主要农产品流通量的80%以上由农产品经纪人完成。据青海、内蒙古、甘肃、宁夏等农产品经纪人协会调查，土豆、蔬菜、小杂粮的90%以上的流通量由经纪人完成。目前各类农贸市场、农产品批发市场90%的货源来自于农产品经纪人。山东金乡县大蒜信息协会提供的信息表明，所有外销的大蒜基本由经纪人所掌控。根据中国农产品流通经纪人协会的调查估计，2010年经由农产品经纪人完成的农产品在2万多亿元以上（不含加工品）。

除了600多万常年性的从事农产品经纪业务的人员外，还有大量的短期、季节性的从业人员。在600多万农产品经纪人中，经过长期或短期培训的达70%以上，取得国家职业技能鉴定机构颁发的资格证书的有40万人（主要为初级），其中取得中高级资格证书的近2万人。在各级工商管理机关登记注册的60余万户，经纪执业人员逾100万人。

在600多万农产品经纪人中，以从原来的种植业者中分离出来的人员和城镇下岗为者为主。从中国农产品流通经纪人协会的调查中发现，做得比较早、规模比较大的相当一部分是以前县市、乡镇供销合作社经营农副产品的职工。

从带动能力来看，据调查了解，60%以上的农民专业合作社是农产品经纪人领办的，据吉林省延边州农产品经纪人协会调查统计，全州现有州、县、乡农产品经纪人协会75个，90%的专业合作社理事长由经纪人担任。

从文化程度看，农产品经纪人以初高中文化程度为主，小学文化程度次之，也有少量的大专毕业生。目前，青岛农业大学已开始探索设立农产品经纪专业，从在校大学生中培养新型农产品经纪人。

从年龄上看，以30~55岁人员为主。

从地区分布看，东部地区与西部地区相比，无论是从业人员数量，还是经营规模上，东部明显占优势。

2. 农产品经纪人组织化建设现状

随着农产品经纪人的出现且队伍不断壮大，他们在搞活农产品流通、调整农业产业结构、带领农民增收致富等方面发挥的作用越来越大。一方面，经纪人自身迫切需要组织起来，解决自身难以解决的问题，并得到更多的支持和帮助；另一方面，政府也需要对这个群体进行组织和引导，让他们更好地为社会服务，为农民服务，并规范健康发展。在这样的大背景下，自2000年宁夏回族自治区率先成立第一家省级农民经纪人协会开始，到目前为止已有22家省级协会，四川、重庆、辽宁等省虽然没有成立省级协会，但是已成立了大量的市、县级农产品经纪人协会，截至2010年底省级以下的农产品（农村、农民）经纪人协会和农产品产销协会达3000多家。从宁夏、黑龙江、吉林、河南、湖北、浙江、河北、山西、内蒙古、青海、甘肃、新疆等22个省级协会的情况看，省级协会的规模大小不一。最少的会员数只有100多个，最多的达3200个，平均626个。会员分为团体会员和个人会员。团体会员包括地县乡级经纪人协会和有关流通方面的协会、农产品加工企业、专业合作社、批发市场、连锁配送企业、供销合作社等；个人会员包括农产品经纪人、有关的专家学者等。

但是，从总体看目前的农产品经纪人组织化建设的发展还只是初级水平，主要表现在以下几个方面。

（1）组织体系还不够健全。地市级的协会的占有率只有34%，县市级的占有率仅38%。

（2）吸引力不大，经纪人入会率低。已有的协会无论是省级的还是地、县乡级的，农产品经纪人入会率都比较低，最高的也不到25%，真正有实力、有影响的经纪人和经营组织入会的也不多。

（3）没有完全走上正轨。基本没有专门的工作人员，主要是兼职的，经费也没有保障，有的虽然有网站或网页，但是内容并不多，更新也比较慢，根本满足不了服务会员的要求，因此除了江苏省、浙江省之外基本都不收会费，与会员的关系较为松散，以至于少数会员还不知道自己是这个协会的会员。

3. 农产品经纪人从业现状

目前，很多农产品批发市场还是露天交易，地面尚未硬化，市场中水、电路配套建设差，而且没有农产品的保鲜、物流配送等配套设施建设。没有建立农药残留检验检测系统，农产品检疫制度不完善。服务功能相对来说比较单一，仅是提供集中的交易场所而已，再加上流通过程中交通、保管等成本的增加，加大了农产品经纪人的从业困难，行业从业人员流失严重。同时由于资金、信息和经营实力有限，不仅不能利用自身的资金实力进行旺储淡销，组织大规模农产品流通，为农产品提供稳定的销路和合适的价格，甚至由于其缺乏对市场总体趋势的把握能力、应对风险的能力都十分有限，在市场经营中容易跟风，很容易造成市场的大起大落。

4. 经纪人协会主要业务活动

从22个省级协会目前开展的主要业务活动的情况看，主要集中在以下几个方面：

（1）对农产品经纪人的现状进行调查摸底，搞清基本情况。甘肃、吉林、黑龙江等地组织了一定的人力，花了一定的资金和时间，对辖区内的农产品经纪人的数量及其构成、业务活动、相关社团组织的发展情况、农民和经纪人的需求、各地政府对农产品经纪人的态度、经纪人及其活动中存在的问题、供销社与经纪人的关系等问题进行全面的摸底调查，在此基础上，提出协会的工作思路。

（2）通过争取政府关于转移农村剩余劳动力的阳光工程资金，或与妇联、共青团等组织联合利用他们提供的资金，或向政府直接争取纳入到政府的相关工程之中获取一定的资金，或供销社自己从资产收益中拿出一定的资金，利用自己的直属院校和技能鉴定站点，对农产品经纪人进行培训，并对考试合格的发给相应的职业等级证书。这个方面的工作比较突出，平均每个省培训的人数都在5000人以上。通过培训提高了供销社对农产品经纪人的吸引力，现有的农产品经纪人会员主要是靠这种方式吸纳进来的。同时也产生了较好的社会影响，多数地方的政府对这一做法给予了肯定，部分地方还给予了资金支持。镇江等地将农产品经纪人培训列为政府为民办实事的内容之一。

（3）加强机构体系建设。目前，宁夏、吉林、黑龙江、山西、江苏等省已初步建立起省、市、县、乡的经纪人协会组织体系，为开展工作创造了基本条件。

（4）加强信息系统建设为农产品经纪人开展业务活动提供帮助。目前，22个省级协会均建立了自己的网站（或网页），有的还办了专门的内部刊物，还有的专门组织农产品经纪人展销会，或组织经纪人参与全国性或区域性的农副产品展销会和博览会。吉林创建“吉禾网”互联网站，并与一家科技公司合作，在两个县的200多个行政村进行“黑土地信息连锁互动网”试点，让当地农民在网上发布供求信息和网上交易，仅半年时间就实现交易额近700万元；山西建立了门户级的农民经纪人协会网，2011年底前准备实现与市县乡级协会的链接；河北等地利用协会会刊及时刊登会员的业务信息，都起到了一定的效果。

（5）加强宣传，提高农产品经纪人的社会影响和知名度。吉林、甘肃、江苏、浙江、河北等省组织评比百强农产品经纪人，并在媒体上广为宣传，河北在社会上出现“黑经纪”的声音，影响到农产品经纪人的整体形象时，及时从正面推出经纪人的典型，广泛宣传，消除了人们对农民经纪人片面的、负面的评价，提高了协会的社会影响和对农产品经纪人的吸引力。

（6）提供业务帮助，维护他们的合法权益。例如：山西省农民经纪人协会主动与有关方面协调，解决农产品经纪人因没有出口经营权而影响业务经营的问题；宁夏帮忙协调农产品的绿色运输通道的问题等。

总之，农产品经纪人非常希望有人帮助他解决很多他们自身难以解决的困难和问题，政府也希望有组织出面把农产品经纪人组织起来，建立一个良好的市场秩序，完善社会主义市场经济体制。但由于多种原因，目前协会在体系建设和组织功能发挥上，都不能满足广大农产品经纪人和政府寄予的希望，仍亟待加强和提高。

（二）农产品经纪人类型

由于农产品的范围较广、不同地区的经济发展水平差异较大、各地经营方式和习惯不同，人们在划分农产品经纪人类型的标准很多。从中国农产品流通经纪人协会的调研情况看，目前农产品经纪人大致有以下三种类型。

1. 销售型

主要为当地农产品找市场，把农产品销售出去，即直接从事购销业务。从事这方面业务的，绝大多数属于初入市场的。

2. 信息型

主要提供需求信息，指导农民进行生产销售，经纪人本身不从事购销活动，其收入主要来自农民的销售提成。比如，河北唐山市一部分经纪人自己开设专业网站搜集和提供蔬菜、果品等方面的供需信息，新的品种、种植、保鲜、储藏、加工技术信息，为农民的产品找到好的销路、卖出好的价格打下基础。山东金乡县大蒜信息协会就是把周围四省七个主产县的大蒜经纪人联合起来，分片包干，将种植面积、产量、储藏量、成交量、价格等及时汇总，很快用手机发布给农户、经营户及政府有关部门，同时从中收取一定的信息服务费。

3. 复合型

既从事农业生产，又利用自身信息优势搞销售；或者既搞加工储运业务，又从事农产品的购销业务。这一类的经纪人综合实力比较强，在中国农产品流通经纪人协会组织的2010年度全国百强农产品经纪人评选活动中，进入百强的农产品经纪人年经营额在亿元以上的有71名，销售额最高28亿元，平均年经营额3.1亿元；利润最高3.1289亿元，平均年利润2173万元；资产总额最高27.4148亿元，平均资产总额1.4亿元；安排就业最高2.12万人，平均安排就业数2123人；带动农户数最高33万户，平均带动农户数2.6万户。这些百强经纪人的一个共同点就是：综合经营。

（三）农产品经纪人发展趋势

从三十多年的发展情况看，农产品经纪人的业务范围不断拓展。从当初以当地盛产的粮食、蔬菜、水果、畜禽、禽蛋以及其他农副土特产品为主，逐步拓展到农用生产资料、日用工业品、农产品深加工领域；经纪区域由以县域为主逐步向省内和全国辐射，一些经纪人营销区域的触角已伸向国外市场。另外，农产品经纪人的经纪模式也不断创新。组织形式逐步形成了“市场+经纪人+农户”、“市场+经纪企业+农户”、“市场+行业协会+农户”等多种模式。经营形式由单一的农产品购销发展到购销、储藏、加工、运输“一条龙”服务，从简单贩运逐步向批量销售、契约销售、期货销售和联合销售转变；营销手段也从肩挑手提发展到电话、互联网、电子商务、专用运输工具等现代化方式。

1. 组织形式上，组织化程度逐步提高

由个体经营向公司、专业协会、专业合作社、交易中心、批发市场等经营服务实体转化。

农产品经纪人初期，往往以个体经纪行为出现。他们主要依托批发市场，或与农产品贸易公司合作，进行农产品的经营；经过一段时间的发展，一些有实力的农产品经纪人通过开办农产品贸易公司，与农民、生产基地进行合作；随着《农民专业合作组织法》的深入实施，“新农村现代流通网络工程”建设、“万村千乡市场工程”建设的深入推进，农产品经纪人将更多地依托农村流通网络体系，通过创办农产品营销协会、农业专业协会、专业合作社、农产品贸易中心、批发市场等组织服务实体，或通过加入行业协会、农产品经纪人协会、专业合作社的形式，提高组织化的程度，进行经纪行为。

2. 经营模式上，呈综合性、集约化经营

在改革开放初期，各级政府积极培育市场经济条件下新型农村市场中介组织，农产品经纪人如雨后春笋般发展起来，在数量上实现了迅速扩张，随着资金的积累和营销渠道的不断拓宽，一批率先进入市场的农产品经纪人和农产品运销户，开始从过去的分散经营向规模经营转变。为了能吸引客户，获取更多的利益，公司化、集团化成为农产品经纪人的发展方向。

3. 经营手段上，向现代化方向迈进

技术手段和通信工具的日新月异，使农产品经纪人的装备有了较大改善，运用现代化的营销手段有利于扩大区域范围，提高效率。传真、无线通信等现代通讯手段已成为相当一部分农产品经纪人不可缺少的经纪工具，通过互联网开展营销已开始兴起，今后必将成为农产品经纪人开展经纪活动的重要手段。

4. 经营领域上，向多元化方向拓展

不少农产品经纪人不再单纯地从事农副产品的经纪活动，开始逐步向相关环节延伸，由单一收购、运销型，向生产、加工、保鲜、储藏、运销等一体化经营转型发展。经纪人的服务内容扩展到劳务输出、技术应用、项目洽谈等多方面，由单一功能向综合功能发展较明显。

5. 经营区域上，向全球化方向发展

中国对外开放、加入世界贸易组织以后，伴随全球经济贸易一体化逐渐增强，国际分工日趋紧密，农产品的国际贸易日趋频繁。农产品经纪人作为农产品市场流通的重要生力军，随着经纪业务规模的不断扩大，本地市场已经满足不了经营需求，他们积极开拓新市场，扩大农产品的流通范围，逐步由本地营销为主转向本地与外地、国内与国际并重，实现销售市场多元化，并将在农产品国际贸易中发挥越来越重要的作用。“买全国”、“卖全国”，“买全球”、“卖全球”将成为常态。

6. 队伍发展上，呈螺旋上升式发展

逐步形成行业精英队伍，呈螺旋上升式发展，人员数量的总体趋势将有所减少，人员综合素质有较大提高。

随着国家对农产品市场流通和农产品流通经纪的日益重视，农产品经纪人队伍也会有所变化。人员数量上，开始由少变多，经过市场的自然淘汰和引导整合，然后又会逐步减少；人员素质上，由参差不齐、准入混乱，到逐步提高综合素质和市场准入门槛，整体素质有所提高，涌现出一批农产品经纪行业的精英，并逐渐成为行业的领军人物。

（四）农产品经纪人发展过程中存在的问题

农产品经纪人队伍虽然得到了长足的发展，但长期以来多是自发发展，缺乏行业组织进行切实有效的规范指引，加上成员素质参差不齐，农产品经纪人队伍整体上也面临着许多亟待解决的问题。

1. 信息不灵，缺乏资金扶持

一些经纪人对本地生产状况掌握不足，对外部市场了解不透，在营销过程中，往往各自为政，把目光盯在某一销售地点，更远更大的市场无暇顾及，有时为了自身利益还相互封锁各自获得的市场信息。农产品经纪人虽然运作成本较低，但仍需要一定的资金才能从事经纪业务，目前多数农产品经纪人经纪活动带有很强的季节性，自身积累不够，没有固定的收入来源，承受市场风险的能力弱。国家和地方对于大中型企业都采取一系列的资金扶持政策，这些企业取得资金的渠道多，总量大。而对于农产品经纪人来说，由于受其自身的特点限制，目前国家还没有这方面的专项资金扶持政策，很多经纪人由于受资金限制无法扩大经营规模，而且一旦经纪人经营失败就很可能失去再生能力，很难重新恢复活动。

2. 队伍参差不齐，综合素质偏低

经纪人队伍参差不齐，分布不均，数量偏少，而且多数是小打小闹，敢于大胆开拓外地市场的具备专业化素质的经纪人为数不多。还有一部分农产品经纪人不知道或者不懂得依法开展中介业务，利用法律手段保护自己。

3. 组织化程度总体较低，营销水平不高

以个人为主的家庭式经营，是大多数农产品经纪人管理的模式。大多数农产品经纪人进行的基本上是分散独立的营销活动，集收购、运输、运销于一体的不多。相当部分的农产品经纪人既当采购员，又当推销员，什么产品好销就销什么，什么地方畅销就销往哪里，搞的是一种散兵游勇式的游击战。规模小、实力弱、竞争力不强，很难有效地占领大市场，形成大的产业，并从根本上提高农业和农民的组织化程度，增强对农民致富的带动力。

4. 经营理念不够，违法违章行为时有发生

少数农产品经纪人缺乏诚信经营的理念和长远的经营战略，违法违章的经营行为时有发生。主要表现有不正当竞争行为、侵犯消费者权益的行为、偷税漏税行为、侵犯社会公共利益的行为、侵犯生产者的利益行为，等等。

5. 社会认知度不高，不利于队伍的发展壮大

由于农产品经纪人长期以来处于无序自发发展状态，缺乏必要的宣传，社会认知度不高，甚至还有一些人认为农产品经纪人就是“二道贩子”，盘剥农民的利益，是掺杂使假的主要代表者。加上一些坑农害农事件和假劣食品事件的影响，对农产品经纪人存在一些偏见，导致农产品经纪人的社会公信度不高，以至于在少数地方出现少量的农产品经纪人难以开展业务活动，增加了不必要的交易成本，形成社会资源浪费。

虽然这些问题相对于农产品经纪人所发挥的作用及其在社会上产生的正面影响来说，显得是次要的。但是这些问题如果不给予重视并逐步加以解决，对农产品经纪人的长期发展、对社会主义市场经济体制的逐步完善、对社会主义新农村建设和小康目标的实现，将是不利的。

四　发挥农产品经纪人作用的重要途径

党的十七大及十七届三中、四中、五中、六中全会对于高举中国特色社会主义伟大旗帜，为夺取全面建设小康社会新胜利提出了更高的要求，做出了全面部署。今后十年，是中国全面建设小康社会的关键时期。实现小康社会目标，重点在农村，难点也在农村。解决好农业、农村、农民问题，事关全面建设小康社会大局。“十二五”规划及党的十七届六中全会进一步明确了农业在促进国民经济又好又快发展中的基础地位，提出了把统筹城乡发展，推进社会主义新农村建设，作为夺取全面建设小康社会新胜利的一项重要战略举措，强调要充分发挥亿万农民在新农村建设中的主体作用。这既为广大农产品经纪人投身新农村建设开辟了广阔的舞台，同时为培育和建设一支新型农产品经纪人队伍创造了良好的战略机遇。

（一）加强立法，确立农产品经纪人的法律地位

近年来，农产品经纪人的发展确实如雨后春笋，其作用比较明显，社会影响

也大，但其存在的问题也不可小视。之所以会出现这些问题，与中国的立法滞后，农产品经纪人缺乏法律地位不无关系。先撇开别的行业（如房地产、文体、金融等）的经纪人不说，仅农产品经纪人队伍就达600万之众，而且每年还在以相当快的速度发展。反观目前关于经纪领域的立法工作，就反差太大，迄今，除了1995年国家工商行政管理总局出台的《经纪人管理暂行规定》这么一个行政规章外，就没有别的只言片语。这个规定出台的背景与现在发展现状已经大不相同，而且规定的内容与农产品经纪人业务活动也相去甚远。可以说农产品经纪人基本无法可循。据中国农产品流通经纪人协会调查了解，目前从事经纪活动的农产品经纪人大多数没有在工商机关进行登记。出现这样的局面，一方面是因为登记注册以后会增加很多负担，带来一些不必要的麻烦，导致农产品经纪人不愿意去登记；另一方面也是因为国家缺乏这方面的法律规范，要登记又不知道按什么登记，享受什么权利，又履行什么义务。再者，国家强农惠农富农政策那么多，唯独没有专门针对农产品经纪人的。所有这些，对农产品经纪人的长远发展来说是不利的，对加强“三农”工作来说是不利的，对建立良好的市场秩序、完善社会主义经济体制也是不利的。

因此，加快出台有关农产品经纪人的专项法律法规显得尤为紧迫和必要。通过立法，明确农产品经纪人的法律地位，明确国家的相关支持和扶持政策，加强诚信建设，优化农产品流通环境，促进农产品经纪人健康发展。在国家统一制定经纪人法律法规尚有难度的情况下，可以比照国家制定《农民专业合作社法》的做法（即在出台合作社法还不具备条件的情况下，先搞农民专业合作社法，以便积累经验，待条件成熟时再制定合作社法），先行制定农产品经纪人方面的法律法规，既顺应农产品经纪人迅速发展的需要，又能为整个经纪人立法积累经验，探索路子。有了专门的法律，农产品经纪人的社会地位就有保障，同时对他们的行为就能进行引导和规范，这样，就能在发展中实现规范，在规范中促进发展，逐步地促进农产品经纪人快速健康的发展。

（二）加强培训，提高农产品经纪人的综合素质

建议政府建立培训农产品经纪人制度、农产品经纪人培训考核制度。各级政府要将农产品经纪人的培训工作列为对农民培训的重要部分，积极予以支持，从财政或农业有关培训资金中列出专项资金作为对农产品经纪人培训的必

要经费，以确保农产品经纪人队伍素质的提高。政府或协会聘请专家对农产品经纪人组织或从业人员进行经纪技能、经济合同、市场营销和管理等内容的培训。加强经纪纪人思想素质、知识素质、技能素质和心理素质培训，帮助他们掌握市场学、经济学、市场营销学、价格学等与农产品生产、流通、消费及农业科技需求等方面的知识，不断提高农产品经纪人的职业道德素质和科学文化素质，提高经纪活动的科学性、有效性，树立良好的个人信誉；采取“送出去”和“请进来”的办法，开展与境外农产品经纪人协会的交流，为中国农产品经纪人提供研讨、培训等多种学习交流的机会，以拓展视野和知识面；中国有关部门应不定期实施各种经纪人管理制度、服务质量、人力资源、技术等多层次、全方位的培训项目，全面提升中国农产品经纪人的整体素质和竞争力。

从近几年各地成功经验看，对农产品经纪人的培训可以从这样几个方面入手：一是利用供销合作社和社会其他教育培训机构资源，培训一批农产品经纪人带头人和一大批基层农产品经纪人；二是组织编写实用教学大纲和教材，提高培训的针对性，增强培训的吸引力；三是建立职业资格认证制度，以此促进人才培养向实用化发展；四是多渠道多方式筹集经费，广泛联合共青团、科协、农业等部门，为培训工作提供保障；五是修订《农产品经纪人国家职业标准》，现行标准只设立初、中、高三个等级，没有技师和高级技师，不利于农产品经纪人向更高层次迈进。

（三）加强农产品经纪人协会建设，提高农产品经纪人的组织化程度

按照国务院办公厅《关于加快推进行业协会商会改革和发展的若干意见》的总要求，各级农产品经纪人协会须从以下几个方面加强组织建设。

1. 协会要打好三个基础

一是会员队伍基础，要吸引一大批有影响力的经纪人及同农产品流通相关的经济组织入会，会员整体素质要有明显提高；二是服务网络基础，要初步形成一个遍布城乡、功能齐全的协会服务网络体系；三是市场拓展基础，要打造一个初具规模、具有一定影响力的市场拓展平台。

在以上原则和基础上协会要强化服务功能，要把服务于广大农产品经纪人作

为自身工作的出发点和落脚点，牢固树立服务办会的意识，努力为广大农产品经纪人服务、为广大会员服务。要通过优质服务，打造和创立协会的品牌、形象，提升协会的影响力、凝聚力和竞争力。

2. 开展农产品市场信息化服务

在“准”和“快”上下工夫。通过建立专门网站，打造上下联动的信息通道和经纪人信息员队伍，及时向广大会员提供市场信息、行情预测，积极帮助实现网上交易和期货交易等，为广大农产品经纪人拓展业务创造条件。

3. 开展国内外农产品交流与合作服务

包括组织形式多样的展览、展销、名优产品推介、贸易洽谈、招商引资、打造优质品牌等活动，帮助广大农产品经纪人开拓国内外市场。

4. 开展相关的咨询服务

包括提供有关农产品质量安全、市场准入标准、农用科学技术普及和新技术新产品的推广、咨询，组织编写相关的宣传手册、开展科技和文化下乡活动，为农产品经纪人提供技术支持。

5. 开展法律援助服务

协会要积极帮助会员解决在开展业务活动中出现的法律问题，参与解决国际农产品市场的贸易纠纷，维护国家利益和广大农产品经纪人的合法权益等。

6. 开展融资方面的服务

协会的服务功能将向金融、保险等领域拓展与延伸，加强与国内主要银行、保险公司及世行、亚行等国际金融组织的沟通，帮助农产品经纪人取得资金、保险等方面的支持。

7. 开展与政府相关部门沟通联系的服务

协会要及时向政府相关部门反映农产品流通中的热点、难点问题和农产品经纪人的诉求，积极争取政府授权与委托，为农产品经纪人拓展市场，提高经纪活动水平，争取政策、资金和项目支持。通过这些措施，让协会真正成为广大农产品经纪人创业致富的摇篮、交流信息的窗口、成长进步的大学校。

（四）加强诚信建设，树立农产品经纪人的良好形象

良好的社会信用是建立规范的社会主义市场经济秩序的保证，也是树立农产品经纪人良好形象的重要前提，更是确保农产品经纪人行业持续健康发展的

根本要求。在与农产品经纪人的交流中，感受很强烈的一点就是他们在开展业务过程中，对方不认可他们，总认为他们是游击队，靠不住；农民不信任他们，总认为他们是二道贩子，是坑蒙拐骗的代表。这些为他们打开经营局面加大了难度，这也是很多经纪人加入各级经纪人协会的重要原因之一。从调研情况看，凡是做得较大的农产品经纪人，都非常重视诚信经营，都是诚信的典范。凡是不讲诚信的，最终都没有发展壮大起来。所以，要充分发挥经纪人的作用，增强他们的诚信意识，提升他们的社会公信力非常重要，可以从以下几方面抓起。

1. 加强宣传教育

树立他们的诚信意识，把职业道德、诚信建设作为培训农产品经纪人的主要内容，让他们意识到，诚实守信、依法经营，不是谁要强加给他们，而是他们走向市场，获得生存的根本，也是整个行业健康发展的根本。同时政府的相关部门每年树立一批诚实守信、农民信得过的经纪人标兵，让他们学有目标，赶有方向，借此引导广大农产品经纪人自觉抵制不道德的经纪行为，为自身发展营造良好环境。从中国农产品流通经纪人协会2009年和2011年开展优秀农产品经纪人评选和综合百强农产品经纪人排名的情况看，此类活动非常受欢迎，效果也很好。

2. 加强诚信管理

各级经纪人协会严格实施《会员诚信公约》，建立诚信档案，与工商、银行、税务、公安等的征信系统互通互联，形成一个全面的监督网。

3. 建立诚信激励机制

通过多种政策形式对有良好信誉的农产品经纪人和相关企业，给予一定的奖励，让守信用的人，在市场准入、融资、税收等方面得到好处，借以鼓励更多的农产品经纪人讲信用，诚实经营，赢得社会的认可、农民的信任。通过征信互联系统建立农产品经纪人失信披露机制，让不守信的人没有市场和生存空间，为他们的失信行为付出代价，以此净化经纪发展环境。

4. 提高农产品经纪人社会地位，减少高素质人才流失

政府不仅要从法律上确立农产品经纪人地位，还要加强宣传，引起社会对农产品经纪人的重视，应通过给经纪人进行各种信誉评级活动，让经纪人具有一种荣誉感，减少农产品经纪人由于受不到社会的重视而出现转行，导致农村经纪业高素质人才流失现象发生。社会主义农村市场经济的发展，需要一支高素质的农产品经纪人队伍。因此，规范经纪人经纪行为，提高经纪人的素质也是中国深化改革的一项重要任务。

Analysis and Development of Agricultural Agents

Zhang Yuanzong

Abstract: The text firstly describes the history and development of the agricultural agents, and then analyzes the role of agricultural agents in the social and economic development; further clarify the meaning and characteristics of the agricultural product brokers by comparing the farmer agents, rural agents. The development status of Chinese agricultural agents and problems are discussed, and make relevant policy recommendations are also put forward.

Key Words: Agricultural Products Circulation; Agricultural Agents; Farmer Agents; Rural Agents

B.5

专题报告2 农产品冷链物流现状分析与发展

王志刚*

摘　要： 随着物流行业的快速发展，农产品冷链物流日益成为社会的焦点话题。本报告结合批发市场实地调研的数据和相关资料，首先从法规政策和标准两个方面阐述了农产品冷链物流发展的制度环境。然后，综合冷链的四个环节分析了农产品冷链物流发展的现状，并从多角度论述了其发展的特点。之后，全面剖析了该行业发展的机遇和面临的威胁和问题。最后，立足于国家整体产业规划视角，提出了中国农产品冷链物流产业发展的战略和对策。

关键词： 农产品　冷链物流　第三方物流

一　引言

（一）何为农产品冷链物流

根据国家发改委2010年在《农产品冷链物流发展规划》中给出的定义，农产品冷链物流（agricultural products cold chain logistics，APCCL）是指使肉、禽、水产、蔬菜、水果、蛋等生鲜农产品从产地采收（或屠宰、捕捞）后，在产品加工、储藏、运输、分销、零售等环节始终处于适宜的低温控制环境下，最大限度地保证产品品质和质量安全、减少损耗、防止污染的特殊供应链系统。

---

* 王志刚，中国人民大学农业与农村发展学院教授、博士生导师，研究方向：产业经济学、食品经济学。

一般来说，国外的农产品冷链物流主要包括冷冻加工、冷冻储藏、冷藏运输及配送、冷冻销售四个环节。在中国，由于生产地和消费地空间距离较大、农超对接发展相对滞后，有些农产品的冷链比国外多了产地冷冻储藏环节和冷藏配送环节。作为一个特殊的系统工程，农产品冷链物流具有一些基本特性，其中包括复杂性、协调性、高信息化技术性、高成本性等。

（二）为什么农产品冷链物流在中国姗姗来迟

农产品冷链物流在中国姗姗来迟的原因，可以归结为以下五点。

第一，消费和购买习惯改变缓慢。由于在制冷技术发明之前的漫长时期内，肉禽类农产品的长距离运输主要靠将其熏干、风干、腌制等手段处理以保证不变质，而奶类、鲜果蔬则只能在产地周边市场销售。这强化了消费者的购买和消费习惯，形成了农产品的区域性消费市场。以致在将南方的瓜果、蔬菜等在冬季运至北方时，由于口感、做法并不为北方消费者所喜爱，消费者购买需求不高，对这类农产品的购买认可需要逐步培养。因此，饮食和消费习惯导致冷藏品市场狭小、发展缓慢。

第二，生活和收入水平不高。改革开放之初，中国民众收入水平尚低，对农产品的多样化需求少。此后，虽然居民生活水平大幅提高、收入水平快速增加，但由于医疗、教育和住房等消费支出的攀升，食品消费支出比例增长缓慢。根据西方发达国家的经验，在人均 GDP 低于 4000 美元时，冷冻冷藏品市场将发展缓慢；人均 GDP 过了 4000 美元这一阶段后，将会有快速发展。而直至 2010 年，中国人均 GDP 首次达到 4000 美元。在此之前，受生活和收入水平的限制，中国农产品冷链物流发展缓慢。

第三，政府的关注程度不足。一方面，截至目前，中国尚没有一个专职的部门来管理冷链市场，而是由发改委、交通部、商务部和农业部等多部门分工监督。西方发达国家早已普遍推行的农产品冷链物流相关管理办法和操作规范，在中国仍处于起步阶段。另一方面，从国家产业发展的规划来看，中国政府一直也没能对农产品冷链物流业给予充分的关注，直到 2009 年《物流业调整和振兴规划》等文件的相继出台，这种情况才得以改善。

第四，企业行动意愿和能力欠缺。由于农产品冷链物流有很强的网络性，甚至具有公共物品的某些特性，在政府优惠措施少、市场空间和行业分散、投资门槛较高且回收期较长等因素的影响下，资本流入这一行业的动力不足，严重制约了对冷链物流设备和基础设施的投资。市场的分散和设备的不足，又限制了物流商提供全国范围的冷链配送服务的能力，从而阻碍了农产品冷链物流的发展。

第五，专业人才缺乏。农产品冷链中的各环节都需要训练有素的专业人员，包括操作人员、技术人员、维护工程师、农业专家和物流运输的监管者。但是，中国冷链市场发展的滞后导致专业人才缺乏。而在学校的课程设置和实际需要的技能之间的脱节更是加重了这一问题。市场的不发达导致人才缺乏，人才缺乏又反过来限制了市场的发展，陷入“缪尔达尔循环”的中国农产品冷链物流发展缓慢。

（三）发展农产品冷链物流具有哪些划时代意义

发展农产品冷链物流的划时代的意义体现在以下五个方面。

第一，增加农民收入。过低的农产品的冷链流通率给农民造成了巨大的经济损失。据测算，仅果蔬类产品一项每年的损失就达到1000亿元以上。同时，由于受保鲜能力、储运能力等因素的影响，农民增产不增收的情况时有发生。农产品冷链物流的发展，可以均衡农产品跨级销售，并减少农产品产后损失，从而促进农民收入增加。

第二，加速农产品流通。目前，农产品流通大规模、长距离、反季节的特点明显，这要求农产品物流服务规模和效率有所提高。农产品冷链物流的发展，不仅可以保证更大规模的生鲜农产品跨区域流通，还可以实现大规模农产品的反季销售。

第三，提高居民消费水平。中国城乡居民收入的快速增加，对农产品的多样化、新鲜度、营养性和食品安全等方面提出了新的要求。农产品冷链物流已成为提供多样化农产品、保证农产品品质和质量安全、减少营养流失的重要手段，成为提高居民消费水平的重要保证。

第四，促进农产品出口。冷链技术的滞后，不仅导致中国蔬菜、水果缺乏国际竞争力，还让中国农产品出口面临质量、技术和绿色壁垒等问题。农产品冷链物流有助于提高农产品质量、突破贸易壁垒、提高农产品的国际竞争力。

第五，护航国家产业安全。目前，越来越多的国内外运营商正积极寻求机会在中国兴建冷库设施。2011年，先后有澳大利亚最大的冷链物流提供商太古和美国最大的冷库物流运营商之一的普菲斯进入国内市场，抢滩中国冷链行业。一旦农产品冷链物流控制在外资手中，农产品产业安全甚至国家经济安全都可能产生巨大的风险。发展民族农产品冷链物流，有助于抵消外资物流运营商对国内冷链市场的控制。

二　农产品冷链物流相关法规政策及其标准

（一）农产品冷链市场相关法规政策

随着农产品冷链物流的需求日益旺盛，中国加大力度推进农产品冷链物流的发展。近年来，国家相关政策的不断出台（见表1），为农产品冷链物流营造了深厚的政策环境，推动了该产业加快向前发展。

表1　农产品冷链物流相关法规政策

颁布时间、单位	法规名称	颁布背景	主要内容
2004年，国务院	《关于进一步加强农村工作提高农业综合生产能力若干政策的意见》	2004年，中国在宏观调控中注重加强农业，极大地保护和调动了农民积极性，粮食生产出现重要转机，农民收入实现较快增长，农村改革迈出重大步伐。但是，中国农业仍然是国民经济发展的薄弱环节，农村改革和发展仍然处在艰难的爬坡和攻坚阶段，保持农村发展好势头的任务非常艰巨	要通过加快建设以冷藏和低温仓储运输为主的农产品冷链系统来加快农产品的流通
2006年，国家发改委、农业部、科技部	《全国食品工业“十一五”发展纲要》	经过改革开放20多年的快速发展，中国食品工业已经成为国民经济的重要产业，在经济社会发展中具有举足轻重的地位和作用。“十五”时期，食品工业呈现快速发展的势头，成为国民经济发展中增长最快、最具活力的产业之一。但是在此期间中国食品工业与世界先进水平相比仍存在较大差距	指出“十一五”期间重点发展速冻小包装、冷冻调理水产食品，大力发展冷却肉、分割肉和熟肉制品、扩大低温制品、功能性肉制品的生产；重点发展低温脱水蔬菜、速冻蔬菜等；鼓励企业建设包括预冷、分拣、包装、储运的现代冷链物流体系

续表

颁布时间、单位	法规名称	颁布背景	主要内容
2007年,国务院	一号文件	2006年,在自然灾害较重的情况下,粮食继续增产,农民持续增收,农村综合改革稳步推进,但当前农村发展仍存在许多突出矛盾和问题。2007年,将促进农村连锁经营、电子商务等现代流通方式的建设,支持龙头企业、农民专业合作组织等直接向城市超市、社区菜市场和便利店配送农产品作为发展目标	强调要积极发展以鲜活农产品冷藏和低温仓储、运输为主的冷链物流系统
2008年,商务部	《关于加快中国流通领域现代物流发展的指导意见》	近年来,党中央、国务院十分重视现代物流业的发展,制定一系列鼓励和支持发展的政策措施,取得明显成效,流通领域内的现代物流获得长足发展。但是,由于长期以来,缺乏资金投入和相关政策支持,流通领域内的现代物流仍处于较低的发展水平,成为制约中国流通现代化的瓶颈	加强冷链物流体系建设,保障生鲜食品消费安全作为重点工作之一,主要内容有:加强中国生鲜食品冷链物流的整体规划,制定有利于冷链物流发展的相关法规、标准和制度,建立冷链物流业绩评价指标、冷链物流环境的监控办法等,满足冷链物流不断发展的需求。加强基础设施的建设,鼓励和支持多家企业联合建立生鲜配送中心,推动产地配送中心的建设;鼓励第三方物流企业强化低温冷链系统建设,实现冷链物流配送的专业化、规模化、组织化
2010年7月,国家发改委	《农产品冷链物流发展规划》	绿豆、大蒜等农产品价格的剧烈波动已经成为各方关注的焦点,其中中国很多蔬菜、水果等农产品,因为冷冻保鲜能力不足,收获后腐烂变质,导致价格的季节性波动。并且,在2009年发布的《物流业调整和振兴规划》中,明确提出要完善鲜活农产品冷链物流的比例	到2015年,建成一批运转高效、规模化、现代化的跨区域冷链物流配送中心,培育一批具有较强资源整合能力和国际竞争力的核心企业,冷链物流核心技术将得到广泛推广,并初步建成健全的农产品冷链物流服务体系

（二）农产品冷链物流相关标准

除了出台相关法规之外，中国的冷链物流标准的制定工作也逐步展开，其制定呈现主体多元化的特征。冷链物流标准有利于降低物流成本、规范物流企业的发展以及扩大产品出口量，增加国际竞争力。据统计，分布在不同行业和部门的冷链物流相关标准已达近200项。从已颁布的标准数量来看，中国冷链物流标准建设工作已迈出了坚实的一步。本报告中，主要介绍农产品冷链物流产业的相关标准。首先，是与农产品冷链物流相关的国家标准，具体如表2所示。其次，在国家标准陆续出台的同时，各地方政府相继推出地方农产品冷链标准的规范，与国家标准并行。如中国第一个食品冷链物流的地方标准——上海市地方标准《食品冷链物流技术与管理规范》（DB31/T 388 - 2007）于2010年10月1日起实施、重庆市颁布的《保温车、冷藏车技术条件及实验方法》（QC/T 499 - 2010）、山东省质量技术监督局发布的《食品冷链物流技术与管理规范》（DB37/T 1144 - 2008），以及河北省质量技术监督局发布的《食品冷链物流技术与管理规范》（DB13/T 1177 - 2010）。

表2　冷链物流相关的国家标准

标准编号	标准名称	标准描述
GB/T 24616 - 2009	冷藏食品物流包装、标志、运输和储存	明确规定了冷冻食品中得包装、标志、运输和储存要求
GB/T 27307 - 2008	食品安全管理体系速冻果蔬生产企业要求	规定了速冻果蔬生产企业建立实施食品安全管理体系的特定要求
GB/T 21735 - 2008	肉与肉制品物流规范	规定了肉与肉制品在商业的物流环节及其与食品安全有关的技术要求
GB/T 22918 - 2008	易腐食品控温运输技术要求	规定了易腐食品运输、装载、卸货各环节的技术要求
GB/T 15912. 1 - 2008	制冷机组及供制冷系统节能测试第一部分:冷库	规定了采用制冷压缩机、冷凝器、蒸发器及附件、管路等独立零部件在用户现场安装的制冷系统的节能监测内容和节能测试方法
GB/T 27302 - 2008	食品安全管理体系速冻方便食品生产企业要求	规定了速冻食品生产企业建立和实施食品安全管理体系的特定要求
GB/T 9829 - 2008	水果和蔬菜冷库中物理条件定义和测量	规定了水果和蔬菜在冷库条件下物理因素的定义和物理参数的有效测量方法

续表

标准编号	标准名称	标准描述
GB/T 23786－2009	速冻饺子	规定了速冻饺子产品的术语和定义、分类、要求、检验方法、检验规则、判定规则、生产加工过程等一系列要求
GB/T 24400－2009	食品冷库 HACCP 应用规范	规定了食品冷库建立和实施 HACCP 体系的总要求以及文件、良好操作规范、卫生标准操作程序、标准操作规程等要求
GB/T 24700－2010	大蒜冷藏	规定了大蒜主要品种的冷藏技术条件
GB/T 25007－2010	速冻食品 HACCP 应用准则	规定了速冻食品生产过程中的危害分析和关键控制点体系的原理及其应用要求

三　农产品冷链物流产业的发展现状及其特点

（一）发展的现状

中国冷链物流产业最早产生于20世纪50年代，到了21世纪，由于物流环境的不断改善，农产品冷链物流得到了长足发展。

目前，中国农产品冷链物流产业生存与发展环境不断优化。2009年，中国将物流产业列入十大振兴产业之一，其中农产品冷链物流作为物流产业中的一部分，其重要性逐步被社会各界所认识。2010年，《农产品冷链物流发展规划》的颁发，更是强调了农产品冷链物流产业的重要作用，将其发展列为中国物流产业的重中之重。在此基础上，各级政府都加大对农产品冷链物流产业的建设力度。例如，海南省在2010年农产品现代流通综合试点工作核准建设32个试点项目后，2011年海南农产品现代流通综合试点项目确定，琼海中原产地集配中心等28大项目将陆续开工建设，并将获约1.8亿元财政资金支持。海南冷链示范科技项目的开展，为中国其他地区农产品冷链物流的发展提供了一个良好的发展模板，促进全国农产品冷链物流产业的发展。除此之外，中国农产品冷链物流产业发展的巨大潜力吸引了众多风投资金的进入，如2010年3月由美国规模最大的上市投资管理公司黑石牵头的财团投资寿光农产品物流园，投资总额大约6亿美元。

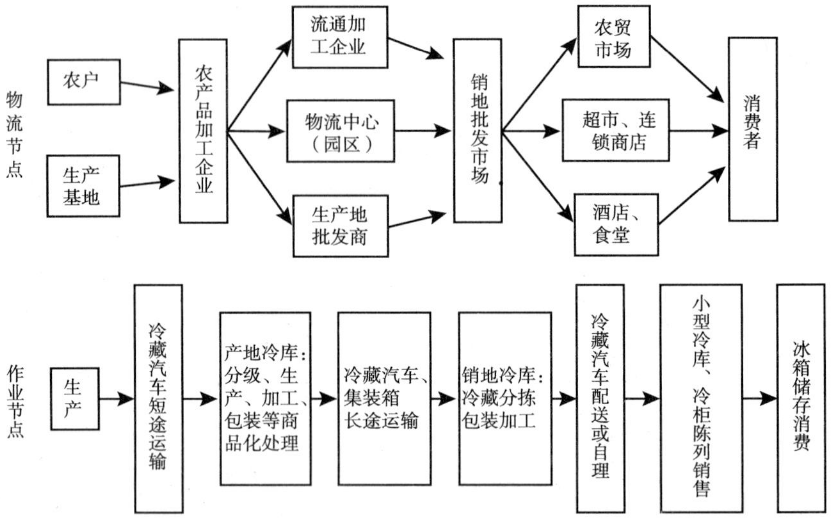

图1　农产品冷链物流基本模式

资料来源：朱超才，《中国农产品冷链物流体系研究》，《安徽农业科学》2011 年第 4 期。

截至 2009 年 9 月，农业部统计数据显示，中国目前全国农产品批发市场已达 4500 多个，承担了 70% 以上的农副产品流通任务，并初步形成了多层次、多主体、多类型的农产品市场流通新格局。如图 1 所示，农产品批发市场在农产品冷链物流中处于中间环节，作为产业链中的枢纽，其承担着连接上下游的重要作用。考察农产品冷链物流的发展，自然要着重于链的角度进行研究。以农产品批发市场为基点，其上游主要是农产品的预冷与冷却环节，下游主要是农产品冷藏销售，其中冷藏运输环节贯穿始终。下面，具体就农产品冷链物流的四个环节，介绍农产品冷链物流的发展概况。

第一，农产品预冷与冷却环节较为薄弱，预冷保鲜率仅为 30%，远低于欧美发达国家的 80%。并且，农产品预冷技术较为落后，常用的预冷方法是自然通风降温，或者冷库预冷方式，这些方法耗时较长、效果较差。而低成本的预冷方法，如加冰预冷、水预冷和真空预冷等在中国的使用率较低。

第二，储藏环节的发展较为完善，现有冷藏库近 2 万座，冷库总容量为 10384347.4 立方米，冷库总容量约为 880 万吨。无论产地冷冻储藏还是销地冷冻储藏，都形成了一定规模化的发展。尽管储藏环节发展较为迅速，但中国冷库的发展不平衡，其中大型冷库项目较多、中小型冷库较少；肉类冷库建设较多、蔬果类冷库建设不足；城市销售市场冷库的发展较产地加工冷库的发展更快。在冷库使用者方面，中国冷库使用者和投资建设者往往不是同一个人。冷库使用者多是租借冷库来进行冷藏，而不是自己投资建设冷库。这样一方面解决了资金不足的问题，另一方面灵活性较大，其采购销售等不会受到冷库的制约。

第三，运输环节尚处于起步阶段，冷藏设备不足。中国冷藏运输业的主要运输形式为公路和铁路，其中公路冷藏运输运量占 25%，铁路冷藏运输运量占 55%。公路方面，中国冷藏保温汽车的拥有量约 40000 辆，占货运汽车的 0.3%；铁路运输方面，冷藏车有 7493 辆，约占全路货车总数的 2%。目前，中国冷藏运输率不到 50%，与欧美发达国家的 80% ~90% 相差较远。

第四，冷链产业的销售环节发展不平衡，冷藏农产品的销售过度集中于大城市的超市以及大卖场，小城镇和农村市场的冷藏食品销售范围较小，其冷藏设备的发展也相对较为缓慢。并且，由于国产冷柜的质量参差不齐、性能不稳定，再加之国外冷柜成本较高使中国部分地区缺乏冷冻销售环节。

除了农产品冷链物流的上述几个环节外，第三方物流企业的发展在整个行业当中的作用是不可忽视的。近几年，中国第三方冷链物流企业的发展势态良好。其中，冷链物流仓储配送企业在向零售末端延伸其冷链物流服务业务的同时，开始筹划建立区域性冷链物流中心。与此同时，冷链物流运输企业也不再满足单纯的冷链物流运输业务，以将冷链上下游连接起来为目的，开始寻求合作建设或自建冷链物流中心，以期提供全方位、更为完善的冷链物流服务。

以上分析表明，一方面，中国农产品冷链物流已有一定规模的发展，但仍然存在诸多亟须解决的问题。与发达国家比较，中国冷链物流产业的发展仍较为落后，如表 3 所示。另一方面，中国农产品冷链物流的断链现象较为严重。课题组在经过实地走访之后，发现断链现象普遍存在于各大农产品冷链物流中。

首先，就水果来看，除进口水果由于其成本较高、产品附加值高，已基本做到全程冷链，在这一部分不存在断链的现象。而国产水果，只做到了产地冷冻储藏和销地冷冻储藏两个环节，存在严重的断链问题。一方面，因为部分水果在运输途中不需要冷藏处理；另一方面，由于国产水果其附加值较为薄弱，若采用全

表3 国内外冷链情况对比

内容	发达国家情况	中国情况
预冷保鲜率	美欧达80%～100%	30%左右
冷藏能力	世界总量是8000万吨	880万吨
冷链运输能力	美国冷藏车16万辆，保温车6万辆；日本冷藏保温车12万辆	冷藏列车7493辆，冷藏汽车4万多辆，其中60%为加冰车
冷链保温车占货运汽车的比例	美国为0.8%～1%，英国为2.5%～2.8%，德国等发达国家均为2%～3%	0.3%
冷链运输率	发达国家达到80%～90%	不到50%，其中铁路55%，公路25%，水路1%，空运0.1%

程冷链的方式会使成本大幅度增加，造成销售者亏本。因此，国产水果的冷链只做到了产地和销地的冷库冷藏。

其次，就蔬菜而言，由于蔬菜利润较低，其在冷链物流链条中，基本也只做到了产地和销地的冷库冷藏。同时，其季节性因素较强，夏季大部分蔬菜基本都能做到冷库冷藏，冬季利用冷库冷藏的只有附加值较高的特色菜。总的来看，蔬菜这一农产品的冷链物流也存在较为严重的断链现象。蔬菜冷链物流的各个环节与发达国家相比都相距甚远，蔬菜损失率高（见表4）。

表4 中美蔬菜物流环节值对比

对比内容	中国	美国
预冷保险率	30%左右	80%～100%
损失率	20%～30%	小于5%
物流投入	28%	70%
产后产值与采收时自然值比	0.38:1	3.7:1

数据来源：《中国冷链年鉴2010》。

最后，就肉类来看，一方面，随着消费者对食品安全问题的日益重视，冷却肉已快速打开消费者市场。消费者对冷却肉的认可，使肉类冷链物流从屠宰、加工、运输、销售等环节延伸到了普通消费家庭，很大程度上促进了肉类冷链物流的发展。另一方面，目前中国肉类冷链物流依旧存在较严重的断链现象。其中，冷冻运输环节缺失严重。据统计，中国肉类企业拥有的冷藏车数量仅有3万辆，远远低于美国的20多万辆和日本的12万辆。目前，中国仅有约10%的肉类是在冷链保证的情况下运销，远低于发达国家85%左右冷链保证的比例。并且，铁路冷藏运输仍然没有主动参与到肉品的冷链运输中，只是坐等货主上门。

（二）发展的特点

1. 农产品冷链物流规模快速增长、扩张势头强劲

目前中国蔬菜产量约占全球总产量的60%，水果和肉类占30%，禽蛋和水产品占40%。2010年，我国大约有16亿吨农产品进入流通领域，冷链物流比例逐步提高。其中，果蔬、肉类及水产品冷链流通率分别达到5%、15%和23%，冷藏运输率分别达15%、30%和40%，冷链物流的规模增长迅速。另外，随着人们消费水平的不断提高、农产品冷链物流得到消费者的认可，这都为中国农产品冷链物流提供了良好的发展前景。如图2所示，近几年中国农产品冷链物流的发展速度较快、扩张势头强劲。

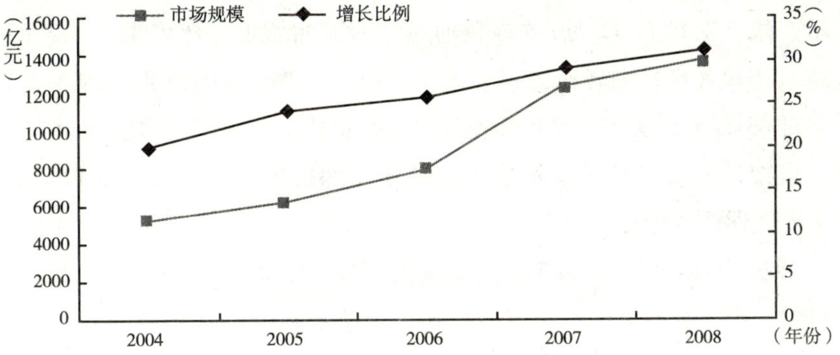

图2　农产品冷链物流市场规模总量与增长情况

资料来源：《中国物流年鉴2008》。

2. 农产品冷链物流基础设施不断升级、日趋完善

由于中国农产品冷链物流发展前景良好，不少批发市场、大型农业企业和零售企业开始投资建设冷链基础设施。同时，为了确保中国粮食安全问题，中国政府积极筹备战略储备库的建设，这都大力推进了中国冷链物流基础设施的发展。目前，中国有冷藏库近2万座，冷库总容量为10384347.4立方米。其中，常温容量2879226立方米，低温容量7084094立方米，超低温容量427224.4立方米。

机械冷藏列车1910辆，机械冷藏汽车20000辆，冷藏船吨位10万吨，年集装箱生产能力100万标准箱。除此之外，由于生鲜农产品物流具有良好的发展前景，一些零售企业和大型农业企业积极投资建设低温供应链配送系统及生鲜食品配送中心。一些大型连锁企业着手建立技术难度较高的生鲜食品、果蔬等配送中心，初步构建了绿色食品供应链及物流体系，为实现农产品冷链物流体系的运作创造了重要的物质条件。

3. “绿色通道”政策为农产品冷链物流提供了初具规模的全国范围的低成本运输网络

近年来，中国各级政府对农产品物流业的发展给予充分的重视与支持，重点加强了中国农产品物流网络的建设。自2005年，《全国高效率鲜活农产品流通“绿色通道”建设实施方案》（交公路发〔2005〕20号）颁发并实施。2009年，交通运输部与国家发改委联合颁布《关于进一步完善和落实鲜活农产品运输绿色通道政策的通知》，并于2010年1月1日实施。至此，中国已基本建成全国农产品流通“五纵二横绿色通道”网络。据浙江省公管部门及各高速公路管理公司表示，截至2011年11月，“绿色通道”政策实施近一年以来，G60（沪杭高速公路）、S12（申嘉湖高速公路）及G15w（乍嘉苏高速公路）等5条高速公路，共对83万多台次车辆减免高速公路通行费达1.84亿元。贯穿全国的“绿色通道”框架，为农产品运输提供了快速便捷的通道，以及低成本的运输网络，加快了冷链物流在中国的发展。

4. 冷链物流的制冷设备不断更新换代、制冷技术日趋多样化

目前，中国制冷设备不断更新换代，为了实现低碳环保的绿色经济，以节电、节水为主要特点的蒸发式冷凝器正在逐步推广应用。同时，随着中国食品结构和包装形式的变革，尤其是小包装冷冻食品业的快速发展，食品冻结技术有了快速的进步，其主要采用快速、连续式冻结装置，加快了冻结速度，并提高了冻品的质量。另外，供液方式和制冷系统逐步趋于多样化发展。

5. 农产品冷链物流运作模式呈现多样化发展

由于中国地域广阔，各地区的经济发展、基础设施建设的程度不同。因此，总的来看，中国农产品冷链物流的运作模式大体可分为以下三类：一是以农副产品批发市场为主导的冷链物流模式，在该模式中，批发市场与经销公司、合作社联结，向下延伸形成了生产、收购、加工、储藏、运输等一体化的物流模式；二是以大型连锁超市为主导的冷链物流模式，该模式主要是连锁超市公司向上延伸，与经销公司、生产基地、合作社建立长期合作关系，通过自建农产品物流配送中心或与地方物流合作，向门店直接提供生鲜农产品；三是以龙头企业为主导的冷链物流模式，龙头企业自身组织生鲜农产品物流，建设自己的物流供应链，控制销售终端，以降低物流成本获取更多利润。目前，中国以农副产品批发市场为主导的冷链物流模式所占比重较大，并且在未来的一定时间内，该模式仍占主导地位。但随着农业产业化的不断发展，国家对农超对接政策支持，以大型连锁超市为主导的冷链物流模式的比重将不断增加。

6. 第三方冷链物流企业不断创立，发展势头强劲

为了适应中国低能耗、低成本的冷链处理技术的广泛推广，以水产品和反季节果蔬为代表的高价值量农产品产业链迅速兴起，进一步促进中国冷链物流企业的不断涌现。同时，中国冷链物流企业呈现出网络化、规模化、集团化的发展趋势。一方面，第三方物流企业强化上下游战略合作，并整合资源，积极拓展农产品冷链物流业务。另一方面，中国各大食品企业的冷链物流都有所突破，加快物流业务与资产重组，加大终端销售环节的冷链管理，完善冷链网络，加快发展生鲜农产品的配送。

7. 政府加大对农产品物流园区的投入，促进农产品物流园区的建设

农产品物流园区是中国农产品冷链物流的重要或关键节点，也是提高中国农产品冷链物流技术、完善冷链物流信息平台并加强冷链物流规范管理的策源地。中国各级政府均加大了对农产品物流园区的支持力度，《农产品冷链物流发展规划》更是将建设物流园区工程列入九大“重点工程”。截至2009年底，国内已经规划建设的主要农产品园区有十家，其中主要有配套八大功能区、拥有2万吨的大型冷库的深圳国际农产品物流园，配套六大功能区的中国寿光农产品物流园，以及以果蔬深加工及仓储物流为主的福建永安农产品物流园。

四　农产品冷链物流产业现存机遇、威胁及问题

（一）发展机遇

现阶段是中国发展农产品冷链物流的一个良好契机，我们可从以下三个方面

进行分析。

第一，国家和相关部委重视农产品冷链物流的发展，并积极出台政策予以指导。根据国务院关于《物流业调整和振兴规划》的要求，国家发改委印发了《农产品冷链物流发展规划》，在分析中国当前农产品冷链物流发展现状和问题的基础上，提出了到2015年中国冷链的发展目标：中国果蔬、肉类、水产品冷链流通率分别达到20%、30%、36%以上，冷藏运输率分别提高到30%、50%、65%左右，流通环节产品腐损率分别降至15%、8%、10%以下，更明确提出，增加冷链容量1000万吨，大踏步地追赶发达国家水平。科技部之前仅重视农产品冷链储藏和加工，对冷链物流不重视，但“十二五”规划出台后，它把冷链物流也列为专项。2011年9月科技部计划司审批了2个亿关于农产品冷链物流的项目（1个亿在低碳环保方面，1个亿在新材料方面），足以显示其重视程度。商务部在海南也投资了十几个亿的冷链示范科技项目，大力支持海南批发市场、集配中心及冷库等建设，以促进当地农产品行业的发展。

第二，国内市场规模大、发展前景广，许多国内企业积极加入到该行业中。中国是个农产品生产大国，市场规模很大，而且现在中西部等欠发达地区的冷库建设还很落后，因此，农产品冷链物流存在很大的投资空间。联想集团于2011年11月投资12亿元预计打造华中地区最大冷链物流项目：联想供应链·白沙洲冷链项目。雨润集团于2011年12月与徐州市人民政府正式签署合作协议，将投资100亿元在彭城建设“徐州雨润农产品全球采购中心”。

第三，国外品牌冷链企业纷纷进入中国，推动了中国技术和装备的更新进程。世界五百强接二连三进入中国农产品冷链物流市场，加拿大麦肯在哈尔滨为麦当劳建五期冷库，美国泰森（肉类企业）在上海、山东建冷库，这可以缓解中国短期冷库建设资金链的压力。另外，约克和艾默生等设备企业纷纷与中国企业合资，为中国带来了先进技术和装备，加快了冷链物流的发展进程。

（二）潜在威胁

中国农产品冷链物流未来的发展蕴涵巨大机遇，但我们不可忽视其发展中一些潜在的威胁，具体可从以下三个方面看。

第一，国外风险资本的涌入会提高该行业进入壁垒，甚至威胁到国家安全。近年来，金融市场不景气，以前不受关注的农产品市场受到众多风险投资基金的追捧，冷链物流作为一个新兴行业更是吸引了全球资本家的眼球。作为美国最大私募基金之一的黑石基金已经通过并购等资本运作方式控制了中国100多个批发市场。一方面，外资的引入的确对该行业的迅速发展起到一定的促进作用，但一旦出现大规模并购，就会挤占国内市场，威胁到国内300万家物流企业的生存，可以说控制了渠道就控制了定价权，情况严重的话会影响到国家经济安全。

第二，第三方物流企业可能存在诚信风险，全程温度控制未能确保实现。目前很少有冷链物流企业能保证对整个供应链环节的温度控制，使得多数生产厂家不愿也无法放心地将冷藏物流业务外包，而是自行经营，如双汇自2011年出现重大事故后就积极打造自己的冷链系统。即使选择外包，也是区域性部分配送和短途冷藏运送，这在一定程度上也阻碍了第三方冷藏物流的发展。所以，第三方物流企业必须坚守诚信原则，建立好自己良好的信誉，才能促进整个产业健康发展。

第三，短期成本上涨会转嫁给消费者。近年来，国内冷链物流企业如雨后春笋般涌现，不过，“繁荣”的背后问题不少。自建冷藏仓库、购买冷藏车等成本支出，短期内将给物流配送企业带来一定资金压力，而这部分投入将会通过产品价格提高转嫁给消费者。

（三）现存问题

1. 冷链物流基础设施薄弱

从冷藏运输方面看，目前中国冷链运输车很大部分采用国际海运报废或即将淘汰的海运冷藏集装箱跑长途，现代化的冷冻冷藏车严重不足（见表3）。制冷技术和工艺落后，缺乏规范式的保鲜冷链运输车厢和温度控制设施，无法为易腐食品流通系统地提供低温保障。中国有保温车辆4万辆，而美国有22万辆，日本有12万辆，中国冷藏保温占货运比例仅为0.3%。全国铁路总运行车辆33.8万辆，冷藏车只有7493辆，仅占2.2%左右，而且都是陈旧机械式速度车皮，缺乏规范保温式的保鲜冷藏车厢，冷藏运输量仅占易腐货物运量的25%，不到铁路货物运输总量的1%。冷藏运输率（即易腐货物采用冷藏运输所占的比例）不到50%，而欧、美、日等发达国家均达到80%~90%。

从冷库方面来看，在冷链物流的冷库设备环节，中国目前冷库总容量700多万立方米，但只限于肉类、鱼类的冷冻储藏，而当原材料不足或生产淡季时，冷库处于闲置耗能状态。冷库的结构也很不合理，重视肉类冷库建设，轻视果蔬冷库建设；重视城市经营式冷库，轻视产地加工冷库建设；重视大型冷库，轻视批发零售冷库建设。

2. 冷链物流损耗大，成本高

目前，中国易腐物品装车大多在露天而不是在冷库和保温场所操作，80%～90%的水果、蔬菜、禽肉、水产品都是用普通卡车运输，中国水果、蔬菜等农产品损耗量居世界首位（损耗量可以满足2亿人的营养基本需求）。首先，由于冷链设施建设滞后，保鲜储运能力不足，农产品产后损失严重，果蔬损失率达到20%～30%，而发达国家的蔬菜损失率则控制在5%以下。以蔬菜、水果为例，果蔬采后加工和流通设施落后，造成腐烂损失严重，物流成本提高，全国每年果品腐烂损失近1200万吨，蔬菜腐烂损失1.3亿吨，按1元/公斤计算，经济损失超过上千亿元。运输过程中的高损耗使得整个物流费用占到易腐食品总成本的70%，而按照国际标准，易腐食品物流成本不能超过总成本的50%。其次，在销售环节，中国冷链食品普遍分布在零散的批发商和超市餐饮企业这样的场所中，缺少大型的销售地冷链物流中心，无形当中也加大了周转配送的消耗成本。最后，在仓储环节，由于管理不到位或者库存规模不能合理确定，使得在库品积压，最终腐坏变质，这种损耗成本可以通过确定最优库存量来降低或避免。

3. 全程冷链物流体系尚未建成，存在断“链”现象

英、美、日等发达国家的易腐食品物流过程的冷藏率达100%，现在已形成了完整的食品冷链体系。从整体冷链体系而言，中国的农产品冷链物流还未形成完整的体系，冷链中经常会出现断“链”的现象。从农田到批发商，通常未对新鲜果蔬进行预冷处理；初级加工和分拣区也没有相应的低温制冷环境；中国的食品冷藏车运输现状不容乐观：易腐保鲜食品的装船、装车不是按照国际食品标准在冷库和保温场所操作，大多是在露天进行。从技术和投入来看，目前最大的短板是冷却环节，水果和蔬菜采后预冷处理很不完善，这说明链首就存有断裂现象。国家和企业目前重点建设量最大的是冷藏库，冷藏运输硬件设施不够完善，故在农产品冷链运输环节中，断链现象也时有出现。

目前，中国进出口农产品和国内部分易腐生鲜食品已经基本上实现了全程冷链物流，但大约90%肉类、80%水产品、大量的牛奶和豆制品还是在没有冷链保证的情况下运销。冷冻食品产销冷链虽然稍好，但部分产品在流入集贸市场拆散零卖时，冷链存在中断现象，并非全程冷链。实际上，中国农业的初级产品产销量是很大的，但在初级农产品和生鲜易腐农产品供应链上缺乏供应链上下游之间的整体规划与协调，因此在一些局部发展中存在严重失衡和无法配套的现象，整体发展规划的欠缺影响了农产品冷链的资源整合，阻碍了农产品冷链物流产业的发展。

4. 第三方物流企业占比低，专业化程度不高

目前，易腐食品的生产企业或经销商的自营物流与第三方物流共存，但二者的总物流量比例是前者约占80%，第三方物流约占20%。例如中国知名的双汇、三全等食品巨头，大多靠自己的冷链物流来完成服务。双汇集团的自营物流公司有200多辆冷藏食品车辆，这些车辆的日常维护保养费用十分巨大，而且有一定程度的运力浪费，但大多数第三方物流企业很难达到双汇肉类食品物流配送对时间、储存条件等的要求，双汇不得不选择自营物流。另外，中国第三方物流企业的专业化程度不高，还没有形成大规模的跨地区服务。例如，新疆地区的瓜果一般要在15天前采摘，要是第三方物流发展得好的话，可以通过对接适时采摘即可，这样可以大大降低成本和时间，提高流通率。

一般而言，国际先进的第三方物流的成功靠的是先进的经营理念、有效的网络整合手段和庞大的用户群及产品信息。而中国农产品冷链第三方物流发展滞后，服务网络和信息系统不够健全，大大影响了冷链物流的在途质量及准确性和及时性，造成冷链物流的成本和商品损耗率很高。实际上中国潜在的客户群是巨大的，只要我们创新理念，并进行有效地资源整合，就可以实现第三方和零售终端无缝对接。这样，第三方物流企业就能很好地服务于农产品冷链。

5. 地区间冷链物流发展的差距较大

中国地域广阔，东、中、西部经济发展极不平衡。西部地区由于经济消费等多方面发展与发达地区存在差距，农产品物流各环节的信息化程度低下，一些地区的物流信息网络系统尚处于空白，仅有少数企业拥有物流信息系统，绝大多数企业尚不具备运用现代信息技术处理物流信息的能力，因此，西部农产品冷链物流的发展相对滞后。

各地区在冷库建设发展上也有很大差距，据有关资料显示，2008年全国建成的冷库中，位于东部地区的占全部建成冷库的57.69%，中部地区的占24.89%，西部地区的占17.42%；在建冷库中，位于东部地区的占全部在建冷库的74.76%，中部地区的占6.58%，西部地区的占18.66%；计划建设的冷库中，东部地区的占全部计划建设冷库的60.67%，中部地区的占21.63%，西部地区的占 17.70%。

6. 冷链物流投资规划不合理

首先，很多地区存在重复建设问题。由于季节性原因产地冷库一般一年只使用 3 个月，所以往往建冷库的人不用冷库，用冷库的人一般都采取租赁的方式。投资建设冷库的人很多不懂农业，无法确定冷库建设的规模，造成日后淡季大量的闲置成本。课题组 2011 年 4 月份在广州市调研后发现，除了广东省最大的国有冷库（省冷）接近 100% 的利用率，满仓储运营之外，其他民营冷库如东旺冷库、江南冷库的冷库利用率都在 60% ~70%，造成了大量库容闲置。其次，有些地方投资冷库不足。近几年农产品冷链物流产业蓬勃发展，很多批发市场的冷库已出现供不应求的状况，新发地为此就收购了十几个冷库以满足批发商需求。最后，很多农产品产地出现盲目建造的情况。当地农民为了价格优势而自建简易冷库，存在一定盲目性。农民自建冷库的能耗是商务部示范标准的三倍或五倍以上。

7. 专业人才不足，管理和技术缺乏

冷链物流在中国起步相对较晚，目前中国关注冷链物流的人也不多，农业一直是中国的劣势产业，所以研究农产品冷链物流的人更少。专业的农产品冷链物流人才很稀缺，大多数运营人员是从普通物流中转变而来，他们不仅对农产品特性不熟悉，对农产品冷链的整个链条的运营掌握程度更低。

管理方面，物流业整体管理水平不高，不同程度地存在着市场定位不准确、服务产品不合格、内部结构不合理、运作经营不规范等问题，影响了冷链物流业的健康发展。技术方面，冷藏保温技术有待发展，有效的温度控制设施投入有限，先进的全程冷藏控温运行管理制度亟待建立。这些技术的不完善导致各个环节信息阻塞，冷冻类产品在运输途中发生无谓耽搁，风险增多，这种情况严重制约了中国物流业的发展。

五　农产品冷链物流产业的发展战略与对策

（一）发展战略

从国家层面来看，近两年来，中国农产品冷链发展较快，尤其是在冷链的基础设施和规模方面，取得了显著成效。但整体来看，中国在农产品冷链物流的

“六化”（即一体化、链条化、信息化、规模化、网络化、高效化）方面仍然非常滞后。因此，为了推动中国农产品冷链物流发展，实现冷链的“六化”，政府可以从以下四个方面重点部署。

1. 加强部门协调，完善法规与监督

农产品冷链物流环节多、产业链长，是一个跨部门、跨行业、跨区域的系统工程。产业的发展需要多方面的配合与支持，形成合力，统一组织规划实施，协调解决冷链物流发展中的突出矛盾和重大问题，确保规划目标的实现。因此，需要加快完善冷链物流的法律法规体系，进一步加大强制性国家标准的制定力度；充分发挥现有部门和机构的作用，建立以危害分析和关键控制点（HACCP）为基础的全程质量控制体系，制定与国际接轨的冷链物流操作规范和技术标准，补充完善检测项目和内容，建立健全质量检查与监督机制。

2. 整合现有资源，培植骨干企业

鼓励物流企业通过兼并重组、参股控股、合资合作等方式，整合现有生鲜农产品生产加工企业、批发市场、冷链物流企业以及港口、码头、航空航运交通枢纽的冷链物流资源。在此过程中，要加大政府的资金支持和政策引导，在税收、贷款等方面给予优惠，推动资源整合。政府投入资金支持培植骨干企业，建设一些能起主导作用的大型批发市场和物流配送中心、产地加工企业，发展扶植一批能为社会提供公共服务、做到“门与门对接”的第三方物流企业。

3. 加大基础设施建设的扶持，鼓励创新和培养人才

为了推动冷链物流建设，需要充分发挥市场机制的作用，大幅提高政府对基础设施建设的扶持力度，进一步鼓励企业加大投入。政府需要对大型冷藏设施和运输工具、产品质量认证及追溯等重要项目给予必要的引导和扶持，鼓励金融机构对符合条件的农产品冷链物流企业加大融资支持。为了克服单个企业研发和创新能力不足的问题，政府需要牵头企业、高校等进行集中攻关与研制，加强对关键技术和设备的创新与研发。为了培养专业人才，政府需要引导高等院校设置相关学科专业、开设相关课程，推动职业教育、技术培训和继续教育，打造农产品冷链物流行业的人才激励与柔性机制。

4. 推广冷链物流理念，大力发展第三方冷链物流

如前所述，发展冷链物流意义重大。为了提高公众的认知度和打造生鲜农产品保鲜保质销售的氛围，需要大力宣传全程冷链的重要性，推动冷链物流理念与技术在相关企业中的运用，鼓励冷链物流提供商运用供应链管理技术与方法，实现冷却和冷藏同步发展，促进生鲜农产品从产地到销地的一体化冷链物流运作。从发达国家经验来看，第三方物流作为冷链物流市场的主体，在连接供产销各方、整合资源等方面优势明显。但是，中国现有的第三方物流企业大多是从计划经济时期的储运企业转型而来，经营方式和管理理念都较为落后。为了大力发展第三方冷链物流，一方面必须打破行业、地域、所有制等方面的限制，另一方面则需要合理配置资源和健全经营网络，培育和壮大一批经济实力雄厚、经营理念和管理方式先进、核心竞争力强的第三方冷链物流企业。

（二）发展对策

从行业层面来看，如前所述，中国农产品冷链物流仍然存在较多问题，其中断链现象严重、各环节严重不平衡、单向的信息流和基础设施建设的整体规划缺乏等问题最为突出。因此，为了把握市场先机，推动农产品冷链的均衡、合理、连贯发展，相关冷链企业和机构可以从以下几个方面着手。

1. 立足供应链，实现科学建设和运营

目前的农产品冷链，如前文所述，仅存在于国外农产品、某些肉类产品流通过程中。大部分的果蔬、肉类的流通，仍然以传统物流为主，仅仅是为了增加农产品的储藏时间，才在产地和销地进入冷库冷藏。确切地说，中国的农产品冷链“断链”现象严重。

冷链是一个供应链系统，在经营冷链时，企业要从供应链整体出发，而不能仅仅关注某个环节的得失。近几年来，中国各地兴建了大量的冷库，初步缓解了冷藏能力不足。不过，有些地方也出现了由于缺乏规划而导致冷库利用率不足的情况。此外，预冷和冷却能力、冷藏运输能力仍然非常滞后，已严重制约中国冷链物流的发展。因此，农产品冷链物流的发展，需要重点关注这些环节。

（1）预冷和冷却环节：如何抓住被忽略的关键环节所蕴涵的巨大市场机会

在传统重冷藏、轻预冷的观念影响下，预冷和冷却所蕴涵的巨大商机并没有引起足够的重视。预冷和冷却作为保鲜技术中最关键的环节，在中国农产品冷链物流快速发展的今天，预冷和冷却所蕴涵的巨大商机开始凸显。

预冷和冷却是农产品进入冷链所必需的第一步。对于较大的农产品企业来说，自身有能力进行预冷和冷却（甚至拥有自营冷链），但对于更多的仅专注生产的农业专业合作社、个体种（养）殖大户来说，则并不具备预冷和冷却能力。对于后者来说，农产品成熟之后，就以估价或称重的方式出售给收购商，收购商进行预冷后运输至冷库冷藏。因此，针对这一现状，一方面可以通过联合农产品批发市场、销地冷库等，合资建设预冷设施和产地冷库，达到控制农产品冷链两端，拓宽并稳定冷链流的目的。而合理的预冷手段的使用，还将大幅度减少农产品尤其是果蔬的产后损耗。此外，长期与生产者以及农产品收购商打交道的预冷环节的经营主体还可以凭借自己对本地区生产情况、收购情况的了解，以及对市场行情的把握，参与本地农产品的收购和销售。

（2）冷库冷藏环节：如何成为撬动整个冷链的新支点

调查发现，无论是产地冷库，还是销地冷库，目前都主要通过争夺有限的冷链客户，以零和的方式进行竞争。竞争手段也较为传统，主要是从储藏价格、客户关系等方面着手。实际上，冷库作物冷链物流上的关键环节，如同河流上的“水库”，不能仅仅具有闸门的作用，还应该有水流调节的功能。这种调节功能可以通过信息发布、上下游联动来实现。

针对这一情况，考虑到冷链物流的巨大市场空间，农产品冷链物流相关企业在打造冷链时，不仅要关注冷库的规模、容量，还需要注重以冷库为支点，向链条两端延伸，以提高冷库的空间利用率、冷链的流通能力。做好科学统筹和规划，做到冷链各环节的均衡发展。

对产地冷库而言，它的优势是接近生产者，可以以冷库为支点，借助更通畅的销售网络，向产业上游延伸。比如，可以通过与农民专业合作社、种植养殖大户签订协议，提供冷库使用和销售渠道，甚至可以采取资金入股、冷库容积入股、销路入股等模式，成为合作社或养殖大户的利益相关方。对有些地方的销地冷库而言，急于解决的问题似乎是如何提高冷库的利用率。但是，随着各地冷库如雨后春笋般出现，同质性竞争日益严重，不能“开源”的冷库将面临困境。因此，从扩大流通量、提高周转率、改进服务内容和质量等方面下工夫，才是销地冷库需要考虑的。比如，可以通过与生产者合作建设产地冷库、打造信息搜集和发布中心集聚供需双方、与银行联合推出冷库存货凭证抵押贷款的供应链金融服务等方式延伸和拓宽冷链。

无论是产地冷库还是销地冷库在建立时要考虑实际情况，不要只图大，而应该注重建设前的细部功能设计，如冷链体系环境分析、冷链物流体系的细部功能定位、冷链产品特性分析等。应在具体调查当地需求的情况下，根据需求的实际情况来建设冷库。

除此之外，在建设冷库的技术方面应向发达地区学习，做到严谨和细致。首先，在图纸上就要做到能详细到每一个施工节点位置，能用细部施工节点图纸及具体的施工规范来指导与规范施工队的工作行为，并通过工程监管达到较高的工程品质。其次，在建设冷库时应充分考虑节能环保的问题，如使用环保制冷剂来替代氟利昂制冷剂、特大型冷库采用制冷复叠系统和二氧化碳系统等。

2. 加强信息化，建立完善的冷链信息系统

由于生产者素质较低，且地域分散，难以掌握产品的流通信息，也无法据此来安排生产。再加上生鲜农产品生产的季节性、地域性特征，导致产销和供需矛盾突出。一方面，农产品的生产者急于掌握市场信息打开销路；另一方面，经销商也需要信息来组织采购、运输和销售。这都要求冷链物流企业，尤其是第三方物流，发挥强大的市场流通管道作用。

冷链企业作为冷链物流的节点，需要强大的信息网络来支撑。就目前来看，主要存在两个问题：一个是从农户到经销商再到消费者的单向的信息流，上游环节缺少市场信息反馈；第二个是作为未来市场竞争主体的第三方冷链企业信息化程度较差，缺乏适用性、专业性和兼容性不足。因此，为了适应发展需要，中国冷链物流企业要打造双向的、更为完善的冷链信息系统。这可以从采用专业的信息技术，如 EDI 技术、条码技术、电子信息技术和 EFT 技术等，并充分利用计算机电话集成、GIS 和无线互联技术等来实现，打造一套适合冷链物流且能迅速响应客户需求的物流管理信息系统；也可以通过建设行业信息中心、信息发布平台，将农产品冷链物流打造成农产品的单向流和信息的双向流。

3. 发挥政府和行业协会的作用，整合冷链资源

从国外经验来看，冷链物流的行业协会作为沟通冷链企业与政府的桥梁，在冷链物流业的发展过程中起到重要作用。在中国，由于冷链发展起步较晚，冷链企业在运营规模、技术储备、资金动员以及与政府对话的能力等方面都比较欠缺。此时，行业协会作为冷链企业的交流机构和发声平台，就可以在改善经营状况、推动冷链发展、完善物流政策等方面提出建议和意见。此外，冷链行业协会还可以从不同角度协调关系、规避业内恶性竞争，有助于建立松散的企业联盟，从而规范冷链物流市场。

在推动各国农产品冷链物流资源整合方面，政府的作用非常重要。在国外，加拿大政府通过对多种运输方式进行民营化和私营化改造，培育了冷链物流的领军企业，形成了公路、铁路和海洋多式联运、产销运多方参与的共赢式冷链物流模式，推动了加拿大冷链物流的大发展。在国内，面对中国农产品冷链物流发展的诸多问题，更是需要充分发挥政府的引导作用，将生产商、销售商以及冷链企业的冷链资源进行整合，以提高冷链企业的资源利用率。

销售商资源的整合可以抵消由季节性和地域性导致的经销商的物流波动，提高运输工具与物流作业的利用率，实现运输的规模经济；生产商资源的整合可以为生产商提供一站式一体化的综合服务，提高服务水平、降低经营成本、打造优势品牌从而实现整体效益；冷链企业间的整合可以实现物流的规模化和网络化，增强市场竞争力和降低运营成本。

主要参考文献

张革：《浅析我国农产品冷链物的完善》，《物流与采购研究》2009 年第 7 期。

洪涛、钱春燕：《加快中国农产品冷链物流发展》，《黑龙江粮食》2011 年第 4 期。

陈耀庭、许正平、林小虾：《农产品冷链物流体系研究》，《商业现代化》2009 年第 8 期。

张虹、陈进华、张海燕：《基于食品安全的农产品冷链物流发展现状与优化对策》，《物流科技》2011 年第 8 期。

魏国辰：《生鲜农产品冷链物流体系发展探讨》，《商业时代》2009 年第 2 期。

李学工：《中国农产品冷链物流现状及发展趋势》，《综合运输》2010 年第 4 期。

向丽：《关于加快中国农产品冷链物流标准化建设的思考》，《食品安全》2009 年第 4 期。

王玉侠：《中国农产品冷链物流存在的问题及对策》，《物流工程与管理》2011 年第 3 期。

Analysis and Development of Agricultural Products Cold Chain Logistics

Wang Zhigang

Abstract: Combined with the wholesale market field research data and related information, the text elaborates institutional environment of agricultural products cold chain logistics development from regulations policies and standards. Then, the text analyzes development status of agricultural products cold chain logistics with four links of cold chain, and discusses the characteristics of its development from multi-angle. Finally, based on the country's overall industrial planning, strategies and countermeasures of Chinese agricultural cold chain logistics industry is proposed.

Key Words: Agricultural Products; Cold Chain Logistics; Third-party Logistics

农产品批发篇

Agricultural Products Wholesale

B.6

分报告二 中国农产品批发市场发展现状与展望

罗仲伟　盛逖　任国良　邢云鹏　王江坤*

摘　要：改革开放以来，在政府政策的推动下，中国农产品批发市场经历了一个从自发萌芽、快速发展、盲目发展，到规范发展和升级提高的阶段式发展过程。中国当前已经形成了有形市场和无形市场，综合市场和专业市场，产地市场、销地市场和集散地市场相结合的批发市场体系，成为中国农产品流通的主要渠道和中心环节。中国农产品批发市场的辐射能力和范围不断扩大，市场经营服务链条不断拉长，市场功能由产品集散、

* 罗仲伟，经济学博士，中国社会科学院工业经济研究所研究员、中小企业研究室主任，中国社会科学院中小企业研究中心主任，中国社会科学院研究生院教授、博士生导师，研究方向：产业和企业战略、企业管理、中小企业发展与政策；盛逖，经济学博士，中国社会科学院财政与贸易经济研究所副研究员，研究方向：大宗商品价格波动与定价权、通货膨胀的福利效应、能源资源价格改革等；任国良，中国社会科学研究院博士生；邢云鹏，中国社会科学研究院博士生；王江坤，中商流通生产力促进中心助理研究员，硕士，研究方向：农产品市场分析。

辅助流通向价格决定、质量监控全面发展，现代经营管理方式在部分批发市场得到应用，批发市场经营主体多元化。农产品批发市场在不断发展的同时，也存在不少亟须解决的问题，如基础设施差、农产品流通环节损耗率高、交易方式落后、服务功能不完善、标准化程度低等。如何完善批发市场功能、提升竞争力成为农产品批发市场面临的主要任务。最后通过简要评析2010年和2011年相关政策之后，提出了中国农产品批发市场发展趋势和对策建议。

关键词： 农产品流通　农产品批发市场　农产品流通体系

在开放的市场经济系统中，流通处于生产和消费的中间位置，而批发又处于流通环节的中间位置。农产品批发市场作为农产品现货集中交易场所，集商流、物流、信息流于一体，不仅可以推动农业产业化的进程，而且对国计民生以及国民经济发展具有不可低估的拉动作用。与经济社会发展阶段的基本国情和社会主义市场经济体制的建设进程相适应，中国目前已经形成了门类较为齐全、内容十分丰富、组织相对严密的商品批发市场体系，在经济、社会中的地位举足轻重。农产品批发市场是这一庞大的批发市场体系的重要组成部分。事实表明，自1978年实行改革开放以来，农产品批发市场已经逐步发展成为中国农产品流通的主要渠道和中心环节，发挥着产品集散、供需耦合、价格形成、信息传播等多项不可替代的功能。除了有力地保障城乡农产品供给外，农产品批发市场还在食品质量安全监管和带动农业相关产业发展方面发挥着日益重要的作用。本报告力图以简明扼要的语言，全面阐述中国农产品批发市场的历史沿革和发展现状，总结其运行机制和基本特征，并针对当前存在的问题提出完善农产品批发市场的政策建议和对策措施。

一　农产品批发市场的演进和发展

中国农产品批发市场是随着农产品流通体制改革而出现和发展起来的。中国现有的农产品批发市场主要源于三种形式：一是在原有农贸市场或集贸市场的基础上发展而来，二是为适应城乡经济社会的发展而完全新建，三是以原商业、粮食、物资、供销等流通部门的国营或集体购销中心为基础逐步形成。经过近三十年的发展，目前我国已形成一个较为完备、庞大的农产品批发市场体系，在完善市场经济体制、推动新农村建设、提高农业产业化水平、提升农业国际竞争力、满足日益增长的城乡居民生活需要等方面发挥着重要作用。

（一）农产品批发市场的定义和功能

1. 农产品批发市场的概念

批发是集中货物进行批量交易的一种贸易业态，批发市场作为一种市场制度安排，为批发交易提供交易的物理场所和组织条件。农产品批发市场是以农产品作为交易物，构成批发这种特定贸易业态的物理空间载体和组织运行实体。按照在农产品产业链中所产生的关系分类，农产品批发市场可分为产地批发市场和销地批发市场两大类，前者具有生产性服务的性质，后者更多凸显的是消费性服务的特征。2004 年 6 月 14 日国家农业部发布《农产品批发市场建设与管理指南》，其对农产品批发市场的定义是：经政府主管部门批准，主要进行指定农产品（粮油、蔬菜、瓜果、畜产品、水产品、调味品、花卉、茶叶、种子、饲料等农、牧、渔业产品及其加工品）现货集中批量交易的场所。

2. 农产品批发市场的功能

世界各国的国情存在差异，农产品批发市场所具有的功能也有所不同。实践表明，中国的农产品批发市场主要表现出下述五种基本功能。

（1）商品集散功能。批发市场可以在较短的时间内吸引和汇集分散在各个产地的农产品，完成交易过程，然后再把农产品发送到各个消费地。

（2）价格形成功能。由于批发市场尤其是大型批发市场具有在较大范围内聚集农产品并实现交易的功能，所反映的是大范围内的供求关系，因而形成的价格具有权威性。

（3）供需耦合功能。在农产品批发市场上，批发商联合共生的集聚形态产生了明显的规模经济和范围经济，促进农产品供求的时空平衡。较集贸市场而言，农产品批发市场具有较高的稳定性，可以作为供需均衡的纽带和流通的“蓄水池”。

（4）信息集散的功能。上述三种功能决定了在批发市场上聚集的农产品信息具有公开、完整、真实和及时的特点，批发市场起着信息中心的作用。

（5）交易结算功能。高级形态的农产品批发市场具有交易结算的功能，能够保证成交商品的价值最终得到实现。

（二）国际农产品批发市场的发展演进

批发作为一种贸易形态，是社会分工和市场经济发展的产物。从发展历史来看，批发贸易是伴随着西方资本主义的出现而逐渐形成的，批发市场则是由专业市场演化而成。一些西方国家早在13世纪就有了小麦市场，15、16世纪前后，葡萄酒、皮鞋、毛皮等专业市场在欧洲各国也先后出现。到17世纪，专业市场已成为一种可以被普遍观察到的交易形态。自18世纪批发商和零售商分离以后，批发业在西方一直承担着联结生产企业和零售企业的桥梁角色。1870年以后，专业商人和农贸组织的产生把西方农产品流通带入了以批发市场为核心的传统流通贸易阶段，使农业生产和农产品流通在很大程度上发生了分离，专门的商贩和企业组织大批涌现使得流通组织错综复杂，交易形式多种多样。在市场流通组织演变过程中，农业产业也由传统农业发展到现代农业。相对而言，农产品批发贸易的这一发展阶段呈现短暂、多变、交错、混乱、复杂、多样等特点①。大约从1950年开始，农业发展到现代生产经营一体化阶段，西方发达国家通过上一阶段的发展与理性选择，借助于高科技手段，把产供销合为一体，构建了更高效率的农产品生产和流通体系。正是在这一阶段，形成了国内统一市场和国际化市场，并形成大规模、少渠道、少主体的贸易流通格局，从而进一步降低了农产品的流通成本和交易费用。由此可见，经过近三百年的发展，在西方发达国家，农产品市场流通组织经过了由流通与交换的原始贸易批发模式发展到现在的产供销一体化经营模式的历程。

从国家层面来看，经过几百年的发展，除经济发展相当缓慢、市场极其落后的一些国家外，世界各国农产品流通交易体制和农产品市场体系已经基本建立。根据各国社会经济体制、农业生产特征与规模、经济发展阶段与水平等差异，可大体将目前世界上基本成型的农产品流通贸易形态归纳为东亚模式、欧洲模式、北美模式和中国模式四种②。

---

① 闫华红：《我国产地农产品批发市场的管理功能创新》，经济科学出版社，2007。

② 这里仅对前三种模式的基本特征进行简要阐述，关于中国模式的特征详见本报告的第三部分。

1. 北美模式

美国和加拿大是北美模式的典型代表。北美模式的市场特征是产地市场相对集中，销地市场在大城市，期货市场发达，零售连锁经营网络和超级市场发展规模与势力较大，产地与大型超市、连锁经销网络间的直销比例高。如美国鲜货农产品由批发市场渠道销售的不到20%，而产地直销的则高达80%。农产品的具体流通过程是：大型农场——物流配送中心/批发市场——连锁超市——消费者。北美模式的优点是流通渠道短、环节少、效率高且服务齐全，完善的农业服务体系、发达的高速公路网络和现代化的运输保鲜设施能够为实现产销对接、稳定货源和及时供货提供保障。由于北美地区农产品生产区域规模化、组织化、专业化程度高，不存在类似于中国的小生产和大市场的矛盾，农产品批发市场在流通体系中并不占据主导。其主要特点是：农产品直销逐渐增多，运营主体主要是私营或股份制企业，市场内批发商数量少、规模大，期货市场发达，信息化程度高等。

2. 东亚模式

日本、韩国和中国台湾是东亚模式的典型代表。东亚模式的主要特征是，以农业生产小规模经营为基础，批发市场为农产品流通的主渠道，大多数农产品都要经由批发市场，但批发市场交易和管理的现代化程度都比较高。例如，目前日本约有88个由中央财政和地方财政投资的中央批发市场，1513个多元化投资的地方批发市场，绝大多数农产品都经由农协参加或组织的批发市场流通。韩国有全部由地方政府投资建设的公营中央批发市场8家，地方批发市场24家。农产品的具体流通过程为：生产者——上市团体——批发商——中间批发商——零售店——消费者，交易方式以拍卖交易为主。东亚模式的优点是以批发市场为主的农产品流通规范化、法制化和组织化水平高，流通效率高，基础设施完善，缺点是流通渠道环节较多，流通成本较高，利润分配不均。东亚模式下的批发市场发展有五个方面的显著特点：有完善健全的批发市场法律法规作保障；公益性强，政府支持切实有力；拥有组织性极强的专业协会；具备强大的结算功能和信息服务功能；形成了成熟的拍卖业务。

3. 欧洲模式

法国、荷兰、德国、英国和意大利等西欧国家是欧洲模式的典型代表。欧洲模式的特点是批发业态和直销业态都很发达，既有像荷兰通过阿姆斯特丹的大型批发市场向世界各国销售花卉这样的方式，也有像家乐福、麦德龙这样的连锁超市经营集团建立统一购配中心，与产地实行直挂直销的方式。在欧洲模式中，批发市场占农产品流通的比例介于北美模式和东亚模式之间，远大于北美模式但小于东亚模式，主要是大型批发市场，且大多数大型批发市场坚持公益性原则，政府有一定比例的投资或财政补贴。如法国政府设立了23个批发市场作为国家公益性批发市场。欧洲模式中的批发市场具有单体市场规模大、交易范围广、配套服务功能十分完善、实行联合拍卖等特点。目前欧洲各国鼓励发展农产品产、加、销一体化，并将产前、产后相关企业建在农村，直销比例呈现不断上升趋势。由于欧洲国家市场信息网络发达，地域内、国家间的贸易十分活跃，所以农产品的进出口在批发市场中也占有一定比重。

世界上大多数发达国家和地区的发展经验表明，尽管超级市场、统一配送、订单农业、电子商务等流通方式的快速发展对农产品批发市场的经营规模产生了重大影响，但在相当长一段时期内，农产品批发市场仍具有巨大的生命力。

（三）中国农产品批发市场的发展背景

新中国成立后至1978年以前，中国农业实行与市场隔绝的高度集中的计划经济体制，中央政府通过统派购制度来保证全国的农产品供给①。计划经济体制割裂了农产品供需之间的直接联系，严重阻碍了农业商品经济的发展。随着改革开放和家庭联产承包责任制（俗称“大包干”）的出现，农产品得以率先进入市场。家庭联产承包责任制促进了劳动生产率的提高以及农村经济的全面发展。虽然当时重要的农产品仍实行统派购，但小产品逐步允许农民自由产销，完成统派购任务后的一些重要农产品也可上市自行销售，由此各地的集贸市场得到恢复发展。这使得中国农业和农村经济进入了生产力大大提高的一个崭新发展阶段，市场调节供求的潜力很快显现出来，部分农产品迅速告别了过去长期短缺的状况。农产品流通格局也随之发生巨大变化，农产品批发市场得以从20世纪80年代初

① 自1953年起，中央政府陆续颁布了《关于实行粮食的计划收购与计划供应的决议》、《关于棉花计划收购的命令》、《农村粮食统购统销暂行办法》等一系列政策和规定，以逐步强化的计划经济管理方式，对各种重要的农副产品实行统购统销的办法。政府同时限制和规定了农民和集体组织的生产决定权、销售数量、地点、价格和对象，由此缓解了新中国成立初期农产品供需的巨大矛盾，支持了“一五”计划的顺利进行。此后农副产品的产供销计划管理得到延续和强化，成为国民经济计划管理体制的重要组成部分。在这一时期特定的经济体制和发展战略背景下，中国农产品流通格局中根本就不需要市场，当然也不可能存在批发市场的概念。

期在传统集市贸易市场的基础上发展起来。1985 年国家宣布废止业已实施 30 余年的农产品统派购政策。统购统销的种类和规模进一步下降，统购统销方式被合同订购和议价销售所取代，市场调节的种类和规模进一步扩大，从而形成了农产品流通的“双轨制”。随着市场经济体制的逐步确立，农产品批发市场也经过若干个发展阶段，依托于市场经济的新兴批发市场逐步取代国营、合作社商业批发网络，成为农产品流通的主要渠道和中心环节。

通过梳理自改革开放以来党中央和国务院颁布的一系列政策文件可以看出，农产品批发贸易是在农业、农村、农民始终受到国家高度重视的大背景下，通过政策推动得以发展起来的。党中央从 1982 年至 1986 年连续五年发布以“三农”问题为主题的中央一号文件，对农村改革和农业问题做出了战略部署，确立了家庭联产承包责任制，取消了农产品统购统销制度，解放了农业生产力，使中国农村经济获得了很大发展。针对农业生产快速发展，农产品产量大幅度增加，出现农产品“买难、卖难”现象，1984 年中央一号文件明确要求：大中城市在继续办好农贸市场的同时，要有计划地建立农副产品批发市场，有条件的地方要建立沟通市场信息、组织期货交易的农副产品贸易中心。农产品批发市场由此得以在传统集市贸易的基础上开始孕育。在随后几年里，农产品流通领域一直是党中央农业、农村工作和相关政策重点关注的内容。国务院有关部门陆续出台发布一系列政策和文件，要求抓紧建设农产品批发市场，逐步加大培育各类农产品专业市场的力度。

进入 21 世纪，中国加入世界贸易组织后，国家继续推出一系列关于农产品批发市场的规划和指导意见，推动农产品批发市场规范化、现代化的进程。自 2004 年起，党中央再次连续出台了 6 个指导农业和农村工作的中央一号文件，要求发挥市场机制，加强农村现代流通体系建设，搞活农产品流通，将深化农村流通体制改革进而推动农民增收置于重要地位。党的十七届三中全会通过的《关于推动农村改革发展若干重大问题的决定》开宗明义地指出，“农业、农村、农民问题关系党和国家事业发展全局”，确立了“三农”问题是党和国家各项工作的“重中之重”。农产品批发市场仍然作为解决“三农”问题的重要突破口之一，其重要性不断得到强调。近年来，党中央和国务院有关部门继续高度重视农产品流通体系的建设，频频针对农产品流通问题和批发市场建设工作发出重大指导意见（见表 1）。

表1　2004年以来中央及各相关部委对农产品批发市场的重大指导意见

时　间	重要文件和会议	涉及内容
2003年12月31日	2004年中央一号文件	进一步加强产地和销地批发市场建设，创造条件发展现代物流业
2005年12月31日	2006年中央一号文件	加强农村现代流通体系建设；积极推进农产品批发市场升级改造，促进入市农产品质量等级化、包装规格化
2007年1月29日	2007年中央一号文件	建设农产品流通设施和发展新型流通业态；采取优惠财税措施，支持农村流通基础设施建设和物流企业发展；要合理布局，加快建设一批设施先进、功能完善、交易规范的鲜活农产品批发市场
2007年12月23日	2008年中央一号文件	建立健全适应现代农业发展要求的大市场、大流通；继续实施“万村千乡”、“双百市场”和“农产品批发市场升级改造”等工程，落实农产品批发市场用地按工业用地对待的政策
2009年12月31日	2010年中央一号文件	健全农产品市场体系；统筹制定全国农产品批发市场布局规划，支持重点农产品批发市场建设和升级改造，落实农产品批发市场用地等扶持政策，发展农产品大市场大流通
2010年2月5日	农业部部署2010年农产品市场流通工作会	推进农产品批发市场建设，加强农产品市场流通工作重点：强化市场规划管理，合理布局农产品批发市场网络；指导批发市场强化对商户的登记管理；引导推行电子统一结算等
2010年3月16日	商务部月度发布会	健全农产品批发市场体系，支持重点农产品批发市场建设和改造，促进农产品销售工作；争取在“十二五”期间使每个县都建设改造一个农产品批发市场或农贸市场
2010年10月25日	农业部、商务部签订《合作协议框架》	加强农产品流通布局和生产布局的衔接，重点支持在主产区和关键物流结点建设若干大型专业性农产品批发市场；互通农产品市场信息，共同维护农产品市场平稳有序运行
2011年8月19日	国办发布关于促进物流业健康发展政策措施的意见	优先发展农产品物流业，加大政策扶持力度，着力解决农产品物流经营规模小、环节多、成本高、损耗大的问题；加强农产品批发市场、农贸市场的规划和建设，规范和降低农产品批发市场、农贸市场的摊位费等相关收费
2011年10月8日	国务院常务会	以加强产销衔接为重点，减少流通环节，降低流通成本，加快建设高效、畅通、安全、有序的鲜活农产品流通体系；促进合理布局，有效解决批发市场重复建设与零售网点不足并存等问题

续表

时　间	重要文件和会议	涉及内容
2011 年 12 月 19 日	国办发布关于加强鲜活农产品流通体系建设的意见	以加强产销衔接为重点，创新鲜活农产品流通模式，提高流通组织化程度，完善流通链条和市场布局，减少流通环节，降低流通成本，建立完善高效、畅通、安全、有序的鲜活农产品流通体系，保障鲜活农产品市场供应和价格稳定
2012 年 2 月 1 日	中共中央、国务院印发《关于加快推进农业科技创新持续增强农产品供给保障能力的若干意见》	加强农产品流通设施建设；推进全国性、区域性骨干农产品批发市场建设和改造，重点支持交易场所、电子结算、信息处理、检验检测等设施建设；加强土地利用总体规划和城乡建设规划；鼓励以各种方式建设非营利性农产品批发、零售市场；创新农产品流通方式；完善农产品市场调控

资料来源：课题组整理。

总体来看，改革开放 30 多年来，伴随着家庭联产承包责任制为核心的农业生产体制改革的推进，党中央、国务院启动了以市场化改革为中心的农产品流通体制改革，打破了国营商贸在农村流通中的垄断地位，逐步推动农村商品流通的市场化、专业化。经过这几十年的发展，中国农产品流通改革取得了很大的成效，以市场为导向的农产品流通体制改革不断深化，基本形成了以民间经营为基础、市场导向为机制、企业自主经营、政府适度调节的适合中国当前生产和消费发展状况的农产品流通体系。而在这一体系中，农产品批发市场具有主要渠道和中心环节的作用和地位。

（四）中国农产品批发市场的演进

从 1983 年开始，尤其是在 1984 年中央一号文件的指导下，广州、西安、武汉等城市着手改革延续了几十年的统购统销的农产品供销体制，率先放开水产品和蔬菜的价格，由此迅速拉动了相应农产品的生产，使其供应丰富起来，市场趋于活跃。这样的改革很快引起了社会的广泛响应，此后其余大中城市相继跟进，并扩展到肉类、禽蛋等所有与菜篮子有关的产品①。“大包干”和“菜篮子”的产销体制改革，共同促进了城乡集贸市场的迅速发展，促进农产品总量和品种大

① 农业部市场与经济信息司：《中国农产品批发市场发展研究报告（2010）》，中国农业大学出版社，2010。

幅增长。在一些传统的农产品产区，很快出现了数量众多的农产品运销专业户，致使长途贩运日渐兴盛。与区域农产品产品输出不断增长的需求相适应，社会上自发形成了批发贸易，并且向某些交通方便的集贸市场集中，一些传统集贸市场开始向批发市场转变，从而在集市的基础上孕育出中国最早一批农产品批发市场。为了适应当地和区域农业经济发展以及满足城镇居民对农产品消费快速增长的需求，解决小农户生产与大市场对接的问题，各地方政府以多种方式推动兴建了大批农产品批发市场，以促进农产品的交易和流通①。由此可见，应运而生的中国农产品批发市场首先是通过两个途径得以快速发展：一是在原有农贸市场和集贸市场的基础上改造转型，二是为了适应当地和区域经济发展的需要而以多种形式投资新建②。此后，随着国有购销体制改革的深入进行，原商业、粮食、物资、供销等传统流通部门的一些国营和集体经营的购销中心或加工企业，也开始顺应市场潮流，转变经营方式，借助原有的场地和设施等资源开办农产品批发市场，从而形成第三条发展途径。

总体上看，自 20 世纪 80 年代初开始至今，中国农产品批发市场大体经历了五个发展阶段。1984 ~ 1989 年为批发市场体系雏形基本形成阶段，在集市贸易基础上自发孕育出最初一批农产品批发市场③。1986 年，每个批发市场平均成交额为 318 万元，在城乡集市贸易总额中，批发市场的份额达到 3.6%。如前所述，此后中央和地方各级政府对农产品及农业生产资料的流通环节一直给予极大的关注和重视。实际上，政府的指导意见和政策推动主导了整个农产品批发市场的演进。1990 ~ 1994 年为批发市场迅速发展阶段④。从 1990 年到 1994 年，农产

① 新建批发市场的方式多种多样。从投资渠道看，有中央部门投资、地方政府投资、农村集体组织投资、地方工商或商业部门投资、私人集资或贷款、国有企业投资、农民与地方工商部门合资等。

② 祝合良：《我国农产品批发市场发展的基本思路》，《经济与管理研究》2004 年第 2 期。

③ 新兴的批发市场逐步在改造传统封闭的集贸市场的过程中发展起来，农产品交易品种、交易规模迅速增加。在这一阶段，批发市场在农产品流通中的作用还很微小，但已显示出其发展潜力，并为农产品流通体制的市场化改革奠定了初步基础。1984 年山东寿光蔬菜批发市场（产地市场）和 1989 年深圳市布吉农产品批发市场（销地市场）的建立是这一阶段的标志性事件。

④ 为进一步搞活农产品流通，保证农产品供应，政府于 20 世纪 80 年代末推出了“菜篮子工程”，要求各地加强农产品批发市场的建设。在这一政策的引导下，不少地方政府出台“谁投资谁受益”政策，鼓励社会各方面投资农产品批发市场的建设，于是很快便在全国形成了建设农产品批发市场的热潮。

品批发市场的数量增长近2倍，连续5年递增10%以上。批发市场的交易规模也不断扩大，1993年达到1667.5万元，是1986年的5.2倍①。这一阶段，农产品批发市场已基本形成南菜北运，水果和水产品流通全国的格局。1995～1999年为加强批发市场管理阶段②。针对前一阶段批发市场过热发展的倾向和存在的问题，从国家层面全面整顿市场秩序，强化对批发市场的管理和指导。2000～2005年为着手建立现代化农产品批发市场体系，推动农产品批发市场规范化建设阶段。进入21世纪后，为了加强农产品现代流通体系建设，提高中国农产品国际竞争力，中央政府加大了农产品批发市场的投入力度。从2003年起，国家连续六年累积安排专项国债资金19亿元，扶持全国550家骨干农产品批发市场信息和质量检测系统建设。

从2006年至今，中国农产品批发市场进入升级提高阶段，农产品批发市场由单纯的数量增长向以质量提升为主转变，相关功能和配套服务也将不断完善。与整个国民经济增长方式转变和市场发展转型的目标相适应，升级改造成为当前和今后一段时间中国农产品批发市场的发展主题和内在需要。在这一过程中，农产品批发商进一步集聚发展，中国农产品批发市场将呈现总体数量持续下降，而亿元成交额以上的大型批发市场越来越多的趋势，农产品市场的大型化、规模化将成为显著特征。此外，政府部门的支持和推动更加具体。例如，2006年商务部启动“双百市场工程”，重点支持仓储、配送、冷链系统等经营设施建设，在农产品重点产销区培育一批面向国内外市场的大型农产品批发市场和流通企业。农业部启动“农业部定点批发市场”项目，接着出台“升级拓展5520工程”，在5年内通过多方筹资重点扶持建设500个农产品批发市场，推进设施改造升级和业务功能拓展20项工作。2010年，国家发改委出台《农产品冷链物流发展规

① 农业部农村经济研究中心农产品批发市场课题组：《中国农产品批发市场建设研究》，《中国农村经济》1995年第10期。

② 由于农业生产力的进一步解放，一些长期供应紧张的传统农产品由供不应求逐渐变为供求基本平衡。1996年前后，全国出现了全面性的传统农产品供过于求的现象。在经济体制尚未完全理顺的情况下，供给过剩刺激了地方保护主义的泛滥，农产品区域流通受到了诸多人为的阻碍，这对农产品批发市场的发展造成了很大的影响，农产品批发市场的发展速度大幅下滑。针对前一阶段发展中存在的问题，国家出台一系列措施对批发市场进行规范，同时建立国家级农产品批发市场：推行市场办、管分离；实行市场登记与年检制度；整顿市场秩序，打击违法行为，清理撤销一些市场封锁和地方保护政策；调整基层工商行政管理机构，改由省局垂直领导，减少基层政府对市场管理执法的干扰等。

划》，重点支持辐射面广、带动能力强的大型农产品批发市场和有实力的大型农产品流通企业的升级、改造，推动批发市场冷链建设。

从市场定位和功能的视角，也可以很好地理解中国农产品批发市场的演进历程。城乡社会、经济环境的迅速发展和农产品流通体制的改革进程，不可避免地促使批发市场的定位和功能不断发生变化。承包制的实行，使农村生产力得到极大释放，在自然资源较好的传统农区，大量农产品在上市季节积压，同时城市国有商业系统已不可能适应这样的情况。为解决小农户生产与大市场对接的问题，满足城市居民日常生活的消费所需，农产品批发市场应运而生。从农业生产者中分化出专营农产品批发流通业务的经销商，远距离运输并销售农区产品，这时的批发市场仅仅发挥着产品集散的功能和信息集散的功能。随着城市化推进和城市居民生活水平提高，批发市场功能进一步完善，从早期的提供产品集散场所扩展到协调供求关系，促进农产品供求的时空平衡，具有了供需耦合功能。此后，逐渐成长起来的一些大型批发市场由于汇集了全国各地的批发商，逐步成为特定产品价格形成的重要场所。在这些市场中形成的批发价格成为指导某大区域各集贸市场零售价格、批发商采购价格的重要指标，甚至影响到生产者决定来年生产计划。因此，批发市场又增加了价格形成功能。同时，批发市场信息集散的功能得到进一步丰富和完善。可以预期，伴随覆盖城乡的农产品流通网络的形成和完善，批发市场还会增加新的功能。

从中国农产品批发市场发展的历史沿革来看，农产品批发市场既是农产品流通商品化、市场化和专业化发展的产物，又是中国农产品贸易业态和交易制度创新的产物。农产品批发市场的发展历程体现出浓厚的中国特色，即在政府的工作指导和政策推动下，中国农产品批发市场经历了一个从自发萌芽、快速发展、过热发展，到规范发展和升级提高的阶段式发展过程。目前，农产品批发市场已经形成了商品集散、价格形成、供需耦合、信息集散、交易结算五大基本功能，成为农产品流通的主要渠道和中心环节；一批具有较强辐射能力的全国性、区域性大型骨干批发市场不断涌现；现代化交易方式初步引入部分批发市场，得到示范性应用；农产品批发市场经营服务链条不断拉长，经营管理水平持续提高；市场主体在向多元化发展的同时，各级政府对农产品批发市场的调控能力也逐渐提高；大型批发市场开始从国家经营向企业经营转化，但仍强调通过多种方式建设非营利性的农产品批发市场；已经形成了有形市场和无形市场，综合市场和专业市场，产地市场、销地市场和集散地市场相结合的批发市场体系。

二　农产品批发市场行业发展总体状况

当前，中国的农产品市场流通体系业已基本成型，其中最为重要的组成部分是批发市场。而且在未来较长一段时间内，农产品批发市场仍将是中国农产品流通体系中的主要渠道和中心环节。

（一）2010年农产品交易市场总体情况

虽然中国农产品交易市场起步较晚，但是发展速度非常迅速，目前已经覆盖了所有的大中小城市和农产品集中产区，形成贯通全国城乡的农产品流通大动脉。根据《中国统计年鉴》提供的数据（见表2），2005年以来，除2006年外，交易额在亿元及以上的农产品专业市场数量呈逐年增加的趋势，但同比增幅较小。由表2可知，6年间市场数量增长了36.82%，摊位数增长了39.65%。另一方面，这些专业市场的成交额和营业面积却有较大增幅，6年间市场成交额增长了147.97%，营业面积增长了122.42%。这表明中国农产品专业市场近年来正循着大型化、规模化的路径前行，而专业市场中主要以批发业态为主（见后文的分析），从而间接反映出农产品批发市场整体经营状况良好，效益逐步提高。

表2　2005～2010年中国大型农产品专业市场发展状况

年份	亿元以上农产品专业市场数量(个)	摊位数(个)	营业面积（万平方米）	市场年成交额（亿元）
2005	717	384395	1827	4029.1
2006	671	371852	2087.79	4436.61
2007	715	397950	2306.46	5651.09
2008	921	485533	3369.2	7199.9
2009	946	520888	3711.5	8522.3
2010	981	536794	4063.7	9990.9
2010年比2005年增长幅度(%)	36.82	39.65	122.42	147.97

注：2005～2007年由于无农产品专业市场统计数据，数据系粮油市场、干鲜果品市场、水产品市场、蔬菜市场、肉食禽蛋市场和土畜产品市场六项合计数。

数据来源：相应年份《中国统计年鉴》。

从七大类专业市场的市场结构看，在2010年亿元以上农产品专业市场中，粮油市场占14.19%，肉禽蛋市场占6.83%，水产品市场占19.6%，蔬菜市场占30.13%，干鲜果品市场占16.64%，棉麻土畜、烟叶市场占4.49%，其他农产品市场占8.12%，业已形成以鲜活农产品为主的全国性大型专业市场流通网络体系（见图1）。

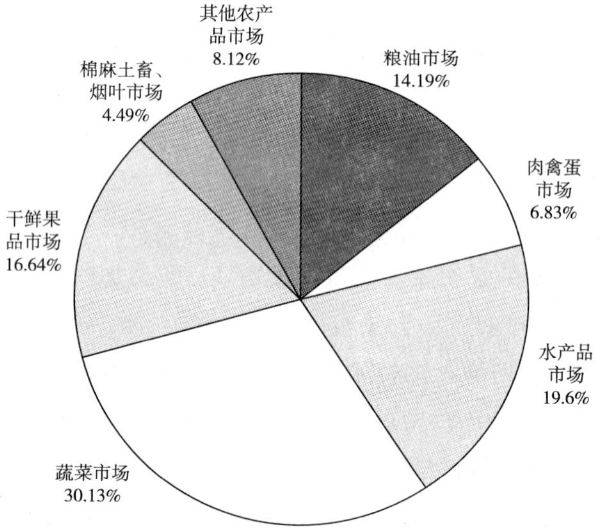

图1　2010年中国农产品专业市场交易结构

数据来源：2006～2011年《中国统计年鉴》。

另据《中国商品交易市场统计年鉴》统计数据显示，全国成交额亿元及以上农产品交易市场由2002年的1189家增至2010年的1672家，同比平均增幅为4.5%；单个市场成交额由2002年的3.65亿元增至2010年的9.61亿元，同比平均增幅为103.9%（见图2）。

从市场类别来看，农产品交易市场包含综合市场和专业市场两类。近年来，专业市场发展较快，除2005年数据异常波动外，其比重呈逐年上升趋势，已经稳居主导地位。统计数据显示，专业市场的数量比例由2002年的29.9%上升至2010年的58.7%，市场成交额比例则由2002年的36.8%上升至2010年的65.9%（见图3）。

从贸易业态来看，农产品交易市场包括批发为主和零售为主两种经营方式。

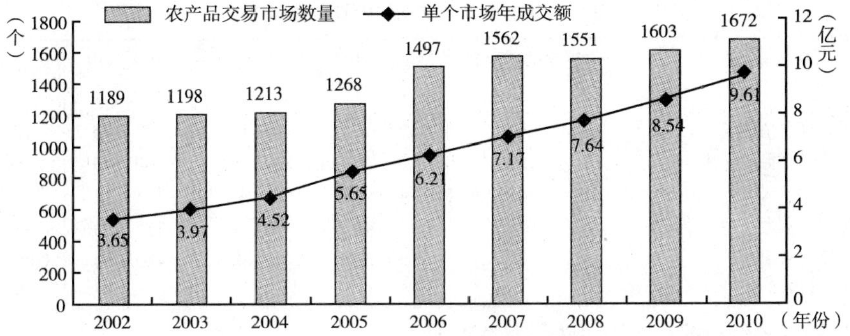

图 2　2002～2010 年亿元及以上农产品交易市场数量及单个市场成交额

数据来源：相应年份《中国商品交易市场统计年鉴》。

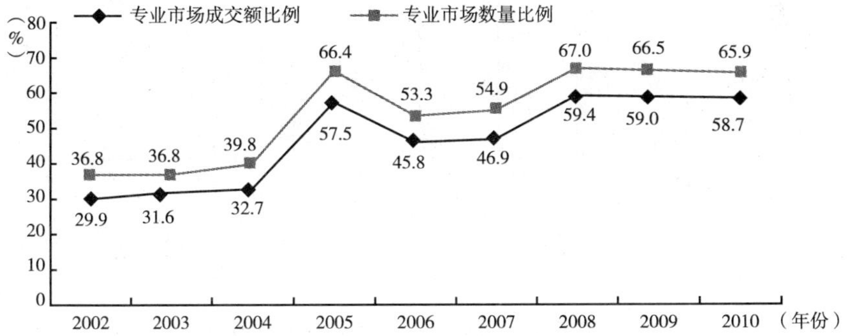

图 3　2002～2010 年以批发为主的农产品专业市场数量及成交额走势

数据来源：相应年份《中国商品交易市场统计年鉴》。

目前中国大多数农产品交易市场兼营批发和零售。但是，农产品综合市场中以零售为主的交易市场数量占绝对优势，而专业市场中以批发为主的交易市场数量比重较大。从市场成交额来看，在农产品综合市场和专业市场中，以批发为主的交易市场的成交额比重较大。

分别以农产品交易市场、综合市场和专业市场进行统计的 2010 年数据如表 3所示。根据这些数据计算，以批发为主的市场数量所占比例分别为 58.6%、26.8% 和 80.9%（见图 4），成交额比例分别为 83.0%、70.7% 和 94.3%（见图 5）。其中，专业市场中除了肉禽蛋市场和其他农产品市场外，其他五种专业市场的成交额比例都在 90% 以上。

表3　2010 年农产品市场总体情况

	市场数量（个）	总摊位数（万个）	年末出租摊位数（万个）	营业面积（万平方米）	成交额（亿元）
农产品交易市场	1672	107.65	96.45	5774.80	15171
其中：以批发为主	979	69.73	62.18	5002.40	13865.34
农产品综合市场	691	47.53	42.77	1711.12	5477.77
其中：以批发为主	185	18.87	16.54	1151.98	3874.48
农产品专业市场	981	60.12	53.68	4063.68	10593.23
其中：以批发为主	794	50.86	45.64	3850.42	9990.86

数据来源：《中国商品交易市场统计年鉴 2011》。

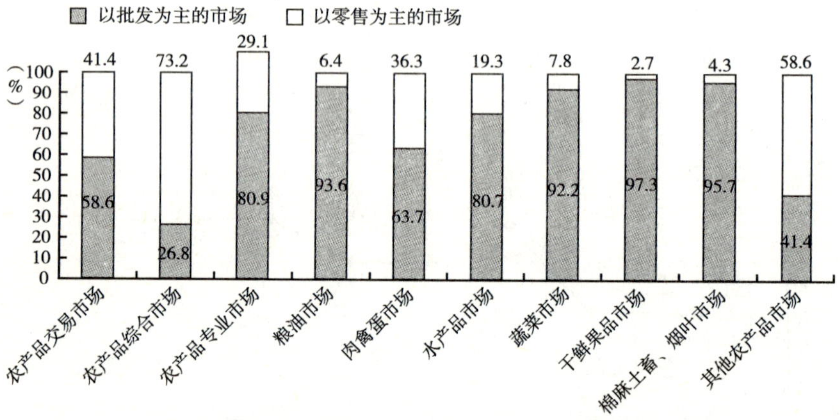

图4　2010 年亿元及以上农产品交易市场数量构成

数据来源：《中国商品交易市场统计年鉴 2011》。

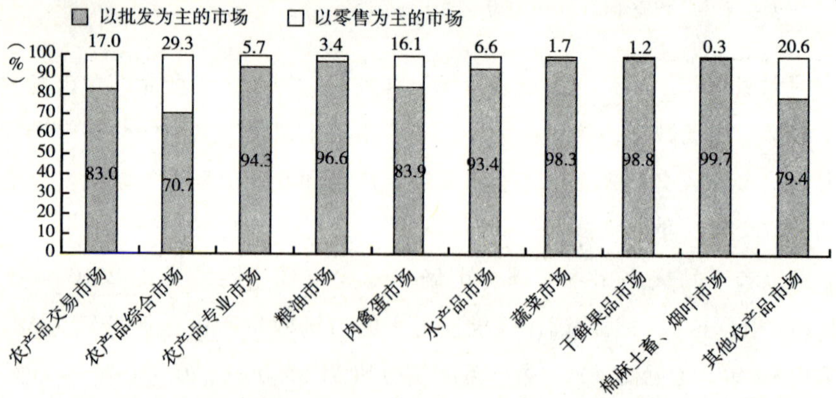

图5　2010 年亿元及以上农产品交易市场成交额构成

数据来源：《中国商品交易市场统计年鉴 2011》。

（二）以批发业态为主的农产品交易市场概况

中国农产品批发市场在农产品流通中发挥着重要作用，主要表现为农产品经过批发市场进入流通的比重较高。如前所述，目前世界农产品批发贸易形态大体呈现四种基本模式，即美国模式、欧洲模式、东亚模式和中国模式。据美国经济分析局官网显示，在美国模式中，农产品经由批发市场的流通率为20%，欧洲模式为50%，东亚模式为60%～70%。而根据北京市数据及经验数据可知，在中国模式中，农产品经由批发市场的流通率则高达70%～80%。另外，据相关资料显示，中国城市农贸市场中92%以上的货源、生鲜超市中，62%以上的货源均来自批发市场。由此可见，农产品批发市场在中国农产品流通体系中占据着主导地位。

1. 农产品批发市场规模

根据《中国商品交易市场统计年鉴》提供的资料，2007～2010年间中国以批发为主的农产品交易市场的发展状况如表4和图6所示。相关数据表明，批发市场数量增幅逐年缩小，市场成交额增幅逐年明显上升；摊位出租率一直保持在85%以上的高位。根据这些数据计算，2007～2010年，以批发为主的农产品交易市场数量、成交额的年增长率分别为5.9%、15.1%，摊位出租率平均为89.2%。2010年，全国亿元以上交易额的农产品批发市场共计979个，总摊位数69.73万个，营业面积5002.40万平方米，总成交额达13865.34亿元。

表4　2007～2010年以批发为主的农产品交易市场情况

年份	市场数量（个）	总摊位数（万个）	年末出租摊位数(万个)	营业面积（万平方米）	成交额（亿元）
2007	825	53.07	47.41	3289.30	9119.56
2008	877	58.13	52.28	4008.97	9881.15
2009	953	68.81	60.80	4508.59	11740.44
2010	979	69.73	62.18	5002.40	13865.34

数据来源：相应年份《中国商品交易市场统计年鉴》。

另根据全国城市农贸中心联合会调查显示，目前中国共有4500多家农产品批发市场，农产品经农产品批发市场的批发商和配送中心，向全国2.5万多家城

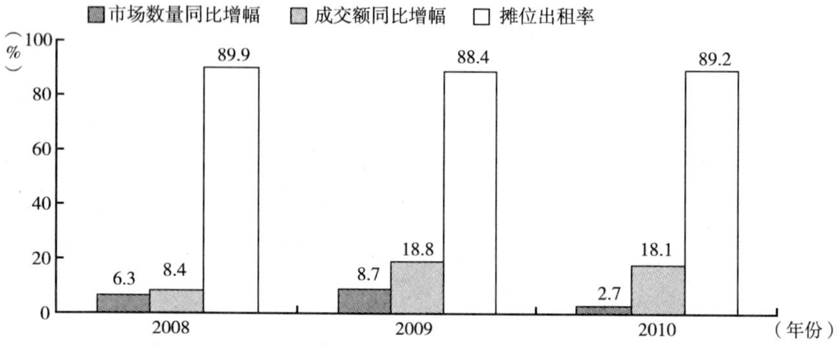

图6　2008～2010年以批发为主的农产品交易市场变化

数据来源：相应年份《中国商品交易市场统计年鉴》。

乡农贸市场和6000多家生鲜食品超市辐射，构成庞大的农产品流通体系。虽然随着超市的兴起和发展，经由超市的鲜活农产品流通份额逐年扩大，但批发市场仍是目前中国鲜活农产品流通的主要渠道。据统计，目前多数城市消费的鲜活农产品80%～90%仍由批发市场提供。即使在消费水平相对较高的特大城市，如北京，70%以上的农产品也经由批发市场流通。此外，在中国农产品进出口贸易中，经由农产品批发市场的贸易额每年约为200亿元人民币，占中国农产品贸易总额的6%左右。

2. 农产品批发市场结构

将农产品交易市场分解为综合市场和专业市场，再将专业市场划分为粮油、肉禽蛋、水产品、蔬菜、干鲜果品等七类市场，可以反映农产品批发市场的结构情况。

（1）农产品专业市场以批发业态为主。《中国商品交易市场统计年鉴》数据显示，2010年中国以批发为主的农产品专业市场有794个，占农产品专业市场的81.1%，成交额9990.86亿元，占72.1%（见表5、图7）；而以批发为主的农产品综合市场有185个，占农产品综合市场的18.9%，成交额3874.48亿元，占27.9%（见表6、图7）。此外，2008～2010年间，以批发为主的农产品综合市场数量年增长率为－4.9%，成交额年增长率为5.9%，而以批发为主的农产品专业市场数量年增长率为10.0%，成交额年增长率为21%（见图8）。由此可见，以批发为主的农产品交易市场中，专业市场的数量和成交额占绝对优势。同时，近年来以批发为主的综合市场的数量在缓慢减少，成交额却有小幅度上升，而以批发为主的专业市场的数量明显增加，成交额增幅更大。

表 5　中国以批发为主的农产品专业市场情况

年份	市场数量（个）	总摊位数（万个）	年末出租摊位数（万个）	营业面积（万平方米）	成交额（亿元）
2007	600	34. 06	29. 78	2133. 25	5651. 09
2008	711	43. 94	39. 22	3053. 31	7199. 89
2009	765	50. 59	44. 83	3474. 94	8522. 31
2010	794	50. 86	45. 64	3850. 42	9990. 86

数据来源：相应年份《中国商品交易市场统计年鉴》。

表 6　中国以批发为主的农产品综合市场情况

年份	市场数量（个）	总摊位数（万个）	年末出租摊位数（万个）	营业面积（万平方米）	成交额（亿元）
2007	225	19. 01	17. 64	1156. 05	3468. 07
2008	166	14. 19	13. 06	955. 67	2681. 26
2009	188	18. 22	15. 97	1033. 65	3218. 13
2010	185	18. 87	16. 54	1151. 98	3874. 48

数据来源：相应年份《中国商品交易市场统计年鉴》。

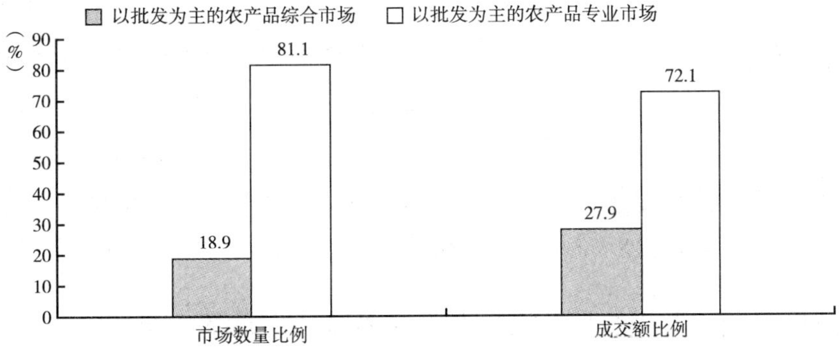

图 7　2010 年以批发为主的农产品综合市场和专业市场数量及成交额

数据来源：《中国商品交易市场统计年鉴 2011》。

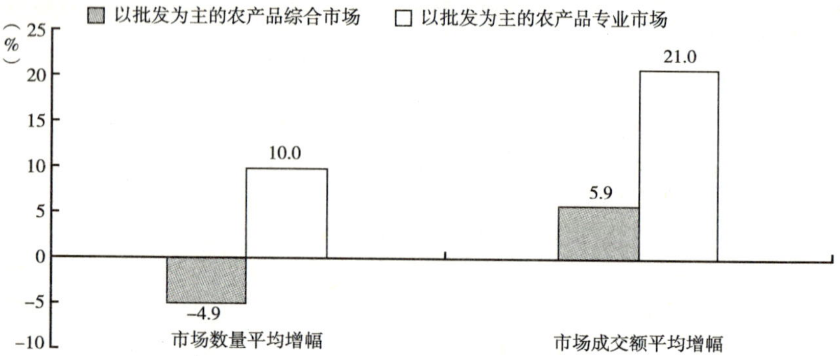

图 8　2008～2010 年间以批发为主的综合市场和专业市场的数量及成交额年增长率

数据来源：相应年份《中国商品交易市场统计年鉴》。

（2）在以批发业态为主的农产品专业市场中，蔬菜市场的数量和成交额最多。《中国商品交易市场统计年鉴》数据显示，在七大类农产品专业市场分类中，2010 年全国以批发业态为主的蔬菜专业市场有 272 个，占全部专业市场的 34.4%，成交额 3010.11 亿元，占 30.1%，在数量和成交额两方面都位列第一。数量方面居第二位的是干鲜果品市场（占 18%），第三位是水产品市场（占 15.2%）。成交额方面居次席的是水产品市场（占 19.6%），第三位是干鲜果品市场（占 16.6%）。2010 年各类专业市场的数量构成和成交额构成分别如图 9 和图 10 所示。

（3）在以批发业态为主的农产品专业市场中，粮油市场和蔬菜市场的成交额增幅较大，肉禽蛋市场和粮油市场的数量增幅较大。统计数据显示，2010 年与 2008 年相比，在以批发业态为主的农产品专业市场中，粮油市场、蔬菜市场的成交额增长幅度分别为 74.5% 和 59.4%，肉禽蛋市场、粮油市场的数量增长幅度分别为 21.5% 和 15.9%（见图 11）。

（三）以批发业态为主的农产品交易市场区域分布概况

从区域来看，中国农产品交易市场分布极不均匀，主要集中在东部地区，其次是中西部地区，东北地区则较少。《中国商品交易市场统计年鉴》数据显示，2010 年中国各类农产品交易市场在东部地区的数量比例均在 50% 以上（见图 12）。

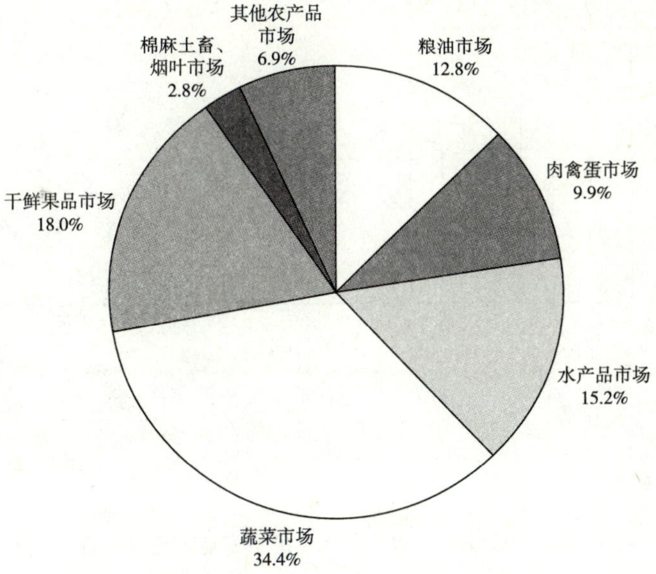

图 9　2010 年以批发为主的专业市场数量构成

数据来源：《中国商品交易市场统计年鉴 2011》。

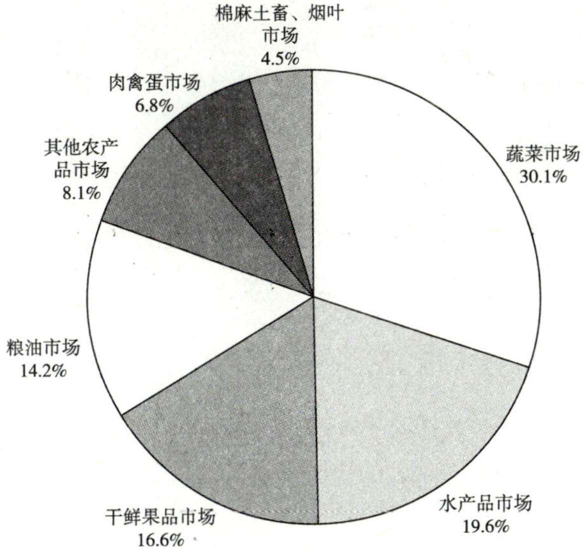

图 10　2010 年以批发为主的专业市场成交额构成

数据来源：《中国商品交易市场统计年鉴 2011》。

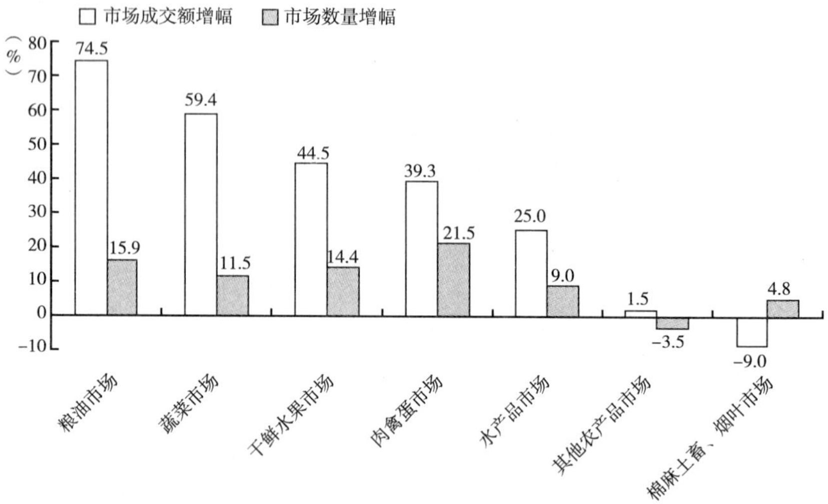

图 11　2010 年与 2008 年相比以批发为主的各专业市场的数量及成交额增幅

数据来源：相应年份《中国商品交易市场统计年鉴》。

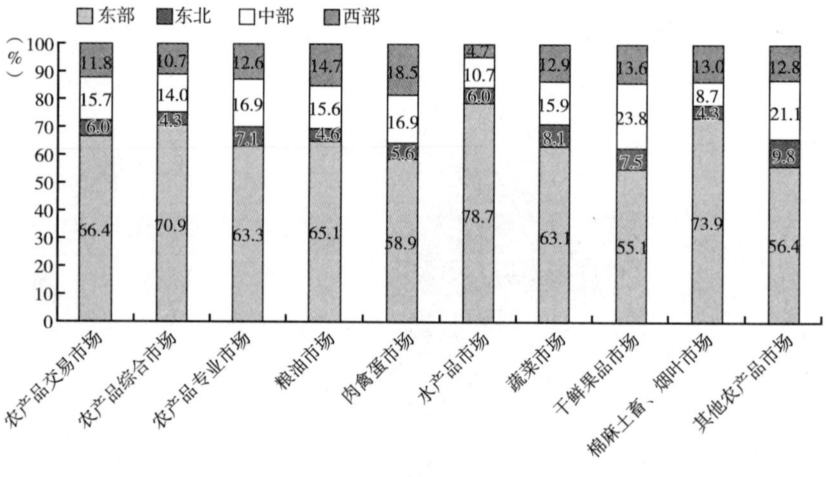

图 12　2010 年农产品交易市场分地区数量构成

数据来源：《中国商品交易市场统计年鉴 2011》。

从图 12 还可以看出，东部地区是水产品和棉麻土畜、烟叶等产品的主产区；在所有专业市场中，中部地区的干鲜果品市场数量最多，西部地区的肉禽蛋市场数量最多。

图 13 反映了 2010 年农产品交易市场平均成交额分地区比较的情况。整体来看，农产品交易市场平均成交额东部地区高于东北地区和中西部地区，其中，专业市场平均成交额也是东部地区最高，综合市场平均成交额东部地区略低于东北地区和中西部地区；从区域分布来看，东部地区干鲜果品市场平均成交额明显高于东北地区和中西部地区；从专业市场来看，东北地区、中部地区的粮油市场平均成交额都高于其他专业市场。东部地区棉麻土畜烟叶市场平均成交额偏高，是由于统计样本偏少造成的差异，参考意义不大。

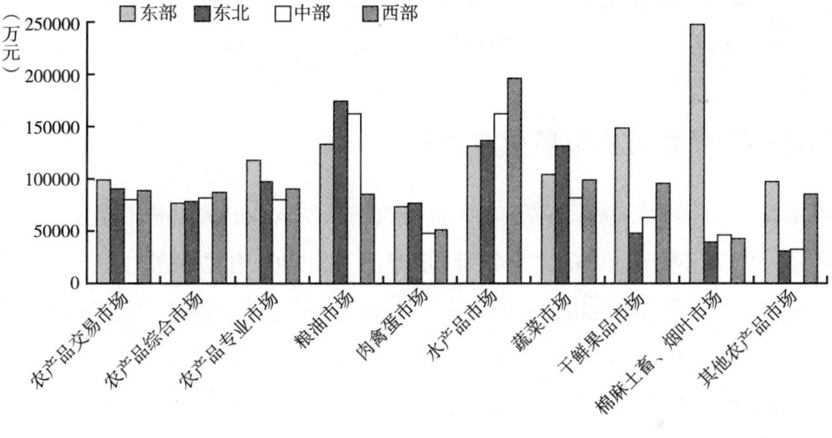

图 13　2010 年农产品交易市场平均成交额分地区比较

数据来源：《中国商品交易市场统计年鉴 2011》。

从各省市分布来看，中国农产品交易市场分布具有以下特点：市场数量方面，浙江、江苏、山东、广东、河北的数量明显高于其他省市（浙江、江苏、山东、广东、河北的农产品交易市场数量居前五位，分别为 279 个、207 个、174 个、130 个、117 个，其他省市的数量都在 100 个以下）；单个市场成交额方面，北京、天津、重庆的成交额高于其他省市（北京、天津、重庆的单个市场成交额居前三位，分别为 27.03 亿元、20.49 亿元和 14.84 亿元）（见图 14）。

由于农产品交易市场以批发为主，因而以批发为主的农产品交易市场的数量和成交额也基本满足上述各特点。

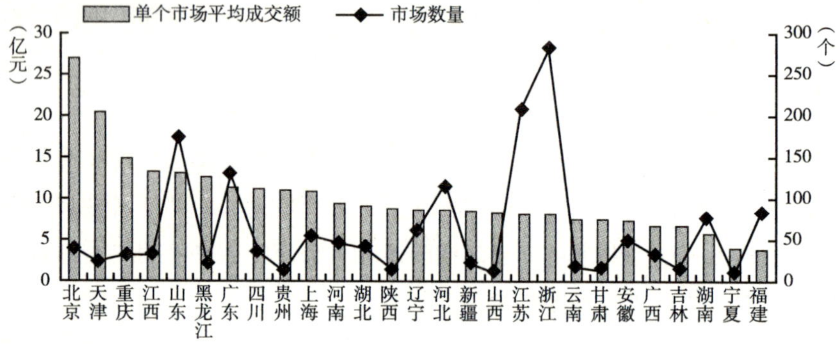

图 14　2010 年各省市农产品交易市场数量及单个市场成交额比较

数据来源：《中国商品交易市场统计年鉴 2011》。

（四）农产品交易市场商户概况

近年来，在中国农产品交易市场中从事农产品经营业务的商户数量呈持续缓慢上升的趋势。其中，东部地区的商户数量远远大于东北地区和中西部地区，专业市场中的商户数量多于综合市场中的商户数量（见图 15）①。《中国商品交易市场统计年鉴》数据显示，2007～2010 年，中国农产品交易市场中商户的数量分别为 83.25 万个、85.81 万个、91.73 万个和 96.45 万个，4 年增加 13.2 万个，净增长 15.9%。

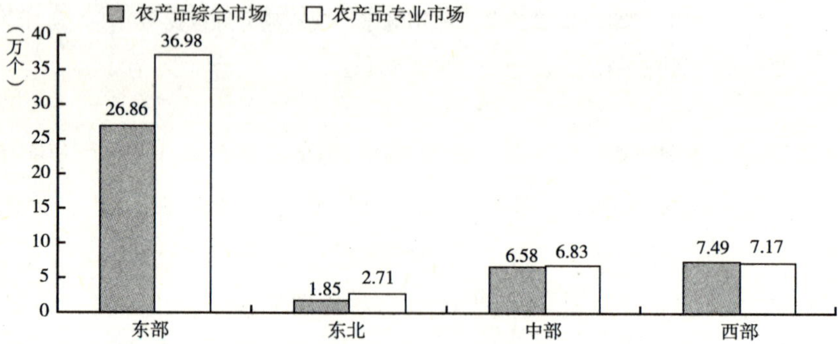

图 15　2010 年农产品交易市场年末摊位出租数分地区构成

数据来源：《中国商品交易市场统计年鉴 2011》。

① 由于统计操作和技术原因，通常以交易市场年末摊位出租数来表示经营商户数。

以批发为主的农产品交易市场的商户数量不断攀升。数据显示，2007～2010年，以批发为主的农产品交易市场的年末摊位出租数量分别为47.42万个、52.28万个、60.80万个和62.18万个，四年增长14.76万个，净增长31.13%（见表7）。增长的批发商户主要在专业市场，综合市场的批发商户数量略有减少。对比前面的数据可知，近年来农产品交易市场中增长的商户均是以批发业务为主的商户，而以零售业务为主的商户数量有所减少。这样一来，2007年主要从事批发业务的商户仅只占总商户数量的57%；2010年则攀升至64.5%。数据显示，2007年至2010年以批发为主的各类农产品专业市场年末出租摊位数变化具有以下特点：以批发为主的商户以蔬菜市场为最多，几乎占到一半，其次为干鲜果品市场和水产品市场（见表8）。

表7　以批发为主的农产品交易市场年末出租摊位数

单位：万个

年份	农产品交易市场	农产品综合市场	农产品专业市场
2007	47.42	17.64	29.78
2008	52.28	13.06	39.22
2009	60.80	15.97	44.83
2010	62.18	16.54	45.64

数据来源：相应年份《中国商品交易市场统计年鉴》。

表8　以批发为主的各类农产品专业市场年末出租摊位数

单位：万个

年份	粮油市场	肉禽蛋市场	水产品市场	蔬菜市场	干鲜果品市场	棉麻土畜、烟叶市场	其他农产品市场
2007	1.46	1.23	4.52	15.04	4.75		
2008	2.12	1.33	5.88	18.38	5.98	1.07	4.46
2009	2.14	2.08	7.39	21.42	6.26	1.86	3.67
2010	2.41	2.07	7.54	21.11	7.63	1.16	3.72

数据来源：相应年份《中国商品交易市场统计年鉴》。

三　农产品批发市场行业发展特点

随着改革开放的深入和市场化进程的不断推进，流通产业正迅速从传统的末端产业发展成为国民经济的先导性产业，与此同时，中国需求约束型的市场态势也使流通地位自进入本世纪以来得到前所未有的提升。尤其是“十一五”规划以来，随着工业化、城镇化步伐的加快，农产品商品化率不断提高，作为农产品流通枢纽的农产品批发市场开始进入升级提高阶段。与加快经济发展方式、统筹城乡发展和推动区域协调发展的新要求相适应，稳定发展农业生产、长期确保农产品有效供给，成为支撑经济平稳较快发展、维护改革发展稳定大局的大事。农产品批发市场作为覆盖城乡的农产品流通网络的重要环节，也亟须转型升级，由单纯的数量增长向以质量提升为主转变，不断完善相关功能，强化设施建设，创新交易方式并加强配套服务。

（一）基本特点

在短短三十多年的发展过程中，中国农产品批发形成了自身特色明显的中国模式。结合前面对批发市场行业总体发展状况的分析，目前中国农产品批发市场呈现出以下一些基本特点。

1. 政府政策始终是农产品批发市场健康发展的推动力

对于一个拥有13亿人口的发展中大国而言，保障农产品供应是关系国计民生和社会稳定的头等大事，事关经济社会发展全局，因而市场经济条件下的农产品流通始终是中央和各级地方政府关注的重点领域。经过改革开放以来的多年实践，各级政府都已经形成了在不同层面推动农产品市场高效、畅通、安全、有序发展的工作思路和政策体系，农产品批发市场建设一直是其中的重点。纵观中国农产品批发市场的演进过程，农产品批发市场建设和发展每迈出一步，都是在政府的悉心指导和政策推动下实现的。“十二五”规划期间，中央和各级地方政府仍然把努力构建农产品市场平稳运行的长效机制、切实保障农产品稳定均衡供给作为重点任务之一。2010年下半年中央频繁出台的加强农产品流通体系建设的意见和政策，主要集中在提高流通组织化程度、提升流通现代化水平、加强产销衔接、完善农产品市场调控、加强市场规划布局等五个方面。可以预见，在未来相当长的一段时期内，政府政策和指导仍然是农产品批发市场健康发展的推动力。这也是农产品批发中国模式最为显著的特征之一①。

① 对2010年中国农产品批发市场政府政策和重要会议精神的详细评析，详见后面分析内容。

2. 大型骨干批发市场是市场体系的主导力量

从总体上看，中国农产品批发市场数量增幅在逐年缩小，而市场成交额增幅则逐年明显上升，这反映了批发市场大型化、规模化的发展趋势。随着农产品批发市场发展进入升级提高阶段，批发市场由单纯的数量增长向以质量提高、功能提升为主转变，市场集中度逐步提高成为必然趋势，加上政府政策的重点扶持和大力引导，全国性、区域性大型骨干批发市场得到进一步发展壮大，其辐射范围不断扩大，带动能力不断增强。这些大型骨干批发市场在交易场所、电子结算、信息处理、检验检测等设施建设方面具有良好的基础，聚集了众多经销商，有着很高的社会知名度，在发挥市场功能、保障供给能力、提高交易效率、创新交易方式、完善配套服务、优化资源配置和降低管理成本等方面都显示出强大的优势，已经成为中国农产品流通网络的主要结点和农产品市场体系的主导力量。需要强调指出的是，虽然这些大型骨干批发市场的投资主体和组织方式多种多样，但绝大多数是独立的企业法人实体。它们作为市场体系的主导力量，既要遵循市场经济法则和规律独立地开展市场经营活动，在特定的时期还要在相当程度上扮演政府调控农产品市场的载体的角色，为切实保障农产品稳定均衡安全供应，甚至必须承担一些非营利性的或公益性的任务。这一点既不同于农产品流通北美模式中完全市场化的私有大型批发市场，也区别于欧洲模式和东亚模式中主要承担公益性任务的中央批发市场。表9列举出2010年前20位农产品综合市场，这些市场基本都是以批发业态为主。

表9　2010年前20位农产品综合市场

序号	市场名称
1	北京新发地农副产品批发市场中心
2	重庆市观音桥农贸市场管理处
3	北京大洋路农副产品市场有限公司
4	苏州南环桥市场发展股份有限公司
5	合肥周谷堆农产品批发市场股份有限公司
6	南京众彩农副产品批发市场有限公司
7	长沙市红星实业集团有限公司农副产品大市场
8	南昌深圳农产品批发市场有限公司
9	上海江扬农产品批发市场经营管理有限公司
10	浙江省农都农产品市场

续表

序号	市场名称
11	深圳市福田农产品批发市场
12	哈尔滨哈达农副产品股份有限公司
13	天津市王顶堤批发市场有限责任公司
14	北京顺鑫石门农产品批发市场有限责任公司(市场)
15	无锡食品商城
16	慈溪市农副产品批发市场
17	北京农产品中央批发市场有限责任公司(市场)
18	石家庄桥西蔬菜中心批发市场
19	成都农产品中心批发市场有限公司
20	北京八里桥农产品中心批发市场有限公司(市场)

资料来源：《中国商品交易市场统计年鉴 2011》。

3. 批发市场经营服务链条不断延长

随着市场经济的发展，市场集中度的逐步提高，农产品批发市场之间的竞争也日趋激烈。大多数批发市场顺应形势的要求，不断加强软件、硬件配套设施建设，创新和完善服务功能，不仅提供农产品集散、交易场所，还广泛开展农产品包装、储藏、运输以及信息传递、代理结算等配套服务。一些骨干批发市场尝试在重点农产品产地建立生产基地，力求形成稳定的供应关系，同时沿产业链向下发展建立加工配送中心，开办连锁经营网点等，推动产加销一体化经营。在发展鲜活农产品连锁配送物流中心，建立一体化冷链物流体系方面，大型批发市场也具有核心地位，是具体实施的主要载体。近年来，以省会城市为主的大中城市越来越重视大型农产品批发市场的规划布局和功能提升。上海、南京、杭州、武汉等大城市纷纷统筹规划农产品流通设施布局，在郊区集中建设集大宗批发、加工配送、仓储物流等功能为一体的、配套服务完善的现代化农产品物流中心。

4. 现代交易和经营方式在部分批发市场得到应用

进入 21 世纪以后，信息技术在农产品批发市场得到迅速普及运用，在大型骨干批发市场的带动下，有相当一部分市场借助信息技术手段积极引入现代交易和经营方式，从而大大提高了市场整体的现代化水平。一方面改变了市场内农产品的经营状况，提高了批发交易的流通速度、规模与效率，另一方面改变对市场本身的管理状况，改善了经营环境，提高了管理效率。例如，通过加入或设立全国性的信息网，或以电子信息屏幕形式，向社会公布信息；引入电子票据结算等现代化交易方式，提高交易的规范性和效率；实行会员制，提高市场的组织化程度，推动市场中经营商户开展经营方式创新；探索拍卖竞价、电子商务等现代交易方式，增强流通服务功能。少数大型批发市场甚至在积极探索凭标准品级批发、期货交易批发、“EDI”无纸贸易、ECS 电子订货等现代交易方式在农产品批发交易形态中的运用。

5. 批发市场经营主体和投资主体多元化

随着农产品流通体制改革的不断深入，农产品市场中经营主体形成了多种经济成分、多种经营形式的竞争格局，各种农产品购销个体户、专业户、联合体不断发展壮大，显示了旺盛的生命力，成为鲜活农产品流通的主力军。批发市场作为农产品经营主体之一，显示出中国的特色。批发市场自营队伍的建设对于促使农产品经营由过去的小农经营向企业经营转变，创新和完善农产品市场管理模式起着重大作用，有利于整个农产品批发市场的做大做强。通过自营公司，一是可以有效增加市场的商品供给量，增加市场的收入渠道，二是可以详细了解市场前沿的真实信息，为市场决策提供很多有价值的信息资源，三是可以提高商户群体防范市场风险的能力，从整体上提高市场抗御风险的能力，最终实现市场的可持续发展。

伴随着批发市场中经营主体多元化，市场自身的投资主体也日趋多元化，市场组织形式出现企业化、股份化的趋势。一些经营市场的企业通过股份制改造，成为股份制企业实体，甚至成为上市公司。1997 年，深圳市农产品股份公司股票上市（000061），成为中国农产品流通领域以经营市场为主业的第一家上市公司。到目前为止，先后已有顺鑫农业（000806）、罗牛山（000735）、中商股份（000882）、物华股份（600247）、蓝田股份（600709）和中国高速（0419. HK）等上市公司涉足农产品批发行业（见表 10）。随着农产品价格的大幅上涨和食品安全问题突出，农产品流通领域备受关注，越来越多的相关市场企业在谋求上市。如山东寿光蔬菜产业集团及其全资子公司北川维斯特农业科技集团正在做上市准备，考虑登陆纳斯达克，寿光物流园则筹划在香港上市。

2010 年 7 月，央行、银监会、证监会和保监会发布《关于全面推进农村金融产品和服务方式创新的指导意见》。从资本市场看，重点是支持符合条件的涉农企业到股票主板市场、中小板市场和创业板市场实现上市。这为从事农产品流通的市场经营企业利用资本市场融资和再融资创造了条件。

表 10　涉足农产品批发行业的中国上市公司

上市公司名称	股票代码	主要市场行为	备注
农 产 品	SZ:000061	国内排名前 10 名的果蔬专业批发市场,深圳农产品公司入主 7 家,其中包括国内最大的蔬菜批发市场:山东寿光蔬菜批发有限公司和上海农产品批发市场。控股经营全国农产品综合市场排名第 11 位的深圳福田批发市场	
顺鑫农业	SZ:000806	控股北京石门农副产品批发市场	
罗 牛 山	SZ:000735	控股海南热带农产品中心批发市场	
中商股份	SZ:000882	拥有北京八里桥农产品中心批发市场 50% 的股份、山东寿光蔬菜批发市场 10.6% 的股份以及投资在建的海南中商农产品中心市场 80% 的股份	
物华股份	SH:600247	控股吉林果品批发市场	
蓝田股份	SH:600709	控股广东农产品中心批发市场	
五洲交通	SH:600368	投资南宁金桥农产品批发市场	2011 年 8 月 2 日公告
中国高速	0419. HK	控股武汉白沙洲农产品批发市场	

资料来源：课题组整理。

近年来，随着中国经济的快速发展，一些风险投资基金、私募投资基金也开始对农产品流通领域产生兴趣。少数投资基金已成立专门机构，着手研究农产品交易市场。值得注意的是，一些外资近两年进入中国农产品流通领域，在一些大中城市开始并购农产品批发市场的举动，引起业内的强烈反响。最为引人瞩目的事件是，由美国最大的私募基金之一黑石集团牵头的国际私募基金于 2010 年 4 月向山东寿光农产品物流园有限公司注资约 6 亿美元，约占股 30%，其中黑石投入 1.9 亿美元，占股约 10%①。

（二）主要问题和面临的挑战

中国农产品批发市场在不断发展的同时，也存在不少亟须解决的问题，如基础设施差、农产品流通环节损耗率高、交易方式落后、服务功能不完善、标准化程度低等。这种状况严重阻碍了中国农产品市场规模化、集成化、多功能、高效益发展。如何整合市场资源、完善批发市场功能、提高市场流通效率、提升批发

① 2011 年 5 月，黑石选择撤股套现。香港地利控股集团有限公司作为寿光物流园的大股东，按照条款约定，以高于同期银行贷款利率的利息，完成了回购黑石所持约 10% 股份的相关手续。

市场竞争力，成为农产品批发市场在目前这一发展阶段面临的主要任务。

1. 存在的主要问题

（1）缺乏统筹规划，布局不够合理

从演进历程可知，中国农产品批发市场是伴随着城乡经济的发展和流通体制改革的进程而渐进式发展起来的。由于缺乏统筹规划，批发市场发展不平衡、布局不合理，一些地区重复建设问题非常严重。从全国来看，主要表现在中西部地区与东部地区、产地批发市场与销地批发市场之间的差距上。以广东为例，全省有占地面5000平方米以上的农产品批发市场285个，其中117个集中在珠江三角洲地区，占41.10%；年交易额上亿元的79个批发市场中有44个分布在这一地区，占55.7%；而交易额在10亿元以上的7个市场全分布在广州、深圳两市。而粤西、粤东、粤北地区的农产品批发市场建设明显落后。尤其是粤西，该地区是中国南方瓜果的集中产区，北运蔬菜的生产也早已形成规模，农产品商品生产发达，但农产品批发市场数量少、规模小、设施差，发展严重滞后。由于缺乏统筹规划，布局不合理，很多地方出现了“有市无场”或“有场无市”的现象。

与缺乏统筹规划相关的问题是地方性农产品批发市场多，全国性乃至跨国型市场少。虽然一批全国性、区域性大型骨干批发市场已经成长起来，但因历史形成的地方性农产品批发市场仍偏多。这些地方性农产品批发市场一般距离产地比较近或是设立在地区性的中心城市，了解市场需求、经营灵活、适应性强是其特点。但是，规模相对较小，辐射的商圈范围也较小，占用了大量市场软、硬件资源，却难以全面发挥批发市场的功能和作用。这就造成从交易形式和组织化程度来看，农产品批发市场是目前中国组织化程度最低的交易组织类型。

（2）综合服务能力差，交易制度、管理制度落后

就整体来看，中国有相当数量的农产品批发市场，但一些地方性小型市场还处于发展的初级阶段，市场功能单一，管理水平低，综合服务能力差。与此相关的是，多数农产品批发市场交易方式、结算方式处于落后状态，一手交钱一手交货的对手交易仍是市场内的主要交易形式。由于市场管理体制没有完全理顺，政出多门，各取所需，也尚未制定全国性的农产品批发市场规范准则，导致许多地方尤其是欠发达的西部地区市场组织化程度和管理水平不高，将批发市场视为集贸市场，导致对批发市场实行多头管理。行政管理收费乱，使市场内的经营企业负担较重。此外，不时出现农产品批发市场之间以邻为壑，相互分割、封锁和恶

性竞争的现象。

（3）经营设施简陋，信息传播渠道不畅

目前绝大多数农产品批发市场实行摊位制，多数市场投资主体对市场的管理仅仅停留在物业管理的层次上，通过收取摊位费而维持市场的运转。因为摊位固定，批发市场一般通过扩建或收购兼并其他市场来实现扩张，通过规模的提升来增加成交量，提高经营收入。以数量或规模的增长为特点的外延式发展方式是相当数量批发市场发展的主要途径。这样的市场运行特点决定了市场很难在完善市场功能、改善整体经营环境上下工夫。大多数地方性农产品批发市场基础设施简陋，经营和服务设施不配套，缺乏储藏、保鲜、排污、物流配送等设施，一些市场甚至还是露天交易，经营环境脏、乱、差。除少数骨干批发市场外，大多数农产品批发市场没有建立农药残留检验检测系统，农产品检疫制度不完善。这样的环境使得容易腐烂变质的鲜活农产品的品质更加难以得到保障，而且农产品的损耗率也因此增加，增值率随之下降。这不仅影响农户/供应商的收入，而且由于品质降低造成的农产品安全问题也影响了城乡居民对农产品消费安全的信心。近年来中国对市场信息网络的建设比较重视，取得了较为显著的进展，但由于信息网络隶属于不同的区域或部门，存在信息采集面不广、传播渠道不够通畅等问题，远未发挥其应有的作用。

（4）市场组织化程度低，多数经营主体素质不高

与摊位制有关的另一个问题是市场组织化程度低。在相当一部分批发市场内，经营商户各自为战，自行其是，争夺资源，恶性竞争，缺乏合理的业务分工和相互的业务衔接，经营效率十分低下。一些农产品批发市场，尤其是地方性小型市场的经营主体大多数是处于分散状态的农民。他们普遍文化程度低，经商素质不高，缺乏专门的经营知识，加之经济实力弱，经营规模小，分布分散，因而在业务经营上存在着严重的自发性、盲目性和随意性。此外，由于他们在交易中总是处于不利地位，风险承担能力也较弱，为了利润往往会采取假冒伪劣、投机取巧等损害消费者利益的行为。

2. 面临的挑战

（1）土地等市场建设资源的约束不断加大

随着社会经济的快速发展和城镇化的逐步推进，土地资源日益紧缺，市场用地与城市功能用地的矛盾越来越尖锐。在这样的背景下，依靠平面扩张以扩大规

模来增强市场竞争力和影响力的外延式发展方式遇到了前所未有的挑战。城镇化的进展和人口的集聚，要求有配套的农产品流通设施，但农产品批发市场规模的扩大不仅会降低城市的容量，削弱城市其他功能的正常发挥，而且由于批发市场带来的大量人流、车流会对城市交通造成很大的影响，从而降低城市运转效率，损害城市形象。

（2）农产品流通方式的创新使市场竞争更加激烈

自20世纪90年代超市在中国兴起以来，经由超市流通的农产品比例逐年提高。近年来在由政府主导的覆盖城乡的农产品流通网络建设中，要求创新农产品流通方式，探索建立生产与消费有效衔接、灵活多样的农产品产销模式，减少流通环节，降低流通成本。发展订单农业，鼓励农超对接，支持生产基地、农民专业合作社在城镇建立直供直销网点，以及电子商务的普及运用等，都会对农产品批发市场产生明显的冲击。这些农产品流通方式的创新，不仅影响了进入批发市场交易的农产品货源，也使原本到批发市场采购的超市和单位的数量以及农产品采购数量相应减少。虽然就农产品流通市场的中国国情而言，在目前以及未来相当长一段时期内，这些因素的出现并不能完全替代批发市场的作用和功能，但是毫无疑问会逐步减少批发市场在农产品流通中的比重，削弱其重要性。再加上批发市场相互之间本来就存在竞争，使得批发市场必须摈弃过去传统的发展路径，走出一条自我升级、自我创新、与其他流通方式和交易形态融合互动的内涵式发展道路。

（3）农产品市场国际化趋势不可避免

不以人们的主观意志为转移的经济全球化包含着农业的国际化，意味着农产品生产和消费的国际化和农产品市场竞争的国际化。农业国际化的表现是一国大量进口外国农产品和出口本国农产品，实质是生产者为全球提供农产品，消费者从全球选择农产品，其基本纽带是农产品市场流通国际化。农产品市场国际化可以使人们在全球范围内互通有无，调剂国内外余缺，使消费者得到更多的选择。与此同时，农产品市场国际化也提高了对农产品规格化、标准化的要求，提高了对市场流通方式和交易手段现代化的要求。批发市场作为农产品流通的主要渠道，对这样的大趋势必须做出响应。

（三）2010年政策精读

2010年，中央及政府各部门颁布和实施了一系列有关中国农产品现代流通体系建设的政策，其中很多政策会在今后相当长的时期内持续影响农产品流通产业的发展。这一部分的内容汇总整理了2010年政府出台的与农产品流通产业特别是农产品批发市场行业相关的政策和会议精神，以准确把握中国农产品批发市场的基本特点，以及“十二五”期间乃至更长时期农产品批发市场的发展脉络。表11给出了2010年与农产品批发市场有关的重要政策和会议的概况。

表11 2010/2011年与农产品批发市场有关的重要政策和会议

政策或会议名称	政策出台或会议时间	出台或主持部门	政策或会议主要内容
《关于统筹推进新一轮“菜篮子”工程建设的意见》	2010年3月9日	国务院办公厅	以现代物流和信息化为重点，建设和改造一批产地批发市场
《关于肉类蔬菜流通追溯体系建设试点指导意见的通知》	2010年9月	商务部办公厅、财政部办公厅	以中央财政支持10个城市在全部大型批发市场进行肉类蔬菜流通追溯体系建设试点，加强食品安全监管工作
《关于农产品现代流通综合试点指导意见的通知》	2010年9月15日	商务部办公厅、财政部办公厅	要求“十二五”期间初步建成高效、畅通、安全的农产品现代流通体系
《关于稳定消费价格总水平保障群众基本生活的通知》	2010年11月19日	国务院	加快蔬菜批发市场、社区菜店和冷链物流建设。完善鲜活农产品运输绿色通道政策
中央经济工作会议	2010年12月	中共中央	认真搞好市场流通体系建设
中央农村工作会议	2010年12月	中共中央	加快形成流通成本低、运行效率高的农产品营销网络。规范和降低集贸市场摊位费和超市进场费
商务部新闻发布会	2011年1月	商务部	2011年将进一步促进现代流通体系建设

资料来源：课题组整理。

中央农村工作会议重点：大力改善农产品流通和市场调控。2010年12月召开的中央农村工作会议提出了2011年农业农村工作的重点任务，其中明确提出要大力改善农产品流通和市场调控，努力保持农产品价格合理水平，畅通农产品流通渠道，加快形成流通成本低、运行效率高的农产品营销网络。规范和降低集贸市场摊位费和超市进场费。强化农产品市场监管，规范粮棉油糖等主要农产品收购秩序，严厉查处发布虚假信息、恶意炒作、哄抬物价等不法行为。运用多种调控手段，努力稳定农产品市场。

中央经济工作会议强调：认真搞好市场流通体系建设。2010 年 12 月举行的中央经济工作会议在推进发展现代农业，确保农产品有效供给方面，强调要千方百计确保主要农产品供给安全，稳定粮食播种面积，增加农业生产补贴，稳步提高粮食最低收购价，加大粮食主产区投入和利益补偿力度，落实“米袋子”省长负责制和“菜篮子”市长负责制，认真搞好市场流通体系建设，加强农产品质量安全管理，确保群众吃上放心食品。

《关于统筹推进新一轮“菜篮子”工程建设的意见》：完善扶持政策，建设和改造一批产地批发市场。2010 年 3 月 9 日，国务院办公厅颁发《关于统筹推进新一轮“菜篮子”工程建设的意见》，就实施新一轮“菜篮子”工程提出意见，要求重点抓好肉、蛋、奶、鱼、菜、果等产品生产。其中，围绕“以现代物流和信息化为重点，推进市场体系建设”，提出要建设和改造一批产地批发市场。根据需要统筹规划新建产地批发市场，推进现有产地批发市场升级改造。改善批发市场场地、道路、交易厅（棚）、水电、信息服务、质量检测、采后处理等基础设施条件，鼓励配套建设冷藏保鲜和流通加工设施，实现采后快速预冷、商品化加工处理和上市旺季入库冷藏保鲜。要改造一批城市销地批发和零售市场、集贸市场。支持大中城市改造销地批发市场，加强市场信息、质量安全检测、电子统一结算、冷藏保鲜、加工配送和垃圾处理等设施建设，全面推进销地批发市场在基础设施、管理、技术等方面升级改造，建立灵敏、安全、规范、高效的“菜篮子”产品物流和信息平台。加强对农产品批发市场建设的规划引导，防止重复建设和恶性竞争。支持城市菜市场在场地环境、设施设备、追溯平台、规范管理等方面进行标准化建设。鼓励农贸市场与农产品生产、流通企业和生产基地实行“场厂挂钩”、“场地挂钩”。支持在重点集散地和交通枢纽地建设中继性冷藏物流中心，与城区冷藏配送中心形成对接。同时，要建立和完善信息网络平台。支持建立覆盖主产区和全国主要批发市场的“菜篮子”产品产销信息公共服务平台，规范信息采集标准，健全信息工作机制，加强采集点、信息通道、网络中心相关基础设施建设，定期收集发布“菜篮子”产品生产、供求、质量、价格等信息。建立“菜篮子”产品市场监测预警体系，增强信息处理技术手段，壮大分析预警队伍。

在“转变发展方式，提高质量安全水平”方面，提出支持农产品批发市场建设农产品质检站，形成标准统一、职能明确、运行高效、上下贯通、检测参数齐全的农产品质量安全检验检测体系。支持建立国家级“菜篮子”产品全程质量追溯信息处理平台，并在“菜篮子”产品生产企业或农民专业合作组织中建立完善的农产品全程质量追溯信息采集系统，逐步形成产地有准出制度、销地有准入制度、产品有标识和身份证明，信息可得、成本可算、风险可控的全程质量追溯体系。

在“完善调控保障体系，提高科学发展水平”方面，指出要进一步完善扶持政策，对“菜篮子”产品初加工和流通企业，简化增值税抵扣手续，取消不合理行政事业性收费。对“菜篮子”产品出口，按照有关规定减免出入境检验检疫费，继续实行出口退税政策。确保鲜活农产品“绿色通道”畅通，继续落实整车合法装载鲜活农产品车辆免收通行费政策。支持环保节能和放心食品绿色市场建设，支持大型农产品批发市场与连锁超市供应链对接工作。支持农村集体经济组织根据规划使用本集体土地从事农产品批发市场建设；对农产品批发市场用地符合土地利用总体规划的，应纳入年度土地利用计划，优先保障供应，落实批发市场用地按工业用地对待政策。对批发市场、畜禽水产养殖用水用电价格，要严格执行国家规定的政策。逐步加大对“菜篮子”产品实施标准化生产和认证的支持力度。扶持发展“菜篮子”产品专业合作组织，提高“菜篮子”产品生产与流通组织化程度。

《关于稳定消费价格总水平保障群众基本生活的通知》：降低市场摊位费，完善鲜活农产品运输绿色通道政策。2010 年 11 月 19 日，国务院下发《关于稳定消费价格总水平保障群众基本生活的通知》（简称“国 16 条”），就稳定市场价格，切实保障群众基本生活提出 16 项措施，其中涉及农产品流通业的主要有以下几方面：加快蔬菜批发市场、社区菜店和冷链物流建设，提前做好粮食、食用油、蔬菜等应急保障预案。完善鲜活农产品运输绿色通道政策。自 2010 年 12 月 1 日起，所有收费公路对整车合法装载鲜活农产品的车辆免收通行费；少量混装其他农产品以及超载幅度在合理计量误差范围内的鲜活农产品运输车辆，比照整车合法装载车辆执行；将马铃薯、甘薯、鲜玉米、鲜花生列入绿色通道品种目录。各地区要进一步规范和降低集贸市场摊位费和超市进场费。

《关于农产品现代流通综合试点指导意见的通知》：“十二五”期间初步建成

高效、畅通、安全的农产品现代流通体系。2010 年 9 月 15 日，商务部办公厅、财政部办公厅联合下发《关于农产品现代流通综合试点指导意见的通知》。通知要求 2010 年中央财政支持部分地区开展农产品现代流通综合试点，力争在 3～5 年内初步建成高效、畅通、安全的农产品现代流通体系。主要任务：一是加强农产品流通基础设施建设。鼓励大型农产品批发市场建设和改造交易、仓储、加工配送等设施，不断完善商品集散、价格形成、信息发布等功能；推动农贸市场改造交易和配套等设施，提供良好的消费环境；支持农产品冷链设施建设，鼓励企业建设和改造冷库，配置冷藏车等设施，延长农产品销售期。二是创新农产品流通模式，鼓励农产品流通企业和批发市场大经销商开展订单农业，采用农产品购销标准，对鲜活农产品实行分级包装，培育自有品牌，为建立农产品追踪溯源体系打下基础。三是支持农产品批发市场改造升级，完善功能，支持农贸市场提档升级。四是支持探索和创新农产品流通模式。

《关于肉类蔬菜流通追溯体系建设试点指导意见的通知》：中央财政支持 10 个城市在全部大型批发市场等进行肉类蔬菜流通追溯体系建设试点，加强食品安全监管。2010 年 9 月，商务部办公厅、财政部办公厅联合下发《关于肉类蔬菜流通追溯体系建设试点指导意见的通知》，明确中央财政支持有条件的城市进行肉类蔬菜流通追溯体系建设试点。该通知指出肉类蔬菜流通追溯体系建设工作目标是以肉类、蔬菜“一荤一素”为重点，在全国有条件的城市建设来源可追溯、去向可查证、责任可追究的肉类蔬菜流通追溯体系。2010 年，选择 10 个有一定工作基础的城市，每个城市在全部大型批发市场、大中型连锁超市和机械化定点屠宰厂，以及不少于 50% 的标准化菜市场和部分团体采购单位进行试点。此外，提出要通过建立肉类蔬菜流通追溯管理平台，探索适用的追溯技术手段，制定统一的追溯标准和规范，大力发展现代流通方式等，落实肉类蔬菜流通追溯体系建设任务，同时明确中央财政专项资金重点支持方向为追溯管理平台建设和流通节点追溯子系统建设。

商务部：2011 年将进一步促进现代流通体系建设。在商务部 2011 年 1 月新闻发布会上，商务部发言人介绍，2011 年要把以“万村千乡”建设为代表的农村流通体系建设，由以往的门店建设向物流配送中心、连锁经营和信息化、网络建设的方向转变，提高农村连锁店的统一配送率，进一步增强农产品流通的基础设施建设，加强农贸市场、大型批发市场的基础设施建设，进一步加大公共品投资，中央财政、地方财政加大对农产品流通和批发市场的投资，包括冷库、冷链的建设，并加强农产品标准体系建设。此前不久，商务部刚公布了包括黄瓜在内的七项农产品的流通标准，包括包装流通的标准。这将进一步提高农产品附加值，提高农产品的流通效率，降低农产品的损耗，便于网上购物。

四　农产品批发市场发展的趋势与对策建议

（一）发达国家农产品批发市场的发展趋势

世界上一些发达国家和地区的发展经验表明，尽管超级市场、统一配送、订单农业的快速发展会对农产品批发市场的经销规模产生一些影响，但农产品批发市场具有巨大的生命力。美国农产品通过批发市场的流通比例虽大幅下降，但目前仍稳定在30%左右；日本蔬菜、水果、水产品通过批发市场流通比例仍分别达80%、60%、70%，韩国约50%的农产品仍经由批发市场流通。正因为农产品批发市场在促进农产品流通中的重要地位，发达国家纷纷采取必要措施加以规范和扶持，呈现出良好的快速发展态势。

近年来，经济的快速发展，农产品市场日益国际化，农产品流通的环境与基础条件发生了深刻变化。因此，深刻把握发达国家农产品批发市场的功能、结构变化状况及其发展趋势，对于正处于升级提高阶段的中国农产品批发市场的发展，乃至农产品现代流通体系的建设有着重要意义。

1. 批发市场法律法规体系不断完善

在日本、韩国等农产品市场发展较为良好的国家，都有一套相对完备的市场法律法规，即批发市场的建立和运行有着严格的法律依据。日本早在1923年就制定了专门的《中央批发市场法》，1971年又将其修订为《批发市场法》，此后每隔5年修订一次。此后，日本又陆续出台了《批发市场法施行令》、《批发市场法规和市场运行规则》、《日本蔬菜生产上市安定法》、《农业协同组织法》等一系列法律法规，构成了其政策法规体系的主框架。各地方政府也针对本地区批发市场制定具体的运作规范，如大阪制定的《大阪中央批发市场业务条例》、《大阪中央批发市场业务条例施行规则》等。这些法律法规对批发市场的类型、设立条件、批发市场的参与人构成、批发市场的交易原则、批发市场的投资方法、上市商品的规格要求、行情波动、风险控制和商品上市的具体组织都有明确规定。韩国则于1976年通过了《关于农水产品流通及其价格安定的法律》，以后又根据农产品生产环境和流通环境的变化，进行了6次修改。

依据法律调整批发市场的一个重要方面是，严格市场准入，不允许非交易者直接进场交易。日本、韩国《批发市场法》规定批发市场内部一般有三类流通组织：一是接受生产者委托拍卖商品的批发商，政府需就其经营业务、资产规模、保证金以及业务转让、合并等业务进行严格审核；二是从批发商中购进货物然后再销售给零售商或大的消费团体的中间批发商，在市场内拥有固定门店，需要得到市场开办者的许可；三是具有一定规模的零售组织、贩运商、消费团体等买卖参加者。美国也实行严格的市场准入，市场内批发商的数量一般并不多。如美国洛杉矶蔬菜水果批发市场批发商仅25家，但这些批发商实力雄厚，经营规模大，能够为众多的超市、连锁店、中小零售商以及食品企业提供品种齐全、大批量的商品。

2. 政府统一制定市场发展规划

日本、韩国政府依据《批发市场法》制定农产品批发市场发展规划，以避免重复建设，确保农产品流通效率与合理化。日本中央批发市场的开设及其发展规划，首先要由政府主管部门规划，然后报请农林水产大臣审批，同时要接受食品流通审议会的审议。地方批发市场的开设者必须是地方公共团体、株式会社或渔业协会等单位，必须得到都、道、府、县知事的认可并发给许可证才可进行，并提交农林水产大臣备案。韩国的农产品批发市场首先是由地方政府根据当地经济和社会发展需要提出申请，经中央政府主管部门认可后，由中央政府责成有关部门设计市场规划方案。

3. 确立政府主导的公益性事业定位

很多发达国家以法律形式将农产品批发市场定位为重要的公益性事业，并给予强有力的政策支持。尤其是全国性、区域性大型批发市场，其主要资金来源于公共财政。政府除投资支持外，通常还给予土地、税收等方面的支持。日本农产品批发市场的建设用地由政府划拨或出资购买，并且政府投资批发市场的建设。对于中央批发市场，政府的补助占投资总额的2/5；地方批发市场，国家补贴1/3，地方政府补贴1/3，所有补助均不需要市场偿还。韩国农产品批发市场的规划、布局、投资以及管理，也是全部由政府负责。一般情况下由政府无偿投入

30%的市场建设资金，其余部分由地方政府出资。法国政府共设立了23家公益性农产品批发市场。如巴黎伦吉斯果菜批发市场是其最大的公益性市场，当初投资10亿法郎，其中国家投资56.85%，巴黎所在省、巴黎市政府、巴黎银行共占28.5%，私营批发商、市场工会组织占13.9%。

4. 拍卖等现代交易方式正成为主流

由于拍卖可以实现农产品质量等级化、重量标准化、包装规格化以及检验检测制度化，同时可以提高交易速度、形成公开透明的交易价格，许多发达国家和地区法律都规定大部分农产品都要进入拍卖市场。如日本大阪市中央批发市场90%的鲜活农产品都经过拍卖成交，只有10%实行对手交易。此外，荷兰花卉市场的拍卖交易也很典型，各个拍卖市场都装置了多个电子拍卖钟，各拍卖大钟每小时可达成1500宗交易，即约2.4秒可成交一宗交易，效率十分高。每宗交易成交后，电脑开出账单，买方按账单到交款台提现付款。全国主要的7家花卉拍卖市场年营业额高达数十亿美元。其中，阿司米尔花卉拍卖市场是世界最大的花卉交易中心，每天的贸易成交量可达5万宗，每天销售的鲜花约1400万枝，绿色观叶植物约50万盆。荷兰目前出口的花卉一半以上是通过这个拍卖市场销售出去的，世界主要城市的花卉售价也受此影响。

5. 市场配套功能日臻完善

发达国家大型农产品交易市场的功能都很齐全，除传统的交易功能外，其他服务功能和信息功能都很完善。如法国伦吉斯市场，除正常的贸易成交外，还为农产品的储藏、加工、运输提供后勤保障，市场清运中心可以每天24小时为易腐产品提供清运服务。该市场建有年处理废弃物能力达12万吨的焚化厂，有运输机构100多家，银行信用保险机构20余家，饭店28家，另有政府及社会有关部门，如公安、海关、消防、铁路、邮局等机构进驻场内，提供现场服务。整个市场就像一个小城市，各种服务设施和机构都很完备。而荷兰花卉拍卖市场则实现了从交易到海关报关、航空运输一条龙服务的完整功能，成交后鲜花可以保证在24小时内运到世界各地，专业运输公司、海关等机构都在拍卖市场发货中心设有办公室。由于与各交通点联网，鲜花拍卖行出售的鲜花和观赏植物，都可以在当天晚上或第二天出现在世界各地的花店里。日本农产品批发市场的结算功能和信息服务功能尤其发达。交易成交后，经买卖双方确认后即输入计算机系统，通过设在市场内的金融机构，转入买卖双方的账户。在处理信息上，一般上午

9 点 ~10 点以后公布当日上市的品种、数量、价格和产地，农协通过计算机等传递系统，下午 1 点 ~2 点全国各地农户就可以知道市场的信息。

6. 行业协会组织化程度不断提高

农协是组织日本农民进入流通领域的重要组织，它是根据 1974 年国会通过的《农业协同组织法》，由农户自愿联合组织起来的群众经济组织，是一个拥有强大经济实力、遍及全国的民办官助农民经济团体。农协完全代表生产者的利益进入市场，为农民提供产前、产中、产后以及农资供应、农业金融、保险等各种服务。基层农协一般都建有农产品集贸所，负责对本农协成员产品的售种、挑选、包装或冷藏，并组织上市。在农协系统还有全国运输联合会，下设众多运输组织，充分保证农产品以高保鲜度迅速运往批发市场。农协在各大批发市场里还设有办事处，及时收集、整理市场信息并传递给会员。韩国水果蔬菜流通协会则是一个介于政府与市场之间的行业组织，全国有很多分会。农民只负责农产品种植，协会负责收购与拍卖，与农民实现利益共享。荷兰花卉拍卖协会（VBN）是荷兰七大花卉拍卖市场的统一组织机构，成立于 1974 年，作为拍卖市场的正式发言人，该组织在与荷兰政府和其他欧洲国家政府交涉时提出建议并协调关系。另据法律规定，花卉和观赏植物批发商都必须加入荷兰花卉批发理事会（BGB）和荷兰花卉产品批发商协会（VGB），这两个组织在提供相关信息、进行业务咨询和组织有关谈判等方面显示出重要作用，特别是他们在质量控制方面做了大量努力，使得在国际竞争日益激烈的今天确保了荷兰花卉批发商的地位。美国蔬菜水果协会作为沟通政府与生产者和经营者的桥梁，与日本、韩国农协“大包大揽”有所不同，主要任务是协调各方关系，加强信息交流，提供咨询服务，为蔬菜水果流通和批发市场的有效运行提供保证。

（二）对策建议

1. 统筹规划，加强扶持

首先政府必须加强对农产品批发市场的宏观调控和科学发展规划的制定，加大支持投入力度，根据经济发展水平的变化和农产品流通的需要，合理规划市场布局，避免重复建设和过度竞争。各地大中型农产品批发市场的建设，要有严格的论证和翔实的规划，符合条件的才能批准建设。适时调整市场的地区分布，扶持产地市场以及中西部地区农产品批发市场的发展，改变长期以来农村产地市场以及中西部相对薄弱的格局。调整市场结构，使产地市场和销地市场均衡协调发展。此外，要加强政府对农产品批发市场的扶持，在农产品批发市场的硬件建设、综合服务能力建设、信息收集传输建设等方面给予扶持，在银行贷款、税收等方面给予优惠。

2. 完善法律法规体系，消除体制机制障碍

农产品批发市场的制度建设，有利于降低交易成本，提高流通效率。与其他发达国家相比，中国市场管理体系很不健全，特别是农产品流通体系，缺乏健全的法律法规作为指导，这在很大程度上加大了科学管理的难度和执法的困难，严重影响了中国批发市场的健康发展。及早制定出台“批发市场法”已势在必行，通过立法的形式调整各相关市场主体的行为使对农产品市场的建设、管理和运行有法可依。只有站在全国市场流通一盘棋的高度，执行统一的市场法规，才能打掉形形色色的地方保护主义和种种关卡，确保农产品畅通无阻。

3. 提升规模化、组织化、规范化水平

重点推进全国性、区域性骨干农产品批发市场的建设和改造，带动地区性小型批发市场的重组，不断提高现有农产品批发市场的集中度，提升农产品批发市场的规模化、组织化、规范化水平，切实保障农产品稳定均衡安全供给，改善政府对农产品市场的调控效果。鼓励大生产商、大批发商、大代理商进入骨干农产品批发市场从事经营活动。提高批发市场中参与交易的农户的组织化程度，要依靠行业协会和市场中介组织。因此要积极引导、大力扶持行业协会和中介组织的建立与完善，使行业协会和中介组织真正成为联结农户与批发市场、沟通生产与销售的桥梁和纽带。由此把农户、行业协会、中介组织、批发市场真正联系起来，形成统一的利益联合体，增强农户在市场交易中的谈判地位，降低其入市成本，从而保护农户的利益。同时，参与交易农户组织化程度的提高，也有利于批发价格的合理形成，有利于提高批发市场的运行效率。通过骨干批发市场和行业协会的引导，不同地区按照区域比较优势原则，建立区域专业化生产基地，逐步形成不同区域间的合理分工，促进专业化、组织化生产和农产品的跨地区流通。

4. 探索立体化集约发展道路

应对面临的巨大挑战，农产品批发市场必须致力于大胆创新，依据国情不失时机地拓展自身的业务，探索出一条立体化集约发展的道路。大型农产品批发市场完全可以参与发展订单农业，通过与生产者直接对接，甚至在重点农产品产地与农户或农业生产合作社联合建立生产基地，形成稳定的供应关系。另外，可以沿产业链下游通过自办、契约、联营、兼并的方式向产品生产加工、零售、服务方向发展，或建立加工包装中心，或发展连锁配送物流中心，或开办连锁经营网点，或与连锁超市、仓储式商场和便利店等现代商业机构联合，为其配送商品等，借助生产、加工、批发、零售的一体化经营，有效地以产品品牌形象的塑造来带动农产品批发市场形象的塑造，从而走出一条以生产加工促进批发、以批发带动零售、产品品牌与企业形象塑造相结合的大流通之路。

批发市场探索立体化集约发展道路还应当包括国际化的内容。农产品市场的国际化发展要求交易方式与国际农产品市场接轨，因此大型批发市场要积极推行代理制和拍卖制，在条件成熟的情况下，逐步发展远期合约和期货交易方式。

5. 提高信息化水平，完善服务功能

与不断扩大的交易需求和不断上升的服务要求相适应，加强批发市场服务设施建设，下大力气完善批发市场的信息、结算和价格形成功能，建立现代电子报价、电子信息发布、电子统一结算系统。另外，对全国农产品信息网进行整合，通过组织创新，实现信息共享。充分发挥批发市场作为农产品流通主渠道和主要环节的作用，在原有基础上充分采集市场信息，加强与入场交易的供需双方的联系，搭建供需双方沟通的渠道和平台，并吸引入场交易的主体利用平台信息达成交易，拓展供需双方的交易渠道。通过批发市场中有形市场和无形市场的互融互通，不仅可以拓展批发市场的服务范围，增加批发市场的收入和核心竞争力，而且能提高整个农产品流通网络的效益和效率。

主要参考文献

王科：《资源整合——农副批发市场质变之路》，《中国物流与采购》2005 年第 8 期。

闫华红：《我国产地农产品批发市场的管理功能创新》，经济科学出版社，2007。

夏春玉等：《中国农产品流通体制改革研究》，经济科学出版社，2009。

欧开培等：《中国批发市场的困境与出路》，中央编译出版社，2007。

祝合良：《我国农产品批发市场发展的基本思路》，《经济与管理研究》2004 年第 2 期。

农业部市场与经济信息司：《中国农产品批发市场发展报告（2010）》，中国农业大学出版社，2010。

胡定寰、杨伟民：《论科技创新在“农超对接”中的作用机理》，《中国农民合作社》2011 年第 8 期。

戴伟娟：《农产品物流发展的内在动因与机制探析：以国际经验为例》，《上海经济研究》2006 年第 5 期。

丁建吾：《我国农产品批发市场竞争状况及发展趋势》，《中国经贸导刊》2011 年第 10 期。

赵丽：《农产品批发市场配送中心建设必要性研究》，《现代商贸工业》2011 年第 16 期。

张吉存、柴银军：《兰州市农产品批发市场建设现状、问题及对策》，《中国农业信息》2011 年第 4 期 。

王广斌、冉维龙：《论中国农产品流通市场的资源整合与内涵提升》，《商业研究》2005 年第 1 期。

李春海：《制约农产品流通效率的制度瓶颈及其消减》，《财贸研究》2005 年第 3 期。

Development and Prospect of Agricultural Products Wholesale Market

Luo Zhongwei et al.

Abstract: Chinese agricultural products wholesale market has formed physical market and invisible market, comprehensive and professional markets, and has become the main channel and the central link of agricultural products circulation. Radiation capacity and scope of Chinese agricultural product wholesale market continues to expand, market operation and service chain constantly stretched, the functioning of markets with the product distribution, auxiliary towards to comprehensive development including price determination, quality control, modern management methods. With the growing of agricultural products wholesale market, many urgent problems emerge, such as poor infrastructure, the loss rate of agricultural products circulation, backward transactions and service functions of the imperfect. How to improve the wholesale market and enhance its competitiveness has become the main task of agricultural product wholesale market. Finally, after a brief analysis of the 2010 and 2011 policy, development trends and policy suggestions are pointed out for Chinese agricultural product wholesale markets.

Key Words: Agricultural Products Circulation; Agricultural Products Wholesale Market; Agricultural Products Circulation System

B.7

专题报告3

农产品批发商现状分析与发展

于淑华*

摘　要： 本报告对中国农产品批发商的存在现状、批发商的类型与经营、批发商的组织结构、农产品批发商在发展中存在的问题，以及在中国农产品流通中的作用和今后培育发展农产品批发商的对策、建议等进行了主客观阐述。农产品批发商是中国农产品商品化过程中不可少的中间环节，是促使农产品交易形成合理价格的核心，在协调和解决中国小生产与大流通、单一品种生产与多样化消费需求矛盾方面，批发商作为中国农产品交易主体，起着任何组织都不可替代的作用。

关键词： 农产品　批发市场　批发商

一　中国农产品批发商的发展现状

本报告中农产品批发商主要指在农产品流通产业中承担交易行为的一级批发商，其交易服务的对象是再销售者，即二级批发商、零售商、餐饮业及各种团体采购（生产加工商、大专院校、机关企事业）等单位。

中国多数农产品批发商，是民间自发成长起来的。下面就中国主要农产品批发商的类型、组织结构、经营发展规模及现状等进行阐述。

* 于淑华，研究员，政府特殊津贴专家。现为中商商业经济研究中心副主任，被聘为商务部流通专家、全国标准化技术委员会专家委员、清华大学成人教育学院特聘讲师，曾获国家内贸部“巾帼建功”标兵和“全国三八红旗手”称号。

（一）农产品批发市场成就了农产品批发商的发展

农产品批发市场作为生产和终端销售的主要中间流通机构和设施，承载着生产者与消费者两种完全不同的利益关系，更承载着农产品批发商和零售商两种完全不同的交易立场，发挥着批发商与零售商相互交易的联动和协同价值的功能与作用等。

1. 不同市场规模带动了不同类型批发商的发展

根据商务部和全国城市农贸市场联合会2010年的初步调查统计分析，全国占地面积30～3000亩规模的市场合计有4093家。其中，占地面积在1000亩以上的大规模市场，一般多分布在销地的特大城市、大城市（或省会城市）及主要农产品的集散地。在这些不同规模的市场发展中，集聚了全国各地的农产品批发商（经销商、商户等），主要有农产品的产地批发商、销地批发商和集散地批发商等。

根据《中国商品交易市场统计年鉴》的数据分析，中国农产品交易市场批发商（经销商、商户）的发展随着市场的变化在不断产生变化：一是随着城市化的规划发展，城市中的中小规模农产品批发市场在减少，而与现代城市规划发展相适应的规模大、集聚功能较强的农产品批发市场在不断完善发展，随之在市场交易的批发商（经销商、商户）数量也呈持续上升趋势；二是从区域发展看，分布在经济较发达的东部地区农产品批发市场中的批发商（经销商、商户）数量远大于经济欠发达的中西部地区和东北地区；三是在规模相对大的农产品批发市场中，市场的专业性越强，集聚的专业批发商数量就越多，远高于综合农产品批发商。到2010年中国活跃在产销地农产品批发市场的批发商（经销商、商户）总数达到96.45万个，而以批发为主的一级农产品交易市场的专业批发商数量不断攀升，从表1中2008～2010年中国农产品专业市场年末出租摊位数的变化中可看出这一发展趋势。

2. 专业市场的快速发展带动了专业批发商的成长

根据商务部、全国城市农贸市场联合会2010年的调查分析，占地面积30亩以上的2676家农产品批发市场的批发交易总额达17031亿元。其中，年批发交易额亿元以上市场有1840家，除884家综合市场和50家其他市场外，有906家是蔬菜、果品、水产、粮油、畜禽肉类等专业市场。通过对中国2002～2010年

表1　2008～2010年以批发为主的农产品批发市场年末出租摊位数

单位：万个

年份	农产品交易市场	农产品综合市场	农产品专业市场
2008	52.28	13.06	39.22
2009	60.80	15.97	44.83
2010	62.18	16.54	45.64

数据来源：根据相应年份《中国商品交易市场统计年鉴》整理。

亿元及以上农产品交易市场数量及单个市场成交额的分析，农产品专业批发市场以年均4%以上的增长速度发展，有效地带动了农产品专业批发商的成长。同时，通过对农产品批发交易相关数据分析得知，与农产品综合批发商（经销商、商户）相比，专业批发商（经销商、商户）对市场交易额的贡献更大，更能体现以批发为主的特点。

农产品专业市场和专业批发商的快速成长，带动了农产品商品化和农民就业，同时也有效地促进了中国农业产业化的发展。

3. 市场集聚功能越强，专业批发商发展势头越好

到2010年底，全国有1840家亿元以上农产品批发市场，其批发交易额达16697亿元；以10亿元以上市场计算，全国有496家交易额在10亿元以上的农产品批发市场，其批发交易额达4960亿元以上；64家50亿元以上市场的批发交易额约在3200亿元以上；20家100亿元以上市场的批发交易额约2000亿元以上；17家150亿元以上市场的批发交易额达2550亿元以上；年批发交易额在200亿元以上的市场有1家（见表2）。这些批发交易额中有70%以上是专业批发商实现的。通过对亿元以上农产品批发市场交易情况分析，可以看出其特点是：农产品批发市场集聚功能越强，农产品专业批发商发展势头越好。

表2　2010年全国亿元以上农产品批发市场大致情况

交易规模	亿元以上	10亿元以上	50亿元以上	100亿元以上	150亿元以上	200亿元以上
数量(家)	1840	496	64	20	17	1
交易额(亿元)	16697	4960以上	3200以上	2000以上	2550以上	200以上

资料来源：作者收集、整理。

（二）农产品批发商的经营现状

1. 各类批发商承担了80%以上的农产品流通

中国的农产品批发商遍布产销地，虽规模大小不一，但其交易环节，少则由产地直接与零售对接，多则可经过4～5个环节完成交易；全国大中城市80%以上的鲜活农产品流通，是通过产销地各类农产品批发商得以完成；销地多数零售环节的农贸市场、超市、社区菜店、餐饮业、团膳等采购，仍需通过农产品批发市场中的各类批发商实现。而水果、蔬菜零售大约有80%是通过农贸市场或社区菜店实现销售的，还有5%左右是通过流动菜摊或早市得以实现，全国仅有10%～15%左右（经济发达的大中城市有的达到了20%～30%）是通过连锁经营的超市实现销售的。

2. 亿元以上批发商完成了75%以上的销售额

根据近日农业部公布的主要农产品100名批发商（经销商）的相关数据分析，中国主要农产品100名批发商（经销商）的总销售额约达113亿元。其中：亿元以上32名批发商（经销商）的销售额约达84亿元，占100名主要农产品批发商（经销商）总销售额的约75%以上；亿元以下的68名农产品批发商（经销商）的销售额约达28亿元左右。100名农产品批发商（经销商）主要以经营粮油、水果、蔬菜、肉类、水产品等为主。这些大的批发商（经销商）一般在市场拼搏10年以上，有的多达20年之久。

3. 大批发商已成为市场发展的骨干力量

根据全国农贸市场联合会统计，2010年在全国100强农产品批发市场中，有100亿元以上的市场20家，有50亿元以上的批发市场160家。而这些市场的发展多是依靠大批发商（大商户、大经销商）得以发展的。在我们调查的北京新发地农副产品批发市场中得知，该市场有约10000名各类农产品批发商（经销商、商户），在2011年市场销售额400多亿元中，有70%以上的销售额是由占30%左右的大批发商（大经销商、大商户）实现的，大型农产品批发商（大经销商、大商户）已成为农产品批发市场发展的骨干力量。

4. 批发商的交易方式仍很原始

目前，中国农产品批发商在产销地的主要交易方式是“一手钱一手货”的最原始的交易方式，使农产品实现的是商品所有权的购入和售出，基本没有实行农产品商品所有权的委托或转移交易。活跃在产地间或产销地农产品批发市场中的各类批发商及有批发性质的大型连锁零售企业的（配送中心的统一）采购等，也基本都是这种原始交易方式。

5. 批发商的经营成本快速增加

（1）批发商的流动资金占压过多

由于多数农产品批发商实行的仍是传统买断收购农产品方式，先期垫付货款较多，垫付时间根据交易服务对象不同，结账时间有所差别：一般超市为30～45天（这是比较好的交易对象），二级批发商一般2～5天不等，机关团体等为30天左右。而批发商从上游采购的农产品基本是一手钱一手货的交易。批发商的商品采购流动资金占压过多。

（2）批发商的人工费用增加近50%

通过市场调研了解到，农产品批发市场人工费用比三年前增加了近50%。即使这样的工资待遇，有时还难招到工人，这已是产销地批发市场普遍存在的问题。人工费用的快速上升，也是销地农产品批发商经营成本快速增加的重要因素。

（3）批发商各种经营费用快速增长

在对销地批发商调查时，会随时听到这样的怨言："费用比例超负荷，地摊费、房租费、进门费、库存费等都在上涨，唯独利润没有涨。"过去地摊费300～500元，现在涨到了1000～2000元，其中一部分费用确实不成比例，库房招标、地摊招标不成比例，进门费是货物价值的2%，实际上超不过1.5%。库房、地摊招标方式增加了批发商压力，不管1平方米，还是100平方米，都是通过招标获得。此外，批发市场中批发商使用的都是峰值电，电费支付也增加了批发商的经营成本。

（三）农产品批发商的主要类型及特征

1. 按产品特性区分的农产品批发商

根据农产品的商品特性，无论是小生产还是大市场、大流通，不同的产地、不同的产品都需要有一定的流通模式，不同农产品由于生产环境、生产区域、生产方式、收购时间、储存方法、物流距离、销售方法、流通费用、消费需求以及经营者对其各自的用途等，使农产品的储存时间、流通渠道、流通环节等也不同，市场供求及其市场功能等也有很大的差异性，因此，造就了不同类型的农产品批发商。

（1）产品储存期较长的农产品批发商

储存期较长的国计民生的重要农产品，多为易保存的粮、油、棉花、糖等产品，大多由国家指定的有批发交易性质的专业公司收购，这其中包括经营性企业和加工性企业。这些产品一般是在收获较集中的时间内，将其产品大量、集中收购，并保证得到妥善的保管和加工。这类农产品的生产和消费特点是，集中生产，长期均衡消费。所以，从事其流通的批发企业特点是需要有较充裕的资金，较大的仓储容量。由于此类农产品是关系到国计民生的重要商品，政府对这些农产品都建立了国家储备和地方储备体系。因此，这类农产品在收购、批发环节的流通主体是以国内较大型的批发企业、较大型的进出口企业、较大型的加工企业为主。如中国大型国有粮、油、糖、棉公司，以拥有的粮、食用油、糖、棉储藏设施，对平抑这类产品的价格和确保市场供应等都起着举足轻重的作用。

（2）保鲜度高、储存期较长的鲜活农产品批发商

储存期较长、保鲜要求较高的鲜活农产品，目前在批发和加工环节正逐步向规模化的加工企业和批发企业集中，如肉、禽类商品。这类产品的特点是，随着消费者对商品质量要求的不断提高，既要保鲜，又要求产品质量安全可靠。因此，目前主要由分布在全国不同区域的大中型屠宰能力较强的食品加工企业和冷藏设备完善的批发企业主导经营。如目前北京市场销售的猪肉，主要来自于鹏程、千喜鹤、双汇等大型肉类加工企业及有批发性质的二商、中粮、开展连锁经营的批发商或配送中心等企业经营，并满足市场供需。

（3）储存期较短的鲜活农产品批发商

储存期较短的鲜活农产品主要是以蔬菜、水果为主，多有易腐烂或储藏成本高的商品特性。就全国而言，这类农产品基本依赖季节性的产地调节供应。为满足部分产品品种结构的调整性供应，各地区根据自然环境、地理条件、气候和经济发展水平等，还有一些大棚生产的细菜、特菜，基本可满足不同区域的市场供应。从蔬菜的整体市场流通和供应结构看，南菜北运、北菜南运和西菜东运、南北菜向西共配，已通过市场批发交易自由形成。一般每年的5～10月份市场上消费的蔬菜是以北菜为主，西菜为辅，而11月份到次年4月份基本是以南方的反季节菜和一些大棚菜为主。这种市场自行调节为主且储存期较短的鲜活农产品的流通，基本是依赖于活跃在城乡农产品批发市场的批发商，以

满足市场供求。

2. 按市场功能区分的农产品批发商

（1）产地批发商及特征

以产地农产品收购、集货为主的产地农产品批发商，也称产地经纪人。主要由农民合作社组织、农产品销售专业合作组织、个体经纪人、经纪人协会、果蔬等专业协会、专业公司、基地种养殖收购者等构成。根据中国农产品流通经纪人协会截止到 2009 年 6 月的数据显示，全国已有农产品经纪人协会 2609 家，农产品经纪 600 余万人，加上季节性的从业者，则高达 1000 多万人。近年来，随着各级政府重视农民专业合作社的建设与支持，农民专业合作组织建设加快。根据国家工商总局 2011 年 9 月底数据显示，中国农民专业合作社实有 48.43 万户，入社农户 3000 万左右，约占全国农户总数的 12%。

由于农产品有集中采摘旺季等季节性特点，一些产销地批发商为了某一品种能常年满足城乡消费需求，还根据其品种的不同生产季节，委派该品种的移动采购商，开展该品种的移动采购。

（2）集散地批发商与特征

集散地批发商也称为区域中转型批发商，这种批发商一般多活跃在区域广、市场规模大、交通便利、辐射能力强、一次性容纳多种类、多品种的集散、交易、结算、运输配送功能等齐全的农产品交易场所。其经营特点是：除交易本产地的特色产品外，因拥有区位优势，承担远距离运输的集货和中转批发较多。集散地批发商的商品货源一般来自全国各地的产地农产品批发市场、单一品种的大规模生产基地、产地经纪人和经销商等。

这类批发商的特点是拥有中转或集散功能，主要表现为：一是再包装、加工功能。由外省市或进口产品，因运输距离过长，包装大，产品需要进行相应的处理、改包装等，以保证到达目的地鲜活产品能保持较好质量。二是重新集货功能。在对来自外省区域或进口产品再包装、加工的同时，增加本地特色产品。一般有这种中转或集散功能的批发商，经营外来产品占其经营量的 60% ~70%，经营本地产品占 30% ~40%。三是运输配送功能。对一些向最终消费地规模较小的城镇运输鲜活农产品，需要的是少量、多品种。因此，将原产地整车集中单一品种运输改为一车少量多品种运输，对需求的销地提供运输配送业务，既满足了市场需要，又节省了物流费用。如寿光蔬菜批发市场中就有各种专业批发商，充分体现了集散地批发商与经营特点。

（3）销地批发商与特征

销地农产品批发商是以满足城乡居民农产品消费需求、具有公益性交易特征的批发商，发挥农产品集散、交易、价格形成、信息传递、结算、商流和物流及配送等作用。这类批发商的主要经营特点是：每天在短时间内将来自全国各产地、中转地市场的多种类、多品种产品，以品质最佳的状态，快速地批发、交易出去，以最大可能满足不同销售和消费需求。

销地农产品批发商的主要交易服务对象是，二级批发商、市场中的各类农产品配送中心、生产加工企业、城市中的大专院校、机关企事业团体及农贸市场的采购商人、社区菜店的采购商人等。

（4）以配送为主业的批发商及特征

以农产品配送服务为主业的社会化生鲜商品配送批发商，一般集中建设在大型农产品批发市场内，以中小型连锁零售企业、外资大型连锁店、大专院校、机关企事业团体等的要货订单为依据，对这些需求者开展集货、配送服务。由于这类批发商从事的是生鲜商品批发配送服务业务，也称社会化的商品配送企业。近年来其发展快速，一般分布在大中城市农产品一级批发市场较多，产品多为蔬菜、水果、粮油等。

（5）以零售为主业的配送批发

大型连锁零售企业是为满足本企业生鲜商品经营服务为主的商品配送中心。这类配送中心具有的生鲜商品批发性质，将社会上的批发利润纳入了本企业内部分享。此外，由于社会上相关专业配送中心服务不到位，不能充分满足大型连锁经营企业对生鲜商品服务的要求，这类配送中心伴随着中国零售连锁超市的发展，并逐渐向规范化、规模化发展。

近年，大型连锁零售企业纷纷在销地一级农产品批发市场内建设生鲜商品配送中心，其目的是充分利用批发市场丰富的商品资源和交易平台，快速筹集商品。这类生鲜商品配送中心采购进货在不同的季节有所差别：一是零售连锁企业春夏以本地菜为主，可以进行基地直采，对批发市场依赖较少；二是零售连锁企业秋冬以销售外地菜为主，较多地依赖于当地的农产品批发市场采购；三是零售连锁企业在基地采购，一般要求有规模优势；四是零售连锁企业在农产品批发市场采购，一般要求有价格优势；五是连锁经营的生鲜配送中心与各连锁店联网，对供货商有引导作用，尤其在实行网上结账等方面，对带动农户和行业进步有积极的作用。

3. 按商品领域（品种）区分的农产品批发商

按商品领域划分，农产品批发商分为合农产品批发商和专业农产品批发商。在中小型市场中，综合批发商较多，开展批兼零交易活动；而在专业农产品批发商中，按经营农产品品种区分的批发商越来越有发展前景。在中国城乡规模较大的农产品批发市场中都程度不同地分布有这类批发商，如：四季豆批发商、洋葱批发商、土豆批发商、尖椒批发商、大白菜批发商、胡萝卜批发商、大蒜批发商、西红柿批发商、猪肉批发商、牛羊马肉批发商、各种水产品批发商以及各种水果品种批发商等。由于农产品品种批发商要一年四季经营同一种类的农产品，这些批发商就要在不同产地开展同一种类产品的流动性采购，以满足终年本品种产品的批发交易业务需求。专业批发商由于大量在产地收购同一品种产品，不仅有效地带动了农产品产业化生产，也带动了农产品专业合作社等的发展。

4. 按城市级别和销售渠道区分的农产品批发商

按城市级别区分的农产品批发商，有一级（大城市或省会）城市农产品批发商、二级（单列市）城市农产品批发商和三级城市农产品批发商。而不同层级城市规模、消费需求、商品构成、农产品批发交易对象等的差异，其农产品批发商经营及服务方式等也不同。

而按销售渠道区分的农产品批发商，是现实交易中常用的方式，分为一级批发、二级批发以及生产企业的直接销售公司、特约经销商、委托代理商等。其中，一级批发商和委托代理商将越来越有发展前景。

（四）主要农产品批发商的组织结构

在中国已开展产销一体化批发的批发商，一般城市大型农产品批发市场中的大批发商户较多，且多为自发形成的产供销批发供应链。这种产供销批发供应链多以生鲜农产品为主，主要有以下三种组织形式。

1. 家族式批发供应链

家族式批发供应链基本是父子、夫妻或兄弟间形成的供应链，如在蔬菜、水果、水产品等流通中较多，有的已有20多年的经营历史。这种类型的批发商抵抗经营风险的能力较强，能够患难与共。目前市场中做得较大的农产品批发商，此类居多。

2. 合伙人式批发供应链

合伙人式批发供应链主要以返利方式体现合作关系，在专业批发商开展流动式采购中采用的较多。负责城市批发销售的批发商与不同产地有收购能力的经纪人（或相关组织）等以合同方式结成合作体，产地产品收购商听从销地批发商的要货、发货指令，开展合作业务。在市场中这种类型做大的农产品批发商也不少，有一定的竞争力。

3. 裙带关系式的供应链

裙带关系式的供应链主要由亲戚、朋友、乡亲等出资、入股或以劳动者身份加入等构成。主要体现了相互了解、信用、依赖等关系。在市场中依靠这种类型做大的农产品批发商不多，大多数为中小批发商，一般占批发商数量的50%～60%。由于这类农产品批发商因经营的商品品种多，丰富了农产品批发市场的商品品种结构。

（五）专业批发商的采购与特点

活跃在产销地一级农产品批发市场的专业批发商，为满足本企业（本销售体系）交易产品的数量和质量，与产地集货商以合作方式等开展业务。

1. 与产地建立紧密型的采购合作

由于大型专业批发商有多年的市场交易经验，了解所批发经营产品的全国情况，为了减少经营成本和确保稳定的市场占有率，大型专业批发商派人在产品生产较集中和寻找田间管理到位的产地及该产地的集货商人合作，并签订严格的合同，规定双方的权利、义务。

一般情况下，这种紧密型的合作，有的实行包产、包收，有的从种子开始就由本企业提供，而且使用的肥料、农药等生产所需的农业生产资料都由本企业提供或指定供应商提供。双方在合同中规定有关的收购价格事项、收购数量以及物流变更规定等，既能保证收购数量和品质，还能保证本批发商的商品在物流途中改变方向，以获取更好的收益。与产地建立紧密型的采购合作一般都是市场中的大批发商或正向大批发商方向发展者，他们常年派人在不同市场和产地开展上述各项采购业务，以确保其在市场的稳定销售和市场份额。

2. 与产地收购商建立半紧密型的合作

通过与产地收购商或大农户签订相关合同，但合同的条款不如紧密型严谨，尤其是在收购价格、数量等方面相对比较宽松。在正常年景下，该批发商与产地收购商或大农户基本能执行合同，价格大多以当时市场价为准。

3. 与产地收购商建立松散型的合作

这种模式多适用于一些经营规模较小的批发商（经销商或商户）采购，业务相对不固定。根据市场需求，不固定地与产地经纪人或产地市场中的批发商等约定采购，很多都没有正式的合同文本，其执行情况不太理想。

（六）农产品批发商的人员结构及特点

由于生鲜农产品批发是中国农产品流通中的重要环节，备受各界关注。本节阐述的农产品批发商的人员结构，主要指从事生鲜农产品批发的人员。中国从事生鲜农产品批发的人员约有90%以上是土生土长的农民，或是离土离乡不离本行的农产品个人企业，这些人已成为中国农产品批发领域的大军，他们中的具体人员结构为：

1. 人员结构

合作组织或专业协会、个体经营者、夫妻共同从业者、家庭从业者、家族亲朋供应链（形成市场中的大户）。

2. 文化结构

人员文化水平普遍偏低，以高中及以下学历为主；有一部分后来经过社会上的各种培训、学习等，获取了大专等文凭，这些人员经商素质较高。

3. 年龄结构

一般年龄偏大，多数在40岁以上。此外，在从业人员中，男性数量占绝对优势。

（七）农产品批发商的基础设施状况

1. 生鲜商品冷藏运输基础设施状况

根据中国仓储协会的调查，截至2010年，全国有冷藏库约2万座，冷库总容量约有880万吨，人均冷库容量仅为7公斤，冷藏容量仅占货物需求的20%左右；全国有冷藏保温车辆约有4万~5万辆，鲜活商品的冷冻冷藏运输只占运输总量的20%，各类批发商经营的80%左右的禽肉、水产、水果、蔬菜等商品，多数是通过普通卡车运输实现流通的。

近年来，广大农产品批发商为满足城乡消费者对生鲜农产品鲜度、质量的要求及确保本企业的市场份额和适度开展农产品经济性的储藏等，都不同程度地开始重视生鲜农产品产销地冷藏设施的使用和建设。

2. 产地仓储设施建设受到重视

一些活跃在产销地的经营规模较大的批发商不惜投入巨资，在其经营商品的主产地建设冷藏库或专用仓库，有的还配备了冷藏运输车，还有的在产地投资建设生鲜商品配送中心或选果场等。但大多数的中小批发商因没有能力投资建设这些应有的设施和设备，加上产地生产者不重视或无投资能力建设，使产地仓储设施严重缺乏。

3. 销地市场仓储设施少、租赁费用上升

随着政府对食品安全的关注，引起了城乡消费者对食品安全的重视，尤其是商家对生鲜商品经营品质的重视，进而带动了冷藏设施的建设和使用需求。尽管近些年财政对销地农产品批发市场的冷藏库、专用仓库等设施、设备建设给予了很大支持，但仍跟不上市场规模的扩大和批发商户日益增加的使用数量要求，使销地市场出现了仓储设施少（加上市场租金年年攀高），租赁费用上升的现象。如在某销地市场，批发商租用有控冷功能的3个几十平方米的小库，每月要支付1.2万元的费用；租用有控冷功能的100平方米的库房租金每月要支付2.2万元。即使这样高额的费用，还有许多批发商户租赁不到所需设施或设备。

4. 标件包装受到批发商和物流商的欢迎

标件包装是农产品标准化、规格化包装的具体体现，每一个包装为一件（简称为“标件包装”），以件为单位进行快速交易，免去传统交易的称重量或按个数等的交易。标件交易在大型批发市场中基本都被规模做大的果蔬批发商看中，并积极使用。与传统包装件交易方式比较，商品标件包装对批发商和物流商的交易带来诸多好处。具体内容见表3：

表3 农产品标件包装对批发商和物流商的好处

可提高交易效率	减少交易时间近50%
可提高运输或配送效率	减少运输费用10%～15%
可提高商品化程度	减少商品损耗15%左右
可减少装卸货人员	减少装卸费30%左右
可保持商品质量	提高商品价值15%～20%

资料来源：由作者结合市场调研相关资料整理而成。

二　农产品批发商在交易发展中存在的问题

（一）批发商在农产品流通中的连动职能被忽视

多年来在中国农产品流通政策中，批发商一直处于被遗忘或被减少环节的地位。尤其是各类农产品批发商中介位于生产者和销售者之间，使批发商对城乡农产品供需平衡、价格高低的“前沿哨兵”或“情报员”的联动职能被严重忽视，结果出现产销信息不对称的问题。

（二）批发商缺乏政府公共政策的支持

近30年来，国家农产品流通政策很少直接对批发商予以支持，而对各类批发市场基础设施建设的支持，也是近些年才开始的，再加上许多批发市场是以民间投资建设为主，执行的是“谁投资、谁建设、谁受益”的政策。所以，农产品批发市场流通基础设施的租赁、使用价格执行的是随行就市原则。租赁费用的上涨，使许多批发商经营费用快速上升，也间接影响了农产品价格的上涨。农产品流通基础设施少且缺乏公益性，主要体现为：一是缺乏对批发商共同使用的公益性基础设施的投入，如与农产品批发商交易相关的冷藏库、储存库、配送中心、冷链物流、叉车、托盘、停车场等，尤其是基础设施建设用土地和设施使用等的优惠政策或措施缺乏公益性；二是缺乏对产销地农产品批发商交易相关的促进措施；三是缺乏对农产品批发交易的信息管理与应用；四是农产品批发商的经营和生活环境有待提高。

（三）标准化的欠缺阻碍了批发商交易效率的提升

1. 农产品质量标准应用的欠缺

虽然近年农产品流通主管部门为了提高农产品流通质量，制订了许多流通管理和产品标准，但在农产品的产品质量标准应用方面还较欠缺，影响了农产品在产地商品化和价值的提升。

2. 农产品规格标准应用的欠缺

农产品的规格化欠缺，使多数农产品流通仍处于混批、混装状态，使许多商品到市场后再进行初选、加工、分装等，除增加人工成本外，还使大量的农产品废弃物在市场或集散地形成二次或三次垃圾，在增加垃圾物流费用及处理的同时，也严重影响了有效商品物流量。

3. 农产品包装标件化的公益性欠缺

农产品包装标件化在高档生鲜农产品流通中已被广泛使用，并被大批发商们所青睐。在缩短交易时间、减少交易成本、提高物流和装卸效率以及提升商品质量等方面都有很大的好处。但中国农产品包装标件化缺少公益性，目前只停留在个别企业的自主选择使用，使用量和规模有限，增加了批发商的开支。

（四）规范的农产品批发商体系建设有待完善

由于农产品批发商的体系建设缺失，使农产品批发商的组织化程度极低。目前的组织结构基本是家庭式、家族式、裙带关系式等个体经济组织方式，亟须政府政策引导与支持，尽快改变农产品产销地交易组织化水平低的状态。

（五）现有农产品交易方式不利于宏观调节

中国产销地一手钱一手货的农产品批发交易方式，使农产品在交易的刹那间就彻底改变了商品所属权的性质，同时也产生了政府对农产品宏观调节难或对具体农产品失去话语权的问题。这种传统的农产品交易方式不利于政府对农产品的宏观调节。

（六）批发商融资难度大

特别是中小批发商因资金不足，不能在农产品当季采购到好的、大量商品；还有的批发商因资金不足，不能在产地直接采购商品。

（七）批发商经营风险在不断加大

消费者对生鲜农产品鲜度的要求，给农产品批发商增加了经营的难度：一是品种要多、齐全，二是要新鲜，三是要质量放心，四是价格要合理，五是要有足够的数量保障供应等。这些无形中增加了批发商的成本。如采购齐全生鲜产品的人员要拥有保证商品新鲜的仓库和有足够的库存，还要承担销售不掉的风险，加上物流、保鲜成本和浪费部分等，批发商承担着较大的农产品经营风险。而批发商经营成本的快速增加，也是构成中国农产品价格快速上涨的重要因素。

三　中国培育农产品批发商的重要意义

（一）重新认识发展农产品批发商的意义

改革开放30余年来，农产品批发商在市场完全自由、开放的情况下，靠自身努力，完全走向了市场化，基本形成了交易主体多元化、经济成分多样化、组织结构自由化、资本积累自有化的农产品（尤其生鲜农产品经销商、商户）批发商局面。但是，与其生产环节相比，政府对生鲜农产品流通中的批发环节的关心力度明显不够。1980～2011年这30余年间，政府对农产品流通的批发市场建设、绿色通道以及近年对零售环节的“农超对接”、“完善农贸市场”等都有不同程度的介入和支持。而无论政府还是学术研究方面，对生鲜农产品的批发环节及从事经营的批发商（经销商和商户）等都缺少真正研究与理解。相反地，更多的声音是人们在关注主要农产品价格上涨时，对批发环节或批发商的批评与指责，认为是批发环节多或批发商费用高，增加了流通成本，影响了效率的提升等，几乎没有农产品批发商对中国农产品流通的积极贡献及对相关行业协同价值和发展现状等的研究。而从事主要农产品流通的各类批发商却日复一日、年复一年地活跃在农产品的产销地，为中国城乡百姓提供着日常生存必需的主要农产品，但这些人几乎处于被遗忘的角落或被误认为是奸商者，社会地位不符合中国市场经济快速发展应有的位子。

1. 重新认识农产品批发商的概念

农产品生产者在承担产业化、经济性生产的同时还要千方百计地提高产品质量，而零售商和各种服务业则要在满足消费者需求的同时不断完善店铺的经营，在产品流通的上下游之间需要具有协调不同目的的两者之间的功能，这种功能称为“中间流通功能”，也就是我们俗称的“批发商功能”。

在现实的农产品流通中，农产品批发商体现的概念正处于混沌时期，即农产品生产、加工、批发、物流、配送、零售等环节不像计划经济时期分得那么清晰，但在每一环节又都离不开农产品批发商作用的发挥。如：大型连锁经营的零售企业，通过集中采购、提高内部交易量、集中开展物流或商品配送等方式，将部分农产品批发的社会职能转移到大零售企业内部，使连锁经营的零售企业在科学合理地发展零售连锁网点的同时，实现了批发利润；而90%左右的农产品中小生产者、85%以上的农产品中小批发商（经销商或商户）、95%左右的中小零售商，以至于大型零售连锁企业经营的40%～50%、销售数量有限的小品种或本企业能采购、但采购成本不经济的品种等，一直以来都是依赖农产品批发商的支持而开展业务活动的。所以，当我们正确认识到培育大型农产品生产者、大型连锁零售企业重要性的同时，还必须认识到大力支持、培育和发展现代农产品批发商的重要性。

2. 充分认识农产品批发商存在的特征

农产品批发商的本质特征是，将农产品商品的所有权转移或售出。由于农产品批发商介于农产品生产和生产（或加工）、生产和零售、批发和批发、生产（或批发）和机关团体企事业等单位之间，所以专职性的农产品批发商是农产品商品供应链的中端，而不是末端。

3. 重视农产品批发商交易活动的最基本社会功能

农产品批发商通过开展产地集货、分货、备齐农产品商品等，将批发职能与零售或餐饮等各种采购需求对接，实现交易总次数集约化，节约农产品流通整体成本，实现效率高的流通。

从理论上讲，在多数中小生产者和各种农产品采购需求商存在的情况下，农产品批发商介入其交易，一般比中小生产者同各种农产品采购商直接交易更降低订发货的成本。另外，城市一级农产品批发市场中的农产品批发商为了拥有农产品商品调整功能而开展的产地长期库存，市场内为保障销售而开展的短期保管、为开展固定交易的货款垫付、长期票据交易等，都能减轻各种农产品采购商的风险，更能减少各种农产品采购商在与中小生产者直接交易中产生的众多矛盾。仅从这点来讲，农产品批发商承担了联结、调整生产者与中间（二次）批发商、零售商等之间交易关系的重要协同作用，起着农产品交易活动的最基本社会功能。

所以，农产品批发商作为中小农业生产者、城乡农产品批发市场、零售商及各种交易者的支撑力量，有其存在和规范发展的必要性。

4. 农产品批发商是农产品批发市场的交易主体

农产品批发市场是为农产品买卖双方提供交易场所的载体，市场所有者或经营者是房地产的物业管理者，是市场内为批发交易者提供设施、工具、良好经营环境的服务性企业。而进入批发市场的农产品生产者、批发商以及进场交易者（中小批发商和零售采购者等各种农产品采购商）则依托这个载体和市场经营者提供的服务环境等，从事农产品批发交易活动。而农产品批发商就是农产品批发市场的真正交易主体。

（二）批发商在农产品流通中不可替代的作用

1. 批发商对农产品合理流通的集散职能不可替代

农产品批发商品为占中国 90% 以上的中小农业生产者、90% 左右的中小零售、餐饮等企业提供的服务，无论在什么样的经济变革环境中，作为合理的农产品流通的集散和承上启下的环节，始终发挥着不可替代的职能与作用。

2. 批发商对农产品需求信息的传递职能不可替代

从中国现有农产品批发商的发展情况看，农产品批发将逐步从传统批发逐渐向现代批发转变，这种转变不仅局限于硬件方面，更主要是软件方面的转变，即农产品批发企业或批发商（经销商）都将信息传递作为自身生存发展的关键要素。而与多数农产品批发市场不重视农产品流通及交易信息形成鲜明对比，所有农产品经营者都非常关注市场需求信息。一方面他们通过各种采购与交易数据，收集中间批发商和各种零售的需求信息，开发或引进新产品，以适应市场的需求，另一方面，他们向产地生产者或产地市场提供市场需求的反馈信息，引导生产结构的调整。

另外，由于批发商能为生产和零售提供双向信息，架起生产与最终消费市场的信息传递桥梁，为零售企业的采购提供了生产环节的产品信息，同时为生产者的再生产提供了可靠的市场消费动态信息，进而促进生产环节产品结构的有效调整。

3. 批发商对农产品市场的供求平衡作用不可替代

活跃在城市的农产品批发商通过对生产到零售的上下游沟通、联结，实现了农产品商品化交易，促进了市场的供求平衡。当市场某类商品出现供大于求或供小于求时，最早将反映在农产品批发环节，而生产商和零售商通过批发交易的平台，达到市场的平衡。

4. 批发商对农产品的价格形成作用不可替代

一般农产品的销售价格是由批发形成的，而批发价格的形成除受生产成本影响外，还需要根据市场变化情况进行不断变化。供大于求时，批发价格可能比生产价格低，这就给生产企业发出信号，要调整产品结构；当市场供小于求时，农产品批发价格可能高于生产成本，这就给生产企业提出了扩大生产的信息。而零售商是通过批发价格，来制定销售价格的。中国农产品盲目进行调整的行为很多，主要原因之一是缺乏需求信息的指导。

5. 批发商对产品品种结构调整作用不可替代

批发环节所反映的价格波动，最终导致生产企业生产和零售企业经营的商品调整。当商品供大于求时，批发价格会向下波动，使生产者减少生产投入或转产；当商品供小于求时，批发价格会向上波动，刺激生产，使生产者在短期内提高产量，以满足市场的需要。这种价格波动行为，随时随地都在发生，实际上起到了对市场的调节和平衡作用，这是市场经济条件下对市场最直接的调节和平衡行为。批发业拥有的对产品品种结构调整的功能与作用是其他任何环节所不能替代的。

6. 批发商对中小零售商的支持作用不可替代

农产品批发商对中小零售商提供低成本和齐全商品的支持是任何组织不能替代的。中小零售商，尤其是农贸市场、社区菜店等不可能对所有经营的农产品都直接从生产者处进货，多数都需要通过中间商进行传递。而中国中小农产品零售商的比重占总数的97%以上，这在未来的流通发展中仍然是长期存在的现实。这些中小农产品零售商需要依靠批发商提供的低成本和齐全商品的支持，才能保证其正常的经营。

7. 批发商带动“三农”发展的作用不可替代

一是对农业生产种植的带动作用大。活跃在城乡农产品批发市场近95%的农产品批发商，虽然多数是无组织的自由商人或自然人，但他们都是来自农村农产品生产种养殖的基地，他们销售的产品不是从产地采购，就是从产地经纪人或产地农产品批发市场进货。这些批发商年复一年对各种农产品的采购、销售，直接影响着产地农产品的生产，在某种程度上支持了农产品的生产，也带动了大量的农民就业。

8. 批发商对农产品仓储物流的带动作用不可替代

由于农产品批发商所拥有的集散功能与作用，必然带动农产品的仓储、物流或配送的繁荣发展。在农产品批发贸易集中的城市或地区，其农产品的仓储、物流或配送的服务水平也相对较高。如蔬菜大省的山东、河北、河南、海南、福建、安徽、四川等，活跃在这些蔬菜产地的大批发商，在销产地都拥有其个人或自身组织所属的规模不等的仓库或预冷库，以满足每天的交易和经济性的储存，有利地带动了产销地仓储、运输及配送的发展。

四　制定支持农产品批发商发展的政策与措施

（一）出台批发商基础设施建设或使用的政策或措施

1. 支持大批发商对基础设施的建设或使用

对批发商与产地合作组织开展对接者，进行政策支持。如大型批发商在产销地果蔬等农产品预冷设施的建设支持；支持中小批发商和合作社组织在产地建设共同使用的公共设施，并对其建设的土地使用出台严格的优惠政策；对已建设的设施通过低于市场价格的方式，开展租赁使用，不足部分由政府出台专项政策对设施经营管理者实施相应补助。

2. 制定农产品流通基础设施标准化应用的措施

一是制定批发商及相关交易者能共同使用的公益性质的基础设施标准化措施，如与农产品交易相关的冷藏库、储存库、运输等使用的叉车、托盘的标准化，以利于低成本的周转使用；二是制定批发商共同使用设施的租赁标准及优惠价格措施；三是提倡农产品包装、储藏、物流用的容器等标件化及优惠使用措施等。农产品流通基础设施标准化应用，是民生商品流通的社会性系统工程，是政府提高农产品流通效率的管理手段，更是政府为企业运营降低成本所奠定的基础。

（二）将改革农产品交易方式视为政府有效调节的抓手

改革农产品交易方式，由批发商买断产品所有权经营变成批发商（交易者）转移产品所有权经营，是政府有效对农产品流通开展宏观调节的有利抓手。可以考虑以下方式。

1. 改革农产品产地交易方式

改革农产品产地交易方式，将目前一手钱一手货的原始批发交易方式改革成委托交易方式。为方便委托交易制度的开展，一要明确委托交易的性质和原则，二要制定委托交易的组织体制，三要制定不同商品特性商品的委托交易手续费制度，四要制定委托交易商品结算制度，五要建设委托交易的信息管理体系等。

2. 在销地市场引入农产品拍卖方式

选择大城市或区域有一定影响力或农产品交易辐射范围较广的区域销地市场，农产品应通过拍卖方式进行交易。通过农产品拍卖交易，一是使所交易的农产品价格公正、公开、透明，以指导相关市场交易和产地上市；二是由专业的产品拍卖师进行拍卖交易，可有效果地规范农产品交易；三是可提高交易信息的质量，有利于快速把握市场动态；四是有利于农产品品牌的树立；五是有利于农产品交易市场功能与作用的发挥。

3. 制定交易商间的面对面交易规则

虽然面对面交易已是中国农产品长期采用的交易方式，更是人们早已熟习的传统交易方式，但由于存在极不规范的交易行为，所以有必要制定面对面交易的规则。一要明确交易者的交易资格；二要制定交易规范，防止以大欺小行为发生；三要防止价格垄断现象发生；四要明确农产品（尤其生鲜商品）的结算时间，减少过多占压批发商资金现象。

（三）对农产品相关交易者实行结算奖励制度

在城乡一级农产品批发市场，对批发商与产地销售组织或经纪人公司等实行快速结算者，对批发商实行交易结算奖励制度；对零售商与批发商实行快速结算者，实行奖励制度；对团体采购与批发商实行快速结算者，实行奖励制度；通过结算奖励，稳定交易商、进场商品数量、市场交易和商品价格，掌握（掌控）交易信息，进而实现政府间接的宏观调节作用。

（四）培育大批发商促市场健康发展

培养批发市场主要农产品的大批发商（大经销商），支持亿元以上经销商向公司制转变，有以下好处：一是有利于促进产销地组织化程度的提高；二是有利于产销地商品标准化的落实；三是有利于减少批发市场的管理成本，如以北京新地批发市场为例，可由目前管理数以万计的经销商到管理数以百计的批发商，可大大减少经营管理费用；四是有利于改变批发市场脏乱差的经营环境，如市场内交通可过通单行线的实施、快速集货、快速交易等；五是有利于实施规范化的管理，进而提升批发市场经销商的经营素质和市场的经营档次；六是有利于政府支持政策与措施的有效实施，并能实现可控的目的；七是有利于高效率地开展交易活动，可使有限的市场面积发挥有效的市场功能与作用。所以，培育大批发商可促进市场健康发展。

（五）出台减免批发商相关税费的政策

建议对民生重要商品品种交易的批发商，实行场地减免费制度，减免物流或配送车辆进场费用、停车费，对批发商实施工业企业用电、用水费用标准。同时对所在的农产品批发市场予以相应的补贴，使市场设施真正体现公益性。

对自身融资困难的批发商，由所在农产品批发市场相关组织机构担保，帮助批发商解决业务发展需求的资金。

（六）开展公益性的培训

对有政策支持和社会需求的批发商开展公益性的培训，提高其规范化的经营能力，强化农产品批发商的竞争意识和社会职责，提高其在经济社会中的应有地位。另外，建议在相应的大专院校开展拍卖师的教育和培训工作。

（七）将支持批发商发展的相关配套资金纳入国家预算

支持农产品批发商发展的相关配套资金纳入国家预算，并通过专家队伍的建设，制定和编写可操作、可实施的教材，通过产学研，建设示范工程或项目，尽快开展工作。

总之，无论是农产品运销商，还是批发商，都是中国农产品流通的主力军。如何利用国家农产品流通公共政策，正确引导和支持农产品批发商向规范化发展，是我们深入研究农产品顺畅流通发展的出发点。而培育中国现代农产品批发商，对促进农产品有序流通、提高流通效率、降低流通成本、提升城乡人民生活水平、确保市场稳定供应、促进农业产业化的发展等都将发挥任何组织所不能代替的职能与作用。

Analysis and Development of Agricultural Products Wholesaler

Yu Shuhua

Abstract: The text describes the current situation of Chinese agricultural products wholesaler, including type and management, organizational structure of the wholesalers, and the problems of agricultural products wholesalers in the development. Then, the text discusses the effects of wholesaler in Chinese agriculture products, and countermeasure of how to foster the agricultural products wholesalers.

Key Words: Agricultural Products; Wholesale Market; Wholesalers

B.8

专题报告4 农产品批发市场管理模式创新

马增俊*

摘　要： 中国农产品批发市场在经历了自发萌芽、快速发展、规范发展等几个发展阶段之后，已经从量的扩张阶段进入了质的提升阶段。在今后的发展过程中，农产品批发市场的根本出路在于批发市场管理模式的创新。本报告从中国农产品批发市场的基本发展模式、如何进行管理模式创新等方面对此观点进行详细阐述，并在最后对中国农产品批发市场的未来发展模式提出几点展望。

关键词： 农产品批发市场　管理模式　农产品供应链

自1984年中国建立第一家农产品批发市场开始，迄今已有27年的发展历程，这其中，农产品流通行业在彷徨中不断探索，取得了显著的成绩。改革开放以来，全国范围内的农产品批发市场得到了蓬勃的发展，经历了从产地市场兴起到产地市场、销地市场、集散地市场并行发展，从民间自发形成到政府推动建设的过程。目前，全国农产品批发市场数量已超过4000家，不同类型、不同规模的批发市场已经覆盖了所有大、中、小城市，已经基本构建起了贯通全国城乡的农产品流通大动脉，农产品批发市场的经由量也达到70%以上。但是，与发达国家相比，中国的农产品批发市场由于起步晚，多数市场至今仍面临资金匮乏、基础设施差、功能不完善、信息化水平低、管理粗放等问题。因此，农产品批发

---

* 马增俊，现任全国城市农贸中心联合会会长兼秘书长、世界批发市场联合会理事会理事、世界批发市场联合会亚太地区工作组主席，被聘为商务部市场运行调控专家、国家标准委农产品流通标准体系建设专家组专家、哈尔滨商业大学客座教授。

市场要改善现阶段发展过程中存在的问题，提升管理水平，适应现代农业发展的需求，就必须进一步加强管理模式的创新。

一　农产品批发市场管理模式创新的必然性

长期以来，农产品批发市场是中国农产品流通的主渠道，是中国农业发展的第一生产力。但是，近几年农产品流通领域问题不断涌现，农产品“卖难买贵”、农产品物流成本持续上升、“最后一公里”等难题迟迟难以破解。面对此现状，要让农产品批发市场进一步发挥主渠道作用，必须尽快进行管理模式的创新，而内涵式发展则是农产品批发市场转变的重要方向。

（一）社会发展需要批发市场进行发展模式的转变

内涵式发展模式是指农产品批发市场在不增加经营面积的情况下，提高收入、提高单位经营面积的投入—产出效率的一种发展方式。内涵式发展模式要求农产品批发市场通过采用先进的经营管理技术，通过软件创新来提升和拓展批发市场的功能，提高经营者的管理水平，最终实现提高市场成交量、成交金额的目标。内涵式发展模式是农产品批发市场发展的内在需求。

现阶段中国农产品批发市场的发展主要以外延扩大、数量扩张为主要特征，多数批发市场仅具备产品集散、价格形成等基本功能，对手交易仍是主要的交易方式，收取摊位费是批发市场赖以生存的主要经济来源。然而，近年来随着市场外部环境的变化，对批发市场的发展提出了更高的要求。农民要增收，希望批发市场提供便捷的销售通道和可靠的价格信息，以便能够生产适销对路的产品；消费者对食品质量安全的关注，要求产品多元化、质量安全可靠；政府需要通过批发市场调控来维持农产品的供求平衡和价格稳定，期待农产品市场发挥农业产业化的龙头带动作用。社会发展需要推动了批发市场的升级改造和功能提升，由外延扩张型向内涵式发展型转变成为批发市场转型的重要任务。

（二）资源有限性要求批发市场转变增长方式

随着社会经济的快速发展，中国的人口规模逐渐扩大，土地资源日益紧缺，批发市场用地与城市功能用地的矛盾日益凸显。在这种背景下，靠扩大规模来提高市场的竞争力的外延式发展模式遇到了前所未有的挑战。资源的有限性促使批发市场必须改变增长方式，以“修炼内功”为特点的内涵式发展方式成为农产品批发市场发展模式改革的必然。

（三）社会竞争激烈促使批发市场“修身养性”

自20世纪90年代以来，超市连锁店、现代物流和电子商务等现代流通业态在中国快速兴起，使得经由超市流通的农产品比例逐年提高。而近几年国家开展的“农超对接”工程，也使得超市到生产基地/合作社直接采购的比例逐渐增加。这不仅对进入批发市场交易的农产品货源造成冲击，也使原本到批发市场采购的超市数量或采购数量相应减少。由于超市具有方便快捷、购物环境好、质量有保障等优点，吸引了无数终端消费者，这也对批发市场的客流造成影响。此外，由于基地按超市的要求进行生产，能有效保障产品质量，加上环节减少引起的流通成本低、损耗小等特点，能使从生产到消费整个链条中的主体从中受益，供应链整体效益得以提升。这些因素的出现再加上批发市场相互之间本来就存在的竞争，使得批发市场必须摈弃以前的做法，走内涵式发展的道路。

二　中国农产品批发市场的类型及模式比较

（一）中国农产品批发市场的类型与特点

经过多年的发展演变，按照不同的方式可将批发市场划分为不同的类型。按市场交易的品种和方式可分为专业批发市场和综合批发市场，如水产品批发市场、粮油批发市场、蔬菜批发市场等均为专业批发市场。按照市场所处位置和辐射半径可分为产地批发市场、销地批发市场和区域中转批发市场，中国产地批发市场数量占批发市场总数的1/3左右，一般分布在山东、河北等农产品生产较为集中的地区，如山东寿光蔬菜批发市场就是产地批发市场的典型。而根据市场创办者、投资主体及目的等的不同，可将中国批发市场大致分为三种类型。

1. 国企资产盘活型

这类市场的前身一般是在计划经济下以完成农产品供应任务为经营内容的国有企业。企业拥有自己的冷藏、运输设备和交易场所。在农产品市场化的进程中，由于商品价格开放，多种经济成分的介入，国企的垄断地位被打破，传统的经营观念和经营方式已不适应市场经济的要求，被迫逐渐退出商品经营。以现有资产如冷库、场地、铁路专用线等为依托，新建交易摊位、出租冷库，为个体经营提供指导服务，由此建成专业批发市场，形成了“国企搭台，多种经济唱戏”的市场格局。如北京四道口水产批发市场、北京西南郊肉类水产品市场、沈阳水产批发市场走的均是这种国有企业由商品经营转变为资产经营的市场化道路。这类型的批发市场在促进国企盘活闲置资产、重新配置资源等方面发挥了积极作用。

2. 投资兴建型

该种类型的市场是以政府、村委会、企业、个人的积极性为前提，通过地方政府指导、企业投资兴建、个人租用摊位参与经营而形成的市场。中国绝大多数的农产品批发市场都属于这种类型。这一类型的批发市场又大致分为三种情况：一是完全由商业企业、村集体或私人独立创办、独立经营管理；二是由地方政府主办、企业投资，多方共同经营管理；三是由国家工商行政管理部门创办，改制后商业企业等其他经济体入股参与建设经营，工商行政管理部门作为驻场监管者对批发市场进行管理，并根据管理分得对应部门的收益。这些投资兴建型的农产品批发市场在实现市场周边地区的农业产业化、增加周边地区农民收入、带动周边地区农民就业等方面发挥了积极的引导作用。

3. 借势成市型

这类农产品批发市场的前身是具有一定特色的产品集散地，在形成一定气候以后，借此地利人和，兴建发展而成。这类批发市场尽管在经营品种和交易群体方面各有特点，但基本上均属于业主出租摊位。以业主为主与地方工商、税务等部门共同管理、各种经济成分从事商品交易的格局，其兴起和发展，符合了农产品流通领域经营分散、规模经济不明显、资本构成比较低的特点，不仅顺应了市场经济的潮流，而且在调节市场供求关系和满足消费者多样化需求等方面也起到了积极促进的作用，如北京新发地农副产品批发市场、北京天民水产市场等。

（二）国内外农产品批发市场的管理模式比较

从全球来看，农产品批发市场在农产品流通中都已经发挥了重要的作用。然而，由于世界各国的制度背景迥异，社会发达程度不同，形成的农产品批发市场发展模式也各具特色。本文所讲的农产品批发市场模式，是指对农产品批发市场建设、运营、发展过程中各个要素的高度概括性描述。现阶段，通常被社会广泛认可的农产品批发市场模式有美国模式、欧洲模式、日本模式及中国模式四种模式，其判定的主要因素包括：农产品批发市场在流通中的地位（经由量）、投资主体及投资目的、市场管理制度及体系、交易模式及结算模式等。通过对世界农产品批发市场的几种发展模式的分析探讨，可以更快捷地寻求到中国农产品批发市场管理模式创新的突破口。

1. 投资主体及投资目的比较

在不同的模式中，农产品批发市场的投资主体不同，决定了投资目的也有所不同。美国模式和欧洲模式的农产品批发市场都是以政府投资为主体，多主体参与，通常由当地（市）政府提供土地和部分资金，州政府和联邦政府出资建设，甚至市场建设的配套工作也是由政府完成的，农产品批发市场被完全定位为公共设施。日本模式也是以政府投资为主，因此，它们的投资都是非营利性质的。而中国模式则是以非政府投资为主体，且投资主体是多元化的，包括地方政府、企业，甚至还有个人。

2. 市场管理制度及体系比较

农产品批发市场的管理主体是指对农产品批发市场的日常工作进行管理的机构或组织。除中国模式以外，美国模式、欧洲模式及日本模式，其投资主体与管理主体都是相分离的，美国模式和欧洲模式的管理主体都是政府管理机构、职业经理人，日本模式是管理委员会、职业经销人（公司）。与此同时，无论是日本还是欧美，其管理和运作均拥有配套的政策法律体系，这些法律对批发市场的类型、管理参与人、交易原则、投资方法、产品要求、价格调控措施等均有所规定，市场的管理主体主要依照这些法律对市场进行管理。

目前来看，中国农产品批发市场的管理主体和投资主体多数还停留在“谁投资，谁管理”的阶段，多数批发市场的管理团队都存在专业性不足的问题。

3. 交易模式比较

农产品批发市场的交易模式，是指参与农产品批发市场交易的主体所采用的价格形成方式及交易形式。从世界范围来看，农产品批发市场的交易模式多种多样，大致应该从以下三个方面进行分类。

从价格形成的角度来看，分为协商交易、协议交易、固定价格交易、竞拍交易。协商交易是指交易主体之间通过协商而确定最终价格，通俗地讲即“讨价还价”；协议交易是指交易主体之间按照事先约定的价格进行交易，包括书面协议和口头协议；固定价格交易是指卖方一旦确定了价格之后，不会因为买方的不同而浮动价格，即通常所说的“明码标价”；竞拍交易是指让交易主体公开竞价，最终将产品卖给最高应价者。

从交易形式来看，分为面对面交易、电话交易、网上交易（电子交易）。面对面交易是一种交易主体在买卖现场，对产品价格、质量、数量等进行现场沟通和交流后完成交易的模式；电话交易是指交易主体之间通过电话沟通完成交易；网上交易则是一种交易主体通过邮件、供求网站、网上交易中心等电子化平台达成购销意向，并采用网上转账等电子化支付手段完成交易的模式。

从交易主体来看，分为交易双方直接交易、委托交易以及中介组织交易。交易双方直接交易是指在交易过程中只存在买方和卖方，不出现第三方且交易只在买方和卖方之间达成；委托交易是指在买方和卖方之间存在第三方交易主体，由卖方委托第三方把产品销售给买方（如日本中央批发市场，经农林水产大臣批准的批发商在接受卖方委托之后，把产品出售给经销商、批发商或零售商）；中介组织交易是一种通过买方和卖方之间的第三方人员或机构进行转卖的交易模式。

美国和欧洲的交易模式是以交易主体面对面或非面对面的协商或协议交易为主，日本的交易模式是以交易主体面对面的协商、协议及竞拍为主，中国的交易模式则是以交易主体的面对面协商为主。

4. 结算模式比较

农产品批发市场的结算模式主要包括支付手段和结算方式。支付手段分为现金结算和非现金结算，结算方式分为统一结算和非统一结算。从支付手段来看，只有中国的农产品批发市场是采用现金结算，美国模式、欧洲模式、日本模式均是采用非现金方式结算；从结算方式上来看，只有日本模式是市场统一结算，美国模式、欧洲模式和中国模式都是经销商自行结算，但目前中国也在提倡使用统一结算。从实际情况来看，统一结算与非统一结算各具优点。统一结算有利于收集信息，例如，法国伦吉斯市场在肉类交易大厅通过采用统一结算的方式，以确保食品安全的可追溯性；而非统一结算的优点为便利。从货币形式来看，非现金结算的效率高于现金结算。

三　中国农产品批发市场如何进行管理模式创新

（一）中国农产品批发市场管理模式的基本定位

结合国外先进经验，从中国的实际出发，中国农产品批发市场发展模式应该定位为公益功能、政府支持、企业投资、市场运作。

1. 确立农产品批发市场的公益性地位

农产品批发市场的公益功能主要是指在保障社会农产品供应上发挥的作用，尤其在国家遇到自然灾害、重大公共事件时，所具有的稳定价格、保障供应等方面的功能。目前中国农产品批发市场在流通中的地位高达70%～80%，在遇到重大灾害时，如在“非典”时期、冰冻灾害发生时，以及2009年甲流肆虐的情况下，大型农产品批发市场一方面帮助解决灾区销售问题，另一方面对保障市场供应，发挥着积极的公益功能。但是，有关农产品批发市场的公益性地位问题却始终没有明确定位。因此，中国应该尽快以法律形式明确农产品批发市场的公益性地位，以保证农产品批发市场更好地发挥公益功能。

2. 以企业投资为主，政府应大力扶持

农产品批发市场本身发挥着公益功能，具有公益性质，因此应该被定位为公共设施。在国际上，批发市场已形成了四种典型的公益性发展模式，即：一是企业运营，政府驻场监管模式；二是政府投资为主，授权机构管理；三是法制化分类管理，政府管制大型市场；四是政府参与投资，优惠政策并行。这四种模式的共同点是政府将批发市场视为公益性的民生设施，并且政府均直接或间接地参与了批发市场的建设或管理。结合中国的国情来看，中国目前有4000多家批发市场，不可能都由政府投资管理，还是需要以企业投资为主。但是，要保障农产品批发市场公益功能的发挥，政府又必须发挥调控功能，应该大力支持农产品批发市场的发展，尤其是在用地、用水、用电及检测等基础设施建设方面给予支持。此外，也可以设立风险基金等金融担保产品，在紧急情况下，确保全社会农产品正常的供给秩序和稳定的市场供应。

此外，政府相关部门可选取大型的农产品集散枢纽城市作为公益性农产品批发市场建设的试点城市，探索公益性农产品批发市场模式；通过引入社会资本，对批发市场的管理主体、交易主体、交易方式等进行公益性规划和管理，在减免税收及各种优惠政策上增大力度；通过批发市场的升级改造，完善批发市场食品安全检测、价格监管、信息反馈等公益性职能。

3. 加强市场运作，提高管理水平

针对目前中国农产品批发市场管理模式中存在的一些问题，应该进一步推动第三代批发市场的建设，进一步加强农产品批发市场的市场化运作程度，树立职业管理理念，组建专业管理团队，健全管理体系，进一步完善农产品批发市场的集散商品功能、形成价格功能、传递信息功能、加工增值功能、商品配送功能。另外，在交易模式和结算方式上，应积极采用先进的方式，以进一步提高流通效率和综合管理水平。

（二）如何加强农产品批发市场管理模式创新

1. 完善制度，推动整合农产品供应链

随着中国农产品流通体系的逐步建立和完善，中国农产品生产和流通的地位都发生了转变，从原先的“生产决定流通”转变成“流通引导生产”，流通已经从原先的“附属地位”发展成为“先导产业”。作为农产品流通的主渠道，也就是农产品供应链的核心环节，农产品批发市场的发展规范与否，直接决定了整个农产品供应链的规范程度。近几年，中国农产品批发市场掀起了升级改造的热潮，如新建的规模化市场大量涌现，中、小型市场向大型化转变，合并成大型综合市场，有实力的批发市场向集团化发展，等等。在规模化建设的热潮背后也存在着由于缺乏全国统一规划带来的一系列弊端，如盲目投资建大型市场，“空壳市场”屡见不鲜，同一地区大型市场的无序竞争愈演愈烈，内耗过于严重，大型市场在地区间分布不平衡，阻碍流通体系建设等。

因而，要进一步发挥农产品批发市场的核心领军作用，则需要加大力度对农产品供应链进行整合，而进行整合最重要的就是要制定相应的制度，让整个农产品供应链的发展有据可依。首先，要通过制定全国统一规划来规范农产品流通领域的秩序；其次，要制定严格的市场建设准入、退出机制，对农产品市场投入建设进行严格的把关；另外，还要进一步完善市场规划建设的相关监管制度，只有建立和完善各类制度才能从根本上实现对农产品供应链的有效整合。

2. 加强信息化管理，提升批发市场信息化管理水平

农产品批发市场的信息化主要有以下三个作用：第一，能为经销商服务，能促进批发市场的长远发展；第二，能为政府服务，提供信息的同时还可以向政府争取相应的扶持政策；第三，能为行业服务，把所有信息汇集起来，能让信息化工作为行业发展发挥更大的作用。农产品批发市场的管理是一个庞大的系统工程，除了需要对店铺出租、收费、物业管理等驻地项目实施管理外，农产品的入场、出场以及产品质量可追溯的情况也是整个供应链管理中不可或缺的部分。批发市场的信息化建设需从软、硬件两方面入手，相关的硬件设施是开展信息化必不可少的先决条件，而软件方面主要包括综合管理系统、电子结算系统（不仅包括批发市场和入场商户之间的结算，也包括为交易双方提供结算服务）、拍卖系统、物流配送系统、协同商务系统、质量追溯系统以及信息采集和发布平台等方面。如寿光农产品物流园的“中国寿光蔬菜指数”是运用信息化管理的成功示范。寿光农产品物流园的信息采集中心可对产品价格每日实时监控和采集，并进行网络及交易大厅LED信息发布，及时发布国内外农产品最新动态、走势预测及寿光蔬菜价格指数，为政府了解价格走势信息、分析菜价波动原因提供参考，为经销商了解蔬菜价格行情提供帮助，对防范农产品价格大幅波动起到一定的作用。“寿光蔬菜指数”的发布已经充分体现出信息化工作的重要作用及意义。

农产品批发市场建立的信息管理系统能协助完成对商品的进销存监控、对客户的系统管理、资金调配；及时掌握各项服务情况，协调各部门业务工作，对各终端市场及销售客户进行管理，对客户要求进行收集整理、统计汇总；对配送中心的进货、产品质量和商品配送下达任务和控制，统一指挥，综合决策；对商品的批销交易提供市场供求信息，对交易结算系统进行统一电子结账管理。如南京农副物流中心的信息中心主要包括采购管理系统、物流配送管理系统、库存管理系统、市场供需信息发布系统、网上交易管理系统、财务结算系统、客户关系管理系统以及供应链管理系统。该信息中心已购置包括计算机、显示屏、广播系统、会议中心的计算机中心系统设备、记忆电子结算、电子监控、客户服务中心、市场经营管理、通信调度等系统软硬件设备，并已经投入使用。

3. 拓展金融服务手段，提升批发市场的金融服务功能和管理效率

农产品批发市场的大多数交易活动具有商流和物流同时进行的特点。因此，如果市场能与各种金融机构联合，导入银行信用和商业信用服务，更多地推行信用结算方式，将会为进入商品交易市场的各种行为主体提供融资、结算、付款、存款等多种先进、便捷的金融服务。如寿光农产品物流园与银行合作推出独具特色的“交易一卡通”，该一卡通除了可在物流园内进行电子交易，同时还具备普通银联卡的所有功能。一卡通的使用，实现了结算、金融、信贷、收税、收费一体化管理，规范了农产品物流行业的金融秩序，提高了商户资金转账和资金管理的效率。湛江霞山水产批发市场积极尝试第三产业专业市场融资模式创新，通过担保公司为市场内小（微）型对虾经营企业提供短期周转资金融资业务，满足市场内对虾商户在交易旺季时的资金需求，促进场内商户发展，提高市场金融服务质量。

在创新收费管理模式方面，传统的农产品批发市场主要是靠收取摊位租金的方式来获取盈利，而通过拓展金融服务手段，引入电子结算收费管理模式，可将其盈利模式转变为“租金 + 佣金”。引入电子结算收费管理系统，在收取原有租金费用的同时，市场还可按一定比例（扣点）收取交易管理费，此举形成了商户与市场利益均沾、风险共担的盈利模式，提高了市场的盈利水平，而且也因其“透明、快捷、公开、公正”的科学管理得到了商户的充分认可。此外电子计算提高了收款结算效率，节约了大量的人力资源，有利于市场将富余人员更多地纳入自营队伍，扩大自营范围，壮大自营队伍，为实现批发市场“质”的飞跃奠定基础。目前，这一创新模式已被不少批发市场采纳应用。如内蒙古食全食美股份有限公司，从 2001 年开始就已经在水果交易上实施电子结算管理措施，以科学严谨的现代化智能 IC 卡为载体，采用安全的电子交易结算平台（见图 1）进行商品交易和结算管理，结算方式以市场内部智能 IC 卡结算为主，其中 IC 卡交易、电子结算已与银行合作，实现了商户结算网上银行转账和汇款等业务，并且正在逐步推广于其他领域。

4. 大力开展物流配送，加强配送服务能力

物流配送既是物流职能，也是批发职能的合理延伸，尤其是果蔬批发市场、肉类批发市场拓展物流配送功能，从生产商大批量购进商品后定期及时小批量地配销给众多的零售商，送货上门，不仅能更紧密有效地衔接产销，最大限度地减少水果库存数量和资金占用，提高社会交易效率，还可以与客户建立稳定的交易关系，稳定客源并扩大交易规模。以雨润集团在西北地区投资规模最大的综合性

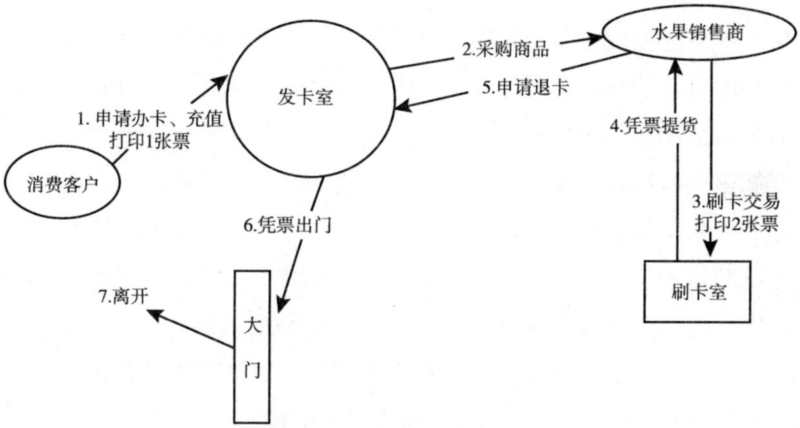

图1　IC卡交易系统流程图

农副产品建设项目——雨润西安农副产品全球采购中心（见图2）为例，该中心以西安农副产品全球采购中心为龙头，以“绿色无公害”生产基地和二级加工配送中心为补充，以超市和农贸市场连锁经营为基础，形成跨区域的三级农副产品安全检测、信息互通、交易配送平台。这一“前伸基地，后延零售终端，跨区域物流配送”的全产业链模式，以环保、健康、快捷为原则，引入环保电动车、清洁能源车作为配送主体，直接配送给超市、农贸市场、果蔬连锁等零售终端，有效缩短了农产品流通环节，提高了交易效率。

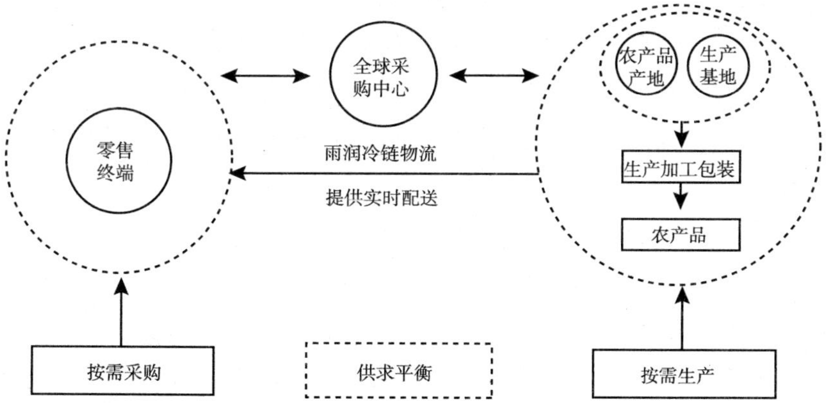

图2　雨润西安农副产品全球采购中心示意图

5. 创新冷链物流管理系统，提升冷链物流管理能力

提高农产品批发市场冷链物流建设水平，能大大缩短物流的时间和路径，节约物流成本，同时还有利于提高农产品质量安全，尤其是对于果蔬、水产品、肉类等品类而言，意义更加重大。现阶段，利用创新的冷链物流技术发展农产品批发市场冷链物流体系的案例屡见不鲜，如无锡天鹏食品城就根据其冷链运作需求采用了先进的RF冷链物流管理信息系统（见图3）。该系统采用先进成熟的条码技术、无线网络技术、Windows CE技术、数据采集技术，通过物流管理系统，对冷链物流进行作业和库存管理的全覆盖，运用方便的手持电脑进行仓库作业，实现准确地传递数据指令。通过这套系统客户可以在自己门面上进行预约进货和出货，同时可以查看自己的即时库存情况，并能对自己的交易货物进行实时配送、跟踪，同时通过IC卡实时资金结算。RF系统的开发应用，使市场大幅节省了物流周转时间，有效提高了物流作业水平，降低作业人员的劳动强度，实现了真正意义上的机械一体化操作，从而不断提升服务能力和管理能力。

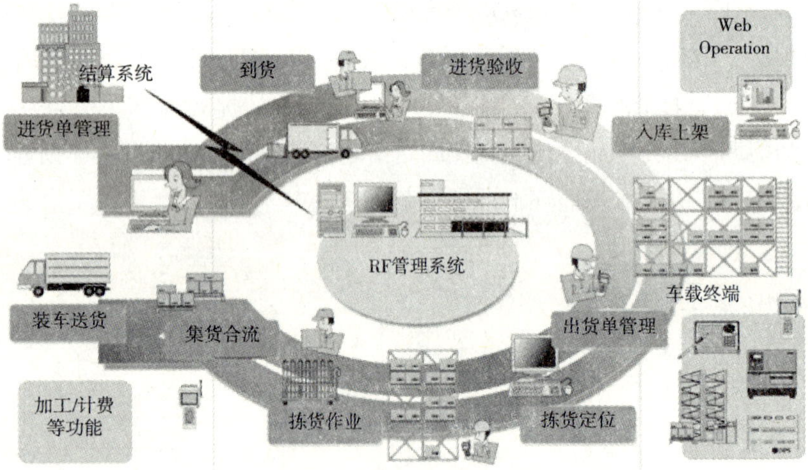

图3　RF冷链物流管理信息系统示意图

6. 开创批发商管理新机制，提升市场交易水平

建立和完善农产品批发市场各项管理制度，加强管理监督功能，规范市场内各行为主体的行为准则，同时通过各种激励机制对批发商进行管理，有利于提高市场行为主体的积极性，实现市场制度化管理、规范化经营、有序化运作。以苏州农副产品批发市场为例，该市场现有经营商户3600户，其中固定商户1500户。固定商户中批发商户占80%左右，其余为批零兼营。经过多年对批发市场管理机制创新，该市场批发商的经营方式、经营素质和经营规模均有明显的提高。有一大批经营商户以“公司+农户+基地”的经营模式，走出了订单农业发展、使产业链不断延伸的新路。目前批发商户日交易蔬菜几十吨甚至上百吨、水产交易十多吨以上的不在少数。该市场对批发商的管理和培育主要做法：一是建章立制规范经营行为，市场与商户通过签约明确相互关系和权利义务，协议签约主要包括门面场地租赁、诚信经营服务、食品安全质量、经营行为规范、维护经营秩序、消防安全责任等内容和相关条款。二是加强辅导培训提升素质，对商户进行不间断地法制宣传教育，采用多种形式进行辅导和培训，如食品安全、消防等方面法律法规的学习辅导，举办经纪人资格培训并发放证书等。三是支持帮助商户参与管理建立行业协会，如山东苍山蔬菜协会；此举一方面增强了商户主人翁意识，另一方面也推进了该市场诚信服务建设和市场规范管理。四是进行文明经营服务竞赛活动，市场已连续多年坚持每年两期优秀员工、优秀班组“双十佳”和文明经营户的创优评选活动，营造了市场员工和经营商户共同争创先进、树立新风的良好氛围。五是吸收部分经营大户为公司股东，市场改制成立有限公司，吸收6位蔬菜经营大户为公司的股东，股本金虽只占总股本的3.41%，但密切了市场与商户的关系，增强了市场的向心力和凝聚力，等等。

四　中国农产品批发市场未来发展模式展望

（一）向集团化方向发展

一些大型批发市场充分利用地方的有利政策，大力整合优势资源，加快了行业收购、兼并步伐，组建集团，控股多家市场，采取集团化运作方式，加强集团化管理，产生集团效应，打造现代批发市场品牌。如深圳农产品股份有限公司先后在深圳、南昌、上海、寿光、长沙、北京、成都、西安、柳州、合肥、惠州、昆明、沈阳、南宁等16个城市投资经营25家大型农产品综合批发市场和大宗农产品电子交易市场，初步构筑了全国性的农产品流通网络体系，成为国内经营管理农产品批发市场的第一品牌。目前，公司旗下市场的农产品年度总交易量超过

2000 万吨，年度总交易额超过 700 亿元，占全国较有规模农产品批发市场交易总量的近 10%。哈尔滨哈达农副产品股份有限公司自 2002 年成立以来，不断发展壮大，由一个开业初期项目单一的果品市场发展成为目前由果品、蔬菜、粮油、绿色食品、海产品、干调和干果等七大类别、上万个经营品种构成，集现货交易、直销展销、包装加工、连锁配送、运输仓储于一体的中国东北地区规模最大的综合性农副产品批发交易集散中心，业务不但辐射黑龙江省内哈尔滨、齐齐哈尔等地，而且目前正向省外长春、沈阳、成都、重庆、云南等地拓展。北京新发地农副产品批发市场是北京市交易规模最大的农产品专业批发市场，2011 年实现年交易量突破百亿公斤，年交易额约 400 亿元。辐射范围已经超出华北地区，对海南、河北、山东等果蔬主产区的种植、价格都产生了影响。

（二）向规模化方向发展

近年来，中国农产品批发市场单体规模迅速扩大，亿元以上市场数量逐年增加，2007 年，中国交易额亿元以上的农产品批发市场达到 838 家，比 2005 年增加了 227 家。随着城市化进程的加快，中国许多地方加快了市场的搬迁重组改造，开始涌现出一批新的规模大、辐射能力强的农产品批发市场。如 2008 年 4 月，杭州市区杭州蔬菜公司、笕桥蔬菜批发市场、三里亭农副产品有限公司、杭州果品公司、杭州蔬菜公司三桥果品批发市场、市商业储备公司东新果品批发市场、杭州肉联集团鲜肉市场等七大农副产品市场整体搬迁至余杭勾庄杭州农副产品物流中心，该中心规划占地 6000 多亩，集聚了包括粮油、水产、肉类、蔬菜、果品、副食品、农产品加工、仓储配送、公共配套等九大专业区块，成为浙江省内规模最大、品种最齐全的农副产品交易市场。2008 年，规划占地 3000 亩、建筑面积 148 万平方米、总投资约 30 亿元的“大菜篮”物流基地——南京农副产品物流配送中心在江宁区崛起。根据规划，该中心集蔬菜、果品、水产、家禽、肉品、副食品、粮油、花卉及农副产品加工为一体，由白云亭、惠民桥、紫金山、应天水产等八大农副产品批发市场搬迁至此组成，配送中心建成后，建筑面积相当于白云亭蔬菜批发市场、下关果品市场等 8 家市场建筑面积总和的 6 倍，辐射范围可达安徽、苏北、鲁南等区域，有望成为南京最大、华东一流的现代化农副产品物流配送中心。福州海峡农副产品批发物流中心位于福建闽侯南通镇，规划用地 4000 多亩，规划 15 个片区，包括副食品市场、果品市场、畜禽定点屠宰场、肉类冷冻区等。占地1931亩的一期工程建成后，位于福州鳌峰洲的亚峰蔬菜批发市场、家禽批发市场、蛋品批发市场等将整体迁往此地，福州海峡农副产品批发物流中心将成为福建全省规模最大、档次最高、功能最全的农副产品批发市场。西部地区规模最大的农产品一级批发物流市场的规划建设工程，2010年正式在重庆江津双福新区开建，预计3年建成。该项目占地5000亩，总建筑面积约325万平方米，总投资80多亿元，全部建成投入运营后，可实现年交易额500亿元左右。该批发市场交易主要品种包括蔬菜、果品、肉类、粮油、水产、干副、禽蛋、冻品、茶叶、酒水、花卉等，市场功能主要包括产品交易、产品展销、仓储、冷藏冷冻、物流配送、信息发布、电子商务、电子结算、加工、分选包装、检验检疫、进出口贸易以及金融、工商、税务、质检、餐饮、娱乐、停车等服务及辅助配套功能。北京市农产品中央批发市场管委会正在委托有关单位设计中央批发市场二期项目，期望向市政府报批建设一座占地达2400亩的超大型中央农产品批发市场，市场本身将集成多项功能，侧重公众利益，降低流通环节成本，提供准确及时的农产品价格波动信息，等等。

（三）向品牌化方向发展

农产品批发市场发展贸易特别是国际贸易需要创立品牌，只有发挥优势，做出特色，打造品牌，未来才能在日益激烈的竞争中取胜。目前，国内一些农批市场的发展很有代表性。例如，广州江南果菜批发市场着力打造全国最大的进口水果批发市场，进口水果的交易量占全国进口水果交易总量的80%以上。深圳南山农产品批发配送有限公司建设成立的深圳市供港农产品加工配送中心是国家和深圳出入境检验检疫局指定的深圳唯一一家供港农产品加工配送中心，建设了一流的供港农产品质量检测中心、现代化的供港蔬菜加工区、客服中心等硬件设施，制定了一整套科学严谨的供港蔬菜质量安全追溯制度，目前每天供港蔬菜加工配送量达到1000吨，成为香港市场安全优质蔬菜的大后方，在香港蔬菜批发商中成功打响了“南山配送”品牌。湛江霞山水产品批发市场紧紧围绕对虾这一单品做文章，正逐步形成世界对虾价格的风向标。这些市场在交易量、辐射范围、管理模式、硬件设施等某一方面都做到了行业领先，在行业内也树立了品牌，具有很强的国际竞争力。

（四）向功能齐全化方向发展

经过多年发展，中国农产品批发市场在具备集散、保障农产品质量安全、调节供需等基本功能的基础上，开始加强创新，向电子商务、配送、废弃物处理等功能延伸，具体表现在以下三个方面。

1. 电子商务功能逐步健全

目前，中国绝大部分农产品批发市场建立起了以“信息中心、检测中心和结算中心”为主的信息化系统，企业自觉自愿地将信息化建设作为增强企业核心竞争力的工具。信息化应用在农产品可追溯和价格稳定方面发挥了重要作用。如北京八里桥市场投资建设了现代化电子监控系统、先进的农产品质量检测中心、智能IC卡管理系统，建立了市场网站和市场管理信息系统，使市场基本实现了管理信息化和收费电子化，极大地提高了工作和服务效率。无锡朝阳集团先后投资2000多万元，建成了集团公司信息中心，批发市场电子信息发布、结算系统、农产品配送系统、连锁超市进销存系统、数字电子监控系统以及办公自动化、财务劳资、物业管理等一系列管理系统，形成了一个完整的信息网络系统。北京新发地农副产品批发市场加快电子商务设施建设，建成了电子结算中心、信息网络中心、检测中心、仓储物流中心等，实现了农产品全程可追溯制度，并通过门禁收费系统改进了交易方式、结算手段。

2. 配送功能逐步增强

农产品批发市场本身开始作为配送平台，积极拓展面向零售终端的配送业务。形式主要有批发市场与连锁超市、仓储式商场等现代商业实行联合，为其配送统一标准的农产品，或者批发市场自己发展连锁超市，还出现了批发市场在社区建立直营菜店等新型模式的探索。如无锡天惠超市股份有限公司是无锡朝阳集团“基地+市场+连锁超市+保险”朝阳模式功能的农产品流通终端“窗口”，依托无锡朝阳农产品大市场优势，以经营蔬菜、盆菜、水果、鲜肉、粮油等生鲜商品为主，确立了放心生鲜食品为主题的“天惠超市，天天实惠，天惠食品，天天放心”的企业形象，年零售额超4亿元，其中生鲜食品销售占零售额的一半以上。北京新发地市场连锁便民菜店是新发地市场与政府、社区合作推出的一种新型果菜连锁配送形式，所有连锁菜店的蔬菜水果由新发地市场内指定的蔬菜水果配送公司负责配货，购销系统分为采购、配送和销售三个环节，整个流程采用

“五统一”管理，即统一采购、统一配送、统一标准、统一品牌、统一销售。连锁菜店统一采用新发地品牌，每个菜店品种一般在80～100种之间，价格不超过新发地蔬菜批发价的120%。

3. 环保功能逐渐完善

近年来，中国的农产品批发市场开始把废弃物、污水处理与保洁管理纳入市场管理工作的重点，对废弃物、污水进行有效处理和合理利用，并对市场环境加强管理。很多市场的经销商摊位从院内的大棚转移至新建大厅，有些市场对经销商摊位明确了具体的卫生要求，配备了专门人员，成立了专业的保洁队伍，并且建立了专门的废弃物回收处理站，扩大了市场的绿化面积。2008年，通过中国绿色市场认证的农产品批发市场达到89家。如大连熟食交易中心于2005年4月一次性投入近140万元，投资建立了污水处理中心，先后处理了污水16000立方米，充分满足了中心冲厕、绿化等用水需求，适应了国家发展低碳、循环经济的市场需求。

（五）向国际化方向发展

在中国农产品进出口贸易中，经由农产品批发市场的贸易份额虽然不高，约为200亿元人民币，占全国农产品贸易总额的6%左右，只有少数大型批发市场经营农产品进出口贸易，但是，单个市场的贸易规模很大。农产品批发市场汇集了大量的农产品经销商，产品丰富、来源稳定；市场资金雄厚、信誉有保障；组织化程度较高，有行业协会组织提供的智力支持。凭借这些优势，我国农产品批发市场正发展成为农产品国际贸易的新平台。如湛江霞山水产品批发市场的对虾经加工后出口到欧美、日本、非洲、东南亚等十几个国家和地区。广州江南果菜批发市场是全国最大的进口水果批发市场，进口水果的交易量占全国进口水果交易总量的80%以上，进口水果的销售量占市场水果总销售量的1/3左右，是广东、香港、澳门果菜进出境的重要集散地。牡丹江双合中俄蔬菜果品市场出口俄罗斯比重为52%，占黑龙江省对俄果菜出口总量的70%以上，是蔬菜果品对俄出口贸易的重要集散地。中国舟山国际水产城水产品总交易量约36万吨，交易额40亿元，其中约30%左右出口到东南亚和欧美等国家和地区。北京新发地市场每年出口量约100万吨左右，出口国家有蒙古、哈萨克斯坦、越南、泰国等多个国家。其中，蒙古国的90%的农产品都是从新发地进口。

主要参考文献

安玉发：《技术助力农批市场功能拓展》，载于全国城市农贸中心联合会编著《中国农产品批发行业发展报告》，武汉出版社，2009。

张荣华、申冬华：《农产品批发市场内涵式发展模式探析》，《全国商情：经济理论研究》2010 年第 14 期。

李泽华：《中国农产品批发市场的现状与发展趋势》，《中国农村经济》2002 年第 6 期。

陈炳辉、安玉发、刘玉国：《中国批发市场升级改造的目标模式和重点选择》，载于全国城市农贸中心联合会编著《中国农产品批发行业发展报告》，武汉出版社，2009。

于淑华：《正确认识农产品批发市场在社会经济中的地位》，载于全国城市农贸中心联合会编著《中国农产品批发行业发展报告》，武汉出版社，2009。

Agricultural Products Wholesale Market Management Innovation

Ma Zengjun

Abstract: Since Chinese agricultural products wholesale market has experienced several stages of development from spontaneous sprouting, rapid development to specification development, and come into quantity expansion stage from qualitative stage. In the future development process, the fundamental way of agricultural products wholesale market is wholesale market model innovation. The text elaborates the basic development mode of Chinese agricultural product wholesale markets, and how to innovate management mode. Finally, put forward a few outlooks for Chinese agricultural product wholesale market management model in the future.

Key Words: Agricultural Products Wholesale Markets; Management Model; Agricultural Products Supply Chain

农产品零售篇

Agricultural Products Retail

B.9

分报告三 中国农产品零售终端交易体系与模式

刘大成　钱 进　闫 蕊　刘昕宇　伍锐豪　李怡萩*

摘　要： 本报告定义和分析了中国农产品销售终端交易体系，分析了中国农产品终端的分布，对零售行业总体状况、行业基础设施进行了概括，对农产品零售行业中的农贸市场、生鲜超市、社区蔬菜市场和新型农产品销售模式等四个主体的特征进行了比较分析，最后给出了农产品销售终端的发展趋势。

关键词： 农产品　销售终端　资源配置

* 刘大成，工学博士，清华大学工业工程系副教授，博士生导师，国际工业工程学会中国部秘书长，河北省政府物流顾问，河南省商丘市副市长，解放军总后勤部军事物流专业委员会委员，王子新材独立董事，研究方向包括现代物流与供应链管理、企业诊断与效率改善、产业集群与园区规划等；钱进，工学博士，清华大学工业工程系博士后，中国物流学会特约研究员，研究方向包括应急物流、军地物流一体化、物流园区规划以及物联网等；闫蕊，清华大学工学硕士，研究方向包括产品替代与收益管理、电子商务与供应链管理以及物联网等；刘昕宇，清华大学工学学士，研究方向包括备品备件多级库存优化、农产品物流规划等；伍锐豪，清华大学工学硕士，德国亚琛工业大学工学硕士，研究方向包括物流园区规划、农业产业规划、零售渠道优化等；李怡萩，"国立清华大学"（新竹）工业工程系工学学士，研究方向包括农产品物流、物流园区规划及物联网等。

一　中国农产品销售终端交易体系

（一）农产品销售终端交易体系

销售终端（Sales Terminal）是指产品销售渠道体系的最末端，是产品到达消费者完成交易的最终端口，是商品与消费者进行面对面的展示和交易的场所。

销售终端交易体系经常被划归为零售业（Retail Industry），是因为普通终端多数是各种类型的零售店，但实质上两者的内涵及外延是不相同的。其中，零售是指向最终消费者个人或社会集团出售生活消费品及相关服务，以供其最终消费之用的全部活动；而与零售相关的零售行业业态是指销售的多环节终端，属于销售终端交易体系的重要组成部分。为简化计，本报告仍将这两个定义统一起来，后面以零售代替。

销售终端类型按业态一般分为四种，包括：（1）多环节终端，或称普通终端，是指各种类型的零售店、便利店等；（2）消费地终端，又称即时消费终端，如餐厅、食堂等；（3）零距离终端，又称客户终端，如直销及部分大宗设备或原料销售；（4）起点式终端，又称虚拟终端，多指网上销售。如果按照零售业态分类，即零售企业为满足不同的消费需求而形成的不同经营形式，一般分为九种，即超级市场、购物中心、百货店、便利店（方便店）、专业店、大型综合超市、专卖店、仓储商店和家居中心（家居建材商店）等；按照零售业分类，则是指销售产品的分类，一般分综合零售，食品、饮料及烟草制品专门零售，纺织、服装及日用品专门零售，文化、体育用品及器材专门零售，医药及医疗器材专门零售，汽车、摩托车、燃料及零配件专门零售，家用电器及电子产品专门零售，五金、家具及室内专修材料专门零售，无店铺及其他零售。

农产品不同于一般的工业品，具有生物性、自然性等特点，这使其销售终端（零售）具有独特性。农产品销售终端是指农产品及相关服务到达并与消费者完成交易的最终端口，也同样是农产品及服务与消费者面对面的展示和交易的场所。狭义来说，农产品零售是指农产品从批发市场流出后到达消费地之前的交易场所，这里主要是指农产品零售业态。

目前农产品销售终端业态主要包括农贸集市（菜市场）、连锁超市生鲜部

（柜组）、社区店（菜市场）、果菜专业店（生鲜超市）、电子商务和其他新型模式等。

由于除云南斗南花卉市场外的中国农产品批发市场，基本上都是采取对手交易的模式，而很少是拍卖交易方式，因此农产品批发市场也往往呈现农贸市场的特征，只是批发市场的规模相对较大而已。

由于农产品是中国近 14 亿人口的生活必需品，因此，除去少部分自给自足的农村人口，农产品销售终端交易体系覆盖了大多数国民，其中包括以物易物的销售。仅蔬菜流通领域就业人数就超过 1 亿人，其中多数人员在销售终端从事劳动。

中国农产品销售终端行业的界定与农产品流通产业的具体界定一致，以销售的产品为划分依据，主要考虑包括粮油、蔬菜、水果、禽、蛋、水产品、肉、乳制品等的产品销售终端，而对木材、棉麻、土畜、烟叶、茶叶、花卉、鸟、观赏鱼等产品的销售终端不作论述。

（二）中国农产品销售终端的分布

1. 区域分布

中国已经是世界上最大的农产品生产国和消费大国，蔬菜、粮食、肉类、水产品、水果等主要农产品产量均占世界首位。

中国幅员辽阔，零售终端的数量难以统计，可以说每个村（行政村）均有至少一个农产品零售市场（店），按照国家行政局统计（1998 年）的 1865247 个的行政村数量，则至少有超过 200 万个村级农产品零售市场；每个乡镇至少有 1 个农产品集贸市场，2004 年统计为 41636 个乡镇，则可以看出至少有 4 万个以上的农产品集贸市场；而大中城市的每个大社区均会存在 1 个社区菜市场，因此也是为数众多的一个数字。

据《中国商品交易市场统计年鉴 2011》统计显示，全国农产品综合市场有 691 个，总摊位数 475304 个，年末出租摊位数 427746 个，营业面积达 17111215 平方米，成交额 54777699 万元；而农产品专业市场则有 981 个，摊位 601358 个，年末出租摊位数 536794 个，营业面积 40636756 平方米，成交额 105932302 万元（见表 1）。

表1　2010年农产品综合市场及农产品专业市场总体情况

	市场数量（个）	总摊位数（个）	年末出租摊位数（个）	营业面积（平方米）	成交额（万元）
农产品综合市场①	691	475304	427746	17111215	54777699
农产品专业市场②	981	601358	536794	40636756	105932302
粮油③	109	35354	31978	4550940	14677318
肉禽蛋④	124	42028	38070	3112759	8135490
水产品⑤	150	99160	88346	3782291	20966288
蔬菜⑥	295	246026	220055	15868521	30627041
干鲜果品⑦	147	85320	76665	5791758	16821904
棉麻土畜、烟叶⑧	23	11961	11672	3357746	4502493
其他农产品⑨	133	81509	70008	4172741	10201768

注：①农产品综合市场：指经营两类及两类以上农产品的交易市场，交易对象主要是商品使用者和消费者；
②农产品专业市场：指主要经营某一类农产品的交易市场；
③经营谷物、大豆、玉米、食用油为主；
④经营肉禽蛋为主；
⑤经营水产品为主；
⑥经营蔬菜为主；
⑦经营干鲜果品为主；
⑧经营棉麻、土特产品、种畜、种禽、耕畜、烟叶为主；
⑨以上未提及的或经营两种以上农产品的农产品专业市场。
数据来源：《中国商品交易市场统计年鉴2011》。

其中，只有零售的农产品综合市场506个，摊位286606个，年末出租摊位数262356个，营业面积5591450平方米，成交额16032883万元；农产品专业市场187个，总摊位数92729个，年末出租摊位数80348个，营业面积2132551平方米，成交额6023746万元（见表2）。

由于中国农产品品种繁多，且各自的质量特性差别较大，以蔬菜为例，2011年，山东、河南、广东、四川、江苏、广西等十个蔬菜生产省区种植面积约1.8亿亩，占中国蔬菜种植面积的60%左右，而海南则是反季节蔬菜主产区，使得蔬菜销售体系多是南菜北运、西菜东运。同时，由于各区域经济发展水平不同、城乡经济发展水平不同，使得区域之间、城乡消费者之间的农产品购买支出差异

表2　中国2010年农产品零售市场总体情况

	市场数量（个）	总摊位数（个）	年末出租摊位数（个）	营业面积（平方米）	成交额（万元）
农产品综合市场	506	286606	262356	5591450	16032883
农产品专业市场	187	92729	80348	2132551	6023746
粮油	7	7890	7890	144792	500324
肉禽蛋	45	19211	17335	434342	1307399
水产品	29	14021	12911	291777	1384864
蔬菜	23	9233	8955	280110	525938
干鲜果品	4	417	383	21310	194808
棉麻土畜、烟叶	1	96	96	9320	11940
其他	78	41861	32778	950900	2098473

数据来源：《中国商品交易市场统计年鉴2011》。

性较大。如各省GDP差异性较大，2011年前十名的广东、江苏、山东、浙江、河南、河北、辽宁、上海、四川和湖北的GDP总和就占全国31个省区市总和的61.59%，而东部10省市、东北3省和中部6省及西部12省区市之间的GDP差异性也较大，东部10省市和东北3省GDP之和远大于中部及西部18省区市，占62.5%（见图1）。而同时东部10省市和东北3省在农产品综合市场和专业市

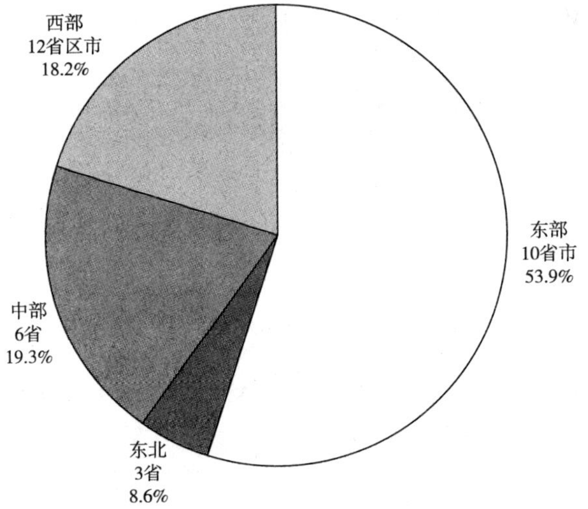

图1　中国各地区GDP分布占比

场的占比也相应较高，其中农产品综合市场的总摊位数占 66.2%，专业市场占 73.4%，但综合市场总成交额占 72.9%，专业市场总成交额占 76.5%（见图 2、图 3）。

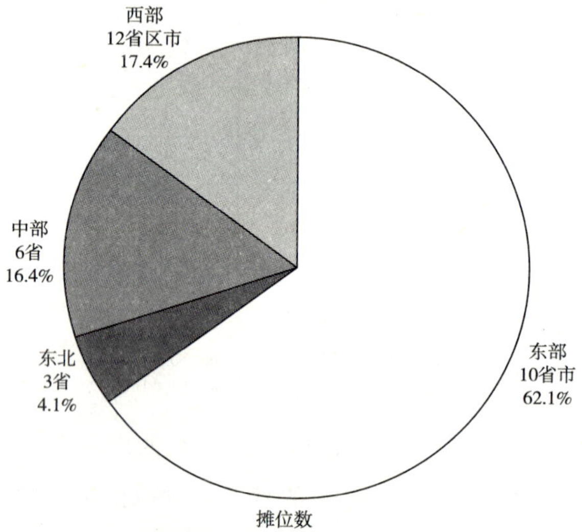

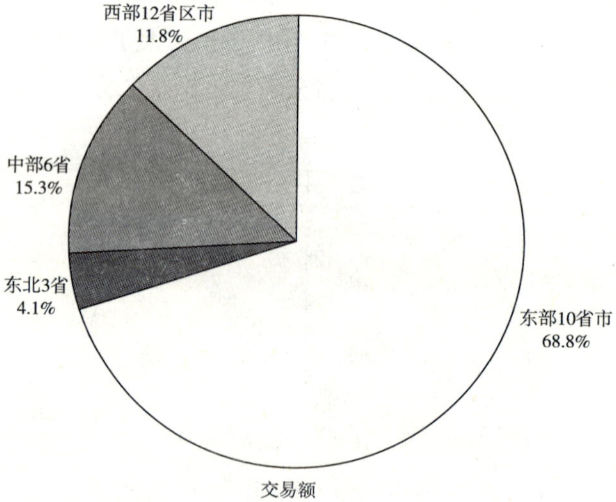

图 2　中国各地区农产品综合市场摊位数和交易额占比

资料来源：《中国商品交易市场统计年鉴 2011》。

与此同时，城乡之间的农产品消费也存在差距。据《中国统计年鉴 2010》数据显示，2010 年中国城镇居民全年人均可支配收入 19109 元，扣除价格上涨

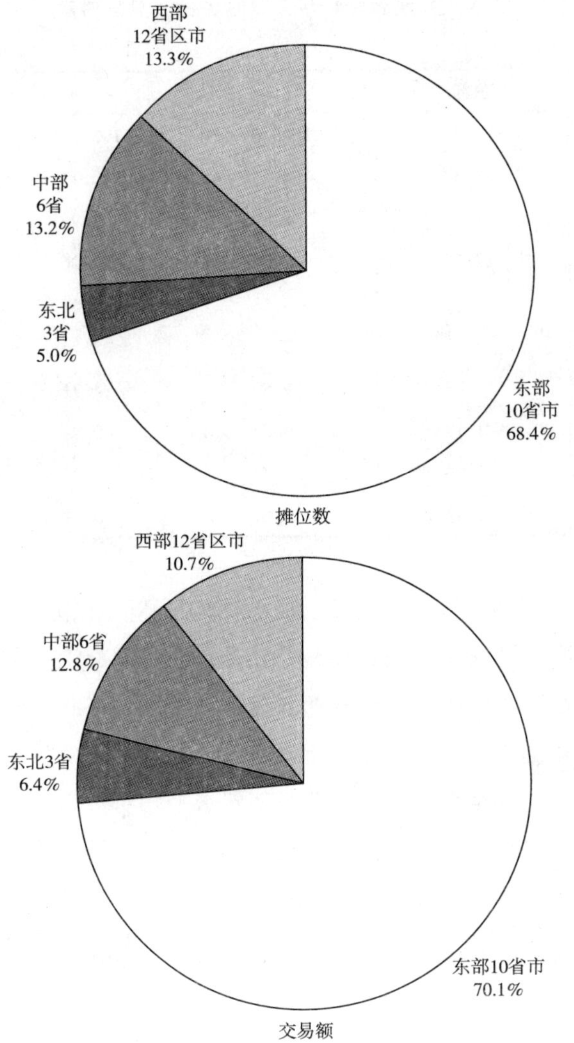

图3　中国各地区农产品专业市场摊位数和交易额占比

资料来源：《中国商品交易市场统计年鉴2011》。

因素，实际增长7.8%，而农民人均纯收入5919元，扣除价格因素，实际增长10.9%。其中，城镇居民家庭恩格尔系数为35.7%，而农村居民家庭恩格尔系数是40.0%。依据国家统计局数据显示的2009年农村居民家庭人均食品消费量如表3所示。

由表3可以看出，如果从农村地区来看，东部和东北地区的粮食消费量低于

表3　2009年农村居民家庭人均食品消费量

单位：千克

农产品类型	东部	东北	中部	西部
粮　　食	179.97	162.55	198.66	195.44
蔬　　菜	88.39	114.25	110.47	94.25
食 用 油	7.37	8.80	5.96	4.97
肉禽及其制品	22.60	17.80	17.06	25.00
蛋及其制品	6.72	8.13	6.05	2.89
奶及其制品	4.35	2.88	2.54	3.94
水 产 品	10.07	4.50	4.71	1.62
食　　糖	1.17	0.82	0.98	1.12
瓜果及其制品	21.70	27.04	21.87	17.06
坚果及其制品	1.49	0.69	0.99	0.80

中部和西部，但食用油、蛋及其制品、瓜果及其制品恰好相反，远高于中部和西部，说明东部和东北消费水平高；而蔬菜则是东北和中部消费量大，但肉禽及其制品、奶及其制品、食糖则是东部和西部远大于中部和东北，说明东部消费水平高，而西部高于中部和东北的原因在于饮食习惯；水产品、坚果及其制品则是东部一枝独秀，反映了其饮食习惯，说明其消费水平相对较高。

而城镇居民与乡村居民家庭的消费模式呈现较大差异，从表4可以看出，城

表4　2009年城镇居民家庭及乡村居民家庭人均购买量

单位：千克

农产品类型	东部		东北		中部		西部	
	城镇	农村	城镇	农村	城镇	农村	城镇	农村
鲜　　菜	110.89	88.39	123.74	114.25	131.90	110.47	125.04	94.25
食用植物油	8.66	6.81	11.38	8.46	10.35	4.90	10.06	3.99
猪　　肉	20.76	12.37	16.23	12.35	19.37	11.59	23.38	17.64
牛 羊 肉	3.25	1.01	5.95	0.70	2.75	0.48	4.55	2.56
鲜　　蛋	10.88	6.72	14.23	8.13	10.66	6.05	8.02	2.89
鲜　　奶	15.93	4.35	14.58	2.88	12.39	2.54	15.87	3.94
水　　果	57.20	21.70	66.77	27.04	57.12	21.87	51.01	17.06

数据来源：《中国统计年鉴2010》。

镇居民人均消费均高于同地区农村居民人均消费，且牛羊肉、鲜蛋、鲜奶及水果等均高出不少，体现了与收入差别的对应关系。

从以上数据可以估算出，中国农产品的70%左右作为商品供城镇人口消费，而农村人口也逐步增加了对农产品的消费。

在农产品销售终端分布中，会根据产地、品种的不同而建立不同的遍布城乡的多层次、多元化市场终端①，特别是不同的农产品，如粮食、食用油、蔬菜、肉禽、蛋奶、水果等，由于生产区域、生产环境、生产方式、收购时间、储存方法、包装方式、产销距离、物流成本、流通方式及终端消费者的经营方式不同，使得销售终端出现不同的属性，如城市的现代大型零售连锁企业、农贸（菜）市场、蔬菜及水果专卖店、零售店、便利店、社区菜市场、餐厅食堂及新型网络电商、旅游观光农业产地直接销售等；而城镇则多为农贸（菜）市场、零售店、连锁超市；农村则多为乡、村一级的季节性农产品集贸市场、农贸市场或者不定期农贸集市等。

如果按照流通市场属性划分，包括产地市场、销地市场和集散市场，其中产地市场也多指初级产地农产品集贸市场，特点是季节性强、市场设施简陋、功能不全。

单纯按地域分布，具体情况如表5至表14所示。

表5　全国农产品综合市场的区域分布

地　区	市场数量（个）	总摊位数（个）	年末出租摊位数(个)	营业面积（平方米）	成交额（万元）
东部(10省市)	490	295012	268591	11172374	37776802
北　京	21	23882	21748	2212381	7769169
天　津	7	7725	6068	710788	1430894
河　北	27	35519	34030	1578716	2749373
上　海	26	10989	10418	366206	2189144
江　苏	125	68547	62365	2526252	9303225
浙　江	163	79790	72494	1726615	8453080
福　建	46	19546	16833	307256	1310630

① 王斌、于淑华：《中国农产品流通发展报告（上）》，《中国流通经济》2009年第1期。

续表

地　区	市场数量（个）	总摊位数（个）	年末出租摊位数(个)	营业面积（平方米）	成交额（万元）
山　东	22	16694	15717	909277	1527126
广　东	51	30797	27395	827683	3007803
海　南	2	1523	1523	7200	36358
东北(3 省)	30	19630	18525	1096605	2383011
辽　宁	18	11442	10337	449363	1002619
吉　林	3	2162	2162	44795	69246
黑龙江	9	6026	6026	602447	1311146
中部(6 省)	97	77932	65778	2841847	8066515
山　西	3	3300	3300	353040	430490
安　徽	24	16532	15877	478292	2332891
江　西	12	12711	11971	376571	2233245
河　南	5	3083	3068	172580	213921
湖　北	15	6844	6759	180413	575773
湖　南	38	35462	24803	1280951	2280195
西部(12 省区市)	74	82730	74852	2000389	6551371
内蒙古					
广　西	16	14392	13832	415948	1017489
重　庆	18	17393	14459	482620	2921957
四　川	15	30394	27334	461325	1242478
贵　州	1	912	790	1950	12320
云　南	10	7450	6882	134970	253548
西　藏					
陕　西	2	2188	2018	48800	24955
甘　肃	2	2300	2191	60000	53090
青　海					
宁　夏	3	1892	1892	51000	42300
新　疆	7	5809	5454	343776	983234
全　国	691	475304	427746	17111215	54777699

资料来源：《中国商品交易市场统计年鉴 2011》。以下各表与此同。

表 6　全国农产品专门市场的区域分布

地　区	市场数量（个）	总摊位数（个）	年末出租摊位数（个）	营业面积（平方米）	成交额（万元）
东部	621	411377	369761	26203436	74276217
北　京	18	21055	11118	899915	2771722
天　津	16	16731	14621	886501	3282845
河　北	90	107638	98438	5036514	7351742
上　海	32	11150	10491	606314	4146956
江　苏	82	31380	28850	2459634	7625399
浙　江	116	53777	46154	2350065	14238339
福　建	36	10144	9753	692541	1840100
山　东	152	127665	122778	10755502	21202069
广　东	79	31837	27558	2516450	11817045
海　南					
东北	70	30280	27073	2340633	6840704
辽　宁	45	21703	18711	1416974	4455242
吉　林	12	6780	6575	579764	934475
黑龙江	13	1797	1787	343895	1450987
中部	166	79606	68310	5596620	13509074
山　西	7	2189	2087	210416	398408
安　徽	31	13800	10678	1048246	1665349
江　西	20	8053	7430	340212	2028836
河　南	40	21479	19318	2355392	4019044
湖　北	26	14410	13155	825882	3135633
湖　南	42	20675	15642	816472	2261804
西部	124	80095	71650	6496067	11306307
内蒙古	22	12345	10809	2064810	975628
广　西	15	9884	9533	523711	1066120
重　庆	14	7206	6435	388923	1826762
四　川	18	12739	11247	1184793	2428817
贵　州	9	3047	2857	259300	1084530
云　南	7	3551	3394	386363	1027458
西　藏					
陕　西	10	4173	4062	279326	1021218
甘　肃	11	17725	16170	440959	925047
青　海	2	2528	1488	139200	137750
宁　夏	5	3848	3422	366000	281909
新　疆	11	3049	2233	462682	531068
全　国	981	601358	536794	40636756	105932302

表 7　全国粮油市场的区域分布

地　区	市场数量（个）	总摊位数（个）	年末出租摊位数（个）	营业面积（平方米）	成交额（万元）
东部	71	21288	19774	2585364	9615894
北　京	3	1641	1475	160000	678978
天　津	3	487	487	119309	990225
河　北	8	917	803	619853	417059
上　海	5	2289	2027	139700	1311085
江　苏	7	1053	922	310950	1101028
浙　江	16	2234	2229	290488	1533984
福　建	3	405	366	72100	225480
山　东	16	9450	9397	636104	2183123
广　东	10	2812	2068	236860	1174932
海　南					
东北	5	2150	2150	361550	879733
辽　宁	2	417	417	130000	207796
吉　林	1	1608	1608	177946	412000
黑龙江	2	125	125	53604	259937
中部	17	6998	5743	1224187	2790942
山　西	1	145	145	17000	64000
安　徽	4	2696	1686	363600	308405
江　西	2	42	42	4900	747460
河　南	5	2975	2862	728187	1388993
湖　北	1	210	210	40000	15780
湖　南	4	930	798	70500	266304
西部	16	4918	4311	379839	1390749
内蒙古	6	1962	1552	232012	229218
广　西					
重　庆	1	1000	1000	8000	66960
四　川	1	196	190	2000	10200
贵　州	2	324	324	15200	410000
云　南	1	22	22	4931	195739
西　藏					
陕　西	1	230	230	5496	200000
甘　肃	2	475	460	63000	178972
青　海	1	528	423	39200	69660
宁　夏					
新　疆	1	181	110	10000	30000
全　国	109	35354	31978	4550940	14677318

表 8　全国肉禽蛋市场的区域分布

地　区	市场数量（个）	总摊位数（个）	年末出租摊位数（个）	营业面积（平方米）	成交额（万元）
东部	73	20682	19216	1682151	5404861
北　京	2	594	340	30901	49143
天　津	1	485	485	100000	38200
河　北	5	1489	1461	234500	699698
上　海	6	880	813	40857	208195
江　苏	18	3512	3176	149210	1337404
浙　江	14	2273	2109	157207	1247515
福　建	4	1914	1836	215618	192885
山　东	8	3418	3298	136371	253144
广　东	15	6117	5698	617487	1378677
海　南					
东北	7	2154	1885	135172	538870
辽　宁	5	1726	1457	123117	343049
吉　林					
黑龙江	2	428	428	12055	195821
中部	21	7154	6381	354869	1008070
山　西					
安　徽	8	2395	1917	129849	433984
江　西	5	1819	1800	51560	247115
河　南	1	621	621	35200	24922
湖　北	6	2056	1803	129760	290841
湖　南	1	263	240	8500	11208
西部	23	12038	10588	940567	1183689
内蒙古	3	674	674	30000	79198
广　西	6	5466	5240	91415	401585
重　庆	5	2689	2120	37320	125172
四　川	3	2230	1575	561000	327642
贵　州	1	534	534	2200	26317
云　南	1	160	160	40890	46000
西　藏					
陕　西					
甘　肃					
青　海					
宁　夏	1	80	80	65000	65163
新　疆	3	205	205	112742	112612
全　国	124	42028	38070	3112759	8135490

表 9　全国水产品市场的区域分布

地　区	市场数量（个）	总摊位数（个）	年末出租摊位数（个）	营业面积（平方米）	成交额（万元）
东部	118	85901	76445	2903430	15719710
北　京	3	2074	1898	85000	917262
天　津	4	3805	1695	103960	525627
河　北	5	2939	2939	110788	300748
上　海	5	2718	2478	204200	1585515
江　苏	24	8233	7186	728159	2112807
浙　江	31	21568	18072	501674	3469430
福　建	7	1922	1738	65179	348057
山　东	22	38649	37058	875222	4449932
广　东	17	3993	3381	229248	2010332
海　南					
东北	9	2662	2552	259479	1247026
辽　宁	8	2632	2532	251700	1227026
吉　林					
黑龙江	1	30	20	7779	20000
中部	16	7743	6679	434279	2614220
山　西					
安　徽	1	260	241	36000	54100
江　西	1	910	832	43000	138000
河　南	5	1891	1891	180581	335800
湖　北	3	3261	2325	76447	1444560
湖　南	6	1421	1390	98251	641760
西部	7	2854	2670	185103	1385332
内蒙古					
广　西	1	500	420	2100	20018
重　庆	3	1241	1137	149603	1243703
四　川	1	624	624	27000	18600
贵　州					
云　南					
西　藏					
陕　西					
甘　肃	1	89	89	1200	11011
青　海					
宁　夏					
新　疆	1	400	400	5200	92000
全　国	150	99160	88346	3782291	20966288

表 10　全国蔬菜市场的区域分布

地　区	市场数量（个）	总摊位数（个）	年末出租摊位数（个）	营业面积（平方米）	成交额（万元）
东部	186	179732	160513	10506482	19734440
北　京	5	10046	2417	190400	327762
天　津	6	10810	10810	417006	582915
河　北	53	81317	75255	3150803	4577734
上　海	7	2775	2707	125812	561865
江　苏	15	6365	6091	335544	1365023
浙　江	22	13506	10343	692897	2491688
福　建	8	1556	1508	172618	514192
山　东	62	50977	49295	5105215	8742348
广　东	8	2380	2087	316187	570913
海　南					
东北	24	11031	10808	836745	3202813
辽　宁	15	7970	7747	446540	2173854
吉　林	4	2230	2230	181800	256525
黑龙江	5	831	831	208405	772434
中部	47	25741	23820	1687948	3882111
山　西	4	1722	1722	153630	308108
安　徽	9	4103	4039	316200	362424
江　西	3	1119	1119	43700	405573
河　南	18	11710	9884	785918	1869916
湖　北	7	3144	3144	120500	137721
湖　南	6	3943	3912	268000	798369
西部	38	29522	24914	2837346	3807677
内蒙古	7	8559	7622	1249970	453917
广　西	3	1410	1365	294051	308979
重　庆	1	200	200	18000	69746
四　川	8	6389	5582	392391	1228481
贵　州	1	680	637	17000	20125
云　南	2	1099	1087	213672	420009
西　藏					
陕　西	7	3308	3197	227574	778678
甘　肃	5	4159	2619	260688	229064
青　海	1	2000	1065	100000	68090
宁　夏	1	1100	1100	35000	108588
新　疆	2	618	440	29000	122000
全　国	295	246026	220055	15868521	30627041

表 11　全国干鲜果品市场的区域分布

地　区	市场数量（个）	总摊位数（个）	年末出租摊位数（个）	营业面积（平方米）	成交额（万元）
东部	81	48860	42238	3251768	12139206
北　京	2	2690	1150	255000	84900
天　津					
河　北	11	11022	8096	348854	816471
上　海	3	557	556	43927	334033
江　苏	9	6854	6595	372307	1138454
浙　江	18	7705	7471	427545	2520495
福　建	3	207	207	51500	88406
山　东	24	13014	12324	826350	2566829
广　东	11	6811	5839	926285	4589618
海　南					
东北	11	2205	1758	247607	532222
辽　宁	5	1340	995	139437	146908
吉　林	4	589	487	86118	196018
黑龙江	2	276	276	22052	189296
中部	35	14541	13546	1230067	2215107
山　西	2	322	220	39786	26300
安　徽	3	267	267	61247	74032
江　西	5	2403	2208	176200	411436
河　南	8	3282	3062	323236	301583
湖　北	6	4980	4914	403475	1161644
湖　南	11	3287	2875	226123	240112
西部	20	19714	19123	1062316	1935369
内蒙古	1	20	20	180000	10800
广　西	2	1025	1025	103360	237100
重　庆	2	1076	1076	103500	187932
四　川	4	1822	1798	167000	381350
贵　州	4	1059	1059	222400	611845
云　南	1	520	520	50000	160000
西　藏					
陕　西	2	635	635	46256	42540
甘　肃	2	12345	12345	74800	206000
青　海					
宁　夏					
新　疆	2	1212	645	115000	97802
全　国	147	85320	76665	5791758	16821904

表 12　全国棉麻土畜、烟叶市场的区域分布

地　区	市场数量（个）	总摊位数（个）	年末出租摊位数(个)	营业面积（平方米）	成交额（万元）
东部	17	10626	10539	3043296	4240775
北　京					
天　津	1	650	650	20000	305578
河　北	3	7250	7250	165356	324624
上　海					
江　苏					
浙　江	4	679	679	93360	1964532
福　建					
山　东	9	2047	1960	2764580	1646041
广　东					
海　南					
东北	1	400	200	12000	39200
辽　宁	1	400	200	12000	39200
吉　林					
黑龙江					
中部	2	395	393	49850	93618
安　徽	1	315	315	16850	39618
山　西					
江　西					
河　南	1	80	78	33000	54000
湖　北					
湖　南					
西部	3	540	540	252600	128900
内蒙古	3	540	540	252600	128900
广　西					
重　庆					
四　川					
贵　州					
云　南					
西　藏					
陕　西					
甘　肃					
青　海					
宁　夏					
新　疆					
全　国	23	11961	11672	3357746	4502493

表 13　全国其他农产品市场的区域分布

地　区	市场数量（个）	总摊位数（个）	年末出租摊位数（个）	营业面积（平方米）	成交额（万元）
东部	75	44288	41036	2230945	7421331
北　京	3	4010	3838	178614	713677
天　津	1	494	494	126226	840300
河　北	5	2704	2634	406360	215408
上　海	6	1931	1910	51818	146263
江　苏	9	5363	4880	563464	570683
浙　江	11	5812	5251	186894	1010695
福　建	11	4140	4098	115526	471080
山　东	11	10110	9446	411660	1360652
广　东	18	9724	8485	190383	2092573
海　南					
东北	13	9678	7720	488080	400840
辽　宁	9	7218	5363	314180	317409
吉　林	3	2353	2250	133900	69932
黑龙江	1	107	107	40000	13499
中部	28	17034	11748	615420	905006
山　西					
安　徽	5	2764	2213	124500	392786
江　西	4	1760	1429	20852	79252
河　南	2	920	920	269270	43830
湖　北	3	759	759	55700	85087
湖　南	14	10831	6427	145098	304051
西部	17	10509	9504	838296	1474591
内蒙古	2	590	401	120228	73595
广　西	3	1483	1483	32785	98438
重　庆	2	1000	902	72500	133249
四　川	1	1478	1478	35402	462544
贵　州	1	450	303	2500	16243
云　南	2	1750	1605	76870	205710
西　藏					
陕　西					
甘　肃	1	657	657	41271	300000
青　海					
宁　夏	3	2668	2242	266000	108158
新　疆	2	433	433	190740	76654
全　国	133	81509	70008	4172741	10201768

2. 大都市型分布

中国的大城市很多，但称得上大都市的，基本上是以直辖市如北京、上海等，以及发达地区省会城市或沿海开放城市为主。以全国 36 个城市作为大都市型的代表，其市场情况如表 14 至表 21 所示。

表 14　中国 36 个大城市农产品综合市场情况

城　市	市场数量（个）	总摊位数（个）	年末出租摊位数（个）	营业面积（平方米）	成交额（万元）
北　京	21	23882	21748	2212381	7769169
天　津	7	7725	6068	710788	1430894
石家庄	4	10456	10441	373177	855037
太　原	1	1350	1350	220000	210000
呼和浩特					
沈　阳	2	917	915	11960	186373
大　连	7	4857	4857	181600	543135
长　春	2	1804	1804	35195	57755
哈尔滨	4	1748	1748	169800	862611
上　海	26	10989	10418	366206	2189144
南　京	14	8607	8126	477146	1531595
杭　州	29	13459	12127	327681	1933835
宁　波	31	16090	15136	342446	2095070
合　肥	1	1773	1773	186480	1260251
福　州	15	5132	4569	69251	510816
厦　门	5	2275	2159	54000	141087
南　昌	3	2571	2348	108905	1089538
济　南	2	1570	1542	176000	383743
青　岛	3	2130	1808	144000	458641
郑　州	1	643	643	10000	15002
武　汉	4	1800	1715	51300	48270
长　沙	3	13533	4669	893800	1086768
广　州	8	6961	6361	191334	422428
深　圳	4	3085	3020	39900	933195
南　宁	4	2537	2228	98470	413438
海　口					
重　庆	18	17393	14459	482620	2921957

续表

城　　市	市场数量(个)	总摊位数(个)	年末出租摊位数(个)	营业面积(平方米)	成交额(万元)
成　　都	1	1620	1620	74459	600000
贵　　阳					
昆　　明	1	766	765	11772	35000
拉　　萨					
西　　安	1	298	298	3800	11525
兰　　州	1	1000	891	10000	17140
西　　宁					
银　　川	2	1526	1526	31020	32101
乌鲁木齐	3	3473	3390	182164	744034
总　计	228	171970	150522	8247655	30789552

数据来源：《中国商品交易市场统计年鉴 2011》。以下各表与此同。

表 15　中国 36 个大城市农产品专业市场情况

城　　市	市场数量(个)	总摊位数(个)	年末出租摊位数(个)	营业面积(平方米)	成交额(万元)
北　　京	18	21055	11118	899915	2771722
天　　津	16	16731	14621	886501	3282845
石 家 庄	15	7224	6987	402957	955537
太　　原	2	225	180	24000	79000
呼和浩特	3	787	787	980700	215407
沈　　阳	14	7847	6299	387817	2525601
大　　连	9	4434	4214	252980	926751
长　　春	3	2417	2332	254900	289749
哈 尔 滨	2	104	104	15944	280928
上　　海	32	11150	10491	606314	4146956
南　　京	11	3603	3116	349750	1375116
杭　　州	18	7201	7190	291268	2593220
宁　　波	19	13102	11793	445573	1801446
合　　肥	7	3905	2837	465175	624888
福　　州	5	2463	2433	269628	214513
厦　　门	9	2749	2749	147100	775277
南　　昌	4	1313	1216	79000	306100

续表

城　市	市场数量(个)	总摊位数（个）	年末出租摊位数(个)	营业面积（平方米）	成交额（万元）
济　南	8	4224	4133	636370	1156528
青　岛	21	25077	24583	1717315	3522166
郑　州	12	5747	5588	615909	1548805
武　汉	11	6063	4977	223722	1876074
长　沙	5	2241	1978	290945	787050
广　州	26	6959	5750	671289	3881900
深　圳	10	4709	4291	143116	2047204
南　宁	3	3060	2851	128151	486155
海　口					
重　庆	14	7206	6435	388923	1826762
成　都	6	5802	4478	852402	1596989
贵　阳	2	782	782	97200	746911
昆　明	5	2677	2665	262493	954476
拉　萨					
西　安	5	2095	1984	145394	526768
兰　州	6	3366	1811	150271	665983
西　宁	2	2528	1488	139200	137750
银　川	1	1100	1100	35000	108588
乌鲁木齐	6	1077	828	297281	393523
总　计	330	191023	164189	13554503	45428688

表 16　中国 36 个大城市粮油市场情况

城　市	市场数量（个）	总摊位数（个）	年末出租摊位数(个)	营业面积（平方米）	成交额（万元）
北　京	3	1641	1475	160000	678978
天　津	3	487	487	119309	990225
石家庄	2	279	274	64900	170589
太　原	1	145	145	17000	64000
呼和浩特					
沈　阳	1	277	277	37000	192600
大　连					
长　春					
哈尔滨	1	77	77	8604	107437
上　海	5	2289	2027	139700	1311085
南　京	2	168	168	28000	303234
杭　州	4	682	682	24060	367156

续表

城　　市	市场数量（个）	总摊位数（个）	年末出租摊位数(个)	营业面积（平方米）	成交额（万元）
宁　　波	2	218	218	35000	201530
合　　肥	3	2500	1490	343600	280705
福　　州	1	268	238	30900	47500
厦　　门					
南　　昌					
济　　南					
青　　岛	3	335	307	214071	302762
郑　　州	3	699	640	19700	87593
武　　汉					
长　　沙					
广　　州	5	1626	1260	126000	492112
深　　圳					
南　　宁					
海　　口					
重　　庆	1	1000	1000	8000	66960
成　　都	1	196	190	2000	10200
贵　　阳	1	234	234	7200	290000
昆　　明	1	22	22	4931	195739
拉　　萨					
西　　安	1	230	230	5496	200000
兰　　州	2	475	460	63000	178972
西　　宁	1	528	423	39200	69660
银　　川					
乌鲁木齐	1	181	110	10000	30000
总　　计	48	14557	12434	150767	6639037

表 17　中国 36 个大城市肉禽蛋市场情况

城　　市	市场数量（个）	总摊位数（个）	年末出租摊位数(个)	营业面积（平方米）	成交额（万元）
北　　京	2	594	340	30901	49143
天　　津	1	485	485	100000	38200
石 家 庄	3	475	462	28700	242700
太　　原					
呼和浩特	1	110	110	10000	12150

续表

城　　市	市场数量（个）	总摊位数（个）	年末出租摊位数（个）	营业面积（平方米）	成交额（万元）
沈　　阳	2	383	290	8917	112768
大　　连	1	927	927	108000	189989
长　　春					
哈 尔 滨	1	27	27	7340	173491
上　　海	6	880	813	40857	208195
南　　京	2	412	412	13400	363709
杭　　州	5	635	635	110080	730764
宁　　波	1	243	243	12500	126593
合　　肥	3	1319	1261	94228	318183
福　　州	1	1161	1161	204149	47003
厦　　门	1	106	106	3200	107282
南　　昌	3	403	384	36000	168100
济　　南					
青　　岛	2	280	205	23500	27352
郑　　州					
武　　汉	2	351	201	90000	186731
长　　沙					
广　　州	6	1272	1001	103830	542107
深　　圳	1	485	484	6000	8940
南　　宁	1	2430	2336	60000	321137
海　　口					
重　　庆	5	2689	2120	37320	125172
成　　都	2	1920	1266	555000	305442
贵　　阳					
昆　　明	1	160	160	40890	46000
拉　　萨					
西　　安					
兰　　州					
西　　宁					
银　　川					
乌鲁木齐	2	85	85	82741	101796
总　　计	55	17832	15514	1807553	4552947

表 18　中国 36 个大城市水产品市场情况

城　　市	市场数量（个）	总摊位数（个）	年末出租摊位数(个)	营业面积（平方米）	成交额（万元）
北　京	3	2074	1898	85000	917262
天　津	4	3805	1695	103960	525627
石家庄	1	300	300	7000	33872
太　原					
呼和浩特					
沈　阳	3	929	829	99000	647434
大　连	3	775	775	38200	503572
长　春					
哈尔滨					
上　海	5	2718	2478	204200	1585515
南　京	3	2395	1932	274000	607729
杭　州	1	1072	1072	20000	297592
宁　波	9	9088	8554	208240	754731
合　肥					
福　州	2	718	718	31579	102254
厦　门	1	205	205	20000	92165
南　昌	1	910	832	43000	138000
济　南	1	1250	1200	38000	710000
青　岛	4	11047	11045	323822	1359892
郑　州	4	1391	1391	114800	313800
武　汉	3	3261	2325	76447	1444560
长　沙	1	313	300	13340	220000
广　州	8	1548	1243	59391	605701
深　圳	2	818	698	30000	128447
南　宁	1	500	420	2100	20018
海　口					
重　庆	3	1241	1137	149603	1243703
成　都					
贵　阳					
昆　明					
拉　萨					
西　安					
兰　州	1	89	89	1200	11011
西　宁					
银　川					
乌鲁木齐	1	400	400	5200	92000
总　计	65	46847	41536	1948082	12354885

表 19　中国 36 个大城市蔬菜市场情况

城　　市	市场数量（个）	总摊位数（个）	年末出租摊位数（个）	营业面积（平方米）	成交额（万元）
北　　京	5	10046	2417	190400	327762
天　　津	6	10810	10810	417006	582915
石 家 庄	4	4995	4995	252357	381229
太　　原					
呼和浩特	2	677	677	970700	203257
沈　　阳	3	2572	2572	109000	1389760
大　　连					
长　　春	1	1500	1500	165000	130000
哈 尔 滨					
上　　海	7	2775	2707	125812	561865
南　　京	4	628	604	34350	100444
杭　　州	4	3677	3666	54428	488655
宁　　波	4	1863	1088	109733	298064
合　　肥					
福　　州					
厦　　门	3	1082	1082	90400	379275
南　　昌					
济　　南	4	1830	1800	298570	257806
青　　岛	8	11502	11133	1000322	1391842
郑　　州	3	2750	2650	311409	1029412
武　　汉	2	1191	1191	19900	27914
长　　沙	1	1000	1000	133000	500100
广　　州	3	1114	959	81783	80359
深　　圳					
南　　宁	1	130	95	66051	145000
海　　口					
重　　庆	1	200	200	18000	69746
成　　都	1	1300	636	160000	730000
贵　　阳					
昆　　明	1	1075	1063	106672	365237
拉　　萨					
西　　安	2	1230	1119	93642	284228
兰　　州	1	1800	260	10000	100000
西　　宁	1	2000	1065	100000	68090
银　　川	1	1100	1100	35000	108588
乌鲁木齐	1	368	190	16000	110000
总　　计	74	69215	56579	4969535	10111548

表 20　中国 36 个大城市干鲜果品市场情况

城　市	市场数量（个）	总摊位数（个）	年末出租摊位数(个)	营业面积（平方米）	成交额（万元）
北　京	2	2690	1150	255000	84900
天　津					
石家庄	3	555	406	19000	88335
太　原	1	80	35	7000	15000
呼和浩特					
沈　阳	1	500	500	40000	65187
大　连	2	560	340	38500	35821
长　春	1	317	317	25000	144480
哈尔滨					
上　海	3	557	556	43927	334033
南　京					
杭　州	4	1135	1135	82700	709053
宁　波	1	900	900	50000	136528
合　肥	1	86	86	27347	26000
福　州					
厦　门	1	101	101	15000	47961
南　昌					
济　南	1	1100	1100	100000	170000
青　岛	2	423	423	128600	141390
郑　州	2	907	907	170000	118000
武　汉	2	672	672	22375	146662
长　沙	3	928	678	144605	66950
广　州	4	1399	1287	300285	2161621
深　圳					
南　宁					
海　口					
重　庆	2	1076	1076	103500	187932
成　都	1	908	908	100000	88803
贵　阳	1	548	548	90000	456911
昆　明	1	520	520	50000	160000
拉　萨					
西　安	2	635	635	46256	42540
兰　州	1	345	345	34800	76000
西　宁					
银　川					
乌鲁木齐					
总　计	42	16942	14625	1893895	5504107

表 21　中国 36 个大城市其他农产品市场情况

城　市	市场数量（个）	总摊位数（个）	年末出租摊位数（个）	营业面积（平方米）	成交额（万元）
北　京	3	4010	3838	178614	713677
天　津	1	494	494	126226	840300
石家庄	2	620	550	31000	38812
太　原					
呼和浩特					
沈　阳	3	2786	1631	81900	78652
大　连	3	2172	2172	68280	197369
长　春	1	600	515	64900	15269
哈尔滨					
上　海	6	1931	1910	51818	146263
南　京					
杭　州					
宁　波	1	630	630	20100	183035
合　肥					
福　州	1	316	316	3000	17756
厦　门	3	1255	1255	18500	148594
南　昌					
济　南					
青　岛	2	1490	1470	27000	298928
郑　州					
武　汉	2	588	588	15000	70207
长　沙					
广　州					
深　圳	7	3406	3109	107116	1909817
南　宁					
海　口					
重　庆	2	1000	902	72500	133249
成　都	1	1478	1478	35402	462544
贵　阳					
昆　明	1	900	900	60000	187500
拉　萨					
西　安					
兰　州	1	657	657	41271	300000
西　宁					
银　川					
乌鲁木齐	1	43	43	183340	59727
总　计	41	24376	22458	1185967	5801699

3. 中小城市型分布

中国中小城市数量众多，差异性非常大，如东部沿海的县级城市往往比西部的地级城市的消费量更大。因此此处选取了环渤海、长三角和珠三角等地区的主要三四线城市，对其中20个城市进行情况统计，可以部分了解中小城市的零售市场分布情况，而其他中西部地区的县级市与乡镇型的分布有类似之处，此处不做统计。从表22至表29可以看出，长三角、珠三角等发达地区中小型城市的零售市场数量、成交额和单位面积成交额都要高于西部、中部等大都市。

表22　中国20个中小城市农产品综合市场情况

城　市	市场数量（个）	总摊位数（个）	年末出租摊位数（个）	营业面积（平方米）	成交额（万元）
环渤海	45	42112	37930	3641729	11114445
唐山	3	1031	992	205000	342490
长三角	275	137293	12642	3737300	17587495
苏州	22	10795	9880	399395	2305504
无锡	10	8829	6752	530024	1981465
常州	15	7033	6353	81468	345590
镇江	2	840	814	44500	94219
南通	33	15248	14661	297101	1487934
扬州	18	7961	7797	170718	674051
泰州	4	2400	2362	46800	252003
嘉兴	18	11207	9909	156807	662564
湖州	13	7049	6630	204491	685974
绍兴	8	3568	3334	86190	403180
舟山	5	3341	3151	30000	137717
台州	27	9877	8973	176327	807650
珠三角	31	19903	17637	684297	2493201
珠海	4	2535	2040	18659	57618
佛山	8	3952	3336	88737	203073
江门	2	990	833	30049	49647
东莞	2	1565	1253	264231	404462
中山					
惠州	1	335	335	43775	392000
肇庆	2	480	459	7612	30778
总　计	351	199308	181990	8063326	31195141

数据来源：《中国商品交易市场统计年鉴2011》。以下各表与此同。

表 23　中国 20 个中小城市农产品专门市场情况

城　市	市场数量（个）	总摊位数（个）	年末出租摊位数（个）	营业面积（平方米）	成交额（万元）
环渤海	89	83169	66249	4959216	14590547
唐山	3	3801	1281	178318	404934
长三角	169	65766	58634	3798359	20403268
苏州	16	4809	4317	367642	1488685
无锡	5	1193	1056	143266	480281
常州	1	100	100	6780	43200
镇江	2	880	836	42000	138797
南通	10	2428	2357	128472	443108
扬州	9	1497	1107	185784	1433977
泰州	5	780	612	296700	588832
嘉兴	10	3541	3356	374204	2941137
湖州	5	2320	922	76296	387762
绍兴	8	3409	3378	215493	904863
舟山	1	1180	1180	105000	514710
台州	17	8573	5823	163817	1121178
珠三角	69	28118	24336	2224310	10674059
珠海	4	973	908	79500	106414
佛山	4	3735	3616	465537	775564
江门	2	560	501	35000	248288
东莞	14	7761	6254	725460	2477436
中山	3	2012	1670	34120	44802
惠州	3	701	657	34788	71236
肇庆	3	708	689	35500	63488
总　计	327	177053	149219	10981885	45667874

表 24　中国 20 个中小城市粮油市场情况

城　市	市场数量（个）	总摊位数（个）	年末出租摊位数（个）	营业面积（平方米）	成交额（万元）
环渤海	10	2740	2546	530380	2164565
唐山					
长三角	21	4823	4430	608222	3055625
苏州	2	218	172	4550	103942
无锡	1	542	457	101000	201842
常州					

续表

城 市	市场数量（个）	总摊位数（个）	年末出租摊位数(个)	营业面积（平方米）	成交额（万元）
镇江					
南通					
扬州					
泰州	1	89	89	176400	330010
嘉兴	2	449	449	70200	69197
湖州					
绍兴	2	168	168	29312	167629
舟山					
台州					
珠三角	10	2812	2068	236860	1174932
珠海					
佛山					
江门					
东莞	5	1186	808	110860	682820
中山					
惠州					
肇庆					
总 计	41	10375	9044	1375462	6395122

表 25　中国 20 个中小城市肉禽蛋市场情况

城 市	市场数量（个）	总摊位数（个）	年末出租摊位数(个)	营业面积（平方米）	成交额(万元)
环渤海	9	3050	2628	277118	435452
唐山	1	381	381	5800	18000
长三角	28	4691	4227	303707	2321568
苏州	3	627	543	75900	535360
无锡					
常州					
镇江					
南通	4	636	597	28610	127700
扬州	3	230	230	7740	164601
泰州	2	498	365	8300	36822
嘉兴					
湖州					

续表

城　市	市场数量（个）	总摊位数（个）	年末出租摊位数（个）	营业面积（平方米）	成交额（万元）
绍兴					
舟山					
台州	2	530	389	6320	27824
珠三角	14	5755	5362	607667	1363795
珠海					
佛山	3	3625	3506	429537	712160
江门					
东莞	2	77	77	57800	66956
中山					
惠州					
肇庆	2	296	294	10500	33632
总计	51	13496	12217	1188492	4120815

表 26　中国 20 个中小城市水产品市场情况

城　市	市场数量（个）	总摊位数（个）	年末出租摊位数（个）	营业面积（平方米）	成交额（万元）
环渤海	20	20300	17862	710500	4823787
唐山	1	420	420	22518	160000
长三角	49	27578	23230	1346469	6256419
苏州	5	1631	1540	104124	349570
无锡	2	200	200	31666	240242
常州	1	100	100	6780	43200
镇江	1	512	468	25000	104387
南通	3	1210	1180	74862	215300
扬州	3	364	152	51354	179000
泰州	2	193	158	112000	222000
嘉兴	1	180	79	20825	20149
湖州	1	360	360	8000	27775
绍兴	1	137	137	7200	174438
舟山	1	1180	1180	105000	514710
台州	10	6238	3640	93218	920081
珠三角	13	2946	2462	153391	1068840
珠海	1	120	120	23000	250000
佛山	1	110	110	36000	63404

续表

城　市	市场数量（个）	总摊位数（个）	年末出租摊位数（个）	营业面积（平方米）	成交额（万元）
江门	1	350	291	5000	21288
东莞					
中山					
惠州					
肇庆					
总　计	82	50824	43554	2210360	12149046

表 27　中国 20 个中小城市蔬菜市场情况

城　市	市场数量（个）	总摊位数（个）	年末出租摊位数（个）	营业面积（平方米）	成交额（万元）
环渤海	27	39760	29212	2165298	4177019
唐山	1	3000	480	150000	226934
长三角	28	11970	10851	634627	2521116
苏州	2	1100	894	88004	91588
无锡					
常州					
镇江					
南通	2	422	422	18000	63833
扬州	1	155	155	50000	562376
泰州					
嘉兴	2	483	468	68300	200732
湖州					
绍兴	1	765	745	66000	116006
舟山					
台州	1	102	102	20000	37553
珠三角	5	1640	1383	124783	429793
珠海					
佛山					
江门					
东莞	2	526	424	43000	349434
中山					
惠州					
肇庆					
总　计	60	53370	41446	2924708	7127928

表 28　中国 20 个中小城市干鲜果品市场情况

城　市	市场数量（个）	总摊位数（个）	年末出租摊位数（个）	营业面积（平方米）	成交额（万元）
环渤海	8	5273	3513	562100	497298
唐山					
长三角	21	7503	7171	476348	2782166
苏州	1	150	95	5000	18705
无锡	1	31	26	5600	15640
常州					
镇江					
南通	1	160	158	7000	36275
扬州	2	748	570	76690	528000
泰州					
嘉兴	3	1913	1844	138179	813132
湖州					
绍兴	2	209	198	29633	80720
舟山					
台州	3	1700	1689	37619	110080
珠三角	11	6811	5839	926285	4589618
珠海	2	606	563	53000	803641
佛山					
江门	1	210	210	30000	227000
东莞	2	4030	3230	492000	1340000
中山					
惠州	1	154	154	26000	27500
肇庆	1	412	395	25000	29856
总　计	40	19587	16523	1946733	7869082

表 29　中国 20 个中小城市其他农产品市场情况

城　市	市场数量（个）	总摊位数（个）	年末出租摊位数（个）	营业面积（平方米）	成交额（万元）
环渤海	12	10952	9605	482020	2128926
唐山					
长三角	18	8522	8046	335626	1501842
苏州	3	1083	1073	90064	389520
无锡	1	420	373	5000	22557
常州					

续表

城　市	市场数量（个）	总摊位数（个）	年末出租摊位数（个）	营业面积（平方米）	成交额（万元）
镇江	1	368	368	17000	34410
南通					
扬州					
泰州					
嘉兴					
湖州	4	1960	1562	68296	359987
绍兴	2	2130	2130	83348	366070
舟山					
台州					
珠三角	16	8154	7222	175324	2047081
珠海	1	247	225	3500	10500
佛山					
江门					
东莞	3	1942	1715	21800	38226
中山	3	2012	1670	34120	44802
惠州	2	547	503	8788	43736
肇庆					
总　计	46	27628	24873	992970	5677849

4. 乡镇型分布

乡镇农产品销售终端主要是农村集贸市场、供销社。农村集贸市场是指由市场经营管理者经营管理，在一定时间间隔、一定地点（一般设在交通较为方便、人口相对集中的道路两旁），由周边城乡居民聚集进行农产品（也包括副产品、日用消费品等）现货商品交易的固定场所。北方统称为“集”，南方一般称为“场”，而西南地区则称为“街”。农村集贸市场是乡镇企业销售商品的主要渠道，成为一个地区城镇市场的重要补充和不可缺少的部分。

乡镇型农村集贸市场依附当地农村，消费群体是周边的村民。目前，一方面由于强壮劳动力外出打工流失了一部分消费群，加上农民收入增加后倾向于到城镇市场消费，使得农村集贸市场相对萎缩，数量有所减少；另一方面，可以看到农村集贸市场的商品价格比城镇农贸市场和供销社价格偏低约1/3，同时容易讨价还价。

目前，多种原因导致农村集贸市场存在管理相对落后、不规范等问题，特别是非经济发达地区，普遍存在规模小、档次低、配套服务差等特点，其中少数有市场设施，但容量不足。一是定期集贸市场“赶集”时，往往整个公路两侧都会被当地群众和周边摊贩所占据，各自搭建摊位和简陋棚台，占道经营，形成“马路市场”；二是经营者多为流动经营，2/3 以上经营者利用各地集市时间不同到各地“赶集”，没有固定经营点；三是服务管理不到位，管理者只负责清扫市场垃圾，而秩序管理和信息咨询等往往是空白；四是缺乏扶持，缺少对农村集贸市场的布局、培育和规律的研究，忽视了农村集贸市场的建设；五是市场结构单一，没有特色，少有生产、加工和包装企业参与，市场的辐射和带动效应不足；六是由于多数农村集贸市场只是有几栋厂棚和地面硬化，逢“赶集”时才收一点儿摊位费，效益低，导致恶性循环；七是经营粗放，专业化水平低，产品批量小，质量差，大路货多，深加工产品少，部分甚至是假冒伪劣产品。

二　中国农产品零售行业总体状况

（一）行业总体状况

表 30 所示为中国农产品零售行业总体状况。

表 30　中国零售市场总体状况

	市场数量（个）	总摊位数（个）	年末出租摊位数（个）	营业面积（平方米）	成交额（万元）
农产品综合市场	506	286606	262356	5591450	16032883
农产品市场	187	92729	80348	2132551	6023746
粮油	7	7890	7890	144792	500324
肉禽蛋	45	19211	17335	434342	1307399
水产品	29	14021	12911	291777	1384864
蔬菜	23	9233	8955	280110	525938
干鲜果品	4	417	383	21310	194808
棉麻土畜、烟叶	1	96	96	9320	11940
其他农产品	78	41861	32778	950900	2098473

数据来源：《中国商品交易市场统计年鉴 2011》。

1. 价值总量

中国是一个农产品贸易和消费的大国，2010 年中国农产品总产量达到了 17.4663 亿吨（不包括木材 7284 万立方米），其中粮食 54641 万吨，油料 3239 万吨，肉类 7925 万吨，禽蛋 2765 万吨，水果 20400 万吨，水产品 5366 万吨，牛奶 3570 万吨，蔬菜 63700 万吨①。2011 年生产粮食 57121 万吨，棉花 660 万吨，油料 3279 万吨，糖料 12520 万吨，烤烟 287 万吨，茶叶 162 万吨，肉类 7957 万吨（其中猪肉 5053 万吨、牛肉 648 万吨、羊肉 393 万吨），禽蛋 2811 万吨，牛奶 3656 万吨，水产品 5600 万吨（其中养殖 4026 万吨、捕捞 1574 万吨），木材 7272 立方米，另外还有进口谷物及谷物粉 545 万吨，大豆 5264 万吨，食用植物油 657 万吨②。这些产品基本上与国内销售量持平。

与此同时，2011 年全年社会消费品零售总额 183919 亿元，同比增长 17.1%，扣除价格因素，实际增长 11.6%；而商品零售额 163284 亿元，增长 17.2%，其中粮油类增长 29.1%，肉禽蛋类增长 27.6%③。

2. 流通领域比重

除了损耗，应该说流通领域中所体现的全部产量（扣除出口）与生产领域中的产量有直接相关关系，并且都会在销售终端交易体系中销售出去。中国不同于西方发达国家的食物结构，主要农产品消费在猪肉、蔬菜、蛋类、水产品和水果；而西方则是牛肉、牛奶和水果。除了水果进口额约为产量的 1/3，中国农产品的产量与消费量在统计上往往趋于一致（见表 31）。需要特别指出的是，中国蔬菜产销量统计难以精确，约为 6 亿吨，在广大农村地区当地产、当地销的现象非常普遍，有超过 2/3 的蔬菜是在方圆不到 30 千米范围内消费的，覆盖超过 5 亿农村人口④。

---

① 洪涛、钱春艳：《加快中国农产品冷链物流发展》，《黑龙江粮食》2011 年第 4 期。

② 陈佳贵、李扬主编《2012 年中国经济形势分析及预测》，社会科学文献出版社，2011。

③ 陈佳贵、李扬主编《2012 年中国经济形势分析及预测》，社会科学文献出版社，2011。

④ 安玉发：《发展新型产销对接模式，稳定鲜活农产品价格》，《中国农民合作社》2008 年第 8 期。

表 31　2010 年中国城乡居民家庭人均食品消费量

单位：千克

食品类	城市居民家庭人均食品消费量	农村居民家庭人均食品消费量	全国城乡居民家庭人均食品消费量	人均主要农产品产量
粮　食	81.53	181.44	131.54	409
蔬　菜	116.11	93.28	104.68	—
猪　肉	20.73	14.40	17.56	45.8
牛羊肉	3.78	1.43	2.60	
家　禽	10.21	4.17	7.19	7.19
牛　奶	13.98	3.55	8.76	26.7
水产品	12.55	5.15	8.85	40.2
水　果	54.23	19.64	36.92	—

注：全国城乡居民家庭人均食品消费量的计算按当年城乡人口比例进行加权得到。

3. 零售行业就业人口

2010 年末，全国零售业从业人口总计为 436.7 万人，法人企业 42615 个，营业面积 22727.9 万平方米①，如果从广义上说，乡镇中的 7 亿多农民中，有 3 亿农民直接从事了农产品交换，因此，乡镇中零售行业就业人口更为广泛。在大城市中，零售业就业人口也不断上涨，以北京为例，北京市统计局 2011 年 12 月 20 日发布的统计数据显示，在就业市场格局呈现多样化的形势下，北京市第三产业就业人口比重上升，1/3 的就业人口集中在制造业和批发零售业，其中批发和零售业排名第二，就业人口约 121 万人，占 16%。

4. 收入贡献

国家统计局 2012 年 2 月发布的《2011 年国民经济和社会发展统计公报》显示，2011 年城镇居民人均可支配收入 21810 元，比上年名义增长 14.1%，扣除价格因素，实际增长 8.4%，食品消费支出占消费总支出的 36.3%；农村居民人均纯收入 6977 元，比上年名义增长 17.9%，扣除价格因素，实际增长 11.4%，食品消费支出占消费总支出的 40.4%。而 2011 年中国 CPI 的食品构成指数为 31.79%，全年上涨 5.4%，国民生产总值 GDP 达到 471564 亿元，按可比价格计

① 此处零售业人口及企业为年主营收入为 500 万元及以上者。引自王斌、于淑华，《中国农产品流通发展报告（上）》，《中国流通经济》2009 年第 1 期。

算，比上年增长 9.2%。可见随着零售商业在国民经济中作用的日益增强，其对国民经济增长贡献率也逐步扩大①。

5. CPI 影响

CPI 即消费者物价指数（Consumer Price Index），是根据与居民生活相关的产品及劳务价格统计的。在中国 CPI 的构成中，2011 年调整为食品 31.79%、烟酒及用品 3.49%、居住 17.22%、交通通信 9.95%、医疗保健个人用品 9.64%、衣着 8.52%、家庭设备及维修服务 5.64%、娱乐教育文化用品及服务 13.75%。因此，食品对 CPI 影响最大的部分包括粮油、蔬菜、肉蛋禽、水产品等。2011 年全年居民消费价格上涨 5.4%，食品价格上涨 11.8%，其中城市上涨 11.6%，农村上涨 12.4%②。

中国社会科学院 2011 年 12 月 7 日发布的《2012 年中国经济形势分析及预测》指出，2011 年中国 CPI 持续高位运行，全年上涨 5.5%（比国家统计局 2012 年 2 月发布的《2011 年国民经济和社会发展统计公报》多 0.1%），农产品对 CPI 的影响最大。

6. 行业从业主体和经营状况

农产品零售行业从业主体一般按照不同销售业态呈现不同情况，并从属于农产品流通行业从业主体。

企业形式的从业主体包括连锁超市（柜组）的经营者，可以分为：连锁超市公司（如沃尔玛等）；租赁连锁超市柜组的专业农产品销售公司（如友谊集团超市中的佟颜蔬菜合作社）；果菜专业店（生鲜超市），也属于专业农产品销售公司（如深圳绿田果菜专营店）。农产品电子商务零售一般分为两种，一个是 B2B 模式，另一个则是 B2C 模式，其从业主体都是属于专业销售公司，区别是 B2C 更接近直接消费者，缩短了交易时间，但是也忽视了物流周转时间和非批量运输带来的物流高成本。集市型农贸市场、社区菜市场往往与上述企业形式的从业主体不同，多数属于个体商户，其中部分来自城镇居民，也有进入城镇的农村居民，同时许多呈现为夫妻店形式，以家庭为单位。另外，乡镇集市型农贸市场中多数为产地农户的直接销售。

① 陈佳贵、李扬主编《2012 年中国经济形势分析及预测》，社会科学文献出版社，2011。

② 陈佳贵、李扬主编《2012 年中国经济形势分析及预测》，社会科学文献出版社，2011。

连锁超市的巨头当属沃尔玛、家乐福等国际大型连锁公司，他们在华驻足抢滩，投资巨大，社会化、专业化、标准化和智能化程度高，且有完善的零售业管理体系、全球采购系统、信息管理技术及专业人才，其生鲜超市有的甚至上万平方米；而国内超市公司目前基本上生鲜区面积占比较小，种类有限，普遍存在投资不足、有标准化门店却无标准化主营业态、物流配送科学性差、平均7%的低毛利率甚至仓储时就开始损耗（一般生鲜超市损耗率达20%）等现象，多数只是为吸引顾客而开设。

果菜专业店是近十年来的新型专业公司，以平价、新鲜、方便的特色服务市民，一般与专门的蔬菜种植基地和水果种植基地相连，有的甚至是由种植基地投资开办的，减少了中间环节，并在居民聚集地或大超市不愿意布局的地方，成为大超市的“填空者”和传统农贸市场的“替代者”，但受资金约束，其布局不足，服务范围有限。

社区型超市一般规模在便民店之上，总体面积通常为1500～3000平方米，经营品种在8000～10000种，投资额在50万元左右，而生鲜农产品面积占比不超过1/4，投资规模较小，有的时候还以柜台租赁形式委托给专门经营果菜的个体商户①。

社区菜市场和集贸型农贸市场（包括早市）的从业主体基本上是个体商户包括产地农民，规模由覆盖的服务范围决定，如社区菜市场是根据周边社区人口而设定，北京市政府2011年规定凡30000人口以上的新建大型社区需建设建筑面积800～1000平方米的规范化菜市场；7000～30000人口的新建中型社区需建设规模为建筑面积不少于600平方米的社区菜市场，区县政府可采取公建配套代建和收购、产权回购回租、投资入股等方式，推进菜市场的公益性，进行统一管理、统一采购、统一配送、统一标准和统一品牌；天津滨海新区则在2010年构建了53个标准化菜市场（其中45个属于升级改造）。而集市型农贸市场则覆盖范围更大，平均每个乡镇都会拥有一个集市型农贸市场，而城市则按照区域划分，每个大的片区也会存在一个集市型农贸市场，可能覆盖几个到十几个社区。但是目前来看，集市型农贸市场多停留在政府投入厂棚、水泥台案及地面硬化等方面，具体经营者负责摊位的装饰等，市场管理基本上处于坐收管理费、摊位费

① 张琼：《连锁社区型超市发展新途径——生鲜超市》，《商场现代化》2004年第7期。

等状态，部分具有一定的质量监督、检查、消防、卫生清扫等职能。如北京市农贸市场主要采用收取商贩的摊位费，一般为600～900元/月，郊区商贩多从批发市场进货，农村地区则多数为农民自产自销①。

（二）行业基础设施

农产品具有生命的动物性和植物性，其在从生产到最终零售的物流过程中，对包装、仓储、运输等有特殊的温度要求，以延长其储存期、降低成本、保障质量。应由政府主导及投入，加大从采购、批发到零售端的各类基础设施建设，建立完美的农产品物流体系。

1. 冷库

销售终端的冷库不同于生产端、集货、运输和批发等冷藏措施，其主要区别在于规模和存储方式，一般情况下，零售业的冷库规模更小，而且部分超市、餐厅或零售专卖店的冷库因为要面向顾客的直接采购选择而必须是开放式的冷柜或者是可视性的冰箱、冰柜等。

冷库属于冷链中最为重要的基础设施，从属于冷链环节。冷链在2009年6月1日实施的《食品安全法》中正式得到法律确认，国家标准化管理委员会在2009年下达了第二批国家标准制（修）订计划，包括了5项冷链标准，其中2项与农产品零售有关，即《冷链物流企业服务条件评估》、《水产品冷链物流服务规范》。

至2011年底，中国拥有冷库容量900万吨②，人均冷库容量仅为7公斤③，农贸系统冷库容量为500多万吨，但是水果冷藏仅占50多万吨，蔬菜冷藏仅占40多万吨④，而且存在设备陈旧、标准落后等问题。“十二五”期间，国家设立提高冷链流通率及冷藏运输率的发展目标，据预测，随着中国鲜活农产品销量的

① 王绍飞、俞勤、王立红：《北京市农产品流通体系的问题和建设方向》，《新观察》2010年第4期。

② 《冷链物流快速成长带来制冷企业发展新机遇》，2012年2月22日，http://www.lenglian.org.cn/hysj/11796.shtml。

③ 《中国农产品冷链物流发展浅析》，《制冷快报》2012年2月，http://www.lenglian.org.cn/news/hybz/1/11757.shtml。

④ 《内需拉动中国冷库发展》，2012年2月，http://www.chinawuliu.com.cn/zixun/201202/17/178239.shtml。

逐年增加，未来十年内冷库的平均增量将超过30%。

从统计数量来看，批发市场的冷库规模巨大，如武汉白沙洲冷链食品大市场的6万吨低温冷库，年冻品交易量约180万吨；重庆万吨冻品交易市场低温冷库8万吨；北京新发地投入7000平方米做冷链交易大厅等。另外，也可由第三方物流企业建设冷库。如广东太古冷链物流有限公司冷库容量4万吨，普菲斯上海2.6万平方米的单层冷库，荣庆（临沂）物流园牵手全球最大冷链服务商加拿大Pamoja集团构建10万平方米冷链仓库，联想集团构筑30万平方米华中地区最大冷链基地，以及敦豪浦东国际机场180平方米温控仓库等，各自规模不等。

而零售终端的冷链多为短暂存放的冰柜及等待挑选的铺冰货架或者冷柜，以减少易变质品的腐败及变质，目前零售店的冷库比例远小于批发市场，投资严重不足，关键点缺少冷藏冷冻设施。

2. 仓储

零售业的仓储往往规模远小于批发仓储或农产品经纪人租用的第三方物流企业仓储，部分如家乐福、沃尔玛、麦德龙、华联、物美、大润发等连锁超市的大型仓储也往往归属于批发类仓储，而各个门店的仓储依然规模较小。

从整体来看，中国农产品仓储整体水平较低，以常温或自然存储模式为主，对于农产品，特别是鲜活农产品，容易出现大量损耗，如连锁超市的仓储中，多数生鲜农产品会由于操作人员面对大量商品时所进行的不良理货方式和不完备包装而出现挤压、磕碰等问题，再加上农产品所特有的生物性和自然性，导致最终超市生鲜农产品的损耗高达20%。

3. 配送车辆

农产品零售业的车辆是农产品配送的运载工具，指按照农产品终端消费需求，在农产品配送中心、农产品批发市场、连锁超市或其他农产品集散地在进行加工、整理、分类、配货、配装等一系列活动后的末端运输，将农产品交给终端消费地的过程。一般其外延主要包括农产品供应商配送和超市连锁配送两方面。其中，前者主要包括农产品配送企业、农产品批发市场、农产品生产者的专业协会等配送主体向超市、学校、宾馆和社区家庭等消费终端配送农产品的过程，而后者主要是经营农产品的超市由总部配送中心向各连锁分店和其他组织配送农产品的过程。

从生产地到销售终端的农产品配送运输越来越得到政府的重视，自2005年

《全国高效率鲜货农产品流通“绿色”通道建设实施方案》（交公路发〔2005〕20号）确定的国家“五纵二横”鲜活农产品运输“绿色通道”以来，由国家和区域性“绿色通道”共同组成的、覆盖全国的鲜活农产品运输“绿色通道”网络，在全国范围内对整车合法装载运输鲜活农产品的车辆免收车辆通行费。同时，也增加了冷链中冷藏运载工具的比重，据统计，2011年中国冷藏保温车保有量仅为4万~5万辆，占货运车辆的比例仅为0.3%①，铁路冷藏车6900辆，冷藏船吨位10万吨，年集装箱生产能力160万标准箱。

但是，城市农产品销售零售的“最后一公里”往往成为农产品配送的最大难题。2009年，上海和北京在应对货运车辆城区通行方面，都出台了有广泛影响的政策。北京开始对全天通行的货运车辆的车型、外观等进行限制，并对城市中心区可以全天通行的货车总量进行控制，提出要引导城市货运向夜运为主、昼运为辅的配送方式转变。限制货车通行的结果是现有物流配送能力无法真正满足不断增长的货运需求，蔬菜批发商只能夜间上路并不能满足配送需要。在这样的供需矛盾下，客运面包车载货大行其道，城市配送呈现复杂而扭曲的产业生态。在北京新发地农副产品批发市场，穿梭在市场里采购蔬菜的车辆，大部分是拆掉座椅后的面包车，而从二级、三级批发市场到零售终端的配送车辆，甚至包括三轮车等。

2011年，北京市政府在全国率先组织由新发地市场实施的城市鲜活农产品“直通车”，探讨解决城市鲜活农产品“最后一公里”无合法车辆运输的难题，目前已投入100辆直通车、100个社区便民店、100个超市专卖区和100个大学等单位食堂。一方面，直通车建设加快了城市鲜活农产品运输车辆的更新换代，有利于缓解城市交通和减少对环境的污染；另一方面，直通车运营解决了长期以来的“客货混装”拉鲜活农产品的混乱局面，从源头上减少和杜绝了因使用不规范车辆而导致的交通安全事故。

2012年，北京市政府还将在2011年设立的15个物流“共同配送”站点基础上，在城六区新增100个共同配送站，在电子商务和快递基础上，与中粮、生鲜快行线等食品和农产品零售企业组成冷链末梢，满足社区居民需求。

① 《冷链物流快速成长带来制冷企业发展新机遇》，2012年2月22日，http://www.lenglian.org.cn/hysj/11796.shtml。

4. 包装加工

农产品包装一般分为农产品工业包装和农产品商品包装两种，销售终端的农产品包装加工多属于商品包装。

农产品的商品包装是在销售过程中按一定技术方法而采用的容器、材料及辅助物品的总称，其目的是保护商品、方便储运、促进销售和提高商品价值，促进使用价值的实现；而农产品加工是应用工业生产技术，使初级产品向高级产品转化、原料产品向制成品转化的过程，也是对农产品继续追加劳动、实现价值增值的过程。

农产品商品包装和流通加工是农产品物流的两个重要功能要素，如在运输和储存过程中使用周转箱、透气保湿且环保的可降解塑料薄膜，大大降低损耗。其中包装主要承担了抗冲击、避光、不散色、防泄漏等功能，并在保鲜、保质、延长农产品运输和货架寿命方面发挥作用。现代农产品加工中高新技术包括超临界萃取技术、微胶囊技术、挤压技术、超高压技术、膜分离技术、辐射技术和现代生物技术等。目前中国主要农产品加工转化率为30%，与发达国家80%以上的加工率相比还有很大的差距。

农贸市场或者社区菜市场的小商贩由于数量少在运输途中或者仓储时会留心避免磕碰，对新鲜果菜多采取喷水等措施，打理也会勤快；但是超市等企业则会由于配送及仓储规模较大，会出现操作野蛮、摆放不科学等问题，使之损耗加大，因此需要更为科学的包装加工。

三　农产品零售行业四个主体特征比较分析

（一）农贸市场及其交易特征

1. 集市型农贸市场

集市型农贸市场是交易量最大的农产品流通渠道，绝大部分的农产品消费是通过集市型农贸市场进行销售的，其中农村集贸市场通常由村、镇投资，但实际上投入仅限于厂棚、柜台及地面硬化等，使得多数农村集贸市场规模小、档次低且配套服务差；而城市农贸市场是指经城市行政主管部门批准建设或开办的，以满足居民日常生活之需，以经营蔬菜、粮油、果品、肉、禽蛋、水产品等农副产品为主，由若干经营者组成，实施集中、公开交易的场所，以零售经营为主的固定场所。农贸市场是居民购买主副食品的主要管道，是为居民日常生活服务的重要商业设施①。

从功能性来看，农贸市场与菜市场在城市规划建设中属于城市基层公共服务配套设施之一，属于区域独占性、公益性、非垄断的竞争性商业设施，承载着“菜篮子”工程、流通和平抑物价等特殊社会功能，其发展直接关系到城乡居民的切身利益，关系到社会公共利益。按照建筑形态可分为马路市场、大棚市场和室内市场三类；按照市场等级可分为市级市场、区级市场和小区级市场三级。在市场经济快速发展的今天，农贸市场与菜市场仍是农副产品流通的主要渠道。

在组织机构方面，集市型农贸市场管理主体多样，造成建设管理不稳定、产权归属不明确。

在运营管理方面，中国在2003年修订了《集贸市场食品卫生管理规范》，对于集贸市场内的卫生管理、市场举办者的食品卫生管理职责与进场经营者的食品卫生皆有明文规定。另外，集市型农贸市场经营者往往只交纳管理费，无税费问题。

随着农产品流通体系的完善，农贸市场中农民自销比重逐步下降，但仍然占有很大比例，2009年北京郊县的农贸市场65%左右的蔬菜、水果仍是农民自销②。

2. 交易特征

农贸市场的营业时间通常为早上5点至下午17点，较早开始营业，也较早结束。

从购物环境来看，集贸市场中的马路市场优点是价格便宜、服务方便，缺点是“脏、乱、差”现象严重；大棚和室内市场是现阶段中国农贸市场与菜市场的主要存在方式，其优点为功能齐全、价格适中，缺点为交通混乱，存在“脏、乱、差”现象。

从商品质量来看，农产品集贸市场的质量差异大，消费者信任度低，但由于

---

① 曾欣龙、圣海忠、姜元等：《中国农产品流通体制改革六十年回顾与展望》，《江西农业大学学报（社会科学版）》2011年第1期。

② 王绍飞、俞勤、王立红：《北京市农产品流通体系的问题和建设方向》，《新观察》2010年第4期。

个体商贩所销售的产品类型和数量较少，本小利薄，能够在运输及储存中注意保护商品，操作细心，理货合理，注意产品保鲜，因此损耗率低于超市。

从商品定价和议价能力来看，农贸市场价格波动大但通常较低廉，而且可议价；同时，由于集贸市场中的同类产品重复度高，也会导致销售业主之间的竞争从而提高了议价空间。

从进货来源来看，农贸市场可以有许多摊位，而每一个摊位又有若干个进货渠道。一方面，多渠道带来了多种商品，可以满足人们多样化的生鲜需求，而良好的经营机制决定了每一个商人都可以按市场需求来组织货源，保证了弹性的市场供应；另一方面，直接的多渠道供应、较低的进货成本导致农贸市场商品价格低廉，成为农贸市场主要的竞争优势之一。

从消费者特征来看，据调查，60%以上的家庭主妇每天都进入农贸市场消费①。农贸市场在水果、蔬菜与水产品方面最具优势，而生鲜超市在冷冻食品与肉类方面最具优势。调研显示，76.28%的消费者在超市选购冷冻食品，72.60%的消费者在超市购买肉类，只有11.06%的消费者主要在超市购买水果；12.34%的消费者主要在农产品超市购买蔬菜，13.78%的消费者主要在农产品超市购买水产品。在谷物方面（包括大米、小米、面粉、玉米等），农产品超市与农贸市场的营销重点不同，但所占份额大致相同，分别为14.26%与13.46%。

从营销重点来看，影响城区居民生鲜农产品购买的因素主要包括习惯性、便利性、产品价格、品种数量、产品质量、购物环境等。集市型农贸市场的主要营销重点为新鲜度高、保存期短且消费者价格最为敏感的水果蔬菜等时鲜产品。这是农贸市场销售场所的简陋与冷冻冷藏消毒杀菌设施的欠缺极易导致农产品的腐败变质所产生的结果。通过STP分析，可以看出，农贸市场的细分市场（Segmentation）以新鲜低价的农产品为主，目标市场（Targeting）以家庭主妇、老人等白天无工作的消费者为主，而市场定位（Positioning）则属于低价农产品，产品种类也较多。

3. 网络布局

集市型农贸市场多为个体经营者自发形成。中国目前集市型农贸市场多集中

① 马超益、苏益林：《中国国有农贸市场发挥主渠道作用——以广西南宁市国有农贸市场为例》，《创新》2010年第5期。

在人群较密集的地区，如高密度的居民居住区等。由于自发性，目前的集市型农贸市场还没有形成完善的网络布局。

从经济学中的“外部性”即个体不会主动对于公共资源进行保护来考虑，集市型农贸市场的优化选址应体现科学性、合理性，要符合交通、环保、消防等有关规定，与新区建设、旧城改造、社区商业建设相结合，综合考虑消费者密集程度、交通便利状况、摆摊便利性、是否可能会被取缔、附近的水源和电力等基础设施是否有保证等。

目前的集市型农贸市场，通常为露天型，个体经营者在固定街道的固定位置进行生鲜品的交易行为，每个摊位基本为个体经营者自行搭设的设施与物品，相应的水源以及电力等基础设施也多由个体经营者自行寻找，并没有统一的规划与设计。

从配送体系来看，农贸市场里的生鲜食品，几乎都是每天开业前进货，多由个体经营者自行准备的货车到固定批发商批货。对于个体经营者来说，由于运输成本与人力资源成本较低，大部分采用每天采购的方式，采购的生鲜品也要保证在当天基本销售完毕，不允许大量的剩余出现。这也决定了个体经营者不需要太多的储存保鲜设备与技术。

在废弃物处理方面，集市型农贸市场的处理水平较低，从废弃物本身来看，95%以上是易发酵腐烂的菜叶、茎、根等；3%~4%的是各种竹、藤、草编制的有机包装品；1%左右是周边附近居民倾倒的生活垃圾，如煤灰等；约0.5%为各种塑料食品袋。

（二）生鲜超市及其交易特征

1. 生鲜超市（超市生鲜区）

所谓生鲜超市，是指连锁超市中的生鲜区，起源于1996年的沃尔玛、家乐福和万客隆等欧美大型连锁商业企业在中国率先开始经营生鲜商品，经过十多年的快速发展，中国大中城市的连锁超市生鲜区销售额部分能接近总销售额的20%左右，与发达国家和地区的超市相比，经营生鲜商品的比例和管理水平仍然偏低，而国内其他地区的生鲜经营比重会更低一些。但从未来着眼，生鲜超市提升空间巨大，特别是中国的规模城市达到661个，市场容量至少超过7000个门店，41636个乡镇也存在市场容量扩展的空间；加上目前政府推进“农超对接”，进一步推动了生鲜超市的发展。

尽管中国生鲜超市发展相对迅速，市场容量巨大，但是其发展依然存在许多问题，具有采购难、毛利率低、对食品安全要求高、易损耗且管理要求细致等特点，导致其比例远不能与集市型农贸市场相竞争和抗衡，主要原因有：第一，中国特殊的生鲜消费环境和习惯、复杂的饮食消费方式；第二，中国的连锁超市规模过大，生鲜超市基本上属于成本过高、利润过少，使其卖座却卖不上利润；第三，不完整的生鲜供应链系统，缺乏标准化的农产品，很少有完整的冷链供应，没有深加工冷链食品的消费方式和消费市场。不同于欧美发达国家，超市生鲜区还远远不是农产品销售的主渠道。

从功能上来看，生鲜超市由于经营主体单一且有品牌需求，因此一般具有先进的检验检测手段、严格的准入制度，可以推进具有规模、信誉和特色的供应商及生鲜基地的发展，更好地防止有毒有害农产品的进入；生鲜超市可以实现专业化、多样化和优质化经营，有利于促进现代农产品零售业向小而精方向发展，通过抗风险能力来提高生产水平；生鲜超市有着更为舒心、优雅的购物环境，贴近中高端消费者以及上班族的消费需求和消费方式；生鲜超市加快了传统农贸市场的转变，有利于产品资源通过现代化流通渠道面对终端用户，促进基础设施的改造和经营方式的规范。超市的优势在于能够有效地对生鲜商品进行溯源，保证商品质量；但劣势在于生鲜供应渠道弹性不足，商品种类有限，而门店的高昂费用也使得生鲜超市的价格更高。

多数超市的经营重心在食品、日用品，而生鲜只是作为吸引顾客的一种手段，因此在供应方面多从批发市场进货，如华润集团等，甚至将生鲜承包给专门的蔬菜销售公司，如友谊集团连锁超市。另外，目前政府推进的“农超对接”模式，实际上可分为两种，一种是与新型农合组织合作，直接由农合组织统一供应，即“超市+农合”方式；另一种是由超市直接与农户对接，即“超市+农户”方式，如永辉超市模式。

2001年诞生于福建的永辉集团以经营生鲜农产品见长，主打生鲜农产品，是中国“农改超”的典范，2010年其公司总收入的51%来自生鲜农产品，而国内其他超市的生鲜销售占比基本在20%左右；2011年，其拥有自营连锁店180家，经营面积达130万平方米。在供应上，永辉超市以当地具有一定影响力的农村致富带头人、村干部（如村长）作为采购代办人，负责代办、协调农产品采购业务，在超市与农户之间发挥桥梁作用，以家庭为生产单位，把一家一户分散种植的农产品集合起来统一采收。

2. 交易特征

生鲜超市的营业时间基本上是定时的，与连锁超市相同，一般是上午9点至晚上21点，甚至早上8点至晚上23点，相对农贸市场的开放时间较长。

与多数农贸市场的脏乱差相比，生鲜超市购物环境要更为舒适，同时商品质量也较有保证，其中生鲜农产品在卫生、安全和产品质量上高于农贸市场，有专门处理顾客投诉、退换货及赔偿问题的部门。

在商品定价方面，生鲜超市均采用明码实价方式，而且与集市型农贸市场相比，价格通常较高，消费者没有议价能力，但超市往往会定期推出一些促销和打折方案。针对农产品流通价格偏高的情况，国家发改委于2011年5月发出《关于完善价格政策促进蔬菜生产流通的通知》，提出了发展生产、扶持流通、稳定价格的三项政策，强调支持商场、超市、农贸市场开辟农产品平价销售区域和本地菜农直销区域，平抑蔬菜价格。

在营销重点及消费者特征方面，可以看出，消费者对购物环境和生鲜品质量保障的要求明显增高。一项调查是顾客在超市购买肉类生鲜品、水产品、蔬菜类产品、冷冻调理食品和水果类产品的购买动机依次为14.5%、14%、10%、9.1%、2.1%，其他包装食品、饮料、家庭日用品等比重达50.3%。另一项调查是生鲜超市在冷冻食品与肉类方面最具优势。76.28%的消费者在超市选购冷冻食品，72.60%的消费者在超市购买肉类，只有11.06%的消费者主要在超市购买水果，12.34%的消费者主要在农产品超市购买蔬菜，13.78%的消费者主要在农产品超市购买水产品。

从产品特征来看，生鲜超市的产品集成度高且注重品牌管理，部分超市集团已经实现了生鲜农产品的规模采购或者统一采购，如永辉集团就通过庞大的连锁销售体系实现了对福建省内的基地生产的控制；而国内多数大型超市由于区域超市的数量过少，对生鲜农产品采购无法实现规模化，多由生鲜超市的外部承包经营者从批发市场自行采购。

与集市型农贸市场相比，生鲜超市的产品前端处理方式更为丰富，如供直接食用或者可以直接在厨房加工的套式、份式盒饭。

还有一种所谓“农贸市场超市化”的趋势，是指通过政府政策的鼓励支持，引导大型流通企业或农业产业化龙头企业，对不适应经济发展、城市建设和居民消费要求的原城市农贸市场，按照超市的经营业态、经营理念对城市农贸市场进行生鲜超市化改造，使其成为经营主体组织化、经营产品标准化、经营方式超市化及服务规范化，以经营生鲜农副产品为主的超市。

3. 网络布局

由于超市大多采取连锁经营模式，因此在一个城市（特别是大型城市）往往都设置有多个超市，因此其网络布局、选址、内部的设施规划/布局就是超市企业最为重要的决策内容之一，往往要根据地域文化、城市类别、人口总数、土地面积、单位面积人口数、城市消费品（包括农产品）零售总额以及竞争对手布局等进行优化。

超市网络布局多数位于城市主要交通道路旁，人流及车流量大，公交方便且可见度高；各超市网点之间具有一定的距离间隔，且与最邻近的自身网点之间的距离呈现与网点数成反比关系，而与其他竞争企业的网点布局呈现明显的竞争态势。因此，影响网点布局的主要因素包括商业区位优势、人口分布因素、交通因素和竞争因素。生鲜超市的网络布局从属于整体超市的网络布局。

而在超市内部的设施规划/布局则需要考虑消费者与服务人员行动路线的有机结合，面向顾客应使其感到商品齐全并容易选择，而面向内部服务人员则应充分考虑到工作效率，同时要考虑创造舒适的购物环境。其中，通道一般划分为主通道与副通道，主通道是诱导顾客行动的主线，而副通道是指顾客在店内移动的支流，主副通道设置不是根据顾客的随意走动设计，而是根据超市内商品的配置位置与陈列来设计。良好的通道设置可以引导顾客按设计的自然走向来到卖场的每一个角落，接触所有商品，使卖场空间得到最有效的利用。生鲜超市的布局，可以按照消费者通常的购物顺序来设置：蔬菜水果、畜产水产类、冷冻食品类、五谷杂粮干货、粮油、调味品类、方便食品、糖果饼干、休闲食品、冲调、酒饮、面包牛奶和日用杂品等。

从采购和配送环节来看，许多超市都有自有配送中心，目前中国连锁超市自有物流配送比重约48%。

另外特别值得注意的是，2011年12月19日，国务院办公厅发布《关于加强鲜活农产品流通体系建设的意见》，提出完善农产品流通税收政策，免征蔬菜流通环节增值税。意见指出，要大力推进产销衔接，减少流通环节，积极推动

“农超对接”、“农校对接”、“农批对接”等多种形式的产销衔接。支持农业生产基地、农业产业化龙头企业、农民专业合作社在社区菜市场直供直销，推动在人口集中的社区有序设立周末菜市场及早、晚市等鲜活农产品零售网点。增值税的免征，将进一步减少生鲜超市中农产品产品的成本和价格，提高生鲜超市的竞争力。

（三）社区蔬菜市场及其交易特征

1. 社区蔬菜市场

社区蔬菜市场原则上也是一种农产品贸易市场，但规模更小，且位于各个城市社区中。社区蔬菜市场存在于20年前，后来随着市场经济的快速发展，城市地价快速上升，各个居住区的老菜市场和遍布街头巷尾的社区副食品店由于运营成本的问题相继消失，部分迁移至城郊，部分原址上建成新的大型超市。

随着城市市长“菜篮子”推进，北京市政府为保障蔬菜供应稳定而在2011年7月推出《关于加快本市蔬菜零售网络建设的指导意见（试行）》[①]，要求新建3万人以上的大型社区里至少拥有1家800～1000平方米的社区菜市场，新建7000～30000人的中型社区至少拥有1家不少于600平方米的菜市场。政府将采取产权回购回租、投资入股等方式让菜市场回归公益性。大型社区、中型社区蔬菜供应，可采取“社区菜市场＋社区菜店＋生鲜超市”为主的业态组合。7000人以下的小型社区，可采取“社区菜店＋小型生鲜超市＋早晚市＋流动售菜点”的业态组合。“十二五”期间将在北京开设1000～2000家便民社区菜店，满足首都居民日常蔬果消费需求。

但是要看到，目前城市中心的社区菜店，都是批发市场与各街道合办的，店面由辖区街道无偿提供，批发市场负责蔬菜的配送和销售，社区菜店的蔬菜水果价格是在批发价格基础上加价10%～15%，利润不高，只能维持人员和运输成本，有的店面甚至连人工成本都不能满足，公益性大于盈利性。

另外，北京又新推出了一种周末社区车载菜市场，采取“公司＋合作社”

---

① 对于新建的居住项目，由开发商代建菜市场，或由区县政府出资收购房屋产权后作为菜市场；对社区菜市场进行产权制度改革，加大政府对其产权回购和投资入股；或由政府出资回租非国有产权菜市场，委托专业公司从事蔬菜零售经营；也可结合其他公共建设项目配套新建菜市场，通过这些方式推进菜市场公益性。

的经营方式，直接从菜农手里收购蔬菜，蔬菜从地里出来不到12小时就进了居民的菜篮子，所有的蔬菜都经过了农药残留检测。由于省掉了经销商环节、进店费、场地租金，使得菜价更加便宜。但是应该看到，由于没有固定政策支持，在场地费用、人力成本、运输配送成本居高不下的情况下，周末菜市场只能作为一种活动，不能从根本上解决蔬菜零售问题、满足市民需求的问题。

2. 交易特征

社区菜市场与农贸市场相仿，经营时间固定且较短，周末车载菜市场更是仅限于周末上午，购物环境较差，商品质量得不到保证，商品定价略高于农贸市场，消费者议价能力较弱。

社区菜市场的设立，原意为使城市社区居民购买生鲜食品时可以更方便快速，但是其贩卖商品种类和消费者类型与农贸市场和超市相近，三者的销售管道互相冲突，社区菜市场一般规模不大，商品种类也较不齐全，再加上有摊位租金，一般菜价也较农贸市场价格高，唯一的优势在于购物较为便利。现今生鲜超市越来越多，其营业时间也较社区菜市场长，相较之下社区菜市场的竞争力较为薄弱。

（四）新型农产品销售模式及其交易特征

1. 新型农产品销售模式

农产品的新型销售终端，主要是指新时期出现的、直接面向消费者的销售终端。新型销售终端的发展，主要有以下三个方面的驱动力。

第一，农产品战略转型的需求。近年来，国家推动农产品的战略转型，主要有四个方面的要求：从单纯关注农业产能向全面发挥农业潜能转型；从依靠自然资源向依靠科技品牌资源转型；从分散经营向集中规模经营转型；从单一设施投入向多元化投入转型。国家围绕加快农业战略转型这一目标，立足丰富的生物质资源，坚持以工业理念经营农业、外引与内育并重的思路，大力发展农副产品加工，不断深化农业产业化经营①。新型销售终端的发展，为农业的产业化经营缩短了产业链，增加了附加值。

① 朱子云：《如何推进农村转型》，全球品牌网，2009年3月23日，www.globrand.com/2009/202050.shtml。

第二，农产品国际化竞争的需求。随着市场开放程度的不断加深，中国农产品也面临着越来越激烈的国际化竞争。农产品国际竞争力是由多方面因素构成的，总体来看，可以分解为三个方面：一是价格竞争力，二是质量竞争力，三是信誉竞争力。如何降低农产品的生产运输销售成本，提高农产品的质量，建立农产品的品牌信誉度，是面临国际竞争的主要解决方法。新型销售终端的发展，为降低成本提供了全新的思路，为保证质量提供了技术支持，为建立品牌提供了更快捷的渠道。

第三，消费者需求的提升与变革。随着经济的发展、技术的变革，人们的消费需求也有了较大的转变。首先，消费者对于农产品的质量、安全、鲜度有了更高的要求。其次，消费者从农产品的简单式购买，转变为更高的参与度、互动性的体验分享式购买。最后，随着信息化程度的不断提升，消费者从农产品的实物式购买，转变为虚拟式的互联网、移动终端等的即时购买配送。新型销售终端的发展，也体现了市场对于消费者需求变革的响应与支持。

目前新型农产品销售模式主要包括新农合组织、农产品电子商务、农产品直接对接销售终端（如农超对接、农游对接、农校对接、农餐对接等）。

2. 新农合组织

新农合组织在农产品流通体系中，主要是指农民专业合作经济组织。农民专业合作经济组织是农民自愿参加的，以农户经营为基础，以某一产业或产品为纽带，以增加成员收入为目的，实行资金、技术、生产、购销、加工等的互助合作经济组织。

农民专业合作经济组织主要有五点特征：一是不改变成员的财产所有权关系；二是退社自由；三是专业性强；四是民办、民营、民受益；五是可以突破社区界限，在更大的范围内实行专业合作。

农业部部长韩长赋曾表示，预计到2010年末中国农村有各类农民专业合作经济组织140多万个，其中依法登记的农民专业合作社已达36多万家，实有入社农户2800万户左右，约占全国农户总数的12%①。合作社广泛分布在种植、畜牧、农机、渔业、林业等农村各个产业。

农业部明确表示，争取到“十二五”末，合作社的带动能力明显增强，入

① 降蕴彰：《中国农民专业合作社达到36万家》，《北京农业》2011年第5期。

社农户能够达到全国农户总数的45%以上。

3. 农游对接

农游对接又称观光农业，是把观光旅游与农业结合在一起的一种旅游活动，它的形式和类型很多。根据德、法、美、日、荷兰等国和中国台湾的实践，其中规模较大的主要有五种。

（1）观光农园：在城市近郊或风景区附近开辟特色果园、菜园、茶园、花圃等，让游客入内摘果、拔菜、赏花、采茶，享受田园乐趣。这是国外观光农业最普遍的一种形式；

（2）农业公园：按照公园的经营思路，把农业生产场所、农产品消费场所和休闲旅游场所结合为一体；

（3）教育农园：这是兼顾农业生产与科普教育功能的农业经营形态。具有代表性的有法国的教育农场、日本的学童农园、台湾地区的自然生态教室等；

（4）森林公园；

（5）民俗观光村：到民俗村体验农村生活，感受农村气息。

4. 农校对接

2009年秋，教育部、农业部、商务部联手启动“农校对接”模式，以此缓解农产品销售难题，提升农民标准化种植水平，有效降低学生食堂的采购成本，确保高校食品安全，实现农民增收、学生受益的双赢局面。

2010年，全国首批“农校对接”在北京、天津、吉林、上海、湖南、重庆、陕西等7省市进行试点，推动“农校对接”活动开展。目前，中国高校食堂总数有1万多家，每天有2800多万师生员工就餐①。

5. 农餐对接

农餐对接即餐饮企业利用自身优势，实施纵向一体化战略，采取各种形式向农产品生产环节进行渗透，保障农产品由生产地直供餐饮企业的一种农产品创新流通方式。农餐对接使得农产品有了固定买家，风险小，收入稳定；而餐饮企业可以通过销售质优价廉的直供农产品，提高盈利水平。

以北京为例，目前快餐企业如嘉禾一品、吉野家与和合谷等都采用了农餐对接模式，构建了自己的米、菜、蛋等专用生产基地；而湘鄂情、上海老板店和眉

① 焦苇、徐瑞哲：《上海等七省市试点“农校对接”》，2011年4月21日《新闻晨报》。

州东坡等民营餐饮企业也建立了自己的蔬菜基地。餐饮企业与农副产品的原产地对接签约，建立成本低廉、质量可控、互惠互利的供应保障体系。

四　农产品零售终端发展趋势与政策建议

（一）未来农产品消费市场需求

1. 农村人口城市化和城市人口居民化

城市化就是一个国家或地区的人口由农村向城市转移、农村地区逐步演变成城市地区、城市人口不断增长的过程。在此过程中，城市基础设施和公共服务设施不断提高，同时城市文化和城市价值观念成为主体并不断向农村扩散，也即城市化就是生产力进步所引起的人们的生产方式、生活方式以及价值观念转变的过程。人口城镇化是指非城镇人口不断向城市转化和集中、城镇人口占总人口的比重逐渐提高的动态过程。

国家统计局公布数据显示，到2011年末，中国城镇人口占总人口比重达到了51.27%，首次超过50%。这标志着中国从此进入以城市社会为主的新成长阶段。这种变化不是一个简单的城镇人口百分比的变化，它意味着人们的生产方式、职业结构、消费行为、生活方式、价值观念等都将发生极其深刻的变化。其中农产品的价格调控面临着“两难”：一方面农产品价格过低会造成“谷贱伤农”，农业区域往往成为财政薄弱和农民收入较低的区域；另一方面，农产品价格增长过快又会影响到城镇低收入居民的生活水平，造成这部分群众的不满。

第二代农民工消费观念转变巨大，由于他们对农业生产生活的陌生、对城市生活的憧憬与追求以及平均年龄较低，很多“80后”农民工都已成为“月光族”，很少考虑把大部分工资寄给家人，甚至存在“啃老”现象，使得他们成为城市中正在逐渐成长壮大的消费群。

而城市人口居民化使得在城市和产业快速发展过程中流动人口越来越多，原有的户籍管理、单位管理已经逐步让位于社区管理、居民管理，因此消费需求也因社区类型不同而存在差异性。

2. 产品多样化和更高的质量要求

随着人们生活水平的提高，市场的不断发展，农产品消费的品种结构发生了很大的变化，农产品消费需求正在向优质、营养、安全方面发展；同时社会分工的差异化和收入差距的拉动，使得市场对于农产品的价格、质量、品牌、交付期和服务的需求越来越多样化，呈现出对传统农产品、高端农产品、高质量农产品、品牌农产品、绿色农产品、有机农产品、电子商务平台农产品、客户化定制农产品以及观光农产品等的需求。

因为农产品直接与人们生存相关，所以安全是可食用农产品的基本属性。因此，对农产品越来越高的质量要求成为人们提高生活水平、提升社会信誉和信任的主要基础。自 2011 年 7 月以来，商务部会同财政部在全国设立了 20 个肉菜追溯体系建设试点城市，建设质量可追溯体系，保障肉菜食品安全。目前已在 170 多个屠宰企业、100 多个大型批发市场、3000 多个标准化菜市场、1400 多个大中型连锁超市开展试点，预计覆盖经营户超过 15 万。其中，上海、青岛、成都、杭州、南京、无锡等地已初步建成运行肉类追溯体系，蔬菜追溯体系将于近期上线投入试运行，预计在 2012 年实现与中央平台的对接，初步实现肉菜跨区域追溯。

3. 零售业发展战略

农产品零售业的发展战略应实现四个目标：面向普通消费者的生存需要、面向“三农”的收益需要、面向宏观经济的内需拉动需要和面向社会公信的食品安全保障需要。

（1）面向普通消费者，应降低成本，实现农产品基本保障

农产品不同于其他商品，是人们生存和社会的直接需要，同时具有商品属性、政治属性和金融属性。近年来，国家不断加大惠农政策力度，出台了良种补贴、农业综合补贴等政策，但是城镇居民仍然感受到了“过山车”一样的农产品价格波动和遭遇了一系列食品安全问题，因此，必须加大农产品的政治属性，谋求面向普通消费者的农产品基本保障。特别是对于大中型城市，农产品及生鲜食品是城镇居民生存的必需品，需求政府政策支持基本保障。

（2）面向农户和涉农加工及流通企业，提高客户服务水平，增强收益

目前存在“菜贵伤民、菜贱伤农”的现象，而农民属于最为弱势的群体，由于生产区域化、分散化而消费集中，使得加工企业、流通企业可以凭借话语权优势且以联合控制的形式把控收购价格，使得农民群体权利沦丧。

而农产品零售业从业者多为城镇底层个体业者或新入城市的农民，社区农贸

市场或社区菜市场的经营者多为夫妻档，资本不足，因此，政府应当以政策扶植、公共设施投入等方法，为农户、农产品零售商提供便利服务，以增强两端的收益。

（3）面向国家宏观经济，提高内需，扩大消费，增强关键产品储备

美国自房地产市场引发的次贷金融危机爆发以来，不断向不发达国家转嫁其自身危机，导致中国对外贸易严重萎缩，急需通过扩大内需来拉动国内经济，扩大消费。以农产品零售业发展的角度来分析，一方面农产品是城乡居民的生存需求，属于需求稳定且略有增长的必需品，而生产一端则存在气候、资源和资金等风险，对关键产品需求更大储备；另一方面，随着经济社会水平的不断上涨，对农产品高质量、高安全和高服务水平的需求持续稳定增长。两者均对提高内需、扩大消费有着直接需求。

（4）面向社会，保证食品安全，建设行业联盟，构筑诚信体系

以农产品为主的食品安全直接关系到社会结构稳定和道德体系建设，也关系到居民的生命安全，现有的食品安全质量保障体系尚不完备，仅通过提高食品安全溯源、食品检测等技术环节是难以达到预期效果的。而通过从产地、经纪人、批发市场到零售端的行业联盟建设及品牌建设等软环境和软系统的构建，将更有利于实现农产品等食品安全。如北京首农食品经营中心通过构筑公司内部从基地到农产品专卖店的纵向一体化安全检测和标准认证体系实现高端农产品安全保障，北京新发地农副产品批发市场通过构建经纪人会员制和直接连接生鲜果菜专卖店形式实现食品安全维护，等等。

（二）农产品零售发展新趋势

1. 新型生鲜超市与农超对接

农超对接，即农产品与超市直接对接，是根据消费者对农产品的市场需求来设计生产品种，按需定产，既可避免生产的盲目性，稳定农产品销售渠道和价格，又可减少流通环节，降低流通成本，通过直采可以降低流通成本20%～30%[①]，给消费者带来实惠。“农超对接”的意义在于突破了中国传统农产品供应链上众多中间流

---

① 《菜贱伤农年年上演，农企对接是一条好的出路吗?》，2011年5月9日《齐鲁晚报》，http：//www.chinanews.com/cj/2011/05-09/3026757.shtml。

通环节的阻碍，直接使超市与农民“握手合作”。

2008 年商务部、农业部下发《关于开展农超对接试点工作的通知》，标志中国进入了推进“农超对接”广泛实施的新阶段。其目的是希望解决农村鲜活农产品的交易难问题，促进农产品现代流通体制的建设，增加农民收入和促进城乡统筹协调发展。

从运营模式来看，以往农产品通过传统渠道进入超市一般要经过“农户—小商贩/经纪人—产地市场—区域批发经纪人—市批发经纪人—农贸市场商户—超市生鲜卖场—消费者”等一条或多条冗长的供应链，每个环节的加价平均为10%，这不仅导致蔬果成本大幅提高，商品损耗不断增加，而且蔬果经历了多次装车、配货、卸车、改包装等过程后，从采摘到市场时间可能远超过 48 小时，商品鲜度和品质也可能出现明显下降。

而构造“超市 + 合作社 + 农户”、“超市 + 基地 + 农户”的发展模式，超市与农民专业合作社直接建立了合作关系，取消大部分的中间代理批发环节，大部分农产品在采收后 24 小时就可以送达门店。而且在“农超对接”模式下，超市从农产品生产的初始阶段如种源就开始进行监控，减少了中间环节，更大程度上保证了食品安全。

目前，中国的“农超对接”尚处在初级阶段。首先表现在农超对接产品销售额占总销售额的比例普遍偏低，首批推选出的示范项目的 43 家零售企业的该项指标就不足 15%，超市还远远不是农产品销售的主渠道。例如与北京某大型批发市场的蔬菜日上市量（超 10000 吨）相比较，43 个示范项目中平均每家零售企业蔬菜、水果的日销售量仅分别为 70 吨和 41 吨，远远不能满足城市消费者的日常需求[1]。

同时，现在农超对接面不够广泛。截至 2010 年底，全国已注册的农民专业合作社为 36 万家左右，其中 4 万多家合作社实施了农产品生产质量安全标准，具备了与超市对接的条件，但目前已经与超市实施对接的仅为 1 万多家，不足1/3，列为示范项目的 43 家零售企业共对接了合作社 2500 多家[2]。

---

① 《中国连锁经营协会发布首批“农超对接示范项目”》，2011 年 7 月 4 日，http://www.hefei.gov.cn/n1105/n32684/n67288/n67624/20123860.html。

② 《中国连锁经营协会发布首批“农超对接示范项目”》，2011 年 7 月 4 日，http://www.hefei.gov.cn/n1105/n32684/n67288/n67624/20123860.html。

目前农超对接往往分为三种方法，即“直采”家乐福模式、“源头”麦德龙模式和“产地供应商”模式①。

家乐福的“直采”模式使得超市利润水平维持不变，而减少的中间流通成本，可直接增加农民收入，并最终惠及消费者；另一方面，减少中间环节可以使直接采购的农产品市场售价较之传统模式的售价降低了15%～20%。

麦德龙的“源头”模式是自己寻找和建立农产品生产基地，对农产品的生产、加工及市场运作进行监管，随时监测农产品的质量，超市收购基地生产的农产品，并最终通过超市这个终端环节在市场上进行销售。在这种被称为“源头”模式的农超对接形式中，超市直接参与农产品的生产，从农产品生产基地中采购产品。北京首农食品经营中心也在推进这种标准。麦德龙还建立了农业技术公司——麦咨达农技咨询公司，以便全方位培训、指导农民的生产、加工、包装、物流和市场运作，从源头上控制农产品质量，实现“农田到餐桌”的全过程产品质量控制及可追溯性。

成立于2007年的彤瑶合作社在2008年与家乐福签订合同设立专柜，是第一家真正以零成本进入超市卖场的农业专业合作社，主推“当季农产品专柜”、“南汇8424西瓜”、“南汇水蜜桃”，形成“卖场开辟市场”农产品营销模式，在入超后，又联合周边近百家合作社如新场青、万祥韭菜、蜂业合作社、敬亭蔬菜合作社等，对产品再组织、再分配，统一对接超市，保证了超市需求的数量，并帮助更多的合作社进入沃尔玛、易买得、麦德龙、世纪华联等超市大卖场，使合作社得以充分利用超市的优势。

但是，要看到的是，简单农超对接也会损害农民利益。超市的优势在于流通，农户的优势在于种植。当分散的农户与超市对接的时候，由于地位的不平等、信息的不对称、利益分割的不对等，分散的农户往往就只能屈从超市的要求，而缺乏必要监督管理的超市，必然以追求利润最大化为目标，自然农户的利益就会受到侵害，这或许是目前农超对接难且不能持久的一个主要原因。

现实中的农超对接关系并不总是顺畅的，主要原因在于从事农业生产的主体是原子型农户，依靠动植物生理机能并在自然环境协同作用下进行生产，单个农户产量小、农户之间产品差异大、农产品市场波动较大的特点迥异于工业产品，

① 沈敏：《“农超对接”的典型模式与发展的政策目标选择》，《新闻世界》2011年第6期。

当超市直接面对千百万分散经营的农户，需要搜寻、鉴别、谈判、订立合约甚至交易监督等过程，耗费交易成本巨大且无法保证农产品供应的多样性、安全性与时效性；而单个农户经营的农产品品种和规模极为有限，缺乏同超市直接谈判的话语平台，同时农户不具有依赖自身运作进入超市的利益动机。就农超对接的现实尝试来看，实践效果难以令人满意：一是从农产品进入超市的渠道组织来看，合作策略总是伴随着政府力量的推动，市场力量的主导性并不显著；二是中间商角色过多或者说中间环节过多，农超对接在实践中经常性地演化为“农户＋收购商＋销地批发市场＋超市供应商＋超市”，农户仍然居于利益链的末端，而超市也只是随行就市的农产品销售终端，优质高效的流通组织的缺失使得农户与超市的对接困难。

2. 社区周末菜市场、农批直销便民店

农社对接，即农产品与社区的直接对接。2011 年 8 月 27 日起，“周末车载蔬菜市场”工程在北京作为试点推出，作为农社对接的实验田。周末车载蔬菜市场作为国家商务部、北京市政府联合支持项目，由政府搭建平台，帮助京郊地区蔬菜生产流通合作组织进城直接销售蔬菜，通过农民自产、自收、自营的新模式，最大限度地减少流通环节，降低流通成本，方便市民生活，促进农民增收，着力解决蔬菜买难卖难问题。

从运营模式来看，根据北京市蔬菜生产季节性特点，周末车载蔬菜市场开办时间为每年 4 月 15 日～10 月 15 日，具体时间为每周六上午 7 时～10 时。由于车载市场没有任何摊位费和税收，蔬菜从菜地直接上市，不仅新鲜，菜价也比周边集贸市场平均要低 15% 左右。“车载车售”开辟了菜农进城卖菜新模式。车辆在市场运营中发挥多重功能，新鲜蔬菜通过车辆直供到居民区，菜叶垃圾由经营者通过车辆自行清运，在不便搭建售菜篷台的市场，也采取车上售卖方式。周末车载蔬菜市场也为菜农直接进入市场提供了平台。菜农通过市场可以直接了解消费者需求信息，有利于主动调节蔬菜种植品种结构，实现产销有效衔接，提高本地蔬菜自给能力①。

周末车载蔬菜市场选择在三环路以外地区、蔬菜零售配套设施相对不足的小区，利用社区空地、闲置停车场、废旧设施等场所而开办，不收摊位费和停车

① 吴镝摄：《周末车载菜市场进城直销》，2011 年 8 月 28 日《北京日报》。

费，提供免费的售菜平台，蔬菜来自延庆、大兴等京郊农民专业合作社，如绿富隆公司，第一批周末车载蔬菜市场选址分别为海淀区北航社区、朝阳区望京社区、丰台区方庄社区和石景山区北方工业大学家属区。

商务部领导表示，将积极总结北京等地相关经验，在全国范围内部署城市蔬菜零售网络建设，推动蔬菜进城直销，便利市民、促农增收，提高城市蔬菜供应能力，激活蔬菜流通渠道，打造零环节、短运距、低损耗、少费用的高效、便利的城市蔬菜零售网络①。

3. 农产品电子商城

农产品电子商务模式，是指在中国的农产品市场经贸活动中所采用的主要电子商务业务模式。在中国农产品的电子商务活动中，也出现了许多反映农产品生产和贸易特点的不同的电子商务模式。

随着互联网的发展，中国农村网民的规模增长迅速。从 2006 年的 2300 万人，到 2010 年的 1.25 亿人，短短 5 年的时间里，农村网民的规模翻了 5 倍（见图 4），这为农产品的信息网络化、电子商务化奠定了坚实的基础②。

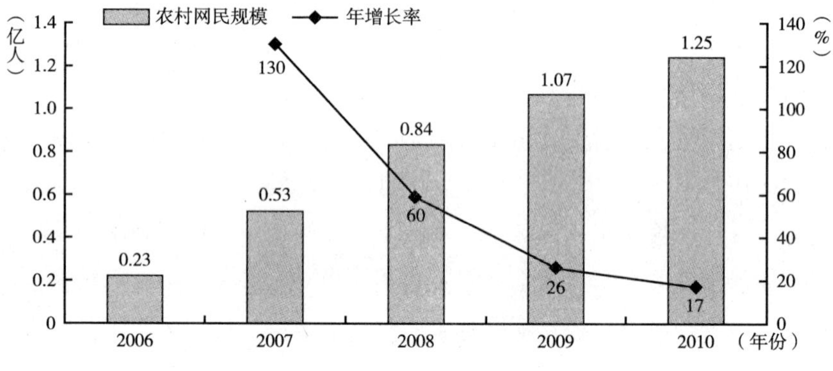

图 4　2006～2010 年中国农村网民规模

从 2004 年以来，中国的“村村通”工程成功实现了“村村通电话、乡乡能上网”，农村通信服务水平迈上历史性的新台阶。截至 2010 年，全国行政村、20

① 廖爱玲：《商务部在北京试点车载菜市，菜价低有望全国推广》，2011 年 8 月 28 日《新京报》。

② 《全国涉农网站 2 万个，农产品电商前景广阔》，2011 年 5 月 28 日，http://www.002pc.com/master/info/hulianwang/5065.html。

户以上自然村通电话的比例分别达到100%和94%，实现了全国100%乡镇能上网，其中99%的乡镇和80%的行政村基本具备了宽带接进能力。得益于农村通信环境的改良，约一半的乡镇建立了信息服务站并基本形成县乡村三级信息服务体系，建立了“农信通”信息田园等农村综合信息服务平台，涉农网站累计已有2万个。农产品电子商务已成为中国农业发展的一个重要方向，可以解决中国农业“小农户与大市场”的矛盾，实现农业生产与市场需求的对接。

农业电子商务的蓬勃发展，一方面可促进信息活动，方便产业协调，增加市场透明度以及价格发现，并在此基础上真正实现实时的市场对接，增加交易机会，降低交易成本，优化资源配置，降低市场风险；另一方面，发展农业电子商务可以将分散的农民组织起来进行规模生产和经营，或进行针对性生产，进而可进一步提高农业和农产品的竞争力，促进农业产业结构调整，从而推动农业产业化的发展。

近两年来，农产品相关网站发展迅猛，从2009年的6000家发展到2010年的20000家，年增长率高达233%①。

结合近年来的农产品电子商务实践，可以将现有的农产品电子商务分为三个层次：一是低级层次，主要为农产品交易提供网络信息服务；二是中级层次，一些网站不仅提供各种供求信息，还提供网上竞标、网上竞拍、委托买卖等在线交易形式；三是高级层次，除在电子商情网上发布信息、农产品在线交易之外，还力求实现交易货款的网上支付。

而从目前情况来看，中国农业电子商务仍主要以B2B、B2C等低级阶段业务为主，主要服务用户为农民个体用户和乡镇企业，特别是后者，是农业电子商务服务最初也是最主要的需求者。而目前农业电子商务平台的业务主要体现在乡村旅游、特色经济、农家乐和招商引资等方面。

未来的发展主要有四个方面：网络团购、体验式销售、移动终端平台和定制化销售。

（1）网络团购

网络团购是近两年兴起的新型网络销售方式。作为一种新兴的电子商务模

---

① 《全国涉农网站2万个，农产品电商前景广阔》，2011年5月28日，http：//www.002pc.com/master/info/hulianwang/5065.html。

式，团购通过消费者自行组团、专业团购网站、商家组织团购等形式，提升用户与商家的议价能力，并极大程度地获得商品让利，引起消费者及业内厂商甚至是资本市场关注。团购的商品价格更为优惠，尽管团购还不是主流消费模式，但它所具有的爆炸力已逐渐显露出来，这是因为团购价格低于产品市场最低零售价，以及产品的质量和服务能够得到有效的保证①。

目前的网络团购中，农产品成为越来越经常出现的商品。2011 年 8 月 28 日淘宝网“聚划算”的城市生活团购中，农产品团购有两个，约占整体团购数量的 20%。而其中的黑糯玉米团购，以超过 6000 人的购买量（见图 5），成为当日最火爆的团购商品②。

图 5　淘宝“聚划算”黑糯玉米团购

黑糯玉米团购的运营模式为顾客付款购买，超过十根商家就提供免费的同城配送；不满十根，顾客补付运费差价。团购商品黑糯玉米，选用国内最好的纯紫黑（籽黑、棒芯黑、须黑）品种，在怀柔、延庆、昌平、通州等地拥有最好的生态种植基地。商家保证商品为应季黑糯玉米，鲜穗销售。而配送系统，实现

① http：//baike. baidu. com/view/16979. html.

② 《黑糯米团再次开团，淘宝网 - 聚划算》，2011 年 7 月 6 日，http：//ju. taobao. com/tg/life_home. htm? item_ id = 12652227393&ck = &tracelog = fromlifelisttitle&_ u = s1 v67361 c98。

“当天采摘，当天包装，当天配送”，保证产品新鲜可口。

农产品团购的兴起，主要需解决以下问题：政府政策支持，例如运费减免、税收优惠等支持，保证农产品团购的低价优势；配送系统的完善，例如农产品的监控系统、溯源系统和冷链物流系统，保证农产品从“田间到餐桌”的安全快捷。

农产品的团购非常适合特色农产品的单品销售以及农产品的礼盒销售，其价格更低、质量更有保证、配送系统更加完善、配送时间更短。在“农户＋合作社＋龙头企业”的产业模式中，由龙头企业做质量保障和运输协调，更容易实现对团购的支持。随着中国农村产业化的不断提升、冷链物流系统的不断完善、物联网设施的不断推广，农产品团购这一形式将会逐渐成为成熟、常规、大规模的销售渠道。

（2）体验式销售

农产品电子商务化过程中，一个重要的可能方向就是从卖产品到卖体验。这一思路体现了消费者的需求变化过程，从最初的单纯消费到获取参与、成长等感性体验方式。而物联网的兴起、传感网络的完善、监控平台的搭建，也为这一新型的网络销售渠道提供了支持。

2011 年 8 月 22 日淘宝网推出了“种瓜大赛”这一全新的销售形式（见图 6）。顾客通过付款认养哈密瓜的种子，获得种子的成长反馈，并在哈密瓜成熟之后获得对价的回收①。其运营模式为顾客拍下哈密瓜的“种瓜大赛”，获得两种体验方式。方式一，由商家为顾客种下一只瓜，生长过程中由商家提供微博互动，顾客随时查看成长情况，当种子成熟，哈密瓜归顾客所有，而商家提供高价回收；方式二，顾客收到两粒哈密瓜种子，自己栽培种植，体验哈密瓜生长全过程。

为保证“种植体验”的销售能够成功，需要政府和商家提供双重保障。政府主要为监督的保障，分为“种子品质保证”、“种植有机保证”和“服务流程监督”。而商家也需要提供一定的担保，主要为服务流程的执行、退款的资金保证和物流渠道的协调。

---

① 《种瓜大赛，淘宝网－聚划算》，2011 年 8 月 4 日，http：//www. taobao. com/go/act/juhuasuan/crazyseed. php&tracelog = jhsgdtuandingtong？ spm = 1. 67258. 121573. 1。

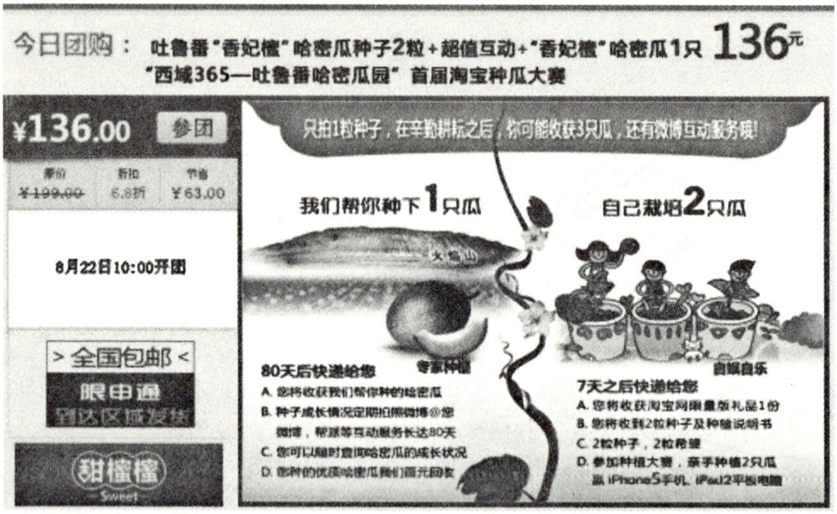

图 6　淘宝“种瓜大赛”销售模式

农产品与“种植体验”的绑定式销售，结合了微博等新兴互动式渠道，可能成为未来发展的新型销售模式。亲子娱乐、儿童教育、趣味休闲、新颖时尚的销售卖点，全程监督、有机保证、安全可靠的农产品提供，为消费者提供了更好玩、更安全的农产品购买模式。而预付资金、定点销售，也为农户提供了更好的资金支持和更可靠的销售保证。

（3）移动终端平台

据美国《大众科学》2011 年 7 月 6 日报道，欧洲零售业巨头乐购（Tesco）旗下的 Home Plus 超市日前在韩国的地铁站内推出了一种新型的电子虚拟商店，顾客在等地铁时可像逛实体店一样浏览并选择商品，用手机结算后，超市会将所购产品按时送到家中①。

这种新奇的购物方式其实并不复杂：Home Plus 超市在地铁站台的防护墙上安装了显示屏，在实体超市里售卖的商品都可以在显示屏上被轻松找到。顾客们只要打开智能手机上的摄像头，拍摄每件商品后附带的二维码，智能手机中安装的 Tesco 购物应用程序就能直接将这件商品放入电子购物车。在顾客用手机银行

① 《边等车边购物，韩国电子版超市进驻地铁站》，2011 年 7 月 17 日《钱江晚报》，http://news.cntv.cn/20110717/103903.shtml。

进行结算后，所购商品就会在当晚约定时间被直接送到家中。

这种虚拟商店将实体店体验、在线支付方式和物流系统巧妙地连接在一起，不仅可以让顾客通过购物来更好地利用等地铁时间，还可以免除下班后挤超市所带来的烦恼。据悉，这种新奇的购物方式目前在韩国已经取得了巨大的成功，大约有 1 万名忠实的顾客每天在地铁站里轻松完成当天的采购。

可以预见，随着农产品的产业化、标准化和信息化，农产品也可以通过虚拟超市在地铁等地的显示屏陈列。顾客只用在每天等地铁时间利用手机购买农产品，就可以省去每日买菜的时间，回家便可利用新鲜的食材烹饪。

（4）客户化定制

农产品的龙头企业或大型的农贸市场，通过电子商务平台，获取订单来指导、更新农产品的生产与加工。例如小汤山有机食品配送网，其依托小汤山的有机农业生产基地作为货源。顾客可直接点选蔬菜、鸡蛋等商品，通过网络支付便可送货到家①。小汤山有机食品配送网的运营模式主要有两个：预付卡和电话订购。

第一，预付卡。该网站推出了多层次的礼品卡方案（见表 32），一方面为顾客的礼品赠送需求提供了个性化服务，另一方面通过预付，加快自身资金流动，保证了销售的稳定。

表 32　小汤山有机食品配送网预付卡方案

礼品卡方案	具体服务
一次性分发型	适合企业福利，可以选择产品为：蔬菜、整箱水果、海鲜、干果、食用油、礼品米、食用菌、礼品酒水、橄榄油单品或组合。组合时根据食品的存放时间长短来定，也可根据大部分人员的喜好决定
分批次分发型	适合企业福利，在一次性分发的基础上，如果选择的是一些不耐保存的季节性强的食品，可以选择分批次分发，以先拟定一个食品方案，选择一个确定的日期来分发
发卡型	适合企业福利、企业送礼、个人送礼。分为两类：(1)礼品卡、礼品套餐卡。明确了分发的产品，购得卡，根据特定的时间场合分发，收到卡可以送人，使用卡时根据卡的操作来领取指定的物品。(2)储值卡型。因不知道或难以明确收卡人的爱好，定卡时只明确卡的金额，让使用卡的人根据自己的意愿来进行消费

① 汤山百年绿源（北京）农业有限公司：《汤山百年绿源种植园招租说明》，2011 年 8 月 8 日，http：//hymw. net/aaa/zzyt. htm。

第二，电话订购。该网站提供了具体的生鲜产品的价格表单，并设有24小时销售热线。顾客可通过拨打销售热线，购买生鲜产品，享受配送服务。

这种模式的局限在于，高价格农产品更适合定制销售。这是因为农产品需实现标准化加工包装才能实现在线销售，而运输条件高、货损大等原因造成配送费用高昂。因此，目前只能定位于高端市场、销售高端农产品。

（三）政策建议

1. 加大农产品零售业公共设施的投入

由于农产品生产的地域性和农产品消费的分散性，带来了产地和销地的空间障碍，加上农产品的鲜活性所带来的生产、流通和消费的时间障碍，严重限制了农产品交易主体的交易能力。而农产品零售基础设施是农产品流通后进行销售活动所必不可少的条件，具有为人或货物提供空间位移服务的功能，其中包括配送工具、零售端的仓储设施以及终端销售基础设施，由于从业者的资金限制、公共属地性质等，必然导致对地方政府公共投资的需求。目前各级政府已经开始意识到这个问题，出台了一系列政策推动对农贸市场、社区菜市场、便民店和农超对接等基础设施、税收政策的优惠。

2011年中国农副食品加工业投资额为5229亿元，同比增长44.1%；批发和零售业投资额为7322亿元，同比增长40.1%；农林牧渔业投资额6792亿元，同比增长25.0%①。这说明在市场经济中，投入已经呈现逐步增大的趋势。但是对于农产品零售业来说，其原有设施及相关资源基础相比其他产业仍呈现非常薄弱的特征，需要进一步加大投入。

政府应投入的公共基础设施主要包括零售场地、质量检测和标准化、农业信息化平台、金融信贷、示范宣传、管理培训、品牌推进和商标保护等，政府提供的应是服务而不是参与管理，重点抓好信息体系、市场体系、质量标准体系、政策法规体系和农村金融体系的建设，利用典型示范、资金补贴和政策优惠，实现对农产品零售业基础设施的升级换代，完成农产品的保障任务和民生工程。

2. 农产品零售业的投入主体和投入机制

不同的农产品零售业态主体不同，资源条件和市场运行机制不同，承担责任

---

① 陈佳贵、李扬等主编《2012年中国经济形势分析与预测》，社会科学文献出版社，2011。

不同，因此应有不同的投入主体和投入机制。

集市型农贸市场、连锁超市、社区蔬菜市场和新型农产品销售模式是四种主要的零售业态，建议应明确其公共设施的投入主体和投入机制。

集市型农贸市场是城乡最主要的流通渠道，有近70%的农产品通过该渠道销售给最终消费者。位于乡镇的农贸市场通常为村、镇集体投资，目前投资力度较小，基础设施严重匮乏，但由于村、镇集体财政较为紧张，难以加大投入，故应通过上一级甚至上两级地方政府给予政策扶持，并结合农村合作组织的建设，按年选择示范性企业或业主，给予一定的补贴资金支持；而位于大中型城市的农贸市场，承担着城镇居民农产品供应的主要功能，是政府实行保供应、稳价格的最主要途径，也是解决城镇居民民生问题的着力点，因此应结合地价房价高启、管理单位职能缺失、经营者本小利薄等特点，给出政策引导，结合城市建设和居民保障工作，由中央政府及地方政府分别重点投入建设资金和保障资金，合理减免摊位租金、管理费用及相关税收等，并在采购、配送及废弃物处理等方面给予有效引导和资金帮助。

连锁超市主体业者一般情况下资金雄厚，但由于在生鲜超市经营上多数存在运输及仓储环节损耗过大、成本过高、利润过低等缺陷，可以结合政府推动的农超对接政策，在2011年提出的增值税减负4%的基础上，进一步进行增值税减免，并通过选择合适企业给予一定的基础设施改造资金补贴，推进连锁超市主体承担其基础设施升级改造。

社区菜市场（包括周末菜市场、农批直销便民店）直接贴近城镇居民居所和需求，是政府推进农产品保障建网的基础工作。在店面建设上应进一步推动地方政府牵头投入资金，或者委托相关企业进行建设并给予资金补贴和政策优惠。

在以各种农游对接、农校对接、农餐对接等形式存在的新型农产品销售模式中，政府应充分发挥用户的资源能力和主动性，对应补贴生产及流通一端的新农合组织，通过政策引导、组织协助和资金补贴构建完善的组织体系。

零售产业作为市场经济或计划经济的要点，不一定完全依靠政府投资，零售应该多元投资，到农贸市场、社区一级要有政府政策扶持。这是政府实现保供应、稳价格的重要途径，是解决民生问题的着力点。所以，在提出零售产业投资理论后，也可以提出在不同零售模式中，国家、地方、企业投资以谁为主，谁来牵头，目标明确，有针对性提出建议。

因此，应从体系性出发，站在流通大产业链上研究零售产业，具体操作中，依然采用先界定，再来数据分析，进行得出基础设施投资理论的方式。在零售产业中提出基础设施的缺失情况，为政府政策支持提出导向性建议。

Trading System and Mode of Agricultural Products Retail Terminal

Liu Dacheng et al.

Abstract: The text defines and analyzes the sales of agricultural products sales terminal trading system, including the distribution of Chinese agricultural terminal, the overall situation of the retail industry, the industry infrastructure. Then, the four main characteristics of the vegetable market include farmers markets, supermarkets, community and new sales model are compared and analyzed. Finally, the text describes the development trend of agricultural products sales terminal.

Key Words: Agricultural Products; Sales Terminal; Resources Allocation

B.10
专题报告5
农产品市场功能及北京蔬菜供应形势分析

张玉玺*

摘　要： 本文以北京新发地农副产品批发市场为考察对象，分析农产品批发市场的功能，分析北京农产品特别是蔬菜的供应，并扼要点评北京在全国率先免去部分农产品入场费的重大意义，进而系统阐述中国菜价不稳定的根本原因、对策以及如何应对突发事件以保证价格稳定。

关键词： 农产品　农产品批发市场　蔬菜供应

北京作为中国的政治、经济、文化中心，农产品供应关系到这座城市安全供应的生命线，与离不开一日三餐消费的京城市民息息相关。农产品批发市场作为承担着90%以上农产品供应的重要平台和载体，一直以来为保障首都农产品安全、稳定和充足的供应作出了巨大的贡献。

本文以北京新发地农副产品批发市场为例，分析农产品批发市场在确保城市供应、保障居民生活稳定中的巨大作用，以及北京市蔬菜供应形势和未来中国农业发展的出路。

一　农产品市场的功能

中国有多少家农产品市场，恐怕谁也说不准。2007年在工商部门注册的市

* 张玉玺，中国农产品市场协会执行会长、北京新发地农副产品批发市场中心董事长，国家现代农业科技城流通研究院院长。

场有27444家左右，大型市场（如贵州贵阳五里冲市场）常务理事709个。农业部统计规模较大、年交易额超过亿元的有4600多家。应该说全国90%的农产品流通是靠农产品市场交易的。农产品市场的功能，大致分为以下四种。

（一）上连“三农”

“三农”的核心问题是农民增收，但农民怎么增收？市场经济与计划经济区别是计划经济时，农业大丰收就代表农民增收。而市场经济却不能这么说，不经过流通，生产出来的农产品可能是金钱，也可能是垃圾。

（1）大白菜案例：基本规律是“二平一歉一丰收”。大白菜的价格，对农民的增加收入情况，有两年比较平，然后有一个歉收年，一个丰收年。这里所说的歉收年，恰恰是大白菜的丰收年。这个大白菜歉收年不是轻易能遇到的，它是有基本条件的。歉收年，主要是指头一年大白菜价格比较高，刺激了农民种植大白菜的积极性，农民种植面积多了，这个条件还不够；外部环境适合大白菜的生长，大白菜丰收了，这时候就具备了大白菜歉收年的条件了。大白菜歉收年有时候大白菜价格低至4分钱一斤，就算每亩12000斤，最终收入也非常微薄，根本收不回种植成本，完全不能实现收支平衡。

（2）柑橘案例：2008年发生了柑橘事件，就是所谓的“蛆橘事件”，其实就是普通的橘子病虫害，就是橘子长了大食蝇虫。其实，这种大食蝇虫20世纪二三十年代就传入中国，每年都发生，2009年在四川发生了。结果呢，老百姓会联想，说四川地震埋了那么多人，可能会发生疫情，导致橘子大面积滞销。实事求是地说，这几年中国橘子面积种植增加了，据统计，2009年中国橘子面积种植达到了2500多万亩，产量达到3000多万吨，种植面积和产量都增加，所以供大于求。蛆橘事件是老百姓对食品安全产生的一种恐惧心理。本来新发地市场平时每天能够卖200多万公斤橘子，蛆橘事件比较严重的时候，只能够卖到几十万公斤，价格还特别低。当时，我们到湖北宜昌调研，有一个村里每个农民家里能产3万多斤橘子，橘子收获后，每年都有经纪人过来收购，3万多斤橘子每年能卖一万五六千块钱，这样一年的经济收入就能保证孩子上学等费用了。结果，2009年由于蛆橘事件，橘子也没有人收了，好不容易有经纪人来收，必须挑一挑，从3万多斤里挑出3000多斤，给几分钱一斤，其他橘子全不要，最后这些橘子全烂在地里了。这个农民觉得生活无望，就喝敌敌畏了。这说明丰产了不一定丰收，丰产卖不出去，农产品依然不是商品，生产的产品无法转化为经济收入，必须到市场中换取真金白银，把钱放到农民口袋里，才算农民增收。用农民的话说，卖得好是块宝，卖不好是根草。

小时候学习马克思《资本论》有个概念叫“惊险的一跳”，我当时很不理解，现在感触颇深。市场经济下农民增收的核心是市场。所以2007～2008年，中央一号文件大篇幅讲市场流通。2009年“两会”总理的政府工作报告中也讲“三农”，但没提到市场。于是，我给总理写了封信，标题就是“不讲市场流通的农业是不完整的农业”。“三农”的核心在市场。

（二）下连民生

市场是城市居民消费的晴雨表。北京新发地市场2011年交易额达400亿元，其中蔬菜交易量每天达到1200万公斤，果品达到1300万公斤，北京基本供应就能够得到保障了，低于这个数字的供应就亮了红灯。新发地农产品价格对全市农产品的零售价格起“信号灯”的作用。应该讲一点的是，政府领导对农产品价格把握是有两重性的，政府有两只耳朵，一只是听消费者（居民）声音，另一只听生产者（农民）的声音，但听消费者（居民）声音的耳朵更为灵敏，农产品价格高了，群众反映就大，就想办法补贴。政府整天讲“三农”，但农产品一涨价就慌。农产品不涨价，农民怎么增收？

（三）城市安全

农产品正常情况下含金量不高，一旦国家有重大事件发生的时候，往往含金量就猛增。2001年“非典”期间，一些北京市领导来到新发地市场。当时王岐山从海南调到北京代市长，上任第三天就到新发地市场视察。他说，农产品供应不好，“非典”就防不好。因为老百姓遇到“非典”慌了，农产品抢购现象非常严重。后来的事件还包括冰雪、地震、奥运等。2008年7月16日郭金龙市长和刘淇书记来新发地调研，为保障奥运会供应提出要求。北京在奥运期间，为了保证蓝天白云，不许黄标车上路，施行汽车单双号行驶的政策。但是，郭金龙市长和刘淇书记在新发地调研中，我们一起讨论怎么保障农产品供应，我不得不跟他讲，如果继续执行单双号行驶、黄标车不能上路，农产品供应就无法保障。因为全国70%以上拉农产品的车辆是黄标车；单双号行驶，外地进京的车受到单双号限制，今天是单号来了，明天双号回不去了。后来，他们调研之后，北京市政府专门出了一个 33 号文，运送鲜活农产品的车辆不受单双号限制，不受黄标车限制，开辟了绿色通道，这样就保障了北京奥运期间的农产品供应。所以，市场供应是城市安全保障的一个重要条件。

（四）农民就业的延伸

新发地市场每天进出车辆约 3 万辆，有 5 万 ~6 万流动人员，有营业执照的个体商户 5000 多个，每个执照按 3 人计算，至少解决 1.5 万人就业。市场聘用的职工、保安几乎全部是本地农民。

市场是农民就业的延伸。据统计，新发地市场直接或间接带动农民就业人数达近百万人。农产品一般经历四个环节，分别是种子研发、种植、运输、销售，其中种植的利润是最低的。有的专家说只占总利润的 5% ~10%，但是风险是最大的，赶上涝灾、旱灾、雹灾都是影响最大的；好不容易赶上丰收年，增产不增收，很容易造成滞销现象，比如 2008 年。所以，农民如果只靠种植，从古至今无法实现真正的富裕。

2007 年猪肉价钱很高，农民都听说养猪利润高，我们到吉林、黑龙江搞调研的时候，养猪的农民特别高兴地说今年养猪很赚钱，养一头猪纯收入 500 多块，当时我们算了一笔账，养 100 头猪能挣 5 万块。但是在新发地市场，猪肉大厅内平均每个摊位占地 2 平方米，问到一个卖肉的商户，他说今年生意不是很好做，纯收入也就 20 万元。2 平方米卖猪肉挣 20 万块钱，养 100 头猪挣 5 万块钱。所以农民如果只会种植、养殖，不走进市场，永远也富不起来。市场是百万富翁的摇篮，所以必须把规模化经营起来。2007 年的时候去小岗村，小岗村是改革开放的急先锋，30 年前就吹响了改革开放的集结号，但现在看来当地农民还是很穷，也仅仅是解决了温饱问题，这也说明只靠种植实现不了小康。所以社会各界应多关注一下农民，实现规模化种植后，培育专业的农产品经纪人，让农民走进市场，追求最大利润，把市场的利润也能分配点给农民，种植、流通的情况都可以得到很大改善。

二　北京蔬菜的供应形势

（一）北京蔬菜供应的主要来源分析

20 世纪 80 年代以前，北京的蔬菜供应是以近郊为主（如朝阳、海淀、丰台）、远郊为辅（如大兴、顺义、房山等），当时从近郊如丰台运一车蔬菜到市区，只有15元的运费，而现在北京的蔬菜供应是以外埠为主、自产为辅，北京市民吃的是来自全国的农产品。通过新发地市场23年的统计总结，我们得出对北京市主要供应以下四类蔬菜：第一类是储存菜，以河北、内蒙古、宁夏、甘肃等地的土豆、胡萝卜、大白菜、洋葱等为主，约占总经销量的30%；第二类是南菜，是广东、广西、云南、海南等地的豆角、圣女果、冬瓜等，约占总经销量的40%；第三类是山东、河北的保护地蔬菜，如黄瓜、西红柿等，约占总经销量的20%；第四类是北京自产菜，以油菜、茴香等叶类菜为主，约占总经销量的10%。

（二）2011年冬季至2012年春季北京蔬菜供应形势分析

2011年，中国大部分地区赶上了风调雨顺的好年景，加上各地农业部门高度重视农业生产，全国农产品的种植面积和种植技术都有所增加和提升，使中国以土豆、洋葱、胡萝卜等为主的冬季储存农产品大获丰收。以乌兰察布地区种土豆为例。2010年降雨量180毫米，2011年降雨量为300毫米，2011年比2010年增加120毫米；2010年种植面积是401万亩，2011年为432万亩，2011年比2010年增加31万亩；2010年的总产量是225万吨，2011年的总产量达393万吨，2011年比2010年增加168万吨。另外以河北省为例，2010年河北省瓜菜种植面积1057万亩，2011年瓜菜种植面积1880万亩，增加823万亩。

一是冬季储存蔬菜供应情况，主要包括大白菜、土豆、洋葱、水萝卜、白萝卜、青萝卜、胡萝卜、蒜苗（蒜薹）等几个品种。目前得到的信息是：土豆、洋葱供大于求，大白菜种植面积与2010年大体相当，供应充足，蒜薹库存充足，胡萝卜供应充足，其他萝卜供应状况与2010年大体相当，价格会相对稳定，总体来看冬储菜供应充足。

二是北方设施蔬菜供应情况，主要包括黄瓜、茄子、西红柿、芹菜、西葫芦以及小白菜、小油菜、小菠菜、香菜等小菜品种。小菜的生长期比较短，价格会不时地出现波动，涨几天、落几天是正常现象。但无论上涨或下降，持续的时间均比较短。

北方地区近几年设施农业发展很快，辽宁、内蒙古东部、甘肃、吉林、黑龙江的大棚蔬菜稳步发展。上述地区冬季大棚蔬菜的上市量正在赶超河北、山东两地冬季设施蔬菜在北京地区的上市量，对北京地区冬季蔬菜的贡献率年年递增。

冬季的黄瓜、西红柿供应充足。尤其是西红柿，近几年产量持续增长，辽宁的西红柿供应范围扩大到长江以南，2011 年的种植面积会超过 2010 年。现在需要注意的是病害，辽宁 2011 年秋季西红柿的种植面积就比较大，但是产量并没有同步增加，主要表现在单株产量的下降，挂果率、结果率下降。

甘肃的圆茄、长茄 2011 年初在北京的上市量不足，曾经使得茄子的价格一度走高，2011 年的上市量会有所加大。2011 年初，河北、天津的芹菜价格低于 2010 年同期，价位基本上属于正常。现在得到的信息是，那里的大棚 2011 年仍然准备种植芹菜。2011 年初西葫芦的价格低于 2010 年同期，但是价格比较合理。因此，我们认为 2011 年冬季的种植面积既不会扩大，也不会减少。

总体上看，冬季设施蔬菜的供应形势会略好于 2011 年初，价格稳定。

三是南方蔬菜供应情况。2011 年初，产自云南、四川、广东、广西、福建、浙江地区的蔬菜供应量超过上年，但是海南蔬菜的上市量小于上年，使得北京地区在春节前后的菜价明显上涨并创下新高。新发地市场 2011 年以来只有春节前的 20 天和春节后的 10 天加权平均价超过上年同期，这其中海南蔬菜的贡献率功不可没。

海南蔬菜的种植面积比上年同期扩大了 10% 以上，就是因为长时间的低温天气影响了蔬菜的生长，造成产量下降或上市期推迟。2011 年如果气象条件正常的话，海南蔬菜的供应会好于 2011 年初。值得注意的是四川、云南、广西的蔬菜，2011 年初，那里种植的菜花、白萝卜、生菜、豆角、豌豆、莴笋的价格一度较低，希望那里 2011 年种植的面积不要减少。现在广西的豆王、架豆已经进入收获期，价格比北京还高，暂时无法北运。总体上看，2011 年底之前，南方菜的价格可能有所增高，2012 年初价格会有所下降，供应基本稳定。

从总的情况来看，2011 年冬季至 2012 年春季北京的农产品供应一是数量比较充足，二是价格比较稳定。

三　北京在全国率先免除部分农产品入场费的重大意义

2011 年 11 月 1 日，北京市政府作出决定，率先在新发地市场对大白菜、土豆、洋葱等八个品种免收入场费，此举对于解决全国农产品卖难、平抑首都农产品物价和保障首都农产品充足供给发挥了重要作用。政府在恰当的时候做了一件恰当的大好事，具有特殊而重大的意义。

一是选择的品种正确，这八个品种是2011年冬、2012年春消费者的当家品种，每年占冬季消费的50%以上。

二是时间正确，这个时间选择的非常重要，11月至来年1月，正是全国人民两节（元旦、春节）期间的供应高峰期。

三是能够及时迅速地吸引全国菜源，源源不断地进入北京市场，保障首都农产品充足供应和稳定供应。

四　中国菜价不稳定的根本原因及对策

农产品价格很简单，就一句话：多了就贱，少了就贵。导致菜价上涨的原因主要有以下几点。

（一）自然因素

农产品生产和工业品不一样，它受天气、气候的影响比较大。近年来，中国气候变化无常，灾害天气较多且频繁，给农业生产带来诸多不稳定因素，导致农产品价格像坐“过山车”似的忽高忽低。

举以下几个例子。

一是从2009年11月初开始，中国北方地区连续遭遇两次强降雪，并逐渐进入30年一遇的冷冬天气，北京经历了数天－16℃、－17℃这样的极端天气，整个冬季气温均比常年同期低了3℃～4℃，2010年春天又出现了“倒春寒”。这种低温天气使得大棚的蔬菜生长缓慢，上市期推迟了一个节气（15～20天）。由于北方蔬菜上市推迟，4月上旬南方蔬菜逐渐退出北方市场后，北方蔬菜未能及时衔接，出现“断茬”，导致全国的菜价上涨。

二是2011年6月10号，当时去甘肃省会宁县考察，会宁县县长杨子明说，如果这个时候会宁下20毫米雨，就可以保证2011年玉米亩产能达到1000斤；如果不下雨，那么就可能颗粒无收。

三是2011年初，海南供应北方的蔬菜种植面积从2010年的240万亩增加到270万亩，当时好多人担心会出现卖难问题，但是年初海南经历了长时间的低温阴雨天气，蔬菜减产，没有出现卖难，反而供不应求。所以仅仅增加种植面积，不一定出现卖难，还要靠老天爷帮忙。当地老百姓开玩笑说：“农业的根本出路在于受灾。”

四是2011年以来，中国北方地区风调雨顺（比如内蒙古乌兰察布盟2010年降雨量是181毫米，属干旱，2011年的降雨量达300多毫米），使中国农产品大获丰收。洋葱、土豆等大丰收，价格就便宜。比如2010年土豆批发价为每斤1.5元，2011年土豆批发价为每斤0.5元。

（二）非自然因素

一是农业和农业干部弱势。多年走访中发现，中国农业和农业干部都处于弱势地位。有这么一组数据：2010年，全国有2862个县，其中国家级贫困县有575个县，而这575个县全是农业大县，就是说在中国凡是纯农业的大县都意味着贫穷和落后。

而农业干部，相对来说也是弱势群体。同样是当副县长，负责农业的副县长一般排最后。比如我们到外地征地的时候，无论是谁当县长、县委书记，都要把招商引资、发展经济作为“天字号”工程，甚至不惜一切代价。因为我们国家考核县长、县委书记的一个重要标准就是GDP，跟小学生考分一样，分数不高就考不上清华，德、智、体再好也都没有用。农业只能富民，不能强县。

二是产销信息不畅。近年来，中国农产品几乎年年出现“卖难”问题，为此国家领导人曾多次作出重要批示。出现这种问题的根本原因是农产品的产销信息不对称，缺乏对农民种植的科学指导，农民种植农产品几乎是“跟着感觉走”，盲目跟从，导致同一品种的农产品增产却不增收，打击了农民的积极性。

举两个例子。一是大蒜，2007、2008、2009年初过低的大蒜价格，严重挫伤了全国农民种植大蒜的积极性，致使全国大蒜种植面积锐减，从而导致2010年大蒜价格高得“离谱”。这种“离谱”其实是一种报复性上涨，这种上涨主要是市场行为，而不是个人行为。二是2011年7月28～29日和8月13～14日，在半个月之内，我先后两次到内蒙古乌兰察布市考察，看到那里一望无边的土豆，长势喜人，当时就预感到土豆、洋葱等农产品会出现卖难的问题，于是在7月份《中国蔬菜》杂志上我专门发表了文章进行预测。其实农产品价格很简单，就是受供求关系决定的。

三是种子价格过高。中国种子研发相当滞后，目前中国70%以上的种子被操纵在国际跨国农业企业手中。第一名是美国的先锋种业，第二名是美国的孟山都种业，第三名是瑞士的先正达种业，第四名是法国的利玛格兰种业，第五名是德国的拜耳种业。这几家种子公司垄断世界种业的75%，也垄断了我们中国70%的种业市场。我们中国种子唯一好点的就是袁隆平的水稻——隆平高科，他的品种每年向世界卖出五六十亿元回来。我们水稻种子领先世界15年，但是其他种子恰恰落后15~20年。

另外可以再举两个例子，新发地市场每年冬季要大量供应西瓜。西瓜主要的产地是缅甸，我们在缅甸租了十几万亩土地，专门在冬季向新发地市场供应西瓜。西瓜品种叫蜜童和墨童，主要优点在于一个西瓜长成之后，站上一个人不会碎，密度特别大。为什么要在冬季，在越南、缅甸种这些西瓜呢，主要原因是我们采用了瑞士先正达的种子。每颗西瓜种子3~4块钱，一颗种子只能长一个西瓜，冬季种完之后再运到北京能卖到一斤25~30块，减去种子，减去运费，还有结余。假如夏季在北京种，根本连种子钱都赚不回来。

现在东北开始种美国的转基因大豆。为什么种转基因大豆，海外巨头说你不种转基因大豆我不收你的，你要种转基因大豆我可以给你种子（中国70%的食用油被外资垄断）。以前报纸经常报道转基因的食品有可能损害健康，而现在有的说到目前为止还没发现转基因食品对人类有害。目前东北全种上转基因大豆了。如果再说转基因大豆有害健康，那东北种植大豆的农民无法出售。实际上，外资当初以低价或是免费送出种转基因种子，主要目的在于想从根本上垄断大豆种子。等东北的农民都种完几茬后，类似吸毒的效果，一旦吸上瘾了就给你断掉，那时种子想卖多少钱就是多少钱。

种子被外国垄断之后，对中国农产品的价格和生产都是“干扰”，种子也是一个国家的战略资源，能影响一个国家的执政能力。有农民就说，当初种子是白给，而现在是论粒买，一亩地光种子就要花掉几百元。而种子价格高，也是导致中国农产品价格高的原因之一。对此，我举一个例子，2011年我去内蒙古乌兰察布市考察，当地种了大面积的胡萝卜，一问当地的农民，全是日本的种子，叫红缨2号，一亩地光种子钱就400~500元。就是说不管种地挣多少钱，种子钱都是一笔很大的开支。

四是流通成本过高。中国农产品的流通成本远远高于种植成本。农产品种植就是四个环节：种子研发、种植、运输和销售。其中种植的利润是最低的，只占总利润的5%～10%，但是风险是最大的，赶上涝灾、旱灾、雹灾，损失都要由种植者来承担，好不容易赶上丰收了，但极有可能出现增产不增收的情况，卖不动了。在中国，种植者承担的风险最大，但获取的利润最低。

2010年，大家对2009年全国性“柴油荒”还记忆犹新，当时拉鲜活农产品的车辆在高速路上加柴油比较困难，每个加油站只许加200元的柴油，结果跑200千米又要找加油站，这样反复排队折腾，加大了运输成本。以云南到北京为例。以往运输鲜活农产品只需要三天两夜到北京，运输费1万元左右；而出现全国性的“柴油荒”后，拉鲜活农产品的车辆中途不断加油，本来加4～5次油就能到北京，结果要加40～50次以上油才能到北京，运输时间延长7～8天，运输成本上升至1.7万～1.8万元。

我们做了一个调查：从海口拉一车西瓜（27吨），行程2850千米，运费是23000元，油费是9300元，油费占整个费用的40%。距离近的像山东寿光，拉一车蔬菜（35吨），500千米运费2000元，油费是2000元，各占50%。远距离的油费比例低一些，近距离的一般都在50%以上。再比如从三亚拉一车芒果（31吨），3200千米运费25000元，油费是10002元，过海费3000元，油费也是占到40%。

2011年4月大白菜价格特别低，我们到山东金乡收购白菜，到了那儿农民说：“你们自己去地里采摘吧，愿意给就给我们几块钱，不愿给拉着就走吧，不收过几天也烂到地里了。”然后我们就砍白菜，找当地人收获、掰好、装进塑胶袋再装到车上，等装好车当时每斤白菜合八分钱，这属于人工费。从山东金乡运到新发地的运费每斤白菜合1毛5，这样即使农民一分钱没要，运到新发地大白菜也变成了2毛3。当时的批发价是2毛5，到城里的超市每斤要卖五六毛钱。这时城里人就要抱怨，这白菜怎么这么贵。而这个价钱还是菜农一分钱没要的价格。这和在海里打鱼一个道理，大海没向我们要钱，但运到北京，一斤带鱼一百多块钱，这其中是冷库、运费、人工等成本的叠加。

五是务农不如务工。从目前看，在城市务工的收入要远远大于在农村务农的收入，刺激了全国大量农民工涌入城市，导致务农人数越来越少。以北京为例，来京务工人员收入一般一个月在2000元以上，除了必要的生活开支，一年纯收入可达1.2万元左右，如果在农村种地，一年的纯收入远不如这个数字，这导致了大量农民工涌入城市。

我调查了一组数据：2003年农民与城市居民收入比是1∶2.86（农民年均收入2622元，居民年均收入7498.92元），2009年则变为1∶3.3（农民年均收入5000元，居民年均收入16500元），两者之间的差距越来越大。在“干什么”都比“种地强”和“务农不如务工”的大环境下，务农人数将会越来越少，留在农村的几乎是老人和妇女，农产品的种植成本就会增加。

六是粮价拉动菜价。近两年，国家连续调高稻谷、小麦的最低收购价格，而种菜基本上没有补贴，菜农往往存在“增产不增收”或“卖菜难”的市场风险。当农民种菜的收益不如种粮的收益时，他们自然会选择种粮而不去种菜。这是造成蔬菜价格不稳定的一个重要原因。

小麦和稻谷补助情况：国家发改委表示，为保护农民种粮积极性，进一步促进粮食生产发展，经国务院批准，决定2011年新粮上市起适当提高主产区生产的小麦最低收购价水平。规定：每50公斤白小麦（三等，下同）、红小麦、混合麦最低收购价格分别提高到95元、93元、93元，比2010年分别提高5元、7元、7元。每50公斤早籼稻、中晚籼稻、粳稻（均为三等）最低收购价格分别提高到102元、107元、128元，比2010年分别增长9元、10元、23元。

七是租赁费用太贵。在北京市三环以内租一间普通的20平方米的房子月租需要3000~4000元，有的租一个2~3平方米的摊位月租需要1000~2000元，好的地段更贵。而从事农产品交易的小商贩，大多来自农村，全家携老带幼来京需要不小的开支，而卖农产品具有运输损耗、时间长不新鲜等特点，为了能达到一个满足自身需求的“平衡价格”，他们不得不以“暴利”的经营模式销售，从而导致农产品价格到终端市场“翻着跟头涨”。而超市的价格也如出一辙，高昂的房租费、莫名的“进店费”等，使得超市内的农产品价格居高难下。

政府要想确保农产品稳产稳销，最核心的是抓好两条：一是信息，依托市场测算出全国各地农产品品种和数量的统计，而后有针对性地指导种植、生产；二是流通，尽可能地创造高效通畅、低成本的流通环境。最重要的是一定要保护农民的利益，如果打消农民种植的积极性，后果可想而知。

八是经济发展需要。中国正由温饱型向小康型社会转型，各种商品的价格都在调整，农产品也不例外，农产品价格上涨是社会发展到一定阶段的普遍现象，也是一种经济现象，很正常。比如经济发达的一些国家，蔬菜价格要比中国高许多。

我认为今后中国农产品领域还有以下几点发展方向。

第一，国家实行土地流转，搞规模化经营。第一次改革开放后分田到户，推动生产力发展。现在实行土地流转，是农业生产方式深化改革的一次飞跃，未来中国农业的发展方向应该是规模化经营，像国外一样走合作社的路子。

2011 年 10 月 11 ~ 12 日，我去辽宁省海城市考察，参观完后，我认为海城市市长项世伟的做法值得借鉴和学习，比如他们将流转的土地分类种植，农民有土地租金收入，同时参加生产，变成农民工人，月月有工资。种植方式分为一万亩大蒜、一万亩草莓等，这个就有效解决了小生产对大流通不匹配的问题，使产量和种植面积有所保证和可控，使得种植的面积和品种有计划。就是说市场经济下在指导农业生产过程中，要有计划经济的手段。

第二，加强信息指导，确保稳产稳收稳销。尤其是农业种植，在市场经济条件下，政府既不能完全放任自流，任期发展，又不能过多在价格上干预。那么如何做到稳产稳收稳销，让农产品的价格保持一个持续的发展水平，我个人认为政府应在信息指导上下大工夫。

泛泛地讲信息，很大也很空，具体落到实处，才能真正有效管用，起到“定海神针”的作用。首先，我认为必须真实，坚决遏制下面“欺骗”的数据和信息；其次，要充分利用全国批发市场真实的交易的真实数据，及时进行追踪统计，并进行科学分析；再次，统计完数据之后，要真正地用起来，及时将第一手的信息通过电视、网络、手机短信等有指导性和针对性地指导全国的农业生产。

第三，加强农村水利建设，确保农业稳产稳收。2011 年初，海南供应给北方的蔬菜种植面积从 2010 年的 240 万亩增加到 270 万亩，当时好多人担心会出现卖难问题，但是年初海南经历了长时间的低温阴雨天气，蔬菜减产，没有出现卖难，反而供不应求。为此，我们一定要从“农业的根本出路在于受灾”中得到启示和教训，深刻认识到“老天爷”对农业生产的重要影响，

农业种植要稳产稳收，就要下大力气加强农村的水利建设。比如，内蒙古乌兰察布市采取现代化的滴灌技术，使农产品的产量做到稳产高产，这种做法就很好，能够确保农产品种植在遇到不良天气时稳产稳收。比如使用滴落技术种植的土豆亩产 6000 斤，而靠天种植的土豆亩产 2000 斤。

第四，农产品必须打品牌。中国是种植大国，但却是品牌小国。我们号称在

世界上蔬菜占44%，水果占20%多，量是很大的，但是品牌是最次的，如果我们没有品牌，今后我们出口、食品安全永远是一句空话。但是打品牌太难了，只要是好的品牌一出来，冒牌的就来了。比如：

（1）大红袍茶叶，市场上一两十几万元和一两几块钱的大红袍都有。

（2）西湖龙井一年产20多斤，美国总统尼克松访华时，周恩来总理送给他一斤，后来还想要，结果没了。现在市场上的龙井多得是，价格还非常便宜。

（3）哈密瓜，有的哈密瓜吃起来真跟蜜似的，有的哈密瓜吃起来跟心里美萝卜似的，如果说没有好品牌，也卖不出好价钱。

（4）我们的奥运水果，评选出来的就比不是奥运水果加了5、6倍价格，因为它品质好，而且打出品牌了，专卖店卖出的价钱就高。

另外，再举两个例子：

（1）甘肃天水的花牛苹果，有一年去山西开大枣会的时候，我们一看，满山遍野种的苹果跟天水的苹果长得差不多，包装箱上全写着甘肃花牛苹果。我们要重视品牌，首先还要保护好品牌。

（2）因为柑橘事件，我到全国搞了好多调研，我到秭归的时候就发现了问题，后来我找他们县委，我说你们秭归的橙子本来很好，让你们给搞乱了，凡是好的橙子它都打一个外国名字，自己都不打秭归名字，别的地区不好的橙子倒写成秭归橙子，所以到新发地卖的秭归橙子不是秭归的，打着外国标签的倒是秭归橙子，就是说打品牌政府得给予一定的支持，给一种政策上的倾斜来保护；如果我们总不立法，好的品牌总出不来就麻烦了。

第五，要高度重视食品安全。

（1）中国的食品安全总体状况是越来越好的，新发地市场从1999年对农产品开始抽测，不合格率是4.6%，2010年的不合格率是2.3%，不合格率下降速度还是很快的。

（2）记者炒作，出现信任危机。比如柑橘事件。2008年的柑橘事件影响是很大的，就是因为记者炒作、老百姓也不信任造成的。香蕉事件的情况是有信息说香蕉能致癌，结果导致了香蕉的滞销，最后只能用香蕉喂猪。2007年4月11日的西瓜事件缘起于一名小报记者写的一篇题为《一个小西瓜毒倒父女俩》的文章，引起了公众对西瓜的恐慌。

（3）分段管理。中国农产品的安全问题是分段管理的，因为农业部只管种植，到了流通领域是由商务部负责的，到成品则由质检部门管。有些国家是纵向管理，中国分段管理很容易出问题。比如“三鹿奶粉事件”之后，最后说奶的问题归谁管？农业部说我出厂奶是没有问题，已经完成我的任务了；商务部说，这奶还没有进入我们流通领域呢。这个问题就变成了“三不管”问题。总理讲了一句话，企业家血管中要流有道德的血液，这一点太重要了。我觉得咱们中国有些企业家的血中缺的就是道德血液。我们不管是养殖还是种植，不安全的原因，一个是源头，一个二次污染。三鹿就是二次污染问题，但是更多的问题出在源头。

2007 年，因为猪肉价格居高不下，温总理到新发地去调研，之后我又随着总理到河北邯郸的一个私人养猪场调查。养猪场一边有几百头猪，一边却只有两头猪，总理问为什么不把这两头猪都放到一起养，那农民说不行，这两头猪不吃饲料，是他自己吃的，那边的是用来销售的。这说明一个问题，安全的农产品是种出来的，不是市场检测出来的。你到市场就等于到了汪洋大海，所以要从源头抓起，不要把责任都归到市场身上。一车圆白菜，拉的几十家的，你检查里面一棵圆白菜合格，你能说代表这一车的圆白菜全部都合格吗？这是几十家的，我觉得一方面要规模化经营，一方面要打品牌，一方面得从源头上抓起。

还有一点，要提高农民的素质。以前有消息说河北的白洋淀污染了，当地的县长说不好管，一个白洋淀三四个县围绕着（荣城、雄县、安新），光我一个不污染，别人污染我管不了，这不好弄。前两年太湖污染了（安徽、江苏、浙江），也有很多人说不好弄，好几个省管太湖，周边有 1000 多个化工厂那个怎么弄啊。去年我去欧洲到了多瑙河，流经好几个国家，却都没污染。我说你三个县就管不了，三个省就管不了，人家三个国家怎么管得了啊？根本原因其实就是素质问题。

五　如何应对突发事件以保证价格稳定

保证大城市农产品的安全、稳定供应，提高“三率”是关键。尤其是像北京、上海、广州这样的大城市，只有不断提高农产品供应的自给率、可控率、调控率，才能有效确保在极端天气或突发事件中农产品数量有充足的供给且价格稳定。

一是提高自给率。这是提高大中城市自产自足的最有效方法。众所周知，目前中国大中城市蔬菜种植面积越来越少，城市人口却越来越多，而在城区加大蔬菜种植面积是保障城市蔬菜供应最安全的办法之一。北京市政府计划在几年内使北京市的蔬菜自给率由现在的28%提高到35%，蔬菜种植面积由50万亩增加到70万亩，这就是提高城市自给率的最有效方法。

二是提高可控率。这是保证城市农产品安全稳定供应的长效方法。作为承担着首都80%以上农产品供应的北京新发地市场，目前我们正在北京市周边、河北省环北京方向洽谈建设8~10个市场，通过和周边农民搞订单农业，确保北京市农产品的安全稳定供应。同时，我们在全国各地建立了550万亩农产品种植基地，通过订单农业和产地储备的方式，确保在特殊情况下能够迅速从全国各地的农产品种植基地调菜，保证首都市场的安全稳定供应。

三是提高调控率。这是短时间内无外埠供应情况下有效保证城市农产品供应的最有效方法。目前，新发地市场有1万吨冷库作为北京市政府的应急储备，分别在2008、2009、2010年担负了北京市政府的储备任务，并在2009年底至2011年初北京市连续下五场大雪的情况下发挥了重要作用。2010年1月16日，温家宝总理视察新发地市场后，给予了较高评价，并提出“如果大雪封了高速路或下七天大雪，能否保证首都供应”的新课题。为此，我们正在积极筹建12万吨的北京市最大冷库，此冷库建成后将会大大提高首都农产品供应的调控率。

同时，我认为我们的各级政府和领导，还要保护好两方面的利益：一是保护农民利益，给农产品价格上涨一个合理的空间，毕竟随着中国经济的快速发展，各种物价都在上涨。农产品价格的适度上涨，不仅有利于农民增收，有利于建设社会主义新农村，而且有利于扩大内需，实现经济社会又好又快的和谐发展。反之，当务农不如务工，在“干什么”都比“种地强”的时候，种地的农民将会越来越少，那时的农产品价格势必会越来越贵。二是保护农业干部。目前，政府在考核提拔干部时，GDP是一项硬指标，不论你其他工作干得多么出色，这个硬指标上不去就很难提拔。农业干部虽然没能为经济发展作出十分突出的贡献，但它是基础，是一切发展的前提，没有稳定安全的农业保障，就没有经济大发展大繁荣的今天。为此，我们建议政府要转念思想观念，保护农业干部，重点提拔和使用有突出贡献的农业干部。

Analysis of Agricultural Products Markets Functioning and Vegetable Supply Situation for Beijing

Zhang Yuxi

Abstract: Based on Beijing XINFADI agriculture products wholesale market, the text describes the function of the wholesale market of agricultural products, analyzes the supply of Beijing agricultural products, especially vegetables, and briefly reviews the great significance of part-free admission fee to agricultural products in Beijing for the country, and then explains the root causes of instability countermeasures of Chinese vegetable, and how to respond to emergencies so as to ensure price stability.

Key Words: Agricultural Products; Agricultural Products Wholesale Market; Vegetables Supply

B.11

专题报告6 城市生鲜农产品配送体系发展

唐建华*

摘　要：随着生活水平的提高和生活方式的改变，消费者对于生鲜农产品的数量和质量的要求均在不断提高。生鲜农产品配送体系作为流通环节的最后一环，直接关系到农产品能否保质保量地顺利抵达消费者手中。本文从配送模式、配送中心和配送环节着手，梳理生鲜农产品配送体系现状，发现既存的问题，进而提出完善配送体系、提高流通效率以更好地满足消费者需求的政策建议。

关键词：生鲜农产品　城市配送　配送模式　配送中心　配送环节

随着生活水平的提高和生活方式的改变，作为食物消费主体的重要组成部分——生鲜农产品，消费者对其数量和质量的要求均在不断提高。根据国家发展改革委员会公布的数据显示，中国每年约有4亿吨生鲜农产品进入流通领域，城镇居民的食品消费支出中，生鲜类食品的消费已超过50%。同时，消费者对其质量和品种多元化也提出了更高的要求。但生鲜农产品的特性和现有条件的约束导致生鲜农产品在物流过程中损耗严重，大大降低了流通效率，影响了产品的价值实现。而生鲜农产品配送体系作为流通环节的最后一环，直接关系到农产品能否保质保量地顺利抵达消费者手中。梳理生鲜农产品配送体系现状，发现既存的问题，是完善配送体系、提高流通效率、更好地满足消费者需求的必经路径。

* 唐建华，博士，中国农业大学经济管理学院金融系副教授，研究方向为市场营销、发展金融。

一　城市生鲜农产品配送的内涵和意义

（一）城市生鲜农产品配送的内涵

1. 配送概念

按国家质量技术监督局发布的中华人民共和国国家标准“物流术语”，关于配送的解释是：在经济合理区域范围内，根据用户的要求，对物品进行挑选、加工、包装、分割、组配等作业，在物流据点内进行分拣、配货等工作，并将配好的货物适时地送交收货人的过程，是物流中一种特殊的综合的活动形式。

2. 生鲜农产品及特征

生鲜农产品是指由农业生产部门生产的没有经过少许加工的，在常温下不能长时间保存的初级食品，一般包括蔬菜、瓜果、肉类、水产品、禽蛋等。生鲜农产品不同于其他消费品：它的含水量高，保鲜期短，易腐败变质的特性限制了物流时间的上限和物流半径，提出了时效性要求；作为食品本身，它提出了安全性要求；而消费者的口味多变性，则提出品种多样性的要求。上述特性决定了生鲜农产品配送的基本特征与要求：以最短的时间、最少的流通环节进入消费环节；保证生鲜产品在流通中实现品质的稳定或提升；保证向消费者提供新鲜、安全的多样性生鲜产品。

3. 城市配送特点分析

生鲜农产品的特性使城市生鲜配送具有以下特点：（1）其生物学特性的鲜活性、易腐易损性限定了物流时间。许多农产品的价值随时间推移而呈现显著降低，如水果、蔬菜等典型的易腐农产品，在库存和销售环节中，随时间的流逝，其功效或价值将快速下降，因此对其配送提出了时效性要求。（2）生鲜农产品对配送条件的高标准导致其配送范围的局限性。即便采取了保鲜等措施，农产品的鲜活易腐性仍会导致一定比例的损耗，而且这个比例会随着时间和距离的加大而迅速增加，使流通成本上升，这就限制了农产品的流通半径。同时，生鲜产品加工配送环节对保温保鲜、加工制作周期等诸多条件限制很多，这也在很大程度上限制了生鲜加工配送中心服务支持半径，使其不同于常温产品的配送。（3）单位产品价值低、体积大使其物流运输成本巨大，要尽量做到减少搬运次数以减少在途损耗，控制逆向物流的生成率以降低运输成本，以直达运输为佳。（4）加工增值性使配送有利可图，可提升商品的价值。在进入家庭消费之前，还需经过分类、加工、整理等活动，通过初加工使参差不齐的农产品规格化、标准化，加工增值是农产品配送的重要内容和关键环节。生鲜产品的区域性生产、季节性上市和全年消费也使得配送具有较高的增值空间。（5）生物特性对农产品流通中的储存、保鲜、加工等环节有很高的技术要求。在物流技术上，生鲜食品不宜采用常温干货配送，而要求有相应保鲜条件，所需设备具有更强的资产专用性，同时成本也更高。（6）消费者口味的多样性提出了品种多元化的需求，使得生鲜农产品具有很强的市场运作空间，而产品品种多样性对运输工具和包装材料、形式的要求也就更高。另外，消费者对于食品安全的需求也可以通过配送予以控制。

（二）城市生鲜农产品配送的意义

经济发展带来人民生活水平的提高，进而使生鲜农产品的供求产生了巨大的变化。具体体现在以下几方面：（1）生鲜农产品的生产量急剧增长。2010 年肉类产品达到 7926 万吨，水产品 5373 万吨，奶类产量 3748 万吨，水果产量 21401 万吨，蔬菜产量 65099 万吨，禽产量 2763 万吨。分别是十年前产量的 1.3 倍、1.5 倍、4.1 倍、3.4 倍、1.5 倍、1.3 倍。中国生产的蔬菜约占全球蔬菜总产量的 60% 以上，总产值超过 4000 亿元，约占农业总产值的 17%。肉类、水产品、蔬菜、水果等主要农产品产量均居世界首位①。（2）生鲜农产品消费需求的不断变化。随着收入水平的提高，消费者增加了对生鲜农产品的消费支出，需求由量的增加转向对质的追求，更加关注生鲜农产品的多样性、营养性、新鲜度和安全性。（3）生鲜农产品的需求主体不断增加。餐饮企业、企事业单位、学校、医院等生鲜农产品需求主体越来越多。以餐饮业为例，餐饮业发展非常迅速，2010 年全国餐饮收入达 17648 亿元，占社会消费品零售总额的 11.24%，餐饮消费持续成为消费品市场的一大亮点。餐饮业的迅速发展增加了生鲜农产品的需求量，同时也提高了对农产品物流的要求。（4）连锁超市快速发展并不断扩大生鲜农产品的经营规模，强化了对生鲜农产品现代物流的需求。原因在于生鲜农产品与消费者日常生活最为接近，从某种程度上讲，超市经营成败在很大程度上与生鲜农产品的经营状况相关。从 2010 年

① 商务部流通产业促进中心：《中国农产品流通发展报告》，《中国流通经济》2009 年第 1 期。

中国零售业中生鲜产品状况看，生鲜类商品销售额占总销售额比例已达24.5%，生鲜类商品平均销售额为10.89亿元，其中12家企业过20亿元，80%的企业过亿元①。

在生鲜农产品发生上述变化的同时，中国物流成本仍然存在很大的问题。有统计数据显示：目前发达国家物流成本一直控制在10%左右，中国物流成本一般占总成本的20%～30%，农产品物流成本更高，鲜活农产品达到60%以上。美国果蔬在物流环节的损耗率仅有1%～2%，而中国在果蔬等鲜活农产品在采摘、运输、储存等物流环节上的损失率为25%～30%。若以此计算，中国果蔬等鲜活农产品每年约有1亿多吨水果蔬菜烂掉。

配送作为鲜活农产品流通的重要环节，是提高生鲜农产品价值和质量的有效途径。上述生鲜农产品的供求状况变化对城市生鲜农产品的配送提出了进一步的要求，决定了生鲜农产品的配送意义主要体现在以下方面：（1）鲜活农产品配送是小农户和超市、食堂、餐厅、加工企业鲜活农产品连锁经营结合的桥梁；（2）有利于鲜活农产品创品牌、创名牌，促进鲜活农产品的优质优价；（3）有利于促进鲜活农产品的质量监控，特别是配送业在发展自己的生产基地时，有利于鲜活农产品的全过程监控；（4）有利于稳定鲜活农产品的产销关系，保证鲜活农产品的稳定供应；（5）有利于提高鲜活农产品的经济效益，促进农村剩余劳动力就业。

本文拟从配送模式、配送中心和配送环节三个部分，对城市生鲜农产品的配送体系展开详细论述。

二 城市生鲜农产品的配送模式

配送模式是城市生鲜农产品配送的结构框架和线路图，清晰的配送模式描述是研究配送体系的首要任务。总的来说，中国生鲜农产品配送在全面市场化流通过程中逐步形成了满足市场需求的多元化模式。

中国生鲜农产品物流配送的主体主要包括单个农户、贩销户、代理商、运输户、农民专业协会、农民合作经济组织、冷库经营者、仓库经营者、批发商、加

① 中国连锁经营学会：《2010年中国零售业生鲜经营状况分析报告》，2011年6月第三届中国零售业生鲜经营高峰论坛，重庆。

工企业、农业生产企业、连锁超市、网络销售商等。目前，按照货源配送主要承担方的不同，中国鲜活农产品流通中主要经营主体的配送模式有以下四大类型：以批发市场为主体的模式，以连锁超市为主体的模式，以加工企业为主体的模式，以第三方物流为主体的模式。

（一）以批发市场为主体的鲜活农产品配送模式

农产品批发市场是生鲜农产品流通的主渠道。中国目前已经初步形成了以销地大宗农产品批发市场为主体，产地专业批发市场为基础，中转集散型批发市场为补充的农产品批发市场网络系统（见图1）。以批发市场为核心来组建物流配送模式，在于通过批发市场上供求双方的竞买竞卖，形成公正、真实的农产品价格，来准确地反映鲜活农产品的供求状况，发挥其集商流、物流、信息流于一体的优势来引导农产品的生产经营、销售、配送等活动，整合优化鲜活农产品供应链链条上的各种资源，最终实现低成本、高效率化的物流配送运作①。

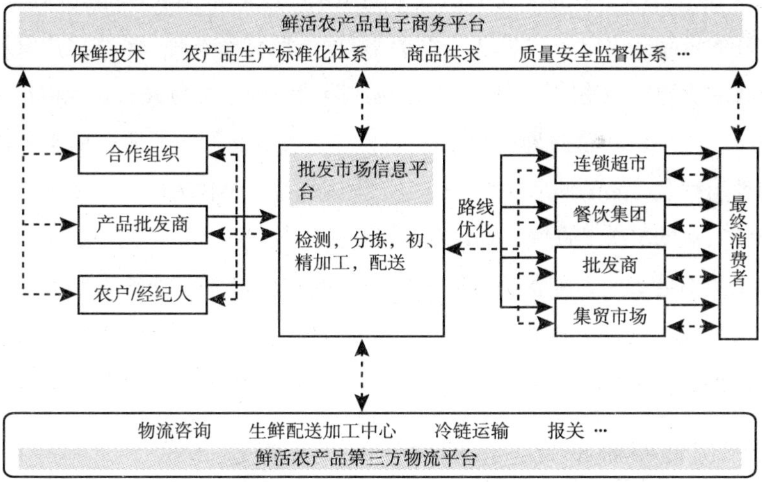

图1　以批发市场为主体构建鲜活农产品配送模式

注：——▶代表物流，◀- - -▶代表信息流，下同。

资料来源：刘婵媛：《鲜活农产品配送模式及路线优化研究》，华中科技大学硕士学位论文，2006。

① 刘婵媛：《鲜活农产品配送模式及路线优化研究》，华中科技大学硕士学位论文，2006。

中国“小农户，大市场”的矛盾导致了在众多的小农户和巨大的市场之间需要一个庞大的流通体系来完成生鲜农产品的集散功能，顺应需求产生并形成批发市场主导型鲜活农产品物流模式。目前，中国有4000多家农产品批发市场，覆盖了所有的大中小城市和农产品集中产区，农产品通过批发市场流通的比例超过70%，在部分大中城市，这一比例超过了80%。调查显示，城市农贸市场91.7%的货源，生鲜超市62.4%的货源均来自批发市场①。农产品批发市场作为农产品流通的中心枢纽，对保障城市供应、解决农产品“卖难”问题起着重要作用。批发市场中批发商的货物来源主要来自贩销大户和农民专业合作社，其中以贩销大户为主，大约占总量的70%，农民专业合作社所占比例大约为30%②。经过批发市场的物流和信息平台，将生鲜农产品配送到批发商、餐饮集团、农贸市场和连锁超市，最终抵达消费者手中。以北京、深圳、上海、广州、成都等大城市的农产品流通为例，有近70%的蔬菜、水果、水产品是通过农产品批发市场和农贸（菜）市场等流通的，有20%左右是通过公司加农户的基地模式或超市流通的，有10%左右是通过其他摊点、商贩等销售的③。

批发商在批发市场中的交易一般是随机行为，主要依据农产品的新鲜程度、价格、供货商的货品来决定交易对象，通过信息搜集和交易谈判，最终完成交易。但这种交易模式的货源组织稳定性差，面对市场风险的时候，交易关系表现得很脆弱。从目前国情看，该种模式较好地解决了“小农户，大市场”的矛盾，初步承担了大规模、多品种生鲜农产品的集散功能。但由于设施和技术仍较为落后，使得中国农产品批发市场依然在低层次上发展。到目前为止，全国农产品批发市场中配备食品检测设施设备的比例不足25%，配备保鲜储藏库的比例不足45%，配备陈列冷柜的比例不足15%，配备垃圾处理设施设备的比例不足45%，配备污水处理设施的比例不足25%，建有网络信息中心的比例不足35%，拥有电子结算设备的比例不足2%④。

（二）以连锁超市为主体的鲜活农产品配送模式

连锁超市或生鲜超市的经营是以强有力的配送加工中心为依托的，是通过统

① 李远方：《城市农贸市场升级进入“大跃进”时代》，2011年4月19日《中国商报》。
② 商务部流通产业促进中心：《中国农产品流通发展报告》，《中国流通经济》2009年第1期。
③ 商务部流通产业促进中心：《中国农产品流通发展报告》，《中国流通经济》2009年第1期。
④ 李远方：《城市农贸市场升级进入“大跃进”时代》，2011年4月19日《中国商报》。

一订货、统一分配、统一运送、协调互补来减少中间环节以做到进价低廉，通过集约化配送，最终让利于消费者（见图2）。往往是超市拥有自己的生鲜采购部，专门负责生鲜农产品的采购，其采购方式主要是基地采购和中间商、代理商采购，其中基地采购数量较少，中间商、代理商采购数量较多。目前，很多超市的生鲜采购也在尝试基地采购、农超对接。

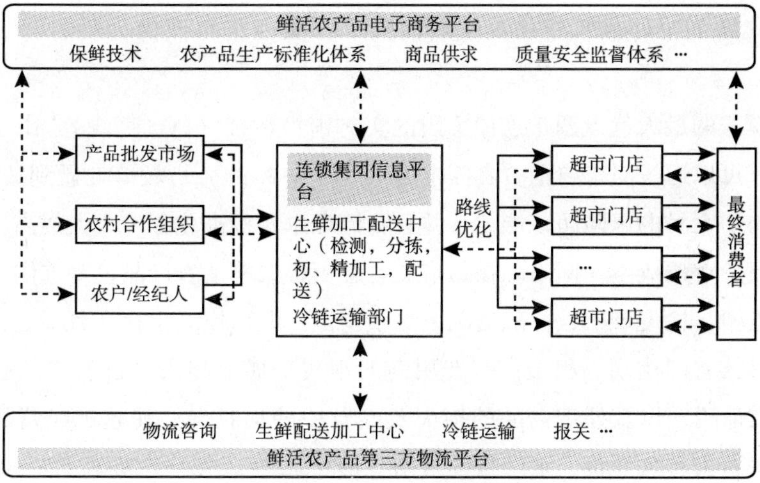

图2　以连锁集团为主体构建鲜活农产品配送模式

资料来源：刘婵媛：《鲜活农产品配送模式及路线优化研究》，华中科技大学硕士学位论文，2006。

农产品消费超市化是消费发展规律，这一点已被全球超市的快速发展所证实，欧美发达国家60%~90%的农产品通过超市零售，发展中国家的超市化步伐也在加快。而在中国，平均仅有6%的农产品是通过超市销售的。近年来，生鲜类商品销售额占超市总销售额的比例不断上升，2008年为12.5%，2010年则达24.5%，增长了近一倍。可以预见，未来若干年内，中国的农产品超市化特别是生鲜农产品的超市化将进入高速发展阶段。另外，超市配送加工中心的迅速发展也为以连锁超市为主体的鲜活农产品配送模式的发展提供了良好的条件。58.3%的连锁零售企业有独立的生鲜配送加工中心，平均配送单品831种，其中加工型商品350种，配送半径平均为99千米，57%的配送频率为每天2次，平均面积为6630平方米，冷冻及冷藏库面积平均占比为30.6%，配送中心平均拥有运输车辆22.2辆，冷冻冷藏车占47%，48%的企业租用第三方车辆①。

目前在中国，连锁集团的鲜活农产品进货渠道复杂，农户、合作组织、批发市场、农产品经纪人、农产品加工企业都是其供应商的一部分。以果蔬为例，超市采购中合作社采购比例为38.4%，批发市场采购比例为36.1%，经销商采购比例为25.5%②。如何对于鲜活农产品供应商进行有效的管理和控制，能否通过利益协调和再分配机制来建立其双方的长期性战略合作关系是以连锁集团为主体来组建物流配送模式下，能否获得低价优质的鲜活农产品的关键。

该模式的最大优点源于连锁集团的实时销售系统（POS系统）。由于各终端零售超市可以通过对来自消费者需求的第一手资料的分析较好地做到按需配送，大大提高了交易的风险防范能力，并且物流配送的标准化程度大大提高，还降低了供应商的运输成本。同时，在超市类业态销售的鲜活农产品，要求供货方提供相关的检验、检疫证明，一般情况下比较安全。但该模式也存在着不足：各大超市普遍存在着门槛高、租金高、费用高的现实，加上超市经营农产品必须缴纳13%的增值税，以及处理商品的损失及经营中的损耗等，使超市经营的新鲜蔬菜、水果、肉、禽、蛋、水产品等价格一般比农贸（菜）市场高5%~20%。高菜价使得普通居民一般不愿在商场买菜，降低了配送规模进而妨碍了规模效益的实现③。

（三）以加工企业为主体的鲜活农产品配送模式

以农产品生产基地为主导的物流配送模式也在不断发展。该模式的配送产品全部来自生产基地，配送去向主要是连锁超市、食堂、院校、宾馆、自建生鲜专卖店和批发代理商。配送中心配有专门的人员从事订单接收、货源组织、车辆调度、信息反馈等工作（见图3）。

该模式下，配送商品的大部分是自有土地生产的产品，虽然也会与部分农户

① 中国连锁经营学会：《2010年中国零售业生鲜经营状况分析报告》，2011年6月第三届中国零售业生鲜经营高峰论坛，重庆。

② 中国连锁经营学会：《2010年中国零售业生鲜经营状况分析报告》，2011年6月第三届中国零售业生鲜经营高峰论坛，重庆。

③ 商务部流通产业促进中心：《中国农产品流通发展报告》，《中国流通经济》2009年第1期。

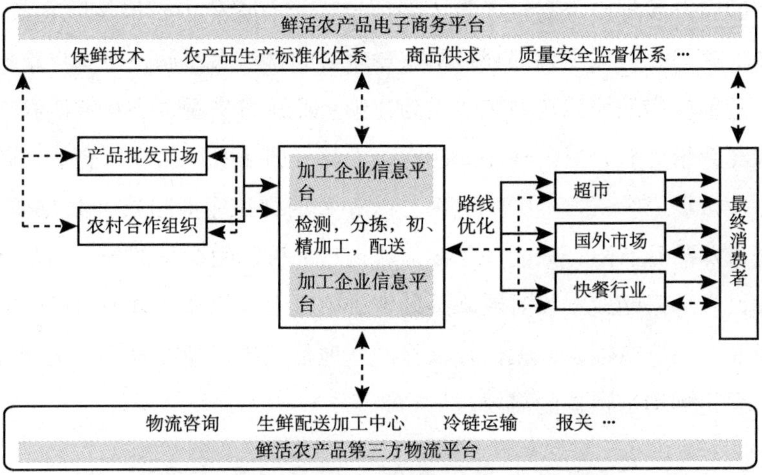

图3　以加工企业为主体构建鲜活农产品配送模式

资料来源：刘婵媛：《鲜活农产品配送模式及路线优化研究》，华中科技大学硕士学位论文，2006。

签订收购协议，但量小质优使得这部分带来的市场风险变小。采用该模式的配送中心配送货物的来源属于紧密型，能够比较准确地预计基地的产品、品质等基本情况，基本保证了其货源的充足性和稳定性，货源组织化程度比较高。生产基地的统一标准和管理，增加了农产品的品质，安全得到了保障。该模式下的配送中心往往是基地的一部分，可以更好地满足物流环节的信息反馈并给予快速反应。但是，由于农业生产基地目前在中国还没有形成规模化，因此基地配送模式的规模往往较小，物流成本相对比较高。

农产品加工企业相对于其他经营主体而言，其独特之处在于：可以通过集中其企业内部各种相关资源来进行加工设备、加工工艺和方法的更新；通过对市场上鲜活农产品加工需求的把握和开发，来实现鲜活农产品的加工规模化优势；通过对其加工品牌的经营，借助其品牌的规模优势、渠道优势来提升旗下相关产品的附加值，发挥品牌优势，实现优质优价。其核心竞争力的大小取决于该加工企业的加工设备是否现代化，加工工艺是否先进化，加工品质是否标准化，加工品牌是否市场化①。以零售企业建立生产基地为例，这种模式大多是连锁经营企

① 刘婵媛：《鲜活农产品配送模式及路线优化研究》，华中科技大学硕士学位论文，2006。

业，店铺已经发展到一定数量，为了保证连锁店有竞争力，增加顾客进店频率，确保销售一些无公害蔬菜或部分价格有竞争力的鲜活农产品，与农户或规模生产企业建立基地生产关系。这种模式作为连锁企业总量来看，从其鲜活农产品的经营品种和经营量分析，只占较小的比重，大部分鲜活农产品零售企业还是直接从农产品批发市场、第三方生鲜配送中心或相关的加工企业进货。其主要原因是：基地生产采购品种有限，只能满足零售店销售品种的很少一部分。当基地采购规模有限时，产地采购成本相对较高，销售价格也水涨船高，就失去了应有的竞争力。鲜活农产品季节性强，无论什么样的基地都很难保证零售企业全年经营本产地产品，并达到均衡销售的需要。

（四）以第三方物流为主体的鲜活农产品配送模式

基于第三方物流企业运作模式的货源主要来自农民专业合作社、农业协会、农业龙头企业等生产基地和批发市场。其中最主要的采购模式为基地采购，辅以批发市场采购模式。生鲜农产品共同配送的运行，其货源可以是多家农户、农产品基地、农业供销合作社或农产品配送中心共同组合成新的公司，或以现有配送中心为核心，从上述货源渠道进行分散集货，统一对多家用户进行配送。该模式货源组织形式多样，依据共同配送对象要求和地点来灵活选择。

第三方物流企业运作模式的优势主要体现在：与供应商和客户建立了长期稳定的契约关系，货源的供应和销售有组织保障；实现了风险共担，降低风险；提高了专业化服务水平；灵活运用新技术，实现以信息换库存，降低了成本；提供灵活多样的服务，为顾客创造更多的价值。第三方物流的发展有利于激励物流环节专用性资产的投入，改善目前物流专用资产投资不足的情况。第三方物流的逐步发展和壮大使分散的物流业务得到集中，物流的规模效益将日渐显现。从定量的角度研究表明，第三方物流的使用，估计可以降低7.8%的物流成本，减少21.6%的物流资产，订单周期从6.3天降到3.5天，而客户满意率从64.8%提高到69%[①]。主要缺点在于：由于生鲜农产品生产和消费的季节性，配送中心有

① Sink, H. L., Langley, C. J. & Gibson, B. J. "Buyer Observations of the US Third-party Logistics Market", *International Journal of Physical Distribution & Logistics Management*, 1997, 30 (5): 36-46.

时难以保证服务的准确及时以及服务质量，同时也存在一定程度的连带经营风险。但目前中国生鲜农产品的第三方物流企业数量少、规模小、实力弱，信息系统和网络建设落后，只能简单地提供运输、仓储和初加工服务，随着信息技术和物流服务的发展，第三方物流配送也将成为生鲜农产品配送模式的主要发展方向之一。

除此之外，还有一些其他模式，比如网络农产品销售多是企业直接对消费者的销售。其货源组织多是经过生产基地或批发中心，通过采购合同的形式建立合作关系，以保证货源供应。网络销售是随着网络的不断发展而发展起来的，网络配送的优势主要体现为响应快速以及交易简单，缺点则是产品质量难以保证。

三　城市生鲜农产品配送中心的建设

配送中心是城市生鲜农产品配送路径的关键节点，其建设规模和运行状态直接关系到配送的数量、质量和效率。

（一）配送中心的内涵和功能

配送中心是指从事配送业务的物流场所或组织，应符合以下基本条件：主要为特定用户服务，完善的信息网络，配送功能健全，辐射范围小，以配送为主，储存为辅，多品种，小批量。设立配送中心主要是为了实现物流中的配送行为，因此配送中心是位于物流节点上专门从事货物配送活动的物流设施或经营实体。配送中心的基本功能包括储存、运输、分拣组配、集散、流通加工、衔接、装卸搬运、包装和物流信息处理。增值功能包括结算、需求预算、物流系统设计咨询、物流教育与培训。在生鲜农产品配送体系中，配送中心对整个系统的效率提高起着决定作用，处于重要位置。在整个供应链中，生鲜农产品加工配送中心连着消费者和生产者。配送规模越大，管理水平越高，对整个供应链的动力就越大，生产成本就越低，对市场的拉动就越大，就越能保证供应链的平稳运行。

生鲜农产品加工、配送中心是汇集超市分店的订货，向生鲜农产品的生产者进行采购，接受生产者送货，按连锁分店的订货要求进行加工、包装、分拣组配，并按规定的时间将配送的商品直接送交连锁分店的流通机构，是超市配送业务的主要承担者，根本任务在于通过高度集中的采购和配送，使连锁超市实现理想的经济效益。生鲜配送中心的物流过程包括以下几点：（1）订货。生鲜配送中心的订货通常不是根据库存自动生成订单，而是切实收到门店的订单并汇总后再决定如何订货。如果有库存现货，则直接取用；如没有或者数量不足，再向供应商或采购基地发出订单。（2）收货。收货包括收取货物和验收入库。经过收货验收后，仓库人员要按照类别、品种将货物分类，分别存放到指定的仓位和场地，或直接进行下一步操作。（3）加工。包括对生鲜食品进行包括清洁、分拆、分选、包装等简单处理。（4）存储。生鲜产品的存储有特别的要求，而且保管难度大，稍不注意，便会造成腐败变质。为了减少损耗的产生，存储时要使用各种保鲜、养护手段，目前使用较多的有冷藏储存、臭氧杀菌等方法。（5）分拣。生鲜产品一般以摘果方式进行拣选。（6）配送。包括装车和运输。装车时，配送中心常常把同一条送货路线上不同门店的货物拼装在同一辆送货车上。运输一般都使用自备的车辆作业，有时也借助于社会车辆。此外，还有退货、废弃物处理等作业。

（二）配送中心的发展状况

总结近年来配送中心的发展状况，可以归纳为以下几点。

1. 配送中心的迅猛发展

从20世纪90年代初开始，深圳、北京等地的大型综合超市开始经营生鲜。最初始的经营均是以联营和批发市场采购为主，经营的品种和价格受市场变动的影响较大，不够稳定。随着经营规模的扩大和自身实力的增强，超市逐步开始了生鲜自营的历程。自2000年起，国内开始建设生鲜配送中心。近几年，零售连锁行业的竞争越来越激烈。为了增强市场竞争力，零售连锁企业开始自营生鲜，因此必须自己从基地采购、自营加工和配送来给门店做生鲜经营支持。所以，鲜配送中心的市场需求明显放大。截至2009年底，中国连锁百强中有90多家建立了自己的独立配送中心。70%的快速消费品百强企业有独立生鲜配送中心，其中80%为自建，而2005年建设和使用生鲜物流配送中心的比例只有不到10%。使用生鲜物流配送中心的大多数企业可以做到每天向门店配送一到两次①。在社会物流不能满足企业需求的情况下，自建物流对零售企业保持网点快速扩张意义重

① 中国连锁经营协会：《中国连锁零售企业经营状况分析报告2010～2011》，2012。

大，包括稳定商品供应、灵活调配、节约成本、提升生鲜经营水平等。目前，仍有很多年销售额在几十亿元到上百亿元的大型零售连锁企业正在筹建生鲜配送中心。另外，由于商务部着力推广农超对接项目，在很多二、三线城市，有不少年销售额只有几亿元的区域性中小零售连锁企业也在筹建或者向商务部申请生鲜配送项目。这些配送中心的建设呈现多渠道模式，有原国有企业批发市场改建而成，有连锁商业企业自建，也有第三方物流按照客户需求而建设。

2. 生鲜配送加工中心质量有所提高，但发展水平参差不齐

近几年，连锁零售企业的物流配送中心项目增加了很多，这是企业发展到一定规模并具有一定实力后的必然趋势。连锁经营的一个突出特点是网点多、分散广，好的物流配送中心对提高效率具有关键性的作用。目前企业的物流配送中心建设主要有以下几个特点：（1）规模大，技术装备高，手持PDA、高层货架、叉车、堆垛机、分拣流水线等应用很普遍。（2）大多数带有生鲜加工中心，目的是提高生鲜产品的附加值，获得更高的毛利水平。（3）注重冷链物流建设，从低温冷库到冷藏车到店内冷藏设备，正在形成一个封闭的链条。（4）注重仓储管理系统、物流配送管理系统、数据分析与挖掘工具等的应用，通过这些技术的应用，企业的库存水平得到合理控制，而周转率则有一定提高①。这些特点都为提高配送中心的效率提供了良好的基础。但生鲜配送中心的建设水平参差不齐，大型流通企业的物流中心建设流程比较规范，而餐饮业和农产品流通体系的配送设施建设水平往往差别较大。并且，国内的生鲜配送中心总体运营状况不太好，加工功能发挥不足，多数都存在开工不足的情况。现有的一些生鲜配送中心大多面积较小，功能简单，负责配送单品数量仍然少。国内零售企业拥有门店的规模和分布差异很大，业态复杂，不同业态的配送特点和要求的差异性也降低了生鲜物流中心的效率②。

3. 生鲜物流配送中心的效率和管理还处于较低水平

对超市配送中心的调查显示：58.3%的连锁零售企业有独立的生鲜配送加工中心；平均配送单品831种，其中加工型商品350种；配送半径平均为99千米；57%的配送频率为每天2次；平均面积为6630平方米，冷冻及冷藏库面积平均

① 中国连锁经营协会：《中国连锁零售企业经营状况分析报告2009～2010》，2011。

② 商务部商业改革发展司：《超市生鲜物流配送中心情况调查报告》，2006。

占比为30.6%；配送中心平均拥有运输车辆22.2辆，冷冻冷藏车占47%，48%的企业采用或租用第三方车辆。但55%的超市生鲜物流配送中心面积在5000平方米以下，负责配送的单品数量在300个以下的占比达58.5%，500以下的占68%，温度检测装置在运输车辆中的使用率为63%，生鲜物流配送中心的再加工能力不强。调查企业中，75%的配送中心对果蔬进行分拣，37%的配送中心在分拣后进行分装，57%的配送中心没有再加工，再加工品种500种以上的仅有10%①。

4. 损耗率高

据调查，生鲜物流配送中心的商品损耗率平均为2%，加入终端销售环节生鲜食品总体损耗率为4%~6%，高于普通商品经营平均3%~5%的损耗率。生鲜食品损耗的主要来源依次为运输环节、分拣储存和装运过程。根据调查数据，14%的损耗源于装载，43%的损耗来源于运输，29%来源于分拣，余下的是其他因素②。造成这些损耗的可能原因有：（1）现代化管理技术使用率低。GPS和温度监测装置在调查的运输车辆中的使用率分别为10%和35%，装卸区只有30%使用风幕等温控设备，自动运输、自动分拣设备的使用率为13%，30%的企业没有蔬菜水果保鲜措施，其他企业大多采用简单的人工喷水加湿法，运用冰冷水、冷盐水处理，复活处理、冰敷处理、真空预冷处理等技术的企业相对很少。而且调查样本均为行业内的较好企业，意味着行业平均水平更低。（2）冷链整体水平不高，连贯成型的冷链不足会影响生鲜物流配送中心的水平③。

四　城市生鲜农产品配送流程分析

（一）城市生鲜农产品配送流程内涵

生鲜产品的特点决定了其对配送的时效性和配送条件的要求高于其他商品，配送效率与生鲜农产品的保值增值密切相关。该部分试图从配送环节着手分析提

① 中国连锁经营学会：《2010年中国零售业生鲜经营状况分析报告》，2011年6月第三届中国零售业生鲜经营高峰论坛，重庆。

② 商务部商业改革发展司：《超市生鲜物流配送中心情况调查报告》，2006。

③ 商务部商业改革发展司：《超市生鲜物流配送中心情况调查报告》，2006。

高配送效率的路径。

生鲜农产品配送分为四个核心环节：备货、流通加工、理货、送货。（1）备货环节包括进货和存储两个环节，进货环节就是采购所需的生鲜，卸载货物并盘点货物的数量和质量；在生鲜食品配送过程中不会有大规模长期存储，因此生鲜食品配送过程中的存储环节实质是进货环节的延续，存储主要分为暂存储存和短期储存，暂存储存是满足即时配送的需要，短期储存也仅是一周之内的储存。（2）流通加工环节：生鲜食品流通加工环节是根据生鲜食品配送对象的特点在配货之前以延长其保存期或提高附加价值等为目的，对生鲜食品进行加工的一个过程，就是对生鲜农产品进行拣选、清洗、分割包装等，这类活动可以能提高配送质量与物流效率，更好地满足用户需求。（3）理货：理货环节是生鲜食品配送的特殊内容，包括分拣和配货两个过程。分拣是作业人员按照客户订单的要求，按照出货的优先顺序、储位区域号、配送车辆次号、配送区域编号、先进先出等方法和原则，把需要送货的生鲜食品拣选出来，放在配货区，再装入预定的容器待车发送。理货是送货的前期工作。（4）送货：生鲜食品配送中的送货需要面对分散在城市内或区域内的众多终端客户，因此在送货过程中常常要涉及送货方式、送货路线和送货工具的选择。按照配送合理化的要求，必须在全面计划的基础上，制定科学、合理的货运路线，选择经济、迅速、安全的送货方式和适宜的送货工具，同时最重要的一点就是确保整个送货过程中生鲜食品的质量安全①。

生鲜农产品配送功能应着眼于三个方面：服务水平应从质量安全、供货反应速度以及需求满足率来衡量；企业效益应从成本控制着手，既包括经营成本，又包括交易成本；生鲜配送行业对现代技术设备的依赖，使得相应的技术、设备资源是行业获得长期发展的基础。总之，生鲜食品配送的功能定位可以归纳为：在保证生鲜食品品质安全的前提下，根据客户需求，以最少的成本代价在最短的时间里按客户要求的时间将正确的生鲜食品以合适的路线送至正确的地点。这就要求生鲜食品配送管理注意以下几点：（1）“最少的成本代价”意味着生鲜食品配送中心在进行配送活动时应该尽量减少不必要损失。（2）“按客户要求的时间”意味着生鲜食品配送活动要严格按照客户指定时间进行，并尽量减少生鲜食品配

① 郭睿：《基于食品安全的生鲜食品配送风险管理研究》，北京交通大学硕士学位论文，2010。

送时间以防止食品品质受损。(3)“正确的商品”要求生鲜食品配送中心配送的生鲜食品数量正确，食品品质安全可接受。如果配送数量不正确产生退货等情况，客观上会增加生鲜食品在配送活动中的流通时间，影响生鲜食品品质安全。(4)“以合适的路线送至正确的地点”要求生鲜食品配送中心选择的配送线路是合理的，并且配送目标正确无误。同样，配送地点不正确产生退货等情况也将影响生鲜食品品质安全①。

（二）城市生鲜农产品配送流程现状

因缺乏数据，我们尝试以北京市新发地批发市场的调查数据对上述配送环节进行分析，以期发现现行配送中存在的一些问题。北京新发地农副产品批发市场是一处以蔬菜、果品、肉类批发为龙头的国家级农产品中心批发市场，其中蔬菜、果品两大项的供应量已占到全市总需求量的70%以上，是北京市名副其实的“大菜篮子”、“大果盘子”。北京市的大部分鲜活农产品都是首先流通到新发地批发市场，然后由新发地批发市场进行集中的配送。因此北京市的各大蔬菜水果市场、饭店、超市、机关企事业单位甚至是路边的摊位大部分都是从新发地批发市场进行配送，然后到达北京市民的饭桌上的。我们随机对前来新发地批发市场进行配送的主体104家，对其配送的基本情况、货物情况、进货情况、送货情况、配送路程、配送成本、车辆情况、雇主情况、进货品种、进货规模进行了调查，得出如下观察和思考。

1. 大型多元化批发市场的配货优势

批发市场品种的多元化会减少配货的时间从而提高配货的效率，这是大型多元化批发市场优于其他路径配送的方面。北京新发地农副产品批发市场的蔬菜、果品两大项的供应量已占到北京总需求量70%以上，同时还经营肉类、种子、粮油、水产、副食、调料、禽蛋、茶叶等农副产品，是一处以蔬菜、果品、肉类批发为龙头的国家级农产品中心批发市场。产品的多样化吸引了众多配送主体的进入，以最大规模、最多品种的果蔬类来说，来新发地专门配送蔬菜的占到56.5%，专门配送水果的占到16.7%，以配送蔬菜、水果为主（包括只配送蔬菜或者水果）的占到91.7%，只配送其余农产品的仅仅占到8.3%。在同一空间

① 郭睿：《基于食品安全的生鲜食品配送风险管理研究》，北京交通大学硕士学位论文，2010。

内种类齐全的产品配货会降低采集货物的成本。

2. 采货随意性的优劣

采货选择对象的随意性在降低价格、进行质量选择的同时，也会增加采货的时间成本。80%的现场采购者都是选择的临时供应商“看谁家的货好就选谁家”，仅有少数的是选择固定供应商和临时供应商结合，个别的是固定供应商，其中有固定供应商的多以一些比较大的配送主体为主，比如超市、饭店等。蔬菜、水果基本都是临时供应商，蛋类、水产品、肉类是有固定供应商的。市场基础设施和规范化建设的缺乏是导致随意性购买的重要原因。市场基本上只是提供一个交换的场所，基础设施建设缺乏，管理缺失，摊位不固定，使得在集货过程中搜寻货物和固定供应商的成本加大，尤其是蔬菜市场。而反观基础设施相对较好的禽蛋、肉类、水产，则是以固定供应商选择为主。

3. 配送范围及配送时间分配

以当地为主，农产品等货物的装卸时间占总配送时间的比重较大。样本统计结果显示，平均的配送距离为39.8千米。大部分的配送目的地都在北京市的范围内，覆盖了城郊大部分地区。由此可以看出批发市场作为农产品集散地的突出作用，一边连接了农产品的进入，另一边连接了农产品的输出。将配送时间分为三段，分别是路上的时间、装卸货物的时间、配送的时间。其中，路上占用的平均时间为1.7小时，装卸货物的平均时间为3.22小时，配送的平均时间为2.7小时，由此可以看出，装卸货物的时间占了很大的比重，达42%，这部分装卸的时间包括了挑选货物、在市场内运输货物以及装卸的时间，其中前两项又占据了大部分的时间，严重影响了配送的效率。另外，配送线路的设计，市内的交通状况，都会影响配送的时间。缩短这些不必要的时间需要硬件建设、管理等方面的优化才能实现。

4. 配送成本分析

在配送成本方面，主要的成本有出场费、食宿费、油费。据我们的调查，前来新发地进行配送的商户中，大部分都需要缴纳出场费，但是出场费用还是比较少，收取的标准也都是根据车上货物的数量以及车型来决定的。一般来说，三轮车在4元左右，小面包收取的费用集中在6~8元，稍大型的车在12元左右，大型的货物配送车能达到100~200元，出场费并不是配送的主要成本；有些从外地过来进行配送的车辆，由于距离较远，农产品的数量较多，因此在新发地滞留的时间就会比较长，食宿费就会是其中的一部分必要支出，其多少同样决定着配送效率；汽油费是其中最大的支出，加上近几年油费上涨，无疑增加了配送的成本。为了尽可能节约成本，绝大部分被调查者选择不雇佣人卸载货物，都是自己亲自动手或者多带人来，有时候既当司机又当搬运工，这样的情况占到了88%，同时选择用自己车而不是租车来拉货物的占到78.4%。

5. 配送形式分析

配送的目标多以满足自己店铺的需要为主，专业化的配送较少。在调查的所有对象中，为自己店铺进货的占到71.3%，自己寻找配送信息的占到10.2%，别人主动寻找的占到10.2%，还有4.6%是经人介绍的，只有3.7%是通过专业的物流公司来进行配送的。从这里可以看出，配送产业还没有形成较大的规模，多以一些小型的“自给自足式”配送为主，并不依赖于配送公司。另外，在配送中处于中介地位的物流公司的作用还没有完全发挥出来，信息优势并不明显，在这么多进行配送的人当中只有两个是通过购买物流公司的信息来进行配送的，多是通过其他的方式来获取配送信息的，这其中也可能与配送环节的低利润、高成本有关，而通过物流公司来获取信息无疑增加了成本。

五　城市生鲜配送存在的问题、政策建议及发展趋势

（一）存在的主要问题

从上述对生鲜农产品配送模式、配送中心和配送环节的分析，我们可以发现在现阶段中国生鲜配送所存在的问题。

1. 批发市场的基础设施薄弱

农产品批发市场是农产品流通的主渠道，但基础设施仍显薄弱。生鲜农产品主要通过三级市场，即农产品产地批发市场、农产品销地批发市场和农产品零售农贸市场。目前初步形成了以销地大宗农产品批发市场为主体，产地专业批发市场为基础，中转集散型批发市场为补充的农产品批发市场网络系统，覆盖了所有的大中小城市和农产品集中产区，构筑了农产品流通大动脉。但作为承担农产品配送环节最大份额的批发市场和农贸市场，其硬件设施、配套服务以及相关的制度建设方面有所欠缺，导致交易环境恶劣，交易时间延长，配送成本加大。

2. 配送中心仍存缺口

尽管配送中心近年来得到了很大发展，但相比于配送市场的发展来看，仍存在很大缺口，其中一个非常重要的原因就在于建设的高成本。建设一家1000平方米左右的现代化生鲜物流配送中心，库房工程建设及设备投资需要约4000万元（土地成本不计在内），根据现阶段中国超市行业的平均利润水平推算，相当于一家年销售额40亿元的超市企业一年的利润。高额的建设成本必然会制约配送中心的发展①。

3. 农产品配送技术水平落后

这主要表现为交通运力不足，缺乏专用运输工具，技术装备落后，存储条件不足，加工处理水平低。中国80%以上的生鲜食品是采用常温保存、流通和初加工的。据统计，常温流通中果蔬约损失20%～30%、蛋15%、肉干耗3%，加上食品的等级间隔、运输及加工损耗，每年造成的经济损失约上千亿元。对大部分生鲜农产品配送企业而言，冷链物流硬件设施依然陈旧落后，冷藏运输效率低。目前发达国家蔬菜、水果冷藏运输率为95%。而从调研情况来看，目前北京市不到20%的生鲜农产品运输车辆采用制冷车辆，市区蔬菜、水果短途配送，冷藏运输率不足10%。大型超市配送中心的冷链配送也仅局限于肉类产品配送，大部分蔬菜、水果也仅通过厢式货车运输。中国农产品物流专用资产投资不足的原因主要在于，物流主体规模都不大，不能形成规模效益，缺少对专用资产投资的激励。虽然制造业物流基础设施建设发展迅速，但农产品配送设施和技术还比较落后。这主要体现在：一是生鲜农产品配送以常温和自然物流形态为主，缺乏冷链物流设施和装备。汽车运输70%是敞篷卡车，30%是封闭厢式汽车，备有制冷、保温机械的冷藏车辆不到10%。在加工储运等环节，冷藏、保温设施严重不足，且未形成连环系统。二是适应现代物流运作要求的农产品仓储设施严重不足，包装、分拣、搬运大多为手工操作②。

4. 生鲜农产品物流成本偏高，物流价值流失严重

大部分生鲜农产品的流通渠道要经过以下环节：生产者—产地市场—运销批

① 商务部商业改革发展司：《超市生鲜物流配送中心情况调查报告》，2006。

② 何忠伟、桂琳、刘芳等：《北京生鲜农产品物流配送业的发展趋势与质量安全》，《北京社会科学》2010年第4期。

发商—销地市场—零售市场—消费者，物流环节繁多增加了物流成本。与发达国家相比，中国生鲜农产品价值在物流过程中流失严重。美国水果蔬菜在物流环节的损耗率仅为1%～2%，而中国果蔬每年损失率为25%～30%。全国每年果品腐烂坏损约1200万吨，蔬菜1.3亿吨，造成的经济损失约上千亿元。体现在配送环节上，除了直接成本以外，还存在着较大的交易成本。为了获取配送机会，会以回扣返点的方式进行暗箱操作，同样会增加配送的成本，影响配送效率。

5. 生鲜农产品物流增值服务水平较低

与发达国家相比，目前中国生鲜农产品物流增值服务水平还有较大差距。日本已普遍采用生鲜农产品从预冷、整理、储藏、冷冻、运输等规范配套的流通方式，产后的商品化处理几乎达到100%。目前日本农产品加工比例在60%以上，加工转化后产值至少可增加2～3倍。目前，中国生鲜农产品物流增值服务水平较低，主要表现为生鲜农产品分类与包装、农产品加工、农产品配送、特种农产品仓储与管理等增值服务水平较低。

6. 生鲜农产品流通信息体系不完善

信息流的建设是和配送体系硬件建设同等重要。信息的充分程度、信息质量的高低、信息流的通畅与否，都会直接或间接地影响配送的效益。而中国生鲜产品配送信息平台的缺失，信息的数量和质量的不足，都远甚于其他领域。

（二）针对问题的政策建议

1. 加强生鲜农产品批发市场的建设

农产品批发市场作为连接农产品进入以及农产品配送的中心，在中国解决“小农户，大市场”矛盾中发挥着不可替代的作用，而且在可预见的将来仍会发挥其农产品大量集散的功能。因此，加强批发市场建设，提升批发市场的质量就成为当务之急。批发市场的辐射力已经远远超过了市，实现了跨省。未来的农产品批发市场规模是以大型为主，小型为辅，农产品种类齐全，数量充足。农产品从不同地方进入批发市场后，可以实现由批发市场集中、检测、分类、评级以及暂时储存，在市场内部严格划分区域，不同种类、质量、等级的农产品分类批发，通过批发市场的作用，使得不同区域的鲜活农产品配送更加方便、快捷。信息的相对对称，通过批发市场作用，减缓农产品从进入到配送过程中的价格剧烈波动。

2. 加强生鲜农产品配送中心的建设

配送中心作为配送的节点，在生鲜农产品配送体系中对整个系统的效率提高起着决定作用。在整个供应链中，生鲜农产品加工配送中心连着消费者和生产者。配送规模越大，管理水平越高，对整个供应链的动力就越大，生产成本就越低，对市场的拉动就越大，就越能保证供应链的平稳运行。考虑到规模效益和中国国情，发展大型批发市场和第三方物流的配送中心则应成为首要考虑的方面。

3. 提高生鲜农产品配送的技术装备水平

先进的技术装备和技术手段对生鲜农产品配送过程中效率的提高起着至关重要的作用。生鲜产品的特性对于配送过程的物质技术要求要远远高于其他产品，比如，配送全程的冷链设计直接关联产品本身的保值增值，对配送效益有着直接的影响。因此，建立具备较高技术水平的装备至关重要，内容应覆盖全程的冷藏设备、包装、分拣、加工设备等。

4. 加强信息网络平台的建设

信息流是保证生鲜农产品配送保值增值的必备条件。在市场上专业化的配送企业还比较少的情况下，批发市场可以运用已有的信息、品牌、位置的优势，发展自己的配送物流中心，来引导整个配送行业市场，形成互补优势，同时在自己进行配送的同时，还可以利用自身的信息优势为其他配送商户或者企业提供信息服务，这样不仅优化了配送的效率，而且提高了自身知名度。同时充分利用网络等信息化工具，实现部分产品网上交易等，从而节省中间过程成本，提高配送效率。

5. 加强培训和交流，大力培育农产品物流配送营销主体

生鲜农产品配送业是一个新兴的产业，各个企业普遍存在经验不足、网络不全、人才匮乏、信息不通畅等问题，各级农产品推广部门应积极开展各种交流和培训活动，加强交流，取长补短，提高各配送企业的经营能力和水平。应采取各种形式和途径培养农产品现代物流业高级管理人才和专业技术人才，充分利用国内外教育资源和现代教育手段，开展农产品现代物流教育和短期培训，不断提高物流从业人员的整体素质。同时应引进国内外优秀物流专业人才尤其是农产品现代物流专业人才。

6. 生鲜农产品物流配送的政策环境亟须进一步改善

农产品，尤其是鲜活农产品的易腐性使其不可能长时间多次转手倒卖，加之初级农产品流通经营风险大，利润薄，农民或农民专业合作社自产自销不需交增值税和营业税，但农产品物流配送企业却要比照工商企业缴纳增值税和营业税，从而使农产品物流配送企业在市场竞争中处于不利地位。而农产品物流配送企业的经营活动既能帮助农民增收，又有利于提高农产品质量安全，具有相当大的社会效益，理应给予优惠和扶持。建议对于鲜活初级农产品的贩销活动一律免征增值税，农产品物流配送企业经营鲜活初级农产品应享受农民专业合作社的免税政策，以搞活农产品流通，使现代农产品物流业脱颖而出。此外，对于生鲜农产品物流配送企业所需的运输、仓储、装卸、加工、整理、配送等设施的建造、添置和运转费用等也应有相应的鼓励扶持政策，对于生鲜农产品配送企业和配送项目的贷款贴息、农产品物流配送公共信息平台建设、物流标准化建设、物流统计体系建设、人员培训或引进资助、展示展销场所建设、建立基地农产品生产风险保障基金、开发建设物流配送信息管理系统等，也应在财政政策上予以扶持。

（三）中国城市生鲜农产品配送的发展展望

随着现代物流的不断发展，城市生鲜农产品配送模式呈现多元化发展态势。

（1）在短期内，以批发市场为源头、农贸市场为主体消费的配送模式仍会占有主导地位。这是在中国“小农户，大市场”的矛盾现状下的最佳路径，但随着现代化超市和三方物流企业的发展，农贸市场占生鲜农产品配送的份额会逐步下降。

（2）农产品消费超市化是消费发展规律。这一点已被全球超市的快速发展证实，欧美发达国家60%～90%的农产品通过超市零售，发展中国家的超市化步伐也在加快。而在中国，平均仅有6%的产品是通过超市销售的。可以预见，未来若干年内，中国农产品的超市化将进入高速发展阶段。

（3）配送模式将会以第三方物流配送为主。物流配送发展初期，主要是生产者和销售者自己组织物流配送。随着物流的发展和分工的深化，促使专业物流企业，即第三方物流企业不断出现，第三方物流配送克服了自营物流配送的缺陷，简化了企业交易程序，使企业能够专心于核心业务，提高效率，增强企业核心竞争力。

（4）规模更大、更现代化的配送中心会不断出现。随着消费者需求增长，配送规模和范围不断扩大，配送半径也会相应增加。为了获得规模效益，市场需要更大规模的物流配送中心，而配送中心的功能在生鲜农产品的价值增值中会起到更为重要的作用。

（5）物流配送装备和技术的科学化和现代化。日益增长的生鲜农产品消费要求城市具备较完善的生鲜农产品的配送服务体系，而服务体系的建立是以现代化的配送设备和配送技术为基础的。全程的冷链装备，电子化的跟踪技术，高效能的信息处理系统，都会提高生鲜农产品的配送效率。国务院发布的《物流业调整和振兴规划》明确提出，要完善生鲜农产品储藏、加工、运输和配送等冷链物流设施，到2015年，中国将初步建成农产品冷链物流服务体系，使果蔬、肉类、水产品冷链流通率分别达到20%、30%、36%以上，流通环节产品腐损率分别降至15%、8%、10%以下。

Development of Urban Fresh Agricultural Products Distribution System

Tang Jianhua

Abstract: With the improvement of people's living standards and lifestyle changes, the requirements of the consumer for the quantity and quality of fresh agricultural products are in continuous improvement. As the last part of the circulation, fresh farm produce distribution system is directly related that agricultural products whether arrive to the hands of consumers. From the distribution pattern, distribution centers and distribution sectors, the text discusses the status of the distribution system of fresh agricultural products, the existing problems, then put forward policy recommendations to improve the distribution system, improve circulation efficiency and better meet consumer needs.

Key Words: Fresh Agricultural Products; Urban Distribution; Distribution Model; Distribution Center; Distribution Sectors

农产品服务篇

Agricultural Products Services

B.12
分报告四
中国农产品服务业发展现状与展望

黄涛 姚田芝 刘慧慧*

摘 要： 本报告首先发布了北京新发地农副产品批发市场的农产品交易量价数据，对有代表性的农产品价格走势进行了分析，说明2011年农产品价格增长更多来自周期性波动，并未表现出和历史高位相比的显著增长。之后分析了中国农产品流通市场上行业管理和增值服务发展状态，提出了金字塔模型，将流通市场服务自低到高分为基础服务、供应链服务、质量与安全服务、交易与金融服务四级，在此基础上对其现状和发展趋势进行了分析，提出了发展会员制和建立农产品流通信用体系的政策建议。

关键词： 农产品价格　行业管理　增值服务

* 黄涛，北京大学光华管理学院管理科学与信息系统系副系主任，教授，兼任北京大学流通经济与管理研究中心副主任等职，研究方向：管理科学；姚田芝，北京大学光华管理学院硕士研究生；刘慧慧，北京大学光华管理学院博士研究生。

一　引言

本报告首先对农产品流通中的交易信息进行发布和分析，以代表性的农产品批发市场北京新发地农副产品批发市场为例，通过其典型农产品交易的量价信息来表现近几年农产品价格的走势，这是一种微观数据的发布。2011 年，中国农产品价格的上涨引起了社会的广泛关注，微观数据的发布能够表现农产品流通这个重要环节上价格变动的具体态势，有助于对农产品价格体系的理解和把握。

信息发布只是农产品流通主体可以提供的增值服务之一。本报告还对农产品流通的行业管理和增值服务发展进行全面分析，行业管理是指对从事农产品流通行业的批零市场和企业的管理现状进行分析，其中最关键的是要考察农产品批零市场和流通企业能够提供的各种增值服务。

在农产品流通价值链上，从产地到最终消费者之间存在着诸多中间环节，包括运销、批发、零售等，这些是农产品流通必不可少的增值环节，是农产品流通增值服务的重要构成。在这些流通环节基础之上，为了使流通更高效有序进行并保证流通农产品的品质，还会进一步产生一系列的衍生增值服务，如农产品质量安全保证等。简言之，为提高农产品流通效率和安全性的所有服务都是农产品流通的增值服务，而农产品流通行业管理水平就体现为给流通主体提供的增值服务的水平。

在此意义上，农产品流通的增值服务种类繁多、牵涉甚广，本报告对其进行梳理和总结，提出了一种系统性分析框架（简称金字塔模型），将农产品流通增值服务分为四级。这一方面能够为总体把握流通服务和行业管理现状提供框架和视角，另一方面也指出了中国农产品流通产业升级的方向和目标。在此基础上，本报告提出一些政策建议。

二　北京新发地农产品交易信息

（一）宏观统计数据

作为背景，我们首先来看一下宏观统计数据，图 1 是统计局发布的 CPI、CPI 食品以及粮食这种大宗交易农产品的价格指数，为月度同比价格指数（上年同月 =100）。

从图1中看到，2011年中国的通货膨胀率延续了2009年后期以来的持续上升趋势，继续高企，在7月达到最高峰，当月CPI同比达到了6.5%。通货膨胀典型地表现在农产品价格上，食品价格在7月同比上涨14.8%，显著超出了总体CPI的增速。在这一轮通货膨胀中，最显著的是农产品价格的上涨，这使得农产品流通成为2011年社会关注的焦点。

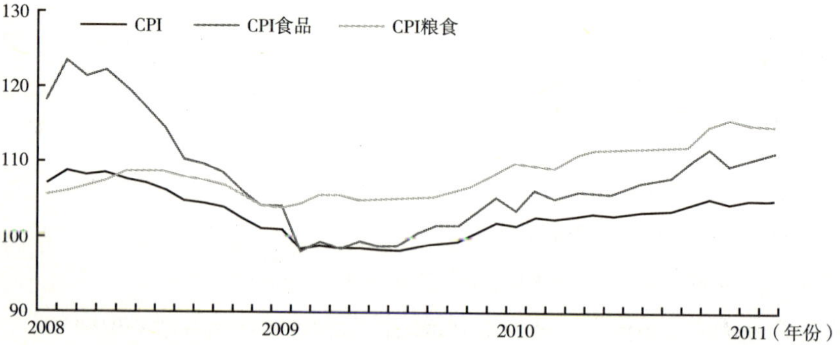

图1　CPI、CPI食品、粮食的月度同比指数（2008年1月~2011年9月）

数据来源：国家统计局。

具体而言，图2表现了猪肉、蛋、水产品、鲜菜、鲜果的月度同比价格指数，其中可以看到猪肉价格的波动非常剧烈，而且呈现长周期波动，在2011年有了非常明显的上涨，6月价格同比上升了57.1%，达到一个高峰，6月后各种农产品价格同比上涨速度都有所减缓。

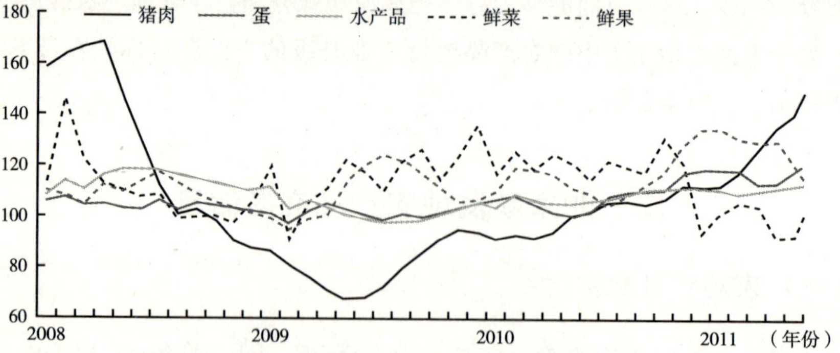

图2　猪肉、蛋、水产品、鲜菜、鲜果的月度同比指数（2008年1月~2011年9月）

数据来源：国家统计局。

从图 2 中还可以看到，不同农产品的价格波动周期是不同的，彼此之间常常出现背离的情况，这说明农产品价格波动并不简单，不同农产品价格有着不同的运动规律。

下面以具有代表性的农产品批发市场——北京新发地为例，对其部分农产品交易信息进行发布和分析。新发地不仅是北京最大的农产品批发市场，也是华北乃至全国有代表性的流通市场，其数据具有典型性，可以反映近年来农产品价格的变动特征和发展趋势。

（二）数据说明

在农产品流通市场信息采集中存在一些难点和问题，在分析时需要予以注意。

1. 市场交易信息往往依靠手工收集整理，存在一定的错误和遗漏，只是一种不完全统计

目前很少有农产品市场能够实现所有交易的电子化，因此统计方式往往还需要依赖人工，这就导致市场无法掌握所有交易的具体信息，只能采用报送、估算、采样等方式进行，从而使市场统计中存在一定的错误和遗漏，也难以获知成交的确切数量和详细的价格分布。对于交易数量，很多市场只能估算，很难获得每一品种全面准确的交易量信息。对于交易价格，同一类农产品成交价格有高有低，市场只能掌握大致价格范围，很难弄清具体的价格分布。此外，统计的不完全性还表现在品种上，很少有市场能够统计所有品种的交易信息，尤其是少量交易的小品种。

2. 大多数农产品难以标准化，价格对比不易

由于大多数农产品的标准化、规格化程度很低，特别是果蔬，成熟程度、品相、产地、具体品种都会影响到价格，因此每天市场上同一类农产品往往存在着多种价格。明显的一个例子是阳澄湖大闸蟹和其他大闸蟹之间存在的巨大价格差异。同时大多数农产品交易仍然采用对手现金交易，这造成价格采集更加困难，遗漏在所难免。

由于这些因素的存在，对于价格对比得到的结果进行解读时需要小心。举例而言，大白菜第一天的价格在每公斤 0.6 ~ 0.8 元之间，第二天价格在每公斤 0.7 ~ 0.8 元之间，那么采集处理后的平均价格可能是第一天 0.7 元和第二天

0.75 元，表面上看价格上涨了 0.05 元、7.1% 左右。但实际上，有可能第一天里有多种品相的大白菜上市，品相最差的在 0.6 元，第二天到货则没有最差品相的，其他品相价格不变，因此很难说大白菜价格有实质性的上涨。即便是与去年同期对比的同比价格指数也存在同样问题。

（三）新发地农产品交易量价走势

新发地供应着北京 70% 以上的果蔬，每天发生大量各种品种的农产品交易，这里仅给出新发地有统计的少数长期交易农产品的量价走势，即便如此其中也存在相当多的数据缺失，以下有些交易量和价格数据以空白表现，这并不意味着当天的交易量或价就是 0。

1. 肉类

图 3、图 4 和图 5 分别给出了新发地白条猪（瘦）、白条鸡和整羊从 2008 年 1 月 1 日到 2011 年 9 月 30 日的量价走势，为每天交易的日数据。其中，2008 年 1 月 1 日到 2011 年 3 月 31 日为新发地统计部门综合整理后的成系列数据，2011 年 4 月 1 日到 2011 年 9 月 30 日为初步处理数据，前一段比较完整，后一段存在较多的数据缺失。

从图 3 中可以看到，新发地猪肉交易量上存在着相当明显的年度季节波动变化，同时还存在比较明显的量涨则价跌、量跌则价涨的量价互动关系。尤为突出的是，猪肉价格经历了 2008 ~ 2009 年之间的长下跌后，2010 ~ 2011 年呈现了猛烈的反弹效应，是这一波通货膨胀中上涨最为显著的农产品之一。

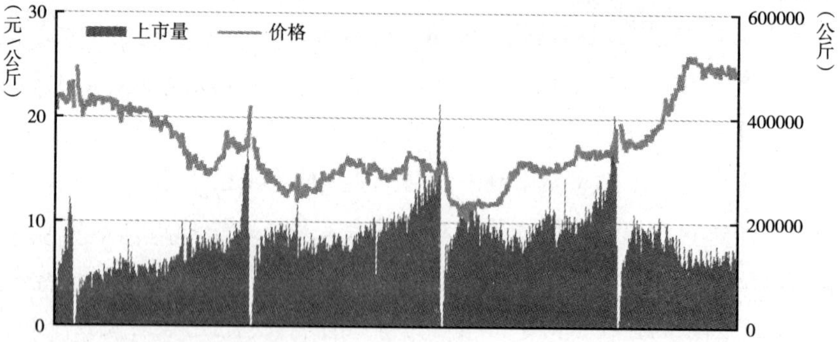

图 3　白条猪（瘦）量价走势（2008 年 1 月 1 日 ~ 2011 年 9 月 30 日）

数据来源：北京新发地农产品交易市场统计数据。

从图4中可以看到，鸡肉比猪肉的价格走势相对更为稳定一些，同时季节波动性不是那么明显，量和价之间的关系也不是那么明显。2011年鸡肉价格比2010年有着较为明显的上升，但与2008年所处的相对高位相比也并不显得特别突出。

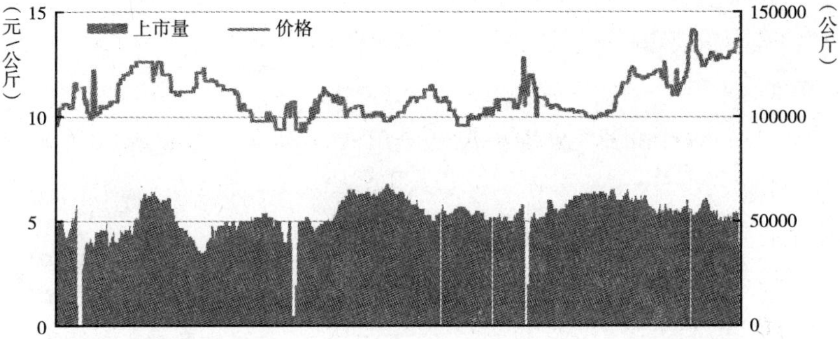

图4 白条鸡量价走势（2008年1月1日~2011年9月30日）

数据来源：北京新发地农产品交易市场统计数据。

和猪肉对比可以体会到，鸡肉的生产销售体系运行情况相对更为稳定一些，而猪肉的生产体系中有些关系显然仍然没有理顺，使得猪肉量价经历着长周期大波动的走势。这与鸡肉、猪肉各自的生产周期、养殖方式、供销体系有关，生猪生产体系需要向鸡肉生产体系借鉴，寻找改进的思路和方法。

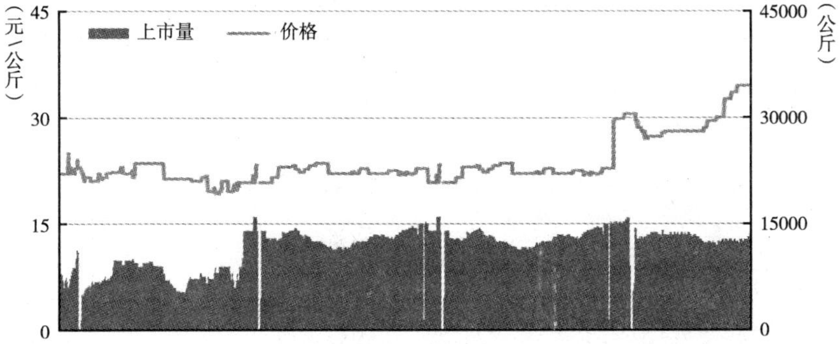

图5 整羊量价走势（2008年1月1日~2011年9月30日）

数据来源：北京新发地农产品交易市场统计数据。

从图5中可以看到，整羊的价格在2008～2010年中都非常稳定，但在2011年经历了显著且大规模的上涨。在新发地交易量方面，除2008年波动较大外，存在着较为明显的季节波动因素，但交易量波动幅度不算大。与鸡肉和猪肉交易量相比，整羊的上市量明显偏少，对于新发地肉类市场整体形势影响并不大。

三个图综合来看，可以说肉类价格在2011年的上涨是相当显著的，对人民生活产生了较大的影响。

2. 鱼类

关于鱼类，图6和图7分别给出了草鱼（>1000克）和鲤鱼（>750克）的量价数据。

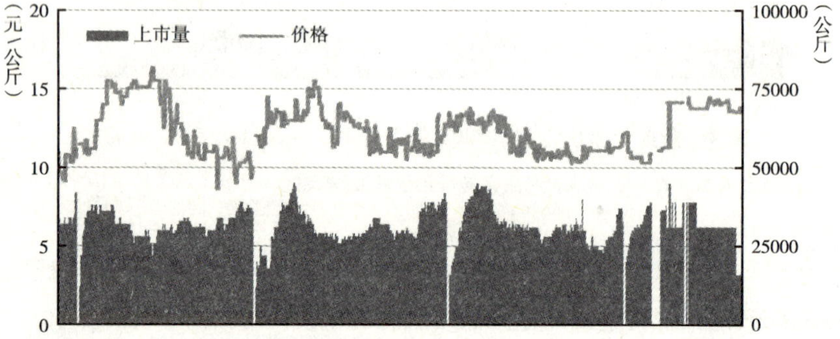

图6　草鱼量价走势（2008年1月1日～2011年9月30日）

数据来源：北京新发地农产品交易市场统计数据。

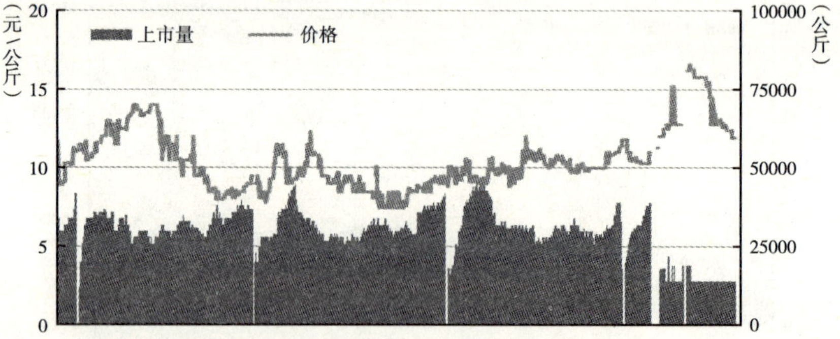

图7　鲤鱼量价走势（2008年1月1日～2011年9月30日）

数据来源：北京新发地农产品交易市场统计数据。

从图6中可以看到，缺失数据比较多，但仍可清楚看到草鱼价格年度内有着特定波动模式，但2008年后波动幅度是在下降的，2011年与2010年相比价格有所上涨，但并没有超过2008年最高峰时的价格水平，仍然延续前几年的波动区间。这和肉类有着显著不同。在上市量方面则有着一定的年度季度波动趋势，存在明显的周期性供应高峰和低谷。

图7中显示的鲤鱼价格走势则有所不同，在2008～2010年间波动变小，相当稳定。在2011年初有着突然的快速上涨，但又很快回落，回到了长年交易价格区间，而交易量则发生了很明显的下降。

从图6与图7中2008年以来的走势看，淡水鱼的价格在2011年并没有表现出持续大幅度上涨的态势。考虑到通货膨胀因素，2008年以来，鱼类养殖和流通并没有获得显著的收益。

3. 蔬菜

蔬菜种类繁多，这里仅给出三种交易数量大的蔬菜——大白菜、土豆和西红柿作为例子进行展示。

从图8中可以看到，大白菜波峰到波谷的波动特征比较明显，无论量价都存在较强的波动。2011年有一次集中的价格高峰，但持续时间比2009年和2010年都要短，原因是大白菜的上市量很快就发生了明显的扩张，因此在2011年中大白菜价格上涨并不显著。

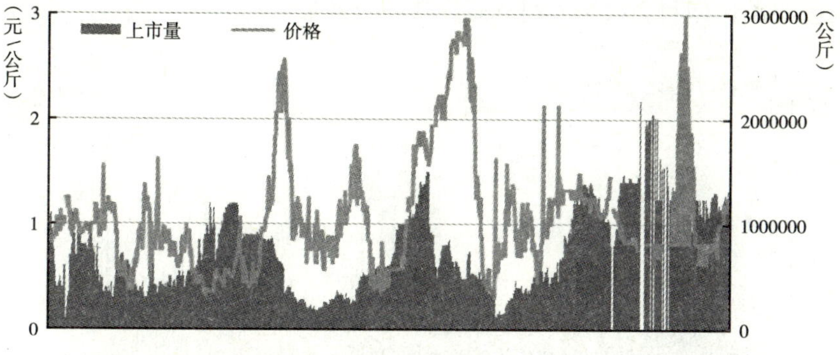

图8　大白菜量价走势（2008年1月1日～2011年9月30日）

数据来源：北京新发地农产品交易市场统计数据。

如图9所示，土豆数据在2011年缺失较多，可以看到从2010年到2011年初土豆价格持续较长时间高位，到2011年中之后一路下滑，价格低谷时甚至在内蒙古等地出现了优质土豆滞销的现象。究其原因，土豆价格持续高位导致了农民大量种植，以至于2011年中出现滞销和价格下滑的现象。

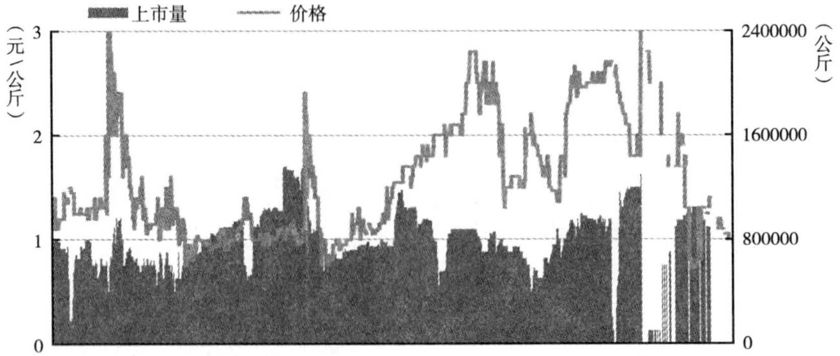

图9　土豆量价走势（2008年1月1日～2011年9月30日）

数据来源：北京新发地农产品交易市场统计数据。

如图10所示，西红柿价格存在着明显的季节波动，2011年的价格波动范围并没有超过历年，只是从2010年到2011年的波峰持续时间更长一些，这一点和土豆的情况类似，事实上人们对通货膨胀感觉强烈正是从2010年下半年开始，到2011年中由于价格翘尾因素的影响，仍然感觉强烈。但结合大白菜、土豆走势来看，可以说，这三种蔬菜的价格在2011年并没有显著上涨趋势，到年底回到社会熟悉的区间将会缓解人们对通货膨胀的紧张感觉。

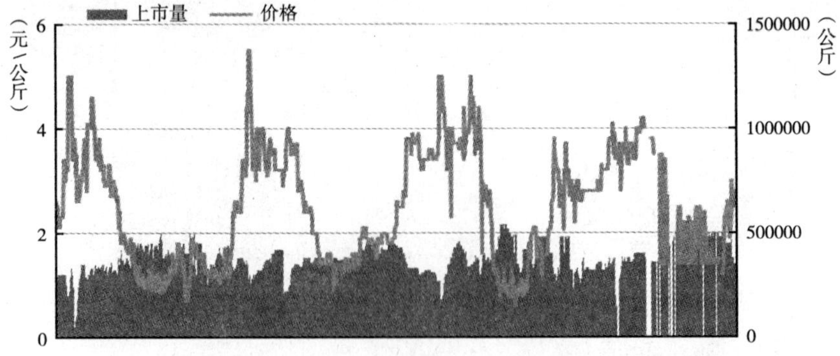

图10　西红柿量价走势（2008年1月1日～2011年9月30日）

数据来源：北京新发地农产品交易市场统计数据。

4. 水果

水果类型也很多，但季节性比较强，很多水果一年中仅在短时间内有交易，因此规范、长期的统计数据比较缺乏，这里以富士苹果和鸭梨两种交易量大的水果为例。

富士苹果在新发地交易量很大，从图 11 中可以看到其季节性很强，价格曾经在 2010 年 8 月达到历史高峰（接近 8 元/公斤），2011 年在 4 元/公斤到 6 元/公斤范围内波动，与历史同期相比比较高，但并没有出现持续上涨的势头，相反价格在下半年有所回落。

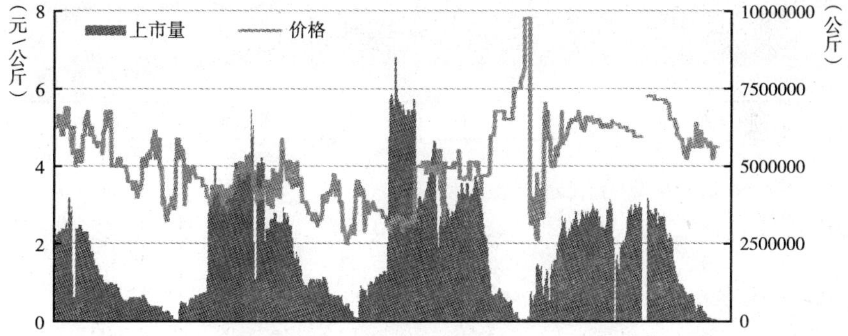

图 11　富士苹果量价走势（2008 年 1 月 1 日 ~2011 年 9 月 30 日）

数据来源：北京新发地农产品交易市场统计数据。

如图 12 所示，新发地鸭梨的交易量在逐步扩大，季节波动比苹果更强，有些时间区段无交易，从 2010 年下半年开始鸭梨价格快速上涨，符合全国整体通

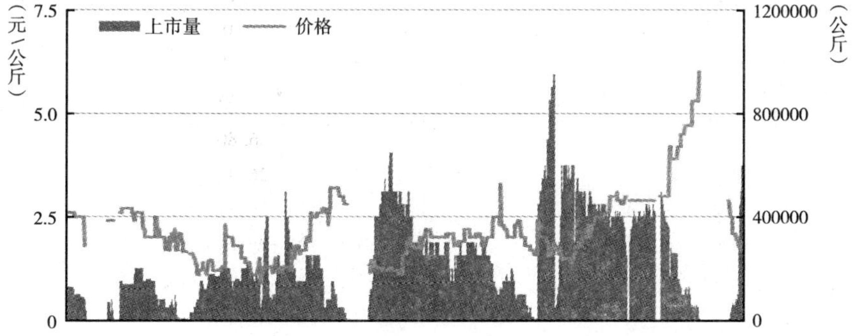

图 12　鸭梨量价走势（2008 年 1 月 1 日 ~2011 年 9 月 30 日）

数据来源：北京新发地农产品交易市场统计数据。

货膨胀形势，但2011年中开始快速回落，回到了历史常态价格区间。鸭梨和苹果一起，显示出2011年下半年水果价格上涨压力明显减轻，回落至正常区间。

（四）月度平均价格数据

以上给出了新发地有代表性的九种农产品量价走势，其中可以看到，除了白条猪和整羊在2011年呈现明显价格上涨的趋势外，其他农产品价格或者处于正常波动状态，或者在2010年中到2011年中有上涨但随后回落。表1至表3给出新发地更多品种农产品的月度平均价格数据，以更为全面地表现近几年农产品价格的变动情况。

表1　肉类和鱼类月度平均价格

单位：元/公斤

时间	白条鸡	白条猪	整羊	鸡蛋	牛前腱	草鱼	鲤鱼
2008年1月	10.32	21.91	22.22	5.97	26.94	10.13	9.80
2月	10.84	21.91	22.17	5.61	26.72	11.36	11.17
3月	10.50	21.54	21.26	5.44	26.05	12.21	11.26
4月	11.41	21.50	22.21	5.62	26.00	14.92	12.32
5月	12.50	20.58	22.29	6.42	26.00	14.75	12.86
6月	12.34	20.58	23.50	6.14	26.00	15.16	13.62
7月	11.38	19.71	23.09	6.13	26.00	15.04	13.25
8月	11.52	18.89	21.30	6.91	26.00	13.46	11.33
9月	11.69	16.90	21.16	6.95	26.03	11.59	10.46
10月	11.19	15.33	20.65	6.26	26.78	10.99	9.58
11月	10.15	15.26	20.08	5.69	25.99	10.72	8.31
12月	9.85	17.40	20.36	5.62	26.69	10.48	8.41
2009年1月	9.89	17.44	21.10	5.55	29.44	10.37	8.82
2月	9.63	15.45	20.90	5.21	27.01	12.24	8.48
3月	10.84	13.80	22.58	5.76	26.02	13.18	10.54
4月	10.62	13.04	22.74	6.30	26.00	13.18	9.46
5月	10.31	13.07	23.13	6.33	26.80	14.06	10.52
6月	10.08	13.78	22.82	5.90	26.43	13.45	9.88
7月	10.04	14.72	22.00	5.93	26.55	12.73	9.09
8月	10.80	15.68	22.42	6.96	27.00	12.83	9.05
9月	11.14	15.07	22.08	7.07	27.05	11.94	8.60
10月	10.30	14.64	22.30	6.22	27.06	11.23	7.89
11月	9.81	14.78	22.05	6.23	27.00	11.50	7.85
12月	10.31	16.07	22.64	6.49	27.00	11.36	8.64
2010年1月	10.73	15.36	21.10	6.69	27.50	11.38	9.02

续表

时间	白条鸡	白条猪	整羊	鸡蛋	牛前腱	草鱼	鲤鱼
2月	11.47	14.71	20.90	6.48	28.55	12.30	9.36
3月	10.74	11.64	22.58	5.96	25.50	13.09	9.67
4月	10.40	11.48	22.74	5.91	25.17	12.97	9.31
5月	10.18	11.81	23.13	6.13	25.50	13.07	9.73
6月	10.05	12.56	22.82	6.69	25.50	12.28	9.75
7月	10.58	15.11	22.00	7.56	25.45	11.45	10.24
8月	11.99	15.38	22.42	8.03	26.22	11.04	10.81
9月	12.03	15.08	22.08	7.79	26.50	10.82	10.40
10月	11.46	15.40	22.30	7.49	26.50	10.80	10.19
11月	13.03	16.53	22.05	8.57	26.53	10.74	9.94
12月	12.73	16.63	22.64	8.36	26.50	11.10	10.00
2011年1月	13.05	17.10	30.01	8.69	28.20	11.26	10.91
2月	12.37	17.71	29.14	7.60	28.35	11.09	10.92
3月	12.41	17.67	27.31	6.98	28.15	10.49	10.44
4月	11.80	18.79	27.84	7.39	29.50	11.23	12.09
5月	12.54	21.40	28.00	8.64	29.50	13.89	12.97
6月	12.69	24.54	28.03	8.50	29.95	13.87	16.02
7月	13.95	25.15	29.48	8.92	30.00	13.89	15.50
8月	13.80	24.02	32.30	9.15	30.00	14.16	13.05
9月	13.15	24.55	34.43	9.36	31.94	13.68	12.23

数据来源：北京新发地农产品交易市场统计数据。

表2　部分蔬菜月度平均价格

单位：元/公斤

时间	菠菜	大白菜	豆角	黄瓜	茄子	芹菜	青椒
2008年1月	1.77	0.73	3.31	3.75	3.90	0.91	3.29
2月	2.83	0.82	5.34	3.93	4.03	1.81	4.87
3月	1.51	0.77	7.53	3.59	3.86	1.61	4.39
4月	0.84	0.84	4.41	2.08	3.18	1.11	3.62
5月	0.87	0.67	2.97	1.43	2.37	1.27	2.41
6月	1.64	0.42	1.53	1.00	1.21	0.81	1.30
7月	2.77	0.76	1.59	1.34	0.75	1.07	1.16
8月	4.40	0.71	1.71	1.95	0.72	0.97	0.94
9月	1.93	0.59	2.15	1.35	0.77	0.77	0.95
10月	1.36	0.57	1.67	1.85	1.43	0.87	1.10

续表

时间	菠菜	大白菜	豆角	黄瓜	茄子	芹菜	青椒
11 月	1. 32	0. 31	3. 04	1. 97	1. 15	0. 66	1. 33
12 月	1. 64	0. 39	4. 03	2. 62	1. 76	0. 98	2. 25
2009 年 1 月	2. 69	0. 49	5. 38	3. 61	2. 57	1. 40	5. 87
2 月	2. 89	0. 39	4. 40	4. 40	3. 58	1. 75	3. 14
3 月	1. 52	0. 81	5. 32	3. 80	4. 31	2. 46	4. 21
4 月	1. 07	1. 72	4. 33	2. 86	3. 11	2. 36	4. 22
5 月	0. 84	0. 93	3. 37	2. 06	2. 21	1. 70	2. 94
6 月	1. 59	0. 68	1. 26	1. 39	0. 97	1. 33	1. 51
7 月	2. 64	0. 61	1. 65	1. 38	0. 65	1. 28	1. 36
8 月	4. 19	0. 85	1. 84	1. 18	0. 76	1. 24	1. 35
9 月	2. 65	1. 10	2. 54	1. 86	1. 25	1. 29	1. 54
10 月	1. 03	0. 48	1. 66	1. 36	1. 04	0. 91	1. 49
11 月	1. 63	0. 43	3. 72	2. 39	1. 66	1. 08	1. 65
12 月	3. 12	0. 69	3. 92	3. 58	4. 07	1. 78	2. 93
2010 年 1 月	3. 93	1. 39	3. 66	3. 16	4. 98	2. 26	3. 54
2 月	3. 73	1. 53	4. 33	5. 00	4. 99	2. 57	3. 02
3 月	1. 74	1. 96	5. 74	3. 96	5. 08	1. 82	3. 17
4 月	1. 49	2. 12	4. 86	2. 82	4. 43	1. 48	3. 90
5 月	0. 87	0. 88	4. 44	1. 84	3. 12	1. 19	3. 29
6 月	1. 35	0. 39	1. 71	1. 11	1. 50	0. 92	1. 97
7 月	2. 11	0. 85	1. 77	1. 60	1. 14	1. 09	1. 44
8 月	3. 11	0. 76	2. 07	1. 91	1. 09	1. 10	1. 29
9 月	2. 83	0. 65	2. 07	1. 93	0. 88	1. 02	1. 66
10 月	3. 07	1. 02	2. 77	2. 63	1. 39	1. 60	2. 23
11 月	1. 64	1. 04	3. 19	2. 63	2. 36	2. 45	2. 32
12 月	1. 41	1. 01	2. 95	2. 18	1. 96	1. 39	1. 62
2011 年 1 月	1. 76	0. 92	6. 27	3. 46	2. 92	1. 26	3. 35
2 月	2. 35	0. 83	7. 36	3. 82	3. 65	1. 12	5. 47
3 月	1. 39	0. 66	7. 06	3. 57	4. 59	1. 41	7. 50
4 月	0. 62	0. 30	7. 05	2. 52	3. 57	0. 84	3. 37
5 月	4. 04	0. 62	6. 33	2. 27	2. 32	1. 14	1. 85
6 月	4. 48	1. 09	5. 66	2. 03	1. 59	1. 36	1. 41
7 月	3. 37	1. 07	5. 09	1. 72	1. 24	1. 56	1. 71
8 月	4. 94	0. 58	4. 76	2. 88	1. 03	1. 02	1. 19
9 月	4. 86	0. 86	5. 58	2. 84	1. 43	1. 06	1. 69

数据来源：北京新发地农产品交易市场统计数据。

表3　部分蔬菜、水果及其他农产品月度平均价格

单位：元/公斤

时间	土豆	西红柿	富士苹果	鸭梨	东北大米	大豆调和油	富强粉
2008年1月	1.26	2.89	5.16	2.56	3.18	12.29	2.41
2月	1.32	3.40	4.49	2.35	3.00	12.90	2.37
3月	1.27	3.85	4.92	2.40	2.99	14.45	2.38
4月	1.56	3.04	4.80	2.66	2.91	12.86	2.35
5月	2.30	2.03	4.02	2.61	3.06	12.26	2.34
6月	1.50	1.27	3.57	2.10	3.30	11.73	2.37
7月	1.19	1.03	4.34	1.99	3.30	12.16	2.51
8月	1.26	1.16	3.26	1.92	3.34	10.13	2.53
9月	1.11	1.29	4.03	1.27	3.44	9.74	2.46
10月	0.93	1.57	3.72	1.29	3.37	8.97	2.41
11月	0.95	1.19	3.32	1.62	3.33	7.84	2.40
12月	0.98	1.68	3.31	1.62	3.34	7.76	2.40
2009年1月	1.12	3.38	3.98	1.20	3.35	7.83	2.44
2月	1.04	3.54	3.45	1.29	3.41	7.85	2.51
3月	1.00	3.36	3.50	1.27	3.61	7.64	2.62
4月	1.08	3.54	3.94	1.73	3.61	7.36	2.63
5月	1.24	2.61	3.53	2.42	3.60	7.75	2.63
6月	1.43	1.63	2.75	2.96	3.69	7.94	2.51
7月	0.89	1.32	3.35	3.00	3.70	7.54	2.48
8月	1.00	1.39	2.52	—	3.79	7.35	2.46
9月	1.14	1.90	3.11	1.30	3.77	7.63	2.65
10月	1.12	1.84	2.87	1.22	3.73	7.46	2.65
11月	1.44	2.16	2.56	1.55	3.66	7.46	2.64
12月	1.65	3.58	2.55	1.92	3.77	8.24	2.71
2010年1月	1.80	3.44	4.03	2.04	3.99	8.30	2.69
2月	1.94	3.96	3.70	1.99	4.30	8.00	2.66
3月	2.06	3.72	4.03	2.01	4.03	8.29	2.64
4月	2.43	4.01	3.83	1.97	4.03	8.20	2.56
5月	2.53	2.85	3.83	2.25	4.23	8.23	2.61
6月	2.25	1.05	5.22	2.11	4.16	8.09	2.63
7月	1.55	0.92	5.40	2.04	4.14	7.78	2.70
8月	1.81	1.59	3.37	1.99	4.19	8.29	2.71
9月	1.72	1.82	3.83	1.62	4.25	8.44	2.76
10月	1.56	3.03	4.52	1.57	4.24	9.48	2.79

续表

时间	土豆	西红柿	富士苹果	鸭梨	东北大米	大豆调和油	富强粉
11 月	2.41	2.79	5.15	2.12	4.30	10.04	3.14
12 月	2.49	2.81	5.13	2.55	4.36	10.28	2.92
2011 年 1 月	2.59	3.38	5.07	2.93	4.40	10.73	2.87
2 月	2.34	3.51	5.02	2.91	4.50	11.18	2.89
3 月	1.90	3.81	4.82	2.90	4.60	10.88	2.91
4 月	2.65	3.69	5.77	3.00	3.94	11.30	2.90
5 月	2.00	2.13	5.59	4.07	4.00	11.34	2.89
6 月	1.81	1.85	4.84	4.89	4.12	11.31	2.86
7 月	0.89	1.98	4.61	—	4.15	11.14	2.84
8 月	1.30	1.47	4.61	2.80	4.44	10.86	2.58
9 月	1.20	2.12	—	1.81	4.44	11.50	2.86

注：—表示数据缺失。

数据来源：北京新发地农产品交易市场统计数据。

根据表 1 至表 3 可以很容易地计算出同比、环比指数，原因是其单位都是元/公斤，因此价格可以直接进行对比，这里列出 2011 年 1 月到 9 月的同比指数。

从表 4 中可以看到，按照同比价格指数来看，大多数新发地农产品批发价格呈现较强的上涨态势，但其中又有区别。同比上涨最为显著的有豆角、白条猪、鸭梨、大豆调和油、鸡蛋等，一直保持在高位。有些品种则是涨跌互见，波动幅度很大，先涨后跌的典型为土豆，先跌后涨的典型为菠菜、大白菜等。

总的来说，同比增长率表明 2011 年农产品价格上涨确实非常迅速，形成了通货膨胀的巨大压力。然而，从九种品种的量价走势图可以看到，从长期来看，将价格上涨归咎于农产品是不合理的。事实上，从表 1 至表 3 来看，相当多的农产品并没有超出前几年的高峰价格，一些农产品价格即便超出历史高峰水平也并不多或者价格很快会回落。

农产品供给具有周期性，价格峰谷是一种常态现象，然而随着种植技术的改进，不再像历史上那样纯粹靠天吃饭，相当多的蔬菜都可以保证全年供给，这就使得价格周期不再表现出很规则的年度波动，而是取决于市场供求关系的调整。由于农产品种植需要时间，农民对于价格的波动反应会有滞后，导致了波动的放大。这样的市场供求所导致的价格波动不完全按照年度季节性进行。

表4　2011年各月度同比价格增长率

单位：%

2011年	白条鸡	白条猪	整羊	鸡蛋	牛前腱	草鱼	鲤鱼
1月	21.61	11.35	42.23	29.85	2.56	-1.06	20.94
2月	7.84	20.36	39.39	17.44	-0.69	-9.84	16.74
3月	15.50	51.74	20.93	17.16	10.41	-19.88	8.00
4月	13.48	63.75	22.43	25.08	17.21	-13.43	29.89
5月	23.21	81.26	21.03	40.94	15.69	6.32	33.34
6月	26.30	95.41	22.86	26.97	17.45	12.91	64.34
7月	31.86	66.42	34.02	17.98	17.87	21.38	51.35
8月	15.11	56.13	44.09	14.00	14.42	28.26	20.80
9月	9.33	62.79	55.94	20.17	20.51	26.39	17.66
2011年	菠菜	大白菜	豆角	黄瓜	茄子	芹菜	青椒
1月	-55.30	-33.58	71.30	9.53	-41.34	-44.25	-5.28
2月	-37.12	-45.68	69.82	-23.66	-26.89	-56.42	80.86
3月	-19.85	-66.15	22.92	-9.72	-9.70	-22.40	136.95
4月	-58.57	-85.96	45.13	-10.71	-19.54	-43.36	-13.54
5月	365.58	-29.63	42.50	23.36	-25.62	-4.92	-43.84
6月	231.61	179.58	231.72	82.73	6.01	48.52	-28.42
7月	59.63	25.54	187.17	8.04	7.96	43.45	19.08
8月	58.66	-23.59	130.22	50.66	-5.18	-7.21	-8.05
9月	71.70	32.11	169.16	47.25	63.15	3.36	2.05
2011年	土豆	西红柿	富士苹果	鸭梨	东北大米	大豆调和油	富强粉
1月	44.08	-1.65	25.60	43.91	10.29	29.22	6.42
2月	20.63	-11.32	35.84	45.85	4.60	39.83	8.66
3月	-7.75	2.58	19.57	44.12	14.17	31.19	10.03
4月	9.05	-7.87	50.59	52.45	-2.22	37.79	13.23
5月	-21.10	-25.28	45.95	80.42	-5.62	37.85	10.76
6月	-19.43	76.47	-7.23	131.79	-0.96	39.79	8.92
7月	-42.64	115.60	-14.62	—	0.13	43.24	5.19
8月	-28.21	-7.55	36.75	40.86	5.96	31.02	-4.94
9月	-30.30	16.45	—	12.12	4.37	36.34	3.53

数据来源：北京新发地农产品交易市场统计数据。

2011年大多数时间农产品价格位于价格周期的低位，存在着自然反弹的趋势，2010年后半年到2011年恰逢国内经济形势发生变化，农业生产周期和宏观经济形势两种因素共同导致了2011年上半年的农产品价格快速上涨。

而农产品批发价格相当多并没有突破历史高位，这意味着将这轮通货膨胀主要归咎于农业本身是不公平的，尤其是归咎于农民是不公平的。从以上所有数据综合来看，除了猪肉等少数例外，大多数农产品从绝对价格来说并不呈现普遍的高涨态势，更多的仍是价格周期导致的价格高峰，增长率高企。农民以及农产品流通（至批发端）从农产品价格上涨中获得的利益一般并没有超过历史上的高峰水平，考虑到2008年以来的通货膨胀，甚至这种收益还在贬值。这也是为什么在人人关注农产品价格上涨时农民难有增收喜悦的原因。

当然，白条猪、整羊的价格快速上涨反映出相关养殖体系存在巨大的问题，猪肉的长周期大波动已发生多次，贱时伤农、贵时伤众的问题一直没有得到很好的解决，这需要得到有关方面的重视，设计和执行系统性解决方案，而不应依靠头痛医头的临时应急处置。

在2011年中，还有一个重要的现象是，在农产品价格上涨导致总体CPI指数增加的同时，农产品结构性差异表现得非常明显。事实上，不能仅看同比价格指数，还要看环比价格指数。以环比价格对比来看，表1表现出，肉类和鱼类价格在2011年中绝对数确实增长显著，然而表2和表3则表现出，大多数蔬菜的绝对价格是在2011年初的高位上有下降，即环比指数为负。

这种同比指数处于高速上涨、环比指数反而处于下降的现象反映出一个重要问题，即我们对于农产品价格的分析需要考虑到不同种类农产品之间的差异。不能因为农产品综合价格指数（特别是同比指数）的上涨就针对农产品流通业出台统一的调控政策，必须要差别对待。只有使用差异化政策才能有效地管理农产品价格体系。

在2011年的农业现实中，这种价格绝对水平的下降不简单是一个数字问题，对应的是大面积农产品滞销现象的发生，显著的例子是内蒙古土豆以及一些区域的白菜，当地农民承受了极大的损失。究其原因，当食品导致CPI上涨后出台的调控政策并没有考虑到农产品的差异性，采用“环球同此凉热”的一刀切政策导致了不同价格周期的一些农产品受到重创，这种现象理应使政策层深思并建立更为系统化和差异化的农业价格调整政策体系。

最后，值得说明的是，这里给出的是北京新发地批发价格，从批发到零售还有诸多加价环节，近年房租房价的猛涨、生活成本的增长会导致农产品零售（“最后一公里”）价格上涨更为猛烈，比这里所反映的要更高。但这里对批发价格的展示和分析仍然能够反映出一些问题，值得研究者和政策制定者深思。

三　农产品流通行业管理与增值服务发展现状分析

（一）行业管理与增值服务发展和国际对比的差距

和国际发达国家农产品流通行业管理和增值服务发展状况进行对比，中国农产品流通体系在行业管理和增值服务提供的各个环节上都存在巨大差距，具体表现为：

1. 中国农业生产最为分散，小规模生产和大市场流通之间的矛盾最为严重，批发市场作为主要流通渠道作用重大

从农业生产集中程度来看，从北美模式、欧盟模式、东亚日韩模式到中国模式，其集中程度逐步降低。美国农业生产最为集中，而且往往同一产品集中在特定区域，农场经营规模大，农产品生产区域化程度高，产地市场比较集中。这使得单个农场或农业协会不需要经过中间环节就可以直接为零售企业提供大批量、多品种的农产品。农户或农户团体在产地将产品进行分级、包装处理后，就直接送往大型超市、零售连锁店或配送中心，许多大型连锁超市也自建配送中心，直接到产地组织采购。北美模式中经由批发市场的农产品仅在20%左右。在欧洲，农业生产集中程度比不上美国，但完善的社会组织和物流网络将农户生产有效地组织起来进行批发或直销，农产品在批发市场的经由率大约在50%。在东亚，农业生产较为分散，而以批发市场为主的流通模式能有效地解决小规模农业生产和大市场、大流通之间的矛盾，从而形成农产品经由批发市场流通比率高的特征，在日本和韩国，农产品在批发市场的经由率在60%到70%之间。

我国农业生产最为分散，农户规模小，实力弱，同一地域中不同农户生产的品种往往也存在较大差异，规模化不足，尽管在各地都开始存在一定程度的集中化，即土地向种地大户集中或者由“公司+农户”等方式形成规模化生产，但从全国范围来看，仍然处于相当分散的状态，这使得批发市场成为农产品流通的最重要渠道，农产品在批发市场的经由率高达70%～80%。目前中国大力推动农超对接、农产品直销等新的农产品流通渠道建设，但批发市场仍然是农产品流通的主体。

2. 农产品标准化和规格化水平低，质量缺乏保证，难以发展高级增值服务

无论是北美、欧盟还是东亚日韩模式，其共同特点是农产品的标准化和规格化程度都很高，这涉及农产品六个方面的性质：一为质量，二为重量，三为形状，四为包装，五为产地，六为品牌。美欧日有着比较完善的农产品法律法规和切实有效的执行系统，根据不同类型农产品设立相应的分级标准，要求生产者做到分级分等、包装精良、标签说明完整、产地品牌清晰，严禁假冒伪劣。这六个方面的高度标准化和高度规格化为农产品流通提供了很大便利，使得农产品能更有效地适应市场化的要求，有利于价格统一，实施拍卖招标等高效的市场交易模式，并能够提高农产品附加值，使农业从业人员得到更高收入。产地和品牌标签的规范有利于追溯制度的建设，极大地促进农产品安全体系的建设，满足消费者对食品安全的要求。在标准化规格化基础上，农产品物流也易于规范化，北美、欧盟和东亚日韩都能够对农产品实施预冷、整理、储藏、冷冻、运输、交易、配送全系列的规范配套，也能有效地降低农产品的中间损耗。

与发达国家相比，中国农产品的标准化、商品化程度很低，大多数农产品都是以原始形态进入流通，缺乏精细加工，包装简陋、附加值低，中间损耗高。农产品非标准化难以进行公正、公开、公平的拍卖交易，难以建设真正有效的追溯制度，难以保证农产品的品质和安全性。

3. 生产和贸易组织化程度低，中间环节多，缺乏效率

从美国、欧盟到日韩，无论农场大小，有一个共同点是，农户的组织化程度高，各种形式的农业协会在农业生产流通中起到了非常重要的作用，极大地提高了农产品的交易效率。在日本，农协组织农户协同向批发市场出货，对农民委托销售的农产品采取代理制进行运营。作为组织农产品进入流通的关键性组织，农协把分散的农户组织起来，极大地增强了农民的市场谈判能力，保护了农民的利益，同时还将批发市场内的购销信息及时传递给农户，引导生产。美国的行业协会也发挥着相同的作用，作为介于政府和企业之间的行业组织，由蔬果生产者、加工商、批发商、零售商、进出口商组织各类蔬果协会，有关流通方面的政策和建议都由协会与政府沟通，这样能起到有效组织蔬果生产流通、交流信息、衔接供需的作用。

与发达国家相比，中国农户的组织化程度很低，大多数农民将农产品交由分散的地头采购商或者以个人身份进入批零市场，缺乏市场谈判力量，只能是市场价格的被动接受者。从农户到地头采购商，再经由一级批发商、二级批发商到零售商，最后到达消费者，其中间环节多，运输和交易花费大量时间和费用，即便在农产品涨价的背景下农户也很难从中获取更高收益，大量费用被消耗在中间环节上，农产品流通系统的效率低。

4. 市场交易主体规模小、数量多，市场秩序混乱

在美欧日，对于参与农产品流通交易的主体一般有着严格的条件限制，不允许没有资格的交易者直接进行交易，只能通过有资质的代理人进行。这样，市场主体数量不多但规模都很大，且有明确的业务范围和领域。这样既保证了农产品流通的交易秩序，又保证了交易的规范化和公平竞争的实现。

中国目前没有建立严格的市场准入制度，农产品批发市场里大大小小、形形色色的农户、地头采购商、批发商、掮客、二级批发商、零售采购商充斥其中，造成中国批发市场流通主体混杂，规模小，数量多，导致市场秩序混乱、耗时耗力，流通缺少规模，交易缺乏效率。

地头采购和零售市场更加分散和混乱，少量有实力的公司和大型超市起到了一定的集中化作用，但更多的是极为分散的个体从业者和小商贩在广阔的区域里从事着农产品流通服务，难以实行有效管理。

5. 农产品流通硬件设施落后，物流系统效率低，鲜活蔬果损耗高

日美流通行业针对鲜活农产品的保鲜技术先进，冷藏设备可以保证 -30℃的储藏条件。日本已普遍采用鲜活农产品采后预冷、整理、储藏、冷冻、运输等规范配套的流通方式，农产品生产后的商品化处理几乎达到 100%。中国农产品流通体系正在大规模建设，冷藏物流和冷库贮存设备逐步得到实现和应用，但从总体上来看，目前整个农产品流通体系的基础设施依然处于薄弱阶段，这导致大量鲜活农产品只能采取现货交易，收获后较少采用预处理措施，大多数交易市场和流通企业没有完善的库存能力，导致中间损耗高，形成大量浪费。

6. 信息化程度低，无法形成对农产品供应链的有效监控

在美欧日，整个农产品流通体系的信息化程度很高，能够实施对农产品流通的有效监控。美国通过使用条形码技术建立追踪系统，对产品供应链的物流流出状况和上游流入农产品的质量安全进行回溯，流通效率很高，农产品质量安全得到有效保障。日本批发市场的信息流通设施完备，实现了全国乃至与世界主要批发市场的联网，电子商务发展迅速。欧盟国家实现了跨国农产品流通的质量安全网络体系，通过与各国的信息化合作实现多国农产品信息资源共享，建立跟踪追溯体系。

相比之下，中国农产品流通体系的信息化程度还很低，信息网络建设滞后，信息传播渠道不畅，网络利用效率低。目前只有部分大的批发市场以及大型的农业生产流通企业能够提供采集后的价格和数量信息概要，让管理者了解价格走势和总体规模这样的宏观信息。无法跟踪控制农产品的确切流向，以至于出现农产品安全事故之后也难以确认真正的肇事者和责任人，无法建立真正有效的农产品质量安全体系。

7. 交易方式落后，以对手交易为主，交易费用高，交易效率低

北美和欧盟模式农产品流通的交易方式以大规模交易主体的面对面或远程协商和协议交易为主，由于参与者具有很大规模，产品标准化规格化程度高，因此效率很高，也有一定规模的交易以拍卖招标形式进行。日韩则以竞拍和协商为主要交易模式。拍卖交易方式使批发市场所具有的农产品集散、价格形成、服务、结算和信息功能充分发挥，交易性质比较公开、公平、公正，秩序规范，但这要求货物标准化、等级化、规范化。而以合约、订单为主的协约交易方式实行产销直接见面，流通渠道短、环节少，流通速度快，成本低，流通效率高。交易双方在遵守合约、恪守信用的基础上自主交易，合约和订单保证了农产品的量质价的稳定。这两种模式都有自己的特色和长处。

中国农产品交易仍然是小规模对手现金交易为主，流通环节多，交易量小，交易费用高，往往需要货比三家，同时买卖双方还需要反复讨价还价进行交易，这导致交易效率低，耗时长，费用高，同时也使得市场价格不稳定，波动幅度大，具有明显的区域性。

同时发达国家的交易结算方式都是非现金式，金融机构提供了方便的电子结算服务，而中国绝大多数农产品交易仍然以现金结算为主，这导致安全性差，管理者也很难掌握交易具体金额和数量，从而难以从交易中获取交易服务费用，政府也很难解决农产品交易中的税收问题，缺乏有效的管制。

8. 批发市场投资和行业管理模式的差异

批发市场的投资模式有三种，一种是政府主导，例如韩国可乐洞市场和日本中央批发市场，在东亚日韩模式中这种形式居多，将批发市场视为重要的公益事业和基础设施，由政府主导进行投资；第二种是政企合营，政府投入一部分资金和企业进行合营，在欧盟模式中这种形式比较常见，例如法国伦杰斯市场；第三种是农业组织或企业投资，北美模式的批发市场往往是这种形式。当然在任何一个国家往往都存在这三种投资模式并存的现象，只不过是哪一种更常见的问题。

在中国，地方政府主导的形式比较常见，和日韩模式比较像，往往都是由地方政府出资来建设批发市场，不过运营上也在逐步采取多种形式，例如委托民营企业来经营。市场的转让和出售案例也在日益增多，逐步在引入市场化原则进行投资和运营。

在市场管理上，在北美和欧盟模式中，对于政府投资的批发市场，往往由政府管理机构和职业经理人通过董事会形式进行市场化运营管理，政府管理机构负责实现农业政策和执行法律法规，职业经理人负责日常的运营，运营中强调批发市场的公共设施性质和农业安全职能。在日韩模式中，往往是委派管理委员会、职业经销人来进行管理，强调公益性和非营利性。在中国，投资主体多元化，地方政府、企业甚至个人投资批发市场后往往以盈利为目的，追求投资回报，这导致了诸多方面的问题，包括短期效应、对农产品质量安全的忽视、粗放式经营等。

（二）农产品流通行业管理和增值服务发展分析框架

总体而言，中国农产品流通仍然延续着数千年以来小农经济以赶集形式发展起来的流通模式，只是规模和交通方式上有了非常大的发展，但和发达国家之间仍然存在着巨大差距，迫切需要升级换代，这也符合中国改革开放以来经济上了新台阶迫切需要进一步进行产业升级的背景需求，对此需要明确农产品流通行业发展的产业升级方向。

分析中国农产品流通体系和国际发达水平的具体差异，可以发现，我国流通市场缺乏体系化的各类增值服务，流通市场主体往往只能提供粗放式的基本农产品流通服务。为此，我们设计了一种农产品流通体系分析框架：（1）系统表现中国和发达国家之间的差距；（2）确立农产品流通产业升级的方向；（3）对中国农产品流通行业管理和增值服务创新实践和发展方向进行系统化、结构化梳理。这种框架如图 13 的金字塔图形所示。

具体而言，我们将中国农产品流通的最重要渠道——农产品批发市场，根据成熟度分为四级市场，由此代表农产品流通体系所能提供的不同层次的增值服

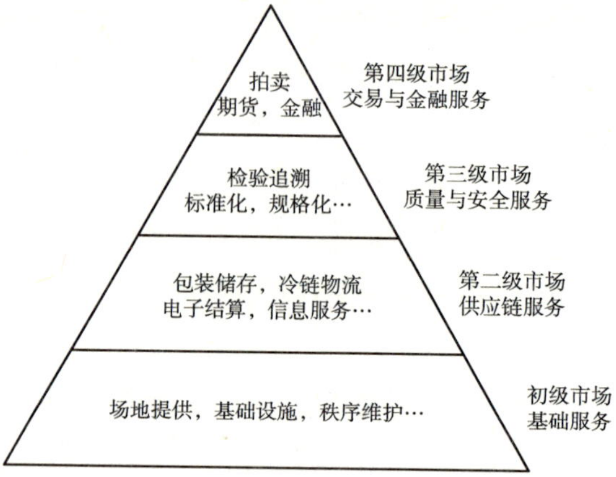

图 13　农产品流通体系分析金字塔模型

务。对于参与农产品流通的各类企业以及个人，其提供的增值服务也能在此框架下进行分析，他们一般提供某一环节上某一层次的增值服务，和四级市场相对应，分别是基础服务、供应链服务、质量与安全服务、交易与金融服务，也可以称为第一到第四级服务。

1. 初级市场：基础服务

初级市场的特征是市场主要仅提供最基础的服务功能，这其中最重要的是场地提供。正如传统的集市贸易是在特定区域中交通便利的一块地方形成买卖双方汇集交易，市场的最基本功能也是提供买家和卖家进行查验货和讨价还价的场所，由此而获取收入，其典型方式就是车位费（即根据车辆载重收取的场地费）或者摊位费（特定面积交易场所的租金）。

除了场地提供，任何市场显然都必须提供最基本的一些基础设施服务，例如水电、卫生等买卖双方都需要的基本服务，以及通过自设或外包的方式，提供一些餐饮、住宿方面的服务，市场能够从中获取额外收入。此外，市场还需要维持较好的秩序，提供基本的保安服务以保障交易的顺利进行。

中国很多中小型农产品批发和零售市场往往就是这种初级市场，只能提供最基本的服务，交易是买卖双方自行通过面对面看货、议价、货比三家、讨价还价而达成，即一般所称的对手交易，和市场没有直接关系。市场没有提供更多的增值服务。

对于参与农产品流通的企业和个人来说，和初级批发市场相对应的就是提供基础性的农产品流通服务，简称基础服务。在源头上主要表现为地头采购与收储，由农业企业或地头采购商（农业经纪人）进行，特点是极为分散，企业或采购商在价格上具有定价权。在中间环节主要的基础服务是运输，由农户个人、企业车队或第三方物流来完成。在交易环节上主要是批量交易，往往在批发市场进行，供需双方进行对手交易、验货议价。最后的零售服务则由超市、小型便民店、菜贩进行。这是农产品流通中最基本的服务功能。

2. 第二级市场：供应链服务

在基础服务的基础上，第二级批发市场提供更多的增值服务，主要特点是，不再仅仅作为交易的场地，而是成为农产品供应链中的一环，提供供应链服务。这其中包括包装、一般储存和冷库储存、运输配送等，都是农产品从田间到消费者的整体供应链中的重要环节。

此外，为整体供应链的更方便快捷运行，还有一些衍生服务，首先是交易结算服务。初级批发市场往往采用最原始的现金交易，一方面不安全、容易产生交易纠纷，另一方面也不利于交易的规模化和标准化。因此第二级批发市场的基本特征是提供电子结算功能，或者和银行合作提供银行卡结算的服务，或者推出市场自己的IC卡，以类似“一卡通”的方式，让客户能够在市场提供的固定或者移动终端上，利用市场管理账户进行交易结算，其中附带提供了交易公证的功能。

对于市场来说，提供电子结算可以产生多方面的好处：第一，使得市场上交易透明化，使市场能够实时掌握市场上交易的数量和价格；第二，能够收取交易中介费用，而不是摊位费或车位费那样与交易金额无关的费用，使市场能够分享交易规模扩大的收益；第三，这是提供其他增值服务的基础，例如信息和金融服务。因此可以将电子交易或者交易结算功能视为第二级批发市场的基本特征。

有了电子交易功能，市场就能够采集和发布更为准确、更为全面的信息，这种信息可以为批发市场会员提供良好的供求信息服务，也可以为政府监控农产品价格和数量提供及时准确的信息。这些信息服务有些是能够带来收益的，有些没有直接收益，却有无形的信誉和政府关系价值。

以上是批发市场的第二级，对于农产品流通企业和个人来说，相对应的第二级服务就是供应链服务，即在原始粗放的农产品流通链基础上提供各种供应链增值服务，使得农产品供应链更加精细化，更有效率。目前来看发展得比较好的农产品流通企业和个人往往是在供应链服务上做到了规模化、专业化和效率化，专注于某一环节。供应链每一环节具体包括的增值服务可参见其他相关分报告，里面对于批发、零售和运销三个环节里包含的具体增值服务有详尽的介绍和论述。

3. 第三级市场：质量与安全服务

第三级市场除了提供农产品批发零售这一重要的供应链环节之外，还能够执行国家农产品质量安全政策，规范农产品市场，避免大规模农产品质量安全事故。这也是发达国家中政府对于农产品批发市场予以资金和政策支持的一个重要原因。

在我国，农产品安全问题是一个国民高度关注却又难以有效解决的重大问题，从国际发达国家实践来看，需要对农业生产和流通的全过程进行监控，批发市场是其中重要一环。中国70%以上的果蔬通过批发市场流通，这一环节对农产品安全显得尤为重要。

这就需要市场提供农产品检测服务，通过抽查的形式查处不合格的农产品。现在绿色、有机、无公害三品开发成为热点，但其质量保障存在很大问题，大量以次充好的现象存在，因此检测只是一种手段，更重要的是在批发市场乃至整个农业生产流通体系中建立农产品质量安全系统并加以有效执行，才能够保障全社会的食品安全。三品认证由此成为一种重要的增值服务。

除了农产品安全保障之外，市场还应该提供农产品质量体系，即对于农产品按品种进行分级分等，实施标准化和规格化，只有这样才能加快农产品流通，应用更为先进的交易手段提高交易效率，减少中间环节，降低中间损耗，为更高级的增值服务打下基础。

农产品生产和流通企业提供的第三级增值服务，最突出的是品牌，即大型的农业企业通过树立良好的企业形象、向社会做出承诺，从而形成品牌效应，让消费者对其农产品具有更大的信心。当然建立品牌难、毁灭品牌易，一场农产品质量安全事件就会对企业的品牌造成重大冲击。

在第三级增值服务中，政府部门及其下属的事业单位也扮演了重要角色，突出的就是认证，绿色、有机、无公害的三品认证实际上是政府及其下属机构以政府公信力为基础推行的第三级质量安全增值服务。此外，检测、安全事件追溯和处理也是政府所能及所应提供的农产品质量安全增值服务。

4. 第四级市场：交易与金融服务

第四级为最高级的批发市场，最为成熟，表现为市场能够提供交易组织服务。拍卖是其中显著的一种交易方式，主要适合大规模标准化农产品交易。电子商务交易则是另一种，买卖双方作为批发市场的会员，可以在农产品没有到达批发市场（甚至还在地头）时通过电子商务形式进行远程交易，交易达成后，农产品直送最终卖场，可以极大地提高流通效率。但实施这种交易组织的必要条件是实现第二、三级批发市场功能。

在交易组织基础上就可以产生衍生金融商品，例如期货和期权交易、芝加哥商品交易所所提供的服务，这对农产品价格形成具有很强的指导性作用，进而对农业生产结构的合理化和计划化起到非常有效的促进作用。

除了交易功能，高级批发市场还能够提供各种形式的金融服务，例如保理、担保、融资、抵押等，进一步提高批发市场服务的附加值。

在企业和机构提供的第四级服务方面，就涉及金融机构进入农产品流通领域。金融业是产业发展的加速器，金融机构介入农产品流通，可以催生更大规模、更有效率的农产品流通企业和市场。

（三）现状分析

从以上金字塔式的批发市场增值服务和分级图（见图13），可以看到中国农产品流通市场和国际发达国家之间的差距，首先体现为各类高级市场功能的不完善。中国农产品批零市场大多数只能提供最基础性的服务，少数新投入、大规模的批发市场在发展第二级服务，例如提供电子结算功能和一定程度的信息发布功能，或者组织自己的物流系统，新发地是一个典型的例子，然而这些第二级批发市场并不成熟，仍然存在相当大的缺陷。因此中国农产品批发市场主要处于初级状态，少数处于不成熟的第二级状态。在我国，针对少数大宗交易的农产品建立了期货交易所，即发展第四级市场，但目前来看，由于缺乏其下三级市场服务的有力支撑，这些交易所的规模和影响力都不大。

其次表现在，农产品流通企业和个人难以提供高端增值服务，市场主体过多、过于分散，绝大多数力量弱小、地域性强，只能提供基础服务和特定环节的供应链服务，很难形成全局性视野和规模化效率运营。少数国家背景的农产品生产流通企业和大型民营企业能够提供更为完备的农产品流通服务，但往往局限在粮油、家禽等少量大宗交易农产品上，相对13亿人每天的饮食需求来说力量仍然薄弱。

总的来说，中国农产品流通行业管理和增值服务提供可以说是“一级散，二级弱，三级虚，四级少”，即：

（1）一级市场功能过于分散，各级农产品批发、零售市场广泛分散于全国各级区域，彼此之间关联性差，各自为政。提供一级基础服务的企业和个人过于分散，规模小，效率低。

（2）二级市场服务缺乏强有力的实体，批发市场由于财力限制，难以发展起整合供应链。提供二级供应链服务的农产品生产和流通企业或者是局限于某一环节，提供供应链特定段的服务，或者是局限于某些品种，即便是中粮这样的大型企业也只能针对大宗交易粮油类农产品尝试整合供应链工作。

（3）三级市场服务多处于务虚阶段，尽管检验追溯、认证系统非常热门，政府大力支持，市场着力推动，企业努力实现，但到目前为止，多流于形式，绝大多数这样的系统都是花瓶工程，鱼龙混杂，砂石俱下，很难真正发挥作用。

（4）四级市场服务已有形成，针对一些品种推出了更高端的交易形式，对农产品流通的各类金融支持也有实践，但从全国整体范围来看，仍然太少，难以改变农产品流通业整体面貌。

这和国际发达国家水平形成鲜明对比，国际上知名的农产品批发市场至少是第三级，核心批发市场更广泛处于第四级成熟状态。

对于美国那样的大规模农业生产国来说，大多数农产品流通没有通过批发市场，而是基于大生产商或大终端商进行直接调度，可以称为超越批发市场，即跳过了传统意义上的批发环节，采取了更短更直接的供应链，由企业或协会提供全部增值服务，不再需要批发市场的中转，由大型农业企业或联合体作为主体来完成所有四级增值服务。

中国也有类似的企业，例如中粮的“全产业链”计划，即可视为将市场服务内化为企业行为，通过企业提供整个金字塔式农产品流通市场服务。然而这些企业往往只能针对特定品种、特定区域进行这种整合产业链工作，“交易内化”受到企业边界的强烈制约，难以承担大多数农产品流通的重任。同时，这样的企业往往重心在于第二级市场服务上，一般是在特定品种、特定区域上实现“全供应链”服务，即从产地到销售的整体供应链由一个企业来实现，很难完成整体的三级、四级市场服务功能。而且，全供应链服务也只有很少一些规模大的企业能够尝试，一般的农产品流通企业主要还是关注于供应链服务中的某一环节，实行专业化经营。

总之，借助图13，可以更好地看清中国农产品批发市场发展所处的位置，从而分析批发市场的发展战略方向：提供更高级的增值服务，促成农产品流通体系的产业升级。理想状态是能够获取数据来表现中国流通市场主体在发展各级服务上的具体状态，可惜目前缺乏相应的统计数据。最关键是在提供增值服务的程度上无法判断真实情况，即便有上报数据或调查数据也很难说明问题。典型的例子是号称建立了农产品追溯体系的批零市场或农业企业很多，然而一旦实地考察就会发现，往往只是示范性、展示性的系统，离全面覆盖差得太远。因此，目前更现实的是借助这一框架，对近年来中国农产品流通市场和企业进行的管理创新与服务增值实践进行系统性地梳理和总结，从中体会农产品流通体系未来的发展方向和特征。

四 行业管理与增值服务发展实践

本节对中国近年来一些农产品流通市场和企业进行管理创新与增值服务发展的实践方向进行总结。

（一）第一级市场服务发展和基础设施建设

第一级市场服务的发展很大程度上体现为基础设施建设，这一方面在近些年的发展具有以下特点。

1. 外资借助雄厚资本大力渗透农产品流通业

加入WTO以后，中国农业领域受到了外资的大举入侵，被外资以各种形式渗透，大豆市场是最显著的例子，种业的全面失守更是蕴含着巨大的风险。在农产品流通领域，外资也在借助雄厚资本翻云覆雨。从正面意义来说，外资进入带来资金、观念和管理，同时通过鲶鱼效应搅动市场，迫使国内农产品流通业进行产业升级。从负面意义来说，外资的资本优势和超国民待遇会导致农产品流通命脉被控制，其掌握局部区域定价权后会实施掠夺性定价，压缩供应链上分散的农户及农业生产流通企业的利益。

2004年高盛进入中国生猪生产和流通市场，参股雨润，2006年收购控股双汇，2008年以3亿美元收购几十家养猪场，形成控制养猪产业上中下游的完整流通产业链，由此在猪肉上有了很强的定价权，在猪肉暴涨暴跌中起到了推波助澜的作用。

2010年4月美国私募基金黑石集团将首笔Pre－IPO资金1.9亿美元注入山东寿光农产品物流园有限公司，2011年5月却在公司上市有望时选择撤股套现，寿光物流园为上市组建的香港地利控股集团作为大股东，以高于同期银行贷款利率的利息回购了黑石所持的10%股份。寿光物流园原为寿光蔬菜批发市场，2003年由深圳农产品股份公司出资6000万元与寿光蔬菜产业集团共同组建，在2009年效益很好时退出，然后黑石介入。整个过程如同外资、社会资本、央企等上演的一部“三国演义”，这是农产品流通领域大规模资本运作时代的一个典型例子。

2. 农产品批发市场纷纷通过投资、兼并、收购等方式进行转型和扩张

批发市场原本为分散的地区性市场，现在纷纷开始采用投资、兼并、收购形式来进行扩张，掀起批发市场“跑马圈地”、连锁运营的浪潮。2011年3月21日，北京新发地农副产品批发市场外扩的首个分市场——涿州分市场升级改造项目正式启动，进行展厅改造，建设冷库、交易棚、商务商业楼等基础设施，揭开新发地对外扩张的重要一步，其他多个类似项目也在随后进行。

这种扩张不仅仅是批发市场连锁化的横向一体化扩张，还包括上下游整合的纵向一体化扩张。2011年9月，深圳布吉农产品中心批发市场搬迁至18亿元打造的平湖海吉星国际农产品物流园，标志着一段历史的结束。布吉农批经过22年成功转型为集投资、开发、建设、经营和管理农产品市场于一身的大型现代化农产品流通企业集团和国内农产品流通行业唯一的上市公司——深圳农产品股份有限公司。通过收购兼并关联度强、资产质量高、发展前景好的企业，深农公司将一、二、三产业融为一体，整合农产品流通链条，开创了“企业办市场、市场企业化”的“布吉模式”，构建了“公司＋销地批发市场＋产地批发市场＋中介组织＋基地＋农户”的产业化格局。近年来更是加快扩张步伐，先后投资控股深圳、南昌、上海、柳州、寿光、合肥、西安、北京、成都、长沙、惠州、天津等21个城市的32家大型农产品批发市场。在此基础上探索物资集散、价格生成、信息发布、标准化建设、商品促销、服务引导、产业带动等七大功能，提升市场层级。

3. 农产品流通企业和市场大力加强基础设施建设，改善经营环境

通过多年的发展，原本粗放式经营的农产品流通企业和市场积累了一定实力，加上政府支持，纷纷大力投入基础设施建设，大干快上成为全国的普遍现象。其背景还在于房价的快速上涨，导致土地增值，使政府和市场能够通过土地置换等手段套取大量建设资金，其中也存在着圈地运动、楼堂馆所建设、土地转为商品房开发等不良现象，但无论如何，这种建设风潮的兴起，是农产品流通的基础设施建设起了极大的推动作用。

（二）第二级市场：供应链服务的发展

在供应链服务方面，农产品流通市场和企业也在进行不断建设，逐渐提升服务水平。

1. 农产品流通市场和企业普遍开始提供更多整合供应链服务

农产品流通行业的一个重要发展趋向是市场和企业都在进行供应链服务整合，即市场和企业都认识到，在激烈的市场竞争中，要站住脚跟扩大规模，就需要提供更多的服务，即纵向一体化。从大到小的各类农产品批发零售市场和流通企业都在提供更多的整合供应链服务，即在农产品的仓储、保鲜、包装、装卸、冷链、加工、运输配送、销售中，将尽可能多的环节整合到一个市场或一个企业。

批发市场提供整合供应链服务往往以建设农产品物流园区的形式进行，即或者自行建设或者通过招商，在物流园区中提供各环节服务。即便没有设立物流园区，各类批发市场也或多或少地在增强自己的物流能力，实例太多，这里不予详述。

值得注意的是一些农业企业尝试对部分品种农产品建设全供应链服务，这也是一种重要的发展趋向。中粮是最突出的例子，从田间到餐桌，中粮以其雄厚实力提供了丰富的食谱，构成了农产品生产销售的完整体系。双汇、雨润的猪产业链已成规模，蒙牛、伊利的牛奶产业链完整，这些也是出色的实例。再如六和集团以肉鸡、肉鸭两大产业链为主要构架，已形成祖代鸡（鸭）、父母代鸡（鸭）、商品鸡（鸭）养殖、饲料生产、冷藏加工、熟食开发为一体的产业链。

目前来看，对于比较容易规模化标准化的大宗交易农产品，以企业形式进行整合供应链比较合适，同时通过品牌效应起到质量安全保障的作用。需要注意的是，规模大也会有风险，产业集中度高使得一旦一个企业出现问题就会造成对整个产业的重大伤害，三聚氰胺之于奶业、瘦肉精之于猪业就是典型的例子。

对于难以规模化标准化的果蔬，用批发市场形式进行整合供应链更为合适。目前的问题是批发市场更多的是供应链服务企业的驻地，批发市场自身建设供应链会存在和服务企业之间的业务重叠。因此究竟是批发市场自身进行公司化改造，向供应链上下游延伸，还是批发市场专注于基础设施提供，物流由专业的第三方农产品物流企业来负责，这仍然是一个需要在竞争中进行自然选择的问题。

2. 越来越多的市场开始实施电子交易结算

电子结算在中国也并非新生事物，早在20世纪90年代就有一些市场进行了尝试和建设，近些年更是有很多市场在这方面投入甚多。

2010年12月30日，北京新发地农副产品批发市场启动其建设的首个“农超对接”第三方服务平台——北京新发地农产品电子交易中心，为农产品流通提供信息服务、电子交易、资金结算、物流配送、政府监管、质量安全追溯等6大解决方案，尝试衔接产地市场与销地市场，以形成有影响力的农产品交易中心、价格中心、结算中心和物流配送中心。

深农公司也在探索以电子结算为核心的现代农批市场信息化交易模式，在新建设的海吉星物流园交易广泛采用电子结算方式。园区内使用与中国农业银行股份有限公司联合打造的农行—农产品金穗惠农联名卡，由银行磁条卡与物流园区芯片卡组成，实现资金账户联名绑定、物理形式分离的方式。其芯片卡交易系统类似于大学校园卡系统，磁条卡则提供类似证券第三方存管的功能，为芯片卡交易提供圈存圈提功能。联名卡应用改变了传统现金交易模式，提高了效率。

其他市场也有非常多这样的实践，寿光物流园开始建设时就采用基于会员制的电子结算模式。在上海，2006年初对部分品种农产品实施了电子交易模式，到2008年底就已有超过10家市场探索应用。河南商丘农产品中心批发市场从2005年5月就开始在瓜果、蔬菜两大交易区实行统一电子结算，在市场管理中采用网络、IC卡技术与信息共享为买卖双方提供安全便捷的结算服务。这样的例子还有很多，无法一一列举。

不过，尽管电子交易结算在很多市场都得到采用，但这些往往还是试验性的，在小范围内使用，很少有市场能够要求所有交易都必须通过电子交易结算系统进行。究其原因，最重要的还在于费用问题，一旦全部交易电子化，客户往往担心会收取更多的费用，也更容易被收税。农产品流通事实上是一个薄利行业，如果是所有人都被同样收取税费那还好一些，然而一旦批发市场内规范收取税费，场外交易就会更为普遍，甚至出现场内看样议价、场外交割的现象，这对批发市场是非常大的压力。这是发展电子交易结算的一个重大障碍。

3. 市场广泛提供价格信息服务

信息服务是各类市场最容易提供的一类服务，很早开始就有很多批发市场提供了大屏幕，显示市场内甚至其他地区市场的各品种农产品实时价格。近些年提供的信息服务更加丰富。例如，深农公司2009年完成呼叫中心启动和客服在线系统联网运行，成为农批行业第一家开通全国客服专线的企业，从而将服务对象从批发市场内客户扩展到整个供应链。

通过互联网形式提供信息服务也成为新的潮流，网络上出现大量全国性或者区域性的农产品信息网、价格网，批发市场和农产品流通企业也纷纷建设了自己的网站，其中不乏新意的举措。例如浙江衢州农产品网为扩大“农超对接”，使用了工业和信息化部电信研究院推出的12114信息名址作为推广方式，针对农民电脑水平差但广泛拥有手机的现状，使农民手机用户可以直接发送短信“衢州农产品网”得到相应的链接回复，进入相应手机网站获得交易市场信息，包括最新求购、最新供应、批发、产品报价和品牌等农产品交易信息，并通过点击获得求购者联系方式和地点。

然而在农产品流通中，信息服务最容易提供，却非常难以完备提供。从上文提供的数据就可以看到，整个农产品流通行业对数据的长期收集整理和开发利用工作都相当薄弱。新发地已经属于做得好的，由于新发地果蔬价格为政府和媒体所重视，因此能够提供少数品种较长时间的数据，更常见的是市场对农产品流通数据的长期收集保存工作非常不够，更不用说分析和利用了。

究其原因，提供短期典型农产品的数据收集和发布服务投入不高，又有直观表现，可以提升表面上的档次，因此农产品流通市场和企业愿意投入。但中长期的全面数据收集、整理和应用就需要投入大量的人力、物力和财力，以及坚持不懈的关注。做到这一点很难，农产品流通行业缺乏所需要的资金，也缺乏这样做的能力和能做这些事的人才。最关键的是，缺乏这样做的意愿，农产品品种多、价格信息杂，长期收集整理非常繁琐，需要长期投入，却又缺乏看得到的回报，因此很难长期坚持。这是一个很大的缺陷，农业生产需要周期，提前性供求预测对于合理安排农业生产非常重要，这需要覆盖性而不是抽样性的农产品交易基础数据，当一线的流通主体没有兴趣做时就无法系统实现。这需要政府的大力支持，应建立全国统一的农产品数据中心进行综合分析和应用，并用于指导农业生产。

（三）第三级市场：农产品质量与安全服务的发展

农产品质量安全成为近些年全社会最关注的热点问题之一，这说明，目前在农产品流通体系中这一块是重大的薄弱环节，政府、市场和企业做出了很多努力，却未见重大成效，农产品质量安全事件不断发生，迫切需要加强这一方面的建设工作。

1. 检测追溯和质量认证

目前，中国规模稍大一些的农产品批零市场和企业都在建设自己的检测追溯系统，但大多数处于试验和试点阶段。例如2011年1月20日，北京科委对新发地承担的科技项目“北京新发地农产品安全科技示范工程”课题进行验收，该课题从“超市—配送企业—批发市场—基地”四个环节控制农产品安全，设立绿色农产品销售示范区，带动京郊100家农民专业合作组织、北京10家配送企业和10家超市实现农产品质量安全无缝对接，建立中心实验室（具备三大类51个安全项目检测能力）和市场流动监测车（日常抽检及抽样检测）的安全检测体系。

再如深农公司投资3000多万元构建食品安全体系，拥有气相色谱仪、原子吸收光谱仪和全自动高感度大量样品农药残毒速测仪等一大批检测设备，同时通过建立经营户信息档案、签订《食品安全协议书》来确保经营户守法经营。河南商丘农产品中心批发市场投资100多万元购置设备，建立了由液相色谱室、气相色谱室、精密仪器室、原子荧光室、综合理化分析室、样品室等6个核心实验室组成的农产品质量检验检测系统，并将检测结果输入到中心数据库由信息中心进行发布。重庆观音桥市场实行市场准入制度，任何农产品进入该市都要进行强制检测，凡不能提供农产品原产地报告的，必须经过严格检测才能进入，一旦发生质量安全事件，市场将先行赔付，然后追偿责任人，同时还建立经销商无公害蔬菜检测档案、原产地无公害蔬菜产品质量档案等。

这些只是几个简单例子，事实上，农产品流通市场和企业没有一个不表明自身有质量检测追溯系统。然而正如双汇号称十八道检测却没有阻断瘦肉精一般，目前这些检验追溯系统存在的问题是：数量少，抽检率和检测率极低，很难形成有效威胁；过于分散，每个企业、每个市场都要建设自己的检测追溯系统，彼此隔离，难以配合，简单设备的重复购置事实上是一种浪费；缺乏政府的公权力保证，批发市场即便检测出不合格农产品也没有惩罚权，反倒是这些产品会在场外重新流入市场，企业检测出不合格农产品时，为了自身利益要么隐瞒不报自行处理，要么视而不见甚至恶意使用。

检测追溯系统遇到的尴尬也同样适用于认证，目前农产品三品认证多达几十种，良莠不齐，“一标五毛”滥发现象的存在使其公信力大损，迫切需要对认证机构进行认证，然而谁又能对认证机构予以背书，保证其行为？

2. 农产品规格化标准化

农产品的规格化和标准化一直是中国农业生产销售体系中的弱点，近些年逐步加强了这方面的工作。首先是政府部门对农产品等级规格的标准发布，近年来陆续发布了多种果蔬的等级规格标准，例如 2011 年 9 月 2 日农业部刚发布了丝瓜、胡萝卜、叶用莴苣、菠菜等蔬菜的等级规格。

目前来看，提高农产品规格化标准化水平一方面需要政府制定规范，另一方面需要从需求面导入。正如麦当劳、肯德基为薯片进行的采购对土豆规格予以规范，只有需求面提出要求，借助市场的力量才能推动农产品规格化和标准化。在实践中，类似阳澄湖大闸蟹这样的地方品牌以及名牌农业企业的企业品牌的出现才能有效推动生产和流通的标准化。

（四）第四级市场：交易与金融服务的发展

流通和市场的首要功能是价格发现，然而中国农产品流通业广泛存在的仍然是传统的对手交易。金融是产业发展的助推器和驱动力，但农业金融体系的薄弱使得农产品流通业也很难得到金融的有力支持。

1. 交易服务

在交易形式的升级上，中国早有实践。早在 1997 年 6 月，深圳福田农产品批发市场就敲响了中国大宗鲜活农产品拍卖的第一槌。1998 年北京莱太花卉市场针对鲜花首推拍卖交易。2003 年 10 月 26 日，山东寿光蔬菜批发市场的第一批以电子拍卖方式交易的蔬菜正式拍出。然而到现在，中国鲜活农产品拍卖的发展并不尽如人意。常见问题是供货商不稳定、守约意识淡薄，难以约束其行为，有出价更高者时供货商经常随意毁约，将货转卖他处，这使得很多发展拍卖形式的市场都曾遇到无货可拍的窘境。其深层原因还在于，农业生产过于分散，农产品质量差异大，难以形成规模，使得交易双方必须对每批农产品具体情况进行检验和谈判，无法形成有效拍卖市场。规模化、标准化不足成为制约中国农产品交易形式升级的最大障碍。

电子商务的出现使农产品远程交易成为一个发展方向，理想状态是交易在网上达成，由物流企业实施从田间到餐桌的点对点直接配送，降低流通成本。例如北京中农远电子商务有限公司与滨城区良种棉加工厂合作投资建设的农产品远程交易（滨州）交割场就是全国第一家以农产品远程交易为经营模式的现代交易场所，其利用电子商务平台实行网上配送，将方圆350千米以内的特色蔬菜及菌类等农产品直接供应到北京等各大城市。然而远程交易发展也遇到了拍卖市场遇到的同样问题，品质难以保障，交易方容易悔约。

2. 金融服务

农产品流通业发展金融服务遇到两方面障碍，一方面是农业金融体系发展滞后，产业发展难以获得足够的金融支持，另一方面是中小企业贷款是世界性的金融难题，在中国尤为明显。这两方面因素结合在一起使得中国农产品流通金融服务难以实现。实践中，民间金融活跃，能以灵活形式为农产品流通业提供贷款，但也带来了高利贷等负面现象。

流通业从业者和金融业也在不断探索新的发展思路。例如华夏银行近期在新发地开设特色网点以服务农产品流通小企业，采取三方合作方式，称“商圈贷”，即华夏银行与新发地、北京农业担保有限责任公司签署合作协议，由新发地市场管理方推荐其市场内的商户作为授信客户，由担保公司提供担保。这种形式在中小企业贷款中是一种常见思路，即采取以商户协会或批发市场为依托，为中小企业提供“组织增值”，将单个企业难以达到的贷款信用等级组织起来以获得更高信用。还可以通过组建担保公司等形式提供支持，例如深农公司就于2009年专门成立了农产品担保公司，与国家开发银行深圳市分行签署小额贷款合作协议，借助其在小额贷款领域的技术和系统优势发展中小企业贷款。

尽管有一系列试点，但总的来看，农产品流通业获得的正规金融机构支持很少，与旺盛的需求极不相称，还存在着广阔的发展空间。

五　政策建议

总的来说，中国农产品流通体系需要进一步的产业升级，提高行业管理水平，发展高端增值服务，这需要政府、批零市场和流通企业共同的努力。

（一）对政府的政策建议

1. 明确农产品批发市场地位，加大政府投入力度，加强物流基础设施建设

从国际上来看，农产品批发市场一般被定位为公益性事业，应该由政府加大投入，加强对农产品批发市场总体发展的规划，对农产品批发市场实施规范化、系统性的统一调控和管理。这并不是说，政府来直接运营农产品批发市场，而是可以通过政企合作委托企业进行管理，但批发市场的规章制度和运营规范应该由政府来统一制定和执行。

同时，国家应加强农产品流通基础设施的现代化建设和规划布局。当前，物流技术对流通产业发展的作用日益突出，物流的直接性强，少环节、多渠道、高效率已成为发展的主导方向。对于农产品物流来说，应进一步提高物流系统的规模化、自动化程度，政府应投资建设专业化的现代农产品物流中心，建议在国家中长期规划和年度规划中纳入农产品物流系统规划，以给予其长期持续的关注和建设。

2. 推动农产品流通中的组织化运作

从国际上来看，发达国家批发市场很少像中国批发市场这样有如此多的参与者，其产业升级往往伴随着批发市场买卖双方的规模化，通过市场竞争形成有能力的现代大批发商。对此需要有政策和具体措施来帮助这些企业成长，促进农产品生产、流通和零售龙头企业的出现和壮大，提升市场经营主体的组织化水平。

组织化运作的第二个层面是积极发挥行业协会和中介组织在联结农户与市场、沟通产销之间的作用。从国际上来看，各种各样的农业协会和农户组织在农业生产和流通上起到了非常重要的作用。中国仍然如同一盘散沙，各种协会并没有发挥实质性作用，对此迫切需要发展农户和农业组织，让其成为重要的参与者，可以考虑在政府主导下建立类似日本农协式的全国性农业组织。

组织化运作的第三个层面是批发市场的连锁化和组织化。由于中国地域广阔，地区差异大，交通运输费用高，因此在相当长一段时间，批发市场仍然会散布在全国各个地域，但可以将批发市场连锁化和组织化，让批发市场具有更强的实力，形成更紧密的网络，从而更好地完成农产品的流通和调配。

3. 加强法规建设，严格农产品准入制度

对于农产品质量安全保障，仅靠市场化运作是不可能实现的，需要政府的介入，例如当批发市场发现农产品存在农药超标现象时自身并没有处理权，如果政府不提供有力支持和利益保障，批发市场可做的最多就是让这些农产品离开市场，然而离开市场的有害农产品会通过其他渠道流向消费者，产生广泛的社会危害。

建立农产品安全体系，首先需要加强法规建设，对于有害农产品明确监控和处理机制。应制定批发市场法，明确批发市场农产品准入制度，对不符合质量标准的农产品，通过政府机构与市场和企业的合作，予以有效发现和有力处理，仅靠市场机制是无法完成的。

4. 加强农产品规格标准的制定与推广

农产品规格化和标准化不足在很多方面制约了农产品流通业的升级换代，而批发市场和流通企业难以靠一己之力来完成这样系统性、技术性要求很高的工作。在中国缺乏强有力的专业协会来负责此事，需要政府有关部门加强农产品规格标准的制定，并进行广泛的宣传推广和制度保障，激励市场主体提高规格化标准化水平。

（二）对批发市场的建议：会员制和农产品流通信用体系

批发市场在农产品流通体系中占据着重要的地位，在未来农产品流通体系建设中也应占据着核心的位置，产业发展方向应是以批发市场为龙头加速农产品流通的产业升级。然而没有基础不能建大厦，对于批发市场来说，发展各类高端增值服务的重要基础应是：建立会员制、普及电子结算、建立农产品流通信用体系。

首先是建立会员制，即将批发市场上从事业务的人都纳入统一管理。从国际发达国家批发市场来看，基本上都采用了严格的会员制度，即对能够进入市场进行交易的人员进行严格管理，限制其资质，监控其行为。基于会员制，批发市场才能实现市场准入管理，保障市场秩序，发展高级增值服务。具体而言，批发市场应该将不同类型的各种利益相关者都纳入统一会员管理系统：包括自然人会员和法人会员，也包括农产品供应链的所有参与者，即生产者、批发商、零售商，以及从事物流、检测、认证等工作的第三方机构。此外还可以包括非现场会员，即不直接出现在市场上，却对市场有着重要影响的人员和机构，例如广大的农产品生产者（农户和农业企业）以及各类管理机构等。

其次是普及电子结算。只有实现此功能，才能发展其他增值服务和进行产业升级。电子结算并不仅仅是让交易双方通过划账而不是现金形式来完成交易，更重要的是，有了电子结算，批发市场才能实时掌握市场内发生交易的具体细节，才能真正对市场交易进行有效管理，否则批发市场是交易的局外人，完全不了解具体情况，那么任何产业升级都无从谈起，也难以发展其他任何增值服务。

最后是农产品流通信用体系建设。要根据每一个会员业务特征、规模大小等因素来建立会员档案，其中最重要的会员档案信息为交易信用记录和质量安全信用记录。农产品批发市场的会员往往长期从事农产品流通业务，批发市场在建立电子交易结算系统的基础上，通过会员制的设立，可以在系统中积累大量的交易信息，每个会员的交易历史都应该记入会员档案。这样在其基础上就可以建立交易信用体系。

建立会员的交易信用记录之后，批发市场就可以对会员实施真正有效的管理，实施规范的市场准入和禁入制度。这需要批发市场具有仲裁功能，即买卖双方一旦发生交易纠纷，可以认定责任人，并对责任人降低交易信用。如果长期交易无任何纠纷记录，或者存在纠纷记录但责任不在其身上，那么就可以构成良好的交易信用记录。如果多次出现履约问题，那么责任人就应该被驱逐出市场。通过这种方式，批发市场就可以对会员行为进行约束，保障市场秩序。

更重要的是，基于会员制和交易信用体系，批发市场就可以发展高级增值服务。无论是信息发布、交易撮合还是各类金融服务，都需要会员制和信用记录作为基础。例如，对于金融机构来说，交易信用评级以及历史交易记录（尤其是历史交易规模）是很有价值的，在进行金融信用评级及金融服务决策时可以根据这些信息给出更为准确的判断，降低风险。正如个人和企业信用好就在于借钱一定还，当农产品批发市场相关人长期交易记录良好时，就可以发展起信用贷款等各种金融服务。事实上，没有这一基础，任何高端增值服务都难以有效实现，在执行中会出现很大问题。

除了交易信用体系，还可以建设农产品质量安全信用体系。农产品安全是全社会关心的重要问题，参与建立农产品质量安全体系是农产品批发市场责无旁贷的重要职责，建立农产品质量安全信用体系可以在其中起到重要作用。批发市场建设农产品质量安全体系涉及检测、追溯和认证等方面工作，一旦设立了这一系统，就可以根据检测结果对生产者和经销商进行质量安全信用记录，根据其交易的农产品质量等级来设立和修改其安全信用等级。

对于长期从事绿色有机无公害业务的生产者和经销商，如果没有检测出问题而且事后没有出现质量安全事件，则可以记为高级别生产者和经销商，一旦出现重要质量问题或安全事件，就予以降级，严重者可驱逐出场。对于从事普通农产品业务的生产者和经销商，就可记为普通级，同样出现质量问题或安全事件予以降级或驱离。

为了保证质量安全信用体系的全过程监控，还可以让所有生产者和经销商都建立自身的标识。对于特定品种农产品，批发市场可以提供统一的包装，生产者提供农产品和经销商采购时都使用统一包装，每个经手者都要在包装上盖上自己的戳，一旦检测出质量问题，就可以进行追溯，并降低相关责任人的安全信用等级。这个过程中包括现场和非现场会员，也包括第三方会员，出现问题进行追溯，明确责任后对于参与方进行信用惩罚。

对于所有会员都要建立质量信用记录，因为其中任何一方都有可能造假，例如生产者以次充好，经销商和零售商以其他地区产品冒充优质农产品产地产品，检测方接受贿赂而放水，认证方滥发认证证书。对于这些问题一经查出，就必须予以信用等级惩罚。甚至还可以建立产地信用，对于特定区域的特色农产品建立总体上的信用等级，如果出现产地农产品问题，则将该产地和所有相关会员予以降级，以此作为弱化地方保护主义庇护假冒伪劣的手段。

（三）进一步的发展：农产品流通金融服务

信用体系是金融的基石，一旦农产品流通信用体系得以建立，即便只是小规模特定区域内的试点，也会提供农产品流通金融发展的动力和保障。目前来看，由批发市场入手发展农产品流通金融服务是最为有力的发展方向。在中国农业生产流通过于分散的背景下，批发市场作为农业相关从业人员最为集中的地方，发展金融服务有着得天独厚的优势。具体而言，在实现会员制和农产品流通信用体系建设的基础上，可以发展如下各类金融增值服务。

1. 远期合约

商品交易所发展的期货只能基于易于标准化的大宗交易商品，果蔬等鲜活农产品很难发展起规范的期货市场。但从农产品批发市场来看，即期交易的扩展可以发展为远期合约。即对于大客户来说，可以批发市场为中介，买卖双方签订远期交割的合约，在提前数月预定特定品种特定品质的农产品，事先约定交货期和价格。远期合约原本在买卖双方之间签订即可，不需要通过批发市场，但是如果批发市场能够提供质量检测、担保和仲裁业务，在国内信用体系缺乏的情况下，将批发市场作为中介和公证的远期合约就会更具有权威性和可执行性。现实中，远期合约经常会遇到履约困难，如果到期现货价格高出履约价格，卖方可能会悔约，如果到期现货价格低于履约价格，买方可能会悔约。这样的实际例子很多，买卖双方发生纠纷后寻求法律解决却又遇到异地法律诉讼中地方保护主义、费用高、时间长的问题，常常导致损失方只能自认倒霉的情况。

因此，如果没有可信的第三方机构作为中介和担保，远期合约的发展就会遇到很大的困难。目前来看，批发市场是担任这一角色最佳的候选人。原因在于，如果批发市场建立会员制和交易信用系统，那么就可以通过市场禁入的方式惩罚违约者，也可以通过收取保证金来约束背约行为。在远期合约履行时，还可以通过提供质量检测和品质评价服务来避免纠纷和矛盾。

远期合约的发展对于农业生产流通很重要，在其基础上可以发展订单农业，也就是说需求方在生产之前就预定产品，这样生产者可以根据订单来组织生产，这会大大增强农业生产的计划性，避免产量的大起大落和价格的波动。

对于批发市场来说，如果组织得当，发展远期合约也是一个有利可图的增值业务。作为远期合约的担保方，批发市场可以要求买卖双方均缴纳一定比例的保证金，这样只要到期价格变动幅度不超过保证金比例，就可以保证买卖双方不会违约。而这些沉淀下来的保证金在履约期限内的运营收入就可以作为批发市场的收入。

对于买卖双方来说，通过批发市场签订远期合约也有利可图，买方可以用较少的保证金来保障未来的农产品供应，卖方可以获得稳定的收入预期，还可以用双方协商的预付定金来开展农业生产。这样双方都可以利用金融的杠杆效应促进农产品资金的流动。

在远期合约的基础上还可进一步发展其他金融业务，例如转让、背书、交易等。事实上，期货市场就是在标准化远期合约交易的基础上发展起来的，这样也可以促进批发市场交易形式的多样化和升级。

2. 保理业务

保理是基于合约或远期合约发展起来的一种金融业务，是一项集贸易融资、商业资信调查、应收账款管理及信用风险担保于一体的新兴综合性金融服务，也是供应链金融的一种形态。保理是指卖方与保理商间产生一种契约关系，将其现在或将来的基于其与买方订立的货物销售或服务合同所产生的应收账款转让给保理商，由保理商为其提供贸易融资、应收账款催收、信用风险控制与坏账担保等服务。保理业务最早产生于国际交易，由于跨国交易导致应收账款存在特殊风险，由银行来进行代收，卖方提前获得货款（当然要扣除保理费用）。这是卖方控制风险的一种方式，将风险转移给处理风险更为专业的银行。现在保理业务也发展到国内贸易中来。农产品批发市场发展保理业务有着不错的前景，买卖双方一旦达成非现场交易和远期合约，保理就是卖方规避风险的一种手段。批发市场可以与有资质的专业公司和银行进行合作，发展保理业务，拓展业务范围。

3. 联保贷款

农产品批发市场可以视为一个大的同业协会，在长期交易中，有些业务伙伴在供应链上下游之间形成了较为牢固的长期信任关系，这就为发展组织增信提供了良好的基础。

通过联保等形式，批发市场从业者可以组织起来提升信用等级，从而获取发展所需要的资金。对此可以通过组织特定品种特定类型农产品同业协会的形式，发展联合担保业务。也可以自行组合，在相互之间信任度高的批发市场会员之间发展联保业务，以解决企业发展所需要的资金。

当然在发展这一业务时，控制风险是最重要的考虑，如果制度设计得不合理，就会发生风险蔓延的情况，导致整个系统失效。可以邀请在发展中小企业贷款方面具有经验和成效的商业银行介入，借助他们成熟的运营模式在批发市场中开展中小农业企业贷款的业务，而批发市场能够为商业银行提供的就是会员的交易信用记录和农产品质量安全信用记录。有了这两种记录，商业银行就可以更好地控制其中存在的风险，发展相关贷款业务。同时批发市场也可以通过与会员或金融机构合资建立担保公司，以更好地开展担保贷款业务。

4. 政府投资或风险投资，孵化农业龙头企业

无论是农业生产企业还是流通企业，如果农产品批发市场能够提供良好的孵化环境，完全有可能得到农业科技和风险资金的支持，成长为大型企业，起到促进农业规模化发展的作用。资金来源可以是政府的扶持资金，事实上国家各部委各类支农资金项目非常多，但没有形成合力，效果不显著，如果能有意识重点支持和培养，其效果会好得多。资金来源还可能是私人资金，例如 VC/PE，以资助优良的农业企业上市为最终目的。而上市企业的诞生体现了金融支持，也会吸引更多的金融支持，形成良性循环。

对此，农产品批发市场可以考虑参考各地各类园区孵化器的功能，设立农业企业孵化器，其主要目的是扶持有实力有潜力的企业发展壮大，可以联合政府提供资金、技术、金融支持等，帮助其成为跨全国区域的大型农业企业。如果批发市场连锁经营，那么规模大的企业可以在连锁市场上得到全面支持，那样就更有助于产生跨区域有实力的大型农业企业。

此外，大型的批发市场可以考虑多样化运营，有实力规模的批发市场可以考虑设立农业企业总部基地，放眼全国，吸引跨区域农业生产与流通企业在新发地设立总部或运营中心，提升批发市场的档次，进行产业升级。

其中会员制和信用体系起到了关键作用，农业生产流通企业众多，良莠不齐，从事的又是传统农业业务，如何从众多企业中挑选出值得投资的企业是一个制约各类资金介入的最大问题。如果批发市场能够提供完备的会员交易和质量安全信用记录，就可以极大地减少其中存在的风险，发掘出投资机会。

5. 其他金融服务

可以发展的金融服务形式很多。其一是国际金融业务。中国农产品流通越来越国际化，其中就涉及相当多的国际金融业务，例如信用证等。对于中国农业企业来说，发展国际业务往往因为没有相关金融知识、能力和资质而存在障碍，批发市场的国际化可以推动对农产品国际贸易的金融支持。

其二是农业保险，这一直是中国农业体系中的薄弱环节，难以实施。当农产品批发市场将区域农民组织起来后，就可以推动区域保险的实现，结合各种现代化的农业监控手段，起到有效推动保险业务的作用。

其三是异地金融合作，金融服务存在着本地化倾向，除了大型央企这样的跨区域跨国企业外，金融机构在各地的分支机构中金融业务主要针对本地个人和企业。商业金融机构从农村的撤退导致农业缺乏本地化金融支持。当金融机构难以对贷款者进行日常接触和监控时，必定很难提供服务。然而农业供应链横跨全国，其重要节点就是农产品批发市场，如果批发市场交易和安全信用系统可以和交易者的本地金融信用记录结合起来，就可以形成异地金融合作的增信效果。例如，有人在本地信用不足以获取贷款，在批发市场信用也不足以获取贷款，但结合两方面信息，就有可能提高其信用等级，获得贷款支持。当批发市场的交易信用系统和农产品质量安全信用系统发展成熟之后，还可以考虑和合作的商业银行之间实现联网运作，将批发市场监控到的批发市场参与人的信息实时提供给商业银行，从而形成动态的监控体系，以便银行系统及时掌握贷款人的实时状态，提早发现风险。

（四）对农产品流通企业的建议

对于从事农产品流通的企业和个体而言，其面临的发展趋势和中国很多强竞争行业很相似。在中国从计划经济走向市场经济的过程中，民营经济从无到有、从小到大，有着一个逐渐成长的过程，因此往往呈现一盘散沙、过度竞争的现象。然而近些年的实践表明，产业的过度分散化是难以长期维系的，一定程度的产业集中必然会发生。从发达国家和中国的对比也可看到这一点，发达国家很少有中国这样产业格局极为分散的行业存在。农产品流通也是如此，大鱼吃小鱼的优胜劣汰过程总会发生作用。这不是说没有中小企业和个体从业者的存在空间，相反成熟的产业结构中大中小总会有一定的分布，而是说产业的适度集中必然成为农产品流通企业面临的关键挑战，每次经济危机和农业波动都是一次洗牌，产业的重新组合会大浪淘沙，逐步淘汰落后、奖励先进。因此农产品流通企业需要在整个农业生产和流通体系产业升级的过程中迎接挑战，把握机会，不断成长壮大，也促进中国农产品流通领域的发展。具体而言：

1. 纵向上进行产业升级，提供更高层次的增值服务

从企业角度而言纵向一体化是企业扩张的一个重要方向，在农产品流通领域就需要从基础服务发展到整合供应链服务，树立品牌提供质量和安全保障，引入金融支持开拓交易形式，在金字塔模式中逐级完善、向上攀升，提供更多更好的增值服务，形成企业核心竞争力。

在产业升级过程中，资金、经验和人才是制约发展的最重要因素，中国的农产品流通企业绝大多数规模小、人才少，往往是一步一步通过一分一分的对手交易逐步成长起来的，有些甚至根本是个体从业者，没有企业法人化。从现代企业制度的角度而言，资本运营、人才吸引、经营模式转变是农产品流通企业未来发展所需要考虑的发展方向，不能用传统农村集市的方式形成现代化流通企业，这首先需要思想的转变，其次需要政府、金融机构、投资机构的支持。

可以考虑的一个重要发展方向是风险投资的引入。农业由于生产周期长，同时难以避免靠天吃饭，因此风险很大，用传统的企业发展模式难以获得足够资源发展壮大，传统金融机构前些年从“三农”领域的撤退就是一种例证。中国风险投资业已得到长足的发展，从业者也开始认识到农业生产流通中的巨大机会，一些风险投资人进入养猪等农业领域就是明证，因此在农产品流通企业的发展中有必要更大规模地进行风险资本运作，引入农业领域亟须的资金、经验和人才，催生大型龙头企业，改善产业结构。

2. 横向上进行地域扩张和联合化运营

将企业规模做大的另一个方向是横向一体化。在农产品流通领域，横向一体化可以有独特的表现。首先是地域扩张。当前除了很少的国企和民企外，中国农业生产和流通企业往往地域性很强，局限在特定区域，形成全国性规模或者至少类似长三角、珠三角区域范畴的企业比较少，这极大地制约了企业本身的发展，也不利于全国农产品统一流通体系的发展。

地域扩张应该是农产品流通企业需要考虑的重要发展方向，目前地方保护主义等问题限制了地域扩张的发展，这需要政府的进一步努力，创造更好的农产品流通跨区域运营环境，但企业不能被动等待政府政策环境的变化，一方面要主动参与政府政策的制定和执行，另一方面要通过市场力量发挥自身优势进行市场突破。现在高速路沿线布局和重点城市间跳跃的农产品流通扩张模式有着诸多成功的实践，也会是农产品流通企业重要的横向扩张发展方向。

另一种横向一体化体现为联合化运营。从国际来看，农业生产和流通领域中的各种协会起到了非常重要的作用，尽管每个企业或农场规模不一定很大，但联合起来形成的联合体却具有强大的影响力，对每个成员都是最为有利的。在中国“基地 + 农户或企业 + 农户”就是联合化运营的一种方式，该方式将极为分散的农户通过企业化运营组织起来，形成规模化和效率化。这是一种可行的发展方向。

另一种值得探讨的发展方向是企业级的联合化运营，事实上这在实践中也有表现，最典型的是长期合作伙伴关系的建立。在中国农产品交易中，口头约定广泛存在，这就是一种依赖信誉和个人关系保证的联合化运营。现在需要将其契约化和规范化，形成更大规模、依赖规则的联合化运营体，这在从业者过于分散的中国是一种重要的可行方案。当然这方面存在制度和法律以及政府管理上的障碍，但这些障碍会逐渐有所改变，更多市场化的联合组织或明或暗地总将出现。顺利时共享发展收益、不利时抱团取暖是农产品流通企业组织化、联合化运作的一种重要的发展趋势。

3. 加强行业自律，与政府管控有效配合

目前农产品质量和安全问题是全社会最为关注的问题之一，仅仅靠政府管理和处罚很难有效缓解这一问题，要解决农产品质量和安全问题需要行业自律和政府管控的有效配合。这意味着农产品流通企业及构成的联合体要具有更强的行业自律手段。

可以考虑以批发市场为龙头形成农产品流通联合体，通过以上所述会员制和信用体系建设形成有效的行业自律，通过这种市场化的规则形成和维护手段来保障农产品质量和安全。

目前农业生产和流通企业在质量和安全问题上陷入了一种囚徒困境，每个人都知道优质农产品的可贵以及保证农产品质量安全的重要性，但每个人都希望别人守约经营，自己通过作弊手段获得超额利润，最后的结果是谁都不可信。当政府缺乏意志力和执行力来强制形成市场有效秩序时就需要市场规则和规则维护机制的出现，对此农产品流通企业可以从小范围做大，逐步形成更大范围的行业自律联合，以此来实现质量和安全增值服务的有效提升。

主要参考文献

纪良刚、刘东英：《农产品流通的关键问题与解决思路》，《中国流通经济》2011 年第 7 期。

科农：《农产品流通业管理创新对策》，2004 年 2 月 5 日第 5 版《中国食品质量报》。

郭丽华、张明玉：《中国农产品流通制度创新的总体思路》，《物流技术》2007 年第 2 期。

胡春华、张满林：《中国农村流通组织的变迁与创新》，《理论与改革》2010 年第 5 期。

李军民、朱有志、唐浩：《国外农业产业链运作经验对中国的启示》，《世界农业》2007 年第 2 期。

李强：《农产品直采创新模式研究》，《经济师》2009 年第 12 期。

凌中南：《国际农产品物流发展特征及经验借鉴》，《河南农业》2009 年第 3 期。

许蔓菁：《中国农产品流通组织研究》，《北方经济》2011 年第 5 期。

鄢华：《中国农产品营销渠道创新探析》，《农村经济》2006 年第 10 期。

张满林、王超：《农产品流通组织创新：动因与方向》，《商业研究》2011 年第 4 期。

赵晓飞、田野：《中国农产品流通渠道模式创新研究》，《商业经济与管理》2009 年第 2 期。

周立群：《中外农产品物流的比较与借鉴》，《南方农村》2010 年第 4 期。

Development Status and Prospect of Chinese Agricultural Products Services

Huang Tao　Yao Tianzhi　Liu Huihui

Abstract: The text begins with releasing XINFADI agricultural products trading volume and price data which as a typical agricultural product wholesale markets, analyze prices trend of representative agricultural products. Then, the text states Chinese agricultural products circulation market development situation in industry management and value-added services, put forward a pyramid model, and circulation market services are divided into four level from low to high, include infrastructure services, supply chain services, quality and safety services, trading and financial services level. Based on current situation and development trend analysis, the text proposes policy recommendations for developing membership and agricultural products circulation credit system.

Key Words: Agricultural Products Prices; Industry Management; Value-added Services

B.13
专题报告 7
农产品流通环节中食品安全服务

刘海杰*

摘　要： 本报告首先明确了农产品流通环节中食品安全管理服务体系建设的指导思想、所涉及的范围和术语定义，进一步分析了目前中国农产品流通过程中的食品安全状况及出现的食品安全事件，介绍了发达国家农产品流通环节中食品安全管理服务状况及可借鉴的经验。在总结 2011 年农产品流通领域热点问题的基础上，指出提高流通过程中食品安全的关键在于农产品流通体系建设的公益特性，要着力于建立食品安全信用服务系统，并对建立食品安全信用服务系统的具体内容进行了说明。最后，对 2012 年的主要任务和目标进行了展望。

关键词： 农产品流通　食品安全　诚信体系

农产品与食品分属两个范畴，但互有交叉。根据《中华人民共和国食品安全法》的规定，食品是指各种供人食用或者饮用的成品和原料以及按照传统既是食品又是药品的物品。根据《中华人民共和国农产品质量安全法》的规定，农产品是指来源于农业的初级产品，即在农业活动中获得的植物、动物、微生物及其产品。可以看出，这两个范畴存在交叉部分：供食用的源于农业的初级产品，即食用农产品。

农产品流通系统是一个大系统，从地区来讲是从农产品生产地到农产品销售

---

* 刘海杰，博士，中国农业大学食品科学与营养工程学院副教授，博士生导师，食品科学与工程专业。主要研究方向为农产品质量安全控制新技术、果蔬储藏与保鲜，主攻方向为电解水杀菌消毒及提高果蔬储藏品质研究。

地；从流通环节来讲是从生产、批发、零售到消费；从涉及的人员来讲有农民、经销商和消费者。农产品流通系统中的每个环节对于农产品质量安全体系的构建都有至关重要的作用。

农产品流通过程中涉及的主要农产品包括粮油、畜禽、蛋、水产、蔬菜、水果、花卉及其初加工品等。

食品安全是1974年联合国粮农组织（FAO）在罗马召开的世界粮食大会上正式提出的，随着时间的推移和科学技术水平的提高，食品安全的定义不断演变。《中华人民共和国食品安全法》对食品安全的定义是食品无毒、无害、符合应当有的营养要求，对人体健康不造成任何急性、慢性和潜在性的危害。为了保障人民群众生命安全和身体健康，必须确保食品安全，防止、控制和消除食品污染以及食品中对人体有害的因素，预防和减少食源性疾病的发生。

本文以改善流通环节食品安全信用环境、培养流通环节食品安全信用意识、规范农产品经营者日常经营行为和市场秩序、建立中国流通环节食品安全诚信服务体系为手段，旨在通过政府监管、行业自律和社会监督，形成科学、高效的流通环节食品安全信用体系，不断提高食品安全信誉，促进中国食品产业健康、快速发展。

一　目前中国农产品流通过程中食品安全状况分析

近年来中国政府在抓好农业生产、确保主要农产品有效供给的同时，全面强化农产品质量安全监管，在法律法规、执法监管、检验监测、标准化生产以及重大活动保障等方面取得了重要进展，一些质量安全方面的突出问题得到有效解决，农产品质量安全整体水平大幅度提升，2011年前三季度，中国农产品质量安全水平呈现稳中有升、逐步向好的态势。蔬菜、畜禽产品和水产品的抽检合格率分别为97.4%、99.5%和96.5%。另一方面，全国共有2.4亿农户，户均承包耕地7.5亩，农民专业合作社37.91万家，实有入社农户2900万人左右，占全国农户总数的12%。农产品流通各环节经营主体面广量大、小而分散，农业生产组织化程度低，生产经营方式落后，加上农产品质量安全监管基础薄弱，执法部门存在执法不严、违法不究的问题，导致部分生产经营者行业自律意识不强，受经济利益驱动，掺杂使假、违规添加有毒有害物质等行为屡禁不止，中国农产品流通中食品安全问题依然存在。

（一）政策法规现状

2007年5月，国务院办公厅印发《国家食品药品安全“十一五”规划》，这是中国在食品药品安全领域编制发布的第一个国家专项规划，也是对食品药品安全领域五年发展的战略部署。规划部署的“十一五”期间食品安全，包括完善食品安全相关标准、构建食品安全信息体系、提高食品安全科技支撑能力、建立食品安全评估评价体系、完善食品安全诚信体系、开展食品安全宣传教育和培训等多项任务。

2008年5月，商务部正式出台了《农产品批发市场食品安全操作规范（试行）》，旨在加强中国农产品批发市场食品安全管理工作的制度化建设和食品安全工作的系统化管理。

2009年6月，《中华人民共和国食品安全法》颁布，这对规范食品经营生产活动、防范食品安全事故发生、强化食品安全监管、落实食品安全责任、保障公众身体健康和生命安全具有重要意义。

2009年7月，中华人民共和国国家工商行政管理总局颁布《流通环节食品安全监督管理办法》。

2010年12月，为推动农产品流通标准化建设，提高流通效率、降低流通损耗、促进农民增收、保障农产品质量安全，商务部发布了《黄瓜流通规范》、《鲜食马铃薯流通规范》、《番茄流通规范》、《青椒流通规范》、《洋葱流通规范》、《豇豆流通规范》、《冬瓜流通规范》等7项国内贸易行业标准，自2011年3月1日起实施。

2011年7月，北京市正式出台《北京市食品安全行动计划（2011～2015年）》，即食品安全“十二五”行动计划，力求打造首都安全食品品牌，全面提升食品安全保障能力。根据该行动计划，到“十二五”末，北京将形成食品“产地要准出、销地要准入、产品有标志、质量可溯源、风险可控制”的全程监控链条，进京农产品种植养殖基地必须是经当地工商部门登记、具有独立法人资格的经济实体或农民合作组织，产品有产地证明和检测报告方可入市①。

① 《北京市食品安全行动计划（2011～2015年）》，2011年8月3日。

2011年10月，国务院总理温家宝在主持召开国务院常务会议时，部署了加强鲜活农产品流通体系建设的工作。会议指出，经过多年努力，中国鲜活农产品流通体系建设有了很大发展，但总体上依然薄弱。随着城镇化进程加快，一些大中城市近郊菜地和零售网点不断减少，流通环节成本增加，“卖难买贵”等问题突出。要以加强产销衔接为重点，加快建设高效、畅通、安全、有序的鲜活农产品流通体系。

（二）流通过程中各环节食品安全现状分析

1. 消费者对食品安全信任度和满意度下降

自2008年三聚氰胺事件发生以来，食品安全事件频频曝光，消费者对食品安全问题关注度越来越高。《2008年流通领域食品安全调查报告》显示，城市消费者对食品安全关注度高达95.8%，农村消费者关注度比上年增加8.4个百分点，也达到了94.5%。卫生质量已成为消费者关注的头号因素，城市和农村消费者关注率分别为76.5%和67.9%。消费者对食品安全的高度关注，也从另外一个侧面反映出消费者对食品安全的信心不足。

调查还显示，消费者的食品安全满意度不高，分别有20.2%的城市消费者和18.3%的农村消费者认为当前食品安全“问题太多，令人失望”；45.3%的城市消费者和36.6%的农村消费者对目前政府的食品安全监管工作“不满意”，比上年分别增加了15.1和7.6个百分点；在出现有重大影响的食品安全问题后，部分消费者表示媒体报道的信息要比政府公布信息及时、全面、更可信；有超过10%的消费者给当前食品安全状况打“不及格”分数①。

2. 农产品流通各环节状况

（1）运输环节

第一，运输工具及环境。首先，虽然国家已经开展了村村通工程，保证了农产品可以输出到周边的县市级城市，以满足当地百姓生产、生活的需要，但在中国一些地区，道路路面状况仍非常恶劣，运输过程中由于道路颠簸导致农产品受损严重，品质下降，道路整备工程有待于进一步加强。其次，农产品运输工具的改善也迫在眉睫，目前农产品的运输工具多数为敞篷卡车，密封式厢式汽车并不多见，具备制冷机械、保温冷藏的车辆更是少之又少。最后，农产品运输过程中

---

① 全国城市农贸中心联合会和中国连锁经营协会：《2008年流通领域食品安全调查报告》，2008。

包装形式、码放规格有待于进一步统一，迫切需要通过基础研究开发出适合不同农产品包装、码放的技术标准。

第二，冷链现状。采用冷链物流可以减少农产品损耗、降低成本，并且可间接增加农产品产量和农业产值。欧美、日本等发达国家已形成完整的农产品冷链物流体系，农产品进入冷链系统流通的在90%以上，生鲜易腐农产品已经占到销售总量的多半，并且在不断增长。反观中国，作为世界上最大的水果、蔬菜生产国，2010年，全国水果总需求量达到8000万吨，蔬菜总需求量达到30408万吨①，但是进入冷链系统的蔬菜类比重只占到5%，肉类只占到15%，水产品也只有23%。即便是采用冷链运输的产品，在从产地到流入集贸市场拆散零卖的过程中也存在中断的现象，并不完整。另据资料显示，中国现有冷库总容量约880万吨，但这些冷库布局过于分散，无法为易腐食品流通系统提供及时、有效的低温保障。因此，必须完善相应技术标准，把握市场需求，遵循市场规律，实现冷链物流产业建设性的稳定发展。

（2）批发环节

全国城市农贸中心联合会调查结果显示，目前中国有4500多家农产品批发市场，辐射了全国2.5万多家城乡农贸市场和6000多家生鲜食品超市，构成庞大的农产品流通体系。2008年5月，商务部出台的《农产品批发市场食品安全操作规范（试行）》对农产品批发市场的入场要求、索证索票、检验检测、商品存储、交易管理、加工配送以及问题产品处理等内容做了明确的规定，并提供了相关协议和工作报表范本，供市场参考。《规范》的出台，对规范农产品批发市场食品安全操作行为、促进农产品批发市场食品安全管理具有积极重要的指导作用，有利于推动农产品批发市场的规范化运营，提升整个行业的食品安全管理水平，保障食用农产品消费安全，切实维护消费者利益②。

但目前批发市场内仍存在对农产品准入制度不完善，质量检验、检疫不到位，导致不合格农产品流入零售环节，危害消费者健康及安全的现象。2008年商务部流通领域食品安全调查报告中关于农产品市场检测室拥有率及农产品市场检测设备使用率的调查结果如表1和图1所示。

① 《果蔬行业冷链市场巨大》，《中国冷链物流网》，2010。

② 商务部：《农产品批发市场食品安全操作规范（试行）》，2008。

表 1　农产品市场检测室拥有率

单位：%

年份	2004	2005	2006	2007	2008
批发市场	42. 6	49. 57	56. 10	65. 00	73. 90
农贸市场	—	33. 00	50. 30	62. 29	75. 6

数据来源：全国城市农贸中心联合会和中国连锁经营协会，《2008 年流通领域食品安全调查报告》，2008。

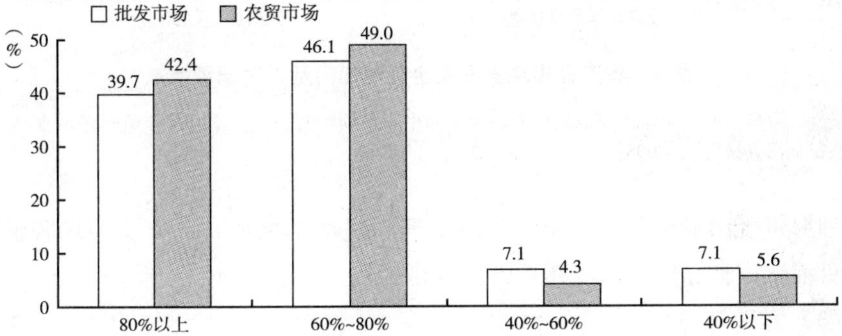

图 1　农产品市场检测设备使用率

数据来源：全国城市农贸中心联合会和中国连锁经营协会，《2008 年流通领域食品安全调查报告》，2008。

该报告还指出，自检已成为市场产品质量检测的主要形式。以自检为主的批发市场比例为 64. 7%，其中，东部地区自检率为 71. 1%，比中部和西部地区分别高出 19. 4 和 5 个百分点。以自检为主的农贸市场比例为 62. 4%。北京市五大农副产品批发市场建立了食品自检室，57 家大型连锁商场、超市的食品配送中心建立了食品安全快速检测室。此外，该调查显示，分别有 36. 5% 和 27. 7% 的批发市场和农贸市场设置了独立的食品安全管理部门；有 48% 的批发市场配置了专职食品安全管理人员，平均 2. 9 人/市场，有 54% 的农贸市场配置了专职食品安全管理人员，平均 2. 2 人/市场（见图 2）。

调查结果表明，农产品批发市场场地（厂）挂钩、经销商管理、不合格食品退市、商品购销台账等制度已基本建立并逐年完善。其中，63. 6% 的批发市场实现了电子化台账，28. 1% 实行了统一结算。农贸市场的各项管理制度也逐年完善。福建省已有 1239 户食品批发企业实行了电子台账管理，实施率为 89%。宁波、南京等地的农产品市场 IC 卡安全追溯管理系统、上海的畜产品质量追溯系

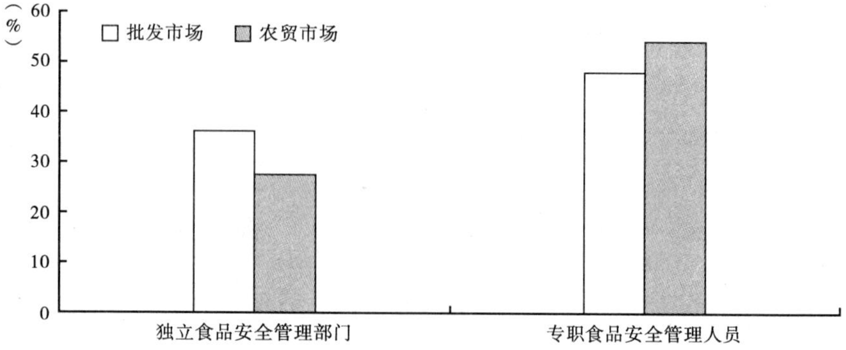

图2　农产品市场食品安全管理部门及人员配置情况

资料来源：全国城市农贸中心联合会和中国连锁经营协会，《2008年流通领域食品安全调查报告》，2008。

统等均取得了明显效果。北京在奥运会期间启动了奥运食品安全监控和追溯系统，目前全市食品安全追溯体系已初步建立①。

（3）零售环节

零售是农产品流通过程的末端环节，也是农产品到达消费者的最后环节，其安全管理至关重要。近几年来新型农产品零售形式不断出现，从传统的无店铺销售到超市、社区零售店、农产品连锁店，再到加盟店、农超对接等，新的农产品零售形式给中国农产品市场营销带来了很大的机遇，与之相应的安全管理服务也应随之建立和完善。目前存在的主要问题有以下几个方面：首先，零售环节冷链设施不完善。随着各类连锁超市在一些大中城市的布局和发展，大量使用冷藏/冻陈列柜和储藏库的连锁超市正逐渐成为冷链食品的主要销售渠道，极大地保证了农产品流通过程冷链的完整性。但一些小型超市、零售店冷链设施不完善，达不到冷藏（冷冻）食品的储藏条件，导致食物发霉、变质，甚至就此销售给消费者，在安全上存在巨大的隐患。其次，超市内现场加工食品的原料和安全控制存在巨大隐患，一些超市用鲜度和各种理化指标已大大降低的原料现场加工食品。再次，供应商生产条件、生产资质、信誉情况不尽相同，导致提供的商品质量标准不统一，甚至会有不合格商品流入超市。最后，零售环节食品安全检测、抽查、巡视制度不完善，零售人员食品安全基本知识不足，这些问题均有待于进一步解决。

① 全国城市农贸中心联合会和中国连锁经营协会：《2008年流通领域食品安全调查报告》，2008。

（三）流通环节食品安全问题典型案例

2010年出现的青岛毒韭菜事件和海南毒豇豆事件，均为使用违规农药导致蔬菜原料农残超标，前者甚至引起9名消费者中毒。该事件凸显出蔬菜生产者有法不依、有令不止、诚信缺失及批发市场监管、检测不利的现状，引发市场强烈反应。

2011年4月，青岛市城阳质监局在一民房内查获大量“问题银鱼”。工人用福尔马林浸泡银鱼，以此来确保产品不腐烂、颜色鲜亮。据统计，现场共查获小银鱼1.6吨，福尔马林100公斤。此外，同年同月，沈阳警方端掉一黑豆芽加工点，该黑加工点使用了恩诺沙星、6－苄氨基腺嘌呤等至少4种非法添加剂。上述两事件暴露出零售环节食品储藏保鲜中存在滥用非法添加物的行为，凸显出监管不力及经营者诚信缺失的现状。

2011年3月，险些拖垮中国最大肉类企业双汇的“瘦肉精事件”，几乎置整个中国于猪肉安全恐慌中。事件的罪魁祸首河南省孟州市等地养猪场，采用违禁动物药品“瘦肉精”饲养生猪，案件虽然最终告破，但该事件暴露出中国食品安全监管的缺失。

2011年4月，上海盛禄食品有限公司将过期的馒头重新回炉、重新加工，再拿到市场上出售，而且在玉米馒头当中随意添加色素，这样的“染色馒头”竟然每天有3万只进入上海的华联、联华超市及迪亚天天超市，这些超市收取了高额进场费却没有履行检查进场商品的责任，酿成了严重后果，反映出零售环节严重的食品安全管理问题。

二　国外农产品流通环节中食品安全管理服务状况及可借鉴经验

（一）欧盟

为了保障农产品的质量安全，欧盟制定了完整的标准法规体系和法律法规体系[①]。欧盟在制定有关标准时，一方面结合本地实际情况，维护各成员国的利益；另一方面借鉴国际食品法典委员会（CAC）、世界动物卫生组织（OIE）、世

① 中国—欧盟农业技术中心：《国外农产品质量安全管理体系》，中国农业科学技术出版社，2003。

界卫生组织（WHO）和世界粮农组织（FAO）等的规定和要求，有些甚至直接引用。

1. 食用农产品标准体系

欧盟农产品标准法规体系包括：农产品技术法规，农药残留标准，有机农业（一种完全不用人工合成的农药、肥料、生长调节剂和家禽饲料添加剂的农业生产体系）条例，农产品包装、储运与标识，农产品进口标准，有机食品进口标准等。

2. 食用农产品法律法规体系

欧盟于2000年1月12日在布鲁塞尔正式发表了《食品安全白皮书》，以建立一个新的法律框架，覆盖所有的食物链，包括动物饲料的生产、消费者健康的保护以及明确生产者、加工者食品安全责任等。《食品安全白皮书》推出了一个庞大的保证安全计划，内含84项具体措施。根据该计划，新的安全卫生规则将适用于从农场到餐桌的所有食品以及所有的食品经营者，同时还将筹建有效的执法机构，以加强对食品安全的监管，有效应对未来食物链中可能出现的食品危机。新计划主要有以下几方面的改进：一是引入了从农场到餐桌的概念；二是确立了食品生产经营商对食品安全负首要责任，加大了生产经营者的安全卫生责任，并同时规定，有害物关键点控制（HACCP）体系的实施对于所有非主要食品经营者来说是一项强制性义务。

（二）美国

1. 食品安全管理体制

美国食品安全管理体制在运行过程中坚持以下指导性原则：①只有安全、健康的食品才可以进入市场；②对于食品安全管理的决策要有科学依据；③政府有执行的责任；④生产者、销售者和进口者及其他相关者必须遵守规定，否则责任自负；⑤生产过程透明且公众可以了解到。

美国食品安全管理机构主要有三个：

（1）食品和药品管理局（FDA），隶属于人类与健康服务部（DHHS），主要负责除肉类和家禽产品外美国国内和进口的食品安全，制定畜产品中兽药残留最高限量法规和标准。具体职责和管理范围是：①制定联邦法规、标准；②食品添加剂生产使用前的使用安全性评价与审批；③低酸性、酸性罐头的注册登记；

④食品质量、装量规格的监督；⑤食品生产经营条件和过程的现场监督；⑥食品标签的管理；⑦进口食品检验；⑧食品安全研究；⑨动物畜产品兽药残留分析；⑩食用动物饲料的安全性监测。

（2）农业部（USDA）。主要负责农产品质量安全标准的制定、检测与认证体系的建设和管理。具体承担农产品质量安全管理的有食品安全检验局（FSIS）、动植物健康检验局（APHIS）和农业市场局（AMS）。作为行政和执法部门，USDA对美国食品安全起着重大作用，其从1967年就开始制定并执行国家年度残留监测计划（NBP），该年度计划列出了对美国国内的动物产品和进口畜产品的检测数量、检测重点等，并对动物所接触到的化合物产生的潜在危险对人体健康的影响进行综合性评价。

（3）国家环境保护署（EPA）。主要负责饮用水、新的杀虫剂及毒物、垃圾等方面的安全，制订农药、环境化学物的残留限量和有关法规。

此外，还有其他部门，如疾病预防控制中心（CDC）、国家健康研究院（NIH）、国家研究教育及服务中心、美国法典办公室、国家水产品服务中心等，对食品质量安全也承担有研究、教育、预防、监测、制定标准、对突发事件做出应急对策的责任。

2. 食品安全法规和标准体系

美国的食品安全系统有较完备的法律法规和标准体系。其主要法律法规有：《食品、药品、化妆品法》、《肉类检测法》、《禽类产品检测法》、《蛋类产品检测法》、《食品质量保护法》和《公众健康保护法》等。

美国农产品质量安全标准体系由国家标准（联邦政府有关部门和政府授权机构制定）、行业标准（民间团体制定）和企业操作规范（农场主或公司制定）组成，分为：产品标准，如水果和蔬菜标准；农业投入品标准，如农药、兽药、饲料评价与登记标准；安全卫生标准，如农药、兽药残留限量标准；生产技术规范，如HACCP操作规范；农业生态环境标准；农产品包装、储运、标签标识标准。

美国食品安全法律法规体系和管理体系还得到了行政、立法和司法机构的强有力支持。国会通过法律的制定来确保食品供应安全，并建立国家的保护水平。国会授权执法部门及其机构制定和实施管理条例，执行法令。司法机构对食品安全管理条例实施引起的争议做出公正的裁决。

美国食品安全法律法规的实施也得到企业的支持。食品行业不仅要保证食品的安全，同时有遵守法律和管理条例的责任。

（三）日本

1. 农产品法律法规体系

日本自1948年厚生劳动省颁布《食品卫生法》和农林水产省颁布实施《出口农产品管理法》（1957年改为《出口检查法》，1997年废止）以后，农林水产省相继制定了《农林产品品质规格和正确标识法》、《植物防疫法》、《家畜传染病预防法》、《农药管理法》等，对农产品的进口、生产、加工和流通等各个环节实施依法管理。2003年颁布了经过修订的《食品安全基本法》。在制定颁布相关法律法规的同时，日本还制定了一系列技术标准，为农产品的质量检测检验和监管提供了法律依据。

2. 农产品质量安全管理体制

日本农产品质量安全管理体制是按照农产品从生产、加工到销售流通等环节来确定有关部门的职责。日本农产品质量安全管理由农林水产省和厚生劳动省负责，直接面向农产品的生产者、加工者、销售者和消费者。其中，农林水产省主要负责：①国内生鲜农产品生产环节的质量安全管理；②农药、化肥、饲料、兽药等农业投入品生产、销售和使用的监督管理；③进口农产品动植物检疫；④国产和进口粮食的安全性检查；⑤国内农产品品质和标识认证及认证产品的管理；⑥农产品加工中“危害分析与关键控制点”（HACCP）方法的推广；⑦流通环节中批发市场、屠宰场的设施建设，消费者反映和信息的收集等。厚生劳动省主要负责加工和流通环节农产品安全的监督管理，包括：①组织制定农药、兽药最高残留限量标准和加工食品卫生安全标准；②对进口农产品实行安全检查；③国内食品加工企业的经营许可；④食物中毒事件的调查处理；⑤流通环节畜、水产品的经营许可；⑥依据《食品卫生法》进行监督执法；⑦发布食品安全情况等。

农林水产省和厚生劳动省之间分工明确，但又相互配合。如农药、兽药残留限量标准就由两部门共同完成。在市场检查方面，农林水产省只检查国内农产品，其目的是调查分析农产品生产过程中的安全性和对认证产品进行符合性检查，以及时指导生产者生产优质安全的农产品。厚生劳动省负责执法监督检查，对象是进口和国产农产品，检查结果可以公布，并作为处罚依据。

为了改进农林水产省和厚生劳动省之间条块分割管理的情况，根据2003年5月通过的《食品安全基本法》，日本成立了食品安全委员会，并授权其负责建议、监督相关部门的食品安全工作。

3. 农产品质量安全管理措施

为了确保农产品质量安全，日本采取了多种鼓励和监管措施。首先，充分发挥社会监督作用，加大消费者和新闻媒体的监督力度。其次，通过质量认证和标识认证制度，促进优质安全农产品的生产，同时采取宽进严查的形式，自愿申请，一经认证，严格检查，发现违规，严厉处罚。再次，对农产品质量安全的有关环节给予优惠政策。如根据1998年的《强化食品加工过程管理临时措施法》，对采用HACCP的食品加工企业给予低息贷款、减低设备折旧率和减免用贷款购置的房产所得税。

三　2011年农产品流通领域热点问题

（一）强调农产品流通体系建设的公益特性

2011年10月温家宝总理主持的国务院常务会议强调农产品流通体系建设具有重要的公益特性，即要把农产品流通体系建设作为社会公益事业来发展。为实现这一转变，首先要从农业源头做起，将农产品流通安全体系建设与农业现代化相结合，给农民营造良好的经营环境，要在充分发挥市场机制作用的同时，加大政策扶持力度，使得农业生产利润能够得到保障，诚信体系能够建立起来。其次，适当减少农产品流通中间环节的收费、重复检验检测环节，为涉农车辆进城开辟绿色通道，对鲜活农产品市场要减免租金、摊位费、管理费等费用。再次，要增加财政投入，改造和新建一批公益性批发市场、农贸市场和菜市场，在主产区、集散地和主销区升级改造一批带动力强、辐射面广的大型批发市场和加工配送中心。最后，引导社会资金投资农产品流通领域。通过上述措施保证农产品流通各环节参与者的正当利益，使之逐步建立起农产品流通的公益意识，这样，因为违法违规行为引起的食品安全隐患就会减少甚至消失。

（二）统筹城乡发展，保障农村食品安全

长期以来，农村是食品安全的薄弱环节，农民饱受假冒伪劣产品之害。食品

安全关系到人民身体健康，是农民最基本、最重要的民生需求之一，也是农村市场体系建设的重要出发点和落脚点。农村市场是社会主义市场体系的重要组成部分，农村市场存在的问题不是孤立的，是城乡二元经济结构在流通领域的表现。要通过深入推进“万村千乡市场工程”，进一步鼓励城市大型流通企业进入农村，促进城市反哺农村、商业反哺农业，推动资金、技术、现代流通方式、先进经营理念和新型消费观念向农村渗透，以统筹城乡建设，推进城乡市场一体化进程。商务部2011年7月提出，“十二五”期间，全面深入推进“万村千乡市场工程”，要按照转变经济发展方式的总体要求，把工作重心由网络建设向发展能力建设转变，坚持“巩固提高、完善功能、提升水平”的工作方针，以实现连锁化农家店全覆盖为基础，以物流配送体系建设为核心，以信息化建设为支撑，坚持发展与管理并举，不断完善政策措施，确保到2015年末农家店覆盖全国所有具备条件的乡镇和90%以上的行政村，基本实现连锁化农家店全覆盖，基本建立自我发展机制，构建以规模化、组织化和品牌化为特征的农村现代流通体系，为国民经济和社会协调发展作出更大贡献。

（三）深化和发展检测追溯交易体系

《国民经济和社会发展第十二个五年规划纲要》中，将建立食品质量追溯制度，形成来源可追溯、去向可查证、责任可追究的安全责任链作为公共安全体系建设的重要内容。2011年10月商务部《关于“十二五”期间加快肉类蔬菜流通追溯体系建设的指导意见》指出，2010年以来，商务部、财政部分两批支持20个城市开展肉类蔬菜流通追溯体系建设试点，探索利用信息化手段管理市场，改善肉类蔬菜安全状况，取得了积极成效。“十二五”期间的工作目标是建立起完善的追溯制度标准体系，全面提升肉类蔬菜经营规范化、现代化水平；基本建成以中央、省、市三级平台为主体，全国互联互通、协调运作的追溯管理网络；初步建成覆盖全国百万人口以上城市及大型产地或集散地批发市场、生产与流通有效衔接的肉类蔬菜流通追溯体系，并逐步扩展到其他食用农产品。具体措施有：完善制度标准，促进肉类蔬菜经营规范化；加强技术创新，推进肉类蔬菜流通现代化；加大试点力度，全面推进城市追溯体系建设；延伸追溯链条，健全肉类蔬菜追溯网络；加强组织领导，强化工作保障。

（四）提高检测标准和技术水平，建立鲜活农产品经常性检测制度

温家宝总理2011年10月8日在国务院常务会议上布置的关于“加强鲜活农产品流通体系建设”的“近期重点任务”之一就是建立农产品入市检测制度，即在以往筹建基础上，加大检测频度，扩大检测范围，实现经常性检测。加大检测技术基础研究投入及高效快速检测技术的开发力度，积极投入人力和设备，提高检测水平和检测效率。完善检测标准、检测程序，并对检测结果进行公开。

（五）食品安全信用服务系统的建立

2011年11月，商务部下发了《关于“十二五”期间加强商务领域信用建设的指导意见》，指出社会信用体系是现代市场经济制度的基石，“十二五”期间要加强商务领域信用建设，建立良好商务信用环境，推动中国商务事业发展。2012年，在农产品流通环节食品安全服务过程中，除了建立和完善相关技术、标准，提供金融渠道外，核心任务是充分发挥食品安全科技服务联盟的作用，建立流通环节食品安全信用体系。

1. 建立制度规范系统

（1）食品安全信用监管制度

食品安全的综合监督管理部门会同有关部门对食品安全信用体系建设框架进行总体设计，并组织协调各部门、各行业、各地区的具体建设方案。政府其他部门依照法定职责对食品安全信用体系建设进行指导和管理。行业协会对其会员的食品安全信用体系建设进行行业指导和服务。食品企业作为食品安全的第一责任人，应当进一步加强自身建设，切实抓好企业内部信用体系建设。消费者对食品安全信用体系建设进行社会监督。以往工商部门对批发市场监管采取的是巡查制为主的监管方式，通过日常巡查控制市场秩序。为确保食品安全，今后工商部门实行驻场管理，根据大型批发市场经营规模大，风险防控难度大，鲜肉等批发交易时间、交易方式和交易量等特点实行适时监控、错峰执法等措施，加大执法力量，前移监管关口，变事后惩戒为事前预防、事中控制，提高监管效能。

（2）食品安全信用标准制度

为避免重复建设和资源浪费，保障资源共享，实现食品安全信息的互联互通，制定通用的食品安全信用标准是必要的。以现行有关食品安全的法律法规和

技术标准为基础，国家食品药品监督管理局会同有关部门共同制定食品安全信用基础标准。

（3）食品安全信用信息征集制度

食品安全信用信息征集是食品安全信用体系运行的基础，其状况如何直接影响着食品安全信用的评价、披露以及监管。建立食品安全信用信息征集制度应遵循依法、客观和公正征集信用信息，保证信息质量，维护国家经济安全，维护社会公共利益，维护企业合法权益的基本原则。在征集渠道上，政府有关部门按照各自的法定职责对监管对象的信息进行记录，行业协会按照协会章程对会员的信息进行记录和收集，社会信用服务中介机构按照委托要求进行信息征集。对征集的信息，食品生产经营企业及相关单位应该做好食品安全信息记录，保证信息真实全面，并依法公开其信用信息，促进信用信息的资源共享。政府各监管部门，应当依法全面、充分、及时、无偿地向社会公开其有关食品安全的政策、法律、标准等社会公用信息资源。

（4）食品安全信用评价制度

食品安全信用评价制度包括食品安全信用评价机构的选择、评价指标的确定、评价等级的划分、评价方法的确定和评价结果的产生等。

食品安全信用评价机构：与食品安全信用征集体系相匹配，逐步建立起食品安全的政府评价、行业评价和社会评价三者结合的评价体系。行业评价机构和社会评价机构由食品安全综合监管部门会同有关部门遴选确定。

食品安全信用评价原则：坚持独立、公正和审慎的原则，严格按照标准和程序进行评价，保证评价结论的合法性和权威性。

食品安全信用评价指标：企业内部评价指标包括原料进货渠道、产品品质要求、检验要求、制度建设与执行要求等；外部评价指标包括政府机构如公安、农业、商务、卫生、工商、质检、海关等部门和社会中介机构的评价。上述评价指标应包括定性评价指标和定量评价指标。

食品安全信用等级：为鼓励食品生产经营企业通过努力，不断提高食品安全信用水平，结合目前社会信用等级建设情况，原则上确立食品安全信用从高到低划分为 A、B、C、D 四级制。各部门、各行业可根据部门、行业的需要具体细化各级评价指标条件。

食品安全信用评价方法：为发挥现代科技优势，提高资源使用效率，减少主观因素的影响，应结合先进的信息技术，设计食品安全信用管理软件，逐步通过统一的信息平台产生评价结果。

（5）食品安全信用披露制度

食品安全信用披露主体：食品安全监管机关、有关部门和食品行业协会定期向社会披露食品安全信用信息，供社会随时查阅食品安全信用状况。国家食品药品监督管理局与有关部门在网站上开辟联动的中国食品安全信用专栏及专项食品安全信用管理系统，综合披露食品安全信用信息，全面展示中国食品安全信用状况。

食品安全信用披露原则：食品安全信用披露应当遵循依法、客观与公正的原则，维护国家经济安全，保守国家秘密、商业秘密和个人隐私。

（6）食品安全信用奖惩制度

食品安全信用奖惩制度旨在建立统一的市场诚信体系，通过行业自律的方式，加强批发市场对于违法行为、不合格商品的管理，提高违法成本，打击违法行为，提升市场经营秩序。它是指为保障消费安全，打击商品质量安全违法行为，当经营者因商品质量或其他违法违约行为被市场主办单位实施退市处理后，其他批发市场对该经营者实行联动惩戒，在一定时期内不再接纳其进入市场经营。

根据信用等级状况，食品安全信用奖惩制度对食品生产经营企业实行分类监管：对长期守法诚信企业要给予宣传、支持和表彰，如在年检、抽检、报关等方面给予便利，建立长效保护和激励机制；对严重违反食品安全管理制度、制假售假等严重失信的企业实行重点监管，可采用信用提示、警示、公示，取消市场准入，限期召回商品及其他行政处罚方式进行惩戒；构成犯罪的，依法追究其刑事责任。

（7）市场风险评估防控制度

通过指导市场主办单位从经营主体、经营客体、经营行为、经营设施、经营管理等方面查找风险，实行挂、销账管理，构建经营管理风险防控机制，最大程度消除安全隐患，完善食品安全监测体系，提高食品安全风险发现与控制能力。

具体措施包括大力推进农副产品批发市场电子化管理，建立高风险食品信息库，完善食品安全监测体系；改变传统的市场监管模式，不断提高批发市场硬件标准化和管理现代化水平，提升市场管理、经营和服务能力，实现科学监管。以上措施2012年首先在北京新发地等大型农副产品批发市场中推行，2013年以后逐步扩大到全北京市和全国农副产品批发市场。

2. 建立和完善教育培训体系

在食品安全信用体系建设中，制度规范是保障，宣传教育是基础，两者缺一不可，应坚持宣传教育与制度规范并重的原则。宣传教育要突出主题、注重实效，以提高认识，营造环境；制度规范要结合实际、反映规律，以明晰权责，构建机制。

开展多种形式的食品安全信用宣传活动，形成人人讲信用、人人重信用，守信为荣、失信为耻的良好社会氛围；食品生产经营企业要开展重合同、守信誉、依法经营的宣传活动，倡导文明经商，形成有效的企业自律；食品行业协会要积极普及食品安全基本知识，提高全民食品安全意识，维护消费者合法权益。

各地区、各部门、各行业要在认真贯彻《公民道德建设实施纲要》，中宣部、全国整规办等六部委《关于开展社会诚信宣传教育的工作意见》和中央文明办、全国整规办等五部委《关于联合开展“共铸诚信”活动的通知》的基础上，结合实际情况制定具体的宣传工作方案，通过举办理论研讨、知识培训、法制讲座、技术咨询等各类以食品安全信用为主题的活动，把信用教育和信用实践、信用教育与法制教育有机结合起来，增强宣传教育的社会影响和实际效果。

3. 建立和完善信息服务体系

初步建立起公开、便利的食品安全信用查询系统，不断提高食品安全信息管理与服务水平，满足社会对食品安全信用服务的需求。通过宣传教育、需求培育、失信联防等活动，进一步增强全社会的食品安全信用意识，营造食品安全信用环境，创造食品安全信用文化。

4. 加快食品安全信用体系建设的保障措施

（1）加强组织保障，明确相关责任

食品安全信用体系建设是庞大而复杂的社会系统工程，各地区、各部门、各行业、各企业要从全面贯彻“三个代表”重要思想，切实保障广大人民群众的根本利益出发，齐心协力，扎实工作，以食品安全行动联盟为核心，会同有关部门和相关专家，指导和协调全国食品安全信用体系建设工作，不断提高中国的食品安全信用水平。

（2）加强法制建设，提供制度保障

各食品安全监管部门要在调查研究的基础上，积极推动有关食品安全信用法律、法规的制定与完善，保障食品安全信用体系建设依法进行，不断提高食品安全信用法制建设水平。

（3）加大科技投入，增加经费保障

各地区、各部门、各行业要按照国家的统一部署和要求，加大科技投入，积极参与政府公共信用信息交换平台的建设，充分利用电子政务等手段建立食品安全信息网络，保障信息资源共享。积极支持和鼓励食品安全信用的基础设施建设和信用服务机构的发展，不断提高食品安全信用体系建设的科技水平。

（4）加强政府信用，严格依法行政

政府监管部门在维护食品安全工作中负有不可推卸的责任，各食品安全监管部门要不断适应形势发展的需要，改革和完善体制，形成监管的长效机制。要做到信息公开透明，第一时间回应社会关切。提高应急处置能力，把食品安全问题解决在萌芽状态和发生之初。

（5）加强企业信用，强化信用基础

从源头上预防食品安全危害，必须进一步强化企业诚信体系建设。食品生产经营企业应当进一步提高对信用价值的认识，结合 HACCP、GMP 和 ISO9000 等认证体系的建设，建立企业内部信用管理机制及信用风险管理制度，重视培养信用管理人才，加强经营行为自律，把维护自身形象和提升企业价值有机联系起来。

四　农产品质量安全体系建设前景展望

强化农产品流通体系建设的公益性，建立健全的生产系统，是建设信用体系的基础。具体来说，在制度规范上，逐步建立起食品安全信用的监管体制、征信制度、评价制度、披露制度、服务制度及奖惩制度等，使食品安全信用体系建设的主要方面有法可依，有章可循。技术体系上，完善食品安全追溯体系内容，扩大食品安全追溯体系实施范围。提高食品安全检测体系效率和精度，扩大食品安全检测内容范围，加强高风险食品流通管理。总之，要使食品安全管理的思路从危机评估向风险管理转变，改变以往出现安全问题再修订标准的做法，不把食品安全限制在标准范围，而应从食品安全问题的源头追溯。

Food Safety Service of Agricultural Products Circulation

Liu Haijie

Abstract: The text firstly defines the guiding ideology of agricultural products circulation, food safety management service system, the scope and definition of terms. Then, further analyzes the food security situation in the process of agricultural products circulation in China and emerging food safety incidents, and introduces food safety management services status of agricultural products circulation in developed countries. By summarizing the hot issues of 2011 agricultural products circulation, points out that the key to improve food safety in the process of circulation is to emphasize the important public good characteristics of agricultural products circulation system, and should focus on the establishment of food safety credit service system. Finally, puts forward the main tasks and objectives in 2012.

Key Words: Agricultural Products Circulation; Food Safety; Credit System

B.14
专题报告8
农产品流通政策的回顾与展望

姜长云　赵 佳*

摘　要： 本报告对中共十七届三中全会以来中国农产品流通政策进行了系统回顾，概述了其主要内容，分析了2011年中国农产品流通政策的新特点，探讨了当前农产品流通政策的主要问题，提出了完善农产品流通政策的方向，主要包括：加强对农产品市场或流通体系建设的政策支持，优先支持网络、机制和能力建设；优化农产品市场布局，突出支持中央批发市场和骨干零售商作为供应链核心企业发挥作用；出台系统性支持政策，促进多元化市场主体的成长发育。

关键词： 农产品　批发市场　农产品流通　供应链

农产品流通是农产品生产与消费的桥梁，也是农产品价值实现的保障。满足城乡生产、生活对农产品的需求，必须通过农产品流通来实现。农产品流通政策直接作用于农产品流通阶段和渠道，深刻影响着农产品价格和农业产业链的利益分配，并对农民增收、城乡居民生活和农产品供给保障机制的发育有着重要影响。因此，系统梳理中国近年来的农产品流通政策，分析其新特点和存在的主要问题，探讨完善农产品流通政策的方向，具有重要的理论意义和政策参考价值。

---

* 姜长云，国家发改委产业经济与技术经济研究所研究员、研究室主任、博士生导师，管理学博士、区域经济学博士后，主要研究领域：农村经济理论与政策、服务经济、中小企业发展；赵佳，中国农业大学经济管理学院博士生，中国国际扶贫中心项目官员，主要研究领域：扶贫开发与社会发展政策、农业经济制度变迁史。

一　近年来农产品流通政策的回顾

中国农产品流通政策主要来自中共中央、国务院相关部委。制定农产品流通政策的主要部委有商务部、农业部、国家发改委、财政部等，国家工商总局、国家粮食局、中国人民银行、交通运输部、铁道部、工业和信息化部、卫生部、国土资源部、科学技术部、国家食品药品监督管理局、环境保护部、国家税务总局、国家质量监督检验检疫总局、国务院食品安全委员会办公室等，往往参与或负责制定特定领域的农产品流通政策；其他相关部委多在自身领域内，对农产品流通政策的形成产生一定影响。由国务院领导的中华全国供销合作总社，也对农产品流通政策的形成和流通体系建设发挥重要作用。限于篇幅，本文主要分析2008年10月中共十七届三中全会以来农产品流通政策的特点和演变趋势。为了突出重点，本文不涉及农产品对外贸易和期货市场问题。需要说明的是，因产品类型不同，其流通渠道和阶段有一定差异，较为复杂的是蔬菜和水果等，如图1所示；有些进口蔬菜和水果直接进入连锁超市、大卖场，或通过蔬菜、水果进口企业进入消费地批发市场或超市供应商。

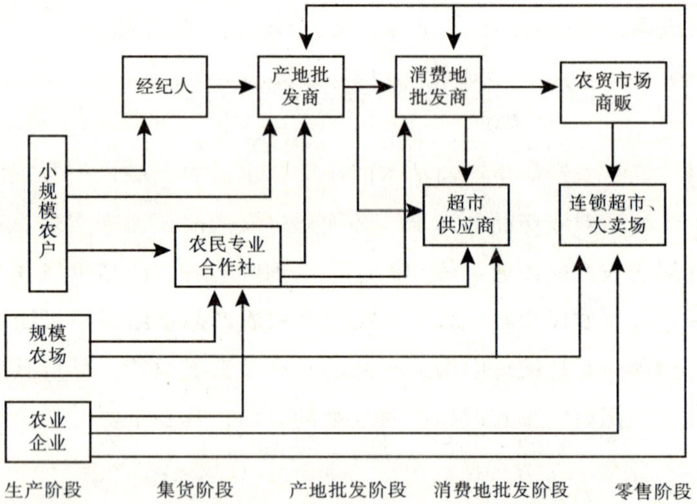

图1　中国蔬菜和水果生产主要流通阶段与渠道

资料来源：本图在中国农业科学院农业经济与发展研究所胡定寰教授提供的同名图表基础上，进行简单修改而成，感谢胡定寰教授慷慨提供的支持。

中共十七届三中全会通过的《中共中央关于推进农村改革发展若干重大问题的决定》，在第四部分“积极发展现代农业，提高农业综合生产能力”中，有很多内容涉及农产品流通政策，其要点是：（1）坚持放开市场，开拓农村市场。积极搞活流通，完善产销衔接。（2）面向构建现代农业产业体系的要求，加强农产品现代流通体系建设。以市场需求为导向、科技创新为手段、质量效益为目标，构建现代农业产业体系。加快构建供给稳定、储备充足、调控有力、运转高效的粮食安全保障体系。健全农产品市场体系，完善农业信息收集和发布制度，发展农产品现代流通方式，减免运销环节收费，长期实行绿色通道政策，加快形成流通成本低、运行效率高的农产品营销网络。按照现代化水平高、覆盖范围广的要求，加强农产品批发市场网络建设，加快建设现代粮食物流体系和鲜活农产品冷链物流系统。（3）引导农产品流通体系优化布局。搞好产业布局规划，科学确定区域农业发展重点，形成优势突出和特色鲜明的产业带，引导加工、流通、储运设施建设向优势产区聚集。（4）结合农产品流通体系建设，健全农村流通网络和市场秩序。推进农村流通现代化。保障农用生产资料供应，整顿和规范农村市场秩序，严厉惩治坑农害农行为。（5）加强农产品质量安全的全程监管，强化农产品流通配套服务体系建设。切实落实农产品生产、收购、储运、加工、销售各环节的质量安全监管责任，杜绝不合格产品进入市场。

中共十七届三中全会以来，农产品流通政策的演变大致围绕以下方面展开。

（一）推进农产品产销衔接，完善市场供给应急保障和价格调控

近年来，农产品价格波动加剧，与产销衔接不畅、农产品流通成本过高有很大关系。农产品价格上涨对 CPI 的影响也推动政府进一步重视农产品供给的应急保障和价格调控。为减少流通环节、降低流通成本，推进农产品的产销衔接，近年的农产品流通政策一直把保障短期供应、防止农产品价格过快上涨或大幅波动作为关注的重点之一。具体的政策内容有：

1. 落实“米袋子”省长负责制，做好大宗农产品收储工作

如 2009 年 4 月 22 日的国务院常务会议提出，要做好粮食、油菜子等大宗农产品收储工作，做好棉花收储预案。2011 年 9 月 26 日《农业部办公厅关于进一步加强产销衔接 保障农产品市场稳定的通知》，要求推动有关部门完善农产品地方储备，增强对市场突发异动的应对能力和调控能力。关于粮、棉等大宗农产品

的流通政策，近年来已有很多文献专门讨论，本文不再赘述。

2. 推进农产品产销衔接，大力发展农产品直接配送

如2008年12月30日《国务院办公厅关于搞活流通扩大消费的意见》要求，“积极推动‘农超对接’，支持大型连锁超市、农产品流通企业与农产品专业合作社建立农产品直接采购基地，培育自有品牌，促进产销衔接”。2009年4月22日的国务院常务会议提出，对农产品流通环节收费进行专项清理，在全国范围内免收整车合法装载鲜活农产品的车辆通行费。2010年8月18日的国务院常务会议要求，“引导大型零售流通企业和学校、酒店等最终用户与产地蔬菜生产合作社、批发市场、龙头企业等直接对接，促进蔬菜产区和销区建立稳定的产销关系”。2011年8月2日《国务院办公厅关于促进物流业健康发展政策措施的意见》要求，“大力发展‘农超对接’、‘农校对接’、‘农企对接’等产地到销地的直接配送方式，支持发展农民专业合作组织，加强主产区大型农产品集散中心建设，促进大型连锁超市、学校、酒店、大企业等最终用户与农民专业合作社、生产基地建立长期稳定的产销关系”。2011年10月8日的国务院常务会议提出，“鼓励农业生产基地、专业合作社在社区菜市场直销直供，鼓励有序设立周末直销菜市场、早晚市等临时摊点等”（参见专栏1和专栏2）。

专栏1　农超对接

农超对接，指的是农户和商家签订意向性协议书，由农户向超市、菜市场和便民店直供农产品的新型流通方式，主要是为优质农产品进入超市搭建平台。“农超对接”的本质是将现代流通方式引向广阔农村，将千家万户的小生产与千变万化的大市场对接起来，构建市场经济条件下的产销一体化链条，实现商家、农民、消费者共赢。目前，“农超对接”主要有三种模式：一是以家乐福超市为代表的“超市+农民专业合作社+农民”模式，二是以麦德龙超市为代表的“超市+龙头企业+农民”模式，三是以山东家家悦超市为代表的“超市+基地”模式。自2009年“农超对接”试点开展以来，已有28个省，2000多家超市，1.1万家农民专业合作社开展“农超对接”活动，涉及蔬菜、粮油、畜禽产品、干鲜果品、茶叶、水产、食用菌、特色养殖等10多类农产品，支持农产品质量认证近1000个，培育了800多个农产品品牌，签订协议金额50多亿元，参加对接的农户年均增收4000多元。据调查，连锁超市通过“农超对接”采购农产品，流通成本平均降低15%左右，既让利于民，降低了零售价格，也让利于农，提高了收购价格。由商务部、农业部组织的“全国农超对接进万村”行动于2011年10月启动，为期3个月，将先后在华东、华北、东北、华南、华中、西北6个片区开展，通过商务、农业部门搭台，组织全国性和区域性大型连锁超市与农民专业合作社开展培训、直接对接，扩大农超对接规模。同时，该活动将以实体洽谈与在线洽谈相结合的方式，促进直供直销，进一步加强农产品现代流通体系建设。

专栏2　周末车载蔬菜市场

周末车载蔬菜市场是指由政府有关部门提供场地，免除摊位费、管理费等一切收费，采取厢式货车和搭建厅棚结合的形式，集运输、存储、销售和垃圾处理等功能于一体，由专业合作社或农产品流通企业组织农民在周末进城销售自产蔬菜。周末车载蔬菜市场是对蔬菜流通方式的积极探索，有助于推动蔬菜流通体制改革和营销方式创新，激活传统蔬菜流通渠道，促进市场充分竞争；是帮助农民直接进城售菜的有效途径之一，有助于平衡产需关系，降低和稳定城市菜价，管理通胀预期，对方便居民生活和促进农民增收具有重要意义；是一项“利民惠农”工程，商务部将在全国范围内推广，以进一步推动城市鲜活农产品零售网络建设。2011年6月，商务部和北京市政府联合启动首批周末车载蔬菜市场工作。目前，在北京海淀、朝阳、丰台、石景山等地共有4家周末市场投入运营，经营主体均为农民合作社。合作社每周五组织田间蔬菜采摘，检测留样后周六凌晨送到社区菜市场销售，销售价格平均比周边菜市场低15%以上。据合作社反映，周末市场向农民收购蔬菜价格普遍高于市场收购价的10%。

3. 落实和完善“绿色通道”政策，完善农产品供应应急保障机制

如2010年8月18日的国务院常务会议专门研究部署了进一步促进蔬菜生产、保障市场供应和价格基本稳定的政策措施，明确要求扩大“绿色通道”政策覆盖的蔬菜品种范围。切实强化“菜篮子”市长负责制，建立健全相关考评体系。为此，“实行更严格的占补平衡和补偿机制，稳定和增加大城市郊区蔬菜种植面积，实行菜地最低保有量制度，切实增强本地应季蔬菜自给能力”。“在特定时段为流动菜摊开辟专门销售区域。制定完善蔬菜市场供应应急预案，建立蔬菜储备制度，确保重要的耐贮存蔬菜品种 5 ~ 7 天消费量的动态库存”。2011 年 6 月 8 日的国务院常务会议提出，要加大对农产品批发市场、农贸市场的政府投入和政策扶持。严格执行鲜活农产品“绿色通道”政策和配送车辆 24 小时进城通行、便利停靠政策。2011 年 10 月 8 日的国务院常务会议提出，落实和完善“绿色通道”，依法查处违规收费行为。进一步强化“菜篮子”市长负责制，切实提高大中城市鲜活农产品自给率；城市政府“要合理安排动态库存，保障应急供应，防止价格大起大落”。

（二）加强农产品物流基础设施建设，鼓励发展冷链物流体系

近年来，农产品产销衔接不畅、价格波动加剧，一个重要原因是农产品物流发展滞后，尤其是基础设施落后，冷链物流发展不足，增加了农产品的流通成本和时间，加剧了农产品运输过程中的损耗和腐烂变质。因此，加强农产品物流设施建设，鼓励发展冷链物流，一直是近年来农产品流通政策的突出亮点之一。2008 年 12 月 24 日召开的国务院常务会议提出，为支持流通业发展，2009 年中央财政将增加农村物流服务体系发展专项资金和促进服务业发展专项资金规模。2009 年 4 月 22 日的国务院常务会议提出，加强大宗农产品仓储、物流设施建设。从 2009 年起安排中央补助投资建设资金，实施农户科学储粮专项，为主产区农户改善储粮条件；加强大宗农产品仓储、物流设施建设。2010 年 8 月 18 日的国务院常务会议提出，要改善蔬菜流通设施条件；加快实施《农产品冷链物流发展规划》，加强产地蔬菜预冷设施、批发市场冷藏设施、大城市蔬菜低温配送中心建设。加强产销地铁路专用线、铁路冷藏运输车辆及场站设施建设，促进大批量、长距离蔬菜的铁路运输。2011 年 8 月 2 日发布的《国务院办公厅关于促进物流业健康发展政策措施的意见》要求，把农产品物流业发展放在优先位置，加大政策扶持力度，加快建立畅通高效、安全便利的农产品物流体系，着力解决农产品物流经营规模小、环节多、成本高、损耗大的问题；鼓励大型企业从事农产品物流业，提高农产品物流业的规模效益；加大农产品冷链物流基础设施建设投入，加快建立主要品种和重点地区的冷链物流体系；加快发展粮食和棉花现代物流。2011 年 10 月 8 日的国务院常务会议提出，要加强产地预冷、预选分级、加工配送、冷藏冷冻、冷链运输、包装仓储、检验检测和电子结算等设施建设。

（三）加快推进农产品市场建设和改造升级，积极完善城市便民服务设施

农产品市场是农产品流通的重要载体，也是便民利民的重要渠道。近年来，中国农产品流通政策日益重视加强农产品市场建设，建立健全适应现代农业发展要求的大市场、大流通，在搞活农产品流通与方便城市居民生活方面，初步收到了统筹兼顾的效果。2008 年 12 月 24 日的国务院常务会议要求，2009 年、2010 年两年在重点销区和产区新建或改造一批农产品批发和农贸市场。完善城市社区便民服务设施，选择一批菜市场进行标准化改造，满足居民便利消费、放心消费的需要。2010 年 10 月 8 日的国务院常务会议提出，加强城市蔬菜批发市场、农贸市场和社区菜店等的建设、服务与管理。加快产地农产品批发市场建设，升级改造一批大型蔬菜批发市场，支持城市菜市场建设改造。

（四）提高农产品流通的组织化程度，加强对农产品流通组织的分类引导

提高农产品流通的组织化程度，不仅有利于提高农产品流通的效率和效益，完善农产品市场秩序，还有利于强化农产品供应链的协调、整合能力，增强农业竞争力和抗风险能力，是完善农产品流通长效机制的重要内容。但是，农产品流通组织类型多样，不同类型流通组织对运行环境的要求往往有较大差别。提高农产品流通的组织化程度，要求加强对农产品流通组织的分类引导，借此促进不同类型农产品流通组织竞争发展、优势互补、各展其长。近年来，中国农产品流通政策日益重视这些方面。2008 年 12 月 24 日的国务院常务会议提出，为搞活流通扩大消费，要“促进流通企业发展，降低消费成本”，“支持大型流通企业跨区域兼并重组，增强经营优势，降低成本，让利于消费者。支持中小商贸企业发展，金融机构要制定差别化的授信条件，解决中小商贸企业贷款抵押问题”。2009 年 4 月 22 日的国务院常务会议提出，加快培育大型农产品流通企业和农产品经纪人。2010 年 7 月 21 日由国家发改委、工信部、财政部等 12 部委联合发布的《关于发挥骨干企业积极作用健全和完善政府对大宗农产品市场调控体系和机制的通知》，明确提出要合理选择部分骨干企业参与市场调控，明确骨干企业的权利和义务，加强对骨干企业的监管，积极支持骨干企业发展。2010 年 8 月

27日《国务院关于进一步促进蔬菜生产 保障市场供应和价格基本稳定的通知》要求，提高蔬菜产销的组织化程度。2011年10月8日的国务院常务会议提出，要推动流通企业强强联合，扶持培育一批大型鲜活农产品流通企业、运输企业和农民专业合作社。

提高农产品流通的组织化程度，必须加强对农产品流通组织带头人的培训及宣传推介，为增强农产品流通组织的竞争力创造条件。近年来农产品流通政策日益关注这一点。2011年9月20日，农业部在《农业部关于贯彻〈国务院办公厅关于促进物流业健康发展政策措施的意见〉的通知》中明确要求，加强对农产品批发市场总经理（董事长）、农产品经销商、农产品经纪人队伍的培训，着力提高整体素质和能力，诚信经营，增强社会责任感和履行社会义务的自觉性。定期组织开展具有突出贡献的农产品批发市场总经理（董事长）、最具影响力的农产品经销商、农民最喜爱的农产品经纪人推介认定活动，表彰一批农产品市场流通领域的优秀人物，树立榜样，发挥示范带动作用。总结宣传农产品市场流通领域的先进人物和感人事迹，营造尊重、关心和支持各类农产品市场流通主体健康发展的良好社会氛围。

（五）支持农产品流通业发展，健全农产品和农村现代流通网络

支持农产品流通业发展，建立健全农产品和农村现代流通网络，是加强农产品流通长效机制建设的重要内容，也是近年来完善农产品流通政策的重要趋势。近年来，这方面的政策内容主要包括以下几个方面。

1. 完善农产品流通网络，开展农产品现代流通试点

2010年8月5日由财政部和商务部办公厅发布的《关于开展农产品现代流通试点的通知》提出，为完善农产品流通体系，2010年财政部、商务部决定在河北、辽宁等9个省份开展农产品现代流通综合试点，主要支持试点省份打造稳定的农产品产销对接体系，重点支持：农产品生产基地及农产品销售龙头企业建设改造农产品冷链系统、质量安全检测系统、仓储设施等；大型连锁超市与农产品生产基地开展“农超对接”；农产品批发市场和农贸市场升级改造。同时，鼓励试点省份创新发展方式，探索符合地方特色的现代农产品流通模式。2010年11月30日《国务院办公厅转发发展改革委农业部关于加快转变东北地区农业发展方式建设现代农业指导意见的通知》包括10类35条意见，其中第6类意见即

为完善现代农业市场流通体系，包括第18条加强农产品市场体系建设，第19条完善粮食仓储设施，第20条增强农产品运输能力。2011年10月8日召开的国务院常务会议，还专门部署加强鲜活农产品流通体系建设。

2. 健全农村现代流通网络，加快其规范化、标准化、信息化改造

近年来，有关部委还结合新农村建设，积极支持健全农村现代流通网络，增强其服务功能，并将加强规范化管理和标准化、信息化改造作为重要措施。为促进“万村千乡市场工程”（参见专栏3）健康发展，2010年的中央一号文件提出，要“提升‘万村千乡’超市和农家店服务功能质量”。2010年10月19日、2011年7月6日和26日，商务部分别发布了《关于进一步加强万村千乡市场工程规范管理的通知》、《关于印发〈“万村千乡市场工程”信息化改造试点方案〉的通知》和《“万村千乡市场工程”考核办法》。2011年3月2日发布的《财政部、商务部关于2011年开展万村千乡市场工程有关问题的通知》，要求2011年“万村千乡市场工程”重点支持建设农村商品配送中心，大力提高商品配送率，支持建设“万村千乡农家店”，提高网点覆盖率，具备条件的地区开展农家店信息化改造，提高农家店信息化水平。2009年3月10日《国务院关于印发物流业调整和振兴规划的通知》中提出，要按照现代物流理念，加快技术标准体系建设，综合集成仓储、运输、货代、包装、装卸、搬运、流通加工、配送、信息处理等多种功能，推进物流一体化运作，提高物流效率；根据物流标准编制规划，加快制订、修订物流通用基础类、物流技术类、物流信息类、物流管理类、物流服务类等标准，完善物流标准化体系。2011年2月1日，商务部专门发布了《关于贯彻实施农产品流通标准的通知》，明确提出农产品流通标准化是农产品现代流通体系建设的重要组成部分和本质要求，是实现农产品现代化交易的基础；要求加强政策引导，建立标准实施促进机制等。2011年12月13日发布的《国务院办公厅关于加强鲜活农产品流通体系建设的意见》要求，加快农产品流通标准化体系建设，推进农产品质量等级化、包装规格化、标识规范化、产品品牌化。

专栏3　万村千乡市场工程

按照《商务部关于开展“万村千乡”市场工程试点的通知》，“万村千乡市场工程”旨在按照统筹城乡发展的要求，运用现代流通方式，建立新型农村市场流通网络，改善农村消费环境，保障农民方便消费、放心消费，促进国民经济持续、快速、健康发展。该项工程最初的目标是从2005年开始，力争用三年左右的时间，在试点区域内培育出25万家左右“农家店”，形成以城区店为龙头、乡镇店为骨干、村级店为基础的农村消费经营网络。该工程试点建设的主要内容是：引导城市连锁和超市向农村延伸发展“农家店”；乡镇级“农家店”原则上以批零结合的综合性服务为主，鼓励其从事农资、日用小商品的批发与零售经营，以及政策允许的农副产品购销业务等；村级“农家店”以零售服务为主；倡导大型流通企业与生产企业进行“工商联手”，研发并生产适合当地消费特点的自有品牌消费品。“万村千乡市场工程”的具体建设方式是：（1）引导各类大中型流通企业直接到试点县市的乡村投资建立、改造连锁“农家店”。（2）鼓励各类大中型连锁企业通过吸引小型企业加盟的方式到乡村建立、改造“农家店”。（3）支持各类中小型企业通过自愿连锁，即以企业自愿结合，统一采购、统一建立销售网络的方式建设“农家店”。

3. 促进不同流通方式的协调衔接，引导农产品市场优化布局

近年来，农产品流通政策日益重视发挥供销社、邮政等系统的网络优势，促进不同流通方式协调衔接，并注意引导农产品市场实现优化布局。从2007年开始，中央财政设立新农村现代流通服务网络工程专项资金，重点支持农资和农副产品服务网络的改造运营。2009年此项资金的支持范围进一步拓展到供销合作社农资、农副产品、日用消费品和再生资源回收利用等服务体系的改造。2008年12月30日《国务院办公厅关于搞活流通扩大消费的意见》要求，推进“万村千乡”网络与供销、邮政、电信等网络的结合，提高“农家店”的综合服务功能。要在继续推进“万村千乡市场工程”的同时，加快完善农产品流通网络，完善农业生产资料流通体系。2009年的中央一号文件提出，加大力度支持重点产区和集散地农产品批发市场、集贸市场等流通基础设施建设。2009年4月13日商务部和中华全国供销合作总社《关于共同推进农村流通网络建设 进一步促进消费扩大内需的通知》，要求密切合作，积极打造农村现代流通网络。2011年8月2日发布的《国务院办公厅关于促进物流业健康发展政策措施的意见》，要求发挥供销社和邮政等物流体系在农村的网络优势，积极开展“农资下乡”配送和农产品进城配送服务。

为进一步增强农产品现代流通体系的功能，近年的农产品流通政策还日益重视优化农产品流通或市场布局。2010年中央一号文件提出，“要统筹制定全国农产品批发市场布局规划，支持重点农产品批发市场建设和升级改造……发展农产品大市场大流通”。2010年8月27日《国务院关于进一步促进蔬菜生产保障市场供应和价格基本稳定的通知》，要求“城市人民政府要高度重视蔬菜批发和零售市场在保障居民消费中的重要作用，合理规划布局蔬菜批发市场、农贸市场和社区菜店”。2010年10月《商务部、农业部达成的框架性合作协议》将加强农产品流通布局和生产布局的衔接作为9项合作内容之一。2011年10月8日的国务院常务会议提出，要制定实施全国和地方农产品市场发展指导文件，促进合理布局，有效解决批发市场重复建设与零售网点不足并存等问题。2010年11月《商务部关于做好新时期蔬菜流通工作的指导意见》，要求“科学规划、合理布局蔬菜批发市场、农贸市场和社区菜店，做好各类网点的布局调整”。2011年12月13日《国务院办公厅关于加强鲜活农产品流通体系建设的意见》，将“加强流通规划指导，促进市场合理布局”作为7项重点任务之一，要求“逐步形成布局合理、功能完善、竞争有序的鲜活农产品市场网络”。

（六）加强覆盖全程的农业信息服务体系建设，完善农产品质量安全追溯制度

加强覆盖全程的农业信息服务体系建设，有利于运用信息化的成果，优化农产品供应链管理，并将消费者不断变化、加快分化的农产品需求信息及时、准确地传递给农业产业链的利益相关者，特别是农产品生产者。近年来中国农产品流通政策日益注意这一点。2010年8月18日的国务院常务会议要求，强化蔬菜信息体系建设，抓紧建立覆盖主要蔬菜品种生产、流通、消费各个环节的信息监测、预警和发布制度，强化对蔬菜生产、市场和价格走势的分析预警，引导蔬菜种植户、经营者合理安排生产经营活动。严肃查处捏造、散布虚假价格信息行为。2011年10月8日的国务院常务会议提出，健全覆盖生产、流通、消费的农产品信息网络，完善储备调运制度。2011年9月26日农业部办公厅在《农业部办公厅关于进一步加强产销衔接 保障农产品市场稳定的通知》中明确提出，依托各级农业信息网站，以用户需求为导向，指导农村信息员及时采集发布本地预供应信息，积极支持生产经营主体开展农产品供求信息网上发布。强化产销撮合配对功能，切实发挥网络覆盖面广、信息量大等优势，带动农产品产销平稳运行。为提升农村流通网络信息化水

平，2011 年 7 月 6 日商务部发布了《“万村千乡市场工程”信息化改造试点方案》。同年 12 月 13 日《国务院办公厅关于加强鲜活农产品流通体系建设的意见》将“强化信息体系建设，引导生产和消费”作为 7 项重点任务之一。

随着消费者收入水平的提高和消费结构升级，消费者对农产品质量安全的要求不断提高。完善农产品质量安全追溯制度，不仅有利于维护消费者利益，还可以减少因质量安全问题而导致的农产品市场供求和价格的剧烈波动。因此，中国农产品流通政策日益重视农产品质量安全追溯制度的完善。2008 年 12 月 24 日召开的国务院常务会议要求，加强流通企业食品质量安全监管，切实提高食品安全保障能力。2010 年 8 月 5 日由财政部和商务部办公厅发布的《关于开展农产品现代流通试点的通知》提出，为完善农产品流通体系，2010 年财政部、商务部决定在大连、上海等 10 个城市开展肉菜流通追溯系统建设试点，主要支持试点城市以肉类、蔬菜“一荤一素”为重点，探索利用无线射频识别、集成电路卡、条形码等技术，做到各个流通节点信息互联互通，形成完整的肉类蔬菜流通信息链条和责任追溯链条，提高肉类蔬菜流通的信息化、组织化水平，解决来源追溯难、去向查证难等问题，提高食品质量安全保障能力。同年 8 月 18 日的国务院常务会议要求，支持蔬菜标准园创建工作，建立健全发展高产、高效、优质、安全蔬菜产业的约束机制和标准园质量安全检测及追溯机制。2011 年 10 月 8 日的国务院常务会议提出，加强质量安全追溯体系建设，落实索证索票和购销台账制度；建立鲜活农产品经常性检测制度，实行标准、程序、结果三公开。

二　2011 年农产品流通政策的新特点

（一）突出重视鲜活农产品的产销衔接和市场调控，更加注重宏观调控的针对性、灵活性和前瞻性

鲜活农产品不易储藏，容易腐烂变质，对运输环境和运输的及时性有较高要求。相对而言，鲜活农产品流通更容易出现断档脱销或价格大涨大落的问题。2011 年，农产品价格明显上涨或宽幅波动频繁发生，尤以生猪、蔬菜等鲜活农产品为最。为减少由此形成的对农民增收或城市低收入者基本生活的负面影响，2011 年出台的农产品流通政策，突出重视鲜活农产品的产销衔接和市场调控。

2011年5月10日发布了《国家发改委关于完善价格政策、促进蔬菜生产流通的通知》，同年7月27日发布了《国务院办公厅关于促进生猪生产平稳健康持续发展 防止市场供应和价格大幅波动的通知》，9月23日发布了《商务部关于推进周末车载蔬菜市场建设的通知》。2011年10月8日的国务院常务会议专门部署加强鲜活农产品流通体系建设。2011年12月23日出台的《国务院办公厅关于加强鲜活农产品流通体系建设的意见》，提出要"以加强产销衔接为重点，加强鲜活农产品流通基础设施建设，创新鲜活农产品流通模式，提高流通组织化程度，完善流通链条和市场布局，进一步减少流通环节，降低流通成本，建立完善、畅通、安全、有序的鲜活农产品流通体系，保障鲜活农产品市场供应和价格稳定"。

此外，与以前相比，2011年的农产品流通政策还更加重视增强对农产品特别是鲜活农产品市场调控的针对性、灵活性和前瞻性，表现为加强农产品产销信息的监测统计和分析预警，加强市场、质量和价格监管，加强市场调控机制建设。2011年7月27日《国务院办公厅关于促进生猪生产平稳健康持续发展 防止市场供应和价格大幅波动的通知》，明确要求建立和完善以储备制度为基础的防止生猪价格过度下跌调控机制和保障市场供应机制，建立健全预警指标，完善储备吞吐调节办法，完善生猪生产和市场统计监测制度。2011年9月26日《农业部办公厅关于进一步加强产销衔接 保障农产品市场稳定的通知》明确要求，引导生产者合理安排生产规模，科学安排上市时间，指导农产品跨区域有序流通。加强对舆论宣传的引导，避免个别媒体炒作不良或不实信息引发农产品市场大幅波动，维护正常的农产品市场流通秩序。

（二）开始重视农产品市场或流通体系建设的公益性，更加注重流通业态的创新

2011年8月2日发布的《国务院办公厅关于促进物流业健康发展政策措施的意见》，要求提高对农产品批发市场和农贸市场（含社区菜市场）公益性的认识，加大政府投入和政策扶持力度。同年10月8日的国务院常务会议提出，随着城镇化进程加快，一些大中城市近郊菜地和零售网点不断减少，流通环节成本增加、"卖难买贵"等问题突出。鲜活农产品流通体系建设具有重要的公益性，要在充分发挥市场机制作用的同时，加大政策扶持力度。同年12月13日《国务院办公厅关于加强鲜活农产品流通体系建设的意见》提出，各级人民政府要增

加财政投入，通过投资入股、产权回购回租、公建配套等方式，改造和新建一批公益性农产品批发市场、农贸市场和菜市场，保障居民基本生活需要。

与此同时，2011 年的农产品流通政策还更加重视新兴流通业态的发展和现代交易方式的引入。2011 年 9 月 20 日《农业部关于贯彻〈国务院办公厅关于促进物流业健康发展政策措施的意见〉的通知》明确要求，支持现有农业网站拓展农产品电子商务功能，帮助制订上网交易农产品的标准规格，支持农民专业合作社、农业产业化龙头企业利用农产品电子商务平台开拓市场销路，加强对农产品电子商务企业的市场信息服务。在国内一线城市搭建各地农产品展销平台，组织开展品牌农产品“走出去”活动，利用博览会、交易会及网站、广播、电视、报纸等多种形式，宣传促销品牌农产品，帮助扩大品牌知名度和市场占有率。2011 年 9 月 26 日发布的《农业部办公厅关于进一步加强产销衔接 保障农产品市场稳定的通知》明确要求，组织生产经营企业积极参加展览会、交易会、洽谈会、对接会等产销对接活动，加大采购商邀请力度，为产销双方搭建贸易交流平台，推动加强产销协作。鼓励主产区到销区举办农产品宣传推广活动，扩大市场销路，促进顺畅销售；支持销区特别是北方大中城市到主产区联系采购，落实供货渠道和货源，确保鲜活农产品供应。《国务院办公厅关于加强鲜活农产品流通体系建设的意见》明确要求，发展电子商务，扩大网上交易规模。鼓励农产品批发市场引入拍卖等现代交易模式。

（三）突出重视降低农产品流通费用，不断提高支持农产品流通政策的含金量

1. 降低农产品市场或流通网络建设的成本，并提供农产品运输便利

2011 年 8 月 2 日发布的《国务院办公厅关于促进物流业健康发展政策措施的意见》要求，农产品批发市场用地作为经营性商业用地，应严格按照规划合理布局，土地招拍挂出让前，所在区域有工业用地交易地价的，可以参照市场地价水平、所在区域基准地价和工业用地最低价标准等确定出让底价。《国务院办公厅关于加强鲜活农产品流通体系建设的意见》要求，积极为鲜活农产品配送车辆进城提供畅通便捷有序的通行和停靠条件等。

2. 通过优惠的税费和要素价格政策，规范和降低农产品市场的运行费用

《国务院办公厅关于促进物流业健康发展政策措施的意见》明确提出，开展

鲜活农产品业务的冷库用电与工业用电同价；研究农产品批发市场相关房产税政策；农产品批发市场和农贸市场的用水、用电、用气、用热价格实行与工业同价。2011 年 5 月 10 日《国家发展改革委关于完善价格政策 促进蔬菜生产流通的通知》要求，对蔬菜生产过程中的用水、用电价格，要按照农业用水、用电价格执行。大型农贸市场的用水价格，已按要求简化用水价格分类的地区，应当执行非居民用水价格，有条件的可以执行居民用水价格；尚未简化分类的，应当按照工商业用水中较低标准执行。蔬菜冷链物流中的冷库用电要实行与工业用电同价。《国务院办公厅关于加强鲜活农产品流通体系建设的意见》明确提出，完善农产品流通税收政策，免征蔬菜流通环节增值税。加强对鲜活农产品进场费、摊位费等收费的管理，规范收费项目，实行收费公示，降低收费标准。对于政府投资建设不以盈利为目的、具有公益性质的农产品批发市场，可按作价出资（入股）方式办理用地手续。

3. 进一步重视运用价格调节基金支持蔬菜生产流通

在中国价格调节基金早已有之。1998 年开始实施的《中华人民共和国价格法》就规定，“政府可以建立重要商品储备制度，设立价格调节基金，调控价格，稳定市场”。2010 年 11 月 19 日《国务院关于稳定消费价格总水平 保障群众基本生活的通知》，要求“依法完善价格调节基金管理，增强价格调控监管能力”。进入 2011 年，中国的农产品流通政策进一步重视价格调控基金的作用。2011 年元月 30 日，由国家发改委、农业部、商务部、交通运输部和工商总局联合发布的《关于做好 2011 年春节期间蔬菜市场保供稳价工作的紧急通知》要求，已经建立价格调节基金的地区，要充分发挥基金作用，降低蔬菜流通成本。2011 年 5 月 10 日《国家发展改革委关于完善价格政策 促进蔬菜生产流通的通知》中要求，已经建立价格调节基金的地区，要依照《价格法》的规定，积极运用价格调节基金支持蔬菜的生产流通，价格调节基金用于支持蔬菜生产流通的比例原则上不应低于基金总额的 30%。支持商场、超市、农贸市场开辟农产品平价销售区域和本地菜农直销区域，降低生产经营成本；对农副产品生产、流通和销售领域的蔬菜大棚和温室、冷库和平价商店等公益性基础设施给予支持，降低蔬菜生产流通费用；支持建立蔬菜市场和价格信息监测、发布、预警体系建设，提高蔬菜价格调控的前瞻性、预见性。尚未建立价格调节基金的地区，2011 年底前依法建立完善价格调节基金制度。

4. 鼓励通过多种方式，加强对农产品市场和流通网络建设的融资支持

2011 年 12 月 13 日发布的《国务院办公厅关于加强鲜活农产品流通体系建设的意见》要求，为农产品经销商等集中提供初级农产品收购资金，加强对农产品供应链上下游企业和农户的信贷支持。鼓励保险机构研究开发鲜活农产品保险产品等。同年 12 月 13 日《国务院办公厅关于加强鲜活农产品流通体系建设的意见》要求，发挥财政资金引导示范作用，带动和规范民间资本进入农产品流通领域。

三　当前农产品流通政策的主要问题

（一）重生产、轻流通的问题仍在一定程度上存在，对农产品流通机制和能力建设的支持尚待加强

具体表现包括：（1）过分倚重用增加产量的办法来解决农产品价格上涨问题，时常因此加剧农产品供求和价格的波动，甚至导致此次为应对农产品价格过快上涨的举措成为彼次导致农产品价格过快下跌的原因。（2）对农产品价格的调控过分关注事后“补救”，在“弹性调控”、分类调控和预警机制建设方面较为薄弱。如在农产品价格的调控中，不太注意根据产品类型的不同，实行有差别的调控方式。尤其是对小宗农产品价格的变化过于敏感，过于“殷勤”地干预其小幅波动，在一定程度上影响了市场机制的正常作用。（3）过分关注农产品市场供求和价格波动的短期调控，搞活流通的长效机制建设较为薄弱。特别是农产品综合流通能力建设，往往难以得到有效的财税、金融支持。因此，许多农产品产地批发市场的服务设施简陋，交易方式传统，主要从事农产品原产品的批发交易，规模小、层次低、功能弱，标准化、信息化程度低，难以提供有效的增值服务，收入仅靠进场费和房屋租赁费，长期微利经营，无力进行市场改造和功能升级。

（二）对农产品供应链的协调、整合重视不足，引导支持中心批发市场和骨干零售商作为核心企业发挥作用严重不足

农业产业链，换个角度看，也是农产品供应链和农业价值链。通过优化农产品供应链管理，促进供应链不同环节之间的协调、整合或有机结合，不仅可以带来成本方面的竞争优势，还可以节约时间，增强供应链对消费者需求的快速响应

能力，进而增进农业供应链的整体效率和效益，有利于提高农业产业链的整体竞争力、增值能力和抗风险能力。一般而言，农产品供应链参与者众多，影响因素复杂多变。在增进其整体效率和效益的过程中，农产品供应链的参与者面临的共同问题是“如何做大蛋糕”，类似相容性集团。按照曼瑟尔·奥尔森对集体行动逻辑的分析，小集团比大集团更容易组织集体行动，相容性集团组织集体行动需要提供有选择性的激励——对集体的每个成员区别对待。当大集团是小集团的联邦时，有选择性的激励容易组织集体行动①。借鉴这种思维方式，为了促进农业供应链的协调、整合，相关政策应该重点支持农产品供应链的核心企业或关键节点，不能对供应链的参与企业平均用力。况且，随着信息技术的发展和产业分工协作关系的深化，多数农产品的供应链已经从线性的单链转化为非线性的网链，核心企业在促进供应链协调、整合中的重要性迅速凸显。因此，按照现代供应链管理的理念，重视围绕核心企业的网链关系更为重要②。

近年来，中国农产品流通政策开始重视农产品供应链的协调、整合问题，但在总体上仍较为薄弱。自2008年10月召开中共十七届三中全会以来，在国务院和有关部委出台的关于农产品流通的政策文件中，除直接关于物流业的政策文件外，仅有少数关注农产品供应链的协调、整合问题③，有些政策文件虽然关注农产品供应链，但只是从追溯体系或信息互通的角度考虑问题，很少上升到供应链

① 〔美〕曼瑟尔·奥尔森：《集体行动的逻辑》，陈郁、郭宇峰、李崇新译，上海三联书店、上海人民出版社，1995。

② 李波、洪涛编著《供应链管理（SCM）教程》，电子工业出版社，2006；徐琪主编《供应链管理：理论与实验》，格致出版社、上海人民出版社，2008。

③ 如2010年3月9日出台的《国务院办公厅关于统筹推进新一轮“菜篮子”工程建设的意见》，要求支持大型农产品批发市场与连锁超市供应链对接工作。2010年11月30日《国务院办公厅转发发展改革委农业部关于加快转变东北地区农业发展方式建设现代农业指导意见的通知》要求，大力发展面向农业大户、农村经济合作组织和农业龙头企业的电子商务服务，利用信息技术强化供应链管理，带动上下游农户提高信息化应用水平。2011年12月13日出台的《国务院办公厅关于加强鲜活农产品流通体系建设的意见》，要求完善流通链条，加强对农产品供应链上下游企业和农户的信贷支持。2010年9月26日出台的《商务部办公厅 财政部办公厅关于肉类蔬菜流通追溯体系建设试点指导意见的通知》提出，鼓励经营主体建立现代供应链，发展“农超对接”、“厂场挂钩”、“场地挂钩”等先进购销方式，形成质量安全保障机制。2010年11月1日《商务部关于做好新时期蔬菜流通工作的指导意见》要求，发挥大型流通企业骨干作用，鼓励大型蔬菜批发、零售企业发展订单生产、合同产销和一体化经营，稳定供应链系统，提高蔬菜生产、流通的组织化程度。市场发生异常波动时，要充分利用大型流通企业网络发达、集散能力强的特点，及时组织货源投放市场。

协调、整合的高度①。虽有不少政策文件关注“农超对接”等产销衔接问题②和批发市场的改造升级问题，也有文件重视发挥骨干企业在宏观调控中的作用③，但对于如何引导中心批发市场和骨干零售商成为农产品供应链的核心企业，如何引导其在农产品供应链协调、整合中发挥作用，尚待给予进一步的重视④。

（三）对多元化市场主体的发育缺乏系统性的政策支持，对行业协会和市场化流通服务组织的政策支持较为薄弱

一般而言，农产品流通政策的目标大致有三个，一是促进农产品供求平衡，保障市场供应；二是促进农产品产销衔接，平衡生产者、流通者和消费者的利益关系；三是平稳产销运行，减少农产品市场供求和价格的波动，并为此提供有效机制。要实现这些政策目标，促进多元化市场主体的发育至关重要。第一，有利

---

① 如2011年6月8日《商务部办公厅 财政部办公厅关于做好2011年肉类蔬菜流通追溯体系建设试点有关工作的通知》要求，将追溯体系建设与供应链流程再造等结合起来。2011年7月6日商务部出台的《“万村千乡市场工程”信息化改造试点方案》要求，以互联网为平台对农家店进行管理，实现内部供应链和外部供应链的信息及财务数据交换。2010年10月21日发布的《商务部 农业部合作框架协议》，将互通农产品市场信息作为9项合作内容之一，要求增强对市场状况的分析能力，使农产品上下游贯通，保证农产品市场平稳有序运行。2011年10月20日《商务部关于“十二五”期间加快肉类蔬菜流通追溯体系建设的指导意见》，要求发展全产业链追溯模式。

② 包括鼓励批发市场、大型连锁超市等流通企业，学校、酒店、大企业等最终用户与农业生产基地、农民专业合作社、农业产业化龙头企业建立长期稳定的产销关系。

③ 2010年7月国家发改委、工信部、财政部等12部委联合发布的《关于发挥骨干企业积极作用健全和完善政府对大宗农产品市场调控体系和机制的通知》，虽然提出要“合理选择部分骨干企业参与市场调控”，“使骨干企业在市场上的主导作用为政府调控服务”；“骨干企业的选择，要充分考虑各类商品的产销特点和调控市场的需要，包括企业所处区域、经营实力、仓储加工能力、产销衔接能力、市场辐射面和占有率、信誉情况等”。但选择骨干企业的范围仅限于“对在本地区有一定资源优势的加工和流通企业、销售网络比较健全的经营企业和大型农业产业化龙头企业可以优先考虑”。虽然在实际操作中，许多骨干批发市场可以作为农产品流通方面的骨干企业被纳入选择范围并承担特定调控任务，但也只是作为宏观调控的工具和“现行宏观调控体系的补充”，与一般的骨干企业没有太大差别。

④ 目前，仅有少数政策文件关注这一问题。2010年9月《农业部关于贯彻落实〈国务院关于进一步促进蔬菜生产保障市场供应和价格基本稳定的通知〉的意见》，要求“十二五”期间要在全面推进蔬菜产地批发市场升级改造的同时，优先在“南菜北运”、“西菜东调”主产区和京广、京沪沿线产销衔接重要结点，培育建成一批影响力大的蔬菜批发市场，提升蔬菜市场调节能力。同年9月商务部和农业部达成的合作框架协议要求“近期重点支持在主产区和关键物流节点建设若干大型专业性农产品批发市场”。2011年10月8日的国务院常务会议要求在主产区、集散地和主销区升级改造一批带动力强、辐射面广的大型批发市场和加工配送中心。

于拓宽农产品流通渠道，促进不同流通渠道、不同流通方式的竞争，并在流通环节形成对超市、批发市场等垄断行为的制衡效应。第二，有利于农产品供应链的利益分配，向着有利于农民增收的方向适当调整。因为在农产品供应链总体收益既定的情况下，农民增收的状况，在很大程度上取决于供应链不同环节之间的利益分配，而这又主要取决于供应链不同环节之间的力量对比，以及供应链整合、协调的成本。通过发展农民专业合作社、农产品行业协会等方式，将农业生产环节组织起来，有利于增强农民的谈判能力，在生产环节形成对流通环节寡头垄断的制衡效应。第三，有利于增强农产品流通体系的服务功能。在许多发达国家，农产品供应链或农产品流通体系能够高效运转，两个重要原因不可轻视，一是行业协会、商品协会、合作社等非营利组织较为发达，成为产销衔接的推手、产业升级的引擎、部门利益的代表和对外联系的纽带。如美国的农产品行业协会，在农产品推介、信息交流和咨询服务等方面发挥了重要作用。二是物流配送服务、储藏保鲜服务、信息服务等市场化流通服务组织较为发达，包括金融服务、商务服务、餐饮服务甚至装卸服务、包装服务等配套服务，服务供给及时、高效和优质，有效提升了农产品市场的功能。

近年来，中国农业特别是农产品流通政策对农民专业合作社等发展日益给予重视，但对于行业协会、商品协会等非营利组织的发展仍然重视不足。对于物流配送、信息服务、质量安全和检验检测服务等流通服务组织的政策支持，往往更多地停留在公共服务层次；对于如何引导相关市场化服务、包括市场化的配套服务、如何激励代理商和经纪人等服务组织成长，缺乏明确的支持措施，在一定程度上影响了农产品流通体系的改造和功能升级。

四　完善农产品流通政策的建议

前文分析了当前中国农产品流通政策的问题，实际上提出了今后完善农产品流通政策的方向。基于这些分析，我们建议，在加强现行流通政策的同时，突出重视以下问题。

（一）加强对农产品市场或流通体系建设的政策支持，优先支持网络、机制和能力建设

现代农业是个产业链和三次产业融合互动的概念，是第一产业（农业生

产）、第二产业（农产品加工、农资生产）和第三产业（农产品和农业生产资料的储藏、运输、销售）有机结合的产物。现代农业竞争，已经由产品之间的竞争，转化为产业链之间的竞争。近年来，就总体而言，农业产业链的主导者，已经呈现从生产环节向加工环节，进而向流通环节转移的趋势①，并且，这种转移有利于提高农业产业链的整体竞争力和价值增值能力②。因此，在农产品供求平衡和价格决定中，流通环节的主导作用正在显著增强；流通环节的垄断，往往是加剧农产品供求失衡和价格波动的重要原因；流通环节能否高效组织，往往关系到能否有效缓解农产品的产销失衡、流通损耗和价格上涨问题；农产品在流通环节的增值幅度明显大于种植环节，也是比较普遍的现象③。因此，农产品流通政策的制定，不能就流通谈流通，应该站在整个农业产业链的高度，综合考虑农产品流通在现代农业发展中的战略地位或现实作用，重视发挥农产品流通对农产品供求平衡和价格决定的主导作用。

农民是大多数农产品的生产者，也是农产品流通的主要参与者。农民增收的状况，一方面取决于在日趋激烈的国内外农业竞争中，农民所在农业产业链的整体竞争力，进而实现价值增值的能力；另一方面取决于农民与农业产业链其他利

---

① 在一些农业发达国家，也存在类似趋势。如高效率的零售组织一直是荷兰农业成功的关键。在荷兰，供应链的主导者已经从生产者（农场主及其合作社）变成零售业者，尤其是超级市场。参见 L. 道欧、J. 鲍雅朴主编《荷兰农业的勃兴》，中国农业科学技术出版社，2003。

② 形成这种现象的原因主要有：（1）现代农业作为商品化、市场化农业，要求把农产品流通作为发展的引擎。多数农产品市场由卖方市场向买方市场的转变，更要求强化消费者需求对农产品生产的引领作用。（2）从农产品的生产环节到加工环节再到流通环节，从农业产业链的产中环节到产前、产后环节，前者更容易呈现完全竞争的市场结构，后者更容易呈现寡头垄断的市场结构。因此，在产业链不同环节的力量对比中，流通环节相对于生产环节和加工环节，往往更容易占据优势地位。这些流通企业甚至零售商形成垄断地位后，往往倾向于向其上游生产商施加纵向控制策略，包括实现品牌自有等。（3）相对于生产者，在农产品流通者（企业或组织）与消费者之间，信息传递较为直接且渠道较短，较易避免信息传递的失真或扭曲；对于消费者不断变化、分化和升级的消费需求，农产品流通者往往更容易做出敏感、准确的反应，并通过加强农产品自有品牌建设等措施予以回应。

③ 当今世界，无论是发达国家，还是发展中国家，都存在类似趋势。在中国，由于以下两方面的因素，这种现象更容易发生。一是农产品生产者多为“小而全、小而散”的农户，相互之间的联合和分工协作严重不足，组织化程度较低；二是相对于农产品的消费者，农产品生产者由于自身素质及其同外部信息联系的局限性，对外部变化的反映往往较不敏感。参见洪银兴、郑江淮《反哺农业的产业组织与市场组织——基于农产品价值链的分析》，《管理世界》2009 年第 5 期。

益主体间的力量对比，取决于农业产业链不同环节之间的利益分配状况。从国际经验来看，在工业化、城镇化深入发展的过程中，容易出现农业停滞、萧条和衰败的问题。从国内现实来看，随着工业化、城镇化的深入推进，农业发展面临的资源竞争、要素竞争日趋激烈，农产品成本或农业发展机会成本提高的压力不断加大，正在不断增加保障农产品有效供给的难度。在此背景下，现行农业政策重视支持农业生产及综合生产能力建设，这是非常必要的。但是，鉴于流通环节对农业产业链运行或供应链优化的主导力量已经显著增强，加强对农产品流通环节的政策支持，有效发挥其对农业产业链运行的主导作用更为关键。这样，不仅有利于发挥消费方式转变对农业发展方式转变、需求结构变化对农业产业结构变化的带动作用，还有利于增强农业产业链的整体竞争力和实现价值增值的能力。

从国内外经验来看，农产品流通体系建设具有较强的公益性。在许多国家的农产品市场建设中，政府往往是重要的投资主体之一，还根据规划和法律提供土地、融资等便利。重视农产品流通体系建设的公益性，需要统筹注意以下问题：

1. 加强对农产品市场或流通体系建设的财政支持

建议在现有基础上，增加中央财政对农产品市场或流通体系建设的投入规模，加大现有财政支持项目的投入强度，鼓励农产品市场完善增值服务功能，并引入连锁经营、电子商务等现代流通业态和交易方式。鼓励农贸市场向超市转型。鼓励具备条件的产地农产品批发市场，积极尝试依托合作社进行农产品拍卖交易；引导具备条件的销地批发市场加快实行拍卖交易。适当增加价格调节基金的规模，鼓励探索优化其使用的方式。

2. 面向农产品市场，加快出台降低收费标准的办法和税收优惠、金融扶持、土地供给保障等政策

在规范税费管理的同时，加强对这些方面的前期研究。要在增加财政投入的同时，完善鼓励社会资本参与农产品流通体系建设的激励机制。

3. 加强对农产品市场或流通网络、机制、能力建设的政策支持

特别是在加大力度支持批发市场改造升级的同时，优先支持以下方面：一是全国性或区域性的农产品批发市场建设，二是批发市场向规模化、专业化和电子化发展，三是农产品流通公共平台建设、农产品重大物流节点和配送中心建设，四是农产品流通网络的标准化、信息化改造和诚信环境建设，五是农产品冷链物流等关键领域、薄弱环节建设。借此增强农产品供应链的协调、整合能力和供应链的整体素质，增强农产品流通体系的综合功能和公益功能。

4. 加强农产品市场监测和预警机制建设，完善农产品市场的“弹性调控”和分类调控

在以电子结算为核心促进批发市场信息化的基础上，鼓励批发市场之间实现网络互联互通和信息共享。对农产品市场的调控，要保持更大弹性，放宽容忍空间，注意“抓大放小”，尽可能不损害市场机制正常作用的条件。由于不同类型农产品的产品特性、在国计民生中的相对地位和市场开放度不同，不同产品之间相同幅度的价格波动，往往会带来明显不同的影响。因此，对农产品价格的调控，要更加注重因类制宜。

（二）优化农产品市场布局和网络关系，突出支持中央批发市场和骨干零售商发挥供应链核心企业的作用

近年来，中国农产品流通政策明确了支持全国农产品大市场、大流通的政策方向。但是，这种大市场、大流通格局的形成，必须建立在农产品市场分层、分类发展的基础之上，注意区域中心批发市场与全国中心批发市场、产地市场与销地市场、批发市场与零售市场等不同类型产品市场的功能分工和特色定位，优化农产品市场体系的综合功能。通过优先支持区域性乃至全国性中心批发市场的改造升级，健全其增值服务功能，增强其作为农产品交易中心、信息交流中心、物流集散中心、配送中心、结算中心、加工服务中心、价格形成中心和检验检测中心等功能，发挥其作为农产品供应链核心企业的作用，更好地增进供应链不同环节之间的合作伙伴关系，促进供应链不同利益主体之间的信息共享和分工协作，增强供应链的协调、整合能力，带动农业产业链竞争能力、增值能力和抗风险能力的提高。

当前流通环节对农产品供应链的主导作用不断增强，主要是通过中心批发市场或骨干零售商的辐射带动作用，或发挥核心企业在供应链协调、整合中的促进作用来实现的。在这方面，美国等农场经营规模较大的国家，销地批发市场和大型超市等零售商的作用尤其突出①。在中国，由于农户经营规模

① 在美国，销地批发市场的农产品交易量只占农产品交易总量的20%，但却对农产品价格的形成具有主导作用。参见杨青编著《国外的农产品贸易与市场流通》，中国社会出版社，2006。

较小，农产品区域集中的步伐近年虽有所加快，但总体水平仍然不高，即便如此，产地批发市场的作用，特别是对农产品的集散功能，同样不可轻视。在中国鲜活农产品流通中，批发市场仍是占据绝对优势的主渠道，甚至许多超市要把批发市场作为其现货货源的稳定补充。因此，支持农产品供应链核心企业在促进供应链协调、整合中发挥作用，要把批发市场作为重点，并优先支持服务于优势农产品产业带的产地中心批发市场和面向大城市、特大城市的销地中心批发市场。鉴于不同类型中心批发市场的惠及范围不同，在支持中心批发市场作为农产品供应链核心企业发挥作用方面，中央财政要重点支持惠及全国或跨区域的中心批发市场建设；省、市财政要重点支持区域内的中心批发市场建设。要结合这些支持，努力形成分层、分类发展、布局合理、网络连接、竞争有序、功能完善的农产品流通体系。目前许多地方竞相建设全国性的农产品中心批发市场，这种做法是不可取的，很容易增加农产品供应链的运行成本和时间，加剧农产品品质和价值的下降。中国幅员辽阔，鲜活农产品流通体系建设更应将中心批发市场建设的重点，放在跨区域和区域中心批发市场上。至于粮食等不易腐烂变质的农产品，可根据需要适当建设若干全国性中心批发市场和物流中心。

随着农业生产专业化、规模化、集约化的发展，随着农产品零售业的加快集中和零售商规模的扩大①，随着农产品消费结构的加快升级，特别是高端农产品消费的个性化、品牌化、特色化发展，通过“农超对接”、农产品生产者与最终用户对接等方式形成的直销农产品交易量很可能呈现数量加快扩张、比重逐步提高的态势。因此，加强对大型超市等骨干零售商的支持，鼓励其作为核心企业在促进农产品供应链协调、整合中发挥作用，也是一个需要加强的方向。从国际经验来看，大型零售商对农业供应链的主导作用不断增强已经成为趋势②，应该注

① 美国农产品流通的一个重要特点是流通渠道短、环节少，大多数农产品由产地经配送中心直接到零售商。形成这一特点的一个重要背景，是美国农场经营规模较大，农业的区域专业化程度较高，产地市场较为集中。随着农产品零售商规模的扩大，大型零售商为了获得稳定的货源，强化农产品质量和供货时间保障，也需要强化直销形式。

② 如当前在美国，80%以上的水产品由生产者进行分级、包装等处理后，直接销往大型超市、零售连锁店或配送中心。大型零售商是供应链的核心企业，建立了供应链信息管理平台和水产品加工配送中心。参见李季芳《美国水产品供应链管理的经验与启示》，《中国流通经济》2010年第11期。

意顺应这种趋势，加强政策支持，避免错失机遇，延误推进流通方式转变的良机。这与加强对批发市场建设的支持，鼓励批发市场作为农产品供应链的核心企业发挥作用，应该是并行不悖的。因为尽管从国内外经验和中长期趋势看，在中国农产品交易总量中，通过批发市场的交易量将呈比重下降的趋势，通过超市等的直接交易量将呈比重上升的趋势，但在“十二五”乃至更长时期内，中国农产品通过超市等的直接交易量将很难超过批发市场，而且随着城乡居民收入和消费水平的提高，通过批发市场的农产品交易总量仍将呈现不断扩张的态势。况且，第一，相对于超市等农产品直销市场，通过批发市场间接获得农产品的消费者，大多属于中低收入者，更容易受到农产品价格上涨或波动的冲击。农产品批发市场的运行效率，影响产品价格和供给的稳定性，因而更容易影响到中低收入消费者基本生活的稳定性。加强对农产品批发市场改造升级的政策支持，社会效益更大。第二，从国际比较来看，与以大农场经营为基础、产销联系密切的美国模式相比，中国作为东亚模式的一个典型，由于农户经营规模小而散的特点，批发市场在农产品市场体系中占据主导地位具有较强的必然性①。

（三）出台系统性支持政策促进多元化市场主体的发育，大力支持行业协会等非营利组织和农产品流通服务组织的发展

对行业协会、农民专业合作社等非营利组织的发展加强政策支持，不仅有利于增强农产品供应链参与主体的整体素质，提高供应链的运行效率和效益，还可以为优化对农产品市场的宏观调控提供有效的着力点。要在继续支持农民专业合作社发展的同时，加强对合作社服务体系和能力建设的支持力度，鼓励其在促进农产品供应链协调、整合中发挥作用。要在支持行业协会等非营利组织发展的同时，鼓励其成为农产品市场信息的发布主体和接受主体，规避以“小而散”的农户作为信息接收主体引发的市场同步放大或收缩问题。日本等发达国家调控农产品市场的一个重要经验是，依托农民合作社全国联合会和行业协会等配合操作，注意与农民组织打交道。与此同时，要结合促进服务业大发展的政策机遇，加快改革和制度创新，积极培育鼓励农产品经纪人、代理商、经销商等流通主体

① 农业部课题组：《现代农业发展战略》，中国农业出版社，2008。

实现公司化、规模化、标准化、品牌化的制度环境和政策环境，健全农产品市场准入制度，降低其税费征收标准。

主要参考文献

李季芳：《美国水产品供应链管理的经验与启示》，《中国流通经济》2010年第11期。

杨菁编著《国外的农产品贸易与市场流通》，中国社会出版社，2006。

单玉丽、刘克辉：《台湾工业化过程中的现代农业发展》，知识产权出版社，2009。

农业部课题组：《现代农业发展战略》，中国农业出版社，2008。

Christien J. M. Ondersteijn 等编著《农产食品供应链定量分析》，洪岚、赵娴主译，中国农业大学出版社，2010。

Retrospect and Prospect of Agricultural Products Circulation Policy

Jiang Changyun　Zhao Jia

Abstract: The text systematic reviews agricultural products circulation policy since Third Plenary Session of the Seventeenth Central Committee of the Communist Party of China, summarizes its main content, and then analyzes new features of 2011 agricultural products circulation policy in China, explores the main problems of the current policy of agricultural products circulation, proposes improving the direction of agricultural products circulation policy, including strengthening agricultural market or circulation system of policy support, optimizing the layout of agricultural market, highlighting the support of the central wholesale markets and key retailers to play a role as a core enterprise of the supply chain, introducing systematic policy to support growth and development to promote the diversification of the main players in the market.

Key Words: Agricultural Products; Wholesale Market; Agricultural Products Circulation; Supply Chain

参考相关文件（会议）一览表

时　　间	文件(会议)名称
	国务院常务会议
2008.12.24	温家宝主持召开国务院常务会议,研究部署搞活流通扩大消费和保持对外贸易稳定增长的政策措施
2009.04.22	温家宝主持召开国务院常务会议,研究部署当前应对国际金融危机稳定农业发展促进农民增收的政策措施
2010.08.18	温家宝主持召开国务院常务会议,研究部署进一步促进蔬菜生产保障市场供应和价格基本稳定的政策措施
2011.04.13	温家宝主持召开国务院常务会议,分析一季度经济形势 研究部署下一阶段经济工作
2011.06.08	温家宝主持召开国务院常务会议,研究部署进一步加大财政教育投入工作和促进物流业健康发展工作
2011.10.08	温家宝主持召开国务院常务会议,部署加强鲜活农产品流通体系建设
	中共中央、国务院文件(主要)
2008.10.19	中共中央关于推进农村改革发展若干重大问题的决定
2008.12.30	国务院办公厅关于搞活流通扩大消费的意见
2008.12.31	中共中央 国务院关于2009年促进农业稳定发展农民持续增收的若干意见
2009.03.10	国务院关于印发物流业调整和振兴规划的通知
2009.05.10	国务院关于当前稳定农业发展促进农民增收的意见
2009.05.23	国务院办公厅转发交通运输部等部门关于推动农村邮政物流发展意见的通知
2009.12.31	中共中央 国务院关于加大统筹城乡发展力度 进一步夯实农业农村发展基础的若干意见
2010.03.09	国务院办公厅关于统筹推进新一轮“菜篮子”工程建设的意见
2010.08.27	国务院关于进一步促进蔬菜生产 保障市场供应和价格基本稳定的通知
2010.11.19	国务院关于稳定消费价格总水平 保障群众基本生活的通知
2010.11.30	国务院办公厅转发发展改革委农业部关于加快转变东北地区农业发展方式建设现代农业指导意见的通知
2010.12.21	国务院关于印发全国主体功能区规划的通知
2011.03.19	国务院关于落实政府工作报告重点工作部门分工的意见
2011.07.27	国务院办公厅关于促进生猪生产平稳健康持续发展 防止市场供应和价格大幅波动的通知
2011.08.02	国务院办公厅关于促进物流业健康发展政策措施的意见
2011.12.13	国务院办公厅关于加强鲜活农产品流通体系建设的意见

续表

时　　间	文件(会议)名称
	各相关部委文件(主要)
	农业部
2010.03.29	农业部关于贯彻落实国务院办公厅关于统筹推进新一轮"菜篮子"工程建设的意见的通知
2010.05.31	农业部办公厅关于加强产销服务稳定农产品市场运行的紧急通知
2010.09.28	农业部关于贯彻落实国务院关于进一步促进蔬菜生产保障市场供应和价格基本稳定的通知的意见
2010.10.21	商务部 农业部合作框架协议
2011.09.20	农业部关于贯彻国务院办公厅关于促进物流业健康发展政策措施的意见的通知
2011.09.26	农业部办公厅关于进一步加强产销衔接 保障农产品市场稳定的通知
	商务部
2010.09.26	商务部办公厅 财政部办公厅关于肉类蔬菜流通追溯体系建设试点指导意见的通知
2010.10.19	商务部关于进一步加强万村千乡市场工程规范管理的通知
2010.11.01	商务部关于做好新时期蔬菜流通工作的指导意见
2010.11.05	商务部关于印发陈德铭同志在全国肉类蔬菜流通追溯体系建设试点工作会议上讲话的通知
2010.11.12	商务部办公厅印发房爱卿部长助理在农产品现代流通综合试点座谈会上讲话的通知
2010.11.16	关于印发常晓村同志在农产品现代流通综合试点座谈会上讲话的通知
2010.12.15	关于印发常晓村、曹德荣同志在全国万村千乡市场工程工作会议上讲话的通知
2011.02.01	商务部关于贯彻实施农产品流通标准的通知
2011.02.23	商务部 农业部关于全面推进农超对接工作的指导意见
2011.03.14	商务部 发展改革委 供销总社关于印发商贸物流发展专项规划的通知
2011.06.08	商务部办公厅 财政部办公厅关于做好2011年肉类蔬菜流通追溯体系建设试点有关工作的通知
2011.07.06	商务部关于印发"万村千乡市场工程"信息化改造试点方案的通知
2011.07.26	中华人民共和国商务部公告2011年第42号,公布"万村千乡市场工程"考核办法
2011.08.15	商务部办公厅关于印发姜增伟同志在全国"万村千乡市场工程"现场会上讲话的通知
2011.08.16	商务部办公厅关于印发姜增伟副部长在2011年全国肉类蔬菜流通追溯体系建设试点工作会议上讲话的通知
2011.08.18	关于贯彻落实全国肉类蔬菜流通追溯体系建设试点工作会议有关事项的通知
2011.09.23	商务部关于推进周末车载蔬菜市场建设的通知
2011.10.20	商务部关于"十二五"期间加快肉类蔬菜流通追溯体系建设的指导意见

续表

时　间	文件(会议)名称
	国家发改委
2010. 05. 26	关于加强农产品市场监管维护正常市场秩序的紧急通知
2010. 06. 18	国家发展改革委关于印发农产品冷链物流发展规划的通知
2010. 07. 21	关于发挥骨干企业积极作用健全和完善政府对大宗农产品市场调控体系和机制的通知
2011. 01. 30	关于做好 2011 年春节期间蔬菜市场保供稳价工作的紧急通知
2011. 05. 10	国家发展改革委关于完善价格政策 促进蔬菜生产流通的通知
	财政部
2010. 08. 05	关于开展农产品现代流通试点的通知
2011. 01. 24	财政部办公厅 商务部办公厅关于 2011 年开展肉菜流通可追溯体系建设试点有关问题的通知
2011. 03. 02	财政部 商务部关于 2011 年开展万村千乡市场工程有关问题的通知
	交通运输部
2010. 11. 26	关于进一步完善鲜活农产品运输绿色通道政策的紧急通知
	国家工商总局
2010. 01. 19	关于认真贯彻落实 2010 年中央一号文件的若干意见
2010. 11. 23	关于进一步加强市场监管 保障群众基本生活的紧急通知
	工信部
2010. 03. 16	关于印发农业农村信息化行动计划(2010 ~ 2012 年)的通知
	中华全国供销合作总社
2009. 04. 13	商务部 中华全国供销合作总社 关于共同推进农村流通网络建设 进一步促进消费扩大内需的通知
2009. 07. 27	中华全国供销合作总社出台关于进一步加快县级供销合作社改革发展的意见
2009. 07. 28	中华全国供销合作总社出台薄弱与空白县经营服务网络振兴工作方案
2009. 10. 12	财政部经济建设司 供销总社财会部 关于组织申报 2009 年新农村现代流通服务网络工程专项资金的通知
2010. 04. 06	中华全国供销合作总社关于印发“千社千品”富农工程 2010 年工作安排的通知
2010. 06. 03	关于开展供销合作社物流发展基本情况和项目建设情况调查的通知
2010. 11. 08	关于加快城市供销合作社改革发展的指导意见

B.15 后　记

在农民生产与市民消费的中间区域，是农产品流通。这个领域规模是多大？规律是什么？作用是什么？怎么发展……

在经济思想中缺乏系统的流通理论，在产业管理中缺乏科学的制度安排，在实践活动中缺乏必要的资金投入，这些问题在政府作用相对弱化的西方国家影响不大，但是在注重国家意志的中国就不利于经济的快速发展。

立足传统，面向全球，在实践中走出中国特色的道路，中国经济需要创新。在北京大学流通经济与管理研究中心、中国供销农产品批发市场控股有限公司、北京新发地农副产品批发市场中心的基础上，为打造一个“思想工厂”，我们组建了国家现代农业科技城流通研究院；采取“网络化研究”方式，联合了来自14家国内顶级研究机构的专家，以及政府机关领导和企业家，主笔撰写了《中国农产品流通产业发展报告（2012）》一书。该书所有作者均为国家现代农业科技城流通研究院专职研究人员或特聘专家。

作为农产品流通蓝皮书的第一本，这只是开始，我们计划未来五年每年出一本报告，在实践中尽情开显农产品流通发展理论的丰富多彩，来弥补第一本报告的不足之处。第二本报告将于2012年7月1日至9月30日，面向全球、全领域征求合作，我们诚邀关注农产品流通的同行，能够相互切磋，联合创作，共同致力于研究水准之提高。

电话：010－63945099　63945076

传真：010－63945077

邮件：zhouwei79@163.com

农产品流通蓝皮书课题组

2012年5月

社会科学文献出版社

皮书系列

“皮书”起源于十七八世纪的英国，主要指官方或社会组织正式发表的重要文件或报告，并多以白皮书命名。在中国，“皮书”这一概念被社会广泛接受，并被成功运作、发展成为一种全新的出版形态，则源于中国社会科学院社会科学文献出版社。

皮书是对中国与世界发展状况和热点问题进行年度监测，以专家和学术的视角，针对某一领域或区域现状与发展态势展开分析和预测，具备权威性、前沿性、原创性、实证性、时效性等特点的连续性公开出版物，由一系列权威研究报告组成。皮书系列是社会科学文献出版社编辑出版的蓝皮书、绿皮书、黄皮书等的统称。

皮书系列的作者以中国社会科学院、著名高校、地方社会科学院的研究人员为主，多为国内一流研究机构的权威专家学者，他们的看法和观点代表了学界对中国与世界的现实和未来最高水平的解读与分析。

自20世纪90年代末推出以经济蓝皮书为开端的皮书系列以来，至今已出版皮书近800部，内容涵盖经济、社会、政法、文化传媒、行业、地方发展、国际形势等领域。皮书系列已成为社会科学文献出版社的著名图书品牌和中国社会科学院的知名学术品牌。

皮书系列在数字出版和国际出版方面也是成就斐然。皮书数据库被评为“2008～2009年度数字出版知名品牌”；经济蓝皮书、社会蓝皮书等十几种皮书每年还由国外知名学术出版机构出版英文版、俄文版、韩文版和日文版，面向全球发行。

经济蓝皮书 BLUE BOOK OF CHINA'S ECONOMY
社会蓝皮书 BLUE BOOK OF CHINA'S SOCIETY
文化蓝皮书 BLUE BOOK OF CHINA'S CULTURE
金融蓝皮书 BLUE BOOK OF FINANCE
法治蓝皮书 BLUE BOOK OF RULE OF LAW
欧洲蓝皮书 BLUE BOOK OF EUROPE
气候变化绿皮书 GREEN BOOK ON CLIMATE CHANGE
西部蓝皮书 BLUE BOOK OF WESTERN REGION OF CHINA
世界经济黄皮书 YELLOW BOOK OF WORLD ECONOMY
SSAP THE CHINESE ACADEMY OF SOCIAL SCIENCES YEARBOOKS ECONOMY
SSAP THE CHINESE ACADEMY OF SOCIAL SCIENCES YEARBOOKS SOCIETY
SSAP THE CHINESE ACADEMY OF SOCIAL SCIENCES YEARBOOKS POPULATION AND LABOR